# Vaccine
# VOCA 2200
## 수능연계 기출
### 백신 보카

본 교재의 단어 MP3 파일은 EBSi 사이트(www.ebsi.co.kr)에서 내려받으실 수 있습니다.

| 교재 내용 문의 | 교재 및 강의 내용 문의는 EBSi 사이트 (www.ebsi.co.kr)의 학습 Q&A 서비스를 이용하시기 바랍니다. | 교 재 정오표 공 지 | 발행 이후 발견된 정오 사항을 EBSi 사이트 정오표 코너에서 알려 드립니다. 교재 ▶ 교재 자료실 ▶ 교재 정오표 | 교재 정정 신청 | 공지된 정오 내용 외에 발견된 정오 사항이 있다면 EBSi 사이트를 통해 알려 주세요. 교재 ▶ 교재 정정 신청 |

교육의 힘으로
**세상의 차이를 좁혀 갑니다**
차이가 차별로 이어지지 않는 미래를 위해
EBS가 가장 든든한 친구가 되겠습니다.

모든 교재 정보와 다양한 이벤트가 가득!
EBS 교재사이트 book.ebs.co.kr

본 교재는 EBS 교재사이트에서
eBook으로도 구입하실 수 있습니다.

## 기획 및 개발

허진희
김현영
정자경
**권경희**(개발총괄위원)

**발행일** 2021. 1. 4.  **8쇄 인쇄일** 2024. 12. 5.  **신고번호** 제2017-000193호  **펴낸곳** 한국교육방송공사 경기도 고양시 일산동구 한류월드로 281
**표지디자인** 디자인싹  **편집** ㈜하이테크컴  **인쇄** 팩컴코리아㈜
인쇄 과정 중 잘못된 교재는 구입하신 곳에서 교환하여 드립니다.  신규 사업 및 교재 광고 문의 pub@ebs.co.kr

Vaccine

VOCA

수능연계 기출 2200
백신 보카

# structure

## 어휘력이 영어 실력을 좌우한다!

많은 수험자들이 수능 영어 1등급을 위해 다양한 방법으로 어휘 학습을 시도합니다. 평소에 다양한 영어 지문을 접하면서 자연스럽게 영어 실력을 향상시키는 것이 가장 바람직하지만, 이 방법은 너무 많은 시간이 걸릴 수 있으므로 시간에 쫓기는 학생들에게는 한계가 있습니다.

**짧은 시간에 수능 빈출 어휘를 효율적으로 암기하는 방법을 찾아야 한다.**

영어 학습 부담을 줄이고 효율적으로 학습할 수 있도록 최근 10년 동안 수능 영어 시험에 출제되었던 기출 문제와 EBS 연계교재를 철저히 분석하여 반복 출제되는 빈출 어휘 2,200개를 엄선 수록하였습니다.

**수능 영어 고득점을 위해서는 어휘력 확장이 필수다.**

학습의 효율성을 높일 수 있도록, 수능 핵심 빈출 어휘 2,200개와 더불어 관련 예문, 파생어(파), 유의어(유), 반의어(반), 참고어(참)를 수록하여 폭발적인 어휘력 확장이 가능하도록 구성하였습니다. 또, 뉘앙스에 차이가 있는 단어, 연어, 구동사 등의 심화 어휘를 시각화하여 제시하여 더 쉽고 정확하게 이해할 수 있도록 하였습니다.

**학습한 어휘는 활용할 줄 알아야 한다.**

"구슬이 서 말이라도 꿰어야 보배"라는 속담이 있듯이 아무리 많은 단어를 암기하더라도 활용할 줄 모른다면 아무 소용이 없을 것입니다. Vaccine VOCA 2200에서는 간단한 퀴즈식 테스트 및 수능 실전 유형의 테스트를 통해 학습한 어휘를 활용하고 자신의 어휘력을 점검할 수 있도록 하였습니다.

### • Vaccine VOCA 2200, 이렇게 다르다! •

▪ 대수능, 모의평가, EBS 연계교재를 완벽 분석한 수능 영단어장의 끝판왕!

10개년
대수능
빈출 어휘

+

10개년
모의평가
빈출 어휘

+

7개년
EBS 연계교재
핵심 어휘

# Vaccine VOCA 2200, 이렇게 활용하자!

각 Day를 학습하기 전에 이미 알고 있는 단어와 모르는 단어를 확인할 수 있다.

수능 빈출도 및 어휘 중요도를 분석하여 Day별로 엄선한 50개의 표제어와 예문, 파생어, 유의어, 반의어 등을 수록하였다.

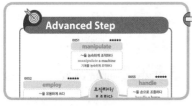

쉽고 재미있게 어휘를 확장할 수 있도록 뉘앙스에 차이가 있는 유의어, 연어, 구동사 등을 시각화하여 수록하였다.

간단한 퀴즈식 테스트를 통해 학습한 어휘를 복습할 수 있다.

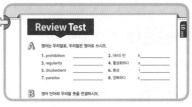

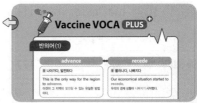

수능 유형의 어휘 문제를 통해 어휘 실력을 최종 점검하고 수능 실전 감각을 키울 수 있도록 하였다.

각 10 Day를 학습한 후에 수능 독해에 필수적인 반의어, 혼동어, 숙어, 수능 빈출 주제 어휘를 시각화하여 수록하였다.

# contents

이 책의 차례

Day별로 학습한 부분을 기록하면서 '수능 필수 어휘 완벽 마스터'라는 목표를 달성해 보세요.

| | DAY 01 | DAY 02 | DAY 03 | DAY 04 | DAY 05 | DAY 06 | DAY 07 | DAY 08 | DAY 09 | DAY 10 |
|---|---|---|---|---|---|---|---|---|---|---|
| 표제어 | | | | | | | | | | |
| TEST | | | | | | | | | | |

| | DAY 11 | DAY 12 | DAY 13 | DAY 14 | DAY 15 | DAY 16 | DAY 17 | DAY 18 | DAY 19 | DAY 20 |
|---|---|---|---|---|---|---|---|---|---|---|
| 표제어 | | | | | | | | | | |
| TEST | | | | | | | | | | |

| | DAY 21 | DAY 22 | DAY 23 | DAY 24 | DAY 25 | DAY 26 | DAY 27 | DAY 28 | DAY 29 | DAY 30 |
|---|---|---|---|---|---|---|---|---|---|---|
| 표제어 | | | | | | | | | | |
| TEST | | | | | | | | | | |

| | DAY 31 | DAY 32 | DAY 33 | DAY 34 | DAY 35 | DAY 36 | DAY 37 | DAY 38 | DAY 39 | DAY 40 |
|---|---|---|---|---|---|---|---|---|---|---|
| 표제어 | | | | | | | | | | |
| TEST | | | | | | | | | | |

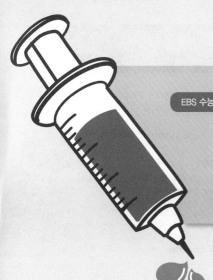

# DAY

# 01

## Word Preview

- [ ] resolve
- [ ] regularity
- [ ] landscape
- [ ] conquer
- [ ] muscle
- [ ] diminish
- [ ] contemporary
- [ ] marine
- [ ] diverse
- [ ] abundance
- [ ] auction
- [ ] disobedient
- [ ] citation
- [ ] counterproductive
- [ ] prohibition
- [ ] paradox
- [ ] stem

- [ ] continuum
- [ ] activate
- [ ] deceitful
- [ ] fraction
- [ ] hollow
- [ ] undermine
- [ ] locate
- [ ] demolition
- [ ] superiority
- [ ] sweep
- [ ] garbage
- [ ] hysterical
- [ ] raid
- [ ] compelling
- [ ] invention
- [ ] supplement
- [ ] cultivate

- [ ] misfortune
- [ ] omission
- [ ] reliable
- [ ] oral
- [ ] continent
- [ ] preconception
- [ ] sympathetic
- [ ] commuter
- [ ] dilute
- [ ] forefather
- [ ] illuminate
- [ ] asset
- [ ] objective
- [ ] prose
- [ ] resentment
- [ ] reproduce

---

**0001** ★★★★★

**resolve**
[rizálv]

동 해결하다, 다짐하다
A number of pest problems were **resolved** by importation of natural enemies. 모평
천적 수입으로 여러 해충 문제가 해결되었다.
파 **resolved** 형 굳게 결심한, 단호한　**resolution** 명 결의안, 해결, 결심
유 해결하다 solve　다짐하다 decide, determine

---

**0002** ★★★★★

**regularity**
[règjəlǽrəti]

명 정기적임, 규칙적임
**Regularity** is the key to mastery. 모평
규칙적임이 숙달의 비결이다.
파 **regular** 형 규칙적인, 정기적인　반 **regulation** 명 규정, 규제
유 불변성 constancy　정상 상태 normality　반 불규칙한 것 irregularity

---

**0003** ★★★★★

**landscape**
[lǽndskèip]

명 풍경, 풍경화
The **landscape** looked fascinating as the bus headed to Alsace. 대수능
버스가 Alsace로 향해 갈 때 풍경이 매혹적으로 보였다.
파 **landscaper** 명 정원사, 조경사　**landscaping** 명 조경
유 풍경 scenery, outlook, view

---

**0004** ★★★★★

**conquer**
[káŋkər]

동 정복하다, 극복하다, 이겨 내다
They excel at research, using logic and the information gained through their senses to **conquer** complex problems. 모평
그들은 연구에 뛰어나며, 복잡한 문제를 극복하기 위하여 논리와 감각을 통해 얻은 정보를 이용한다.
파 **conqueror** 명 정복자　**conquerable** 형 정복[극복]할 수 있는
유 점령하다 occupy　이겨 내다 overcome

---

**0005** ★★★★★

**muscle**
[mʌ́sl]

명 근육, 힘, 근력
We have two different neural systems that manipulate our facial **muscles**. 모평
우리는 우리의 안면 근육을 조종하는 두 개의 서로 다른 신경계를 가지고 있다.
파 **muscular** 형 근육의, 근육질의　**muscled** 형 근육이 있는
유 힘줄, 건 tendon　힘 strength, power

---

**0006** ★★★★★

**diminish**
[dimíniʃ]

동 줄다, 감소하다
The instrumentality of architecture in effecting actual change will **diminish**. 모평
실제적인 변화를 가져오는 데 있어서 건축술의 도움은 줄어들 것이다.
파 **diminished** 형 감소된, 권위가 떨어진　**diminishable** 형 줄일 수 있는
유 decrease, decline　반 increase

---

## 0007 ★★★★★

**contemporary**
[kəntémpərèri]

형 현대의, 동시대의  명 동시대 사람
The origins of contemporary Western thought can be traced back to the golden age of ancient Greece. 모평
현대의 서구 사상의 기원은 고대 그리스의 황금기로 거슬러 올라갈 수 있다.
파 contemporarily 부 동시대에, 당대에서
contemporariness 명 동시대임, 동년배
유 현대의 modern, current, present

## 0008 ★★★★★

**marine**
[mərí:n]

형 바다의, 해양의
This kind of approach has influenced the way we view marine life. 모평
이런 종류의 접근은 우리가 해양 생물을 보는 방식에 영향을 미쳤다.
파 mariner 명 선원, 뱃사람    파 submarine 명 잠수함
유 oceanic, naval

## 0009 ★★★★★

**diverse**
[daivə́:rs]

형 다양한
More diverse communities are believed to be more stable.
대수능
더 다양한 공동체는 더 안정적이라고 여겨진다.
파 diversity 명 다양성, 포괄성    diversify 동 다양화하다
유 various, diversified, different

## 0010 ★★★★★

**abundance**
[əbʌ́ndəns]

명 풍부, 다수, 다량, 부유함
It leads us to focus on abundances, production rates, and distribution patterns. 모평
그것은 부유함, 생산율, 유통 패턴에 초점을 맞추도록 우리를 이끈다.
파 abundant 형 풍부한    abound 동 아주 많다, 풍부하다
유 affluence, wealth    반 부족 shortage

## 0011 ★★★☆☆

**auction**
[ɔ́:kʃən]

명 경매  동 경매로 팔다
Water rights may be sold at auction. 모평
물 권리가 경매될 수도 있다.
파 auctioneer 명 경매인
유 transaction 명 상거래

## 0012 ★★★★☆

**disobedient**
[dìsəbí:diənt]

형 반항하는, 거역하는, 순종하지 않는
Under the circumstances, he will become disobedient. 대수능
그 상황에서, 그는 순종하지 않게 될 것이다.
파 disobedience 명 불복종, 반항
disobediently 부 반항적으로, 위반하여
유 반항하는 defiant    말을 안 듣는 naughty    반 obedient

---

**0013** ★★★☆☆

**citation**
[saitéiʃən]

명 표창, 인용, 인용문

Their award citations honor the discovery for having "opened a field up." 대수능

그들의 수상 표창은 '한 분야를 열어' 준 발견을 기린다.

🔁 cite 동 인용하다, 표창하다　citable 형 인용[소환]할 수 있는
🔗 표창 award　인용 quotation, reference

---

**0014** ★★★★☆

**counterproductive**
[kàuntərprədʌ́ktiv]

형 역효과를 내는

They are making obvious mistakes that are counterproductive to their presence on these sites. EBS 연계

그것들은 이러한 사이트들에서 자신들의 존재에 역효과를 내는 명백한 실수를 저지르고 있다.

🔁 productive 형 생산하는, 생산적인　productivity 명 생산성
🔗 수익을 못 내는 unprofitable　효과적이지 못한 ineffective

---

**0015** ★★★☆☆

**prohibition**
[pròuhəbíʃən]

명 (특히 법에 의한) 금지

The numbers and kinds of prohibitions expanded. 모평

금지의 수와 종류가 확대되었다.

🔁 prohibit 동 금지하다, 금하다
　prohibitive 형 (법으로) 금지하는, 엄두도 못 낼 정도로 높은[비싼]
🔗 ban, prevention　↔ 허가 permission

---

**0016** ★★★★☆

**paradox**
[pǽrədὰks]

명 역설, 역설적인 것

This creates a paradox that rational models of decision making fail to represent. 대수능

이것은 이성적인 의사 결정 모델이 나타내지 못하는 역설을 만들어 낸다.

🔁 paradoxical 형 역설의, 자기모순의
🔗 모순 contradiction, inconsistency

---

**0017** ★★★★☆

**stem**
[stem]

동 (~에서) 비롯되다, 생기다, 유래하다　명 (식물의) 줄기, (말의) 어간

The definitions of place stem from involvement in that industry. 모평

장소에 대한 정의들은 그 산업에 관여하는 것에서 비롯된다.

🔁 stemmed 형 ~의 줄기가 달린　stem cell 줄기 세포
🔗 (~에서) 생기다 originate　줄기 stalk, trunk

---

**0018** ★★★☆☆

**continuum**
[kəntínjuəm]

명 연속체

When opposites blend, they are placed on the far ends of a continuum. EBS 연계

대립되는 것들이 섞일 때, 그것들은 연속체의 양쪽 맨 끝에 놓인다.

🔁 continue 동 계속되다, 이어지다　continuous 형 계속되는, 지속적인
🔗 범위 spectrum, scope

---

## 0019 ★★★★☆

**activate**
[ǽktəvèit]

[동] 활성화하다, 작동시키다
The sounds of laughter have a direct effect on the listener by **activating** certain brain circuits. 모평
웃음소리는 특정한 뇌 회로를 활성화함으로써 듣는 사람에게 직접적인 영향을 미친다.
파 **activation** 명 활동적으로 하기, 활성화
유 자극하다 stimulate   생기를 불어넣다 animate
반 비활성화하다 deactivate

## 0020 ★★★☆☆

**deceitful**
[disíːtfəl]

[형] 기만적인, 부정직한
They are incapable of producing **deceitful** facial expressions. 모평
그들은 기만적인 표정을 지을 수 없다.
파 **deceive** 동 속이다, 기만하다   **deceit** 명 속임수, 사기, 기만
유 기만적인 deceptive   부정직한 dishonest   반 진실한 truthful

## 0021 ★★★★☆

**fraction**
[frǽkʃən]

[명] 아주 소량, 단편, 일부, 분수
When pupils learn rhythm, they are learning ratios, **fractions** and proportions. 모평
리듬을 배울 때, 학생들은 비율, 분수, 비를 배우고 있다.
파 **fractional** 형 아주 적은, 단편적인
혼 **friction** 명 마찰
유 단편 bit, fragment   일부 division

## 0022 ★★★☆☆

**hollow**
[hάlou]

[형] (속이) 빈, 공허한 [명] 움푹 꺼진 곳
Contour lines can represent scarps, **hollows**, and valleys of the local topography. 대수능
등고선은 국지 지형의 급경사면, 움푹 꺼진 곳, 계곡을 나타낼 수 있다.
파 **hollowness** 명 속이 빔, 우묵함   유 **hollow-eyed** 형 눈이 들어간
유 (속이) 빈 empty, vacant   반 가득 찬 full

## 0023 ★★★★☆

**undermine**
[ʌ̀ndərmáin]

[동] 약화시키다, ~의 밑을 파다, 훼손하다
Her identity as a respectable moral subject is **undermined**. 모평
존경할 만한 도덕적 대상으로서의 그녀의 정체성이 훼손된다.
파 **underminer** 명 밑을 파는 사람, 암약자
유 약화시키다 weaken, damage   반 강화하다 reinforce

## 0024 ★★★☆☆

**locate**
[lóukeit]

[동] (특정 위치에) 두다, ~의 정확한 위치를 찾아내다[알아내다]
The young must **locate**, identify, and settle in a habitat that satisfies not only survivorship but reproductive needs. 대수능
새끼들은 생존뿐만 아니라 생식 욕구도 충족시키는 서식지를 찾아내고, 확인하고, 거기에서 정착해야 한다.
파 **location** 명 장소, 위치   **located** 형 ~에 위치한
유 (특정 위치에) 두다 place   알아내다 find, discover

---

**0025** ★★★☆☆

**demolition**
[dèməlíʃən]

명 파괴, 폭파, 해체
The percentage of Commercial & Industrial is more than twice as high as that of Construction & Demolition. 모평
상업과 산업의 비중은 건설과 해체의 비중의 2배 넘게 높다.
📚 **demolish** 통 철거하다, 무너뜨리다
🔄 파괴 destruction   폭파 explosion

---

**0026** ★★★☆☆

**superiority**
[sju(ː)pìəriɔ́(ː)rəti]

명 우월(성), 우세
Knowing and not telling does not give him that feeling of superiority. 모평
알면서 말하지 않는 것은 그에게 그런 우월감을 주지 않는다.
📚 **superior** 형 우수한, 우월한
🔄 우세 predominance   뛰어남 excellence   ⬆ 열등함 inferiority

---

**0027** ★★★☆☆

**sweep**
[swiːp]

통 (휙)쓸다, 청소하다 명 쓸기
Great forces of political, social, economic, and environmental change are sweeping the globe. EBS 연계
정치적, 사회적, 경제적, 환경적 변화의 거대한 힘이 세계를 휩쓸고 있다.
📚 **sweeper** 명 청소부, 청소기, 스위퍼(최종 수비수)
🔄 쓸다 brush   청소하다 clean, wipe

---

**0028** ★★★★☆

**garbage**
[gáːrbidʒ]

명 (음식물·휴지 등의) 쓰레기
Garbage in, garbage out. 모평
쓰레기가 들어가면, 쓰레기가 나온다.
📚 **garbage can** 쓰레기통   **garbage collector** 쓰레기 수거인
🔄 rubbish, trash, waste

---

**0029** ★★★☆☆

**hysterical**
[histérikəl]

형 히스테리 상태의
Many women find that the more hysterical its voice, the closer they are to a breakthrough. EBS 연계
많은 여성들은 그것의 목소리가 더 히스테리 상태일수록, 자신들이 돌파구에 더 가까이 와 있다는 것을 알게 된다.
📚 **hysteria** 명 히스테리, 과잉 흥분
🔄 frantic, crazed   ⬆ 차분한 composed

---

**0030** ★★★☆☆

**raid**
[reid]

명 습격, 급습 통 급습하다, 습격하다
There was little security from raids. 모평
습격으로부터의 보안이 거의 없었다.
📚 **raider** 명 침입자
🔄 attack

---

## 0031 ★★★★★

**compelling**
[kəmpéliŋ]

혱 눈을 뗄 수 없는, 주목하지 않을 수 없는, 강렬한, 설득력 있는
From a dog's point of view, the tug toy is compelling because the trainer is "upset" by the toy. 모평
개의 관점에서 보았을 때, 그 잡아당기기 놀이 장난감은 트레이너가 그 장난감에 의해서 '마음이 동요되기' 때문에 주목하지 않을 수 없다.
回 compel 통 강요하다, 강제하다　compellable 형 강제할 수 있는
ⓤ pressing, powerful

## 0032 ★★★★★

**invention**
[invénʃən]

몡 발명, 발명품
Painkillers are a relatively recent invention. 모평
진통제는 비교적 최근의 발명품이다.
回 inventor 몡 발명가, 창안자　inventive 혱 창의적인, 독창적인
ⓤ creation

## 0033 ★★★★☆

**supplement**
[sʌ́pləmènt]

몡 보충[추가](물), 보충제, 부록　통 부가하다, 보완하다
The beta carotene supplement actually increased the risk of certain cancers. 모평
베타카로틴 보충제는 실제로 특정 암의 위험을 증가시켰다.
回 supplementary 혱 보충의, 추가의　supplementation 몡 보충함
ⓤ 증강, 강화 reinforcement　보완물 complement

## 0034 ★★★★★

**cultivate**
[kʌ́ltəvèit]

통 기르다, 경작하다, 재배하다, (세균을) 배양하다
Experimental observations are extended to those organisms that we can collect live and cultivate in the laboratory. 모평
실험적인 관찰은 우리가 실험실에서 살아 있는 상태로 모으고 배양할 수 있는 생물체들로 확장된다.
回 cultivation 몡 경작, 재배　cultivator 몡 경작자, 재배자
ⓤ 기르다 farm, foster　경작하다 plough

## 0035 ★★★★☆

**misfortune**
[misfɔ́:rtʃən]

몡 불운, 불행
They believe that counting the number of children one has could result in misfortune. 대수능
그들은 갖고 있는 자녀의 수를 세는 것이 불운을 초래할 수 있다고 믿는다.
回 fortune 몡 운, 행운
ⓤ 작은 불행 mishap　어려움 hardship

## 0036 ★★★☆☆

**omission**
[oumíʃən]

몡 생략, 빠짐, 누락, 하지 않음
Both versions insist on caring for others, whether through acts of omission or through acts of commission. 모평
두 버전 모두 행동을 하지 않음을 통해서건 행동을 하는 것을 통해서건, 다른 사람들을 보살펴야 한다고 주장한다.
回 omit 통 빠뜨리다, 생략하다　omissible 혱 생략할 수 있는
ⓤ 제외 exclusion　제거 removal　ⓐ 포함 inclusion

---

**0037** ★★★★★

### reliable
[riláiəbl]

형 신뢰할 만한

It helps ensure that private investors have **reliable** information on which to base their investment decisions. 모평

그것은 개인 투자자들이 자신의 투자 결정을 내릴 때 기반으로 삼을 신뢰할 만한 정보를 갖도록 보장하는 데 도움이 된다.

⊕ **reliability** 명 신뢰할 수 있음, 신뢰성　　**reliant** 형 의존하는, 의지하는
⊜ trustworthy, dependable　　⊕ unreliable

---

**0038** ★★★★☆

### oral
[ɔ́(:)rəl]

형 구두의, 구전의, 입의

They include spiritual rituals, **oral** histories, and the organization of ceremonial lodges. 모평

그것들은 영적인 의식, 구전 역사, 의식 숙소 구성을 포함한다.

⊕ **orally** 부 구두로　　⊕ **oral cavity** 구강
⊜ 목소리의 vocal　　⊕ 글로 표현된 written

---

**0039** ★★★★★

### continent
[kántənənt]

명 대륙, 유럽 대륙

Many African-Americans are reminded of their kinship with the **continent** in which their ancestors originated centuries earlier. 모평

많은 아프리카계 미국인들은 자신들의 조상들이 여러 세기 전에 기원했던 그 대륙과 자신들 간의 연대감을 떠올린다.

⊕ **continental** 형 대륙의　　⊕ **continental shelf** 대륙붕
⊜ 본토 mainland　　⊕ 섬 island

---

**0040** ★★★☆☆

### preconception
[prì:kənsépʃən]

명 예상, 선입견

Evaluating one's own **preconceptions** can bring this about. 대수능

자신의 선입견을 평가하면 이런 일이 일어나게 할 수 있다.

⊕ **preconceive** 동 미리 생각하다, 예상하다
　　**preconceived** 형 사전에 형성된
⊜ 선입견 prejudice

---

**0041** ★★★★★

### sympathetic
[sìmpəθétik]

형 동정적인, 공감하는

People give to charities because of the pleasure they get from imagining their own relief from alleviating their **sympathetic** distress. 모평

사람들은 그들의 공감적 고통을 완화시키는 것에서 비롯되는 자기 자신의 안도감을 상상하는 것으로부터 얻는 즐거움 때문에 자선을 베푼다.

⊕ **sympathy** 명 동정, 연민　　**sympathize** 동 동정하다, 측은히 여기다
⊜ 동정하는 compassionate　　이해하는 understanding
⊕ 무관심한 indifferent

---

**0042** ★★★★☆

### commuter
[kəmjú:tər]

명 통근자

**Commuters** almost invariably boarded the bus in order of arrival. EBS 연계

통근자들은 거의 예외 없이 도착한 순서대로 버스에 탔다.

⊕ **commute** 동 통근하다　　⊕ **telecommuter** 명 재택근무자
⊜ 승객 passenger　　여행자 traveler　　타는 사람 rider

---

**0043** ★★★★★

## dilute
[dailú:t]

동 희석하다, 묽게 하다, 약화시키다
The drive to increase production is pushing out local varieties, diluting livestock's genetic diversity in the process. 모평
생산량을 늘리기 위한 추진은 지역의 품종들을 밀어내고, 그 과정에서 가축의 유전적 다양성을 약화시킨다.
🔵 dilution 명 묽게 함, 희석　　diluter 명 묽게 하는 것, 강도를 약하게 하는 것
🟢 약화시키다 weaken, lessen　　🔴 강화하다 strengthen

**0044** ★★★☆☆

## forefather
[fɔ́:rfɑ̀:ðər]

명 조상, 선조
No state could be sovereign if its inhabitants lacked the ability to change a course of action adopted by their forefathers. 모평
국가의 주민들에게 자신들의 조상들에 의해 채택된 행동 방침을 바꿀 능력이 없다면 그 어떤 국가도 독립된 국가가 될 수 없을 것이다.
🔵 forefatherly 형 선조의, 조상의　　🔵 foremother 명 여자 조상
🟢 조상 ancestor　　🔴 후손 descendant

**0045** ★★★★★

## illuminate
[iljú:mənèit]

동 (~에 불을) 비추다, (이해하기 쉽게) 밝히다, 설명하다
Einstein wanted to illuminate the workings of the universe with a clarity never before achieved. 모평
아인슈타인은 전에 결코 이루어진 적이 없는 명료함으로 우주의 작용을 설명하고 싶어 했다.
🔵 illumination 명 빛, 조명, 설명
🟢 밝히다 brighten　　설명하다 explain　　🔴 모호하게 하다 obscure

**0046** ★★★★☆

## asset
[ǽset]

명 자산, 재산
Your strengths are your core, your hard-wired assets. 모평
여러분의 강점은 여러분의 핵심적인, 즉 타고난 자산이다.
🔵 asset management 자산 관리　　asset allocation 자산 배분
🟢 소유물, 부동산, 재산 property

**0047** ★★★★★

## objective
[əbdʒéktiv]

형 객관적인 명 목표, 목적
This is exemplified by games that require little of the individual other than to master the planned objective. 대수능
이것은 계획된 목적을 숙달하는 것 외에 개인에게 거의 다른 것을 요구하지 않는 게임에 의해 예시된다.
🔵 objectivity 명 객관성, 객관적 타당성　　objectively 부 객관적으로
🟢 객관적인 unbiased, impartial　　🔴 주관적인 subjective

**0048** ★★★☆☆

## prose
[prouz]

명 산문, 산문체
Most modern prose is designed to be read silently. EBS 연계
대부분의 현대 산문은 조용히 읽기 위한 의도로 쓰였다.
🔵 prosaic 형 산문적인, 평범한, 상상력이 없는
🟢 작문 composition

**0049** ★★★★★

**resentment**
[rizéntmənt]

뗑 분함, 억울함, 분노, 분개
Leaving little to no time for ourselves can lead to unmanaged stress, fatigue, **resentment**, or worse, health issues. 모평
우리 자신을 위한 시간을 거의 혹은 전혀 남기지 않는 것은 통제되지 않는 스트레스, 피로, 분노, 혹은 더 나쁜 경우에는 건강 문제를 초래할 수 있다.
⊞ resent 뙹 분하게 여기다, 분개하다    resentful 뗑 분해하는, 분개하는
㉧ 분노 anger, rage, wrath

**0050** ★★★★★

**reproduce**
[rìːprədjúːs]

뙹 번식하다, 재생하다, 복제하다
Where the risk of death from fishing increases as an animal grows, evolution favors those that **reproduce** earlier. 대수능
동물이 성장하면서 어업에 의해 죽게 되는 위험이 증가하는 경우에, 더 일찍 번식하는 동물들이 진화 과정에서 선호된다.
⊞ reproduction 뗑 생식, 번식, 복사    reproductive 뗑 생식의, 번식의
㉧ 복제하다 duplicate, copy

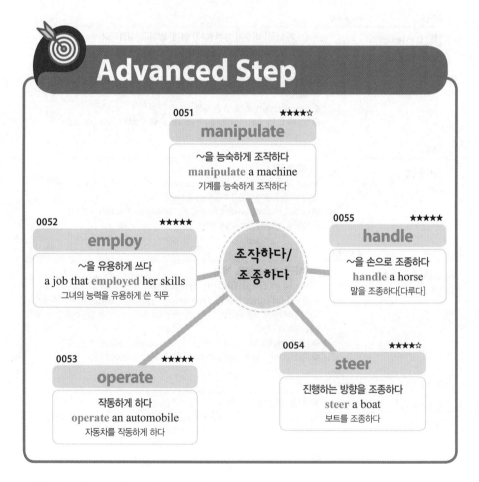

# Advanced Step

**0051** ★★★★☆
## manipulate
~을 능숙하게 조작하다
**manipulate** a machine
기계를 능숙하게 조작하다

**0052** ★★★★★
## employ
~을 유용하게 쓰다
a job that **employed** her skills
그녀의 능력을 유용하게 쓴 직무

**0055** ★★★★★
## handle
~을 손으로 조종하다
**handle** a horse
말을 조종하다[다루다]

**0053** ★★★★★
## operate
작동하게 하다
**operate** an automobile
자동차를 작동하게 하다

**0054** ★★★★☆
## steer
진행하는 방향을 조종하다
**steer** a boat
보트를 조종하다

조작하다/
조종하다

# Review Test

### A 영어는 우리말로, 우리말은 영어로 쓰시오.

1. prohibition _____
2. (속이) 빈    h_____
3. regularity _____
4. 활성화하다    a_____
5. disobedient _____
6. 풍경    l_____
7. paradox _____
8. 정복하다    c_____

### B 영어 단어와 우리말 뜻을 연결하시오.

1. undermine •
2. demolition •
3. diminish •

• a. 파괴, 폭파, 해체
• b. 줄다, 감소하다
• c. 약화시키다, ~의 밑을 파다

### C 다음 주어진 뜻에 해당하는 밑줄 친 단어의 파생어를 쓰시오.

1. a great <u>invention</u>    형 _____ 창의적인, 독창적인
2. <u>illuminated</u> by the sun    명 _____ 빛, 조명
3. an <u>objective</u> analysis    명 _____ 객관성, 객관적 타당성

### D 밑줄 친 단어의 유의어 혹은 반의어를 쓰시오.

1. the country of our <u>forefathers</u>    유 a_____
2. a <u>reliable</u> source    유 d_____
3. food in <u>abundance</u>    반 s_____

---

정답

**A** 1. (특히 법에 의한) 금지   2. (h)ollow   3. 정기적임, 규칙적임   4. (a)ctivate   5. 반항하는, 거역하는
     6. (l)andscape   7. 역설, 역설적인 것   8. (c)onquer
**B** 1. c   2. a   3. b
**C** 1. inventive   2. illumination   3. objectivity
**D** 1. (a)ncestors   2. (d)ependable   3. (s)hortage

# Actual Test

다음 글의 밑줄 친 부분 중, 문맥상 낱말의 쓰임이 적절하지 <u>않은</u> 것은?

모평

   Humans can tell lies with their faces. Although some are specifically trained to detect lies from facial expressions, the average person is often misled into believing false and ① <u>manipulated</u> facial emotions. One reason for this is that we are "two-faced." By this I mean that we have two ② <u>different</u> neural systems that manipulate our facial muscles. One neural system is under voluntary control and the other works under involuntary control. There are reported cases of individuals who have damaged the neural system that controls voluntary expressions. They still have facial expressions, but are incapable of producing ③ <u>deceitful</u> ones. The emotion that you see is the emotion they are feeling, since they have lost the needed voluntary control to produce ④ <u>truthful</u> facial expressions. There are also clinical cases that show the flip side of this coin. These people have injured the system that controls their ⑤ <u>involuntary</u> expressions, so that the only changes in their demeanor you will see are actually willed expressions.

*demeanor 표정

---

**해석**

사람은 얼굴로 거짓말을 할 수 있다. 비록 어떤 사람들은 얼굴 표정으로부터 거짓말을 탐지하도록 특별히 훈련되어 있지만, 보통 사람은 흔히 거짓되고 조작된 얼굴에 나타난 감정을 믿도록 현혹된다. 이것의 한 가지 이유는 우리가 '두 얼굴이기' 때문이다. 이 말로써 내가 의미하는 것은 얼굴 근육을 조종하는 두 가지 서로 다른 신경 체계가 우리에게 있다는 것이다. 하나의 신경 체계는 자발적인 통제 하에 있고 다른 하나는 비자발적인 통제 하에서 작동한다. 자발적인 표현을 통제하는 신경 체계가 손상된 사람들에 대한 보고된 사례들이 있다. 그들은 여전히 얼굴 표정은 가지고 있지만, 속이는 얼굴 표정을 지을 수는 없다. 여러분이 보는 감정은 그들이 느끼고 있는 감정인데, 그 이유는 그들이 진실한(→ 거짓의) 얼굴 표정을 짓기 위해 필요한 자발적인 통제를 잃었기 때문이다. 그 동전의 반대쪽 면을 보여 주는 임상 사례도 있다. 이 사람들은 자신의 비자발적 표현을 통제하는 시스템을 다쳤으며, 그래서 여러분이 보는 그들의 표정의 유일한 변화는 실제로 자발적인 표정일 것이다.

**해설** 바로 앞에서 그들은 자발적인 통제를 잃었다고 했는데, 자발적인 통제는 '거짓의(false)' 얼굴 표정을 짓기 위한 것이다.

**정답** ④

---

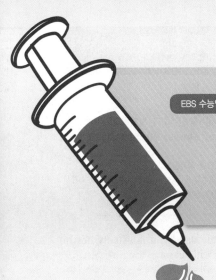

# DAY
# 02

## Word Preview

| | | |
|---|---|---|
| ☐ account | ☐ execute | ☐ decision |
| ☐ approve | ☐ former | ☐ dim |
| ☐ chill | ☐ gesture | ☐ enforce |
| ☐ contribute | ☐ lecture | ☐ folk |
| ☐ distribution | ☐ medicine | ☐ integrity |
| ☐ dominate | ☐ note | ☐ license |
| ☐ drill | ☐ prior | ☐ litter |
| ☐ rate | ☐ raw | ☐ overhear |
| ☐ selfishness | ☐ risk | ☐ property |
| ☐ subscribe | ☐ rot | ☐ slash |
| ☐ academic | ☐ sail | ☐ spark |
| ☐ attend | ☐ utilize | ☐ stir |
| ☐ bottom | ☐ version | ☐ tap |
| ☐ crisis | ☐ adrift | ☐ trunk |
| ☐ critic | ☐ bind | ☐ unintentionally |
| ☐ curious | ☐ budding | ☐ zip |
| ☐ discharge | ☐ bypass | |

**0056** ★★★★★

**account**
[əkáunt]

몡 설명, 기술, (은행) 계좌, 계산(서) 통 간주하다, 차지하다(~ for)
Subscriptions account for almost 90 percent of total
magazine circulation. 대수능
구독은 전체 잡지 판매 부수의 거의 90%를 차지한다.
☑ accountable 혱 책임이 있는, 설명할 수 있는   accountant 몡 회계사
☺ 설명 explanation   기술 description

**0057** ★★★★★

**approve**
[əprú:v]

통 찬성하다, 승인하다, 인정하다
When there is no immediate danger, it is usually best to
approve of the child's play without interfering. 대수능
당면한 위험이 없을 때는 간섭하지 말고 아이의 놀이를 인정해 주는 것이 대개 제일 좋다.
☑ approval 몡 승인
☺ permit   ☻ disapprove

**0058** ★★★★★

**chill**
[tʃil]

몡 냉기, 한기 통 아주 춥게 만들다 혱 쌀쌀한
I felt a sudden chill in the air followed by an uncomfortable
stillness. 대수능
나는 공기 중에서 갑작스런 한기를 느꼈고 그 뒤에 불안한 정적이 이어졌다.
☑ chilly 혱 쌀쌀한   chilled 혱 냉각한   chilling 혱 으스스한
☺ 냉기 coldness, coolness   ☻ 온기 warmth

**0059** ★★★★★

**contribute**
[kəntríbju:t]

통 기여하다, 원인이 되다, 제공하다, 기부하다, (원고를) 기고하다
The artist always contributes something that never was put
together in precisely that way before. 모평
그 화가는 항상 전에는 결코 정확하게 그런 방식으로 만들어진 적이 없는 어떤 것을
제공한다.
☑ contributor 몡 기부자, 한 원인   contribution 몡 기여, 기부(금)
☺ 원인이 되다 cause   기부하다 donate, subscribe

**0060** ★★★★★

**distribution**
[dìstrəbjú:ʃən]

몡 배포, 분배, 분포
It leads us to focus on abundances, production rates, and
distribution patterns. 모평
그것은 우리가 풍부함, 생산 비율, 그리고 분포 패턴에 초점을 두도록 이끈다.
☑ distribute 통 배포[분배]하다   distributed 혱 분포된
distributor 몡 분배자
☺ 분배 allocation, allotment   ☻ 수집 collection

**0061** ★★★★★

**dominate**
[dámənèit]

통 지배하다, 우세하다
Team sports dominate the curriculum at the expense of
various individual and dual sports, like tennis and golf. 모평
팀 스포츠가 테니스, 골프와 같은 다양한 개인 스포츠와 듀얼 스포츠를 희생시키며
교육 과정을 지배한다.
☑ dominator 몡 지배자   dominant 혱 우세한, 지배적인
dominance 몡 우세, (생물) 우성
☺ 우세하다 predominate, prevail

## 0062 ★★★★★

**drill**
[dril]

명 드릴, 송곳, 연습, 훈련, 절차 동 구멍을 뚫다, 훈련시키다, 주입하다
Some schools and workplaces ignore the improvisatory
instincts **drilled** into us for millions of years 대수능
일부 학교와 직장은 수백만 년 동안 우리에게 주입되어 온 즉흥적인 직감을 무시한다.
파 **drillmaster** 명 교관
유 훈련 training, instruction, exercise

## 0063 ★★★★★

**rate**
[reit]

명 비율, 속도 동 평가하다
Geniuses don't necessarily have a higher success **rate** than
other creators; they simply do more. 모평
천재들이 반드시 다른 창조자들보다 성공률이 더 높은 것이 아니라, 그들은 그저 더
많이 할 뿐이다.
파 **rater** 명 평가자
유 비율 ratio　속도 speed　평가하다 assess

## 0064 ★★★★★

**selfishness**
[sélfiʃnis]

명 이기심, 이기주의
**Selfishness** needs to be balanced by some selflessness. 모평
이기심은 어느 정도의 이타심에 의해 균형이 맞추어져야 한다.
파 **selfish** 형 이기적인
유 egocentrism　반 unselfishness, altruism, selflessness

## 0065 ★★★★★

**subscribe**
[səbskráib]

동 서명하다, 기부하다, 구독하다(~ to)
All those insert cards with subscription offers are included
in magazines to encourage you to **subscribe**. 대수능
구독 안내가 있는 그 모든 삽입 광고 카드는 여러분이 구독하도록 독려하기 위해 잡
지에 들어가 있다.
파 **subscription** 명 기부금, 구독, 회비
유 서명하다 sign, autograph

## 0066 ★★★★☆

**academic**
[ӕkədémik]

형 학문의, 학교의, 학구적인 명 학자, 교수, 지식 교육(-s)
The **academics** said this meant the classics were more
useful than self-help books. 모평
교수들은 이것이 고전 작품들이 자립 안내서보다 더 유용하다는 것을 의미한다고 말
했다.
파 **academically** 부 학문적으로, 격식을 차려　**academy** 명 학원
　**academia** 명 학계, 학구적인 분위기
유 학문의 literary　학교의 scholastic　학구적인 scholarly

## 0067 ★★★★☆

**attend**
[əténd]

동 참석하다, 시중을 들다, 주목하다(~ to)
Where people look reveals what environmental information
they are **attending** to. 모평
사람들이 어디를 보는지는 어떤 환경적 정보에 그들이 주목하고 있는지를 드러낸다.
파 **attendance** 명 참석　**attention** 명 주목
　**attendant** 명 종업원, 수행원　**attentive** 형 주의를 기울이는
유 참석하다 be present (at)　시중을 들다 escort
　주목하다 pay attention (to)

---

**0068** ★★★★☆

**bottom**
[bátəm]

몡 맨 아래 (부분), 밑바닥 톙 밑바닥의
When you're at the bottom, you can see only what's right in front of you. 대수능
여러분이 밑바닥에 있을 때는 오로지 바로 앞에 있는 것만 볼 수 있다.
⟲ bottomless 톙 밑바닥이 없는, 헤아릴 수 없는
⟳ bottom-up 톙 상향식의, 세부적인 데서 출발하는
⟴ base ⟲ top

---

**0069** ★★★★☆

**crisis**
[kráisəs]

몡 위기
When photography came along in the nineteenth century, painting was put in crisis. 대수능
19세기에 사진술이 등장했을 때, 회화는 위기에 처했다.
⟲ critical 톙 위급한, 결정적인, 비판적인
⟴ emergency, disaster, adversity

---

**0070** ★★★★☆

**critic**
[krítik]

몡 비평가, 평론가, 비판자
1950s critics separated themselves from the masses by rejecting the enjoyment by products of mass culture. 모평
1950년대 비평가들은 대중문화 산물에 의한 즐거움을 거부함으로써 자신들을 대중들과 분리시켰다.
⟲ criticism 몡 비판  critical 톙 비판적인, 중대한  criticize 톰 비판하다
⟴ commentator, reviewer, analyst

---

**0071** ★★★★☆

**curious**
[kjú(:)əriəs]

톙 궁금한, 호기심이 강한, 묘한
We are curious as to whether your farm would be interested in taking them in. EBS 연계
저희는 귀하의 농장이 그것들을 받아들이는 데 관심이 있는지에 대해 궁금합니다.
⟲ curiosity 몡 호기심  curiously 튀 호기심에서, 기묘하게도
⟴ 호기심이 강한 inquisitive  ⟲ 무관심한 uninterested, indifferent

---

**0072** ★★★★☆

**discharge**
[distʃáːrdʒ]

톰 배출하다, 방출하다, 석방하다, 이행하다 몡 방출, 배출물
Control over direct discharge of mercury from industrial operations is clearly needed for prevention. 대수능
예방을 위해서 산업체로부터 수은이 직접적으로 방출되는 것에 대한 통제가 분명히 필요하다.
⟲ dischargee 몡 소집 해제자, 제대한 사람
⟴ 석방하다 release, free, liberate

---

**0073** ★★★★☆

**execute**
[éksəkjùːt]

톰 실행하다, 집행하다, 처형하다
*Bokator* disappeared when the Khmer Rouge executed most of the discipline's masters. 모평
Khmer Rouge가 그 수련법의 대부분의 숙련자들을 처형했을 때 'bokator'는 소멸했다.
⟲ execution 몡 실행, 처형  executive 몡 집행부, (경영) 이사 톙 실행상의
⟴ 실행하다 perform, implement

---

## 0074 ★★★★☆

**former**
[fɔ́:rmər]

혱 이전의, 전자의 몡 전자(the ~)
New evidence suggests that squirrels also sound alarm calls for former playmates not genetically related. 모평
새로운 증거는 다람쥐들이 유전적으로 관련 없는 이전의 놀이 동무를 위해서도 또한 경고 소리를 낸다는 것을 보여 준다.
> 팽 **formerly** 뷰 이전에
> 윤 이전의 previous, preceding, prior

## 0075 ★★★★☆

**gesture**
[dʒéstʃər]

몡 몸짓, 동작, 표시 통 몸짓하다
He laughed and wiped away the tear stains from my face—his heartfelt gesture of apology for such a long-delayed present. 모평
그는 웃으면서 내 얼굴의 눈물 자국을 닦아 주었는데, 그것은 그렇게 오래 지체된 선물에 대한 그의 진심 어린 사과의 표시였다.
> 팽 **gestural** 혱 몸짓의
> 윤 몸짓 signal, sign, motion

## 0076 ★★★★☆

**lecture**
[léktʃər]

몡 강의, 강연, 잔소리 통 강의하다
Before the night sky observations with telescopes, there will be a special lecture on astronomy. 모평
망원경으로 밤하늘을 관찰하기 전에, 천문학에 관한 특별 강연이 있을 것입니다.
> 팽 **lecturer** 몡 강사
> 윤 강의 speech, presentation   잔소리 scolding

## 0077 ★★★★☆

**medicine**
[médisin]

몡 의학, 약, 약물
The process of journal-keeping through writing and drawing helped heal me from a mysterious illness which had defied the doctors and their medicines. 대수능
쓰기와 그리기를 통해서 일기를 적는 과정은 의사들과 그들이 주는 약을 허용하지 않았던 불가사의한 병으로부터 나를 치료하는 것을 도왔다.
> 팽 **medical** 혱 의학의   **medication** 몡 약, 약물
> 윤 약 drug

## 0078 ★★★★☆

**note**
[nout]

몡 메모, 지폐, 주목, 음표 통 주목하다, 알아채다
Note first that the research was done on college students, not infants, and that the effect was very brief. 모평
우선 그 연구가 유아가 아닌 대학생을 대상으로 행해졌고, 그 효과는 매우 짧았음을 주목하라.
> 팽 **noted** 혱 유명한   **notify** 통 통지하다, 알리다
> 팽 **note-taking** 몡 필기   **keynote** 몡 주안점, 기조
> 윤 주목하다 heed   밴 무시하다 ignore, disregard

## 0079 ★★★★☆

**prior**
[práiər]

혱 사전의, 이전의, (~보다) 우선하는
Prior to low-cost printing, ideas could and did spread by word of mouth. 대수능
비용이 적게 드는 인쇄술이 있기 전에, 생각은 구전으로 퍼져 나갈 수 있었고 실제로 그렇게 퍼져 나갔다.
> 팽 **priority** 몡 우선권   **prioritize** 통 우선순위를 매기다
> 윤 이전의 previous, preceding   밴 차후의 subsequent

DAY 02

---

**0080** ★★★★☆

**raw**
[rɔ:]

형 날것의, 가공하지 않은
Basic scientific research provides the **raw** materials that technology and engineering use to solve problems. 대수능
기초 과학 연구는 기술과 공학에서 문제점을 해결하기 위해서 사용하는 원료를 제공한다.
파 **rawness** 명 생것, 날것　관 **raw fish** 생선회
유 uncooked, unprocessed　반 processed

---

**0081** ★★★★☆

**risk**
[risk]

명 위험, 모험 동 위험을 무릅쓰다
The only **risk** that you will face as an introvert is that people who do not know you may think that you are aloof. 모평
내성적인 사람으로서 여러분이 직면할 유일한 위험은 여러분을 모르는 사람들이 여러분을 쌀쌀하다고 여길 수도 있다는 것이다.
파 **risky** 형 위험한　관 **risk-taking** 형 모험하기 좋아하는
유 위험 danger, hazard, peril

---

**0082** ★★★★☆

**rot**
[rɑt]

동 썩다, 타락하다, 나빠지다
Describing **rotting** slums as 'substandard housing' makes the need for action less important. 대수능
나빠지고 있는 빈민가를 '기준 미달 주거'라고 묘사하는 것은 조치의 필요성을 덜 중요하게 만든다.
파 **rotten** 형 썩은, 타락한
유 decay, spoil, decompose

---

**0083** ★★★★☆

**sail**
[seil]

동 항해하다, 미끄러지듯 나아가다 명 (배의) 돛
Other park conditions such as wind and humidity also affect whether a ball **sails** over the fences, and players know this. 대수능
바람과 습도와 같은 다른 구장 조건들도 공이 펜스를 넘어가는지에 영향을 미치는데, 선수들이 이것을 알고 있다.
파 **sailor** 명 선원　**sailing** 명 항해, 비행
유 항해하다 navigate, cruise, voyage

---

**0084** ★★★★☆

**utilize**
[júːtəlàiz]

동 이용하다, 활용하다
Lawyers **utilize** information selectively to support their arguments. 모평
변호사들은 자신들의 논거를 뒷받침하기 위해 정보를 선택적으로 활용한다.
파 **utilization** 명 사용　**utility** 명 유용성, 시설(-ties)
유 exploit

---

**0085** ★★★★☆

**version**
[vɔ́ːrʒən]

명 변형, 버전, 판, 번역, 각색
The standardization of everyday life produces a sameness, a bland **version** of what used to be unique experiences. 모평
일상생활의 표준화는 단조로움, 즉 독특한 경험이 되곤 했던 것의 무미건조한 버전을 만들어 낸다.
파 **versional** 형 번역의, 각색의
유 판 edition, copy, issue

## 0086 ★★★☆☆

**adrift**
[ədríft]

형 표류하는, 방황하는
Brightly colored ducks, frogs, and turtles were set **adrift** in the middle of the Pacific Ocean. 대수능
밝은 색의 오리, 개구리, 그리고 거북이들이 태평양 한가운데에서 표류하게 되었다.
파 **drift** 명 이동, 표류 동 표류하다
유 표류하는 drifting    떠서 afloat    목적이 없는 aimless

## 0087 ★★★☆☆

**bind**
[baind]

동 묶다, 싸다, 결속시키다 명 묶는 물건
These rituals served to **bind** people together and distribute resources. 모평
이러한 의례는 사람들을 서로 결속시키고 자원을 분배하는 역할을 했다.
파 **binder** 명 (종이 등을 묶는) 바인더, 제본 기계
　　**binding** 형 법적 구속력이 있는   **bindweed** 명 덩굴 식물
유 묶다 tie    싸다 wrap  반 풀다 untie

## 0088 ★★★☆☆

**budding**
[bʌ́diŋ]

형 싹트기 시작하는, 신예의, 신진의
We're still providing these important first experiences to **budding** young writers and editors. 모평
우리는 이런 중요한 첫 경험들을 젊은 신진 작가들과 편집자들에게 여전히 제공하고 있습니다.
파 **bud** 명 동 싹(을 틔우다)
유 rising, beginning, promising

## 0089 ★★★☆☆

**bypass**
[báipæs]

명 우회도로 동 우회하다, 회피하다
This traditional allocation per unit of land has been **bypassed**, partly by the development of new supplies. 모평
토지 단위에 따른 이 전통적인 분배는 부분적으로는 새로운 공급의 개발에 의해서 회피되었다.
파 **pass** 동 지나가다, 통과하다
유 ~을 돌아가다 go round    ~을 우회하다 pass round

## 0090 ★★★☆☆

**decision**
[disíʒən]

명 결정, 결단력
The proposal wasn't submitted at the right point in the buying **decision**. 모평
그 제안이 구매 결정의 적절한 시점에 제출되지 않았다.
파 **decide** 동 결정하다    **decisive** 형 결단력 있는    **decided** 형 명확한
　 **decision-making** 명 의사 결정
유 resolution, determination    반 망설임 indecision

## 0091 ★★★☆☆

**dim**
[dim]

형 어둑한, 희미한 동 어둑해지다
The theatre lights **dimmed**, the orchestra struck up and they sat fascinated by Delibes' music. EBS 연계
극장의 조명이 어두워졌고 오케스트라가 연주를 시작하자 그들은 Delibes의 음악에 매혹되어 앉아 있었다.
파 **dimly** 부 어둑[흐릿]하게    **dimmer** 명 조광기
유 어둑한 dark    희미한 faint    반 밝은, 선명한 bright

---

**0092** ★★★☆☆

**enforce**
[infɔ́:rs]

[동] 집행하다, 시행하다, 강요하다
Societies vary in the extremity of the distinctions they draw and the rigidity with which these distinctions are enforced.

EBS 연계

사회마다 그 사회에서 가하는 차별의 극단성과 이 차별을 시행하는 엄격함에 있어서 서로 다르다.

[파] enforced [형] 강요된    enforcement [명] 집행[시행]
[유] 집행[시행]하다 impose, administer, implement

---

**0093** ★★★☆☆

**folk**
[fouk]

[명] 사람들 [형] 민속의
The opportunity to perform folk dances for tourists may encourage local artists to preserve traditional art forms. 모평
관광객들을 위해 민속춤을 공연할 기회는 지역 예술가들에게 전통적인 예술 형태를 보존하도록 용기를 북돋아 줄 수도 있다.

[파] folklore [명] 민속, 전통 문화    townsfolk [명] 도시인
[유] 사람들 people

---

**0094** ★★★☆☆

**integrity**
[intégrəti]

[명] 진실성, 정직, 성실, 완전, 온전함
Study of security produced a characterization of three categories: *confidentiality*, *integrity*, and *availability*. EBS 연계
보안에 대한 연구는 세 가지 범주에 대한 특성 기술을 내놓았는데, 그 세 가지는 '기밀성', '진실성', 그리고 '가용성'이다.

[파] integral [형] 불가결의, 완전한
[유] 정직 honesty    온전함 unity, wholeness

---

**0095** ★★★☆☆

**license**
[láisəns]

[명] 면허, 면허증, 허가증 [동] ~에 면허를 주다, 허가하다
The society issues licences to music users, collects fees and distributes the money raised to the composers and songwriters. 모평
그 협회는 음악 사용자에게 허가증을 발급하고, 수수료를 징수하며, 모아진 돈을 작곡가와 작사자에게 분배한다.

[파] licensed [형] 허가를 받은    licenser [명] 허가자
[유] 허가하다 permit    자격증을 주다, 보증하다 certify
[반] 금하다 ban, forbid

---

**0096** ★★★☆☆

**litter**
[lítər]

[명] 쓰레기, (애완동물 배설용 상자 속의) 점토 [동] 어질러 놓다
He put cat litter in the bottom and straw on top of that. 대수능
그는 고양이 배설용 점토를 그 바닥에 넣고 그 위에 짚을 깔았다.

[파] littery [형] 지저분한    [파] litterbag [명] 쓰레기 봉지
[유] 쓰레기 rubbish, waste, trash, garbage

---

**0097** ★★★☆☆

**overhear**
[òuvərhíər]

[동] 우연히 듣다, 엿듣다
I overheard the young man seated next to me talking on his cell phone with one of his college roommates. EBS 연계
나는 옆에 앉은 젊은 남자가 자신의 대학 룸메이트 한 명과 휴대 전화로 통화하는 것을 우연히 들었다.

[파] overhearing [명] 도청
[유] eavesdrop

---

## 0098 ★★★☆☆

### property
[prápərti]

명 재산, 부동산, 특성
Property owners cannot reduce the amount of space available for rent in their buildings. 모평
부동산 소유자는 자신들 건물의 임대 가능한 공간의 양을 줄일 수 없다.
🅟 property tax 재산세
🅤 특성 attribute, characteristic, feature

## 0099 ★★★☆☆

### slash
[slæʃ]

동 깊이 베다, 삭감하다, 대폭 줄이다 명 삭감, 사선(/)
Today, the average French meal has been slashed down to 38 minutes. 모평
현재 프랑스인의 평균 식사 시간은 38분으로 대폭 줄었다.
🅟 slashing 형 마구 베는 🅟 backslash 명 역 사선(\)
🅤 삭감하다 reduce, lower, cut

## 0100 ★★★☆☆

### spark
[spɑːrk]

명 불꽃 동 불꽃을 튀기다, 촉발시키다
Only after a good deal of observation do the sparks in the bubble chamber become recognizable as the specific movements of identifiable particles. 대수능
상당한 양의 관찰이 있은 뒤에야 거품 상자의 불꽃은 확인 가능한 미립자의 구체적 운동으로서 인식될 수 있게 된다.
🅟 sparkle 동 반짝이다 명 반짝거림
🅤 촉발시키다 initiate, prompt, trigger

## 0101 ★★★☆☆

### stir
[stəːr]

동 젓다, 휘젓다, (감정을) 동요시키다 명 뒤섞기, 소동
Then simply mix together the lemon juice, sugar, and water in a jug, and stir. 모평
그런 다음에 그냥 레몬즙, 설탕, 물을 주전자에 넣어 섞어서 저어라.
🅟 stirring 형 마음을 뒤흔드는
🅤 동요시키다 upset, disturb 🅐 진정시키다 calm

## 0102 ★★★☆☆

### tap
[tæp]

동 톡톡 두드리다, 박자를 맞추다, 이용하다
명 (손가락으로) 두드리기, 수도꼭지
Labels are tapping the word-of-mouth forces that are replacing traditional marketing in creating demand. 대수능
음반사들은 수요 창출에서 전통 마케팅을 대신하는 입소문의 힘을 이용하고 있다.
🅟 multiple-tap 명 멀티탭 tap water 수돗물
🅤 두드리다 knock, pat, rap

## 0103 ★★★☆☆

### trunk
[trʌŋk]

명 (나무) 줄기, 몸통, (여행용) 트렁크, (자동차) 트렁크, 코끼리의 코, 사각 팬츠(-s)
Many children draw a tree as an oval resting on a long rectangular trunk. EBS 연계
많은 아이들이 나무를 긴 직사각형 나무 몸통에 놓여 있는 타원형 모양으로 그린다.
🅟 trunk road 간선 도로
🅤 몸통 torso (여행용) 트렁크 suitcase

**0104** ★★★☆☆

## unintentionally
[ʌninténʃənəli]

위 아무런 생각도 없이, 본의 아니게
I stated that some corporate policies purposefully or **unintentionally** demean us as professionals. EBS 연계
나는 몇몇 기업 정책이 의도적으로 혹은 의도치 않게 전문가로서의 우리의 품위를 떨어뜨린다고 말했다.
파 **unintentional** 형 의도하지 않은, 고의가 아닌
반 intentionally, deliberately

**0105** ★★★☆☆

## zip
[zip]

명 핑(총알이 날아가는 소리) 동 빠르게 지나가다, 지퍼를 채우다
When whales do surface, biologists can **zip** over in worryingly small boats and pick up the bits of skin that the whales leave behind on the surface. 대수능
고래들이 실제로 수면으로 올라올 때, 생물학자들은 우려될 정도로 작은 보트를 타고 재빠르게 나아가서 고래들이 수면에 남겨 둔 피부 조각들을 주워 담을 수 있다.
파 **zipper** 명 지퍼 유 **zip-line** 명 집라인
유 빠르게 지나가다 fly, flash, whizz
반 지퍼를 열다, (컴퓨터 파일의) 압축을 풀다 unzip

# Advanced Step

**0106** ★★★★★
## weaken
(능력, 세력 등이) 약화되다
The storm eventually **weakened**.
폭풍이 결국은 약화되었다.

**0107** ★★★☆☆
## wither
(식물, 체력 등이) 시들다
Flowers and beauty **wither**.
꽃과 아름다움은 시든다.

**0108** ★★★☆☆
## wane
(빛, 명성 등이) 약해지다, 쇠퇴하다
His popularity has **waned**.
그의 인기는 쇠퇴했다.

**약화되다/약화되다**

**0110** ★★★☆☆
## corrode
(금속 등이) 부식되다, 부패하다, 부식시키다
Acids **corrode** metals.
산은 금속을 부식시킨다.

**0109** ★★★★☆
## worsen
(문제 등이) 약화되다
The problem has **worsened** considerably.
문제가 상당히 악화되었다.

# Review Test

## A 영어는 우리말로, 우리말은 영어로 쓰시오.

1. crisis _____
2. 사람들; 민속의   f_____
3. medicine _____
4. 결정, 결단력   d_____
5. enforce _____
6. 우회도로   b_____
7. overhear _____
8. 불꽃(을 튀기다)   s_____

## B 영어 단어와 우리말 뜻을 연결하시오.

1. dominate •
2. rate •
3. attend •

• a. 비율, 속도; 평가하다
• b. 지배하다, 우세하다
• c. 참석하다, 시중을 들다

## C 다음 주어진 뜻에 해당하는 밑줄 친 단어의 파생어를 쓰시오.

1. <u>approve</u> of an action   명 _____ 승인
2. <u>subscribe</u> to a magazine   명 _____ 기부금, 구독
3. <u>execute</u> a difficult action   명 _____ 실행, 처형

## D 밑줄 친 단어의 유의어 혹은 반의어를 쓰시오.

1. <u>note</u> a person's warning   반 d_____
2. <u>risk</u> management   유 h_____
3. <u>unintentionally</u> provide wrong information

반 d_____

---

정답

**A** 1. 위기   2. (f)olk   3. 의학, 약, 약물   4. (d)ecision   5. 집행[시행, 강요]하다   6. (b)ypass
7. 우연히 듣다, 엿듣다   8. (s)park
**B** 1. b   2. a   3. c
**C** 1. approval   2. subscription   3. execution
**D** 1. (d)isregard   2. (h)azard   3. (d)eliberately

# Actual Test

(A), (B), (C)의 각 네모 안에서 문맥에 맞는 낱말을 고르시오.

모평

From the twelve million articles on Wikipedia to the millions of free secondhand goods offered on websites, we are discovering that money is not the only motivator. (A) | Altruism / Selfishness | has always existed, but the Web gives it a platform where the actions of individuals can have global impact. In a sense, zero-cost distribution has turned sharing into an industry. From the point of view of the monetary economy it all looks free — indeed, it looks like unfair competition — but that says more about our shortsighted ways of measuring value than it does about the worth of what is created. The incentives to (B) | share / dominate | can range from reputation and attention to less measurable factors such as expression, fun, satisfaction, and simply self-interest. Sometimes the giving is (C) | conscious / unintentional |. You give information to Google when you have a public website, whether you intend to or not, and you give aluminum cans to the homeless guy who collects them from the recycling bin, even if that is not what you meant to do.

---

해석

Wikipedia에 있는 천 이백만 건의 기사에서부터 웹 사이트에서 제공되는 수백만 개의 무료 중고품에 이르기까지, 우리는 돈이 유일한 동기 부여 요인이 아님을 발견하고 있다. 이타주의는 항상 존재해 왔지만, 웹은 그것(이타주의)에 개인의 행동이 세계적인 영향을 미칠 수 있는 발판을 제공한다. 어떤 면에서, 무비용 분배는 나눔을 산업으로 바꿔 놓았다. 화폐 경제의 관점에서 보면 그것은 모두 무료로 보이고, 사실 그것은 불공정한 경쟁처럼 보이지만, 그것은 창조되는 것의 가치에 대해 말하는 것보다 가치를 측정하는 우리의 근시안적인 방식에 대해 더 많은 것을 말해 준다. 나누는 동기는 그 범위가 명성과 주의 끌기에서부터 표현, 재미, 만족, 그리고 그저 사리사욕과 같이 측정하기 힘든 요인에 이르기까지 다양할 수 있다. 때때로 주는 행위는 의도적이지 않다. 여러분이 공개된 웹 사이트를 가지고 있을 때, 여러분이 의도하든 안 하든, 여러분은 Google에 정보를 준다. 또 여러분은 재활용 쓰레기통에서 알루미늄 캔을 집어가는 노숙자에게, 비록 그것이 여러분이 의도한 것은 아니라 하더라도, 알루미늄 캔을 준다.

해설   (A) 자신의 기사나 중고품을 무상으로 제공한다는 것은 '이타주의(Altruism)'이다.
(B) 인터넷을 통해 사람들과 많은 것을 나누는 것에 대해 설명하고 있으므로 'share(나누다)'를 써야 한다.
(C) '의도적이지 않은(unintentional)' 나눔의 예가 이어진다.

정답   (A) Altruism  (B) share  (C) unintentional

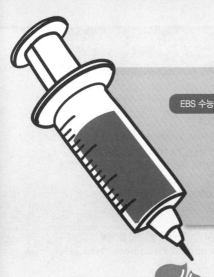

# DAY
# 03

## Word Preview

- [ ] active
- [ ] annual
- [ ] availability
- [ ] avoid
- [ ] command
- [ ] deal
- [ ] disappear
- [ ] encourage
- [ ] evolve
- [ ] manner
- [ ] abundant
- [ ] affect
- [ ] chronically
- [ ] deceive
- [ ] define
- [ ] familiar
- [ ] furry

- [ ] incompatible
- [ ] moisture
- [ ] overpowering
- [ ] poverty
- [ ] rule
- [ ] solitary
- [ ] stock
- [ ] tip
- [ ] usage
- [ ] utter
- [ ] vacuum
- [ ] vast
- [ ] wear
- [ ] aquatic
- [ ] bite
- [ ] counsellor
- [ ] delicate

- [ ] drift
- [ ] furnish
- [ ] habitat
- [ ] lean
- [ ] mist
- [ ] motor
- [ ] mourn
- [ ] oppress
- [ ] prominent
- [ ] sarcastic
- [ ] scorn
- [ ] sow
- [ ] string
- [ ] timber
- [ ] via
- [ ] virtue

---

**0111** ★★★★★

### active
[ǽktiv]

형 활동적인, 적극적인, (화학) 활성의
The combustion of oxygen that keeps us alive and active sends out by-products called oxygen free radicals. 대수능
우리를 살아 있게 하고 활동적이게 유지시켜 주는 산소 연소는 활성 산소라고 불리는 부산물을 내보낸다.
🔵 interactive 형 상호 작용의　activation 명 활성화
🔵 operative, working　🔴 활동하지 않는, 소극적인 inactive

---

**0112** ★★★★★

### annual
[ǽnjuəl]

형 해마다의, 연간의, (식물) 1년생의 명 연감[연보], 1년생 식물
Global society will increase annual investments from 24% today to 36% of the GDP in 2052. 대수능
국제 사회는 연간 투자를 오늘날 GDP의 24%에서 2052년에 36%로 늘릴 것이다.
🔵 annually 부 한 해에 한 번　biannual 형 한 해 두 번의
🔵 해마다의 yearly

---

**0113** ★★★★★

### availability
[əvèiləbíləti]

명 유용성, 이용 가능성, 이용할 수 있음
The availability of water is thought to be more important than minimizing changes in temperature. EBS 연계
물의 이용 가능성이 온도의 변화를 최소화하는 것보다 더 중요하다고 여겨진다.
🔵 avail 동 쓸모 있다　available 형 이용 가능한
🔵 access 명 접근 (기회)　accessibility 명 접근 (가능성)

---

**0114** ★★★★★

### avoid
[əvɔ́id]

동 피하다, 예방하다
A child who has been repeatedly criticized for poor performance on math may learn to dodge difficult math problems in order to avoid further punishment. 대수능
수학에서의 부진한 (학업) 성취로 반복해서 야단을 맞은 아이는 더 심한 처벌을 피하기 위해 어려운 수학 문제를 요리조리 피하는 방법을 배우게 될 것이다.
🔵 avoidance 명 회피[방지]　avoidable 형 피할[막을] 수 있는
🔴 직면하다 confront

---

**0115** ★★★★★

### command
[kəmǽnd]

동 명령하다, 조망하다, (지배적 위치를) 차지하다, 지배하다
명 명령, 지휘, 조망, (언어) 구사력
Rita immediately bonded with Princess, petting her, feeding her, and teaching her basic commands. 모평
Rita는 곧바로 Princess와 유대를 형성해서, Princess를 어루만지고, 먹이를 주고, 기본적인 명령을 가르쳤다.
🔵 commander 명 사령관　commanding 형 지휘하는, 우세한
🔵 명령하다 order, instruct　구사력 mastery

---

**0116** ★★★★★

### deal
[di:l]

동 다루다, 거래하다 명 취급, 거래, 대량
*Aesthetics* is the branch of philosophy that deals with beauty, especially beauty in the arts. 모평
'미학'은 아름다움, 특히 예술에서의 아름다움을 다루는 철학의 분야이다.
🔵 dealer 명 딜러, 중개인　dealership 명 (승용차) 대리점
🔵 다루다 handle, manage

---

## 0117 ★★★★★

**disappear**
[dìsəpíər]

동 사라지다

If the climate continues to warm at the current rate, polar bears could disappear in the next hundred years. 모평

기후가 현재 속도로 계속 따뜻해지면, 북극곰은 다음 100년 후에 사라질 수도 있다.

파 **disappearance** 명 사라짐, 소실

유 vanish  반 나타나다 appear  존속하다 survive

## 0118 ★★★★★

**encourage**
[inkə́:ridʒ]

동 격려하다, 권장하다, 촉진하다

Children's SNS activities should be encouraged when we help them accumulate knowledge. 대수능

우리가 아이들이 지식을 축적하는 것을 도울 때 아이들의 SNS 활동이 권장되어야 한다.

파 **courage** 명 용기  **encouragement** 명 격려  **encouraging** 형 격려의

유 촉진하다 promote, stimulate  반 실망시키다 discourage

## 0119 ★★★★★

**evolve**
[ivɑ́lv]

동 진화하다, 발전하다, 서서히 발전시키다

Both humans and rats have evolved taste preferences for *sweet* foods, which provide rich sources of calories. 대수능

사람과 쥐 모두 '단' 음식에 대한 맛의 선호를 진화시켜 왔는데, 이것(단 음식)은 풍부한 열량의 원천을 제공한다.

파 **evolving** 형 서서히 전개[발전]되는  **evolution** 명 진화, 발전

유 발전하다 develop, progress, advance

## 0120 ★★★★★

**manner**
[mǽnər]

명 방식, 태도, 예의범절(-s)

Reasonable problems are of the kind that can be solved in a step-by-step manner. 모평

합리적인 문제는 단계적인 방식으로 해결될 수 있는 종류의 것이다.

파 **mannerism** 명 매너리즘, 버릇, 타성

파 **well-mannered** 형 교양 있는, 예의 바른

유 방식 way  태도 attitude  예의범절 etiquette

## 0121 ★★★★☆

**abundant**
[əbʌ́ndənt]

형 풍부한, 풍족한

The !Kung San in that area had abundant food supply and a lot of leisure time. 모평

그 지역의 !Kung San 족은 풍부한 식량 공급과 많은 여가 시간을 가지고 있었다.

파 **abundance** 명 풍부  **abound** 동 풍부하다

유 plentiful, rich  반 scarce

## 0122 ★★★★☆

**affect**
[əfékt]

동 영향을 미치다, (강한 정서적) 충격을 주다 명 정서, 감정

True understanding can only come from seeing the creature in its natural surroundings and the ways in which its presence affects its environment. 모평

진정한 이해는 오직 그 동물을 그 동물의 자연적인 환경에서 보는 것으로부터 그리고 그 동물의 존재가 그 동물의 환경에 영향을 미치는 방식을 보는 것으로부터 올 수 있다.

파 **affective** 형 정서적인  **affection** 명 애정

파 **effect** 명 영향

유 영향을 미치다 influence, impress

---

**0123** ★★★★☆

### chronically
[kránikəli]

囝 만성적으로

Having **chronically** high anxiety is an almost sure predictor that a person will eventually fail in the field. 대수능

만성적으로 높은 불안감을 갖는 것은 그 사람이 결국 실전에서 실패할 것임을 나타내는 거의 틀림없는 예표이다.

囵 **chronical** 혱 만성적인　**chronicle** 몡 연대기 통 연대기로 기록하다
⊕ persistently

---

**0124** ★★★★☆

### deceive
[disíːv]

통 속이다, 기만하다

The fact that we can be **deceived** or deluded complicates the epistemic task of finding the truth. EBS 연계

우리가 기만당하거나 현혹될 수 있다는 사실이 진실을 찾아내는 인식론적 과제를 복잡하게 만든다.

囵 **deceit** 몡 기만, 속임수　**deceiver** 몡 사기꾼
　**deceptive** 혱 기만적인, 현혹하는
⊕ cheat, trick

---

**0125** ★★★★☆

### define
[difáin]

통 정의하다, (범위를) 한정하다

Some people have **defined** wildlife damage management as the science and management of overabundant species. 모평

어떤 사람들은 야생 동물 피해 관리를 과잉 종들에 대한 과학과 관리로 정의했다.

囵 **definite** 혱 정해진, 명확한　**definition** 몡 정의
⊕ explain, clarify

---

**0126** ★★★★☆

### familiar
[fəmíljər]

혱 익숙한, 친숙한, 친밀한

Hannah looked at all the **familiar** faces that had been part of her life for the last few years. 대수능

Hannah는 지난 몇 년 동안 자신의 삶의 일부였던 모든 친숙한 얼굴들을 바라보았다.

囵 **familiarly** 囝 스스럼없이　**familiarity** 몡 익숙함
⊕ 친밀한 close, intimate, friendly

---

**0127** ★★★★☆

### furry
[fə́ːri]

혱 부드러운 털의, 털로 덮인, 털 같은

So, you're ready to add a new member, a **furry** one, to your family. 모평

그러면 여러분의 가족에 새로운 구성원, 즉 털로 덮인 구성원을 추가할 준비가 됩니다.

囵 **fur** 몡 털, 모피
⊕ downy, fluffy, woolly

---

**0128** ★★★★☆

### incompatible
[ìnkəmpǽtəbl]

혱 양립할 수 없는, 공존할 수 없는, 호환성이 없는

As in Einstein's formulation, the two theories underlying the tremendous progress of physics were mutually **incompatible**. 모평

아인슈타인의 공식 체계에서처럼, 물리학의 엄청난 발전의 기초가 되는 그 두 가지 이론들은 서로 양립할 수 없었다.

囵 **incompatibleness** 몡 모순됨
⊕ inconsistent　⊖ consistent, compatible

---

## 0129 ★★★★☆

**moisture**
[mɔ́istʃər]

명 수분, 습기
The greater **moisture** capacity of the air means that water can be sucked out of one area and deposited in another. EBS 연계
공기의 수분 용량이 더 크다는 것은 물이 한 지역에서 흡수되어 다른 지역에 축적될 수 있다는 것을 의미한다.
파 **moist** 형 습한, 촉촉한   **moisten** 동 축축하게 하다
유 humidity, wetness, dampness

## 0130 ★★★★☆

**overpowering**
[òuvərpáuəriŋ]

형 압도적인, 아주 강한
It had a cheap frame, but she felt it was so **overpowering**.
EBS 연계
그것은 값싼 액자 속에 들어 있었지만, 그녀는 그것이 매우 압도적이라고 느꼈다.
파 **overpower** 동 제압하다
유 overwhelming, dominating, overbearing

## 0131 ★★★★☆

**poverty**
[pávərti]

명 가난, 빈곤, 부족, 결핍
People emphasized prevention and addressing the root causes of the problem, such as eliminating **poverty** and improving education. 모평
사람들은 빈곤을 없애고 교육을 향상시키는 것과 같은 예방과 문제의 근본 원인 해결을 강조했다.
파 **poor** 형 가난한   유 **poverty-stricken** 형 가난에 찌든
유 부족 scarcity, deficiency, lack

## 0132 ★★★★☆

**rule**
[ru:l]

명 규칙, 통치 동 지배하다, 통치하다
Beneath the cloak of radicalism, the conventions of existing building typologies and programs still **rule**. 모평
급진주의라는 망토 이면에는, 기존의 건축 유형학과 프로그램이라는 관습이 여전히 지배한다.
파 **ruler** 명 통치자, 자
유 지배하다 govern, control, reign

## 0133 ★★★★☆

**solitary**
[sálitèri]

형 외로운, 혼자의, 단독의, 인적이 드문
For myself I kept a **solitary** piece of china, one of the few remaining plates from the set my grandfather bought my mother for her wedding. 모평
스스로를 위해 나는 단독의 자기 한 개만을 가졌는데, 그것은 할아버지가 어머니의 결혼을 위해 어머니에게 사 준 세트에서 몇 남지 않은 접시 중의 하나였다.
파 **sole** 형 단 하나의   **solitude** 명 고독
유 외로운 lonely   인적이 드문 isolated, remote

## 0134 ★★★★☆

**stock**
[stɑk]

명 저장, 재고, 재고품, 주식, 가축 동 저장하다, 비축하다
Even without information, people believe the **stocks** they own will perform better than **stocks** they do not own. 대수능
심지어 아무런 정보도 없이, 사람들은 자신들이 소유한 주식이 자신들이 소유하지 않은 주식보다 더 좋은 성과를 올리게 될 것이라고 믿는다.
파 **stockpile** 명 비축량 동 비축하다   **stockholder** 명 주주
유 저장하다 store, reserve, accumulate

---

**0135** ★★★★☆

**tip**
[tip]

명 끝, 조언, 팁  동 기울다, 기울이다
Left-handedness is just the **tip** of the iceberg. 모평
왼손잡이는 빙산의 일각에 불과하다.
파 **tiptoe** 명 발끝  동 발끝으로 걷다
유 끝 end, point   조언 advice

---

**0136** ★★★★☆

**usage**
[júːsidʒ]

명 용법, 사용, 사용량
Other schools emphasize creative **usage** of a database,
without installing a fund of knowledge in the first place. 대수능
다른 학교에서는 애초에 지식의 축적을 정착시키지 않고 창의적인 데이터베이스의
사용을 강조한다.
파 **use** 동 사용하다
유 사용 use, utilization, employment

---

**0137** ★★★★☆

**utter**
[ʌ́tər]

형 전적인  동 발언하다
Without playing a note or **uttering** a word, Zukerman
placed the instrument back in its case. 모평
Zukerman은 한 음도 연주하지 않고 한 마디의 말도 하지 않은 채, 그 악기를 다시
케이스에 넣었다.
파 **utterly** 부 완전히, 순전히   파 **uttermost** 명 형 최대한도(의)
유 발언하다 state, voice, express

---

**0138** ★★★★☆

**vacuum**
[vǽkjuəm]

명 진공, 공백  동 진공청소기로 청소하다
He alone understood the impact of De Forest's **vacuum**
tube. 모평
그만이 De Forest의 진공관의 효과를 이해했다.
파 **vacuum cleaner** 진공청소기
유 공백 space, absence, blank

---

**0139** ★★★★☆

**vast**
[væst]

형 방대한, 막대한, 광대한, 어마어마한
Fieldwork is the way we learn about the **vast** detailed
intricacy of human culture and individual behavior. 모평
현지 조사는 방대할 정도로 세세하게 얽히고설킨 인류 문화와 개개인의 행동에 대해
배우는 방법이다.
파 **vastly** 부 대단히, 엄청나게   **vastness** 명 광대함
유 enormous, immense

---

**0140** ★★★★☆

**wear**
[wɛər]

동 입다, 닳다, 닳게 하다
The female **wearing** the white dress is about to be married
and change her status and role in society. 모평
흰색 드레스를 입은 여성은 곧 결혼할 것이고 사회에서 자신의 지위와 역할을 변화
시킬 것이다.
파 **wearable** 형 착용할 수 있는   **weary** 형 지친, 지겨운
파 **wear-out** 명 마모
유 닳게 하다 erode, corrode

---

## 0141  ★★★☆☆

### aquatic
[əkwǽtik]

형 물의, 수생의, 수중의, 수상에서 하는  명 수생 동식물, 수상 경기
The bodily fluids of aquatic animals show a strong similarity to oceans. 모평
수중 동물의 체액은 바다와의 강한 유사성을 보여 준다.
파 aquatically 부 물속에서  ④ semiaquatic 형 물 근처에서 생활하는
유 물의 water  바다의 marine, oceanic

## 0142  ★★★☆☆

### bite
[bait]

동 물다  명 물기, 입질, 한입
It is appealing and at first bite its sweetness tastes wonderful. 대수능
그것은 맛있어 보이고 처음 한입에 그것의 달콤함은 굉장한 맛이 난다.
파 bite-size 형 한입 거리의, 아주 작은
유 씹다 chew  씹어 먹다 munch  한입 mouthful

## 0143  ★★★☆☆

### counsellor
[káunslər]

명 상담사, 상담 전문가, 카운슬러
The counsellor helps the child to change by deconstructing old stories and reconstructing preferred stories about himself and his life. 모평
상담사는 아이가 자신과 자신의 삶에 관한 옛 이야기를 해체하고 선호되는 이야기를 재구성함으로써 변화하는 것을 도와준다.
파 counsel 명 동 상담(하다)  counselee 명 내담자
counseling 명 상담
유 adviser, consultant, mentor

## 0144  ★★★☆☆

### delicate
[déləkit]

형 섬세한, 연약한
An egg requires a more delicate touch than a rock. 모평
달걀은 바위보다 더 섬세한 접촉을 요구한다.
파 delicately 부 섬세하게
유 섬세한 fine, subtle  연약한 feeble

## 0145  ★★★☆☆

### drift
[drift]

명 이동, 표류  동 이동하다, 표류하다, 떠다니다
Periodic disturbances such as severe storms, battering by drifting logs, or underwater landslides can reduce the population of a dominant competitor. 모평
심한 폭풍, 떠다니는 통나무에 의한 타격, 혹은 수중 산사태와 같은 주기적인 방해가 지배적인 경쟁자의 개체 수를 감소시킬 수 있다.
파 drifting 형 표류하는  ④ adrift 형 표류하는, 방황하는
유 이동, 표류 movement, shift, flow

## 0146  ★★★☆☆

### furnish
[fə́:rniʃ]

동 제공하다, 비치하다, 설비하다, 설치하다
As property managers, we'll furnish smoke detectors as required by the law. EBS 연계
저희는 건물 관리인으로서 법에서 요구하는 대로 화재 탐지기를 설치해 드립니다.
파 furnished 형 가구가 비치된  furnishing 명 제공, 설치, 가구
유 제공하다 supply, provide  설비하다 equip

---

**0147** ★★★☆☆

**habitat**
[hǽbitæt]

명 서식지, 거주지
This provides a **habitat** for a wider range of species. 모평
이렇게 하면 더 넓은 범위의 종들에게 서식지가 제공된다.
🔁 **habitation** 명 거주(지)　**inhabit** 통 거주하다
🔗 home

---

**0148** ★★★☆☆

**lean**
[liːn]

통 기울이다, 기대다　형 마른, (고기가) 지방이 적은, 수확이 적은
In years of bountiful crops people ate heartily, and in **lean** years they starved. 모평
농작물이 풍부한 해에는 사람들이 마음껏 먹었고, 수확이 적은 해에는 굶주렸다.
🔁 **leanly** 부 여위어　**leanness** 명 여윈 상태
🔗 마른 slim, thin, skinny

---

**0149** ★★★☆☆

**mist**
[mist]

명 옅은 안개
The line of distant mountains and shapes of houses were gradually emerging through the **mist**. 대수능
멀리 일렬로 솟아 있는 산들과 집들의 모습이 옅은 안개를 뚫고 점차 모습을 드러냈다.
🔁 **misty** 형 안개 낀
🔗 haze, fog, cloud

---

**0150** ★★★☆☆

**motor**
[móutər]

명 모터, 자동차　형 모터가 달린, (근육) 운동의
From the point of view of research in **motor** behavior, it is important to use performances in the laboratory. 모평
운동 행동을 연구하는 관점에서 볼 때, 실험실 내의 수행을 사용하는 것이 중요하다.
🔁 **motorist** 명 운전자　🔁 **motorcycle** 명 오토바이
🔗 자동차 car, auto, automobile

---

**0151** ★★★☆☆

**mourn**
[mɔːrn]

통 슬퍼하다, 애도하다
She and her mother had **mourned** together and the bond between them had strengthened. EBS 연계
그녀와 그녀의 어머니는 함께 슬퍼했었으며, 그들 사이의 유대는 강해졌었다.
🔁 **mournful** 형 슬퍼하는, 애처로운
🔗 deplore, lament, grieve

---

**0152** ★★★☆☆

**oppress**
[əprés]

통 압박하다, 억압하다, 박해하다
When stable communities in the early stages of social evolution are invaded and their people **oppressed**, birth rates and population tend to rise much more rapidly. EBS 연계
사회 진화의 초기 단계에 있는 안정적인 공동체가 침입을 받고 사람들이 억압을 받으면, 출생률과 인구가 훨씬 더 빠르게 증가하는 경향이 있다.
🔁 **oppressive** 형 억압[탄압]하는　**oppression** 명 압박, 억압, 탄압
　**oppressor** 명 박해자, 폭군
🔗 abuse, suppress

---

## 0153 ★★★☆☆

**prominent**
[prάmənənt]

형 저명한, 두드러진, 돌출된
Sitting with **prominent** football journalists in Melbourne was very exciting to David. EBS 연계
Melbourne에서 저명한 축구 기자들과 함께 앉아 있는 것은 David에게 매우 흥분되는 일이었다.
❹ **prominently** 부 두드러지게
❺ 저명한 eminent　두드러진 conspicuous, noticeable

## 0154 ★★★☆☆

**sarcastic**
[sɑːrkǽstik]

형 빈정대는, 비꼬는
Sarcasm is the opposite of deception in that a **sarcastic** speaker typically intends the receiver to recognize the **sarcastic** intent. 모평
빈정대는 말을 하는 사람은 대체로 그 말을 받아들이는 사람이 그 빈정대는 의도를 알아차리기를 바란다는 점에서 빈정거림은 속임과 반대되는 것이다.
❹ **sarcastically** 부 비꼬아서, 풍자적으로　**sarcasm** 명 빈정댐, 비꼼
❺ 역설적인, 비꼬는 ironic　풍자적인 satirical

## 0155 ★★★☆☆

**scorn**
[skɔːrn]

명 경멸 동 경멸하다
People we **scorn**, envy, or resent can make as much of a difference to our feelings as loved ones. EBS 연계
우리가 경멸하거나, 부러워하거나, 분개하는 사람들이 사랑하는 사람들만큼이나 우리의 감정에 많은 차이를 만들 수 있다.
❹ **scornful** 형 경멸하는
❺ 경멸 contempt　⬌ 존경 admiration, respect

## 0156 ★★★☆☆

**sow**
[sou]

동 (씨를) 뿌리다, 파종하다, 심다
Seeds with thinner coats were preferred as they allow seedlings to sprout more quickly when **sown**. 대수능
더 얇은 껍질을 가진 씨앗은 파종되었을 때 묘목이 더 빠르게 발아하기 때문에 선호되었다.
❹ **sowing** 형 씨를 뿌리는, 파종하는
❺ 심다 plant, implant

## 0157 ★★★☆☆

**string**
[striŋ]

명 줄, (악기의) 현, 조건(-s) 동 (현을) 튀기다
What kids do need is unconditional support, love with no **strings** attached. 모평
아이들이 정말로 필요로 하는 것은 무조건적인 지지, 즉 아무런 조건이 없는 사랑이다.
❹ **four-stringed** 형 4현의　**shoestring** 명 구두끈
❺ 줄 cord, strand, cable

## 0158 ★★★☆☆

**timber**
[tímbər]

명 수목, 목재
Abundant **timber** would do away with the need to import wood from Scandinavia. 모평
풍부한 목재가 스칸디나비아로부터 목재를 수입할 필요가 없게 해 줄 것이었다.
❹ **timberland** 명 삼림지　**timber-framed** 형 골조가 나무로 된
❺ 목재 wood　통나무 log

**0159** ★★★☆☆

**via**
[váiə]

전 ~을 경유하여, ~을 통하여
A leader is overrun with inputs — via e-mails, meetings, and phone calls — that only distract her thinking. 모평
지도자는 자신의 생각을 흩트러뜨릴 뿐인 이메일, 회의, 통화를 통한 조언에 압도당한다.
🅟 viaduct 명 육교, 고가교
🅣 ~을 경유하여 by way of    ~을 통하여 by means of

**0160** ★★★☆☆

**virtue**
[vɔ́ːrtʃuː]

명 선, 덕, 미덕, 장점
Evil is always a weakness, and virtue is always strength, even if things appear to be quite the opposite. EBS 연계
비록 상황이 정반대인 것처럼 보이더라도 악은 항상 약한 것이고 덕은 항상 강한 것이다.
🅟 virtuous 형 도덕적인
🅣 선 goodness, virtuousness    🅐 사악 vice

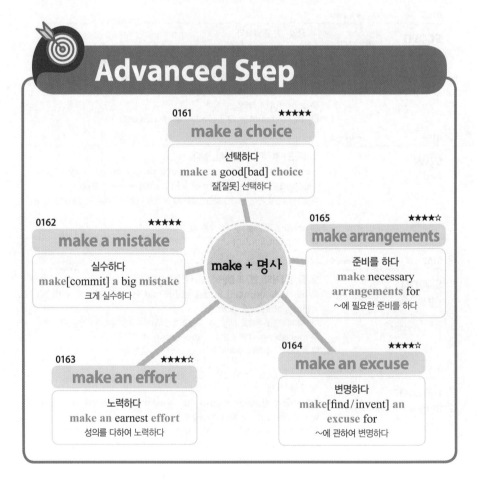

# Advanced Step

**0161** ★★★★★
## make a choice
선택하다
make a good[bad] choice
잘[잘못] 선택하다

**0162** ★★★★★
## make a mistake
실수하다
make[commit] a big mistake
크게 실수하다

**0165** ★★★★☆
## make arrangements
준비를 하다
make necessary arrangements for
~에 필요한 준비를 하다

**make + 명사**

**0163** ★★★★☆
## make an effort
노력하다
make an earnest effort
성의를 다하여 노력하다

**0164** ★★★★☆
## make an excuse
변명하다
make[find/invent] an excuse for
~에 관하여 변명하다

# Review Test

## A 영어는 우리말로, 우리말은 영어로 쓰시오.

**1.** chronically _____
**2.** 방식, 태도　　m_____

**3.** annual _____
**4.** 피하다, 예방하다 a_____

**5.** overpowering _____
**6.** 가난, 빈곤, 결핍 p_____

**7.** furnish _____
**8.** 전적인; 발언하다 u_____

## B 영어 단어와 우리말 뜻을 연결하시오.

**1.** incompatible •　　　　　　• **a.** 외로운, 혼자의

**2.** solitary •　　　　　　• **b.** 빈정대는, 비꼬는

**3.** sarcastic •　　　　　　• **c.** 양립할 수 없는

## C 다음 주어진 뜻에 해당하는 밑줄 친 단어의 파생어를 쓰시오.

**1.** the <u>availability</u> of nursery care　　[형] _____ 이용 가능한

**2.** <u>abundant</u> in natural resources　　[명] _____ 풍부

**3.** <u>mourn</u> his brother's death　　[형] _____ 슬퍼하는, 애처로운

## D 밑줄 친 단어의 유의어 혹은 반의어를 쓰시오.

**1.** <u>evolve</u> a new theory　　[유] d_____

**2.** <u>disappear</u> in the crowd　　[유] v_____

**3.** <u>encourage</u> a person with friendly advice

　　[반] d_____

---

정답

**A 1.** 만성적으로　**2.** (m)anner　**3.** 해마다의, 연간의; 연감, 1년생의 (식물)　**4.** (a)void　**5.** 압도적인, 아주 강한　**6.** (p)overty　**7.** 제공[비치]하다　**8.** (u)tter

**B 1.** c　**2.** a　**3.** b

**C 1.** available　**2.** abundance　**3.** mournful

**D 1.** (d)evelop　**2.** (v)anish　**3.** (d)iscourage

# Actual Test

(A), (B), (C)의 각 네모 안에서 문맥에 맞는 낱말을 고르시오.

The desert locust lives in two remarkably different styles depending on the availability of food sources and the density of the local locust population. When food is scarce, as it usually is in their native desert habitat, locusts are born with coloring designed for camouflage and lead (A) solitary / social lives. But when rare periods of significant rain produce major vegetation growth, everything changes. At first, the locusts continue to be loners, just feasting off the (B) insufficient / abundant food supply. But as the extra vegetation starts to die off, the locusts find themselves crowded together. Suddenly, baby locusts are born with bright colors and a preference for company. Instead of avoiding one another and hiding from predators through camouflage and inactivity, these locusts gather in vast groups, feed together, and (C) overwhelm / overestimate their predators simply through numbers.

해석

사막 메뚜기는 먹이 공급원 입수 가능성과 현지 메뚜기 개체군의 밀도에 따라 현저히 다른 두 가지 방식으로 산다. 그들이 원래 사는 사막의 서식지에서 보통 그렇듯 먹이가 부족할 때는 메뚜기들이 위장을 하기 위한 목적의 색채를 갖고 태어나며 혼자 살아간다. 그러나 드물긴 하지만 상당량의 비가 내리는 기간이 와서 초목이 크게 성장하게 되면, 모든 것이 변한다. 처음에는 그 메뚜기들이 그저 풍부한 먹이 공급량을 맘껏 먹어치우면서 계속 혼자 산다. 그러나 그 여분의 초목이 죽어 없어지기 시작하면, 메뚜기들은 자신들이 (수가 많아져서) 서로 혼잡하게 있다는 것을 알게 된다. 갑자기, 밝은 색을 띠고 함께 있기를 선호하는 새끼 메뚜기들이 태어난다. 서로를 피하고 위장과 무활동을 통해 포식자들로부터 몸을 숨기는 대신, 이 메뚜기들은 거대한 떼를 짓고, 함께 먹으며, 순전히 숫자를 통해 자기네 포식자들을 압도한다.

해설 (A) 메뚜기는 식량이 부족할 때는 '독자적인(solitary)' 생활을 한다.
(B) 초목이 크게 성장하면 '풍부한(abundant)' 먹이 공급이 이루어진다.
(C) 메뚜기들이 거대한 떼를 지어 자기네 포식자를 개체 수로 '압도한다(overwhelm)'.

정답 (A) solitary (B) abundant (C) overwhelm

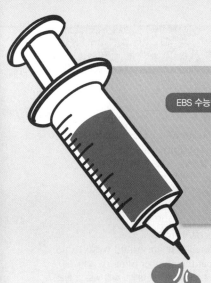

## Word Preview

- [ ] accomplish
- [ ] anxious
- [ ] common
- [ ] count
- [ ] depend
- [ ] extend
- [ ] innovate
- [ ] mental
- [ ] thrill
- [ ] vital
- [ ] amplify
- [ ] bar
- [ ] beg
- [ ] calculate
- [ ] chief
- [ ] composition
- [ ] digest

- [ ] donate
- [ ] economy
- [ ] encode
- [ ] equip
- [ ] improbable
- [ ] minimum
- [ ] moral
- [ ] proportion
- [ ] random
- [ ] recipe
- [ ] scale
- [ ] transport
- [ ] twist
- [ ] adhere
- [ ] arch
- [ ] bottle
- [ ] courtesy

- [ ] dare
- [ ] dwell
- [ ] erect
- [ ] gigantic
- [ ] hedge
- [ ] inflation
- [ ] mold
- [ ] mud
- [ ] outlook
- [ ] panel
- [ ] revolt
- [ ] spur
- [ ] steam
- [ ] surgery
- [ ] treasure
- [ ] vacancy

# Basic Step

**0166** ★★★★★

## accomplish
[əkámpliʃ]

동 완수하다, 달성하다, 성취하다
Self-efficacy is a judgment of one's capability to
accomplish a certain level of performance. 모평
자기 효능감이란 특정한 수준의 성과를 달성하는 자신의 능력에 대한 판단이다.
빠 **accomplished** 형 기량이 뛰어난, 성취한
　　**accomplishment** 명 공적, 완수, 성취
유 complete, achieve, attain

**0167** ★★★★★

## anxious
[ǽŋkʃəs]

형 불안한, 걱정스러운, 열망하는, 간절히 바라는
I was really very anxious to tell that story, but I wasn't able
for the life of me to remember the number of hairs. 모평
나는 정말이지 매우 간절히 그 이야기를 하길 바랐지만, 아무리 애를 써도 그 털의
수를 기억해 낼 수가 없었다.
빠 **anxiously** 부 걱정하여　　**anxiety** 명 걱정
유 불안한 uneasy, concerned　　열망하는 eager

**0168** ★★★★★

## common
[kámən]

형 공동의, 공통의, 흔한, 일반적인
A common metaphor in early theories of attention is the
concept of a bottleneck. 모평
주의 집중에 대한 초기 이론들에서 흔히 있는 하나의 은유는 병목의 개념이다.
빠 **commonly** 부 흔히　　유 **commonplace** 형 아주 흔한
유 공통의 shared, collective　　반 흔하지 않은 uncommon

**0169** ★★★★★

## count
[kaunt]

동 세다, 중요하다, 간주하다
If you do not believe me, you could count them yourself. 모평
만약 저를 믿지 않으신다면, 그것들을 직접 세어 보셔도 돼요.
빠 **counter** 명 계산대　　**countable** 형 셀 수 있는
　　**countless** 형 셀 수 없이 많은
유 세다 number　　중요하다 matter　　간주하다 consider

**0170** ★★★★★

## depend
[dipénd]

동 의존하다, 신뢰하다, ~에 달려 있다(~ on[upon])
Whether we develop effective communication skills
depends largely on how we learn to communicate. 모평
효과적인 의사소통 기술을 발전시키느냐 못 시키느냐 하는 문제는 주로 의사소통하
는 법을 배우는 방식에 달려 있다.
빠 **dependable** 형 신뢰할 수 있는　　**dependent** 형 의지하는, 의존적인
유 rely, lean, count

**0171** ★★★★★

## extend
[iksténd]

동 뻗다, 연장하다, 확장하다
When we extend a hand, holding the screwdriver, we
automatically take the length of the latter into account. 모평
나사돌리개를 들고 손을 뻗을 때 우리는 무의식적으로 후자(드라이버)의 길이를 계산
에 넣는다.
빠 **extended** 형 펼친, 연장한　　**extension** 명 연장, 확장, 증축
　　**extent** 명 정도, 규모　　**extensive** 형 아주 넓은, 폭넓은
유 연장하다 lengthen, prolong　　반 줄이다 shorten

## 0172 ★★★★★

**innovate**
[ínəvèit]

통 혁신하다
You have to challenge the conventional ways of doing things and search for opportunities to **innovate**. 대수능
여러분은 일을 하는 기존 방식에 이의를 제기하고 혁신할 수 있는 기회를 찾아야 한다.
파생 **innovator** 명 혁신자　**innovation** 명 혁신
　　**innovative** 형 혁신적인, 획기적인
유의 reform, renovate, modernize

## 0173 ★★★★★

**mental**
[méntəl]

형 마음의, 정신의, 정신적인, 지적인, 지능의
Let me spend a moment on the idea of adjusting to another person's **mental** orientation. 모평
다른 사람의 정신적 성향에 맞춘다는 것의 개념에 대해 잠시 생각해 보겠습니다.
파생 **mentally** 부 정신적으로
유의 정신의 spiritual　지력의 intellectual　반의 육체의 physical

## 0174 ★★★★★

**thrill**
[θril]

명 흥분, 전율　통 열광시키다, 전율하게 하다
Where 10 or 20 percent off might have given shoppers a **thrill** before, today they want 50 or even 60 percent off.

EBS 연계

전에는 10% 또는 20%의 할인이 구매자에게 흥분을 주었지만, 오늘날에는 구매자들이 50% 또는 심지어 60%의 할인을 원한다.
파생 **thrilling** 형 황홀한　**thrilled** 형 황홀해하는
유의 흥분 excitement　열광시키다 excite, exhilarate

## 0175 ★★★★★

**vital**
[váitəl]

형 생명의, 필수적인, 매우 중요한
Lifeline infrastructures are **vital** systems that support a nation's economy and quality of life. 모평
생명선 기반 시설은 한 국가의 경제와 삶의 질을 유지해 주는 매우 중요한 시스템이다.
파생 **vitality** 명 생명력
유의 필수적인 essential, indispensable, crucial

## 0176 ★★★★☆

**amplify**
[ǽmpləfài]

통 증폭하다, 더 자세히 진술하다
He used the impact of De Forest's vacuum tube to invent an **amplifying** system. 모평
그는 증폭 시스템을 고안하기 위해 De Forest의 진공관 효과를 이용했다.
파생 **ample** 형 충분한　**amplification** 명 확장, 증폭
유의 louden　반의 quieten

## 0177 ★★★★☆

**bar**
[bɑ:r]

명 술집, 막대 (모양의 것), 창살, 장애(물), (악보의) 마디
통 막다, 금지하다
Zoos have replaced concrete floors and steel **bars** with grass, rocks, trees, and pools of water. 모평
동물원들은 콘크리트 바닥과 쇠창살을 풀, 바위, 나무, 물웅덩이로 대체했다.
파생 **barred** 형 빗장을 지른, 가로줄이 있는　**barrier** 명 장벽, 장애물
　　**barricade** 명 바리케이드, 장애물
유의 막대 rod　장애(물) obstacle　금지하다 prohibit

DAY 04

---

**0178** ★★★★☆

## beg
[beg]

图 간청하다, 구걸하다
Desperate, the German teenager caught up with Keith and **begged** the jazz pianist to play. 대수능
필사적으로, 그 십 대의 독일인은 Keith를 따라잡아 그 재즈 피아니스트에게 연주를
해 달라고 간청했다.
❶ **beggar** 명 거지
❺ plead, implore, solicit

---

**0179** ★★★★☆

## calculate
[kǽlkjəlèit]

图 계산하다, 추정하다
We should **calculate** what concentration of greenhouse
gases each country has put into the atmosphere over time
and use those figures to allocate emissions cuts. 대수능
우리는 각 나라가 시간이 지남에 따라 어느 정도 농도의 온실가스를 대기로 배출했
는지 계산하여 그 수치들을 이용해 배기가스 감축을 할당해야 한다.
❶ **calculation** 명 계산[산출]  **calculator** 명 계산기
❺ 계산하다 compute  추산하다 estimate

---

**0180** ★★★★☆

## chief
[tʃiːf]

형 주된, 최고의 명 장(長), 우두머리
**Chief** among these advantages is the ability to control the
first messages and how a story is first framed. 모평
이러한 장점들 중에서 주된 것은 최초의 메시지와 이야기가 처음 표현되는 방식을
조절하는 능력이다.
❶ **chiefly** 부 주로(=mainly)
❺ 장(長) head, president

---

**0181** ★★★★☆

## composition
[kàmpəzíʃən]

명 구성, 성분, 구조, 작곡, 작문, 글, 작품
Subjects who were allowed to listen to music wrote more
creative **compositions** than individuals working in silence.
EBS 연계
음악을 듣도록 허용된 피실험자들이 침묵 속에서 작업한 사람보다 더 창의적인 글을
썼다.
❶ **compose** 동 구성[작곡 / 작문]하다  **composer** 명 작곡가
❺ 구성[구조] make-up, constitution, structure

---

**0182** ★★★★☆

## digest
[dáidʒest]

동 소화하다, 이해하다, 요약하다 명 요약
When we consume something, we **digest** it, and then our
liver helps us to filter the nutrients. EBS 연계
우리가 무언가를 먹을 때, 우리는 그것을 소화하고, 그런 다음 우리의 간은 우리가 영
양소를 여과하는 것을 돕는다.
❶ **digestion** 명 소화  **digestive** 형 소화의
❺ 흡수하다 absorb  요약 summary

---

**0183** ★★★★☆

## donate
[dóuneit]

동 기부하다, 기증하다
Thank you for your question about how to **donate**
children's books for our book drive. 모평
저희의 도서 기부 운동을 위해 아동 도서를 기부하는 방법에 대한 귀하의 문의에 감
사드립니다.
❶ **donation** 명 기부(금), 기증  **donator/donor** 명 기부[기증]자
❺ contribute  ❻ 받다 receive

---

**0184** ★★★★☆

## economy
[ikánəmi]

명 경제, 절약

Do you fear that crime, war, or terrorist attacks will disrupt the economy and your security? 대수능

범죄, 전쟁, 혹은 테러리스트들의 공격이 경제와 여러분의 안전을 파괴할까 두려운가?

파 economics 명 경제학　economic 형 경제의, 절약하는
economical 형 절약하는　economize 통 절약하다
유 절약 thrift, saving　반 낭비[사치] extravagance

**0185** ★★★★☆

## encode
[inkóud]

동 암호화하다, 부호화하다

While memories in short-term memory are encoded acoustically, information held in long-term memory seems to be different. EBS 연계

단기 기억에서의 기억은 청각적으로 부호화되지만, 장기 기억에 저장되는 정보는 다른 것 같다.

파 code 명 암호　coded 형 암호화된　coding 명 코딩, 부호화
유 해독하다 decode, decipher, untangle

**0186** ★★★★☆

## equip
[ikwíp]

동 장비를 갖추다, 준비를 갖춰 주다

The airship was completed in 1933 as part of an effort to equip the U.S. Navy with airborne military bases. 모평

그 비행선은 미국 해군에게 공수(空輸) 군사 기지를 갖추게 하려는 노력의 일환으로 1933년에 완성되었다.

파 equipment 명 장비, 설비　equipped 형 장비를 갖춘
유 준비를 갖춰 주다 prepare, qualify

**0187** ★★★★☆

## improbable
[imprábəbl]

형 있을 법하지 않은, 일어날 법하지 않은

People with a strong sense of self-efficacy may be more willing to attempt tasks for which success is viewed as improbable by the majority of social actors in a setting. 모평

강한 자기 효능감을 가진 사람들은 어떤 환경에서 사회적 행위자 대다수가 성공이 있을 법하지 않다고 여기는 일을 더 기꺼이 시도할 수도 있다.

파 improbably 부 있음직하지 않게
유 unlikely　반 있을 것 같은 probable　가능한 possible

**0188** ★★★★☆

## minimum
[mínəməm]

명 최소한도, 최저치 형 최소의 부 최소한

Money — beyond the bare minimum necessary for food and shelter — is nothing more than a means to an end. 대수능

음식과 거처에 필요한 기본적인 최소한도를 벗어나는 돈은 목적에 대한 수단에 불과하다.

파 minimal 형 최소의　minimize 통 최소화하다
반 maximum

**0189** ★★★★☆

## moral
[mɔ́(:)rəl]

형 도덕상의, 도덕적인 명 교훈

Moral decisions require taking other people into account. 모평

도덕적 결정을 내리는 데는 다른 사람들에 대한 고려가 요구된다.

파 morally 부 도덕적으로　morality 명 도덕심, 도덕성, 도덕률
유 ethical, virtuous　반 비도덕적인 immoral

---

**0190** ★★★★☆

**proportion**
[prəpɔ́ːrʃən]

명 부분, 비율, 균형
Although richer people spend smaller **proportions** of their income on food, in total they consume more food. 모평
비록 더 부유한 사람들이 자신들의 소득의 더 낮은 비율을 음식에 소비하지만, 통틀어 그들은 더 많은 음식을 섭취한다.
파 **proportionate/proportional** 형 비례하는, 균형 잡힌
유 부분 part　비율 ratio　균형 balance

---

**0191** ★★★★☆

**random**
[rǽndəm]

형 임의의, 무작위의
Because the effects of such campaigns can be counteracted by **random** acts of violence, positive outcomes cannot be guaranteed. 모평
그러한 운동의 효과는 무작위적 폭력 행위로 상쇄될 수 있으므로 긍정적 결과가 보장될 수는 없다.
파 **randomly** 부 임의로　**randomness** 명 임의(성)
유 arbitrary, unarranged　반 예정대로의 planned

---

**0192** ★★★★☆

**recipe**
[résəpìː]

명 요리법, 방법, 방안, 비결
I submitted my application and **recipe** for the 2nd Annual DC Metro Cooking Contest. 대수능
저는 제2회 연례 DC Metro 요리 대회에 지원서와 요리법을 제출했습니다.
유 방법 method　방안 formula, prescription

---

**0193** ★★★★☆

**scale**
[skeil]

명 규모, 등급, 영역, 저울(-s), 비늘 동 오르다
Music can effectively communicate whether the motion picture is an epic drama or a story that exists on a more personal **scale**. 모평
음악은 영화가 서사극인지 아니면 더 사적인 영역에 있는 이야기인지를 효과적으로 전달할 수 있다.
파 **full-scale** 형 실물 크기의　**large-scale** 형 대규모의
유 등급 ranking, grading, hierarchy

---

**0194** ★★★★☆

**transport**
[trǽnspɔːrt]

명 수송, 이동, 교통수단 동 [trænspɔ́ːrt] 수송하다
You could guess by looking at its wings that flying was its normal mode of **transport**. 모평
여러분은 그 날개를 보고서 비행이 그것의 보편적인 이동 방식이라는 것을 추측할 수 있었다.
파 **transportation** 명 교통, 수송　**transportational** 형 운송[교통]의
유 수송하다 carry, transfer, move

---

**0195** ★★★★☆

**twist**
[twist]

동 꼬다, 뒤틀다, 왜곡하다 명 꼬기, 비틀림
In one kind of spinning called throwing, two or more fibers are **twisted** together to form a thread. 모평
꼬기라고 불리는 종류의 방적에서는 두 개 혹은 그 이상의 섬유들이 함께 꼬여서 하나의 실을 형성한다.
파 **twisted** 형 뒤틀린　**twister** 명 토네이도
유 왜곡하다 distort, misrepresent, misinterpret

---

## 0196 ★★★☆☆

**adhere**
[ədhíər]

동 달라붙다, 고수하다, 집착하다
There is nothing inherently wrong with adhering to specific practices and strategies. 모평
특정한 업무와 전략을 고수하는 것이 본질적으로 틀린 것은 아니다.
파 adherence 명 집착　adhesive 명 접착제 형 들러붙는
유 달라붙다 stick　매달리다 cling　들러붙다 attach

## 0197 ★★★☆☆

**arch**
[ɑːrtʃ]

명 아치형 구조물, 오목한 부분, 아치형 장식　동 (몸을) 동그랗게 구부리다
While power walking, people should wear shoes with a good arch support to avoid injury. 모평
빠르게 걷는 동안에 사람들은 부상을 피하기 위해서 발바닥의 오목한 부분을 잘 떠받쳐 주는 신발을 신어야 한다.
유 archway 명 아치 (지붕이 덮인) 길, 아치형 입구　curve 명 곡선[곡면]
　dome 명 둥근 지붕　vault 명 둥근 천장

## 0198 ★★★☆☆

**bottle**
[bátl]

명 병, 한 병(의 양)　동 병에 담다
All sleepovers include dinner, breakfast, a camp T-shirt and a water bottle for each participant. EBS 연계
모든 함께 자며 노는 프로그램은 각 참가자를 위한 저녁 식사, 아침 식사, 캠프 티셔츠와 물병이 포함됩니다.
파 bottled 형 병에 담은
유 bottleneck 명 (차량 흐름이 느려지는) 병목 지역　container 명 그릇
　flask 명 (영국) 보온병　pitcher 명 (손잡이가 있는) 주전자[병]

## 0199 ★★★☆☆

**courtesy**
[kə́ːrtisi]

명 공손함, 정중함, 우대　형 의례상의, 우대의, 서비스의
They want not only efficiency but courtesy and they are in a position to get what they want. 모평
그들은 효율성뿐만 아니라 정중함을 원하며, 그들은 자신들이 원하는 것을 얻을 수 있는 위치에 있다.
파 courteous 형 예의 바른
유 공손함 politeness, respectfulness　반 무례 discourtesy, rudeness

## 0200 ★★★☆☆

**dare**
[dɛər]

동 감히 ~하다, (위험을) 무릅쓰다, 도전하다　명 도전
Soon the beggar was standing before a mirror, clothed in garments that he had never dared hope for. EBS 연계
이내 그 거지는 자신이 감히 희망해 본 적이 없었던 의복을 입고 거울 앞에 서 있었다.
파 daring 형 대담한, 위험한 명 대담성
유 감히 ~하다 venture

## 0201 ★★★☆☆

**dwell**
[dwel]

동 살다, 거주하다(~ in), 곰곰이 생각하다(~ on)
Dwell on the swiftness of the passage and departure of things that are and of things that come to be. EBS 연계
존재하는 것과 존재하게 되는 것이 빠르게 지나가고 떠나가는 것에 대해 곰곰이 생각해 보라.
파 dweller 명 거주자　dwelling 명 주소
유 살다 live, reside

DAY 04

## 0202 ★★★☆☆

**erect**
[irékt]

형 직립한, 똑바로 선 동 세우다

Everyone stood **erect** in great silence respectfully watching these three flags rise up. EBS 연계

모두가 엄숙한 침묵 속에 기립하여 이 세 개의 기가 올라가는 모습을 경의를 표하며 바라보았다.

🅟 **erection** 명 설치, 구조물  **erectly** 부 직립하여, 수직으로

🅤 직립한 upright, straight, vertical

## 0203 ★★★☆☆

**gigantic**
[ʤaigǽntik]

형 거대한

Many were probably killed in the close encounters that were necessary to slay one of these **gigantic** animals. 모평

이 거대한 동물 중 한 마리를 잡기 위해 어쩔 수 없이 (그것과) 가까이 맞닥뜨렸을 때 아마도 많은 사람이 죽었을 것이다.

🅟 **giant** 명 거인 형 거대한  **gigantically** 부 대규모로

🅤 huge, enormous, vast

## 0204 ★★★☆☆

**hedge**
[heʤ]

명 산울타리, 방지책, 울타리의 구실을 하는 것 동 둘러싸다

This new approach increases biological diversity by conserving **hedges** and the wildflowers, insects, birds and other animals that live on the land. 모평

이러한 새로운 접근은 산울타리와 그 지역에 서식하는 야생화, 곤충, 새와 그 밖의 다른 동물들을 보호함으로써 생물학적 다양성을 증대시킨다.

🅔 **hedgehog** 명 고슴도치

🅤 둘러싸다 surround, enclose, encircle

## 0205 ★★★☆☆

**inflation**
[infléiʃən]

명 팽창, 과장, 인플레이션, 물가 상승

Economics tackles depressing topics such as poverty, crime, war, taxes, **inflation**, and economic collapse. EBS 연계

경제학은 빈곤, 범죄, 전쟁, 세금, 인플레이션, 경제 붕괴와 같은 우울한 주제들을 다룬다.

🅟 **inflate** 동 부풀리다, 팽창하다, 과장하다, (가격이) 오르다

🅤 expansion, swelling, enlargement  🅞 deflation

## 0206 ★★★☆☆

**mold**
[mould]

명 거푸집, 틀, 곰팡이 동 주조하다, (형성하여) 만들다

If you wish to know what form gelatin will have when it solidifies, study the shape of the **mold** that holds it. 모평

젤라틴이 굳어질 때에 어떤 모양이 될 것인지 알고 싶다면, 그것을 담는 틀의 모양을 살펴보라.

🅟 **moldy** 형 곰팡이가 핀  **remold** 동 변경하다

🅤 (형성하여) 만들다 shape, form, fashion

## 0207 ★★★☆☆

**mud**
[mʌd]

명 진흙

Maybe you think you have to go to Africa and live in a **mud** hut and eat raw bugs while teaching Sunday School to starving children. EBS 연계

어쩌면 여러분은 아프리카에 가서 일요 학교에서 굶주리는 아이들을 가르치면서 움막(진흙 집)에 살며 벌레를 날것으로 먹어야 한다고 생각할지도 모른다.

🅟 **muddy** 형 진흙의  🅔 **muddle** 동 뒤섞다

🅤 점토 clay  흙, 먼지 dirt  점액, 진흙 slime

## outlook
[áutlùk]

명 관점, 전망, 조망
Family backgrounds, education, careers and relationships help shape a person's character and **outlook** on life. EBS 연계
가족 배경, 교육, 직업 및 인간관계는 한 사람의 성격과 인생관을 형성하는 데 도움을 준다.
⊚ lookout 명 망보는 사람[곳]
⊕ 관점 viewpoint, perspective    전망 prospect

## panel
[pǽnəl]

명 패널(벽, 천장의 한 칸), (계기)판, 토론자단, 심사원단
Rare metals are key ingredients in green technologies such as electric cars, wind turbines, and solar **panels**. 대수능
희귀한 금속들이 전기 자동차, 풍력 발전용 터빈, 태양 전지판과 같은 친환경 기술의 핵심 재료이다.
⊚ panel discussion 공개 토론회
⊕ 계기판 console, dashboard

## revolt
[rivóult]

명 반란 동 반란을 일으키다
While the **revolt** was put down soon after, it marked a sea change in the relationship between lords and commoners.
EBS 연계
반란은 그 후 곧 진압되었지만, 그것은 영주와 평민 사이의 관계에 있어서 상전벽해와 같은 변화의 전조가 되었다.
⊕ revolution 명 혁명
⊕ 반란(을 일으키다) riot    반란 rebel, rebellion

## spur
[spəːr]

명 박차, 자극 동 박차를 가하다, 자극하다, 격려하다
The sight of others acting in a socially responsible manner can **spur** an observer to help. EBS 연계
다른 사람들이 사회적으로 책임이 있는 방식으로 행동하는 것을 보는 것은 보는 사람으로 하여금 (남에게) 도움을 주도록 자극할 수 있다.
⊕ spurred 형 다그쳐진    spurt 동 분출하다, 갑자기 속도를 더 내다
⊕ 박차를 가하다 stimulate, inspire, urge

## steam
[stiːm]

명 증기, 김, 물방울, 기운 동 김을 내다
The arrival of the **steam** engine extended our radius of activity. EBS 연계
증기 기관의 도입은 우리의 활동 반경을 넓혀 주었다.
⊕ steamer 명 기선, 찜통    steaming 형 김을 폭폭 내뿜는
⊚ steamship 명 기선
⊕ 물방울, 응결 condensation    기운 energy, vigor

## surgery
[sə́ːrdʒəri]

명 수술, 외과 수술
While he was in the hospital recovering from **surgery**, his mother brought him a box of paints and a how-to book. 모평
그가 수술에서 회복하며 병원에 있을 때, 그의 어머니가 물감 한 상자와 입문서 한 권을 그에게 가져다주었다.
⊕ surgeon 명 외과 의사    surgical 형 외과의
⊕ operation

DAY 04

**0214** ★★★☆☆

**treasure**
[tréʒər]

몡 보물 통 소중히 하다, 비축하다
The way I **treasured** my books revealed the extent of how much I was already like my mother. 모평
내가 책을 소중히 다루는 방식은 내가 이미 얼마나 나의 어머니와 닮아 있는가 하는 정도를 보여 주었다.
파 **treasurer** 몡 회계 담당자  **treasury** 몡 재무부, 금고
유 소중히 하다 cherish, adore

**0215** ★★★☆☆

**vacancy**
[véikənsi]

몡 공석, 공실, 명함
Space that was constructed to accommodate business and consumer needs remains, so **vacancy** rates climb. 모평
업체와 소비자 요구를 수용하기 위해 건설된 공간은 남아 있고, 그래서 공실률이 올라간다.
파 **vacant** 혱 비어 있는
유 emptiness, void, nothingness

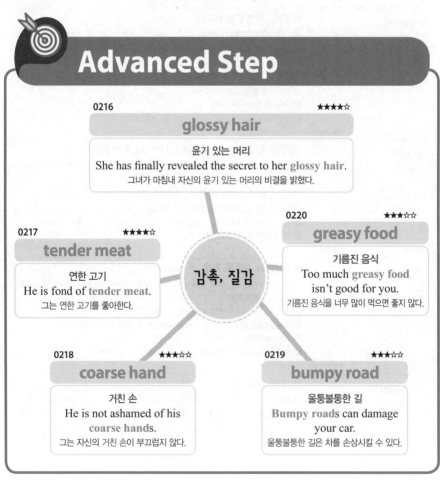

# Advanced Step

**0216** ★★★★☆
## glossy hair

윤기 있는 머리
She has finally revealed the secret to her **glossy hair**.
그녀가 마침내 자신의 윤기 있는 머리의 비결을 밝혔다.

**0220** ★★★☆☆
## greasy food

기름진 음식
Too much **greasy food** isn't good for you.
기름진 음식을 너무 많이 먹으면 좋지 않다.

**0217** ★★★★☆
## tender meat

연한 고기
He is fond of **tender meat**.
그는 연한 고기를 좋아한다.

**감촉, 질감**

**0218** ★★★☆☆
## coarse hand

거친 손
He is not ashamed of his **coarse hand**s.
그는 자신의 거친 손이 부끄럽지 않다.

**0219** ★★★☆☆
## bumpy road

울퉁불퉁한 길
**Bumpy road**s can damage your car.
울퉁불퉁한 길은 차를 손상시킬 수 있다.

# Review Test

## A 영어는 우리말로, 우리말은 영어로 쓰시오.

1. beg _____
2. 주된; 우두머리  c_____
3. adhere _____
4. 암호화하다  e_____
5. outlook _____
6. 외과 수술  s_____
7. proportion _____
8. 규모, 등급, 영역  s_____

## B 영어 단어와 우리말 뜻을 연결하시오.

1. inflation •
2. mold •
3. steam •

• **a.** 증기, 김, 기운
• **b.** 거푸집, 틀, 곰팡이
• **c.** 팽창, 과장

## C 다음 주어진 뜻에 해당하는 밑줄 친 단어의 파생어를 쓰시오.

1. <u>anxious</u> about health　　　명 _____ 걱정
2. <u>revolt</u> against a dictator　　명 _____ 혁명
3. an expression of <u>vacancy</u>　　형 _____ 비어 있는

## D 밑줄 친 단어의 유의어를 쓰시오.

1. <u>extend</u> a deadline　　　유 l_____
2. an <u>improbable</u> story　　유 u_____
3. <u>dwell</u> at home　　　　유 r_____

---

**정답**

**A** 1. 간청[구걸]하다　2. (c)hief　3. 달라붙다, 고수[집착]하다　4. (e)ncode　5. 관점, 전망, 조망
　　6. (s)urgery　7. 부분, 비율, 균형　8. (s)cale
**B** 1. c　2. b　3. a
**C** 1. anxiety　2. revolution　3. vacant
**D** 1. (l)engthen　2. (u)nlikely　3. (r)eside

# Actual Test

다음 글의 밑줄 친 부분 중, 문맥상 낱말의 쓰임이 적절하지 <u>않은</u> 것은?

모평

Chunking is vital for cognition of music. If we had to encode it in our brains note by note, we'd ① <u>struggle</u> to make sense of anything more complex than the simplest children's songs. Of course, most accomplished musicians can play compositions containing many thousands of notes entirely from ② <u>memory</u>, without a note out of place. But this seemingly awesome accomplishment of recall is made ③ <u>improbable</u> by remembering the musical *process*, not the individual notes as such. If you ask a pianist to start a Mozart sonata from bar forty-one, she'll probably have to ④ <u>mentally</u> replay the music from the start until reaching that bar—the score is not simply laid out in her mind, to be read from any random point. It's rather like describing how you drive to work: you don't simply recite the names of roads as an abstract list, but have to construct your route by mentally retracing it. When musicians make a mistake during rehearsal, they wind back to the ⑤ <u>start</u> of a musical phrase ('let's take it from the second verse') before restarting.

*chunking 덩어리로 나누기  **bar (악보의) 마디

**해석**

덩어리로 나누는 것은 음악의 인식에서 필수적인 것이다. 만일 우리가 그것을 한 음 한 음 우리의 뇌에서 부호화해야 한다면 우리는 가장 간단한 동요보다 더 복잡한 것은 어느 것이나 이해하기 위해 악전고투하게 될 것이다. 물론, 대부분의 기량이 뛰어난 음악가들은 한 음도 틀리지 않고 수천 개의 음을 포함하는 작품을 완전히 기억으로 연주할 수 있다. 그렇지만 겉보기에는 굉장한 것 같은 이러한 기억의 성취는 보통 말하는 그런 개별적인 음을 기억하는 것이 아니라 음악적인 '과정'을 기억함으로써 일어날 것 같지 않게 되는(→ 가능해지는) 것이다. 만일 어떤 피아니스트에게 모차르트 소나타를 41번 마디로부터 시작해 달라고 요청하면, 그녀는 아마도 그 음악을 처음부터 머릿속으로 재생해서 그 마디까지 와야 할 것이다. 그 악보는 그저 그녀의 머릿속에 펼쳐져 있어서 어떤 임의의 지점부터 읽힐 수 있는 것이 아니다. 그것은 흡사 여러분이 운전해서 직장에 가는 방법을 설명하는 것과 같다. 여러분은 추상적인 목록으로 길의 이름을 그냥 열거하는 것이 아니고 마음속에서 그것을 되짚어감으로써 여러분의 경로를 구성해야 한다. 음악가들이 리허설 중에 실수한다면, 그들은 다시 시작하기 전에 한 악구의 시작으로('2절부터 다시 합시다') 되돌아간다.

**해설** 개별적인 음이 아닌 음악적인 '과정'을 기억함으로써 음악 작품을 기억하는 것이 가능하다는 것이 글의 흐름이므로, ③의 improbable(일어날 것 같지 않은)을 possible(가능한)과 같은 낱말로 바꾸어야 한다.

**정답** ③

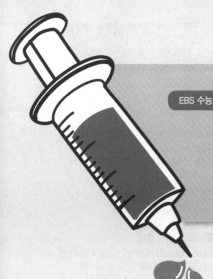

# DAY 05

## Word Preview

- [ ] conclusion
- [ ] current
- [ ] demand
- [ ] frequent
- [ ] frustrated
- [ ] insist
- [ ] mislead
- [ ] reasonable
- [ ] remove
- [ ] thin
- [ ] beam
- [ ] dig
- [ ] explanation
- [ ] fold
- [ ] globe
- [ ] graceful
- [ ] load

- [ ] male
- [ ] partial
- [ ] plant
- [ ] presume
- [ ] reception
- [ ] scent
- [ ] signal
- [ ] stair
- [ ] stimulate
- [ ] stink
- [ ] vision
- [ ] wave
- [ ] web
- [ ] batter
- [ ] blank
- [ ] coherent
- [ ] controversy

- [ ] corporate
- [ ] crusty
- [ ] decent
- [ ] dishonorable
- [ ] empirical
- [ ] entangle
- [ ] minimal
- [ ] remaining
- [ ] runaway
- [ ] seal
- [ ] sensible
- [ ] succession
- [ ] surgical
- [ ] unsatisfactory
- [ ] violent
- [ ] voyage

0221 ★★★★★

## conclusion
[kənklúːʒən]

몡 결론, 결말, (조약의) 체결
Lawyers and scientists use argument to mean a summary of evidence and principles leading to a **conclusion**. 모평
변호사와 과학자는 어떤 결론으로 이어지는 증거와 원리의 요약을 의미하기 위해 논거를 사용한다.
매 **conclude** 동 결론짓다, 끝내다, 체결하다
윤 결론 decision, deduction

0222 ★★★★★

## current
[kə́ːrənt]

혱 현재의, 통용되는 몡 흐름, 해류, 기류, 전류, 경향
You have to venture beyond the boundaries of your **current** experience and explore new territory. 대수능
여러분은 위험을 무릅쓰고 현재 경험의 한계를 넘어 새로운 영역을 탐사해야 한다.
매 **currency** 몡 통화, 유통
윤 현재의 present, contemporary    통용되는 prevalent

0223 ★★★★★

## demand
[dimǽnd]

몡 요구, 수요 동 요구하다
*Objectivity* is important because of the scientific **demand** that observations be subject to public verification. 모평
관찰된 사실들은 공개 검증을 받아야 한다는 과학적인 요구 때문에 '객관성'이 중요하다.
매 **demanding** 혱 힘든, 부담이 큰
윤 요구하다 request, require    뺀 공급 supply

0224 ★★★★★

## frequent
[fríːkwənt]

혱 빈번한, 빈번히 일어나는 동 자주 다니다
One of the most **frequent** criticisms is that the crop yields of organic farms are low. 모평
가장 빈번한 비판 중 하나는 유기 농가들의 작물 수확량이 적다는 것이다.
매 **frequently** 뷔 자주    **frequency** 몡 빈도, 주파수, 진동수
윤 되풀이되는 repeated, recurrent, recurring

0225 ★★★★★

## frustrated
[frʌ́strèitid]

혱 좌절한, 불만스러운
During conflict, people can become **frustrated** and feel that they are constantly being interrupted. EBS 연계
갈등이 있는 동안, 사람들은 좌절할 수 있고, 끊임없이 방해받고 있다고 느낄 수 있다.
매 **frustrate** 동 좌절시키다
윤 실망한 disappointed    낙담한 discouraged

0226 ★★★★★

## insist
[insíst]

동 주장하다, 고집하다
If you **insist** on always having a plan, you cut yourself off from your intuitive self and the inner joy it provides. 모평
언제나 계획이 있어야 한다고 주장하게 되면, 자기 자신을 직관적인 자아와 그것이 제공하는 내적인 기쁨으로부터 단절시키게 된다.
매 **insistence** 몡 주장, 고집
윤 주장하다 maintain, assert, claim

## 0227 ★★★★★

**mislead**
[mislí:d]

동 오도하다, 잘못 이끌다
Roosevelt pretended that he wasn't trying to **mislead** the people. EBS 연계
Roosevelt는 사람들을 오도하려는 것이 아닌 척하려고 했다.
파 **misleading** 형 잘못 인도하는, 오해하게 만드는
유 delude, deceive, misguide

## 0228 ★★★★★

**reasonable**
[rí:zənəbl]

형 합리적인, 이성적인, 적당한
Problems can be distinguished according to whether they are **reasonable** or unreasonable. 모평
문제들은 그것들이 합리적인지 혹은 비합리적인지에 따라 구분될 수 있다.
파 **reason** 명 이유 동 추론하다 **reasonably** 부 타당하게
유 logical 반 illogical, unreasonable

## 0229 ★★★★★

**remove**
[rimú:v]

동 제거하다, 치우다
One avenue that has been explored is the reprocessing of spent fuel to **remove** the active ingredients. 모평
탐색되어 온 한 가지 방안은 활성 성분을 제거하기 위해 사용된 연료를 재처리하는 것이다.
파 **removal** 명 제거
유 eliminate, displace

## 0230 ★★★★★

**thin**
[θin]

형 마른, 얇은, 드문드문한, 묽은 동 가늘게 하다, 얇게 하다, 엷게 하다
Then, rising above the unpleasant buzz of complaining children and parents, comes a **thin**, persistent melody. 모평
그때 투덜대는 아이들과 부모들의 언짢게 웅성거리는 소리 위로 얇고 끊임없는 멜로디가 흘러나온다.
파 **thinner** 명 희석제 **paper-thin** 형 종잇장처럼 얇은
유 마른 slim, lean 반 두꺼운 thick

## 0231 ★★★★☆

**beam**
[bi:m]

명 빛줄기, 환한 미소 동 (빛을) 비추다, 활짝 웃다
When your friend scores the winning goal during a critical soccer match, you **beam** with pride. 모평
여러분의 친구가 중요한 축구 시합에서 결승골을 넣을 때 여러분은 자랑스럽게 활짝 웃는다.
파 **beaming** 형 빛나는, 기쁨에 넘친
유 빛줄기 ray 비추다 shine 활짝 웃다 grin

## 0232 ★★★★☆

**dig**
[dig]

동 파다, 발굴하다, 탐구하다 명 파기
She has to choose the seed, pick the place, clear the ground, **dig** the holes, plant the seed, and water it. EBS 연계
그녀는 씨앗을 고르고, 장소를 고르고, 땅을 개간하고, 구멍을 파고, 씨앗을 심고, 물을 주어야 한다.
파 **digger** 명 굴착기
유 파다 excavate, unearth

---

**0233** ★★★★☆

## explanation
[èksplənéiʃən]

몡 설명, 해명
One **explanation** for the effectiveness of low-balling is in terms of self-perception theory. 대수능
가격을 과소 산정하는 것의 효과에 관한 한 가지 설명은 자기 인식 이론이라는 말로 할 수 있다.
⬥ **explain** 图 설명하다　**explanatory** 휑 설명하는
⊕ clarification, illustration, justification

---

**0234** ★★★★☆

## fold
[fould]

图 접다 몡 주름
You will like it because you can **fold** it up and put it in your backpack. 모평
여러분은 그것을 접어서 여러분의 배낭에 넣을 수 있기 때문에 그것을 맘에 들어 할 것입니다.
⬥ **folder** 몡 서류철, 폴더　**foldable** 휑 접을 수 있는
⊕ 주름 wrinkle, line　⊕ 펼치다 unfold

---

**0235** ★★★★☆

## globe
[gloub]

몡 지구, 세계, 공, 구체(球體)
Today the term artist is used to refer to a broad range of creative individuals across the **globe** from both past and present. 모평
오늘날 예술가라는 용어는 과거와 현재의 세계 모두에 걸쳐 창의적인 개인들을 지칭하는 데 사용된다.
⬥ **global** 휑 지구의, 세계적인　**globalization** 몡 세계화
⊕ 지구 planet, earth　구체 sphere

---

**0236** ★★★★☆

## graceful
[gréisfəl]

휑 우아한, 품위 있는
His portraits are always **graceful** and charming. EBS 연계
그의 초상화는 항상 우아하고 매력적이다.
⬥ **grace** 몡 우아함 图 꾸미다
⊕ elegant, stylish, refined

---

**0237** ★★★★☆

## load
[loud]

몡 짐, 부담 图 짐을 싣다, 가득 채우다
The more "conservative" the building envelope and insulation, the easier it was to match essential energy **loads** to the availability of on-site resources. EBS 연계
건물 외피와 단열 처리가 더욱 '보존력이 있을수록' (건물이 필요로 하는) 필수 에너지 부담을 현장 (에너지) 자원의 활용 가능성에 맞추는 것이 더 쉬웠다.
⬥ **loaded** 휑 실은, 가득 찬　**overload** 图 과적하다
⊛ **workload** 몡 업무량
⊕ 짐을 싣다 charge, pile, stuff　⊕ 짐을 풀다 unload

---

**0238** ★★★★☆

## male
[meil]

휑 수컷의, 남성의 몡 수컷, 남성
The percentage of female consumption of fruit and vegetables 5 or more times per day was higher than that of **males**. 모평
여성이 하루 5회 이상 과일 및 채소를 섭취한 비율은 남성의 비율보다 더 높았다.
⊛ **male-dominated** 휑 남성 주도의
⊕ 남성의 masculine, manly　⊕ female

---

## 0239 ★★★★☆

**partial**
[páːrʃəl]

형 일부분의, 편파적인, 불공평한
Everyone comes from a *perspective*, which, by its very nature, is limited and partial. EBS 연계
모든 사람은 어떤 '관점'에서 비롯되는 결과인데, 그것은 본래 제한적이며 편파적이다.
팽 part 명 부분  partially 뷔 부분적으로, 불공평하게
윤 불공정한 unfair  편향된 biased  반 공정한 impartial

## 0240 ★★★★☆

**plant**
[plænt]

명 식물, 공장 동 심다
When people started to plant stored seed stock deliberately, they also began protecting their plants. 대수능
사람들이 저장된 씨앗 종자를 의도적으로 심기 시작했을 때, 그들은 또한 자신들의 식물을 보호하기 시작했다.
팽 plantation 명 농장  implant 동 꽂아 넣다, 박다
팽 transplant 명 동 이식(하다)  supplant 동 대신하다
윤 공장 factory, mill  작업장 workshop

## 0241 ★★★★☆

**presume**
[prizjúːm]

동 추정하다, 간주하다
Darwin's theories of evolution presume that individuals should act to preserve their own interests, not those of the species as a whole. 모평
다윈의 진화론은 개체는 자기 종 전체의 이익이 아닌, 자기 자신의 이익을 보호하기 위해 행동한다고 추정한다.
팽 presumable 형 추정할 수 있는, 있음직한  presumption 명 추정
윤 assume, suppose

## 0242 ★★★★☆

**reception**
[risépʃən]

명 수신, 수령, 환영, 환영회, 접수처
Armstrong worked on the major problem of radio reception—electrical interference. 모평
Armstrong은 라디오 수신의 주된 문제인 전기 간섭을 개선하기 위해 애를 썼다.
팽 receive 동 받다  receptionist 명 접수원
윤 받기 receipt  받아들임 acceptance  환영 welcome

## 0243 ★★★★☆

**scent**
[sent]

명 향, 향기, 냄새
It smelled not like the clean shampoo scent I might have been hoping for, but like old lettuce. EBS 연계
그것은 내가 기대하고 있었을지도 모르는 깨끗한 샴푸 향이 아니라, 오래된 양상추 같은 냄새가 났다.
팽 scented 형 향기로운
윤 향기 fragrance  냄새 smell  반 악취 stink

## 0244 ★★★★☆

**signal**
[sígnəl]

명 신호 동 신호를 보내다
Those who have high self-monitoring adjust themselves to any social signal that indicates appropriate or inappropriate behavior. 대수능
높은 수준의 자기 감시 능력을 지닌 사람들은 적절하거나 부적절한 행위를 알려 주는 어떤 사회적 신호에든 자기 자신을 맞춘다.
팽 sign 명 조짐, 징조, 표지판  signaling 명 신호법, 신호하기
윤 신호 indication, sign, cue

DAY 05

---

**0245** ★★★★☆

**stair**
[stɛər]

명 계단
He picked them up and read the letter thoroughly while sitting on the **stairs** in front of his house. 모평
그는 그것들을 집어 들고는 자신의 집 앞 계단에 앉아 그 편지를 자세히 읽었다.
⨁ **upstairs** 명 부 위층(으로)   **downstairs** 명 부 아래층(으로)
⊕ step, stairway, staircase

---

**0246** ★★★★☆

**stimulate**
[stímjulèit]

동 자극하다, 활성화하다, 활발하게 하다
One surprising effect of printing was to **stimulate** the development of single national languages like English. EBS 연계
인쇄술의 한 가지 놀라운 영향은 영어 같은 단일 국가 언어의 발달을 자극했다는 것이다.
⨁ **stimulating** 형 자극하는   **stimulus** 명 자극
   **stimulant** 형 명 자극이 되는 (것)
⊕ motivate, spark, spur

---

**0247** ★★★★☆

**stink**
[stiŋk]

명 악취 동 악취를 풍기다
Being happy means that you recognize that life sometimes **stinks**. 모평
행복하다는 것은 때로는 삶이 악취를 풍긴다는 것을 인식하는 것을 의미한다.
⨁ **stinky** 형 악취가 나는
⨀ 향기 scent, fragrance

---

**0248** ★★★★☆

**vision**
[víʒən]

명 시력, 시각, 미래상, 안목
I had **visions** of being a hero — a police officer or an astronaut. 모평
어렸을 때 나는 경찰이나 우주 비행사와 같은 영웅이 되는 미래상을 가지고 있었다.
⨁ **visual** 형 시각의   **visionary** 형 예지력이 있는
⊕ 시각 sight, view, perspective

---

**0249** ★★★★☆

**wave**
[weiv]

명 파도, 파장 동 흔들다
The sound **waves** you produce travel in all directions and bounce off the walls at different times and places. 모평
여러분이 만드는 음파는 모든 방향으로 이동하고 각기 다른 시간과 장소에서 벽에 반사된다.
⨁ **waved** 형 물결치는, 기복이 있는
⨂ **wavelength** 명 (빛의) 파장   **microwave** 명 전자레인지, 극초단파
⊕ 파도 ripple   파장 vibration

---

**0250** ★★★★☆

**web**
[web]

명 거미집, 거미집 모양의 것, 망, 인터넷 동 거미집 치다
To a human observer, their legs seem a great hindrance as the spiders move about the **web**. 모평
관찰자인 인간에게는 거미들이 거미집에서 돌아다닐 때 그것들의 다리는 엄청난 방해물처럼 보인다.
⨂ **website** 명 웹 사이트   **webcast** 명 인터넷 생방송
   **webzine** 명 웹진
⊕ 망 mesh, net, network

## 0251 ★★★☆☆

### batter
[bǽtər]

동 난타하다, 두드리다　명 반죽, (야구의) 타자

We batter our fellowmen with our opinions sufficiently often, but this is nothing in comparison to the insistence with which we pour out our feelings. EBS 연계

우리는 우리의 의견으로 우리의 동료들을 난타하는 경우가 충분히 많지만, 이것은 우리가 우리의 감정을 쏟아 내는 집요함에 비하면 아무것도 아니다.

⊕ battered 형 낡은, 닳은, 심한 공격을 받은
⊕ 난타하다 shatter, smash, damage

## 0252 ★★★☆☆

### blank
[blæŋk]

형 텅 빈, 공백의　명 빈칸, 여백, 공백

My mind drew a complete blank. 모평

내 마음은 아무 생각도 나지 않았다.

⊕ blankly 부 멍하니　blankness 명 공백, 단조로움
⊕ 텅 빈 empty, unfilled, vacant

## 0253 ★★★☆☆

### coherent
[kouhí(:)ərənt]

형 일관성이 있는

What is required is an ability to put many pieces of a task together to form a coherent whole. 모평

(그들에게) 요구되는 것은 어떤 과업의 많은 조각들을 모아 일관성이 있는 전체를 만들 수 있는 능력이다.

⊕ coherently 부 일관성 있게
⊕ consistent, logical　⊕ incoherent, inconsistent

## 0254 ★★★☆☆

### controversy
[kántrəvə̀:rsi]

명 논쟁, 논란

The controversy and legal battles over issuing patents for genetic material have continued. EBS 연계

유전 물질에 대한 특허를 발급하는 것에 대한 논쟁과 법적인 싸움이 계속되어 왔다.

⊕ controvert 동 반박하다　controversial 형 논란이 많은
⊕ disagreement, dispute, argument

## 0255 ★★★☆☆

### corporate
[kɔ́:rpərit]

형 기업의, 법인의, 공동의, 단체의

We encourage you to gain more experience and expose yourself more to different challenges and situations in the corporate world. EBS 연계

저희는 귀하께서 더 많은 경험을 하고, 기업 분야에서 다양한 도전과 상황을 더 많이 접해 볼 것을 권장합니다.

⊕ incorporate 동 포함[설립]하다　corporation 명 회사
intercorporate 형 기업 간의
⊕ 공동의 collective, shared, common

## 0256 ★★★☆☆

### crusty
[krʌ́sti]

형 딱딱한 껍질이 있는, 외피가 있는

A highly polluted area around an industrial plant might have only gray-green crusty lichens or none at all. EBS 연계

산업 공장 주변의 매우 오염된 지역은 단지 회녹색의 껍질이 딱딱한 이끼들만 있거나 아니면 전혀 아무것도 없을 수도 있다.

⊕ crust 명 (속이 부드러운 것의) 딱딱한 표면, 외피, 빵 껍질, 부스럼 딱지
⊕ crustal 형 외피의, 갑각의, 지각의
⊕ crisp, crispy　⊕ soggy

**0257** ★★★☆☆

# decent
[díːsənt]

형 (수준, 품질이) 괜찮은, 점잖은, 예의 바른, 품위 있는
Genes, development, and learning all contribute to the process of becoming a **decent** human being. 대수능
유전자, 발달, 그리고 학습은 모두 예의 바른 인간이 되는 과정에 기여한다.
🔢 **decently** 뷰 품위 있게  **decency** 명 품위
🔵 괜찮은 satisfactory  품위 있는 honorable, respectable

**0258** ★★★☆☆

# dishonorable
[disánərəbl]

형 불명예스러운
Since the 19th century, economics has borne the **dishonorable** name of "the dismal science." EBS 연계
19세기 이래로 경제학은 '우울한 학문'이라는 불명예스러운 이름을 지녀 왔다.
🔢 **honor** 명 영광, 명예  **honored** 형 명예로운
🔵 despicable  🔴 honorable, noble, admirable

**0259** ★★★☆☆

# empirical
[empírikəl]

형 경험적인, 실증적인, 경험에 의거한
Each of two conflicting theories can claim positive **empirical** evidence in its support but they come to opposite conclusions. 대수능
두 개의 상충하는 이론은 그 각각의 이론을 뒷받침해 주는 긍정적인 경험적 증거를 내세울 수 있지만, 그 두 이론은 정반대의 결론에 이르게 된다.
🔢 **empirically** 뷰 경험적으로
🔵 observed, experimental  🔴 이론(상)의 theoretical

**0260** ★★★☆☆

# entangle
[intǽŋgl]

동 엉키게 하다, 얽히게 하다, 걸려 꼼짝 못하게 하다
Marine debris affects animals through ingesting it or getting **entangled** in it. EBS 연계
해양 쓰레기는 동물들이 그것을 삼키거나 그것에 걸려 꼼짝 못하게 됨으로써 그들에게 영향을 미친다.
🔢 **tangle** 동 엉키다, 엉키게 하다 명 얽힌 것  **tangled** 형 헝클어진
🔵 intertwine, muddle  🔴 (엉킨 것을) 풀다 disentangle

**0261** ★★★☆☆

# minimal
[mínəməl]

형 아주 적은, 최소의
The ideal translator most faithfully retains the creative spirit of the original, thereby keeping his or her own contribution to the translation as **minimal** as possible. EBS 연계
이상적인 번역가는 원작의 창작 정신을 가장 충실하게 유지하며, 그렇게 함으로써 번역 작품에 자신의 기여를 가능한 한 최소한으로 한다.
🔢 **minimum** 명 최소한도, 최저(치)  **minimize** 동 최소화하다
🔵 minimum, negligible  🔴 maximal

**0262** ★★★☆☆

# remaining
[riméiniŋ]

형 남아 있는, 존재하는
The introduced individuals immediately turned their attentions to the crabs and small fish, thus competing with the few **remaining** grebes for food. 대수능
그 유입된 개체는 즉각 게와 작은 물고기에게 관심을 돌렸고, 이리하여 몇 마리 안 남은 논병아리와 먹이를 놓고 경쟁했다.
🔢 **remain** 동 남아 있다  **remains** 명 유물, 유적
🔵 surviving, lasting, enduring

## 0263 ★★★☆☆

**runaway**
[rʌ́nəwèi]

명 도망, 도망자 형 도망한, 통제 불능의

Water evaporating from the oceans may set off a runaway greenhouse effect that turns Earth into a damp version of Venus. 모평

대양으로부터 증발하는 물은 지구를 습한 금성의 형태로 바꾸게 되는 통제 불능의 온실 효과를 유발할 수도 있다.

파 run away 도망치다
유 도망자 fugitive   도망한 escaped, loose

## 0264 ★★★☆☆

**seal**
[si:l]

명 봉인, 도장, 물개 동 봉인하다, 날인하다, 확인하다

When ice forms, the bears can walk out to a hole, then sit and wait for a seal to pop its head up to breathe. 모평

얼음이 얼 때, (북극)곰은 구멍으로 걸어간 다음 앉아서 물개가 숨을 쉬기 위해 머리를 내미는 것을 기다릴 수 있다.

파 sealed 형 봉인한, 포장된
유 확인하다 confirm, certify   반 개봉하다 unseal

## 0265 ★★★☆☆

**sensible**
[sénsəbl]

형 분별력 있는, 이지적인, 합리적인, 이성적인

Her pale, plump face was gentle and sensible; her grey eyes had a warm and kindly twinkle. EBS 연계

그녀의 창백하고 통통한 얼굴은 부드러웠고 이지적이었으며, 그녀의 회색 눈은 따뜻하고 다정하게 빛났다.

파 sense 명 감각   sensitive 형 민감한
유 합리적인 reasonable   이성적인 rational

## 0266 ★★★☆☆

**succession**
[səkséʃən]

명 연속, 연쇄, 계승

Soup kitchens could not serve enough meals to those going hungry, and banks collapsed in rapid succession. EBS 연계

무료 급식소들은 배고픈 사람들에게 충분한 음식을 제공할 수 없었고, 은행들은 빠르게 잇달아 파산했다.

파 succeed 동 계속해서 일어나다, 성공하다   successive 형 연속적인
유 연속 sequence, stream, series

## 0267 ★★★☆☆

**surgical**
[sə́:rdʒikəl]

형 수술의

A medical student must have expertise in human anatomy before studying surgical techniques. 모평

의대생은 수술 기법을 공부하기 전에 인간 해부학에 대한 전문 지식을 갖고 있어야만 한다.

파 surgery 명 외과 수술   surgeon 명 외과 의사
유 operative

## 0268 ★★★☆☆

**unsatisfactory**
[ʌ̀nsætisfǽktəri]

형 만족스럽지 못한, 불만스러운

To help the criticized person know how to fix what you object to, define exactly what went wrong and why it is unsatisfactory. EBS 연계

비판을 받는 사람이 여러분이 못마땅해 하는 것을 바로잡는 방법을 알도록 도우려면, 정확히 무엇이 잘못되었고 왜 그것이 불만스러운지 분명히 밝히라.

유 disappointing, dissatisfying   반 satisfactory

**0269** ★★★☆☆

**violent**
[váiələnt]

형 폭력적인, 격렬한
After living at Oak Haven for many years, I have acquired great respect for and dread of the sudden shock of a **violent** thunderstorm. EBS 연계
수년간 Oak Haven에 살고 나서, 나는 격렬한 뇌우의 갑작스런 충격에 대해 커다란 존경과 두려움을 갖게 되었다.
파 **violence** 명 폭력, 격렬함  **violently** 부 격렬하게
유 brutal, ferocious, fierce  반 비폭력의 non-violent

**0270** ★★★☆☆

**voyage**
[vɔ́iidʒ]

명 항해 동 항해하다
Deseada is said to have obtained its name from the desire Christopher Columbus felt of seeing land on his second **voyage** in 1493. 모평
Deseada는 Christopher Columbus가 1493년에 그의 두 번째 항해에서 느꼈던 육지를 보고 싶다는 소망에서 그 이름을 얻게 되었다고 일컬어진다.
파 **voyager** 명 여행자
유 항해하다 sail, cruise, stream

# Advanced Step

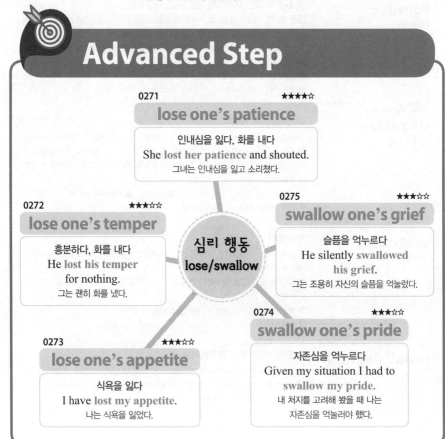

**0271** ★★★★☆
**lose one's patience**

인내심을 잃다, 화를 내다
She **lost her patience** and shouted.
그녀는 인내심을 잃고 소리쳤다.

**0275** ★★★☆☆
**swallow one's grief**

슬픔을 억누르다
He silently **swallowed his grief**.
그는 조용히 자신의 슬픔을 억눌렀다.

**0272** ★★★☆☆
**lose one's temper**

흥분하다, 화를 내다
He **lost his temper** for nothing.
그는 괜히 화를 냈다.

심리 행동
**lose/swallow**

**0274** ★★★☆☆
**swallow one's pride**

자존심을 억누르다
Given my situation I had to **swallow my pride**.
내 처지를 고려해 봤을 때 나는 자존심을 억눌러야 했다.

**0273** ★★★☆☆
**lose one's appetite**

식욕을 잃다
I have **lost my appetite**.
나는 식욕을 잃었다.

# Review Test

## A  영어는 우리말로, 우리말은 영어로 쓰시오.

1. scent _____
2. 환한 미소　　b_____
3. fold _____
4. 엉키게 하다　　e_____
5. empirical _____
6. 괜찮은, 점잖은　　d_____
7. coherent _____
8. 논쟁, 논란　　c_____

## B  영어 단어와 우리말 뜻을 연결하시오.

1. seal　•
2. crusty　•
3. stink　•

- • a. 외피가 있는
- • b. 악취(를 풍기다)
- • c. 봉인[날인]하다, 확인하다

## C  다음 주어진 뜻에 해당하는 밑줄 친 단어의 파생어를 쓰시오.

1. <u>demand</u> great caution　　형 _____ 힘든, 부담이 큰
2. <u>stimulate</u> one's curiosity　　명 _____ 자극
3. a <u>succession</u> of traffic accidents　　형 _____ 연속적인

## D  밑줄 친 단어의 유의어 혹은 반의어를 쓰시오.

1. <u>current</u> news　　유 p_____
2. <u>remove</u> all barriers　　유 e_____
3. <u>partial</u> opinion　　반 i_____

DAY 05

---

정답

**A** 1. 향(기), 냄새　2. (b)eam　3. 접다; 주름　4. (e)ntangle　5. 경험[실증]적인, 경험에 의거한
　　6. (d)ecent　7. 일관성이 있는　8. (c)ontroversy
**B** 1. c　2. a　3. b
**C** 1. demanding　2. stimulus　3. successive
**D** 1. (p)resent　2. (e)liminate　3. (i)mpartial

# Actual Test

다음 글의 밑줄 친 부분 중, 문맥상 낱말의 쓰임이 적절하지 <u>않은</u> 것은?

대수능

Suppose we know that Paula suffers from a severe phobia. If we reason that Paula is afraid either of snakes or spiders, and then ① establish that she is not afraid of snakes, we will conclude that Paula is afraid of spiders. However, our conclusion is reasonable only if Paula's fear really does concern either snakes or spiders. If we know only that Paula has a phobia, then the fact that she's not afraid of snakes is entirely ② consistent with her being afraid of heights, water, dogs or the number thirteen. More generally, when we are presented with a list of alternative explanations for some phenomenon, and are then persuaded that all but one of those explanations are ③ unsatisfactory, we should pause to reflect. Before ④ denying that the remaining explanation is the correct one, consider whether other plausible options are being ignored or overlooked. The fallacy of false choice misleads when we're insufficiently attentive to an important hidden assumption, that the choices which have been made explicit exhaust the ⑤ sensible alternatives.

*plausible 그럴듯한 **fallacy 오류

해석

Paula가 극심한 공포증을 겪는다는 것을 우리가 안다고 가정해 보자. Paula가 뱀이나 거미 둘 중 하나를 두려워한다고 추론한 다음, 그녀가 뱀을 두려워하지 않는다는 것을 규명한다면, 우리는 Paula가 거미를 두려워한다고 결론지을 것이다. 그러나 우리의 결론은 실제로 Paula의 두려움이 뱀이나 거미 둘 중 하나와 관계가 있는 경우에만 타당하다. 만약 우리가 Paula가 공포증이 있다는 것만 알고 있다면, 그녀가 뱀을 두려워하지 않는다는 사실은 그녀가 높은 곳, 물, 개, 또는 숫자 13을 두려워한다는 것과 전적으로 양립한다. 더 일반적으로는 우리에게 어떤 현상에 대한 일련의 대안적 설명이 제공되고, 그런 다음 그 설명들 중 하나를 제외하고는 모든 것이 적절하지 않다는 것을 확신한다면, 우리는 멈춰서 심사숙고해야 한다. 남아 있는 그 설명이 옳은 것이라는 것을 부정하기(→ 인정하기) 전에, 타당해 보이는 다른 선택 사항들이 무시되거나 간과되고 있는지를 고려해 보라. 잘못된 선택의 오류는, 우리가 숨어 있는 중요한 가정에 불충분하게 주의를 기울이면, 명백한 것으로 밝혀진 선택 사항들이 합리적인 대안을 고갈시키도록 오도한다.

해설 어떤 현상에 대한 여러 가지 설명들 중에 하나의 설명만 옳은 것이라고 '인정하기(conceding)' 전에 다른 설명들이 간과되고 있지 않은지 고려해 보라는 내용이 되어야 하므로, ④의 denying을 conceding과 같은 낱말로 바꾸어야 한다.

정답 ④

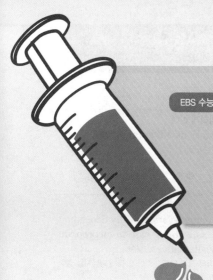

# DAY 06

## Word Preview

- ☐ advantage
- ☐ assess
- ☐ enormous
- ☐ flexible
- ☐ necessity
- ☐ nerve
- ☐ opposite
- ☐ primarily
- ☐ respect
- ☐ responsible
- ☐ accelerate
- ☐ basis
- ☐ bloom
- ☐ bomb
- ☐ capital
- ☐ collaboration
- ☐ decisive

- ☐ emerge
- ☐ industry
- ☐ literally
- ☐ persistently
- ☐ prospect
- ☐ rapid
- ☐ scan
- ☐ serve
- ☐ session
- ☐ sociology
- ☐ spin
- ☐ suspect
- ☐ switch
- ☐ blast
- ☐ bullet
- ☐ conviction
- ☐ draft

- ☐ glide
- ☐ hoop
- ☐ hut
- ☐ laborious
- ☐ mercy
- ☐ overtake
- ☐ penetrate
- ☐ personnel
- ☐ petitioner
- ☐ recruit
- ☐ remnant
- ☐ savory
- ☐ stumble
- ☐ terminology
- ☐ wire
- ☐ worship

---

**0276** ★★★★★

**advantage**
[ədvǽntidʒ]

명 이점, 장점, 이익, 우위  동 유리하게 하다
Being an introvert definitely has its **advantages**. 모평
내성적인 사람이라는 것에는 분명히 이점이 있다.
⊕ **advantageous** 형 유리한
⊕ 이익 benefit　우위 superiority　⊕ 불리한 점 disadvantage

---

**0277** ★★★★★

**assess**
[əsés]

동 평가하다, 재다, 가늠하다
As the timing of inputs and outputs varies greatly depending on the type of energy, there is a strong case to incorporate time when **assessing** energy alternatives. 대수능
투입과 생산의 시기가 에너지 유형에 따라 크게 다르기 때문에, 대체 에너지를 평가할 때 시간을 포함하려는 강력한 사례가 있다.
⊕ **assessment** 명 평가　**assessable** 형 평가할 수 있는
⊕ evaluate, estimate

---

**0278** ★★★★★

**enormous**
[inɔ́ːrməs]

형 거대한, 막대한, 엄청난
Fish schools vary in size from a few individuals to **enormous** populations extending over several square kilometers. 모평
물고기 떼는 몇 마리의 개체에서부터 몇 제곱킬로미터에 걸쳐 펼쳐진 엄청난 개체군에 이르기까지 그 규모가 다양하다.
⊕ **enormously** 부 거대하게
⊕ huge, immense, tremendous

---

**0279** ★★★★★

**flexible**
[fléksəbl]

형 유연한, 융통성 있는, 탄력적인
These online classes allow **flexible** hours that enable students to participate in other activities. EBS 연계
이 온라인 수업은 학생들이 다른 활동에 참여할 수 있도록 탄력적인 수업 시간을 허용합니다.
⊕ **flexibly** 부 유연하게　**flexibility** 명 유연[융통]성
⊕ 융통성 있는 adaptable, adjustable, open

---

**0280** ★★★★★

**necessity**
[nəsésəti]

명 필요, 필요성, 필수품
While interacting with English speakers, he realized the **necessity** of a writing system for the Cherokee people. 모평
영어로 말하는 사람들과 교류하면서, 그는 Cherokee 사람들을 위한 문자 체계의 필요성을 깨달았다.
⊕ **necessary** 형 필요한　**necessitate** 동 필요로 하다
⊕ essential, fundamental, requisite

---

**0281** ★★★★★

**nerve**
[nəːrv]

명 신경, 배짱, 용기
When these rays enter the eyes of an observer, **nerves** in the eyes send signals to the observer's brain. EBS 연계
이 광선이 관찰자의 눈으로 들어올 때, 눈에 있는 신경이 관찰자의 뇌로 신호를 보낸다.
⊕ **nervous** 형 초조한, 신경의
⊕ 배짱 boldness　용기 courage　자신감 self-confidence

---

## 0282 ★★★★★

**opposite**
[ápəzit]

형 반대의, 반대편의  명 반대, 반대의 것
As the opposite of local networks, cosmopolitan networks offer little solidarity and have little capacity to comfort and sustain members. 모평
지역 네트워크의 반대(개념)로서의 범세계적인 네트워크는 결속력을 거의 주지 못하고 (그 안의) 구성원들을 위로하고 지탱할 능력이 거의 없다.
파 **oppose** 동 반대하다  **opposition** 명 반대  **opponent** 명 반대자
유 반대의 facing, opposing, conflicting

## 0283 ★★★★★

**primarily**
[praimérəli]

부 우선, 처음에, 주로
These studies provide further evidence that laughter is primarily a form of social communication. EBS 연계
이러한 연구들은 웃음이 주로 사회적 의사소통의 한 형태라는 추가의 증거를 제공한다.
파 **prime** 형 최고의, 주요한  **primary** 형 우선적인, 처음의, 주된
유 주로 mostly, chiefly, mainly

## 0284 ★★★★★

**respect**
[rispékt]

명 존경, 존중, 측면, 점, 관계  동 존경하다, 존중하다
Send a message of respect and inspire people to use their individual talents toward the goals of the enterprise. 대수능
존중의 메시지를 보내고 사람들이 자신의 개인적인 재능을 기업의 목표를 향해 사용할 마음이 들게 하라.
파 **respectable** 형 존중받을 만한  **respectful** 형 공손한
파 **respective** 형 각각의  **respectively** 부 각각
유 존경하다 esteem, admire  반 경멸하다 despise

## 0285 ★★★★★

**responsible**
[rispánsəbl]

형 책임이 있는, 원인이 되는, 믿을 수 있는
You may lose your job for countless reasons, some of which you may not even be responsible for. 대수능
여러분은 무수하게 많은 이유로 인해 일자리를 잃을지도 모르는데, 그 이유 중 몇몇에 대해서는 여러분이 심지어 책임이 없을 수도 있다.
파 **responsibility** 명 책임
유 믿을 수 있는 trustworthy, reliable, dependable

## 0286 ★★★★☆

**accelerate**
[əksélərèit]

동 가속화하다, 촉진하다
Giving people the flexibility to use their judgment and apply their talents rapidly accelerates progress. 대수능
사람들에게 자신의 판단력을 사용하고 자신의 재능을 적용할 수 있도록 유연성을 주는 것은 빠른 속도로 발전을 가속화한다.
파 **acceleration** 명 가속(도)
유 facilitate

## 0287 ★★★★☆

**basis**
[béisəs]

명 기반, 토대, 기초, 근거
Technological advances provided the basis for the explosive expansion of transportation networks. 모평
기술적 진보가 교통망이 폭발적으로 확대되는 토대를 제공했다.
파 **base** 명 토대[기본]  형 기본의  동 ~의 근거로 하다
유 foundation, ground

**0288** ★★★★☆

**bloom**
[bluːm]

명 꽃, 개화(기), 전성기 동 꽃피다, 한창이다
The lesson from Billups lay below the surface, but when I began to write, it rose like flowers and **bloomed** into words and stories and books, and me. 모평
Billups에서 배운 교훈이 내면에 있었지만, 내가 글을 쓰기 시작하자 그것은 꽃처럼 솟아올랐으며, 단어와 이야기와 책, 그리고 나 자신으로 꽃피었다.
🟤 **blooming** 형 활짝 꽃 핀, 한창인
🟢 꽃(피다) flower, blossom   전성기 peak

**0289** ★★★★☆

**bomb**
[bɑm]

명 폭탄 동 폭격하다
In 1964, the largest earthquake ever recorded in North America rocked Alaska with 200,000 megatons of concentrated might, the equivalent of 2,000 nuclear **bombs**. 모평
1964년에, 북미에서 기록된 것 중 가장 커다란 지진이 2천 개의 핵폭탄에 상당하는 것인 20만 메가톤의 응집된 힘으로 알래스카를 뒤흔들었다.
🟤 **bomber** 명 폭격기, 폭파범   **bombing** 명 폭격
🟢 폭탄 explosive   폭격하다 bombard, shell

**0290** ★★★★☆

**capital**
[kǽpitəl]

명 자본, 수도, 대문자 형 자본의, 주요한, 수도의, 대문자의, 사형의
We borrow environmental **capital** from future generations with no intention or prospect of repaying. 대수능
우리는 갚을 의사나 전망도 없이 미래의 세대들로부터 환경 자본을 빌린다.
🟤 **capitalism** 명 자본주의   **capitalist** 명 자본가
**capitalize** 동 대문자로 쓰다[시작하다], 자본화하다
🟢 자본 fund   주요 도시[수도] metropolis   대문자의 upper-case

**0291** ★★★★☆

**collaboration**
[kəlæ̀bəréiʃən]

명 협력, 합작, 공동 작업, 공동 작업물
Developing the interpersonal skills necessary to fuel **collaboration** is a hurdle for many of them. 모평
공동 작업을 촉진하는 데 필요한 대인 관계 기술을 발전시키는 것은 그들 중 많은 사람에게 난관이다.
🟤 **collaborate** 동 협력하다   **collaborative** 형 공동의
🟢 협력 cooperation, teamwork, alliance

**0292** ★★★★☆

**decisive**
[disáisiv]

형 결정적인, 단호한, 결단력 있는
A **decisive** moment occurred when people in advertising discovered that if they framed their stories and appeals with fear, they could capture our attention. 모평
공포감을 이용하여 이야기와 매력을 만들어 내면 사람의 주의를 사로잡을 수 있다는 것을 광고에 종사하는 사람들이 발견하게 되는 결정적인 순간이 발생했다.
🟤 **decisiveness** 명 단호함
🟢 단호한 resolute, determined   🟡 우유부단한 indecisive

**0293** ★★★★☆

**emerge**
[imə́ːrdʒ]

동 나타나다, 생기다
Not all Golden Rules are alike, two kinds **emerged** over time. 모평
모든 황금률이 다 같은 것은 아니며, 시간이 지나면서 두 종류가 나타났다.
🟤 **emergence** 명 출현, 발생   🟢 **emergency** 명 비상, 응급
🟢 appear, arise

## industry
[índəstri]

명 산업, (각 부문의) ~업(業), 근면
This phenomenon reflects a unique feature in the health care industry — provider-induced demand. 모평
이러한 현상은 의료 산업의 고유한 특징인 공급자 유발 수요를 반영한다.
파 industrial 형 산업의  industrious 형 근면한, 부지런한
유 산업 manufacturing  업(業) business  근면 diligence

## literally
[lítərəli]

부 문자 그대로, 정말로, 정확히
At times, we lose track of our own boundaries and needs, and the cost of this could be our life, both symbolically and literally. 대수능
때때로 우리는 자신의 한계와 자신에게 필요한 것을 잊게 되고, 이에 대한 대가는 상징적으로, 그리고 말 그대로 우리의 삶이 될 수도 있다.
파 literal 형 문자상의, 글자 그대로의  literate 형 읽고 쓸 줄 아는
유 정확히 accurately
반 은유[비유]로 metaphorically  비유적으로 figuratively

## persistently
[pərsístəntli]

부 지속적으로, 끈질기게, 집요하게
Related issues arise in connection with current and persistently inadequate aid for these poor nations. 대수능
이 가난한 국가들을 위한 현재의 지속적으로 부족한 원조와 관련하여 연계된 문제들이 발생한다.
파 persist 동 고집[지속]하다  persistent 형 고집하는, 계속되는
유 consistently, constantly, stably

## prospect
[práspèkt]

명 예상, 기대, 전망
The very prospect of losing everything and having to start all over again would be overwhelming for anybody. 모평
모든 것을 잃고 다시 모든 것을 처음부터 시작해야 한다는 예상만으로도 누구나 압도당할 것이다.
파 prospective 형 장래의, 미래의, 곧 있을
유 expectation, anticipation, likelihood

## rapid
[rǽpid]

형 빠른, 급격한
Even a small amount of this money would accelerate the already rapid rate of technical progress and investment in renewable energy in many areas. 대수능
적은 금액의 이런 돈이라도 많은 지역에서 이미 빠른 속도로 진행되고 있는 재생 가능한 에너지에 대한 기술적 진보와 투자를 가속할 것이다.
파 rapidly 부 빠르게  rapidity 명 급속, 신속, 속도
유 quick, swift, fast

## scan
[skæn]

동 훑어보다, 살펴보다 명 정밀 검사
Scans showed that the more challenging prose and poetry set off far more electrical activity in the brain than the more pedestrian versions. 모평
정밀 검사는 더 어려운 산문과 시가 더 평범한 버전보다 뇌 속에 훨씬 더 많은 전기적 활동을 유발한다는 것을 보여 주었다.
파 scanner 명 스캐너, 판독 장치
유 훑어보다 browse, glance

DAY 06

**0300** ★★★★☆

## serve
[sə:rv]

통 제공하다, 차려 내다, 시중들다, 근무하다, ~에 소용이 되다, ~에 도움이 되다, 서브를 넣다

Identifying what we can do in the workplace **serves** to enhance the quality of our professional career. 대수능

직장에서 우리가 할 수 있는 것을 확인하는 것은 우리가 하는 전문적 일의 질을 높이는 데 도움이 된다.

파 **server** 명 (컴퓨터의) 서버, 음식을 덜 때 쓰는 기구　**service** 명 봉사, 예배
유 제공하다 present, provide, supply

**0301** ★★★★☆

## session
[séʃən]

명 시간, 기간, 수업 시간, 회기, 학기

Jean complained quite often about practicing and slipped out of her **sessions** occasionally. 모평

Jean은 꽤 자주 연습에 대해 불평을 했고 가끔 연습 시간에 몰래 빠져나갔다.

파 **sessional** 형 개회의, 회기마다 반복되는
유 기간 period, term

**0302** ★★★★☆

## sociology
[sòusiálədʒi]

명 사회학

A professor sent his **sociology** class to a school in a slum to record case histories of 200 young boys. EBS 연계

한 교수가 200명의 어린 소년들의 신상 조사서를 기록하기 위해 빈민가에 있는 한 학교로 자신의 사회학 수업 학생들을 보냈다.

파 **sociological** 형 사회의, 사회 문제의, 사회학상의　**sociologist** 명 사회학자
관 **urban sociology** 도시 사회학　industrial sociology 산업 사회학

**0303** ★★★★☆

## spin
[spin]

통 돌다, 돌리다, (실을) 잣다 명 회전

Another salmon jumped, its body **spinning** until it made it over the falls. 대수능

또 다른 연어 한 마리가 뛰어올랐고, 몸이 빙글빙글 돌더니 마침내 폭포를 넘어가는 데 성공했다.

파 **spinner** 명 실 잣는 사람
유 돌다 revolve, rotate, whirl

**0304** ★★★★☆

## suspect
[səspékt]

통 의심하다, ~일 것 같다고 생각하다 명 [sʌspekt] 용의자

Researchers **suspect** that both drivers and pedestrians are more aware that drivers should yield to pedestrians in marked crosswalks. 모평

연구자들은 표시가 있는 횡단보도에서는 운전자가 보행자에게 양보해야 한다는 것을 운전자와 보행자 모두 더 잘 인지하고 있을 것 같다고 생각한다.

파 **suspicion** 명 의심　**suspicious** 형 의심스러운
유 의심하다 distrust, mistrust

**0305** ★★★★☆

## switch
[switʃ]

명 스위치, 전환 통 바뀌다, 바꾸다, 전환하다

They train for marathons, quit smoking, **switch** fields, write plays, or take up the guitar. 대수능

그들은 마라톤을 위해 훈련을 하고, 담배를 끊고, 분야를 바꾸고, 희곡을 쓰고, 기타를 배운다.

파 **switchable** 형 전환할 수 있는　관 **bait-and-switch** 명 미끼 상술
유 전환하다 shift, convert, divert

**0306** ★★★☆☆

## blast
[blæst]

명 폭발, 강한 바람  동 폭발하다, 돌파하다, 자동차의 스피드를 올리다

Powered by three engines, it is designed to go 1,050 miles per hour (mph), which would **blast** past the current land speed record of 763 mph, set in 1997. 모평

세 개의 엔진에 의해 추진력을 받는 그것은 시속 1,050마일로 달리도록 설계되었는데, 그렇게 되면 1997년에 수립된 현재 육상 최고 속도 기록인 시속 763마일을 돌파하게 될 것이다.

파 **blasting** 명 폭파 형 폭파(용)의
파 **ear-blasting** 형 고막이 찢어질 것 같은
유 폭발 explosion  강한 바람 gust  폭발하다 explode

**0307** ★★★☆☆

## bullet
[búlit]

명 총알

What's faster than a speeding **bullet** and isn't named Superman? 모평

고속의 총알보다 더 빠르며 슈퍼맨이라고 불리지 않는 것은 무엇일까?

파 **bulletproof** 형 방탄의

**0308** ★★★☆☆

## conviction
[kənvíkʃən]

명 유죄 선고, 확신, 신념

He recalled his strong **conviction** during the interview. 모평

그는 면접 중 자신의 강한 신념을 떠올렸다.

파 **convict** 동 유죄를 선고하다 명 죄인  파 **ex-convict** 명 전과자
유 확신 assurance, certainty, sureness

**0309** ★★★☆☆

## draft
[dræft]

명 초고, 초안, 선발  동 초안을 작성하다, 선발하다  형 생(生)의, 초안의

Subjecting your entire hard-fought **draft** to cold, objective scrutiny is absolutely necessary. EBS 연계

여러분이 힘들게 얻은 초고 전체를 차갑고 객관적인 철저한 검토를 받게 하는 것은 절대적으로 필요하다.

파 **drafting** 명 입안, 징집, 선발
유 **plan** 명 계획  **blueprint** 명 청사진, 상세한 계획

**0310** ★★★☆☆

## glide
[glaid]

동 미끄러지듯이 움직이다, 활공하다  명 미끄러지는 듯한 움직임, 활공

She **glides** like a sunbeam through that quiet house, and in winter she makes summer with her presence. EBS 연계

그녀는 그 고요한 집으로 햇살처럼 조용히 들어오며, 자신의 존재로 겨울에 여름을 만든다.

파 **glider** 명 글라이더  파 **hang-glider** 명 행글라이더
유 항해하다, 미끄러지듯이 움직이다 sail

**0311** ★★★☆☆

## hoop
[hu:p]

명 링 모양의 것, (둥근) 테, (농구) 링, 농구

That is why getting a basketball through a **hoop** while not using a ladder becomes an important human project. 모평

그것이 사다리를 사용하지 않고서 농구공을 링으로 통과시키는 것이 인간의 중요한 활동이 되는 이유이다.

파 **hula hoop** 훌라후프
유 링 모양의 것 ring, loop

---

**0312** ★★★☆☆

## hut
[hʌt]

몡 움막, 오두막

In an ancient tribe, living in small **huts** in a tiny village settlement, a mother would have been able to hear any of the babies crying in the night. 모평

고대 부족 사회에서, 소규모 마을 정착지의 작은 움막에 살았던 아기 엄마는 밤에 우는 어떤 아기의 울음소리도 들을 수 있었을 것이다.

파 **hutlike** 혱 오두막 같은
유 오두막집, 선실 cabin    통나무집, 판잣집 shack    헛간 shed

---

**0313** ★★★☆☆

## laborious
[ləbɔ́:riəs]

혱 힘든, 고된, 근면한

It is **laborious** to ascertain whether a given hypothesis is in fact compatible with everything already known. EBS 연계

주어진 가설이 이미 알려진 모든 것과 실제로 양립하는지 확인하기는 힘들다.

파 **labor** 몡 노동, 수고    **laboriously** 뿐 힘들게, 공들여서
유 힘든 hard, strenuous, challenging

---

**0314** ★★★☆☆

## mercy
[mə́:rsi]

몡 자비, 연민

Clergy and laypeople removed the images of saints from their churches and carried them through the streets of the community, praying for divine **mercy**. EBS 연계

성직자들과 평신도들이 자신들의 교회에서 성자의 그림을 떼어 내 그것을 들고 그 지역 사회 거리를 돌아다니며 신의 자비를 위해 기도했다.

파 **merciful** 혱 자비로운    **merciless** 혱 무자비한
유 blessing    반 무자비함 ruthlessness    잔인함 cruelty

---

**0315** ★★★☆☆

## overtake
[òuvərtéik]

동 따라잡다, 앞지르다, 덮치다

Weeds can **overtake** a garden and hide the beauty of flowers. EBS 연계

잡초가 정원을 덮쳐 꽃의 아름다움을 가릴 수 있다.

파 **overtaking** 몡 추월
유 앞지르다 pass, outstrip

---

**0316** ★★★☆☆

## penetrate
[pénitrèit]

동 관통하다, 침투하다, 스며들다

Trees do indeed have a few small roots which **penetrate** to great depth, but most of their roots are in the top half-metre of the soil. 모평

나무는 사실 상당한 깊이까지 침투하는 몇 개의 작은 뿌리들을 정말 가지고 있긴 하지만, 뿌리의 대부분은 표면으로부터 0.5미터 깊이의 토양에 있다.

파 **penetration** 몡 관통, 투과
유 관통하다 pierce, puncture    스며들다 seep

---

**0317** ★★★☆☆

## personnel
[pə̀:rsənél]

몡 전(全) 직원 혱 인사의, 직원의

Suppose you have written a position paper trying to convince your city council of the need to hire security **personnel** for the library. 모평

여러분이 시의회에 도서관을 위한 보안 요원을 고용할 필요를 납득시키려고 하는 의견서를 써서 보냈다고 가정해 보라.

유 전 직원 staff    (조직의) 노동자 workforce    종업원 employee

---

## 0318 ★★★☆☆

**petitioner**
[pətíʃənər]

명 청원자, 진정인, 신청인
One **petitioner** managed to get into his office. EBS 연계
한 청원자가 어떻게 해서든 그의 사무실에 들어갔다.
파 **petition** 명 동 청원(하다)   **petitionary** 형 청원의
유 신청인 applicant

## 0319 ★★★☆☆

**recruit**
[rikrú:t]

동 선발하다, 모집하다 명 신입 사원
After graduation, Jeremy joined an organization that **recruits** future leaders to teach in low-income communities. 대수능

졸업 후에 Jeremy는 저소득 지역사회에서 가르칠 미래의 지도자들을 모집하는 한 단체에 들어갔다.
파 **recruitment** 명 모집, 고용, 선발
유 모집하다 enlist, draft

## 0320 ★★★☆☆

**remnant**
[rémnənt]

명 나머지, 잔존물 형 나머지의
The majority of salt in the Great Salt Lake is a **remnant** of dissolved salts that are present in all fresh water. 대수능
Great Salt Lake에 있는 대부분의 소금은 모든 담수에 있는 용해된 소금의 잔존물이다.
파 **remnantal** 형 나머지의, 잔여의
유 나머지 remains, remainder, leftover

## 0321 ★★★☆☆

**savory**
[séivəri]

형 맛있는, 향긋한
Feast on **savory** seafood fare, enjoy a variety of live music and dive into the action of activities! EBS 연계
맛있는 해산물 요리를 마음껏 드시고, 다양한 라이브 음악을 즐기시며, 활동에 직접 참여해 보세요!
파 **savor** 명 맛 동 풍미가 있다
유 delicious, tasty, flavory

## 0322 ★★★☆☆

**stumble**
[stʌ́mbl]

동 발이 걸리다, 비틀거리다 명 비틀거림
Your perfectionism becomes a **stumbling** block that keeps you stuck. 모평
여러분의 완벽주의는 여러분을 꼼짝 못하게 하는 걸림돌이 된다.
파 **stumbling** 형 발부리에 걸리는
유 발이 걸리다 trip   비틀거리다 stagger

## 0323 ★★★☆☆

**terminology**
[tə̀:rmənálədʒi]

명 (집합적) 전문 용어
The study of what our society calls 'art' can only really progress if we drop the highly specific and ideologically loaded **terminology** of 'art', 'artworks' and 'artists'. 모평
매우 특정적이며 관념적인 의미로 가득한 '예술', '예술품', '예술가'라는 전문 용어를 버려야만, 우리 사회에서 '예술'이라고 부르는 것에 대한 연구가 진정으로 발전할 수 있다.
파 **term** 명 용어   **terms** 명 말하는 방식, 조건
유 표현 expression   (특정 집단의) 용어, 은어 jargon

| 0324 | ★★★☆☆ |
|---|---|

**wire**
[waiər]

몡 철사, 전선  동 철사로 연결하다, 전선을 연결하다

She pointed out sparrows sitting on the telephone **wires**. 모평

그녀는 전화 전깃줄 위에 앉아 있는 참새들을 가리켰다.

④ **wireless** 혱 무선의

⊕ 전선 cable, cord

| 0325 | ★★★☆☆ |
|---|---|

**worship**
[wə́ːrʃip]

몡 숭배  동 숭배하다

The beginning of religion was the **worship** of many natural objects, with a predominance of such phenomena as the sun, the sky, thunderstorms, lightning, rain, and fire. EBS 연계

종교의 시작은 태양, 하늘, 뇌우, 번개, 비, 그리고 불과 같은 현상들이 지배적인[대부분인], 여러 자연물들에 대한 숭배였다.

④ **worshipper** 몡 예배를 보는 사람, 숭배자

⊕ 숭배하다 honor, adore   ⊕ 혐오하다 loathe

## Advanced Step

**0326** ★★★★☆

### drop out

탈퇴하다, 탈락하다
**drop out** after a year
1년 후에 탈퇴하다

**0327** ★★★☆☆

### set out

~에 착수하다, 출발하다
**set out** a plan
계획에 착수하다

**~ out**

**0330** ★★★★☆

### sort out

선별하다, 분류하다
**sort out** the ripe pears from the rest
나머지로부터 익은 배를 선별하다

**0328** ★★★☆☆

### cry out

외치다, 비명을 지르다
**cry out** in pain
아파서 비명을 지르다

**0329** ★★★☆☆

### leave out

~을 빼다, ~을 생략하다
**leave out** unnecessary details
불필요한 세부 사항을 생략하다

# Review Test

## A
영어는 우리말로, 우리말은 영어로 쓰시오.

1. primarily _____
2. 융통성 있는　　f _____
3. persistently _____
4. 문자 그대로　　l _____
5. savory _____
6. 선발하다　　r _____
7. remnant _____
8. 따라잡다, 덮치다　o _____

## B
영어 단어와 우리말 뜻을 연결하시오.

1. decisive　　•
2. basis　　•
3. responsible　•

• a. 기반, 토대, 기초, 근거
• b. 원인이 되는, 책임이 있는
• c. 결정적인, 단호한, 결단력 있는

## C
다음 주어진 뜻에 해당하는 밑줄 친 단어의 파생어를 쓰시오.

1. career prospects　　형 _____ 장래의, 미래의, 곧 있을
2. respect for the elderly　　형 _____ 공손한
3. emerge from a forest　　명 _____ 출현, 발생

## D
밑줄 친 단어의 유의어를 쓰시오.

1. assess a situation　　유 e _____
2. enormous difference　　유 t _____
3. a bomb blast　　유 e _____

---

정답

**A** 1. 우선, 처음에, 주로　2. (f)lexible　3. 지속적으로, 끈질기게, 집요하게　4. (l)iterally　5. 맛있는, 향긋한　6. (r)ecruit　7. 나머지(의); 잔존물　8. (o)vertake

**B** 1. c　2. a　3. b

**C** 1. prospective　2. respectful　3. emergence

**D** 1. (e)valuate[(e)stimate]　2. (t)remendous　3. (e)xplosion

# Actual Test

다음 글의 밑줄 친 부분 중, 문맥상 낱말의 쓰임이 적절하지 <u>않은</u> 것은?

대수능

Europe's first *Homo sapiens* lived primarily on large game, particularly reindeer. Even under ideal circumstances, hunting these fast animals with spear or bow and arrow is an ① <u>uncertain</u> task. The reindeer, however, had a ② <u>weakness</u> that mankind would mercilessly exploit: it swam poorly. While afloat, it is uniquely ③ <u>vulnerable</u>, moving slowly with its antlers held high as it struggles to keep its nose above water. At some point, a Stone Age genius realized the enormous hunting ④ <u>advantage</u> he would gain by being able to glide over the water's surface, and built the first boat. Once the ⑤ <u>laboriously</u> overtaken and killed prey had been hauled aboard, getting its body back to the tribal camp would have been far easier by boat than on land. It would not have taken long for mankind to apply this advantage to other goods.

\*exploit 이용하다  \*\*haul 끌어당기다

---

해석

유럽 최초의 '호모 사피엔스'는 주로 큰 사냥감, 특히 순록을 먹고살았다. 심지어 이상적인 상황에서도, 이런 빠른 동물을 창이나 활과 화살로 사냥하는 것은 불확실한 일이다. 그러나 순록에게는 인류가 인정사정없이 이용할 약점이 있었는데, 그것은 순록이 수영을 잘 못한다는 것이었다. 순록은 물에 떠 있는 동안 특히 공격받기 쉬운 상태가 되는데, 코를 물 위로 내놓으려고 애쓰면서 가지진 뿔을 높이 쳐들고 천천히 움직이기 때문이다. 어느 시점에선가, 석기 시대의 한 천재가 수면 위를 미끄러지듯이 움직일 수 있음으로써 자신이 얻을 엄청난 사냥의 이점을 깨닫고 최초의 배를 만들었다. 힘들게(→ 쉽게) 따라잡아서 도살한 먹잇감을 일단 배 위로 끌어 올리면, 사체를 부족이 머무는 곳으로 가지고 가는 것은 육지에서보다는 배로 훨씬 더 쉬웠을 것이다. 인류가 이런 장점을 다른 물품에 적용하는 데는 긴 시간이 걸리지 않았을 것이다.

해설   순록은 수영을 잘 못하여 물에 떠 있는 동안에는 공격받기 쉬운 상태가 되고 인류에 의해 쉽게 따라잡히게 되므로, ⑤의 laboriously(힘들게)를 easily(쉽게)와 같은 낱말로 바꾸어야 한다.

정답   ⑤

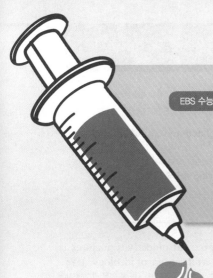

# DAY 07

## Word Preview

- [ ] annoyed
- [ ] apparent
- [ ] aware
- [ ] concentrate
- [ ] immediate
- [ ] proceed
- [ ] progress
- [ ] resource
- [ ] respond
- [ ] survive
- [ ] abuse
- [ ] adequate
- [ ] arrange
- [ ] bury
- [ ] contrast
- [ ] feed
- [ ] judge

- [ ] latter
- [ ] mean
- [ ] occasion
- [ ] offer
- [ ] prison
- [ ] professional
- [ ] psychology
- [ ] rent
- [ ] repeat
- [ ] resistant
- [ ] scatter
- [ ] tease
- [ ] wound
- [ ] bribe
- [ ] bullying
- [ ] calf
- [ ] censor

- [ ] deduce
- [ ] directive
- [ ] discard
- [ ] episode
- [ ] exclusion
- [ ] inborn
- [ ] involvement
- [ ] nourish
- [ ] rust
- [ ] serene
- [ ] sweat
- [ ] track
- [ ] transfer
- [ ] upright
- [ ] ward
- [ ] withdraw

---

**0331** ★★★★★

## annoyed
[ənɔ́id]

형 귀찮은, 짜증난

The children are overstimulated and **annoyed**, and so are the parents. 모평

아이들은 지나치게 자극을 받고 짜증나 있으며, 부모들 또한 그렇다.

파 **annoy** 동 귀찮게 하다 **annoying** 형 짜증스러운
**annoyance** 명 짜증, 골칫거리
유 irritated, displeased, cross

---

**0332** ★★★★★

## apparent
[əpǽrənt]

형 명백한, 외관상의

The very trust that this **apparent** objectivity inspires is what makes maps such powerful carriers of ideology. 대수능

이러한 외관상의 객관성이 불러일으키는 바로 그 신뢰성이 지도를 매우 강력한 이데 올로기의 전달자로 만드는 것이다.

파 **appear** 동 나타나다 **appearance** 명 나타남, 겉모습
**apparently** 부 명백하게
유 명백한 obvious, evident 외관상의 seeming

---

**0333** ★★★★★

## aware
[əwɛ́ər]

형 알고 있는, 인식하는

This contest is designed to encourage students to become more **aware** of the importance of our environment. 모평

이 대회는 학생들이 우리 환경의 중요성을 더 인식하게 되도록 독려하기 위해 계획 되었습니다.

파 **awareness** 명 인식 유 **self-aware** 형 자기를 인식하는, 자각하는
유 conscious 반 unaware, ignorant

---

**0334** ★★★★★

## concentrate
[kánsəntrèit]

동 집중하다, 모으다, 집중시키다 명 농축물

Small communities had to **concentrate** all their physical and mental effort on survival. 대수능

소규모 공동체들은 자신들의 모든 물리적, 정신적 노력을 생존에 집중해야만 했다.

파 **concentrated** 형 집중[농축]된 **concentration** 명 집중, 농도
유 집중하다 focus

---

**0335** ★★★★★

## immediate
[imí:diət]

형 즉시의, 즉각적인, 당장의, 직접적인

Going to college sacrifices some **immediate** pleasures for the sake of a better future life. EBS 연계

대학에 가는 것은 미래의 더 나은 삶을 위해 당장의 즐거움을 희생시킨다.

파 **immediately** 부 즉시(=instantly) **immediacy** 명 즉각성, 즉시성
유 즉시의 instant, instantaneous, prompt

---

**0336** ★★★★★

## proceed
[prəsí:d]

동 나아가다, 계속하다, 이어서 ~하다

He then **proceeded** to pick up the phone and engage in a fifteen-minute conversation while John waited. 모평

그리고 난 다음 그는 이어서 그 전화기를 집어 들고, John이 기다리는 동안 15분간 통화했다.

파 **procedure** 명 과정, 절차 **procession** 명 행진, 행렬
유 continue, progress

---

## 0337 ★★★★★

**progress**
[prágres]

명 진행, 발전, 진보　동 [prəgrés] (시간이) 지나다, (앞으로) 나아가다
Nonhuman infant primates never progress beyond the use of a fairly limited vocabulary. EBS 연계
인간이 아닌 새끼 영장류는 결코 매우 한정된 어휘의 사용 이상으로 진보하지 못한다.
파 progressive 형 진보적인, 진보하는　progression 명 진행
유 발전 development, advance, improvement

## 0338 ★★★★★

**resource**
[ríːsɔ̀ːrs]

명 공급원, 자원, 자산
Multitasking became interpreted to mean multiple tasks being done simultaneously by one resource. 대수능
멀티태스킹은 다수의 일이 하나의 자원에 의하여 동시에 수행되는 것을 의미하는 것으로 해석되게 되었다.
파 source 명 근원　resourceful 형 수단 좋은, 자원이 풍부한
유 공급원 supply　자산 asset

## 0339 ★★★★★

**respond**
[rispánd]

동 응답하다, 반응하다
The simple fact is the majority of shoppers respond very strongly to the sales lure. EBS 연계
단순한 사실은 대다수의 구매자가 세일이라는 미끼에 아주 강하게 반응한다는 것이다.
파 response 명 응답, 반응　respondent 명 응답자
유 응답하다 answer, reply　반응하다 react

## 0340 ★★★★★

**survive**
[sərváiv]

동 생존하다, 견뎌 내다, 존속하다, ~보다 더 살다
These spineless plants survive by blending into their native habitat. 모평
가시 없는 이 식물들은 자신들의 토착 서식지에 섞여 들어감으로써 생존한다.
파 survival 명 생존　survivor 명 생존자
유 견뎌 내다 endure　~보다 더 살다 outlive

## 0341 ★★★☆☆

**abuse**
[əbjúːs]

명 남용, 학대, 혹사　동 [əbjúːz] 남용하다, 학대하다
Your body is quite resilient and can bounce back from some amount of abuse. EBS 연계
여러분의 신체는 상당히 회복력이 있고 어느 정도의 혹사로부터 다시 회복할 수 있다.
파 abuser 명 학대하는 사람　abusive 형 모욕적인, 학대하는
유 오용[학대](하다) misuse　학대 maltreatment

## 0342 ★★★★☆

**adequate**
[ǽdəkwit]

형 적절한, 충분한
As numbers increased, people turned more and more to starchy foods — not adequate nutrition in themselves. EBS 연계
수가 늘면서, 사람들은 점점 더 녹말이 많은 음식에 의존하게 되었으며, 이것만으로는 충분한 영양이 되지 못했다.
파 adequately 부 적절히, 충분히
유 적절한 suitable　충분한 sufficient　반 inadequate

DAY 07

---

**0343** ★★★★☆

**arrange**
[əréindʒ]

동 정돈하다, 배열하다, 준비하다, 해결하다, 조정하다, 주선하다
KSFF will **arrange** for participants to stay with local
families. 모평
KSFF는 참가자들이 현지 가정에 체류하도록 주선할 것입니다.
파 **arrangement** 명 정돈, 배열, 준비, 해결, 합의, 장치, 제도
유 prepare, settle

---

**0344** ★★★★☆

**bury**
[béri]

동 묻다, 매장하다, 숨기다
He is reacting to inner processes whose origin may be
**buried** deep in his unconscious. 대수능
그는 그 기원이 자신의 무의식 안에 깊이 숨겨져 있을지도 모르는 내부의 과정에 반
응하고 있다.
파 **burial** 명 매장    **buried** 형 파묻힌
유 숨기다 hide, conceal

---

**0345** ★★★★☆

**contrast**
[kántræst]

명 차이, 대조 동 [kəntrǽst] 대조하다
The spaces between the sounds provide a baseline and
**contrast** for the piece, and give music structure and texture.
모평
소리들 사이의 공간이 작품의 기준이 되는 선과 대조를 제공하며, 음악에 구조와 질
감을 준다.
파 **contrasting** 형 대조적인    **contrastive** 형 대조하는
파 **contrary** 형 반대의
유 차이 difference, disparity    반 유사성 similarity

---

**0346** ★★★★☆

**feed**
[fi:d]

동 먹이를 주다, 먹다, 공급하다 명 먹이
Flowering in trees coincides with a peak in amino acid
concentrations in the sap that the insects **feed** on. 대수능
나무에 꽃이 피는 시기는 곤충들이 먹는 수액의 아미노산 농도의 최고 시점과 일치한다.
파 **feeder** 명 먹이통, (기계의) 공급 장치    파 **feedback** 명 피드백
유 공급하다 supply    먹이 food, meal

---

**0347** ★★★★☆

**judge**
[dʒʌdʒ]

명 판사, 심판 동 재판하다, 판단하다, 평가하다
When parents are required to **judge** their children, their
customary thoughtlessness makes them **judge** so
mistakenly. 모평
부모들이 자신의 자녀들에 대해 평가해 보도록 요구받을 때 그들의 몸에 밴 무심함
이 그들이 그렇게 틀리게끔 평가하도록 만든다.
파 **judgment** 명 판단, 심판    파 **judicious** 형 판단력 있는
유 판단하다 evaluate, value, view

---

**0348** ★★★★☆

**latter**
[lǽtər]

형 후자의, 마지막의, 후반의 명 후자(the ~)
The former disagree more than the **latter** and suffer more
deadlocks as a result. EBS 연계
전자는 후자보다 의견이 더 일치하지 않고 결과적으로 더 많은 교착 상태를 겪는다.
파 **latter half** 후반부
반 former

---

## 0349 ★★★★☆

**mean**
[miːn]

[동] 의미하다 [형] 비열한, 평균의
Higher demand for alternative fuels may **mean** that more forests are destroyed to grow biofuel crops. [EBS 연계]
대체 연료에 대한 더 많은 수요는 더 많은 숲이 바이오 연료 작물을 재배하기 위해 파괴된다는 것을 의미할 수 있다.
[파] **meaningful** [형] 의미 있는    **meaningless** [형] 무의미한
[파] **means** [명] 수단    **meantime** [명][부] 그동안(에)
[유] 나타내다 signify, indicate, represent

## 0350 ★★★★☆

**occasion**
[əkéiʒən]

[명] 때, 경우, 행사
When a formal **occasion** comes along, such as a family wedding or a funeral, they are likely to cave in to norms that they find overwhelming. [모평]
가족 결혼이나 장례식과 같은 공식적인 행사가 생길 때, 그들은 저항하기 힘들다고 느껴지는 규범에 어쩔 수 없이 따르기 쉽다.
[파] **occasional** [형] 이따금 일어나는, 때때로 일어나는
[유] 경우 instance, case    행사 event

## 0351 ★★★★☆

**offer**
[ɔ́(ː)fər]

[동] 제공하다, 주다, 제의하다 [명] 제공, 제의
Feedback is usually most effective when you **offer** it at the earliest opportunity. [모평]
피드백은 가급적 빨리 줄 때 일반적으로 가장 효과적이다.
[파] **offerer** [명] 제공자, 제의자    **offering** [명] 제공(된 것)
[유] 제공하다 provide    제의하다 propose    제의 proposal

## 0352 ★★★★☆

**prison**
[prízən]

[명] 교도소, 감옥
People focused on remediations: increasing the size of the police force and **prisons**. [모평]
사람들은 경찰력과 교도소의 규모를 늘리는 것, 즉 교정 조치에 초점을 맞추었다.
[파] **prisoner** [명] 죄수    **imprison** [동] 투옥하다
[유] jail, lock-up

## 0353 ★★★★☆

**professional**
[prəféʃənəl]

[형] 전문의, 직업적인 [명] 전문가, 프로 선수
**Professional** or trade magazines are specialized magazines and are often published by professional associations. [대수능]
전문가용 잡지 다시 말해 업계지는 특성화된 잡지이며 흔히 전문가 협회에 의해 출판된다.
[파] **profession** [명] 직업
[반] 비전문가 amateur

## 0354 ★★★★☆

**psychology**
[saikɑ́lədʒi]

[명] 심리, 심리학, 심리 작용
Researchers in **psychology** follow the scientific method to perform studies that help explain human behavior. [대수능]
심리학 연구자들은 인간의 행동을 설명하는 데 도움을 주는 연구를 수행하기 위해 과학적인 방법을 따른다.
[파] **psychologist** [명] 심리학자    **psychological** [형] 심리적인
[유] mindset, mentality [명] 사고방식

---

**0355** ★★★★☆

## rent
[rent]

[동] 빌리다, 대여하다, 임차하다, 빌려주다, 세놓다, 임대하다  [명] 집세
We offer a special service that will **rent** you all the
equipment you will ever need for climbing. 모평
저희는 등반에 필요한 모든 장비를 빌려드리는 특별 서비스를 제공합니다.
ᇳ **rental** 명 사용료, 대여  ᇴ **rent-a-car** 명 렌터카
ᇷ 빌리다 hire, borrow, charter

---

**0356** ★★★★☆

## repeat
[ripíːt]

[동] 반복하다, 따라하다, 복습하다
Although praise may encourage children to continue an
activity, they are less likely to **repeat** the activity in the
future. 대수능
칭찬은 아이들이 어떤 행동을 계속하도록 만들어 줄지는 모르지만, 미래에 아이들이
그 행동을 반복할 가능성은 낮다.
ᇳ **repetition** 명 반복  **repeating** 형 반복하는
ᇷ redo, replicate, duplicate

---

**0357** ★★★★☆

## resistant
[rizístənt]

[형] 저항력 있는, 저항하는
Deep-rooted cultural characteristics of races are the cultural
patterns that are **resistant** to alteration. 모평
민족의 뿌리 깊은 문화적인 특징은 변화에 저항하는 문화 양식이다.
ᇳ **resist** 동 저항하다  **resistance** 명 저항
ᇴ **water-resistant** 형 물이 잘 스며들지 않는
ᇷ immune, invulnerable  ᇸ 영향을 받기 쉬운 susceptible

---

**0358** ★★★★☆

## scatter
[skǽtər]

[동] 흩어지다, 뿌리다, 쫓아 버리다
She had **scattered** powder unnoticeably on the floor above
in order to distract the dogs. 모평
그녀는 개들의 주의를 분산시키기 위하여 위쪽의 바닥에 눈에 띄지 않도록 가루를
뿌려 두었었다.
ᇳ **scattered** 형 드문드문 있는
ᇷ 흩어지다 disperse  ᇸ 모이다 assemble

---

**0359** ★★★★☆

## tease
[tiːz]

[동] 놀리다, 괴롭히다, 못살게 굴다
What should writers do when they're **teased** by hints of
thoughts that seem too vague to be expressed in words? 대수능
말로 표현하기에는 너무나 모호한 것 같은 생각들의 암시들로 괴로울 때 작가들은
무엇을 해야 하는가?
ᇳ **teasing** 형 짓궂게 괴롭히는
ᇷ 놀리다 ridicule

---

**0360** ★★★★☆

## wound
[wuːnd]

[명] 상처, 부상  [동] 부상을 입히다
Such behaviour is like closing a **wound** which is still
infected. 대수능
그러한 행동은 여전히 감염된 상처를 덮어 두는 것과 같다.
ᇳ **wounded** 형 부상을 입은
ᇷ 부상 injury  부상을 입히다 injure, hurt

---

## 0361 ★★★☆☆

**bribe**
[braib]

명 뇌물 동 뇌물을 주다, 매수하다
The economic status of the crop ensures that water rights can be bought or **bribed** away from subsistence crops. 모평
그 작물의 경제적 지위는 생계형 작물로부터 물 권리를 사거나, 매수할 수 있도록 보장한다.
파 **bribery** 명 뇌물 수수    **briber** 명 뇌물을 주는 사람
파 **bribetaker** 명 뇌물을 받는 사람
유 뇌물 pay-off

## 0362 ★★★☆☆

**bullying**
[búliiŋ]

명 약자 괴롭히기, 집단 괴롭힘
With regard to peer-to-peer risks such as **bullying**, this last element is of particular importance. 대수능
약자 괴롭히기와 같은 또래 간 위험과 관련하여, 이 마지막 요소는 특별히 중요하다.
파 **bully** 동 괴롭히다 명 괴롭히는 사람
파 **bullyproofing** 명 교내 폭력을 없애는 것을 목표로 하는 학교 운동
유 harassment

## 0363 ★★★☆☆

**calf**
[kæf]

명 종아리, (하마, 물소, 사슴 등의) 새끼, 송아지
The thought of the good pasture and of the **calf** contentedly grazing flavors the steak. EBS 연계
건강한 초원과 만족하여 풀을 뜯는 송아지에 대한 생각은 스테이크의 풍미를 더해 준다.
파 **calfskin** 명 송아지 가죽    **cub** 명 (곰, 사자, 여우 등의) 새끼

## 0364 ★★★☆☆

**censor**
[sénsər]

명 검열관 동 검열하다, (검열하여) 삭제하다
*Blue Scar* was **censored** and initially denied exhibition. EBS 연계
'Blue Scar'는 검열을 받고 처음에는 상영을 거부당했다.
파 **censorship** 명 검열
유 검열관 examiner, inspector, editor

## 0365 ★★★★☆

**deduce**
[didjú:s]

동 추론하다, 연역하다
We should construct our general theories, **deduce** testable propositions and prove or disprove them against the sampled data. 모평
우리가 일반적인 이론을 구축하고, 검증할 수 있는 명제를 추론하며, 그것을 표본 자료와 비교하여 증명하거나 틀렸음을 입증해야 한다.
파 **deduction** 명 추론, 연역    **deductive** 형 연역적인
유 추론하다 reason, infer    결론을 내리다 conclude

## 0366 ★★★☆☆

**directive**
[diréktiv]

명 지시, 명령 형 지시하는
One may ask why audiences would find such movies enjoyable if all they do is give cultural **directives** and prescriptions for proper living. 대수능
영화가 하는 일이라고는 적절한 삶에 대한 문화적 지시와 처방을 전달하는 것뿐이라면 관객들이 왜 그러한 영화가 즐겁다고 느끼는지에 대한 질문이 제기될 수 있다.
파 **direct** 형 직접적인 동 지시하다    **director** 명 감독, 지시자
유 지시 instruction, direction, command

**0367** ★★★☆☆

## discard
[diská:rd]

통 버리다, 폐기하다 명 버린 것
They may later be **discarded** as the demands of present societies change. 대수능
현재 사회의 요구가 변화함에 따라 그것들은 나중에 버려질 수도 있다.
⊕ **discardable** 형 포기할 수 있는
⊜ 버리다 abandon

**0368** ★★★☆☆

## episode
[épisòud]

명 에피소드, 일화, (삽화적인) 사건, (방송, 영화의) 1회분의 작품
Although the number of books he owned in total is simply unknown, an **episode** about his passion for books is well-known. 모평

그가 통틀어 소유한 책의 수는 전혀 알려져 있지 않지만, 책에 대한 그의 열정에 관련된 일화는 잘 알려져 있다.
⊕ **episodic** 형 가끔씩 발생하는, 단편적인 사건들로 이뤄진
⊜ 사건 incident, event, occurrence

**0369** ★★★☆☆

## exclusion
[iksklú:ʒən]

명 배제, 제외
The most direct way of undoing the damage caused by social **exclusion** is to bring the shy, lonely, and alienated back into the embrace of society. EBS 연계
사회적 배제에 의해 발생된 피해를 원상태로 돌려놓는 가장 직접적인 방법은 내성적이고, 외롭고, 소외된 사람들을 사회의 포용 속으로 다시 데려오는 것이다.
⊕ **exclude** 통 제외하다  **exclusive** 형 독점[배타]적인
⊜ rejection  ⊛ 포함 inclusion  수용 acceptance

**0370** ★★★☆☆

## inborn
[ínbɔ́:rn]

형 타고난, 선천적인
Erikson believes that another distinguishing feature of adulthood is the emergence of an **inborn** desire to teach. 모평
Erikson은 성인기의 또 다른 독특한 특징은 가르치고자 하는 타고난 욕구의 출현이라고 믿는다.
⊕ **born** 형 타고난, 태어난  ⊛ **newborn** 형 갓 태어난 명 신생아
⊜ innate, native

**0371** ★★★☆☆

## involvement
[inválvmənt]

명 관련, 참여, 관여, 몰두
The graph compares the percentage of parents of minor children and that of other adults in terms of their **involvement** in six library activities. 대수능
도표는 미성년 자녀를 둔 부모의 비율과 다른 성인의 비율을 그들의 여섯 가지 도서관 활동 참여의 관점에서 비교한다.
⊕ **involve** 통 포함하다, 관련시키다  **involved** 형 연루된
⊜ 관련 connection, attachment, bond

**0372** ★★★☆☆

## nourish
[nə́:riʃ]

통 영양분을 주다, 키우다, 기르다
The destiny of a community depends on how well it **nourishes** its members. 모평
한 공동체의 운명은 그 공동체가 그 구성원들을 얼마나 잘 기르는지에 달려 있다.
⊕ **nourishment** 명 음식물, 영양  **nourishing** 형 영양이 되는
⊜ 기르다 foster, nurture

## 0373 ★★★☆☆

**rust**
[rʌst]

명 녹 동 녹슬다, 부식하다, 부식시키다

Free radicals move uncontrollably through the body, attacking cells, **rusting** their proteins, piercing their membranes and corrupting their genetic code. 대수능

활성 산소는 통제할 수 없을 정도로 신체를 돌아다니면서, 세포를 공격하고, 세포의 단백질을 부식시키고, 세포막을 뚫어 세포의 유전 암호를 망가뜨린다.

파 **rusty** 형 녹슨　　유 **rustproof** 형 녹 방지 처리를 한, 녹슬지 않는
유 녹슬다 corrode, oxidize

## 0374 ★★★☆☆

**serene**
[sərí:n]

형 평화로운, 고요한

Begin thinking about something that makes you feel **serene** such as lying on a sunny beach. EBS 연계

햇빛이 찬란한 해변에 누워 있는 것 같이, 평화로운 기분을 느끼게 해 주는 어떤 것에 대해 생각하기 시작하라.

파 **serenity** 명 고요함, 평온　　**serenely** 부 잔잔하게
유 calm, peaceful, tranquil

## 0375 ★★★☆☆

**sweat**
[swet]

명 땀 동 땀을 흘리다

Drops of cold **sweat** rolled down her back. 모평

차가운 땀방울이 그녀의 등으로 흘러내렸다.

파 **sweaty** 형 땀에 젖은, 땀나게 하는
유 **sweatsuit** 명 추리닝, 운동복　　**sweatshop** 명 노동력 착취 업체
유 땀 perspiration　　땀을 흘리다 perspire

## 0376 ★★★☆☆

**track**
[træk]

명 길, 철로, 흔적, 자취, 육상 경기 동 추적하다

The desire for written records has always accompanied economic activity, since transactions are meaningless unless you can clearly keep **track** of who owns what. 대수능

문자 기록에 대한 욕구는 언제나 경제 활동을 수반해 왔는데, 그 이유는 누가 무엇을 소유하고 있는지 명확하게 기억할 수 없는 한 거래는 무의미하기 때문이다.

파 **tracker** 명 추적자　　유 **tracksuit** 명 운동복
유 길 path, lane, trail

## 0377 ★★★☆☆

**transfer**
[trænsfə́:r]

명 전환, 환승, 전송, 전학, 이동
동 [trænsfə́:r] 전환하다, 넘겨주다, 이전하다, 옮기다, 갈아타다

Until recently in the Andes, land and water rights were combined so water rights were **transferred** with the land. 모평

최근까지 안데스 산맥에서는 토지와 물 권리가 결합되어 있었고 그래서 물 권리가 토지와 함께 이전되었다.

파 **transferable** 형 이동[양도] 가능한
유 옮기다 convey, transmit

## 0378 ★★★☆☆

**upright**
[ʌ́prait]

형 똑바른, 수직의

This time, standing **upright**, he battled the wave all the way back to shore. 대수능

이번에는 똑바로 서서 그는 해안으로 되돌아오는 내내 파도와 싸웠다.

파 **uprightly** 부 똑바로
유 vertical　　반 수평의 horizontal

**0379** ★★★☆☆

**ward**
[wɔːrd]

몡 병동, 병실, 수용실, (행정 구획) 구(區)
Perhaps childbed fever is caused by something that
physicians come into contact with in the autopsy room and
then unintentionally transmit to pregnant women during the
course of their rounds in the maternity ward. EBS 연계
아마도 산욕열은, 의사들이 부검실에서 접촉한 다음에 산과 병동에서 회진하는 동안
에 의도하지 않게 임산부들에게 전염시키는 어떤 것에 의해서 야기된다.
🔂 **wardrobe** 몡 옷장
🔁 병실 room, compartment, unit

**0380** ★★★☆☆

**withdraw**
[wiðdrɔ́ː]

동 물러나다, 철수하다, 철회하다, (예금을) 인출하다
If the consumer were to withdraw from the deal after the
'slight' change in the terms of agreement, he might foster
the rather undesirable impression. 대수능
소비자가 (제품 가격에 관하여) 합의한 상황에서 (제품 가격에) '약간의' 변화가 있은 다
음 그 거래를 철회한다면, 그는 다소 바람직하지 않은 인상을 불러일으키게 될 것이다.
🔂 **withdrawal** 몡 철회, 철수, 인출
🔁 물러나다 retire, retreat   🔃 전진하다 advance

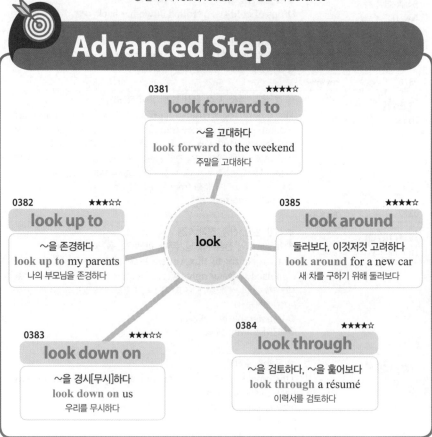

# Advanced Step

**0381** ★★★★☆
## look forward to
~을 고대하다
look forward to the weekend
주말을 고대하다

**0382** ★★★☆☆
## look up to
~을 존경하다
look up to my parents
나의 부모님을 존경하다

**look**

**0385** ★★★★☆
## look around
둘러보다, 이것저것 고려하다
look around for a new car
새 차를 구하기 위해 둘러보다

**0383** ★★★☆☆
## look down on
~을 경시[무시]하다
look down on us
우리를 무시하다

**0384** ★★★★☆
## look through
~을 검토하다, ~을 훑어보다
look through a résumé
이력서를 검토하다

# Review Test

## A 영어는 우리말로, 우리말은 영어로 쓰시오.

**1.** deduce _____    **2.** 알고 있는, 의식하는   a_____

**3.** exclusion _____    **4.** 즉시의, 직접적인   i_____

**5.** adequate _____    **6.** 후자의, 마지막의   l_____

**7.** discard _____    **8.** 지시(하는)      d_____

## B 영어 단어와 우리말 뜻을 연결하시오.

**1.** occasion •　　　　　　　• **a.** 병동, 병실, 수용실

**2.** track     •　　　　　　　• **b.** 흔적, 자취

**3.** ward     •　　　　　　　• **c.** 경우, 행사

## C 다음 주어진 뜻에 해당하는 밑줄 친 단어의 파생어를 쓰시오.

**1.** annoyed by her remarks    명 _____ 짜증, 골칫거리

**2.** natural resources    형 _____ 수단 좋은, 자원이 풍부한

**3.** bury one's hand in sand    명 _____ 매장

## D 밑줄 친 단어의 유의어를 쓰시오.

**1.** apparent fact    유 o_____

**2.** inborn talent for music    유 i_____

**3.** a serene lake    유 t_____

---

**정답**

**A 1.** 추론[연역]하다   **2.** (a)ware   **3.** 배제, 제외   **4.** (i)mmediate   **5.** 적절한, 충분한   **6.** (l)atter
　　**7.** 버리다; 버린 것   **8.** (d)irective
**B 1.** c   **2.** b   **3.** a
**C 1.** annoyance   **2.** resourceful   **3.** burial
**D 1.** (o)bvious   **2.** (i)nnate   **3.** (t)ranquil

DAY 07

# Actual Test

(A), (B), (C)의 각 네모 안에서 문맥에 맞는 낱말을 고르시오.

모평

You can't have a democracy if you can't talk with your neighbors about matters of mutual interest or concern. Thomas Jefferson, who had an enduring interest in democracy, came to a similar conclusion. He was prescient in understanding the dangers of (A) | concentrated / balanced | power, whether in corporations or in political leaders or exclusionary political institutions. Direct involvement of citizens was what had made the American Revolution possible and given the new republic vitality and hope for the future. Without that involvement, the republic would die. Eventually, he saw a need for the nation to be (B) | blended / subdivided | into "wards" — political units so small that everyone living there could participate directly in the political process. The representatives for each ward in the capital would have to be (C) | resistant / responsive | to citizens organized in this way. A vibrant democracy conducted locally would then provide the active basic unit for the democratic life of the republic. With that kind of involvement, the republic might survive and prosper.

\*prescient 선견지명이 있는  \*\*vibrant 활력이 넘치는

해석
서로의 흥미나 관심거리에 대해 이웃과 이야기할 수 없다면 민주주의 체제를 가질 수 없다. 민주주의에 대해 지속적인 관심이 있었던 Thomas Jefferson도 이와 유사한 결론에 이르렀다. 그는 기업에서든, 정치적 지도자들에게서든, 혹은 배타적인 정치 제도에서든 집중된 권력의 위험성을 이해하는 데 있어서 선견지명이 있었다. 시민의 직접적인 참여는 미국 독립 혁명을 가능하게 했고 새로운 공화국에 활력과 미래에 대한 희망을 부여했던 존재였다. 그러한 참여가 없다면 공화국은 멸망할 것이다. 결국, 그는 국가가 '(지방 의회 구성단위가 되는) 구'로 세분되어야 할 필요성을 인식했는데, '구'는 그곳에 사는 모든 사람들이 정치적인 과정에 직접 참여할 수 있을 정도로 작은 정치 단위였다. 수도에 있는 각 구의 대표들은 이런 방식으로 조직된 시민들에게 반응해야 할 것이다. 지역적으로 운영되는 활기찬 민주주의 체제는 그러면 공화국의 민주적인 삶을 위한 활발한 기본적 단위를 제공할 것이다. 그런 유형의 참여가 있으면, 공화국은 생존하고 번영할 것이다.

해설  (A) Thomas Jefferson은 권력이 '집중되는(concentrated)' 위험성을 이해하는 데 선견지명이 있었다.
(B) 국가가 지방 의회 구성단위로 '세분되어야 할(subdivided)' 필요성을 인식했다.
(C) 작은 정치 단위의 대표들은 정치에 직접 참여하는 방식으로 조직된 시민들에게 '반응해야(responsive)' 할 것이다.

정답  (A) concentrated  (B) subdivided  (C) responsive

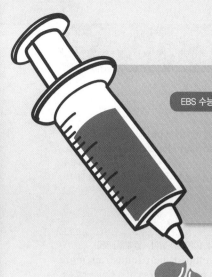

# DAY
# 08

## Word Preview

- ☐ accompany
- ☐ bear
- ☐ bundle
- ☐ cheat
- ☐ check
- ☐ distinct
- ☐ force
- ☐ outstanding
- ☐ purpose
- ☐ treat
- ☐ absolute
- ☐ artistic
- ☐ blame
- ☐ broad
- ☐ brush
- ☐ budget
- ☐ burn

- ☐ celebrity
- ☐ cite
- ☐ colleague
- ☐ concept
- ☐ depict
- ☐ dot
- ☐ drain
- ☐ expansion
- ☐ expert
- ☐ faith
- ☐ fashion
- ☐ fluently
- ☐ hardship
- ☐ imitation
- ☐ irrelevant
- ☐ layout
- ☐ pain

- ☐ refresh
- ☐ shallow
- ☐ sophisticated
- ☐ staple
- ☐ strategy
- ☐ transition
- ☐ workforce
- ☐ chip
- ☐ dine
- ☐ incur
- ☐ inseparable
- ☐ journalism
- ☐ rigor
- ☐ sanction
- ☐ sentiment
- ☐ transaction

---

**0386** ★★★★★

**accompany**
[əkʌ́mpəni]

동 동행하다, 수반하다, 반주하다
A letter from the children in a choir he had been **accompanying** helped him to start playing the piano again. EBS 연계

그가 반주를 해 주던 합창단의 아이들에게서 온 편지 한 통이 그가 피아노를 다시 치기 시작하는 데 도움이 되었다.
파 **accompaniment** 명 반주, 부속물
유 동행하다 escort

---

**0387** ★★★★★

**bear**
[bɛər]

명 곰 동 참다, (책임, 부담을) 지다, (아이를) 낳다, (열매를) 맺다
Big emitters that had developed their industries more recently, such as Australia, would **bear** less of a share. 대수능
호주처럼 보다 최근에 산업을 발전시켰던 거대 배기가스 배출국들은 부담을 더 적게 지게 될 것이다.
파 **bearer** 명 소지자, 전달자    **bearable** 형 견딜 만한
유 참다 endure, tolerate

---

**0388** ★★★★★

**bundle**
[bʌ́ndl]

명 꾸러미, 다발, 묶음 동 밀어 넣다, 꾸리다
Once the new consumer item becomes a part of the daily consumption **bundle**, the pleasure of novelty disappears. 모평
그 새로운 소비 품목이 일상의 소비재 묶음의 일부가 되면, 참신함에 대한 즐거움은 사라진다.
파 **bundler** 명 일괄 판매점, 짐을 꾸리는 사람
유 꾸러미 bunch, packet, package

---

**0389** ★★★★★

**cheat**
[tʃiːt]

동 속이다, (시험) 부정행위를 하다 명 속임수
Humans are averse to feeling that they're being **cheated**. 모평
인간은 속고 있다고 느끼는 것을 싫어한다.
파 **cheating** 명 부정행위    **cheater** 명 사기꾼
유 속이다 deceive, trick

---

**0390** ★★★★★

**check**
[tʃek]

동 점검하다, 확인하다, 저지하다 명 점검, 저지, 체크무늬, 수표, 계산서
Rather than make him skip the day, I'd like to **check** to see if he could switch to the third week program. 대수능
저는 그가 그날을 거르게 하기보다는, 그가 세 번째 주 프로그램으로 바꿀 수 있는지 확인해 보고 싶습니다.
파 **checked** 형 체크무늬의    파 **checkpoint** 명 검문소
유 점검하다 examine, inspect, scrutinize

---

**0391** ★★★★★

**distinct**
[distíŋkt]

형 뚜렷한, 별개의, 별도의
'Leisure' as a **distinct** non-work time was a result of the disciplined and bounded work time created by capitalist production. 대수능
일하지 않는 별도의 기간으로서의 '여가'는 자본주의식 생산에 의해 생겨 난 통제되고 제한된 근로 시간의 결과였다.
파 **distinction** 명 차이, 구별    **distinctive** 형 독특한
유 별개의 discrete, separate, individual

---

## 0392 ★★★★★

**force**
[fɔ:rs]

몡 힘 동 강요하다
The problem is that many of us were forced to eat in a healthy way as children. 모평
문제는 우리 중 많은 이들이 어렸을 때 건강에 이로운 방식으로 먹도록 강요를 받았다는 것이다.
파 forced 혱 강요된　forceful 혱 강력한
유 reinforce 동 강화하다　enforce 동 집행하다
유 강요하다 compel, impel, press

## 0393 ★★★★★

**outstanding**
[àutstǽndiŋ]

혱 현저한, 뛰어난
Jim Nelson, a junior at Manti High School, was an outstanding athlete. 모평
Manti 고등학교 2학년생인 Jim Nelson은 뛰어난 운동선수였다.
파 outstand 동 눈에 띄다　outstandingly 뿌 두드러지게
유 remarkable, eye-catching

## 0394 ★★★★★

**purpose**
[pə́:rpəs]

몡 목적, 의도
Knowledge can be used for any purpose, but many people assume it will be used to further *their* favorite hopes for society — and this is the fundamental flaw. 대수능
지식은 어떤 목적으로도 사용될 수 있지만, 많은 사람은 그것이 사회를 위해 '그들이' 선호하는 희망을 증진하는 데 사용될 것이라고 가정하는데, 이것이 근본적으로 잘못된 것이다.
파 purposeful 혱 목적의식이 있는　purposely 뿌 고의로
참 all-purpose 혱 다목적의
유 목적 aim, objective　의도 intention

## 0395 ★★★★★

**treat**
[tri:t]

동 다루다, 취급하다, 치료하다, 대접하다
Representational theories of art treat the work of the artist as similar to that of the scientist. 모평
예술 표상 이론은 예술가가 하는 일을 과학자가 하는 일과 유사한 것으로 취급한다.
파 treatment 몡 처치, 치료(법)　참 treaty 몡 조약
유 다루다 handle　관리하다 manage

## 0396 ★★★★☆

**absolute**
[ǽbsəlù:t]

혱 완전한, 절대적인 몡 절대적인 것
Even the most rigorous attempt to create an absolute likeness is ultimately selective. 모평
완전히 똑같은 것을 창조해 내려는 가장 엄격한 시도조차도 궁극적으로 선택적이다.
파 absolutely 뿌 절대적으로
유 완전한 complete, thorough　반 상대적인 relative

## 0397 ★★★★☆

**artistic**
[ɑ:rtístik]

혱 예술의, 예술적 감각이 있는, 아름다운
Artists create artistic works to get viewers to have certain kinds of experiences. 모평
예술가들은 예술 작품을 만들어 (작품을) 보는 사람들로 하여금 어떤 종류의 경험을 가지도록 해 준다.
파 artist 몡 예술가　artistically 뿌 예술적으로, 예술적으로 보면
유 심미적인 aesthetic　창조적인 creative

DAY 08

---

**0398** ★★★★☆

**blame**
[bleim]

동 비난하다, ~의 탓으로 돌리다   명 비난, 책임

It is a strategic and tactical mistake to give an offensive position away to those who will use it to attack, criticize, and blame. 모평

공격하고, 비판하고, 비난하기 위해 공격의 위치를 이용할 사람에게 그것을 넘겨주는 것은 전략과 전술상의 실수이다.

🔵 **blameful** 형 나무랄 만한   **blameless** 형 떳떳한

🟢 비난하다 criticize   🔴 용서하다 forgive

---

**0399** ★★★★☆

**broad**
[brɔːd]

형 넓은, 광범위한, 포괄적인, (빛이) 환한, (웃음이) 만연의

It was a very strange thing that in broad daylight the ship had run straight into a tall rock, rising out of the sea. EBS 연계

환한 햇빛(대낮)에 그 배가 바다에서 솟아 나온 큰 바위에 정면으로 충돌한 것은 매우 이상한 일이었다.

🔵 **broaden** 동 넓히다   **broadly** 부 대략

🟢 넓은 wide   포괄적인 comprehensive   🔴 좁은 narrow

---

**0400** ★★★★☆

**brush**
[brʌʃ]

명 붓, 솔, 솔질   동 솔질하다, 스치다, ~을 제쳐 놓다(~ aside)

Try to brush aside the stuff that offends or upsets you. 모평

여러분을 불쾌하게 하거나 속상하게 하는 것들을 제쳐 놓기 위해 노력하라.

🔵 **brushing** 명 솔질

🟢 **brushstroke** 명 솔질, 붓놀림   **toothbrush** 명 칫솔

🟢 스치다 touch, stroke, graze

---

**0401** ★★★★☆

**budget**
[bʌ́dʒit]

명 예산, 재정   동 예산을 세우다   형 저렴한

I carefully edit my email requesting a larger budget next year. EBS 연계

나는 내년에 더 많은 예산을 요청하는 나의 이메일을 신중하게 수정한다.

🔵 **overbudget** 형 예산 초과의   동 예산을 초과하다

**low-budget** 형 저예산의

🟢 저렴한 cheap, inexpensive, reasonable

---

**0402** ★★★★☆

**burn**
[bəːrn]

동 타다, 빛나다, 태우다, 소모하다   명 화상

Avoidance training has taught you to keep your hand away from a hot iron to avoid the punishment of a burn. 대수능

회피 훈련 때문에 여러분은 화상의 처벌을 피하고자 뜨거운 다리미에서 손을 멀리하는 법을 배웠다.

🔵 **burning** 형 불타는   **burner** 명 버너, 가열 기구

🟢 **burnout** 명 극도의 피로, 소진   **burned-out** 형 타 버린, 극도로 피로한

🟢 태우다 scorch

---

**0403** ★★★★☆

**celebrity**
[səlébrəti]

명 유명 인사, 명성, 인기도

In the instability of American democracy, fame would be dependent on celebrity. 대수능

미국 민주주의의 불안정 속에 명성은 인기도에 의해 좌우될 것이었다.

🔵 **celebrate** 동 축하하다, 찬양하다

🟢 유명 인사 celeb   명성 fame

---

## 0404 ★★★★☆

**cite**
[sait]

통 인용하다, 언급하다
One of the most commonly **cited** reasons for keeping a pet animal is for the companionship it can provide. 모평
애완동물을 키우는 가장 흔하게 언급되는 이유 중 하나가 그것이 줄 수 있는 동반자 관계를 위해서라는 것이다.
파 **citation** 명 인용(구)　　**recite** 통 암송하다, 낭독하다
유 인용하다 quote　　언급하다 mention

## 0405 ★★★★☆

**colleague**
[káli:g]

명 동료
If a **colleague** around you doesn't understand your idea, or its potential, you are being given an important message. 모평
만일 여러분 주변의 동료가 여러분의 아이디어나 그것의 잠재력을 이해하지 못한다면, 여러분은 중요한 메시지를 받고 있는 것이다.
파 **colleagueship** 명 동료 관계
유 co-worker, teammate

## 0406 ★★★★☆

**concept**
[kánsept]

명 개념
The **concept** of humans doing multiple things at a time has been studied by psychologists since the 1920s. 대수능
인간이 한 번에 여러 가지 일을 한다는 개념은 1920년대 이래로 심리학자들에 의해 연구되어 왔다.
파 **conceive** 통 생각하다　　**conceptual** 형 개념의
유 idea, thought, notion, conception

## 0407 ★★★★☆

**depict**
[dipíkt]

통 그리다, 묘사하다
His idea was to **depict** humorous crowd scenes in various locations, including a beach and a country fair. 모평
그의 생각은 해변, 시골의 시장 등을 포함한 다양한 장소에서의 재미있는 군중 장면을 묘사하는 것이었다.
파 **depiction** 명 묘사　　**depictive** 형 묘사[서술]적인
유 portray, represent, describe

## 0408 ★★★★☆

**dot**
[dɑt]

명 점 통 점을 찍다, 여기저기 흩어 놓다
The fact that there are mud puddles **dotting** the landscape means nothing to the dogs. 대수능
풍경에 진흙 웅덩이가 여기저기 흩어져 있다는 사실은 그 개들에게 아무런 문제가 되질 않는다.
파 **dotted** 형 점으로 이루어진
유 점 spot, point, speck

## 0409 ★★★★☆

**drain**
[drein]

통 빼내다, 배수하다, 소진시키다 명 배수구, 유출
That tricks the mind into thinking the goal has been achieved, **draining** the incentive to "get energized to go and get it." 모평
그것은 마음을 속여서 목표가 달성되었다고 생각하게 만들고, '그것을 추구하여 달성할 열정이 생길' 동기를 소진시킨다.
파 **drainage** 명 배수 (시설)　　**drained** 형 진이 빠진
유 빼내다 empty, clear　　반 채우다 fill

---

**0410** ★★★★☆

## expansion
[ikspǽnʃən]

명 확대, 확장, 팽창
Medicine became big business with the **expansion** of new, higher-cost treatments in the United States. 모평
의료는 미국에서 새로운 고비용 치료의 확대와 더불어 커다란 사업이 되었다.
파 **expand** 통 팽창하다[시키다] **expansive** 형 광활한, 포괄적인
유 enlargement, swelling 반 contraction

---

**0411** ★★★★☆

## expert
[ékspə:rt]

명 전문가 형 [ikspə́:rt] 전문적인, 숙련된
Group performance in problem solving is superior to even the individual work of the most **expert** group members. 모평
문제 해결에 있어서 집단 작업이 심지어 가장 숙련된 집단 구성원들의 개별 작업보다 우수하다.
파 **expertise** 명 전문 지식 **expertly** 부 전문적으로
유 전문가 specialist, professional

---

**0412** ★★★★☆

## faith
[feiθ]

명 믿음, 신용, 신념, 신앙
Whitman held a similar **faith** that for centuries the world would value his poems. 대수능
Whitman은 수 세기 동안 세상이 자신의 시를 가치 있게 여길 것이라는 비슷한 믿음을 갖고 있었다.
파 **faithful** 형 충실한
유 신용 trust 반 불신 mistrust, suspicion

---

**0413** ★★★★☆

## fashion
[fǽʃən]

명 유행, 방식 통 형성하다
In some subject areas, topics build on one another in a hierarchical **fashion**, so that a learner must almost certainly master one topic before moving to the next. 모평
일부 과목 영역에서는, 주제들이 서로 계층적 방식으로 형성되므로, 학습자가 다음 주제로 넘어가기 전에 한 주제를 거의 확실히 통달해야 한다.
파 **fashionable** 형 유행하는 반 **old-fashioned** 형 구식의
유 방식 manner, way, style

---

**0414** ★★★★☆

## fluently
[flú:əntli]

부 유창하게, 완만하게
It may actually be safer if both parties are allowed to communicate **fluently** with each other in a language they both understand well. EBS 연계
당사자 둘 다 잘 아는 언어로 서로와 유창하게 소통할 수 있도록 허용되면 실제로 더 안전할 수도 있다.
파 **fluent** 형 유창한, (운동, 곡선이) 부드러운 **fluency** 명 유창성
유 유창하게 eloquently 완만하게 smoothly

---

**0415** ★★★★☆

## hardship
[há:rdʃip]

명 어려움, 고난, 학대
Others may keep their jobs, but the market values their services so poorly that they face economic **hardship**. EBS 연계
다른 사람들은 일자리를 유지할지 모르지만, 시장이 그들의 서비스를 너무 낮게 평가하기 때문에 그들은 경제적인 어려움에 직면한다.
파 **hard** 형 어려운, 단단한 부 열심히 **hardness** 명 단단함, 경도
유 고난 suffering 반 번영 prosperity 편안함 ease

---

## 0416 ★★★★☆

### imitation
[ìmitéiʃən]

명 모방, 흉내, 모조품
Imitation seems to be a key to the transmission of valuable practices among nonhumans. 모평
모방은 인간이 아닌 개체들 사이에서 가치 있는 일상적 행위의 전수에 핵심인 것 같다.
파 imitate 동 흉내 내다　imitative 형 모방[모조]의
유 모조품 copy, reproduction, replica

## 0417 ★★★★☆

### irrelevant
[iréləvənt]

형 관련이 없는, 상관없는
Help provided is not spurned on the basis of irrelevant physical or social attributes; it can be judged based solely on its quality. EBS 연계
제공되는 도움은 관련이 없는 물리적 혹은 사회적 속성을 근거로 일축되지 않으며, 오직 도움의 질에만 근거하여 판단될 수 있다.
파 irrelevantly 부 엉뚱하게
유 unrelated, unconnected, inapplicable　반 관련 있는 relevant

## 0418 ★★★★☆

### layout
[léiàut]

명 레이아웃, 설계, 배치
Their physical layout encourages some uses and inhibits others. 대수능
그것들의 물리적 배치는 어떤 사용은 권장하고 다른 사용은 억제한다.
파 lay 동 놓다, 설치하다
유 arrangement, organization, formation

## 0419 ★★★★☆

### pain
[pein]

명 고통, 통증, 고생(-s)
Rita let out a scream of pain and fear as she fell into the water. 모평
Rita는 물속으로 떨어지면서 고통과 두려움에 찬 비명을 질렀다.
파 painful 형 고통스러운
연 pain reliever[killer] 진통제　painstaking 형 공들인
유 고통 suffering, affliction　통증 ache

## 0420 ★★★★☆

### refresh
[rifréʃ]

동 상쾌하게 하다, 생기를 되찾게 하다, 새롭게 하다
The negatively charged oxygen circulates throughout the brain, refreshing the neurons. EBS 연계
음 전하를 띤 산소는 뇌의 곳곳을 순환하면서 신경 세포에 생기를 준다.
파 refreshment 명 다과　refreshed 형 상쾌한
refreshful 형 상쾌하게 하는
유 revitalize, freshen　반 지치게 하다 weary

## 0421 ★★★★☆

### shallow
[ʃǽlou]

형 얕은, 피상적인
The classic explanation proposes that trees have deep roots while grasses have shallow roots. 모평
전형적인 설명에 의하면 나무는 뿌리가 깊고, 반면에 풀은 뿌리가 얕다.
파 shallowly 부 얕게　shallowness 명 얕음, 천박함
유 superficial　반 deep, profound

DAY 08

---

**0422** ★★★★☆

## sophisticated
[səfístəkèitid]

형 정교한, 복잡한, 세련된, 지적인

Recent evidence suggests that the common ancestor of Neanderthals and modern people, living about 400,000 years ago, may have already been using pretty sophisticated language. 대수능

최근의 증거는 약 400,000년 전에 살았던 네안데르탈인과 현대인의 공통 조상이 아주 세련된 언어를 이미 사용하고 있었을지도 모른다는 점을 시사한다.

🔁 sophisticate 동 정교하게 하다    sophisticatedly 부 세련되게
🔗 elaborate, complicated    🔄 crude

---

**0423** ★★★★☆

## staple
[stéipl]

형 주요한 명 주요 산물

Witchetty grubs are a staple food in traditional aborigine diets and the most important insect food of the desert. EBS 연계

witchetty grub(꿀벌레큰나방의 애벌레)은 호주 원주민 전통 식단에서 주요 식량이며 사막에서 가장 중요한 곤충 식품이다.

🔁 staple food 주식    staple goods 주요 생산물
🔗 주요한 main, principal, chief, major

---

**0424** ★★★★☆

## strategy
[strǽtidʒi]

명 방법, 전략

One must select a particular strategy appropriate to the occasion and follow the chosen course of action. 모평

사람들은 그 경우에 알맞은 특별한 전략을 선택해야 하고 선택된 행동 방침을 따라야 한다.

🔁 strategic 형 전략상의
🔗 tactics, blueprint

---

**0425** ★★★★☆

## transition
[trænzíʃən]

명 변이(變移), 전이, 변천, 과도기

The duration of a "second" is equal to 9,192,631,770 cycles of the frequency associated with the transition between two energy levels of the isotope cesium-133. 대수능

'1초'의 지속 시간은 동위원소인 세슘-133의 두 개의 에너지 준위 사이의 전이와 연관된 9,192,631,770번의 진동수 주기와 같다.

🔁 transit 명 동 수송(하다)    transitional 형 변천하는, 과도기의
🔗 conversion, shift, alteration

---

**0426** ★★★★☆

## workforce
[wɔ́rkfɔrs]

명 (조직의) 직원, 노동력, 노동 인구

Many had to reenter the workforce just to make ends meet. 모평

많은 사람이 그저 수입과 지출의 균형을 맞추기 위해 노동 인구에 다시 들어가야 했다.

🔁 foreign workforce 외국인 노동력
🔗 전 직원 staff, personnel    종업원 employee

---

**0427** ★★★★☆

## chip
[tʃip]

명 조각, 토막 동 잘게 썰다, 깎아 내다, ~을 조금씩 없애다(~ away at)

The unforeseen side effect is to chip away at our exposure to social contact. EBS 연계

예상치 못한 부작용은 (그것이) 우리가 사회적 접촉에 노출되는 기회를 조금씩 없앤다는 것이다.

🔁 microchip 명 마이크로칩    woodchip 명 나뭇조각
🔗 조각 fragment, piece, bit

## 0428 ★★★☆☆

**dine**
[dain]

동 식사를 하다, 만찬을 들다
Their internal clocks were on a different schedule, and instead of eating breakfast, they **dined** on steak dinner. EBS 연계
그들의 생체 시계가 다른 일정으로 돌아가고 있어서, 아침 식사를 하는 대신에 그들은 저녁 식사로 스테이크를 먹었다.
파 **dinner** 명 식사, 정찬  관 **dining room** 식당
유 eat

## 0429 ★★★☆☆

**incur**
[inkə́ːr]

동 처하게 되다, 초래하다
Low-balling describes the technique where two individuals arrive at an agreement and then one increases the cost to be **incurred** by the other. 대수능
가격을 과소 산정하는 것은 두 명이 (가격에 관한) 합의를 한 다음, (그 중) 한 명이 상대방에 의해 초래될 비용을 증가시키는 (판매)기술을 말하는 것이다.
파 **incurrence** 명 (손해를) 초래함, 당함
유 처하게 되다 suffer   초래하다 arouse, induce

## 0430 ★★★☆☆

**inseparable**
[insépərəbl]

형 분리할 수 없는, 떨어질 수 없는, 불가분의
We became **inseparable**, swimming joyfully around together and showing signs of affection. 모평
우리는 즐겁게 더불어 여기저기 헤엄치며 서로에게 애정의 몸짓을 보이면서 떨어질 수 없는 사이가 되었다.
유 indivisible  반 separable, divisible

## 0431 ★★★☆☆

**journalism**
[dʒə́ːrnəlìzəm]

명 저널리즘, 언론학, 언론계, 보도
We know that the **journalism** program at our college was a source of many of these firsts for you. 모평
우리 대학의 언론학 프로그램이 여러분을 위한 이런 많은 첫 경험들의 원천이었다는 것을 우리는 알고 있습니다.
파 **journal** 명 신문, 잡지, 일기   **journalist** 명 언론인
유 보도 report, coverage

DAY 08

## 0432 ★★★☆☆

**rigor**
[rígər]

명 엄격함, 단호함
Social scientists often need sufficient time to answer questions with appropriate methodological **rigor**. EBS 연계
사회 과학자들은 적절한 방법론을 엄격하게 적용하면서 질문에 답할 충분한 시간이 필요한 경우가 자주 있다.
파 **rigorous** 형 엄격한
유 엄격(함) strictness, severity, rigidity

## 0433 ★★★☆☆

**sanction**
[sǽŋkʃən]

명 제재, 허가, 승인 동 승인하다
Disease, as a **sanction** against social misbehavior, becomes one of the most important pillars of order in such societies. 대수능
사회적 부정행위에 대한 제재로서의 질병은 그와 같은 사회에서 질서의 가장 중요한 부분 중의 하나가 된다.
파 **sanctionable** 형 승인할 수 있는
유 승인하다 authorize, permit, license

**0434** ★★★☆☆

**sentiment**
[séntəmənt]

평 정서, 감정, 감상
The utility of "negative **sentiments**" lies in their providing a kind of guarantee of authenticity for such dispositional **sentiments** as love and respect. 대수능
'부정적인 감정'의 유용성은 그것이 사랑과 존경심 같은 기질적 감정에 일종의 진실성을 보장해 준다는 데 있다.
파 **sentimental** 형 감상적인
유 feeling, emotion, sensibility

**0435** ★★★☆☆

**transaction**
[trænsǽkʃən]

평 거래
This sense of future obligation within the rule makes possible the development of various kinds of continuing relationships, **transactions**, and exchanges. 모평
그 규칙 내에서 이러한 미래의 의무감은 다양한 종류의 지속적인 관계, 거래, 그리고 교류의 발전을 가능하게 한다.
파 **transact** 동 거래하다  **transactional** 형 거래[업무]의
유 trade, deal, negotiation

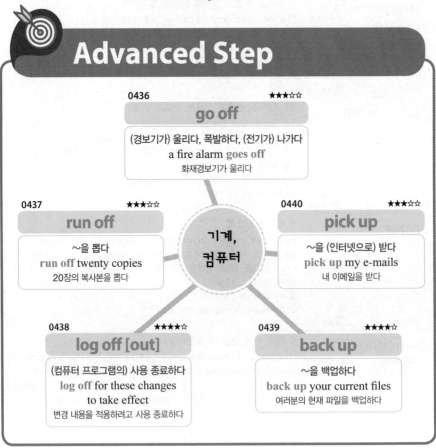

# Advanced Step

**0436** ★★★☆☆
## go off
(경보기가) 울리다, 폭발하다, (전기가) 나가다
a fire alarm goes off
화재경보기가 울리다

**0437** ★★★☆☆
## run off
~을 뽑다
run off twenty copies
20장의 복사본을 뽑다

**0440** ★★★☆☆
## pick up
~을 (인터넷으로) 받다
pick up my e-mails
내 이메일을 받다

기계,
컴퓨터

**0438** ★★★★☆
## log off [out]
(컴퓨터 프로그램의) 사용 종료하다
log off for these changes
to take effect
변경 내용을 적용하려고 사용 종료하다

**0439** ★★★★☆
## back up
~을 백업하다
back up your current files
여러분의 현재 파일을 백업하다

# Review Test

## A

영어는 우리말로, 우리말은 영어로 쓰시오.

1. budget _____
2. 완전한, 절대적인  a_____
3. celebrity _____
4. 무관한, 상관없는  i_____
5. staple _____
6. 엄격함, 단호함  r_____
7. workforce _____
8. 방법, 전략  s_____

## B

영어 단어와 우리말 뜻을 연결하시오.

1. chip  •
2. sanction  •
3. incur  •

• a. 처하게 되다, 초래하다
• b. 잘게 썰다, 깎아 내다
• c. 제재, 승인(하다)

## C

다음 주어진 뜻에 해당하는 밑줄 친 단어의 파생어를 쓰시오.

1. distinct character          명 _____ 차이, 구별
2. our campaign's main purpose   형 _____ 목적의식이 있는
3. refresh the spirits          명 _____ 다과

## D

밑줄 친 단어의 유의어를 쓰시오.

1. an outstanding feature        유 r_____
2. blame a person for his negligence   유 c_____
3. depict a scene              유 p_____

DAY 08

정답

A 1. 재정, 예산(을 세우다)  2. (a)bsolute  3. 유명 인사, 명성, 인기도  4. (i)rrelevant
　 5. 주요한; 주요 산물  6. (r)igor  7. (조직의) 직원, 노동력, 노동 인구  8. (s)trategy
B 1. b  2. c  3. a
C 1. distinction  2. purposeful  3. refreshment
D 1. (r)emarkable  2. (c)riticize  3. (p)ortray

# Actual Test

(A), (B), (C)의 각 네모 안에서 문맥에 맞는 낱말을 고르시오.

모평

Why does the "pure" acting of the movies not seem unnatural to the audience, who, after all, are accustomed in real life to people whose expression is more or less indistinct? Most people's perception in these matters is not very sharp. They are not in the habit of observing closely the play of features of their fellow men — either in real life or at the movies. They are (A) disappointed / satisfied with grasping the meaning of what they see. Thus, they often take in the overemphasized expression of film actors more easily than any that is too naturalistic. And as far as lovers of art are concerned, they do not look at the movies for imitations of nature but for art. They know that (B) artistic / real representation is always explaining, refining, and making clear the object depicted. Things that in real life are imperfectly realized, merely hinted at, and entangled with other things appear in a work of art complete, entire, and (C) free / inseparable from irrelevant matters. This is also true of acting in film.

*entangle 얽히게 하다

**해석**

어쨌든 실제 현실에서는 표현이 다소 불분명한 사람들에 익숙한 관객들에게 왜 영화의 '순전한' 연기가 부자연스럽게 보이지 않는가? 이러한 문제에 대한 대부분의 사람들의 인식은 그다지 날카롭지 않다. 그들은 실제 삶에서든 영화에서든 다른 사람의 이목구비 (얼굴)의 움직임을 자세히 관찰하는 습관을 지니고 있지 않다. 그들은 자신들이 보는 것의 의미를 이해하는 것으로 만족해한다. 따라서 그들은 너무 자연스러운(사실적인) 그 어떤 것보다 영화배우들의 지나치게 강조된 표현을 흔히 더 쉽게 받아들인다. 그리고 예술 애호가들에 관한 한, 그들은 자연의 모방을 찾으려고 영화를 보는 것이 아니라 예술을 찾으려고 영화를 본다. 그들은 예술적 표현이 항상 묘사되는 사물을 설명하고, 다듬고, 명확하게 만들고 있다는 것을 안다. 현실에서는 불완전하게 인식되고, 그저 암시되기만 하며, 다른 것들과 뒤엉킨 것들이 예술 작품에서는 완전하고, 온전하며, 무관한 문제들로부터 자유로운 것처럼 보인다. 영화의 연기도 그러하다.

**해설** (A) 사람들의 인식은 날카롭지 않아서 영화를 보는 것에 있어서 자신의 인식에 '만족한다(satisfied)'.
(B) 예술 애호가들은 영화에서 예술을 찾고, '예술적(artistic)' 표현이 항상 묘사되는 사물을 설명한다는 것을 안다.
(C) 현실에서는 불완전한 것이 예술 작품에서는 문제들로부터 '자유로운(free)' 것처럼 보인다.

**정답** (A) satisfied (B) artistic (C) free

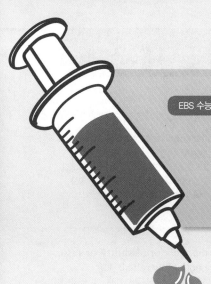

EBS 수능연계 기출 Vaccine VOCA 2200

# DAY
# 09

## Word Preview

- [ ] consistent
- [ ] evaluate
- [ ] ethnic
- [ ] prey
- [ ] huge
- [ ] politics
- [ ] authority
- [ ] visual
- [ ] hypothesis
- [ ] defend
- [ ] exceed
- [ ] warrior
- [ ] pursuit
- [ ] liquid
- [ ] scholarship
- [ ] urge
- [ ] finite

- [ ] flourish
- [ ] whisper
- [ ] utility
- [ ] standard
- [ ] abolish
- [ ] bond
- [ ] monitor
- [ ] ratio
- [ ] yard
- [ ] motive
- [ ] float
- [ ] decay
- [ ] ritual
- [ ] elastic
- [ ] tale
- [ ] stance
- [ ] inquire

- [ ] parallel
- [ ] retail
- [ ] immigrant
- [ ] resign
- [ ] naive
- [ ] furious
- [ ] publication
- [ ] ecological
- [ ] custom
- [ ] prone
- [ ] modest
- [ ] overlap
- [ ] quarrel
- [ ] lessen
- [ ] profession
- [ ] transit

---

**0441** ★★★★★

**consistent**
[kənsístənt]

형 일치하는, 일관된, 변함없는

Sociologists have a desire to be **consistent** with their words, beliefs, attitudes, and deeds. 대수능

사회학자들은 자신들의 말, 믿음, 태도, 그리고 행위와 일관되고자 하는 욕구가 있다.

파 **consistency** 명 한결같음, 일관성　**consistently** 부 일관되게, 항상

유 변함없는 constant, invariable　반 inconsistent

---

**0442** ★★★★★

**evaluate**
[ivǽljuèit]

동 평가하다, 어림하다

One should not **evaluate** the tea's drinkability or taste merely because its leaves are not tightly rolled. 모평

단지 찻잎이 단단히 말려 있지 않다는 이유로 그 차의 음용 가능성이나 맛을 평가해서는 안 된다.

파 **evaluation** 명 평가　**evaluative** 형 평가하는

유 assess, measure, estimate

---

**0443** ★★★★★

**ethnic**
[éθnik]

형 민족[인종]의, 민족 특유의

Racial and **ethnic** relations in the United States are better today than in the past. 모평

오늘날 미국의 인종 및 민족 관계는 과거보다 더 낫다.

파 **ethnicity** 명 민족성, 민족의식　**ethnically** 부 민족(학)적으로

유 민족의 national　인종의 racial

---

**0444** ★★★★★

**prey**
[prei]

명 먹이, 희생

Most bats learned to avoid fireflies and catch all the other **prey** instead. 모평

대부분의 박쥐는 반딧불이는 피하고 대신 다른 모든 먹이를 잡는 법을 배웠다.

숙 **predator and prey** 포식자와 먹이　**easy prey** 잘 속는 사람

유 먹이 game　희생 victim

---

**0445** ★★★★★

**huge**
[hju:dʒ]

형 커다란, 거대한, 엄청난

As she opened it, a **huge** smile spread across her face. 모평

그것을 열면서, 그녀의 얼굴에 커다란 미소가 번졌다.

파 **hugeness** 명 거대함, 엄청남　**hugely** 부 크게, 엄청나게

유 엄청난 enormous, tremendous, immense

---

**0446** ★★★★★

**politics**
[pálətiks]

명 정치, 정치학

**Politics** should be directed toward achieving substantial goals. 모평

정치란 실질적인 목표를 이루는 쪽으로 향해야 한다.

파 **political** 형 정치의, 정치적인

숙 **party politics** 정당 정치

---

## 0447 ★★★★★

**authority**
[əθɔ́:rəti]

명 권위, 권력, 권한, (pl.) 당국
Whenever a child feels threatened, he turns back toward the safety of his parents' love and authority. 대수능
위협을 느낄 때마다, 아이는 부모의 사랑과 권위라는 안전한 곳으로 되돌아온다.
파 **authorize** 동 권한을 부여하다, 재가[인가]하다
　　**authoritative** 형 권위적인, 권위 있는
유 권력 power, force　권한 right

## 0448 ★★★★★

**visual**
[víʒuəl]

형 시각의, 시각에 의한
The brain's visual strategies are projecting images from within the mind out onto the world. 모평
뇌의 시각적 전략은 마음속으로부터의 이미지를 세계로 투영하는 것이다.
파 **visualize** 동 보이게 하다, 마음에 떠오르게 하다　**visually** 부 시각적으로
　　**vision** 명 시력, 시각
유 optical

## 0449 ★★★★★

**hypothesis**
[haipɑ́θəsis]

명 가설, 가정
Scientists can include any evidence or hypothesis that supports their claim. 모평
과학자들은 자신들의 주장을 뒷받침하는 어떤 증거나 가설이든 포함할 수 있다.
파 **hypothesize** 동 가설을 세우다　**hypothetical** 형 가설의, 가정의
유 가정 proposition, assumption

## 0450 ★★★★★

**defend**
[difénd]

동 방어하다, 옹호하다, 변호하다
Lone animals rely on their own senses to defend themselves. 모평
혼자 있는 동물들은 스스로를 방어하기 위해 그들 자신의 감각에 의존한다.
파 **defense** 명 방어, 수비　**defensive** 형 방어의, 방어적인
유 방어하다 protect　옹호하다 support　반 공격하다 attack

## 0451 ★★★★★

**exceed**
[iksí:d]

동 (수·양·정도를) 넘다, 능가하다, 초과하다
Many modern structures exceed those of Egypt in terms of purely physical size. 대수능
많은 현대 구조물은 순전히 물리적인 크기 면에서 이집트의 구조물을 능가한다.
파 **excess** 명 초과, 과잉　**excessive** 형 지나친, 과도한
유 surpass, outdo

## 0452 ★★★★☆

**warrior**
[wɔ́(:)riər]

명 전사, 무사
The young warrior was competent. EBS 연계
그 젊은 무사는 유능했다.
숙 **warrior class** 무인 계급
유 전사 fighter, combatant

DAY 09

---

**0453** ★★★★☆

## pursuit
[pərsjú:t]

명 추구, 추격, 일
Find simple joys in your daily **pursuits**. 모평
여러분의 일상적인 일에서 단순한 기쁨을 찾아라.
㊟ **pursue** 통 추구하다, 추격하다, (어떤 일을) 해 나가다
⊕ 추구 quest    추격 chase

---

**0454** ★★★★★

## liquid
[líkwid]

명 액체, 유동체  형 액체의, 유동성[체]의
Human newborn infants show a strong preference for sweet
**liquids**. 대수능
인간의 신생아는 달콤한 액체에 대한 강한 선호를 보인다.
㊟ **liquidness** 명 액체 상태, 유동성
⊕ 액체 fluid    유동성의 flowing, running

---

**0455** ★★★★☆

## scholarship
[skálərʃìp]

명 장학금, 학문, 학식
I applied for and won a **scholarship**. 모평
나는 장학금을 신청하여 받았다.
㊟ **scholar** 명 학자, 장학생    ⊜ **scholarship association** 장학회
⊕ 장학금 grant, award

---

**0456** ★★★★☆

## urge
[ə:rdʒ]

동 재촉하다, 강력히 권고하다  명 욕구, 충동, 몰아댐
"Try it," the happy man **urged** her. 모평
"마셔 봐."라고 그 행복한 사람이 그녀를 재촉했다.
㊟ **urging** 형 재촉하는, 성가신
⊜ **urge for payment** 납부 독촉
⊕ 재촉하다 impel    강력히 권고하다 compel, force

---

**0457** ★★★★☆

## finite
[fáinait]

형 유한한, 한정된
Everything that occurs is a function of a **finite** number of
causes. 모평
일어나는 모든 것은 유한한 수의 원인들의 작용이다.
㊟ **finiteness** 명 유한함, 한정됨    **finitely** 튀 유한하게, 제한적으로
⊕ limited, restricted    ⊕ 무한한 infinite

---

**0458** ★★★☆☆

## flourish
[flə́:riʃ]

동 번성하다, 번창하다
Rap music **flourished** without access to the music
establishment. EBS 연계
랩 음악은 음악 시설을 접하지 않고서 번성했다.
㊟ **flourishy** 형 화려한
⊕ 번성하다 thrive

---

## 0459 ★★★★★

**whisper**
[hwíspər]

동 속삭이다, 일러바치다 명 속삭임
"You're all grown-up," she whispered. 대수능
"넌 다 컸구나."라고 그녀가 속삭였다.
파 whispering 형 속삭이는 (듯한) 명 속삭임, 비밀 이야기
whisperer 명 속삭이는 사람, 밀고자
유 속삭이다, 중얼거리다 murmur    일러바치다 disclose

## 0460 ★★★☆☆

**utility**
[ju:tíləti]

명 유용성, 유익, (pl.) 공익사업[시설]
Scientific and professional expertise often relies on a
particular type of knowledge that is limited to utility. 대수능
과학적이고 전문적인 지식은 흔히 유용성에 한정된 특정 유형의 지식에 의존한다.
파 utilize 동 활용하다, 이용하다
utilitarian 형 실용적인, 공리주의의 명 공리주의자
유 유용성 usefulness, practicality    유익, 이득 benefit

## 0461 ★★★★★

**standard**
[stǽndərd]

명 기준, 표준, 모범 형 표준의, 권위 있는
Different standards were used in the time of Mozart than
today. 대수능
모차르트가 살았던 시대에는 오늘날과는 다른 기준이 사용되었다.
파 standardize 동 표준화하다    standardization 명 표준화, 규격화
유 기준 criterion, guideline    모범 example

## 0462 ★★★☆☆

**abolish**
[əbáliʃ]

동 (법률·제도·조직을) 없애다, 폐지하다
I persuaded her mother to abolish the practice chart. EBS 연계
나는 그녀의 어머니에게 그 연습 기록표를 없애라고 설득했다.
파 abolition 명 폐지    abolishable 형 폐지할 수 있는, 무효화할 수 있는
유 end, eliminate, destroy

## 0463 ★★★★★

**bond**
[bɑnd]

명 유대 (관계), 결속, 속박 동 유대 관계를 형성하다
He formed special bonds with the artists he worked with.
대수능
그는 자신과 함께 작업하는 예술가들과 특별한 유대 관계를 맺었다.
파 bonding 명 유대(감 형성)
유 유대 tie, connection, association

## 0464 ★★★★★

**monitor**
[mánitər]

동 감시하다, 추적 관찰하다
The brain activity of volunteers was monitored as they
read classical works. 모평
지원자들이 고전 작품을 읽을 때 그들의 뇌 활동이 추적 관찰되었다.
파 monitorship 명 감시, 감시자의 역할
유 감시하다 supervise, oversee

---

**0465** ★★★☆☆

**ratio**
[réiʃou]

명 비율, 비(比)

The bottlenose dolphin is second only to humans in the **ratio** of brain size to body size. EBS 연계

병코돌고래는 몸 크기에 대한 뇌 크기의 비율에서 인간에 버금간다.

⊚ **direct ratio** 정비례　**inverse ratio** 반비례
㉠ percentage, proportion, rate

---

**0466** ★★★★★

**yard**
[jɑːrd]

명 뜰, 마당, 야드(길이의 단위)

I went out into the **yard** and wept all by myself. 모평

나는 뜰로 나가서 혼자 울었다.

⊚ **yard sale** 마당 세일(개인 주택의 마당에서 사용하던 물건을 파는 것)
㉠ 뜰 garden, backyard

---

**0467** ★★★★☆

**motive**
[móutiv]

명 (행위의) 동기, 자극, 이유　형 움직이게 하는, 원동력이 되는

You might begin to wonder whether he has some hidden **motive**. EBS 연계

여러분은 그가 어떤 숨은 동기를 가지고 있는 것은 아닌지 궁금해지기 시작할 것이다.

㉮ **motivate** 동 동기를 부여하다, 자극하다
㉠ 동기 incentive, motivation　자극 stimulus

---

**0468** ★★★★★

**float**
[flout]

동 (물이나 공중에서) 뜨다, 떠오르다

A piece of wood tossed into water **floats** instead of sinking. 대수능

물에 던져진 나무 조각은 가라앉는 대신 뜬다.

㉮ **flotation** 명 (물 위에) 뜸, 부유　**afloat** 형 (물 위에) 뜬
㉠ drift　㉡ 가라앉다 sink

---

**0469** ★★★☆☆

**decay**
[dikéi]

명 부패, 부식, 쇠퇴　동 부패하다, 쇠퇴하다

Ripening is followed sometimes quite rapidly by deterioration and **decay**. 모평

숙성 이후에 때로는 아주 빠르게 품질 저하와 부패가 뒤따른다.

㉮ **decayable** 형 부패할 수 있는　**decadence** 명 쇠퇴, 타락
㉠ 부패하다 rot, spoil　쇠퇴하다 decline

---

**0470** ★★★★☆

**ritual**
[rítʃuəl]

명 의식, 의식적인 행사　형 의식의

The building provides the physical environment and setting for a particular social **ritual**. 대수능

건물은 특별한 사회적 의식을 위한 물리적인 환경과 장소를 제공한다.

㉮ **ritually** 부 의식적으로, 의식에 따라
㉠ 의식 ceremony, rite

---

## 0471 ★★★☆☆

**elastic**
[ilǽstik]

형 탄력 있는, 탄성이 있는, 융통성 있는
Their shapes can be distorted to some degree to the extent
that they are **elastic**. EBS 연계
그것들의 모양은 탄성이 있는 정도까지 어느 정도 변형될 수 있다.
파 **elasticity** 명 탄력, 탄력성　**elastically** 부 탄력적으로, 유연성 있게
유 융통성 있는 flexible　반 융통성 없는 inflexible, rigid

## 0472 ★★★★☆

**tale**
[teil]

명 이야기, 설화
Its **tale** rises and falls like a Greek tragedy. 모평
그것의 이야기는 한 편의 그리스 비극처럼 고조되었다가 내리막을 이룬다.
숙 **fairy tale** 동화　**folk tale** 설화, 전설
유 이야기 story, narrative　일화 anecdote

## 0473 ★★★☆☆

**stance**
[stæns]

명 입장, 태도, 자세
Common examples include age, class, political **stance**, and
value system. EBS 연계
흔한 사례에는 연령, 계층, 정치적인 입장, 그리고 가치 체계가 포함된다.
숙 **antiwar stance** 반전 태도
유 입장 position, standpoint　자세 posture

## 0474 ★★★★☆

**inquire**
[inkwáiər]

동 문의하다, 묻다, 조사하다
The customer came in to **inquire** about a loan. 모평
그 고객은 대출에 관해 문의하려고 들어왔다.
파 **inquiry** 명 질문, 조사, 연구
　**inquisitive** 형 캐묻기를 좋아하는, 호기심이 많은
유 묻다 ask, question　조사하다 examine

## 0475 ★★★★☆

**parallel**
[pǽrəlèl]

형 (두 개의 선이) 평행한, 유사한　동 ~과 유사하다, ~에 평행하다
In a typical experiment, two toy cars were shown running
synchronously on **parallel** tracks. 대수능
한 대표적 실험에서, 두 개의 장난감 자동차가 동시에 평행 선로에서 달리고 있는 것
을 보여 주었다.
숙 **parallel case** 유사한 사건
유 유사한 similar　반 대조되는 contrasting

## 0476 ★★★★★

**retail**
[rí:tèil]

동 소매하다, 팔리다　명 소매　형 소매(상)의
Prices in most **retail** outlets are set by the retailer. 모평
대부분의 소매점에서 가격은 소매상에 의해 결정된다.
파 **retailer** 명 소매상[업자]　**retailing** 명 소매(업)
유 소매하다 sell, vend　반 도매(의) wholesale

DAY 09

---

**0477** ★★★★★

## immigrant
[ímǝgrǝnt]

명 (외국으로부터의) 이주민, 이민자 형 이주민의, 이민에 관한
Riccardo, an **immigrant** from Mexico, learned this lesson
at a young age. 모평
멕시코 출신 이주민인 Riccardo는 어린 나이에 이 교훈을 배웠다.
파 **immigrate** 동 이주해 오다    **immigration** 명 이주, 이민, 이민자 수
반 **emigrant** 명 (다른 나라로 가는) 이민자
유 이주민 settler, newcomer, incomer

---

**0478** ★★★★★

## resign
[rizáin]

동 사직하다, 물러나다, 체념하다
If you are going to **resign** from your current job, may I
make a common sense suggestion? EBS 연계
여러분이 현재의 직장에서 사직할 예정이라면, 상식적인 제안을 하나 해도 되겠는가?
파 **resignation** 명 사직, 사임, 체념
유 quit, leave, abandon

---

**0479** ★★★☆☆

## naive
[nɑːíːv]

형 순진한, 천진난만한
Like **naive** car buyers, most people see only animals' varied
exteriors. 모평
순진한 자동차 구매자들처럼, 대부분의 사람들은 오직 동물들의 다양한 겉모습만을
본다.
파 **naiveness** 명 순진무구함    **naively** 부 순진하게
유 innocent, ingenuous    반 의심이 많은 suspicious

---

**0480** ★★★★☆

## furious
[fjú(ː)ǝriǝs]

형 격노한, 열광적인, 맹렬한
The local human population was cutting down the reed
beds at a **furious** rate. 대수능
현지의 인간들이 맹렬한 속도로 갈대밭을 베어 넘어뜨리고 있었다.
파 **fury** 명 격노, 열광, 맹렬함    **furiously** 부 미친 듯이 노하여, 맹렬히
유 격노한 angry    맹렬한 raging

---

**0481** ★★★★★

## publication
[pʌ̀blǝkéiʃǝn]

명 출판(물), 발행, 발표
Any **publication** less than 125 years old has to be checked
for its copyright status. 대수능
125년이 안 된 출판물은 어떤 것이든 그것의 저작권 상태를 확인해 보아야 한다.
파 **publish** 동 출판하다, 발행하다, 발표하다
유 출판 publishing    발표 announcement, reporting

---

**0482** ★★★★★

## ecological
[èkǝlɑ́ʤikǝl]

형 생태(계)의, 생태학의, 환경의, 환경친화적인
Cities are often blamed as a major cause of **ecological**
destruction. 모평
도시는 생태계 파괴의 주요 원인으로 자주 비난받는다.
파 **ecology** 명 생태(계), 생태학    **ecologically** 부 생태학적으로
관 **ecological system** 생태계
유 환경의 environmental    환경친화적인 green

---

## 0483 ★★★★★

**custom**
[kʌ́stəm]

몡 관습, 관행, (pl.) 관세, 세관
According to social **custom**, a man is expected to sponsor one festival celebrating a major saint's day. EBS 연계
사회 관습에 따라, 남자는 주요 성인의 날을 경축하는 한 가지 축제를 후원할 것으로 기대된다.
몡 **customary** 혱 관습상의, 관례의
⊕ 관습 tradition, practice, convention

## 0484 ★★★★☆

**prone**
[proun]

혱 ~하기[당하기] 쉬운, ~에 빠지기 쉬운
The more **prone** to anxieties a person is, the poorer his or her academic performance is. 대수능
걱정에 빠지기 쉬운 사람일수록 그 사람의 학업 성취도는 더 부진하다.
⊜ **injury-prone** 혱 부상당하기 쉬운
　 **quake-prone** 혱 지진이 자주 일어나는
⊕ liable, susceptible, vulnerable

## 0485 ★★★★☆

**modest**
[mɑ́dist]

혱 적당한, 겸손한, 그다지 크지 않은
Genetic advancements are often reported as **modest** in effect size in academic publications. 모평
유전학의 발전은 흔히 학습 간행물에 영향을 미치는 규모에 있어 그다지 크지 않은 것으로 보고된다.
몡 **modesty** 몡 겸손, 대단하지 않음　**modestly** 뷔 겸손하게, 삼가서
⊕ 적당한 proper, moderate　⊖ 과도한 excessive

## 0486 ★★★★☆

**overlap**
[òuvərlǽp]

동 (서로) 겹치다, 중복되다　몡 [óuvərlæ̀p] 겹침, 중복
Obviously many of these areas **overlap**. 대수능
이러한 많은 분야들이 서로 겹치는 것은 분명하다.
몡 **overlapping** 혱 (서로) 겹치는
⊜ **overlap section** 중복 구간
⊕ 중복 duplication

## 0487 ★★★☆☆

**quarrel**
[kwɔ́(:)rəl]

몡 (말)다툼, 싸움　동 다투다, 싸우다
Her attention was distracted by a rough, noisy **quarrel** taking place at the ticket counter. 대수능
그녀는 매표소에서 벌어지고 있는 거칠고 시끄러운 다툼에 의해 주의가 산만해졌다.
몡 **quarrelsome** 혱 다투기 좋아하는
⊕ (말)다툼 argument　싸움 fight　⊖ 합의 agreement

## 0488 ★★★★☆

**lessen**
[lésən]

동 (크기, 강도 등을) 줄이다, 작아지다, 적어지다
Scientists can **lessen** bias by running as many trials as possible. 대수능
과학자들은 가능한 한 많은 실험을 함으로써 편향을 줄일 수 있다.
⊕ reduce, diminish, lower

## profession
[prəféʃən]

명 직업, 직종, 전문직, 공언
You'll get a great feeling knowing you're helping support
the formation of future leaders in the profession. 모평
여러분이 그 직종의 미래 지도자 양성을 지원하는 일을 돕고 있다는 것을 안다면 정
말 기분이 좋아질 것이다.
파 profess 동 공언하다
　 professional 형 직업의, 전문직의 명 전문직 종사자
유 직업 occupation, vocation, career

## transit
[trǽnsit]

명 통과[통행], 변화, 대중교통 수단[체계] 동 통과[통행]하다, 수송하다
City dwellers have the option of walking or taking transit
to work, shops, and school. 모평
도시 거주자들은 일터, 상점, 학교로 걸어가기 혹은 대중교통 수단 이용하기를 선택
할 수 있다.
파 transition 명 변천, 변화, 이동, 과도기　　transitable 형 통과할 수 있는
유 통과 passage　　대중교통 수단 transportation

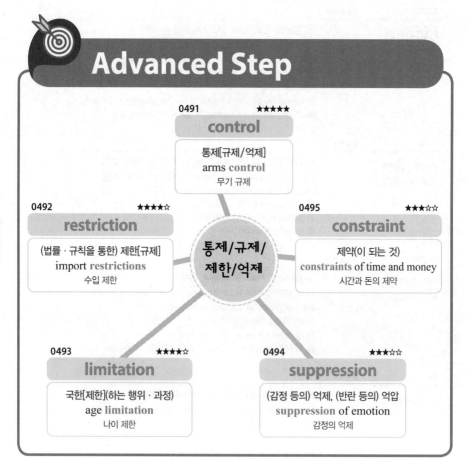

# Advanced Step

0491　　　★★★★★
## control
통제[규제/억제]
arms control
무기 규제

0492　　　★★★★☆
## restriction
(법률·규칙을 통한) 제한[규제]
import restrictions
수입 제한

0495　　　★★★☆☆
## constraint
제약(이 되는 것)
constraints of time and money
시간과 돈의 제약

통제/규제/
제한/억제

0493　　　★★★★☆
## limitation
국한[제한](하는 행위·과정)
age limitation
나이 제한

0494　　　★★★☆☆
## suppression
(감정 등의) 억제, (반란 등의) 억압
suppression of emotion
감정의 억제

# Review Test

## A 영어는 우리말로, 우리말은 영어로 쓰시오.

1. hypothesis _____
2. 평가하다    e_____
3. utility _____
4. 줄이다    l_____
5. pursuit _____
6. 순진한    n_____
7. urge _____
8. 장학금    s_____

## B 영어 단어와 우리말 뜻을 연결하시오.

1. bond •      • a. 번성하다, 번창하다
2. overlap •      • b. (서로) 겹치다, 중복되다
3. flourish •      • c. 유대 (관계를 형성하다)

## C 다음 주어진 뜻에 해당하는 밑줄 친 단어의 파생어를 쓰시오.

1. He resigned as manager.    명 _____ 사직, 사임, 체념
2. the medical profession    형 _____ 직업의, 전문직의
3. a furious debate    명 _____ 격노, 열광, 맹렬함

## D 밑줄 친 단어의 유의어 혹은 반의어를 쓰시오.

1. This makes us float.    반 s_____
2. an elastic rule    유 f_____
3. a finite number of possibilities    반 i_____

DAY 09

---

정답

A 1. 가설, 가정   2. (e)valuate   3. 유용성, 유익, 공익사업[시설]   4. (l)essen   5. 추구, 추격, 일
   6. (n)aive   7. 재촉하다, 강력히 권고하다; 욕구, 충동, 몰아댐   8. (s)cholarship
B 1. c   2. b   3. a
C 1. resignation   2. professional   3. fury
D 1. (s)ink   2. (f)lexible   3. (i)nfinite

# Actual Test

다음 글의 밑줄 친 부분 중, 문맥상 낱말의 쓰임이 적절하지 <u>않은</u> 것은?

모평

Can we ① <u>sustain</u> our standard of living in the same ecological space while consuming the resources of that space? This question is particularly ② <u>relevant</u> since we are living in an era of skyrocketing fuel costs and humans' ever-growing carbon footprints. Some argue that we are already at a breaking point because we have nearly exhausted the Earth's finite carrying capacity. However, it's possible that innovations and cultural changes can ③ <u>lessen</u> Earth's capacity. We are already seeing this as the world economies are increasingly looking at "green," renewable industries like solar and hydrogen energy. Still, many believe we will eventually reach a point at which conflict with the ④ <u>finite</u> nature of resources is inevitable. That means survival could ultimately depend on getting the human population below its carrying capacity. Otherwise, without population control, the demand for resources will eventually ⑤ <u>exceed</u> an ecosystem's ability to provide it.

---

해석

우리는 똑같은 생태 공간 속에서 그 공간의 자원을 소비하며 우리의 생활 수준을 유지할 수 있을까? 이 질문은 우리가 연료비는 치솟고 인간의 탄소 발자국은 끊임없이 커지는 시대에 살고 있기 때문에 특히나 적절하다. 어떤 이들은 우리가 지구의 유한한 환경 수용력을 거의 다 써 버렸기 때문에 우리는 이미 한계점에 이르러 있다고 주장한다. 그러나 혁신과 문화적인 변화가 지구의 수용력을 줄일(→ 확장할) 수도 있다는 것이 가능하다. 세계 경제가 점점 더 태양 에너지와 수소 에너지 같은 '녹색의' 재생 가능한 산업을 바라보고 있으므로 우리는 이미 이것을 목격하고 있다. 하지만 많은 이들이 우리가 결국 자원의 유한한 특성과의 충돌이 불가피한 지점에 도달하게 될 것이라 믿는다. 그것은 생존이 궁극적으로 인구를 환경 수용력 아래로 낮추는 것에 의해 결정될 수도 있다는 것을 의미한다. 그렇지 않으면, 인구 통제가 없어, 자원에 대한 수요가 결국 그것을 제공할 생태계의 능력을 초과할 것이다.

해설    태양 에너지와 수소 에너지와 같은 재생 산업에서의 혁신과 변화로 지구의 수용력을 확장할 수 있다는 문맥이 되어야 하므로, ③의 lessen(줄이다)을 expand(확장하다)와 같은 낱말로 바꾸어야 한다.

정답   ③

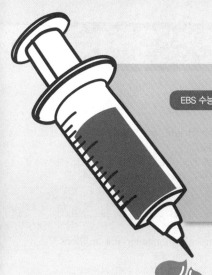

# DAY 10

## Word Preview

- [ ] perception
- [ ] crop
- [ ] perform
- [ ] feedback
- [ ] subjective
- [ ] planet
- [ ] contrary
- [ ] modify
- [ ] realize
- [ ] desire
- [ ] attain
- [ ] instrument
- [ ] explicit
- [ ] absorb
- [ ] ingredient
- [ ] tuition
- [ ] cheer

- [ ] forbid
- [ ] terrific
- [ ] seize
- [ ] mutual
- [ ] import
- [ ] flush
- [ ] distrust
- [ ] navigate
- [ ] grief
- [ ] crash
- [ ] hostility
- [ ] stereotype
- [ ] fantasy
- [ ] obscure
- [ ] snap
- [ ] breakthrough
- [ ] passenger

- [ ] displace
- [ ] suspicious
- [ ] delete
- [ ] gut
- [ ] install
- [ ] benevolent
- [ ] deficit
- [ ] outspoken
- [ ] drag
- [ ] invasion
- [ ] grateful
- [ ] inscribe
- [ ] trace
- [ ] deserve
- [ ] circulation
- [ ] slope

---

**0496** ★★★★★

## perception
[pərsépʃən]

명 인식, 지각(력), 이해
Schematic knowledge can hurt you, promoting errors in perception and memory. 대수능
도식적인 지식은 인식과 기억에 오류를 조장하여 여러분에게 해를 끼칠 수 있다.
⑩ perceive 동 지각[인식]하다, 이해하다　perceptual 형 지각(력)의
④ 인식 awareness, recognition

---

**0497** ★★★★★

## crop
[krɑp]

명 (농)작물, 수확물
The main food crop was the wild mongongo nut, millions of which were harvested every year. 모평
주요 식량 작물은 야생 mongongo 견과였는데, 매년 그것이 수백만 개 수확되었다.
⑧ rich[heavy] crop 풍작　crop improvement 작물 개량
④ 수확(물) harvest, yield

---

**0498** ★★★★★

## perform
[pərfɔ́:rm]

동 (일·과제·의무 등을) 행하다, 수행하다, 공연하다
With the proper training, you will be able to perform CPR quickly and effectively. 모평
적절한 교육을 받으면, 여러분은 신속하고 효과적으로 심폐 소생술(CPR)을 수행할 수 있을 것입니다.
⑩ performance 명 수행, 공연, 성과　performer 명 행위자, 연주자
④ 수행하다 fulfill, execute

---

**0499** ★★★★★

## feedback
[fí:dbæk]

명 반응, 피드백, 의견
Provide feedback just before the person might make another mistake. 모평
그 사람이 또 다른 실수를 할 가능성이 있기 직전에 피드백을 제공하라.
⑧ consumer feedback 소비자로부터의 반응[의견]
④ 반응 reaction, reply

---

**0500** ★★★★★

## subjective
[səbdʒéktiv]

형 주관적인, 개인적인
The distinctions between crime and heroism become purely subjective ones in a novel. 모평
소설에서 범죄와 영웅주의의 차이는 전적으로 주관적인 것이 된다.
⑩ subjectivity 명 주관성　subjectively 부 주관적으로, 개인적으로
④ 개인적인 personal　⑪ 객관적인 objective

---

**0501** ★★★★★

## planet
[plǽnit]

명 행성, 유성, 지구(the ~)
In a billion years it will be about 10 percent brighter than today, heating the planet to an uncomfortable degree. 모평
10억 년 후에는 그것이 오늘날보다 약 10% 더 밝아져서 불편할 정도로 지구를 가열하게 될 것이다.
⑩ planetary 형 행성의
④ 지구 earth, globe

---

## 0502 ★★★★★

**contrary**
[kántreri]

형 (정)반대의, 상반되는 명 정반대

Sometimes animals behave in a way quite contrary to what might be expected from their physical form. 모평

때로 동물들은 그들의 신체적 형태에서 예상될 수도 있는 것과는 매우 상반되는 방식으로 행동한다.

예 contrary proof 반대의 증거
유 반대의 opposite, opposed, contradictory

## 0503 ★★★★★

**modify**
[mάdəfài]

동 수정하다, 변경하다, 바꾸다

Analysis of the errors leads the teacher to modify the teaching of these procedures. 모평

실수에 대한 분석은 교사로 하여금 이러한 절차를 가르치는 것을 수정하게 한다.

파 modification 명 수정, 변경    modifiable 형 수정[변경]할 수 있는
유 alter, convert

## 0504 ★★★★★

**realize**
[rí(:)əlàiz]

동 깨닫다, 알게 되다, 자각하다, 실현하다

Reading on, Steven realized the letter had been delivered mistakenly. 모평

계속 읽어 가던 중에, Steven은 편지가 잘못 배달되었다는 것을 깨달았다.

파 realization 명 깨달음, 자각, 실현    realizable 형 실현 가능한
유 알게 되다 learn, grasp    실행[실현]하다 fulfill

## 0505 ★★★★★

**desire**
[dizáiər]

명 욕구, 바람, 요구 동 바라다, 요구하다

The desire to make money can challenge and inspire us. 대수능

돈을 벌고자 하는 욕구는 우리에게 도전 정신을 심어 주고 영감을 줄 수 있다.

파 desirable 형 바람직한    desirably 부 바람직하게, 탐나게
유 욕구 urge    바람 wish, aspiration

## 0506 ★★★★★

**attain**
[ətéin]

동 얻다, 획득하다, 이루다, 도달하다

No specific knowledge, or experience is required to attain insight in the problem situation. 모평

문제 상황에서 통찰력을 얻는 데는 특정한 지식이나 경험이 요구되지 않는다.

파 attainment 명 도달, 달성, 성과    attainable 형 이룰[달성할] 수 있는
유 얻다 obtain, acquire    이루다 achieve

## 0507 ★★★★★

**instrument**
[ínstrəmənt]

명 도구, 기구, 악기

The instruments have a different sound. 대수능

그 악기들은 다른 소리를 지니고 있다.

파 instrumental 형 기구의, 수단이 되는, 악기의
유 도구 tool    기구 device, appliance

DAY 10

---

**0508** ★★★★☆

**explicit**
[iksplísit]

형 명시적인, 명백한, 솔직한
Although not the explicit goal, the best science can really be seen as refining ignorance. 대수능
비록 명시적인 목표는 아니지만, 최고의 과학은 무지를 개선하는 것으로 진정 여겨질 수 있다.
파 explicitness 명 명백함, 솔직함   explicitly 부 명백하게, 명시적으로
유 명백한 clear, obvious   반 암시적인 implicit

---

**0509** ★★★★☆

**absorb**
[əbsɔ́ːrb]

동 흡수하다, 빨아들이다, 열중시키다
A carbon sink is a natural feature that absorbs or stores more carbon than it releases. 모평
카본 싱크(온실가스 흡수원)는 배출하는 것보다 더 많은 탄소를 흡수하거나 저장하는 자연 지형이다.
파 absorption 명 흡수, 통합, 몰두
유 흡수하다 soak

---

**0510** ★★★★★

**ingredient**
[ingríːdiənt]

명 재료, 성분, 구성 요소
All the ingredients of success are right there inside you. 모평
성공에 필요한 모든 구성 요소는 바로 그곳 여러분 자신 속에 있다.
숙 natural ingredient 천연 원료   active ingredient 유효 성분
유 구성 요소 component, element, part

---

**0511** ★★★★☆

**tuition**
[tjuːíʃən]

명 수업, 교습, 수업료
Please see the attached document for registration and tuition information. 모평
등록과 수업료에 대한 정보를 위해 첨부된 문서를 살펴보시기 바랍니다.
파 tuitional 형 교수(용)의, 수업료의
유 교습 teaching, schooling, tutoring

---

**0512** ★★★★★

**cheer**
[tʃiər]

동 응원하다, 환호성을 지르다 명 환호(성), 격려
Walking out of the water joyfully, he cheered, "Wow, I did it!" 대수능
기쁨에 차서 물 밖으로 걸어 나오며, 그는 "와, 내가 해냈어!"라고 환호성을 질렀다.
파 cheerful 형 쾌활한, 생기를 주는
유 환호하다 acclaim   응원[성원]하다 applaud, encourage

---

**0513** ★★★★★

**forbid**
[fərbíd]

동 금하다, 금지하다, ~을 못하게 하다
Look again at the old grammar rule forbidding the splitting of infinitives. 모평
부정사를 분리하는 것을 금지하는 옛날 문법 규칙을 다시 보라.
파 forbidden 형 금지된   forbiddance 명 금지(하기)
유 prohibit, ban   반 허락하다 permit

---

## 0514 ★★★★☆

**terrific**
[tərífik]

형 멋진, 훌륭한, 무서운
They have terrific advice about what helped them succeed. 대수능
그들에게는 자신들이 성공하는 데 도움을 주었던 것에 대한 훌륭한 조언이 있다.
파 terrify 통 무섭게 하다, 겁먹게 하다   terrifically 부 엄청, 굉장히
유 훌륭한 wonderful, excellent, great

## 0515 ★★★☆☆

**seize**
[si:z]

통 (붙)잡다, 사로잡다, 파악하다
Suddenly fear seized him. 모평
갑자기 공포가 그를 사로잡았다.
파 seizable 형 잡을 수 있는   seizure 명 붙잡음, 체포, 압수(물)
유 grab, grasp   반 풀어 주다 release

## 0516 ★★★★☆

**mutual**
[mjú:tʃuəl]

형 서로의, 상호 간의, 공동의, 공통의
Anarchy can, in theory, consist of "mutual aid" or a "war of all against all." 모평
무정부 상태는 이론적으로 '상호 간의 협력' 혹은 '모든 것에 대항하는 모두의 전쟁'으로 구성될 수 있다.
파 mutuality 명 상호 관계   mutually 부 서로, 상호 간에, 공통으로
유 서로의 reciprocal   공통의 common, shared

## 0517 ★★★★☆

**import**
[impɔ́:rt]

통 수입하다, 들여오다 명 [ímpɔ:rt] 수입(품)
The hoteliers have traditionally imported much of their food while ignoring local farmers. EBS 연계
그 호텔 경영자들은 전통적으로 식자재의 대부분을 수입해 오면서 현지 농부들은 모르는 체한다.
파 importation 명 수입(품)   importable 형 수입할 수 있는
유 들여오다 introduce   반 수출(하다) export

## 0518 ★★★☆☆

**flush**
[flʌʃ]

통 (왈칵) 쏟아져 흐르다, 짝 퍼지다, (얼굴 등을) 붉히다, (변기의 물을) 내리다 명 홍조, 분출
Shame flushed through me. 모평
부끄러움이 나의 온몸에 짝 퍼졌다.
파 flushed 형 붉어진, 상기된   flush toilet 수세식 화장실
유 붉히다 blush   빛나다, 붉히다 glow

## 0519 ★★★★★

**distrust**
[distrʌ́st]

명 불신, 의심 통 불신하다, 의심하다
Creative ideas are usually viewed with suspicion and distrust. 모평
창의적인 생각은 보통 의심과 불신의 시선을 받는다.
파 distrustful 형 의심 많은, 의심스러운
유 불신 mistrust, disbelief   의심 suspicion

DAY 10

---

0520 ★★★★☆

**navigate**
[nǽvəgèit]

통 길을 찾다, 항해하다, (배·비행기를) 조종하다
The satellite-based global positioning system (GPS) helps you **navigate** while driving. 대수능
인공위성에 기반을 둔 위치 확인 시스템(GPS)은 운전하는 동안 여러분이 길을 찾는 것을 도와준다.
파 **navigation** 명 항해(술), 운항(술)　**navigational** 형 항해(술)의
유 조종하다 steer, pilot

---

0521 ★★★★☆

**grief**
[gri:f]

명 (큰) 슬픔, 비탄, 고뇌
Her doctor suggested writing as a means to ease her **grief** and loss. EBS 연계
그녀의 의사는 그녀의 슬픔과 상실감을 덜기 위한 수단으로 글을 쓸 것을 제안했다.
파 **grieve** 통 비통해하다　**griefless** 형 큰 슬픔이 없는
유 슬픔 sadness, sorrow　고뇌 suffering

---

0522 ★★★★★

**crash**
[kræʃ]

명 (비행기의) 추락 사고, 충돌 통 추락하다, 충돌하다
Suppose a survivor from an airplane **crash** with severe injuries struggles for days through the jungle. 모평
비행기 추락 사고에서 심각한 부상을 입고 살아남은 한 사람이 며칠 동안 힘들여 정글을 통과한다고 가정해 보자.
생 **crash-landing** 명 불시착
유 충돌 collision, clash

---

0523 ★★★☆☆

**hostility**
[hɑstíləti]

명 적개심, 적의, 반대
A person might talk to his coworker in a way that indicates underlying **hostility**. 모평
어떤 사람이 기저에 있는 적개심을 나타내는 방식으로 자기 동료에게 말할 수도 있다.
파 **hostile** 형 적대적인, 강력히 반대하는
유 미움, 반감 hatred　반대 opposition

---

0524 ★★★☆☆

**stereotype**
[stériətàip]

명 고정관념, 판에 박힌 문구 통 고정관념을 형성하다, 정형화하다
This is a **stereotype**, but it has a large grain of truth. 모평
이것은 고정관념이지만, 많은 진실성을 지닌다.
파 **stereotypic/stereotypical** 형 진부한, 틀에 박힌
유 판에 박힌 문구 cliché　공식, 판에 박힌 말 formula

---

0525 ★★★★☆

**fantasy**
[fǽntəsi]

명 공상, 상상, 환상
Researchers evaluated the **fantasy**'s effect on the subjects and on how things unfolded in reality. 모평
연구원들은 환상이 실험 대상자와 현실에서 일이 전개된 방식에 미친 영향에 대해 평가했다.
파 **fantastic** 형 환상적인, 엄청난　**fantasize** 통 공상하다, 환상을 갖다
유 imagination, fancy

---

## 0526 ★★★☆☆

**obscure**
[əbskjúər]

동 가리다, 흐리게 하다  형 분명치 않은, 애매한
Superficial analogies between the eye and a camera obscure the much more fundamental difference between the two. 대수능
눈과 카메라 사이의 피상적인 비유는 둘 사이의 훨씬 더 근본적인 차이를 가린다.
파 obscureness 명 애매함, 흐림
유 가리다 conceal    분명치 않은 unclear, vague

## 0527 ★★★☆☆

**snap**
[snæp]

동 달려들다, 잡아채다  명 덥석 물기, 찰깍하는 소리
Many owners have been snapped at by their dogs when they returned home with a new hairdo or a new coat. 대수능
많은 주인이 머리 모양을 새로 하거나 새 코트를 입고 집에 돌아왔을 때 자신의 개가 달려든 적이 있다.
유 찰깍하는 소리 click

## 0528 ★★★★☆

**breakthrough**
[bréikθrù:]

명 획기적인 발전, 돌파(구)
This entailed relating the progressive accumulation of breakthroughs and discoveries. 대수능
이것은 획기적인 발전과 발견의 점진적인 축적을 거론하는 것을 수반했다.
숙 scientific breakthrough 과학의 획기적 발전
유 발전 development, advance, progress

## 0529 ★★★★★

**passenger**
[pǽsəndʒər]

명 승객, 탑승객
I told my passenger to look for planes. EBS 연계
나는 나의 승객에게 비행기를 찾아보라고 말했다.
숙 passenger seat 조수석    fellow passenger 동승자
유 여행자 traveler    통근자 commuter

## 0530 ★★★☆☆

**displace**
[displéis]

동 대체하다, 대신하다, 옮기다
Foods of animal origin partly displace plant-based foods in people's diets. 모평
동물성 식품이 사람들의 식단에서 식물에 기반한 식품을 부분적으로 대체한다.
파 displacement 명 대체, 이동    displaceable 형 옮겨 놓을 수 있는
유 대체하다 replace    옮기다 move, shift

## 0531 ★★★★☆

**suspicious**
[səspíʃəs]

형 의심이 많은, 의심스러운, 수상쩍은
He was suspicious, always coming to conclusions, judging, and generally assuming the worst of everyone. EBS 연계
그는 의심이 많았고, 항상 결론을 내려 버리고 판단했으며, 그리고 일반적으로 누구든 그 사람의 가장 나쁜 면을 생각했다.
파 suspect 동 의심하다 명 혐의자    suspicion 명 의심, 의혹
유 doubtful, distrustful, dubious

DAY 10

---

**0532** ★★★★☆

**delete**
[dilíːt]

동 삭제하다, 지우다
They **deleted** all the games on their PC. 대수능
그들은 자신들의 컴퓨터에 있는 모든 게임을 삭제했다.
파 **deletion** 명 삭제
유 remove, erase　반 포함하다 include

---

**0533** ★★★★☆

**gut**
[gʌt]

명 소화 기관, 장, 창자, (pl.) 배짱
At an earlier date, cooking selected mutations for smaller **guts** and mouths. 대수능
초기에, 요리는 더 작은 소화 기관과 입을 위한 변화를 선택했다.
파 **gutless** 형 배짱이 없는
유 장 intestine, stomach

---

**0534** ★★★★★

**install**
[instɔ́ːl]

동 설치하다, 장치하다
They had **installed** a tiny little Bösendorfer piano that was in poor condition. 대수능
그들은 상태가 좋지 않은 아주 작은 Bösendorfer 피아노를 설치했다.
파 **installation** 명 설치, 장비, 시설　**installment** 명 할부
유 institute, equip

---

**0535** ★★★☆☆

**benevolent**
[bənévələnt]

형 자비로운, 자선을 위한, 호의적인
A dictatorship can, in theory, be brutal or **benevolent**. 모평
독재 정권은 이론적으로 잔혹하거나 자비로울 수 있다.
파 **benevolence** 명 자비심, 자선　**benevolently** 부 자비롭게, 호의적으로
유 자비로운 merciful　반 악의적인 malevolent

---

**0536** ★★★☆☆

**deficit**
[défisit]

명 부족(액), 결손, 적자
They adaptively adjust their eating behavior in response to **deficits** in water, calories, and salt. 대수능
그들은 자신들의 섭식 행동을 물, 열량, 소금의 부족에 대응하여 적절히 조절한다.
숙 **budget deficit** 재정 적자　**trade deficit** 무역 적자
유 부족 shortage, deficiency　반 과잉 surplus

---

**0537** ★★★☆☆

**outspoken**
[àutspóukən]

형 거침없이 말하는, 솔직한
Many of what we now regard as 'major' social movements were originally due to the influence of an **outspoken** minority. 대수능
우리가 현재 '주요' 사회 운동으로 여기는 것의 다수가 원래는 거침없이 말하는 소수 집단의 영향력으로 인한 것이었다.
파 **outspokenly** 부 거리낌 없이, 솔직하게
유 straightforward, frank, candid

---

## 0538 ★★★★☆

**drag**
[dræg]

통 끌다, 끌고 가다
Emotions, such as depression or discouragement, can drag down the entire organization. 모평
우울증이나 낙담 같은 감정들은 전체 조직을 끌어내릴 수 있다.
🈩 **dragging** 형 질질 끄는, 오래 걸리는
🟰 pull, draw, tow

## 0539 ★★★★☆

**invasion**
[invéiʒən]

명 침입, 침략, 몰려듦
Invasions of natural communities by non-indigenous species are currently rated as one of the most important global-scale environmental problems. 대수능
비토착종에 의한 자연 군집 침입은 현재 가장 중요한 세계적 규모의 환경 문제 중 하나로 평가된다.
🈩 **invade** 통 침입[침략]하다, 몰려들다　**invasive** 형 침입하는, 침략적인
🟰 침입 raid　🔄 후퇴 retreat

## 0540 ★★★★★

**grateful**
[gréitfəl]

형 감사하는, 고맙게 여기는
Shankwitz was very sad, but grateful that he had helped Chris. 모평
Shankwitz는 몹시 슬펐지만, 자신이 Chris를 도운 것에 감사해했다.
🈩 **gratefully** 부 감사하여, 기꺼이
🟰 thankful, appreciative　🔄 ungrateful

## 0541 ★★★☆☆

**inscribe**
[inskráib]

통 새기다, 파다, 기입하다
One could see that the pieces had been individually inscribed with some marks on the underside. 모평
그 작품들의 밑면에 몇 개의 표식이 하나하나 새겨져 있는 것을 볼 수 있었다.
🈩 **inscription** 명 새겨진 글, 비명(碑銘)　**inscriptive** 형 비명의
🟰 조각하다, 새기다 carve　🔄 지우다 erase

## 0542 ★★★★☆

**trace**
[treis]

명 자취, 발자국, (극)소량　통 (유래 등을) 거슬러 올라가다, 추적하다
Traces of mercury can appear in lakes far removed from industrial discharge. 대수능
산업적 방출로부터 멀리 떨어진 호수에서 소량의 수은이 나타날 수 있다.
🈩 **traceable** 형 추적할 수 있는　**traceless** 형 흔적이 없는
🟰 추적하다 follow, track, pursue

## 0543 ★★★★★

**deserve**
[dizə́:rv]

통 ~을 받을 자격이 있다, ~할 가치가 있다
"You deserve this and more, Mom." 모평
"엄마, 엄마는 이 이상의 것을 받으실 자격이 있어요."
🈩 **deserved** 형 그만한 가치가 있는, 응당한
🟰 (마땅히) 받을 만하다 merit

**0544** ★★★☆☆

**circulation**
[sə̀ːrkjuléiʃən]

몡 순환, 유통, (신문·잡지의) 판매 부수, 발행 부수
In print media, one measure of success is the actual number of publications distributed, or **circulation**. EBS 연계
인쇄 매체에서, 성공의 한 가지 척도는 배포된 출판물의 실제 숫자, 즉 발행 부수이다.
파 **circulate** 통 순환하다, 유통시키다, 배부되다   **circulatory** 휑 순환상의
유 통화, 유통 currency   분배, 유통 distribution

**0545** ★★★★☆

**slope**
[sloup]

몡 경사(도), 경사지, 비탈 통 경사지다, 기울어지다
They'll go to the edge of a difficult **slope**. 대수능
그들은 급경사의 끝으로 갈 것이다.
파 **sloping** 휑 경사진, 비탈진
유 경사지다 incline, slant

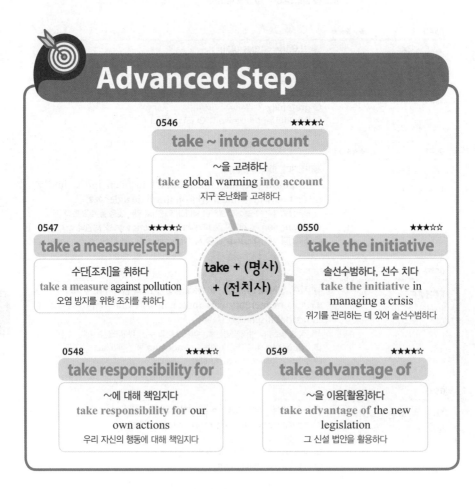

# Advanced Step

**0546** ★★★★☆

## take ~ into account

~을 고려하다
take global warming into account
지구 온난화를 고려하다

**take + (명사)**
**+ (전치사)**

**0547** ★★★★☆

## take a measure[step]

수단[조치]을 취하다
take a measure against pollution
오염 방지를 위한 조치를 취하다

**0550** ★★★☆☆

## take the initiative

솔선수범하다, 선수 치다
take the initiative in
managing a crisis
위기를 관리하는 데 있어 솔선수범하다

**0548** ★★★★☆

## take responsibility for

~에 대해 책임지다
take responsibility for our
own actions
우리 자신의 행동에 대해 책임지다

**0549** ★★★★☆

## take advantage of

~을 이용[활용]하다
take advantage of the new
legislation
그 신설 법안을 활용하다

# Review Test

## A
영어는 우리말로, 우리말은 영어로 쓰시오.

**1.** crop _____    **2.** (정)반대의   c _____

**3.** ingredient _____    **4.** 흡수하다   a _____

**5.** grief _____    **6.** 고정관념   s _____

**7.** breakthrough _____    **8.** 감사하는   g _____

## B
영어 단어와 우리말 뜻을 연결하시오.

**1.** gut   •       • **a.** 서로의, 상호 간의

**2.** mutual   •       • **b.** 소화 기관, 장, 창자

**3.** inscribe •       • **c.** 새기다, 파다

## C
다음 주어진 뜻에 해당하는 밑줄 친 단어의 파생어를 쓰시오.

**1.** modify a contract   명 _____ 수정, 변경

**2.** feelings of hostility   형 _____ 적대적인

**3.** invasion of privacy   동 _____ 침입[침략]하다

## D
밑줄 친 단어의 유의어 혹은 반의어를 쓰시오.

**1.** forbid smoking   유 p _____

**2.** a deficit in revenue   반 s _____

**3.** outspoken criticism   유 s _____

DAY 10

---

정답

**A** 1. (농)작물, 수확물   2. (c)ontrary   3. 재료, 성분, 구성 요소   4. (a)bsorb   5. (큰) 슬픔, 비탄, 고뇌
    6. (s)tereotype   7. 획기적인 발전, 돌파(구)   8. (g)rateful

**B** 1. b   2. a   3. c

**C** 1. modification   2. hostile   3. invade

**D** 1. (p)rohibit   2. (s)urplus   3. (s)traightforward

# Actual Test

다음 글의 밑줄 친 부분 중, 문맥상 낱말의 쓰임이 적절하지 <u>않은</u> 것은?

모평

Sometimes the awareness that one is distrusted can provide the necessary incentive for self-reflection. An employee who ① realizes she isn't being trusted by her co-workers with shared responsibilities at work might, upon reflection, identify areas where she has consistently let others down or failed to follow through on previous commitments. Others' distrust of her might then ② forbid her to perform her share of the duties in a way that makes her more worthy of their trust. But distrust of one who is ③ sincere in her efforts to be a trustworthy and dependable person can be disorienting and might cause her to doubt her own perceptions and to distrust herself. Consider, for instance, a teenager whose parents are ④ suspicious and distrustful when she goes out at night; even if she has been outspoken about her plans and is not ⑤ breaking any agreed-upon rules, her identity as a respectable moral subject is undermined by a pervasive parental attitude that expects deceit and betrayal.

*pervasive 널리 스며 있는

---

해석  때로는 자신이 신임을 얻지 못한다는 인식이 자기 성찰에 필요한 동기를 제공할 수 있다. 직장에서 자신의 동료들이 공유된 책무를 자신에게 (믿고) 맡기지 않고 있다는 사실을 깨닫는 직원은 성찰을 통해 자신이 지속적으로 다른 사람들을 실망시켰거나 이전의 약속들을 이행하지 못했던 분야를 찾아낼 수 있다. 그러면 그녀에 대한 다른 사람들의 불신은, 그녀가 그들의 신임을 받을 만한 자격이 더 생기게 해 주는 방식으로 그녀가 직무의 자기 몫을 수행하지 못하게 할(→ 하도록 동기를 부여할) 수 있다. 하지만 신뢰할 만하고 믿을 만한 사람이 되려는 노력을 진정으로 하는 사람에 대한 불신은 혼란스럽게 할 수 있고, 그녀로 하여금 자신의 인식을 의심하고 자신을 불신하게 할 수 있다. 예를 들어, 밤에 외출할 때 자신의 부모가 의심하고 믿어 주지 않는 십 대 소녀를 생각해 보라. 비록 그녀가 자신의 계획에 대해 솔직해 왔고 합의된 규칙은 어떤 것도 어기고 있지 않을지라도, 부끄럽지 않은 도덕적 주체로서의 그녀의 정체성은 속임수와 배신을 예상하는 부모의 널리 스며 있는 태도에 의해 손상된다.

해설  자신에 대한 타인의 불신은 자기 성찰로 이어져 타인의 신임을 받을 만한 자격이 더 생기도록 행동하게 한다고 했으므로, ②의 forbid(~을 못하게 하다)를 motivate(~하도록 동기를 부여하다)와 같은 낱말로 바꾸어야 한다.

정답  ②

# Vaccine VOCA PLUS

## 반의어 (1)

### advance ⟷ recede

동 나아가다, 발전하다

This is the only way for the region to advance.
이것이 그 지역이 발전할 수 있는 유일한 방법이다.

동 물러나다, 나빠지다

Our economical situation started to recede.
우리의 경제 상황이 나빠지기 시작했다.

### stabilization ⟷ variation

명 (물가·통화·정치 등의) 안정(화), 고정

The government is working on a price stabilization policy.
정부는 물가 안정 정책을 마련 중이다.

명 변화, 변동, 차이

We can quickly cope with a wide variation.
우리는 큰 폭의 변화에 빠르게 대처할 수 있다.

### soar ⟷ plunge

동 (물가 등이) 급등[급증]하다, 높이 치솟다

Increased demand for the products has caused prices to soar.
그 제품의 수요 증가로 인해 가격이 급등하게 되었다.

동 급락하다, 추락하다

Stock markets plunged at the news of the coup.
그 쿠데타 소식에 주식 시장이 급락했다.

### uncover ⟷ veil

동 알아내다, 폭로하다, 덮개를 벗기다

There is still much to uncover.
아직도 알아내야 할 것이 많다.

동 베일로 가리다, 숨기다, 감추다

He tried to veil his intentions.
그는 자신의 의도를 숨기려 했다.

### biased ⟷ impartial

형 편향된, 선입견이 있는

They have biased historical awareness.
그들은 편향된 역사 인식을 가지고 있다.

형 공정[공평]한, 선입견이 없는

It was an objective and impartial report.
그것은 객관적이고 공정한 보도였다.

### hire ↔ dismiss

图 고용하다, 빌리다, 세내다

They **hired** more analysts than before.
그들은 이전보다 더 많은 분석가를 고용했다.

图 해고하다, 해산하다, 묵살하다

The company is going to **dismiss** some employees.
그 회사는 직원 몇 명을 해고할 예정이다.

### elevate ↔ lower

图 높이다, 올리다, 승진시키다

Stress can **elevate** your blood pressure.
스트레스가 여러분의 혈압을 높일 수 있다.

图 낮추다, 내리다

She didn't try to **lower** her voice.
그녀는 자신의 목소리를 낮추려고 하지 않았다.

### reasonable ↔ invalid

图 타당한, 합리적인, 적당한

Her explanation sounds **reasonable** to me.
그녀의 설명은 나에게 타당하게 들린다.

图 타당하지 않은, 근거가 없는, 무효한

His research was deemed **invalid**.
그의 연구는 타당하지 않은 것으로 여겨졌다.

### accuracy ↔ imprecision

图 정확(성), 정밀도

A high degree of **accuracy** is needed.
고도의 정확성이 요구된다.

图 부정확(성), 부정확한 것

There is considerable **imprecision** in the terminology used.
사용된 용어에 있어서 부정확성이 많다.

### integrate ↔ separate

图 통합하다, 융합하다

Europe should **integrate** its forces in this area.
유럽은 이 지역에 있는 자신의 세력들을 통합해야 한다.

图 분리하다, 나누다, 구별하다

Boys and girls are **separated** at many schools in Iraq.
이라크의 많은 학교에서는 남학생과 여학생이 분리되어 있다.

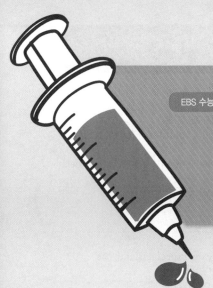

# DAY
# 11

## Word Preview

- [ ] volunteer
- [ ] colony
- [ ] negative
- [ ] decrease
- [ ] aisle
- [ ] flow
- [ ] positive
- [ ] personality
- [ ] wildlife
- [ ] population
- [ ] tiny
- [ ] strip
- [ ] hierarchical
- [ ] fabulous
- [ ] disorder
- [ ] liberate
- [ ] cruel

- [ ] companion
- [ ] gracious
- [ ] differentiate
- [ ] famine
- [ ] symbol
- [ ] outdated
- [ ] feast
- [ ] eternally
- [ ] precede
- [ ] superficial
- [ ] appetite
- [ ] density
- [ ] administer
- [ ] frank
- [ ] royal
- [ ] instantly
- [ ] enclose

- [ ] spirit
- [ ] blurred
- [ ] confine
- [ ] barren
- [ ] minimize
- [ ] discouraged
- [ ] infectious
- [ ] drought
- [ ] arrogant
- [ ] inhabit
- [ ] insult
- [ ] sensational
- [ ] flavor
- [ ] burst
- [ ] outbreak
- [ ] pilot

---

**0551** ★★★★★

## volunteer
[vὰləntíər]

동 자원하다, 지원하다　명 자원봉사(자), 지원자

This is Mark Foster, one of the **volunteers** for *the Auditory Frog and Toad Survey*. 모평

저는 '청각을 이용한 개구리 및 두꺼비 조사' 자원봉사자 중 한 명인 Mark Foster 입니다.

연 **volunteer organization** 자원봉사 단체

---

**0552** ★★★★★

## colony
[kάləni]

명 식민지, 집단, 군체

The last **colony** found safety on a special island. 모평

마지막 집단이 한 특별한 섬에서 안전한 곳을 발견했다.

파 **colonize** 동 식민지로 만들다　**colonial** 형 식민(지)의

유 정착지, 식민지 settlement　집단 group

---

**0553** ★★★★★

## negative
[négətiv]

형 부정적인, 반대의, 거부의

It pushes **negative** notions of female taste and subjectivity. 모평

그것은 여성 취향과 주관성이라는 부정적인 개념을 강요한다.

파 **negativity** 명 부정적 성향　**negatively** 부 부정적으로, 소극적으로

유 반대의 adverse　반 positive

---

**0554** ★★★★★

## decrease
[dikríːs]

동 줄이다, 감소시키다, 축소하다　명 [díːkriːs] 감소, 축소

Many animals **decrease** their activity in the heat and increase it in the cold. 모평

많은 동물은 더위 속에서는 자신의 활동을 줄이고, 추위 속에서는 늘린다.

파 **decreasing** 형 감소하는, 점점 줄어드는

유 줄이다 reduce, diminish　반 increase

---

**0555** ★★★★★

## aisle
[ail]

명 복도, 통로

The teacher was walking along the **aisle** with him to the door. 모평

선생님이 그와 함께 문까지 복도를 따라 걸어가고 있었다.

연 **aisle seat** (비행기의) 통로 쪽 좌석

유 복도 corridor　통로 passageway　길 path

---

**0556** ★★★★★

## flow
[flou]

동 흐르다, 흘러나오다　명 흐름, 유동

The words **flowed** out like water. 모평

말이 물처럼 흘러나왔다.

파 **flowing** 형 흐르는, 물 흐르는 듯한, 유창한

유 흐르다 run　흐름 stream

---

## 0557 ★★★★★
**positive**
[pázətiv]

형 긍정적인, 적극적인, 확신하는
Improving the level of national energy efficiency has
**positive** effects on macroeconomic issues. 대수능
국가의 에너지 효율 수준을 높이는 것은 거시 경제적 문제에 긍정적인 영향을 미친다.
파 **positiveness** 명 긍정적인 태도　**positively** 부 긍정적으로, 분명히
유 낙관적인 optimistic　반 negative

## 0558 ★★★★★
**personality**
[pə̀rsənǽləti]

명 성격, 개성, 인격
You can stay true to your **personality** without appearing to
be antisocial. 모평
여러분은 비사교적으로 보이지 않으면서 자신의 개성에 계속 충실할 수 있다.
파 **personal** 형 개인의, 개인적인
유 character, individuality

## 0559 ★★★★★
**wildlife**
[wáildlàif]

명 야생 동물, 야생 생물 형 야생 동물의
It is home to a wide variety of **wildlife**. 모평
그곳은 매우 다양한 야생 동물의 서식지이다.
표 **wildlife habitat** 야생 동물 서식지
　　**wildlife refuge** 야생 동물 보호 지역

## 0560 ★★★★★
**population**
[pàpjəléiʃən]

명 인구, 주민, 개체군, 집단
Information creates power, and today a much larger part of
the world's **population** has access to that power. 모평
정보는 권력을 창출하고, 오늘날에는 세계 인구의 훨씬 더 많은 부분이 그 권력에 접
근할 수 있다.
파 **popularity** 명 인기
유 주민 resident　공동체, 군집 community

## 0561 ★★★★★
**tiny**
[táini]

형 아주 작은[적은], 조그마한
Mustard gives **tiny** yellow flowers full of nectar and pollen.
　　　　　　　　　　　　　　　　　　　　　　　　　　　　　모평
겨자는 화밀과 꽃가루로 가득 찬 아주 작은 노란 꽃을 피운다.
유 small, little　반 거대한 huge

## 0562 ★★★★☆
**strip**
[strip]

동 (옷, 껍질 등을) 벗기다, 제거하다 명 (길고 가느다란) 조각
By the end of the Roman Imperium, Italy had been
**stripped** of forest cover. 대수능
로마 제국 말기 무렵, 이탈리아는 산림이 헐벗게 되었다.
표 **comic strip** (신문 등에서의) 연재만화
유 (껍질 등을) 벗기다 peel

---

0563 ★★★★☆

## hierarchical
[hàiərá:rkikəl]

형 계층적인, 계급 조직의
In some subject areas, topics build on one another in a **hierarchical** fashion. 모평
일부 과목 영역에서는, 주제들이 서로 계층적 방식으로 축적된다.
ⓓ **hierarchy** 명 (사회나 조직 내의) 계층, 계급
　　**hierarchically** 부 계급 제도로, 계층적으로
ⓢ ranked, graded

---

0564 ★★★★☆

## fabulous
[fæbjələs]

형 멋진, 굉장한, 믿어지지 않을 정도의
Talking and laughing over coffee, they enjoyed the **fabulous** spring day. 모평
커피를 마시며 얘기하고 웃으면서, 그들은 그 멋진 봄날을 즐겼다.
ⓓ **fabulously** 부 엄청나게, 굉장히
ⓢ wonderful, amazing, tremendous

---

0565 ★★★★☆

## disorder
[disɔ́:rdər]

명 무질서, 혼란, 장애, (가벼운) 질환
A certain amount of recreation reduces the chances of developing stress-related **disorders**. 모평
어느 정도의 여가 활동은 스트레스와 관련된 질환을 발생시킬 가능성을 줄인다.
ⓓ **disorderly** 형 무질서한, 난동을 부리는
ⓢ 혼란 chaos　질병, 질환 disease　ⓐ 질서 order

---

0566 ★★★★☆

## liberate
[líbərèit]

동 해방시키다, 자유롭게 만들다
Financial security can **liberate** us from work we do not find meaningful. 대수능
재정적 안정은 우리가 의미를 찾지 못하는 일로부터 우리를 해방시켜 줄 수 있다.
ⓓ **liberal** 형 자유 민주적인, 진보적인　**liberation** 명 해방
ⓢ free, release　ⓐ 감금하다 imprison

---

0567 ★★★★☆

## cruel
[krú(:)əl]

형 잔인한, 잔혹한
Images of a **cruel** war dominate the canvas. 모평
잔인한 전쟁의 이미지가 그 그림을 지배한다.
ⓓ **cruelly** 부 잔인하게, 무참히　**cruelty** 명 잔인함, 학대
ⓢ brutal, heartless　ⓐ 자비로운 merciful

---

0568 ★★★★☆

## companion
[kəmpǽnjən]

명 동료, 동반자, 반려자
They understand their **companion** is irritated. 모평
그들은 자신의 동료가 짜증이 나 있다는 것을 알고 있다.
ⓓ **companionship** 명 동료애, 우정
ⓢ 동료 colleague, partner, company

---

## 0569 ★★★☆☆

**gracious**
[gréiʃəs]

형 상냥한, 정중한, 우아한
The Russian people were friendly and **gracious**. EBS 연계
그 러시아인들은 친절하고 상냥했다.
파 **graciously** 부 상냥하게, 우아하게, 자비롭게
**graciousness** 명 상냥함, 친절함
유 정중한 polite, courteous 반 무례한 impolite

## 0570 ★★★★☆

**differentiate**
[dìfərénʃièit]

동 구별하다, 구분 짓다, 식별하다
As infants start to **differentiate** themselves from the rest of
the world, the self begins to develop. EBS 연계
유아들은 자신을 나머지 세상과 구분하기 시작하면서, 자아가 발달하기 시작한다.
파 **differentiation** 명 구별, 차별
유 구별하다 separate, distinguish, discriminate

## 0571 ★★★★☆

**famine**
[fǽmin]

명 기근, 기아, 굶주림
Humans evolved in an environment of scarcity where
hunger and **famine** were constant companions. EBS 연계
인간은 굶주림과 기근이 끊임없이 따라다니는 결핍된 환경에서 진화했다.
숙 **famine relief** 기아 구호품
유 starvation, hunger 반 풍족함 abundance

## 0572 ★★★★★

**symbol**
[símbəl]

명 상징, 부호, 기호
He had created a system of 86 **symbols**. 모평
그는 86개의 기호 체계를 만들어 냈다.
파 **symbolize** 동 상징하다 **symbolic** 형 상징적인, 상징하는
유 은유, 상징 metaphor 징표, 상징 token 기호 sign

## 0573 ★★★★☆

**outdated**
[autdéitid]

형 시대에 뒤진, 구식인
**Outdated** works may be incorporated into new creative
efforts. 대수능
시대에 뒤진 작품들이 새로운 창의적 노력 속에 편입될 수도 있다.
파 **outdate** 동 시대에 뒤지게 하다, 구식이 되게 하다
유 old-fashioned, out-of-date, outmoded

## 0574 ★★★☆☆

**feast**
[fi:st]

명 연회, (종교적) 축제, 진수성찬
Their grandmother would reward them with a present and
by cooking a delicious **feast**. 모평
그들의 할머니는 선물을 주고 맛있는 진수성찬을 차려 그들에게 보답하곤 했다.
숙 **wedding feast** 결혼 피로연
유 연회 banquet 축제 festival

---

**0575** ★★★☆☆

## eternally
[i(:)tə́:rnəli]

㈝ 영원히, 영구히, 끊임없이

For leaders, **eternally** in the spotlight, the most important ingredient for gaining followers' confidence is to live up to expectations. [EBS 연계]

끊임없이 주목을 받는 지도자들에게 있어 추종자들의 신뢰를 얻는 가장 중요한 요소는 기대에 부응하는 것이다.

- ㉾ **eternal** ㈝ 영원한, 끊임없는   **eternity** ㈐ 영원, 영구
- ㉾ 영원히 permanently   끊임없이 constantly
- ㉾ 일시적으로 temporarily

---

**0576** ★★★☆☆

## precede
[prisí:d]

㈜ 앞서다, 선행하다, 우선하다

Reading the world **precedes** reading the word. [EBS 연계]

세상을 읽는 것이 글을 읽는 것보다 우선한다.

- ㉾ **precedent** ㈝ 선행하는, 이전의 ㈐ 선례, 판례
- ㉾ **proceed** ㈜ 진행하다, 나아가다
- ㉾ forerun   ㉾ follow

---

**0577** ★★★★☆

## superficial
[sjù:pərfíʃəl]

㈝ 겉으로 드러난, 표면상의, 피상적인

Analogies based upon **superficial** features help solve problems that the scientists frequently encounter. [EBS 연계]

겉으로 드러난 특성에 근거한 유사성은 과학자들이 흔히 접하는 문제를 해결하는 데 도움이 된다.

- ㉾ **superficially** ㈝ 표면적으로, 피상적으로
- ㉾ 겉의 external   피상적인 shallow   ㉾ 심오한 profound

---

**0578** ★★★★☆

## appetite
[ǽpətàit]

㈐ 식욕, 욕구

The recovery of **appetite** or the motivation to eat is apparent. [대수능]

식욕, 즉 먹고자 하는 욕구가 회복되는 것은 명백하다.

- ㉾ **appetizer** ㈐ 식욕을 돋우기 위한 것   **appetizing** ㈝ 식욕을 돋우는
- ㉾ 욕구 hunger, desire, longing

---

**0579** ★★★★★

## density
[dénsəti]

㈐ 밀도, 농도, 밀집

The temporal **density** of remotely sensed imagery is large, impressive, and growing. [모평]

원격으로 찍은 영상의 시간적인 밀도는 크고 인상적이고, 증가하고 있다.

- ㉾ **dense** ㈝ 밀집한, 빽빽한   **denseness** ㈐ 빽빽함
- ㉾ 빽빽함 compactness

---

**0580** ★★★☆☆

## administer
[ədmínistər]

㈜ 관리하다, 시행하다

Punishment has been **administered** a few times. [대수능]

처벌이 수차례 시행되었다.

- ㉾ **administration** ㈐ 관리, 행정, 집행
  **administrative** ㈝ 관리[행정]상의
- ㉾ 관리하다 manage   시행하다 execute

---

## 0581 ★★★☆☆

**frank**
[fræŋk]

형 솔직한, 숨김없는
It is important to be **frank**, even if it involves embarrassing personal issues. EBS 연계
그것이 부끄러운 개인적인 문제와 관련되어 있다고 하더라도, 솔직한 것이 중요하다.
파 **frankly** 부 솔직히, 숨김없이  **frankness** 명 솔직, 터놓음
유 candid, outspoken, straightforward

## 0582 ★★★★☆

**royal**
[rɔ́iəl]

형 (여)왕의, 왕실의, 왕립의 명 왕족
He spent much of his life in the service of various **royal** families. 모평
그는 일생의 많은 부분을 여러 왕족을 모시는 데 보냈다.
파 **royalty** 명 왕족, 저작권 사용료
혼 **loyal** 형 충성스러운, 충실한
유 제국의 imperial   (여)왕의 kingly[queenly]

## 0583 ★★★★★

**instantly**
[ínstəntli]

부 즉시, 곧장, 즉각
Bob **instantly** recognized the error and corrected his interpretation. 대수능
Bob은 즉시 실수를 알아차리고 자신의 통역을 바로잡았다.
파 **instant** 형 즉각[즉시]의 명 순간, 찰나  **instantaneous** 형 즉각적인
유 instantaneously, immediately

## 0584 ★★★☆☆

**enclose**
[inklóuz]

동 둘러싸다, 에워싸다, 동봉하다
I've **enclosed** a picture to help you recognize him. EBS 연계
귀하가 그를 알아보시는 데 도움이 되도록 사진을 동봉했습니다.
파 **enclosed** 형 에워싸인, 동봉된  **enclosure** 명 울타리를 친 곳, 동봉
유 둘러싸다 surround, fence   봉하다, 에워싸다 envelop

## 0585 ★★★★★

**spirit**
[spírit]

명 정신, 영혼, 기분, 마음
Listening to the bright warm sounds lifted her **spirits** and made her day more pleasant. 모평
밝고 다정한 소리를 들으니 그녀의 기분이 좋아졌고 그녀의 하루가 더 즐거워졌다.
파 **spiritual** 형 정신의, 영혼의  **spirituality** 명 정신적임, 영적임
유 정신 soul, mind   기분 mood

## 0586 ★★★☆☆

**blurred**
[blɜ:rd]

형 흐릿한, 구별이 잘 안 되는, 모호한
The roles do not become **blurred**. 대수능
그 역할들은 모호해지지 않는다.
파 **blur** 동 흐릿하게[모호하게] 만들다
유 흐릿한 faint   구별이 잘 안 되는 indistinct   모호한 vague

---

**0587** ★★★☆☆

**confine**
[kənfáin]

동 한정하다, 제한하다, 가두다, 감금하다
She was **confined** to the house because of a broken leg. 모평
그녀는 다리 골절로 집에 갇혀 있었다.
파 **confined** 형 한정된, 갇힌    **confinement** 명 제한, 감금
유 제한하다 restrict, restrain    감금하다 imprison

---

**0588** ★★★☆☆

**barren**
[bǽrən]

형 불모의, 메마른, 황량한, 불임인
Wind blew across the **barren** landscapes. 대수능
바람이 황량한 풍경을 가로질러서 불었다.
파 **barrenness** 명 불모임, 무력함
유 불모의 sterile    황량한 desolate    반 비옥한 fertile

---

**0589** ★★★★★

**minimize**
[mínəmàiz]

동 최소화하다, 축소하다, 깔보다
Strictly controlled emission standards are needed to
**minimize** this problem. 대수능
이 문제를 최소화하기 위해서 엄격하게 통제된 배출 기준이 필요하다.
파 **minimum** 형 최소(한)의 명 최소한도, 최저
유 축소하다 reduce, diminish    반 최대화하다 maximize

---

**0590** ★★★★☆

**discouraged**
[diskʌ́ridʒd]

형 낙심한, 낙담한
The letter advised Adams not to be **discouraged** if he
received early rejections. 대수능
그 편지에는 Adams에게 초기에 거절을 당하더라도 낙심하지 말라는 조언이 있었다.
파 **discourage** 동 낙담시키다, 말리다, 단념시키다
   **discouragement** 명 낙심, 좌절, 방해
유 실망한, 낙담한 disappointed    우울한, 낙담한 depressed

---

**0591** ★★★★☆

**infectious**
[infékʃəs]

형 전염성의, 전염되는, 전염병의
This would explain why laughter is so **infectious**. 모평
이것은 왜 웃음이 그렇게 전염성이 있는지를 설명해 줄 것이다.
파 **infect** 동 전염[감염]시키다    **infection** 명 전염(병)
유 contagious

---

**0592** ★★★★☆

**drought**
[draut]

명 가뭄, 부족
Our ancestors faced frequent periods of **drought** and
freezing. 모평
우리의 조상들은 빈번한 가뭄과 혹한의 시기에 직면했다.
파 **droughty** 형 가뭄의, 모자라는
유 부족 deficiency, scarcity    반 풍족함 abundance

---

## 0593　★★★☆☆

### arrogant
[ǽrəgənt]

형 거만한, 오만한
We are too **arrogant** and embarrassed to ask the way. 모평
우리는 너무 거만하고 부끄러워서 길을 물어보지 못한다.
파 **arrogance** 명 거만함　　**arrogantly** 부 거만하게, 무례하게
유 proud　　반 겸손한 modest

## 0594　★★★★☆

### inhabit
[inhǽbit]

동 거주하다, 서식하다, ~에 살다
This 'seal fish' belongs to a group that typically **inhabits** very deep water. 모평
이 '물개 어류'는 보통 아주 깊은 물에서 서식하는 한 집단에 속한다.
파 **inhabitant** 명 주민, 서식 동물　　**inhabitable** 형 살기에 적합한
유 reside, dwell

## 0595　★★★☆☆

### insult
[insʌ́lt]

동 모욕하다 명 [ínsʌlt] 모욕(적인 말, 행동), 무례
It seems an **insult** to refer to it as merely functional. 대수능
그것을 기능적인 것에 불과하다고 언급하는 것은 모욕인 것 같다.
파 **insulting** 형 모욕적인
유 기분 상하게 하다 offend　　반 존경[존중]하다 honor

## 0596　★★★☆☆

### sensational
[senséiʃənəl]

형 선풍적인, 세상을 놀라게 하는, 지각[감각]의
The rhythm and tempo were so **sensational** that they shook her body and soul. 모평
리듬과 박자가 너무 선풍적이어서 그것들이 그녀의 몸과 마음을 뒤흔들었다.
파 **sensation** 명 감각, 느낌, 대사건
　 **sensationally** 부 선풍적으로, 세상이 떠들썩하게
유 세상을 놀라게 하는 shocking, amazing

## 0597　★★★★☆

### flavor
[fléivər]

명 맛, 풍미, 조미료
They are experimenting with specialty flours in their search for **flavor**. 모평
그들은 맛을 찾기 위한 자신들의 연구에서 특별한 밀가루로 실험을 하고 있다.
파 **flavorful** 형 풍미 있는, 맛 좋은　　**flavorless** 형 풍미 없는
유 맛 taste, savor

## 0598　★★★★☆

### burst
[bə:rst]

동 터지다, 터질 듯하다, 폭발하다 명 파열, 폭발
**Bursting** with happiness, I spent the rest of the day brushing my pony. 모평
행복감으로 터질 듯하여, 나는 나의 조랑말을 솔질하면서 그날의 나머지 시간을 보냈다.
파 **bursting** 명 폭발 형 아주 열성인
유 파열 explosion, eruption, outburst

| 0599 | ★★★☆☆ |
| :--- | ---: |

**outbreak**
[áutbrèik]

몡 (전쟁 · 사고 · 질병 등의) 발발[발생]

Pictorialism eventually died out with the **outbreak** of World War I. EBS 연계

결국, 제1차 세계 대전의 발발과 함께 영상 중심주의는 자취를 감추었다.

⨁ **revolutionary outbreak** 혁명의 발발

⨁ 분출, 발발[발생] eruption

| 0600 | ★★★★★ |
| :--- | ---: |

**pilot**
[páilət]

몡 조종사, 안내인, 시험적으로 행하는 것  동 조종하다, 안내하다

The cars we **pilot** instantaneously and automatically become ourselves. 모평

우리가 조종하는 그 자동차는 순간적이고 그리고 무의식적으로 우리 자신이 된다.

⨁ **pilot test** 예비 시험
　**pilot episode** (라디오 · 텔레비전 시리즈물의) 시험 방송분

⨁ 조종하다 steer　안내하다 guide

# Advanced Step

### 0601　★★★★☆
## ethical justification

윤리적 정당화
This is the **ethical justification** for economic development.
이것은 경제 발전을 위한 윤리적 정당화이다.

### 0602　★★★★☆
## legal justification

법적 타당성
There is no **legal justification** for it.
그것에 대한 법적 타당성이 없다.

### 0605　★★★☆☆
## theoretical justification

이론적으로 타당한 이유
He provided **theoretical justification** for limiting individual responsibility.
그는 개인의 책임을 제한하는 것에 대한 이론적으로 타당한 이유를 제시했다.

**정당화/ 타당한 이유**

### 0603　★★★☆☆
## procedural justification

절차적 정당성
They tried to secure **procedural justification**.
그들은 절차적 정당성을 확보하려고 노력했다.

### 0604　★★★☆☆
## ample justification

충분히 타당한 사유
A positive drug test is **ample justification** for imprisonment.
마약 테스트 양성 반응은 구금되는 충분히 타당한 사유이다.

# Review Test

## A
영어는 우리말로, 우리말은 영어로 쓰시오.

1. colony     _____
2. 흐르다      f_____
3. disorder     _____
4. 계층적인      h_____
5. outdated     _____
6. 맛, 풍미      f_____
7. barren     _____
8. 앞서다, 우선하다   p_____

## B
영어 단어와 우리말 뜻을 연결하시오.

1. personality •               • a. 낙심한, 낙담한
2. administer •               • b. 관리하다, 시행하다
3. discouraged •              • c. 성격, 개성, 인격

## C
다음 주어진 뜻에 해당하는 밑줄 친 단어의 파생어를 쓰시오.

1. population <u>density</u>      형 _____ 밀집한, 빽빽한
2. an <u>infectious</u> disease      동 _____ 전염[감염]시키다
3. a <u>cruel</u> punishment      명 _____ 잔인함, 학대

## D
밑줄 친 단어의 유의어 혹은 반의어를 쓰시오.

1. a <u>tiny</u> baby      반 h_____
2. a severe <u>famine</u>      유 s_____
3. an <u>arrogant</u> attitude      반 m_____

---

정답

**A** 1. 식민지, 집단, 군체   2. (f)low   3. 무질서, 혼란, 장애, 질환   4. (h)ierarchical   5. 시대에 뒤진, 구식인   6. (f)lavor   7. 불모의, 메마른, 황량한, 불임인   8. (p)recede

**B** 1. c   2. b   3. a

**C** 1. dense   2. infect   3. cruelty

**D** 1. (h)uge   2. (s)tarvation   3. (m)odest

# Actual Test

(A), (B), (C)의 각 네모 안에서 문맥에 맞는 낱말을 고르시오.

대수능

During the early stages when the aquaculture industry was rapidly expanding, (A) mistakes/advances were made and these were costly both in terms of direct losses and in respect of the industry's image. High-density rearing led to outbreaks of infectious diseases that in some cases devastated not just the caged fish, but local wild fish populations too. The (B) negative/positive impact on local wildlife inhabiting areas close to the fish farms continues to be an ongoing public relations problem for the industry. Furthermore, a general lack of knowledge and insufficient care being taken when fish pens were initially constructed meant that pollution from excess feed and fish waste created huge barren underwater deserts. These were costly lessons to learn, but now stricter regulations are in place to ensure that fish pens are placed in sites where there is good water flow to remove fish waste. This, in addition to other methods that (C) decrease/increase the overall amount of uneaten food, has helped aquaculture to clean up its act.

**해석**

수산 양식 산업이 급속하게 팽창하고 있던 초기 단계 동안, 실수들이 발생하였으며 이것들은 직접적인 손실 면에서 그리고 그 산업의 이미지 측면 양쪽 모두에 있어 대가가 컸다. 고밀도의 사육은 몇몇 경우에서 가두리에 있는 어류뿐만 아니라 지역의 야생 어류 개체군 또한 황폐화하는 전염성 질병의 발발을 초래했다. 물고기 양식장에 인접한 지역에 서식하고 있는 지역의 야생 동물에 미치는 부정적 영향이 계속해서 그 산업의 지속적인 대민 관계 문제가 되고 있다. 더욱이, 물고기 양식용 가두리 양식장이 처음 지어졌을 때 일반적인 지식의 부족과 불충분하게 행해지던 관리는 초과 사료와 어류 폐기물로부터 발생하는 오염이 거대한 불모의 해저 사막을 만들어 낸다는 것을 의미했다. 이것들은 비싼 대가를 치르고 배우게 된 교훈이었지만, 이제는 물고기 양식용 가두리 양식장을 반드시 어류 폐기물을 제거할 수 있는 물의 흐름이 좋은 장소에 설치하도록 하는 더 엄격한 규제들이 시행되고 있다. 이것은, 섭취되지 않는 먹이의 전반적인 양을 줄이는 다른 방법들에 더하여, 수산 양식업이 자신의 행위를 깨끗이 청소하는 데 도움을 주어 왔다.

**해설** (A) 수산 양식 산업이 손실과 이미지 측면에서 대가가 컸다는 내용이므로 mistakes가 적절하다. advance는 '발전'이라는 뜻이다.
(B) 고밀도의 사육이 물고기 양식용 가두리 양식장과 지역의 어류의 전염성 질병의 발발을 초래했다는 내용이므로 negative가 적절하다. positive는 '긍정적인'이라는 뜻이다.
(C) 어류 폐기물을 제거하기 위해 물고기 양식용 가두리 양식장에 대한 더 엄격한 규제가 시행되어 수산 양식업이 자신의 행위를 청소하는 데 도움을 주었다는 내용이므로 decrease가 적절하다. increase는 '늘리다'라는 뜻이다.

**정답** (A) mistakes (B) negative (C) decrease

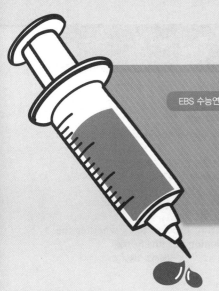

# DAY
# 12

## Word Preview

- [ ] organic
- [ ] function
- [ ] distance
- [ ] acquire
- [ ] intake
- [ ] behave
- [ ] adopt
- [ ] original
- [ ] destination
- [ ] sentence
- [ ] irony
- [ ] obstacle
- [ ] grave
- [ ] precious
- [ ] rescue
- [ ] shock
- [ ] fade

- [ ] tragic
- [ ] genuine
- [ ] laughter
- [ ] circuit
- [ ] slide
- [ ] evoke
- [ ] incorporate
- [ ] swiftly
- [ ] appoint
- [ ] advent
- [ ] cherished
- [ ] destroy
- [ ] grab
- [ ] suck
- [ ] tune
- [ ] detect
- [ ] insert

- [ ] erupt
- [ ] elegance
- [ ] seemingly
- [ ] row
- [ ] domestication
- [ ] gross
- [ ] disclose
- [ ] propose
- [ ] hide
- [ ] imply
- [ ] prime
- [ ] doom
- [ ] trial
- [ ] literary
- [ ] defeat
- [ ] narrow

**0606** ★★★★★

## organic
[ɔːrgǽnik]

형 유기(체)의, 생물의, 장기의, 유기농의

Plants and other **organic** material absorb and store tons of carbon. 모평

식물 및 다른 유기 물질은 많은 양의 탄소를 흡수하고 저장한다.

파 **organ** 명 장기, 기관　　**organically** 부 유기적[조직적]으로, 유기 재배로

**0607** ★★★★★

## function
[fʌ́ŋkʃən]

동 기능하다, 작동하다　명 기능, 작용

An unconscious monitoring process tests whether the operating system is **functioning** effectively. 모평

무의식적인 감시 과정은 운영 체계가 효과적으로 작동하고 있는지를 검사한다.

파 **functional** 형 기능의, 작용의

유 작용을 하다 operate, perform

**0608** ★★★★★

## distance
[dístəns]

명 거리, 간격, 먼 곳　동 멀리 떨어지게 하다, 간격을 두다

The baseball research shows us what matters is not the actual **distance** to the fence. 대수능

야구에 관한 연구에서는 중요한 것은 펜스까지의 실제 거리가 아니라는 것을 보여준다.

파 **distant** 형 먼, 떨어져 있는

유 간격 gap, interval　　반 가까움 nearness

**0609** ★★★★★

## acquire
[əkwáiər]

동 얻다, 획득하다, 습득하다

To **acquire** all these knowledge and information, organizations must rely on the data that they store. 모평

이 모든 지식과 정보를 얻기 위해, 조직은 자신들이 저장하는 데이터에 의존해야 한다.

파 **acquisition** 명 획득, 습득, 구입한 것
　**acquired** 형 획득한, 습득한, 후천적인

유 얻다 gain, obtain

**0610** ★★★★★

## intake
[íntèik]

명 섭취(량), 빨아들임

Small changes in the sensory properties of foods are sufficient to increase food **intake**. 대수능

음식에 대한 감각적 특성에서의 작은 변화는 음식 섭취량을 증가시키기에 충분하다.

숙 **acceptable daily intake** 1일 허용 섭취량

유 섭취 ingestion　　흡수 absorption

**0611** ★★★★★

## behave
[bihéiv]

동 행동[처신]하다, 작용[작동]하다

Simply knowing they are being observed may cause people to **behave** differently. 대수능

단지 자신들이 관찰되고 있다는 것을 아는 것이 사람들이 다르게 행동하도록 유발할 수도 있다.

파 **behavior** 명 행동, 행실　　**behavioral** 형 행동의, 행동에 관한

유 행동하다 act　　작동하다 function, operate

## 0612 ★★★★★

**adopt**
[ədápt]

동 채택하다, 받아들이다, 입양하다
Some cultural changes may be **adopted** quite quickly by a whole population. 모평
일부 문화적인 변화는 전체 인구에 의해 상당히 빠르게 받아들여질 수도 있다.
판 **adoption** 명 채택, 입양　**adopter** 명 (신기술) 사용자, 입양자
유 받아들이다 accept, embrace

## 0613 ★★★★★

**original**
[ərídʒənəl]

형 원래의, 최초의, 원본의, 독창적인　명 원본
The performers might change the **original** tempo and mood compeletely. 모평
공연자가 원래의 박자와 분위기를 완전히 바꿀 수도 있을 것이다.
판 **origin** 명 기원, 근원, 출신　**originality** 명 독창성
유 최초의 initial, first　독창적인 ingenious

## 0614 ★★★★★

**destination**
[dèstənéiʃən]

명 목적지, 행선지, 도착지
The train arrived at my **destination** ten minutes early, which was perfect. 대수능
기차는 10분 일찍 나의 목적지에 도착했는데, 그것은 더할 나위 없이 좋았다.
관 **final destination** 종착지
유 정거장 station, stop

## 0615 ★★★★★

**sentence**
[séntəns]

명 문장, 형벌, (형의) 선고　동 (형을) 선고하다
Satellites are collecting a great deal of imagery as you read this **sentence**. 대수능
여러분이 이 문장을 읽을 때에도 위성들은 많은 양의 사진을 모으고 있다.
관 **suspended sentence** 집행 유예　**life sentence** 종신형
유 형벌 punishment

## 0616 ★★★★☆

**irony**
[áiərəni]

명 아이러니, 역설적인 것, 풍자, 반어(법)
You can appreciate the **irony** of this situation. EBS 연계
이 상황의 아이러니를 여러분은 이해할 수 있다.
판 **ironic** 형 역설적인, 반어적인
유 역설 paradox　모순, 반박 contradiction　풍자 satire

## 0617 ★★★★★

**obstacle**
[ábstəkl]

명 장애(물), 방해(물)
On the path to excellence, some **obstacles** may initially seem overwhelming. 모평
탁월한 경지로 가는 도중에, 일부 장애물이 처음에는 압도적인 것처럼 보일 수도 있다.
관 **obstacle race** 장애물 경주
유 hurdle, barrier, hindrance

---

**0618** ★★★★☆

## grave
[greiv]

몡 무덤, 묘  혱 심각한, 중대한
It's a **grave** error to confuse the mind with the body. EBS 연계
정신과 몸을 혼동하는 것은 심각한 실수이다.
🔵 **gravely** 몡 중력, 중대함, 심각함     **gravely** 틘 중대하게, 진지하게
🔵 무덤 tomb    심각한 severe    중대한 significant

---

**0619** ★★★★☆

## precious
[préʃəs]

혱 귀중한, 소중한, 값비싼  몡 소중한 것[사람]
Her **precious** Blue Bunny was a gift from her father, who
worked overseas. 모평
그녀의 귀중한 Blue Bunny는 외국에서 근무하는 아버지가 주신 선물이었다.
🔵 **preciousness** 몡 귀중함, 소중함
  **preciously** 틘 귀중[소중]하게
🔵 귀중한 valuable    값비싼 expensive    🔵 가치 없는 worthless

---

**0620** ★★★★☆

## rescue
[réskju:]

동 구조하다, 구출하다, 구하다  몡 구조, 구출
If only he had managed to walk to the village, he would
have been **rescued**. 모평
그가 어떻게든 마을까지 걸어가기만 했다면, 그는 구조되었을 것이다.
🔵 **rescuer** 몡 구조[구출]자
🔵 **rescue crew** 구조대
🔵 구하다 save, salvage

---

**0621** ★★★★★

## shock
[ʃɑk]

몡 충격, 쇼크(증)  동 충격을 주다, 깜짝 놀라게 하다
In the mid-1900s, John Kenneth Galbraith **shocked** the
field of economics. 모평
1900년대 중반, John Kenneth Galbraith는 경제학 분야에 충격을 주었다.
🔵 **shocking** 혱 충격적인    **shocked** 혱 충격을 받은, 어안이 벙벙한
🔵 충격을 주다 impact    깜짝 놀라게 하다 startle, surprise

---

**0622** ★★★★☆

## fade
[feid]

동 (점차) 희미해지다, 바래다, 사라지다
As time passed, his commitment and passion seemed to
**fade** gradually. 모평
시간이 지나가면서, 그의 헌신과 열정은 점차 사라지는 것처럼 보였다.
🔵 **faded** 혱 색깔이 바랜, 시든
🔵 희미해지다 dim    사라지다 disappear, vanish

---

**0623** ★★★★☆

## tragic
[trǽdʒik]

혱 비극적인, 비극의
As they performed in Carnegie Hall, something **tragic**
happened. EBS 연계
그들이 카네기 홀에서 공연을 할 때, 비극적인 일이 발생했다.
🔵 **tragedy** 몡 비극(적인 사건)    **tragically** 틘 비극적으로, 비참하게
🔵 비참한 disastrous, miserable

---

---

**0624** ★★★★☆

**genuine**
[dʒénjuin]

형 진짜의, 진실된, 진정한
The absence of fear in expressing a disagreement is a source of **genuine** freedom. 모평
이견을 표현할 때 두려움이 없는 것이 진정한 자유의 원천이다.
⑪ **genuineness** 명 진짜임, 진성　**genuinely** 부 진정으로, 순수하게
⊕ 진짜의 authentic　⊕ 위조의 counterfeit

---

**0625** ★★★★☆

**laughter**
[lǽftər]

명 웃음, 웃음소리
The purpose of **laughter** is not just to communicate that one is in a playful state. 모평
웃음의 목적은 어떤 사람이 명랑한 상태에 있다는 것을 전달하려는 것뿐만이 아니다.
⑪ **laugh** 동 웃다 명 웃음　**laugher** 명 웃는 사람
⊕ 낄낄 웃음 giggle

---

**0626** ★★★☆☆

**circuit**
[sə́:rkit]

명 순환(로), 순회, 회로
In 1922, he sold a 'super' version of his **circuit** to Radio Corporation of America (RCA). 모평
1922년, 그는 자신이 만든 회로의 '고성능' 버전을 Radio Corporation of America(RCA)에 팔았다.
⑧ **circuit board** 회로판　**circuit breaker** 회로 차단기
⊕ 순환 circulation, rotation

---

**0627** ★★★★☆

**slide**
[slaid]

동 미끄러지다, (나쁜 상태로) 되어가다 명 미끄러짐, 하락
He started out well, and then things began to **slide**. 모평
그는 시작은 잘 했고, 그리고 나서 상황이 나빠지기 시작했다.
⑪ **slidable** 형 미끄러질 수 있는
⑧ **sliding door** 미닫이 문
⊕ 미끄러지다 slip, glide

---

**0628** ★★★☆☆

**evoke**
[ivóuk]

동 불러일으키다, 일깨우다
Instead of **evoking** admiration of beauty, artists may **evoke** puzzlement, shock, and even disgust. 모평
아름다움에 대한 감탄을 불러일으키는 대신, 예술가들은 어리둥절함, 충격, 심지어 혐오감을 불러일으킬 수도 있다.
⑪ **evocable** 형 일깨울 수 있는
⊕ arouse, invoke, cause

---

**0629** ★★★★☆

**incorporate**
[inkɔ́:rpərèit]

동 통합하다, 포함하다, 법인 조직으로 만들다
Children perform better in mathematics if music is **incorporated** in it. 모평
어린이들은 음악이 수학에 통합되면 수학을 더 잘한다.
⑪ **incorporation** 명 통합, 법인 설립
**incorporated** 형 법인 조직의 명 (법인 인가를 받은) 주식회사
⊕ 통합하다 integrate, merge　포함하다 include

---

**0630** ★★★☆☆

**swiftly**
[swíftli]

부 재빨리, 신속하게
*Squalus* **swiftly** sank to 15m. EBS 연계
'Squalus' 호는 재빨리 15미터 아래로 가라앉았다.
➡ swift 형 재빠른, 신속한　**swiftness** 명 재빠름, 신속함
⊕ rapidly, quickly, promptly

---

**0631** ★★★★☆

**appoint**
[əpɔ́int]

동 임명하다, 지명하다, (시간·장소 등을) 정하다, 약속하다
He was **appointed** the U.S. Ambassador to the Republic of
Seychelles. 모평
그는 세이셸 공화국의 미국 대사로 임명되었다.
➡ appointed 형 임명된, 정해진, 약속된　**appointment** 명 임명, 지명, 약속
⊕ 임명하다 assign, designate　⊖ 해고하다 dismiss

---

**0632** ★★★☆☆

**advent**
[ǽdvent]

명 출현, 도래
Before the **advent** of computers, anyone who used an
assumed name was thought to be hiding something
disreputable. EBS 연계
컴퓨터의 출현 이전에는, 가명을 사용하는 사람은 누구나 불명예스러운 무언가를 숨
기고 있는 것으로 생각되었다.
⊕ 출현 appearance, emergence　도래 arrival

---

**0633** ★★★☆☆

**cherished**
[tʃériʃt]

형 소중한, 중요하게 지켜 온
Free access for all people to the outdoors is a much
**cherished** right. 모평
모든 사람이 비용 없이 야외로 나갈 수 있게 하는 것은 매우 소중한 권리이다.
➡ cherish 동 소중하게 여기다, 간직하다
　cherishable 형 소중하게 간직할 만한
⊕ 귀중한, 소중한 precious　가치가 큰, 소중한 valuable

---

**0634** ★★★★★

**destroy**
[distrɔ́i]

동 파괴하다, 죽이다, 손상시키다
Ever since the invention of science, we've managed to
create a tiny bit more than we've **destroyed** each year. 모평
과학의 발명 이래로 줄곧, 우리는 우리가 매년 파괴해 온 것보다 아주 조금 더 많은
것을 만들어 냈다.
➡ destruction 명 파괴, 파멸　**destructive** 형 파괴적인, 해로운
⊕ 파괴하다 devastate, ruin

---

**0635** ★★★★★

**grab**
[græb]

동 움켜쥐다, 붙잡다, 마음을 사로잡다
"Yes, I can do it!" Claire said as she **grabbed** her pencil
again. 모평
"그래, 난 할 수 있어!" Claire는 자신의 연필을 다시 움켜쥐며 말했다.
➡ grabber 명 붙잡는 사람, 흥미진진한 것
⊕ 붙잡다 seize, grasp, grip

---

## 0636 ★★★☆☆

**suck**
[sʌk]

동 빨아들이다, 빨아 먹다[마시다], (일이) 형편없다

I try hard not to be **sucked** into buying the latest, cheapest fashions. EBS 연계

나는 최신이자 가장 저렴한 유행하는 것을 사는 일에 빨려들지 않으려고 부단히 노력한다.

파 **suction** 명 빨아들이기, 흡입
유 마시다 drink  조금씩 마시다 sip

## 0637 ★★★★☆

**tune**
[tʲuːn]

동 조율하다, 조정하다, 일치시키다 명 곡, 곡조, 음색

Beside him, Nick was **tuning** his guitar. 모평

그의 옆에서, Nick은 자신의 기타를 조율하고 있었다.

파 **tuning** 명 조율, 세부 조정
유 조율하다 attune  조정하다 adjust

## 0638 ★★★★☆

**detect**
[ditékt]

동 탐지[발견]하다, 알아내다, 인지하다

When a dog is trained to **detect** drugs or explosives, the trainer doesn't actually teach the dog how to smell. 모평

개가 마약이나 폭발물들을 탐지하도록 훈련받을 때, 조련사는 사실 냄새 맡는 법을 가르치지는 않는다.

파 **detection** 명 탐지, 발견  **detective** 형 탐정의 명 탐정, 형사
유 발견하다 discover  인지하다 notice  반 못 보고 넘어가다 overlook

## 0639 ★★★★☆

**insert**
[insə́ːrt]

동 넣다, 삽입하다, 끼워 넣다

**Insert** two AA batteries into the battery box and press the power button. 모평

건전지 칸에 AA 건전지 두 개를 넣고 전원 버튼을 누르세요.

파 **insertion** 명 삽입, 끼워 넣기
**insertable** 형 삽입할 수 있는, 끼워 넣을 수 있는
유 put, include

## 0640 ★★★☆☆

**erupt**
[irʌ́pt]

동 분출하다, 폭발하다, (고함과 함께) 터뜨리다

The crowd **erupted** in "Ohhhhs!" 대수능

사람들은 "오!"라는 소리를 터뜨렸다.

파 **eruption** 명 분출, 폭발  **eruptive** 형 분출하는, 폭발적인
유 분출하다 emit  폭발하다 explode, burst

## 0641 ★★★☆☆

**elegance**
[éləgəns]

명 우아함, 고상함

Einstein allowed us all to stand in awe of the sheer beauty and **elegance** of the universe. 모평

아인슈타인은 우리 모두가 우주의 완전한 미와 우아함을 경외하게 해 주었다.

파 **elegant** 형 우아한, 품격 있는
유 우아함 grace  세련, 정제 refinement  위엄, 고상함 dignity

---

**0642** ★★★★☆

**seemingly**
[sí:miŋli]

뮈 겉으로 보기에는, 외견상으로는

Many of the **seemingly** irrational choices that people make do not seem so foolish after all. 모평

사람들이 하는 겉으로 보기에는 비이성적인 선택들 중 많은 것들이 결국에는 그다지 어리석어 보이지 않는다.

파 **seeming** 혱 겉보기의, 외견상의
유 apparently, outwardly, externally

---

**0643** ★★★★☆

**row**
[rou]

몡 줄, 열, 노 젓기 툉 노를 젓다

Grandma said, "Don't worry. We are only working on this first **row** here today." 대수능

할머니는 "걱정하지 마라. 우리는 단지 오늘 여기 첫 번째 줄에서만 일할 거란다."라고 말했다.

파 **rowing** 몡 노 젓기, 조정
유 줄 line, queue

---

**0644** ★★★★☆

**domestication**
[dəmèstikéiʃən]

몡 길들이기, 사육, 재배

The **domestication** of maize made available an abundant new source of food. 모평

옥수수 재배는 풍부한 새로운 식량원을 이용할 수 있게 해 주었다.

파 **domestic** 혱 국내의, 가정의, 사육되는
　**domesticate** 툉 길들이다, 사육하다, 재배하다
유 길들임 tameness　재배 cultivation

---

**0645** ★★★☆☆

**gross**
[grous]

혱 총계의, 총체의, 엄청난, 심한

**Gross** human inequality is still widespread. 대수능

엄청난 인간 불평등이 여전히 널리 퍼져 있다.

파 **grossly** 뮈 지독히, 극도로　예 **gross profit** 총수익
유 총계의 total　엄청난 immense

---

**0646** ★★★★☆

**disclose**
[disklóuz]

툉 밝히다, 폭로하다, (비밀 등을) 털어놓다

Steven was hesitant at first but soon **disclosed** his secret. 모평

Steven은 처음에는 주저했지만, 곧 자신의 비밀을 털어놓았다.

파 **disclosure** 몡 폭로, 밝혀진 사실
유 reveal, uncover　반 숨기다 conceal

---

**0647** ★★★★★

**propose**
[prəpóuz]

툉 제안하다, 제의하다, 계획하다, 청혼하다

Social exchange theorists **propose** that all interactions among people constitute social exchanges. EBS 연계

사회 교환 이론가들은 사람들 사이의 모든 상호 작용은 사회적 교환이 된다고 제안한다.

파 **proposal** 몡 제안, 청혼　**proposition** 몡 제의, 계획, 명제
유 제안하다 suggest　계획하다 plan, intend

---

## 0648 ★★★★★

**hide**
[haid]

동 숨기다, 감추다, 은닉하다
She knew it was hard to get compliments from Megan and couldn't **hide** her smile. 모평
그녀는 Megan에게서 칭찬을 받기가 어렵다는 것을 알고 있어 자신의 미소를 숨길 수가 없었다.
파 **hidden** 형 숨은, 숨겨진
유 conceal, veil  반 드러내다 reveal

## 0649 ★★★★☆

**imply**
[implái]

동 암시하다, 시사하다, 내포하다, 의미하다
Complex behavior does not **imply** complex mental strategies. 모평
복잡한 행동이 복잡한 정신적 전략을 의미하는 것은 아니다.
파 **implication** 명 암시, 함축, 연루, 영향   **implicit** 형 암시적인, 함축적인
유 암시하다 hint   의미하다 signify

## 0650 ★★★☆☆

**prime**
[praim]

형 주된, 주요한, 최고의, 기본적인
Galleries are located in **prime** locations. EBS 연계
미술관은 최고의 입지에 위치한다.
숙 **prime minister** 수상   **prime time** 황금 시간대
유 주된 main, leading   최고의 supreme

## 0651 ★★★☆☆

**doom**
[du:m]

명 (보통 나쁜) 운명, 파멸, 죽음  동 ~할 운명이다
It may be that human attempts are always **doomed** to failure because of engineering limitations. EBS 연계
인간의 시도는 공학 기술의 한계 때문에 항상 실패할 운명일지도 모른다.
파 **doomed** 형 운이 다한, 불운한
유 운명 fate   파멸 destruction

## 0652 ★★★★★

**trial**
[tráiəl]

명 시도, 시험, 실험, 재판
This expectation might cause a scientist to select a result from one **trial** over those from other trials. 대수능
이러한 기대 때문에 과학자는 다른 실험들보다 한 가지 실험에서 얻은 결과를 선택할 수도 있을 것이다.
숙 **trial and error** 시행착오   **trial period** 시험[수습] 기간
유 시험 test   실험 experiment   재판 judgment

## 0653 ★★★★☆

**literary**
[lítərèri]

형 문학의, 문학적인
Many civilizations never got to the stage of recording and leaving behind the great **literary** works. 대수능
많은 문명이 위대한 문학 작품을 기록하고 그것을 뒤에 남기는 단계에 결코 이르지 못했다.
파 **literature** 명 문학, 문헌   **literarily** 부 문학상[적]으로
유 **literate** 형 글을 읽고 쓸 줄 아는   **illiterate** 형 문맹의

**0654** ★★★★☆

**defeat**
[difíːt]

통 패배시키다, 좌절시키다  명 패배, 좌절
Norton reached an elevation of 28,126 feet before being **defeated** by exhaustion and snow blindness. 대수능
Norton이 탈진과 설맹으로 인해 좌절하기 전까지 고도 28,126피트 되는 지점에 도달했다.
파 **defeated** 형 패배한
유 패배시키다 beat  이기다, 정복하다 conquer  좌절시키다 frustrate

**0655** ★★★★★

**narrow**
[nǽrou]

형 좁은, 한정된, 편협한  동 좁히다
The **narrow** neck of a bottle restricts the flow into or out of the bottle. 모평
좁은 병목은 병으로 흘러 들어가거나 나오는 것을 제한한다.
파 **narrowness** 명 좁음, 편협  **narrowly** 부 좁게, 간신히, 주의 깊게
유 한정된 limited  반 넓은 broad, wide

# Advanced Step

**0656** ★★★☆☆
## file a suit
소송을 제기하다, 고소하다
They are going to **file a suit** against you.
그들은 당신을 상대로 소송을 제기할 것입니다.

**0657** ★★★★☆
## enter ~ into evidence
~을 증거로 제출하다
You have to **enter** this **into evidence**.
당신은 이것을 증거로 제출해야 합니다.

법정

**0660** ★★★☆☆
## rest one's case
~의 진술을 마치다
The prosecution **rests its case**.
이상 검찰 측 진술을 마치겠습니다.

**0658** ★★★★☆
## innocent until proven guilty
유죄 판결이 날 때까지 무죄인
The accused stands **innocent until proven guilty**.
피고인은 유죄 판결이 날 때까지 무죄이다.

**0659** ★★★☆☆
## under oath
(법정에서) 선서를 한 상태인
Remember that you're **under oath**.
당신은 선서를 한 상태라는 것을 기억하세요.

# Review Test

### Ⓐ 영어는 우리말로, 우리말은 영어로 쓰시오.

**1.** acquire _____

**2.** 행동[처신]하다　b_____

**3.** obstacle _____

**4.** (점차) 희미해지다　f_____

**5.** swiftly _____

**6.** 출현, 도래　a_____

**7.** grab _____

**8.** 길들이기, 사육, 재배　d_____

### Ⓑ 영어 단어와 우리말 뜻을 연결하시오.

**1.** incorporate •

**2.** genuine •

**3.** evoke •

• **a.** 진짜의, 진실된, 진정한

• **b.** 통합[포함]하다

• **c.** 불러일으키다, 일깨우다

### Ⓒ 다음 주어진 뜻에 해당하는 밑줄 친 단어의 파생어를 쓰시오.

**1.** the function of the heart

형 _____ 기능의, 작용의

**2.** imply obligations

명 _____ 암시, 함축, 연루, 영향

**3.** a tragic event

명 _____ 비극(적인 사건)

### Ⓓ 밑줄 친 단어의 유의어 혹은 반의어를 쓰시오.

**1.** disclose the secret

유 r_____

**2.** narrow streets

반 b_____

**3.** a prime task

유 m_____

---

정답

**A** 1. 얻다, 획득하다, 습득하다　2. (b)ehave　3. 장애(물), 방해(물)　4. (f)ade　5. 재빨리, 신속하게
6. (a)dvent　7. 움켜쥐다, 붙잡다, 마음을 사로잡다　8. (d)omestication

**B** 1. b　2. a　3. c

**C** 1. functional　2. implication　3. tragedy

**D** 1. (r)eveal　2. (b)road　3. (m)ain

# Actual Test

(A), (B), (C)의 각 네모 안에서 문맥에 맞는 낱말을 고르시오.

Even those of us who claim not to be materialistic can't help but form attachments to certain clothes. Like fragments from old songs, clothes can (A) evoke / erase both cherished and painful memories. A worn-thin dress may hang in the back of a closet even though it hasn't been worn in years because the faint scent of pine that lingers on it is all that remains of someone's sixteenth summer. A(n) (B) impractical / brand-new white scarf might be pulled out of a donation bag at the last minute because of the promise of elegance it once held for its owner. And a ripped T-shirt might be (C) rescued / forgotten from the dust rag bin long after the name of the rock band once written across it has faded. Clothes document personal history for us the same way that fossils chart time for archaeologists.

우리들 중 물질적이 아니라고 주장하는 사람들조차도 특정한 옷에 대한 애착을 형성하지 않을 수 없다. 오래된 노래의 일부분처럼, 옷은 소중한 기억과 고통스러운 기억을 둘 다 불러일으킬 수 있다. 비록 오랫동안 착용하지 않았다 할지라도 닳아서 얇아진 드레스가 옷장 뒤쪽에 걸려 있을지도 모르는데, 그 드레스에 남아 있는 희미한 소나무 향이 누군가의 열여섯 번째 여름의 남아 있는 모든 것이기 때문이다. 비실용적인 흰색 스카프가 한때 주인에게 우아함을 보장해 주었기 때문에 마지막 순간에 기부용 물품 가방에서 꺼내질지도 모른다. 그리고 찢어진 티셔츠가 그 위에 한때 쓰여 있었던 록 밴드의 이름이 희미해진 후 오랜 시간이 지나서도 걸레통에서 구조될지도 모른다. 화석들이 고고학자들을 위해 시간을 기록하는 것과 같은 방식으로 옷은 우리의 개인적인 역사를 기록한다.

(A) 오랫동안 입지 않은 옷이 과거의 기억을 떠올리게 한다는 내용이므로 evoke가 적절하다. erase는 '지우다'라는 뜻이다.
(B) 흰색 스카프가 마지막 순간에 기부용 물품 가방에서 꺼내질지도 모른다는 것은 사용하지 않았다는 것이므로 impractical이 적절하다. brand-new는 '신품의'라는 뜻이다.
(C) 오래되고 찢어진 티셔츠가 그 위에 쓰인 록 밴드 이름이 희미해진 후에도 버려지지 않는다는 내용이므로 rescued가 적절하다. forgotten은 '잊다'라는 뜻인 forget의 과거분사이다.

(A) evoke (B) impractical (C) rescued

**152** | EBS 수능연계 기출 Vaccine VOCA 2200

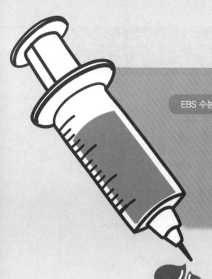

# DAY
# 13

## Word Preview

- [ ] organize
- [ ] straightforward
- [ ] poet
- [ ] recognize
- [ ] severe
- [ ] surface
- [ ] replace
- [ ] request
- [ ] aspect
- [ ] delay
- [ ] loosely
- [ ] magnificent
- [ ] pour
- [ ] breathe
- [ ] kin
- [ ] vote
- [ ] competent

- [ ] construct
- [ ] remedy
- [ ] aim
- [ ] stuff
- [ ] regular
- [ ] fuse
- [ ] section
- [ ] amazing
- [ ] mythology
- [ ] hospitality
- [ ] compassion
- [ ] hesitant
- [ ] ban
- [ ] recession
- [ ] wage
- [ ] warranty
- [ ] relief

- [ ] reference
- [ ] plenty
- [ ] insure
- [ ] lengthy
- [ ] doctrine
- [ ] wreck
- [ ] pronounce
- [ ] lie
- [ ] tone
- [ ] extraordinary
- [ ] tailor
- [ ] frame
- [ ] invisible
- [ ] aggressively
- [ ] wrinkle
- [ ] degrade

---

**0661** ★★★★★

## organize
[ɔ́ːrgənàiz]

图 조직하다, 편성하다, 정리하다
The human need to **organize** our lives, our environment, even our thoughts, remains strong. 모평
우리의 삶, 우리의 환경, 우리의 사고까지도 조직하려는 인간의 욕구는 여전히 강력하다.
🅟 **organization** 몡 조직, 단체, 기구　**organ** 몡 (인체 내의) 장기[기관]
🔁 정리하다 arrange

---

**0662** ★★★★★

## straightforward
[strèitfɔ́ːrwərd]

혱 쉬운, 간단한, 똑바른, 솔직한
This made the television advertising of mass consumer products relatively **straightforward**. 모평
이것은 대량 소비 제품의 텔레비전 광고를 비교적 간단하게 만들어 주었다.
🅟 **straightforwardly** 튄 똑바로, 정직하게
🔁 간단한 simple　솔직한 honest, candid

---

**0663** ★★★★★

## poet
[póuit]

몡 시인
Readers would not simply attend to the **poet**'s work. 대수능
독자들은 단순히 그 시인의 작품에만 주목하는 것이 아닐 것이다.
🅟 **poetic** 혱 시의, 시적인
🅟 **poem** 몡 (한 편의) 시　**poetry** 몡 (집합적으로) 시

---

**0664** ★★★★★

## recognize
[rékəgnàiz]

图 인정하다, 인지하다, 알아보다
His talents were **recognized** early, and he was sent to Eton College by wealthy sponsors at 15. 모평
그의 재능은 일찍 인정받았고, 그는 부유한 후원자들에 의해 15세에 Eton College로 보내졌다.
🅟 **recognition** 몡 인정, 인식, 알아봄　**recognizable** 혱 인식할 수 있는
🔁 인정하다 acknowledge, appreciate

---

**0665** ★★★★★

## severe
[sivíər]

혱 심각한, 심한, 엄격한
Deforestation has had a **severe** impact both on local communities and on native plants and wildlife. 모평
삼림 벌채는 지역 사회와 토착 식물 및 야생 동물 모두에게 심각한 영향을 미쳐 왔다.
🅟 **severity** 몡 심각성, 엄격　**severely** 튄 심하게, 엄격하게
🔁 심각한 serious　심한 intense　엄격한 strict

---

**0666** ★★★★★

## surface
[sə́ːrfis]

몡 표면, 지면, 수면, 외부, 외관
Suddenly, a boy riding a bicycle slipped on the damp wooden **surface**. 모평
갑자기 자전거를 타고 있던 소년이 축축한 나무 표면에 미끄러졌다.
🅟 **surface area** 표면적　**surface structure** 표층 구조
🔁 외부 exterior, outside　↔ 내부 interior

---

## 0667 ★★★★★

**replace**
[ripléis]

图 대신하다, 대체하다, 바꾸다, 교환하다
Most natural habitats in the advanced nations have already been **replaced** with some form of artificial environment. 모평
선진국 자연 서식지의 대부분은 어떤 형태의 인위적인 환경으로 이미 대체되었다.
ⓟ **replacement** 图 교체(물), 대체(물), 대신할 사람
　　**replaceable** 图 교체 가능한, 대신할 수 있는
ⓨ 대체하다 substitute　　바꾸다 change　　교환하다 exchange

## 0668 ★★★★★

**request**
[rikwést]

图 요청, 신청 图 요청하다, 부탁하다
I would like to thank you for approving my **request** that the company pay for my college tuition. 모평
저의 대학 등록금을 회사에서 지불해 줄 것을 요구하는 제 요청을 승인해 주신 것에 대해 귀하께 감사드리고 싶습니다.
ⓤ **official request** 공식 요청
ⓨ 요청하다 ask, demand, beg

## 0669 ★★★★★

**aspect**
[ǽspekt]

图 측면, 양상, 국면, 견해
Feelings may affect various **aspects** of your eating. 모평
감정은 여러분이 하는 식사의 여러 측면에 영향을 줄 수도 있다.
ⓔ **dual-aspect** 图 양면성을 갖는
ⓨ 국면 phase　　견해 viewpoint

## 0670 ★★★★★

**delay**
[diléi]

图 미루다, 연기하다 图 지연, 연기
If a person is already sensitive and upset about something, **delaying** feedback can be wise. 모평
어떤 사람이 이미 어떤 일에 관해 예민하고 당황해 있다면, 피드백을 미루는 것이 현명할 수 있다.
ⓔ **delay in arrival** 연착
ⓨ 연기하다 postpone, suspend　　ⓦ hurry

## 0671 ★★★★☆

**loosely**
[lúːsli]

图 느슨하게, 헐겁게
The early nurturing and later flowering of science required a large and **loosely** structured, competitive community. 대수능
초기에 과학을 육성하고 나중에 꽃피우는 데는 크고, 느슨하게 조직된, 경쟁에 기반한 공동체가 필요했다.
ⓟ **loose** 图 느슨한, 헐거운　　**loosen** 图 느슨하게 하다, 헐겁게 하다
ⓦ 단단히 tightly

## 0672 ★★★☆☆

**magnificent**
[mægnífisənt]

图 장대한, 화려한, 근사한
They may observe and admire the creature, its amazing bone structure, and its **magnificent** coat. 모평
그들은 그 동물과 그것의 놀라운 골격 그리고 그것의 근사한 털가죽을 관찰하며 감탄할 것이다.
ⓟ **magnificence** 图 장대, 장려, 훌륭함　　**magnificently** 图 장대하게, 훌륭히
ⓨ splendid, brilliant

---

**0673** ★★★★☆

**pour**
[pɔːr]

통 붓다, 따르다, 쏟다
Dinner consists of a freeze-dried meal, "cooked" by **pouring** hot water into the package. 대수능
저녁 식사는 용기 안에 뜨거운 물을 부어 '조리되는' 동결 건조식으로 이루어진다.
파 **pouring** 형 퍼붓는 듯한, 쏟아져 나오는
유 흘리다, 쏟다 spill

---

**0674** ★★★★★

**breathe**
[briːð]

통 숨을 쉬다, 호흡하다
Asking why we dream makes as much sense as questioning why we **breathe**. EBS 연계
우리가 왜 꿈꾸는지를 묻는 것은 왜 우리가 숨 쉬는지를 질문하는 것만큼의 의미를 지닌다.
파 **breath** 명 숨, 호흡 **breathtaking** 형 숨이 멎는 듯한
유 respire

---

**0675** ★★★★☆

**kin**
[kin]

명 친족, 친척, 동족 형 친족의, 동족의, 혈족의
Scientists used to think that animals would risk their lives only for **kin** with whom they shared common genes. 모평
과학자들은 동물들이 오직 공통 유전자를 나눠 가진 동족을 위해서만 생명을 건 위험을 무릅쓸 것으로 생각했었다.
숙 **kin selection** 혈연 선택 **kin recognition** 혈연 인식
유 씨족 clan 친척 relative

---

**0676** ★★★★★

**vote**
[vout]

명 투표, 표결, 표 통 투표하다
Future generations do not **vote**. 대수능
미래 세대는 투표하지 않는다.
파 **voter** 명 투표자, 유권자
유 여론 조사, 투표 poll

---

**0677** ★★★★★

**competent**
[kámpitənt]

형 유능한, 능력 있는
Human beings do not enter the world as **competent** moral agents. 대수능
인간은 유능한 도덕적 행위자로서 세상에 들어오지 않는다.
파 **competence** 명 유능함, 능숙함 **competently** 부 유능하게
유 capable, qualified 반 incompetent

---

**0678** ★★★★★

**construct**
[kənstrʌ́kt]

통 건설하다, 구성하다 명 [kánstrʌkt] 건축물, 구조물
Scientists **construct** arguments because they want to test their own ideas. 모평
과학자는 자기 자신의 생각을 검증해 보고 싶어 하기 때문에 논거를 구성한다.
파 **construction** 명 건설, 공사, 건축물 **constructive** 형 건설적인
유 건설하다 build 구성하다 form 반 파괴하다 destroy

---

## 0679 ★★★★☆

**remedy**
[rémədi]

명 치료(법), 요법, 해결책 통 치유하다, 치료하다, 고치다
Follow the **remedies** the top specialists prescribe. EBS 연계
최고 전문가들이 처방하는 치료법을 따라라.
ⓟ **remediable** 형 치료할 수 있는   **remedial** 형 치료를 위한
ⓨ 치료 treatment   약물 치료 medication

## 0680 ★★★★★

**aim**
[eim]

명 목표, 목적 통 목표로 하다, 겨누다
A salesperson's **aim** is to conclude a sale profitably. 모평
판매원의 목표는 수익성 있게 판매를 끝내는 것이다.
ⓟ **aimless** 형 목적이 없는, 방향을 잃은
ⓨ 목표, 목적 goal, objective

## 0681 ★★★★★

**stuff**
[stʌf]

명 것(들), 일, 물건, 재료 통 채워 넣다
He didn't want to work longer and longer hours just to pay
for more space and the **stuff** to fill it. 대수능
그는 단지 더 넓은 공간과 그 공간을 채울 물건을 위한 비용을 지불하기 위해 점점
더 오랜 시간을 일하고 싶지는 않았다.
ⓟ **stuffed** 형 속을 채운, 배가 몹시 부른   **stuffy** 형 답답한, 숨막힐 듯한
ⓨ 것 thing   물건 object   재료 material

## 0682 ★★★★★

**regular**
[régjələr]

형 규칙적인, 정기적인, 정규의, 보통의
Building in **regular** "you time" can provide numerous
benefits. 모평
규칙적인 '여러분의 시간'을 구축하는 것은 많은 이득을 제공할 수 있다.
ⓟ **regularity** 명 규칙적임, 정기적임   **regularly** 부 규칙적으로, 정기적으로
ⓨ 정기적인 periodic   보통의 usual   ⓞ irregular

## 0683 ★★★☆☆

**fuse**
[fjuːz]

통 융합하다, 녹이다
These factors, **fused** with poems of high literary quality,
caused the art song to flourish. 대수능
이러한 요인들은 문학적 수준이 높은 시와 융합되어 예술 가곡이 번성하게 했다.
ⓟ **fusion** 명 융합, 결합
ⓨ 결합하다 combine   혼합하다 blend   ⓞ 분리하다 separate

## 0684 ★★★★☆

**section**
[sékʃən]

명 부분, 구획, 영역
We need to rely on our manual settings, the reasoning
**sections** of our brain, Greene says. 모평
우리는 우리의 수동 설정, 즉 우리 뇌의 추론 영역에 의존할 필요가 있다고 Greene
은 말한다.
ⓟ **sectional** 형 부분적인, 구분적인   ⓟ **sector** 명 부분, 분야
ⓨ 부분 segment   구획 district   영역 area

## 0685 ★★★★★

**amazing**
[əméiziŋ]

형 놀라운, 굉장한
His **amazing** life finally came to an end in his birth city in 1996. 모평
그의 놀라운 삶은 마침내 1996년 그의 출생 도시에서 끝났다.
파 **amaze** 동 깜짝 놀라게 하다   **amazingly** 부 놀랄 만큼, 굉장하게
유 surprising, striking, astonishing

## 0686 ★★★☆☆

**mythology**
[miθáləʤi]

명 신화(학)
Records of the past travel routes of the soul can be exchanged with others and converted to **mythology**. 모평
영혼의 과거 여행길 기록들이 다른 사람들과 교환될 수 있고 신화로 전환될 수 있다.
파 **myth** 명 신화, 전설, (근거 없는) 사회적 통념   **mythological** 형 신화의

## 0687 ★★★☆☆

**hospitality**
[hàspitǽləti]

명 환대, 접대, 수용력
It hangs in my dining room as a pleasant reminder of her **hospitality**. 대수능
그것은 그녀의 환대를 기분 좋게 생각나게 해 주는 것으로서 내 식당에 걸려 있다.
파 **hospitable** 형 환대하는, 친절한
유 환대 welcome

## 0688 ★★★☆☆

**compassion**
[kəmpǽʃən]

명 동정(심), 연민
Her heart was touched with **compassion** for the distressed mother. 대수능
그녀는 그 괴로워하는 어머니에 대한 연민으로 가슴이 뭉클해졌다.
파 **compassionate** 형 동정하는, 연민 어린
유 sympathy, pity

## 0689 ★★★★☆

**hesitant**
[hézitənt]

형 주저하는, 망설이는
Once we have been given something, we are **hesitant** to give it up. 모평
일단 어떤 것이 우리에게 주어지면, 우리는 그것을 포기하기를 주저한다.
파 **hesitance** 명 주저함, 망설임   **hesitantly** 부 주저하며, 머뭇거리며
유 reluctant   반 단단히 결심한 determined

## 0690 ★★★★☆

**ban**
[bæn]

명 금지(법) 동 금하다, 금지하다
50 psychologists signed a petition calling for a **ban** on the advertising of children's goods. 모평
50명의 심리학자가 아동 상품의 광고에 대한 금지를 요구하는 청원서에 서명했다.
파 **bannable** 형 금지할 수 있는
숙 **ban on smoking** 흡연 금지
유 금하다 prohibit, bar, forbid

## 0691 ★★★☆☆

**recession**
[riséʃən]

명 경기 후퇴, 불경기
During severe **recessions**, reporters' jobs are among the first to go. EBS 연계
심각한 불경기에, 신문 기자의 직업은 가장 먼저 사라지는 것에 속한다.
🔼 **recede** 통 (서서히) 물러나다, 희미해지다
🔁 depression, downturn, stagnation

## 0692 ★★★★☆

**wage**
[weidʒ]

명 임금, 급료 통 (전쟁·투쟁 등을) 행하다
Some workers might decide to accept a riskier job at a higher **wage**. 대수능
일부 근로자들은 더 높은 임금을 받는 더 위험한 일을 맡기로 결정할 수도 있다.
🔼 **waged** 형 임금을 받는, 임금이 지급되는   **wageless** 형 무임금의, 무보수의
🔁 급료 payment, salary

## 0693 ★★★☆☆

**warranty**
[wɔ́(:)rənti]

명 보증, (품질) 보증서, 근거
The product **warranty** says that you provide spare parts and materials for free. 대수능
제품 보증서에는 귀사에서 여분의 부품과 재료들을 무료로 제공한다고 되어 있습니다.
🔼 **warrant** 통 보증하다 명 보증(서), 영장, 근거   **warrantee** 명 피보증인
🔁 보증 guarantee, assurance

## 0694 ★★★★★

**relief**
[rilíːf]

명 안도, 안심, 경감, 구호(품)
The pleasant **relief** will not last very long. 대수능
그 즐거운 안도는 그다지 오래 지속되지는 않을 것이다.
🔼 **relieve** 통 안도하게 하다, 경감하다   🔵 **relief work** 구호 활동
🔁 안도 relaxation, ease, comfort

## 0695 ★★★★★

**reference**
[réfərəns]

명 언급, 참조, 참고 (문헌)
Basic pedagogical and **reference** materials are needed.
EBS 연계
기본적인 교육 자료와 참고 자료가 필요하다.
🔼 **refer** 통 언급하다, 부르다, 참조하다   **referential** 형 참고(용)의
🔁 언급 mention   출처 source

## 0696 ★★★★★

**plenty**
[plénti]

명 많음, 풍요, 다량 형 많은, 충분한
America was mistakenly expected to be a land of **plenty** that would quickly turn a profit. 모평
아메리카는 빠르게 이익을 낼 풍요의 땅이 될 것으로 잘못 기대되었다.
🔼 **plentiful** 형 풍부한   🔵 **plenty of** 많은
🔁 풍요 abundance, affluence   ❎ 부족 scarcity

---

0697 ★★★★☆

**insure**
[inʃúər]

동 보험에 들다, 보장하다, 보증하다
A company must have a philosophy of doing business which will **insure** that its people serve the public efficiently and in a pleasing manner. 모평
회사는 자사의 직원들이 효율적이고 상냥하게 대중을 대하는 것을 보장할 사업 철학을 가지고 있어야 한다.
파 **insurance** 명 보장, 보증, 보험
유 보장하다 ensure, guarantee, assure

---

0698 ★★★★☆

**lengthy**
[léŋkθi]

형 긴, 오랜, 장황한, 지루한
What one often gets is no more than abstract summaries of **lengthy** articles. 모평
우리가 흔히 얻게 되는 것은 긴 글을 추상적으로 요약해 놓은 것에 지나지 않는다.
파 **length** 명 길이, 시간, 기간    **lengthiness** 명 깊, 장황함
유 오래 끄는 prolonged    지루한 tedious

---

0699 ★★★☆☆

**doctrine**
[dάktrin]

명 교리, 원칙, 주의
Many of these ancient myths have become part of written and observed **doctrines**. 대수능
이러한 고대의 신화 중 많은 것이 글로 적혀 준수되는 교리의 일부가 되었다.
파 **doctrinal** 형 교리의, 정책의, 학설의
유 교리 creed    원칙 principle

---

0700 ★★★☆☆

**wreck**
[rek]

명 난파(선), 잔해  동 난파시키다, 파괴하다
The **wreck** was recently surveyed and mapped using sonar and remotely operated robots. 모평
그 난파선은 음파 탐지기와 원격 조종 로봇을 이용하여 최근에 조사되고 측량되었다.
파 **wreckage** 명 난파, 잔해, 파멸    **wrecked** 형 난파된, 망가진
유 난파(시키다) shipwreck    파괴하다 destroy, break

---

0701 ★★★☆☆

**pronounce**
[prənáuns]

동 발음하다, 선언하다, 표명하다
In the fifth century *B.C.E.*, the Greek philosopher Protagoras **pronounced**, "Man is the measure of all things." EBS 연계
기원전 5세기에, 그리스의 철학자 Protagoras는 "인간은 만물의 척도이다."라고 선언했다.
파 **pronunciation** 명 발음    **pronouncement** 명 선언, 공표
유 선언하다, 표명하다 declare, announce

---

0702 ★★★★★

**lie**
[lai]

동 눕다, 놓여 있다, (어떤 상태로) 있다, 거짓말하다  명 거짓말
Concerns of the present tend to seem larger than potentially greater concerns that **lie** farther away. 모평
현재의 우려는 더 멀리 떨어져 있는 잠재적으로 더 큰 우려보다 더 크게 보이는 경향이 있다.
파 **lier** 명 누워 있는 사람    **liar** 명 거짓말쟁이
유 기대다, 눕다 recline

## 0703 ★★★★★

**tone**
[toun]

명 음조, 음색, 어조, 억양, 분위기
Effective leaders set the **tone** for the entire organization. 모평
유능한 지도자들은 전체 조직을 위한 분위기를 조성한다.
파 **tonal** 형 음조[음색]의　파 **tone-deaf** 형 음치의
유 음조 pitch　억양 intonation　분위기 mood

## 0704 ★★★★★

**extraordinary**
[ikstrɔ́:rdənèri]

형 비범한, 비상한, 엄청난
They now recognized her **extraordinary** gift and passion
as a bird-watcher. 모평
그들은 이제 조류 관찰자로서의 그녀의 비범한 재능과 열정을 인정했다.
파 **extraordinarily** 부 비상하게, 엄청나게
　　**extraordinariness** 명 비범함, 비상함
유 unusual　반 평범한 ordinary

## 0705 ★★★☆☆

**tailor**
[téilər]

명 재단사 동 조정하다, 맞추다
He has no way to interact with the system to **tailor** it to his
needs. EBS 연계
그에게는 그것을 자신의 필요에 맞게 조정하기 위해 그 시스템과 상호 작용할 방법
이 없다.
파 **tailored** 형 딱 맞도록 만든, 맞춤의
파 **tailor-made** 형 맞춤의, 특별 주문의
유 조정하다, 맞추다 adapt, adjust　주문 제작하다 customize

## 0706 ★★★★★

**frame**
[freim]

명 틀, 구조, 구성 동 구성하다, 만들다, 표현하다
Supplying the right **frame** of reference is a critical part of
the task of writing. 모평
적절한 참조의 틀을 제공하는 것은 글쓰기 작업의 중대한 부분이다.
파 **framed** 형 틀에 낀
유 구조 framework, structure

## 0707 ★★★★★

**invisible**
[invízəbl]

형 눈에 보이지 않는 명 눈에 보이지 않는 것
Spoken words are **invisible** and untouchable. 모평
구어(口語)는 눈에 보이지 않고 만질 수 없다.
파 **invisibility** 명 눈에 보이지 않음　**invisibly** 부 눈에 보이지 않게
유 눈에 보이지 않는 unseen, undetectable　반 눈에 보이는 visible

## 0708 ★★★★☆

**aggressively**
[əgrésivli]

부 공격적으로, 적극적으로
The company **aggressively** introduced it in bars and gyms.
모평
그 회사는 그것을 술집과 체육관에 적극적으로 도입했다.
파 **aggressive** 형 공격적인, 적극적인　**aggression** 명 공격(성)
유 공격적으로 offensively　적극적으로 actively

## 0709 ★★★☆☆

### wrinkle
[ríŋkl]

명 주름(살) 통 주름을 잡다

I could see the pattern of skin **wrinkles** on the front elephant's forehead. 대수능

나는 선두에 선 코끼리의 이마에 있는 피부 주름 무늬를 볼 수 있었다.

파 **wrinkled** 형 주름[구김살]이 있는

유 주름(살) fold, line   반 다리미질을 하다 iron

## 0710 ★★★★☆

### degrade
[digréid]

통 (품질 등을) 저하시키다, 지위를 떨어뜨리다, 분해시키다

Many, perhaps most, ancient civilizations destroyed themselves by **degrading** their environment. 대수능

많은, 어쩌면 대부분의 고대 문명이 자신들의 환경을 저하시킴으로써 자멸했다.

파 **degradation** 명 저하, 강등, 분해   **degradable** 형 분해할 수 있는

유 격하시키다 downgrade   지위를 떨어뜨리다 demote

반 승진시키다 promote

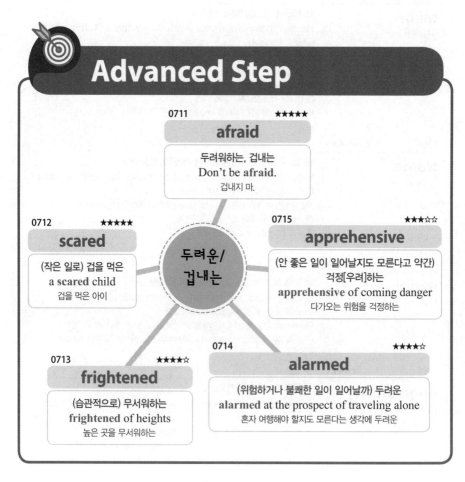

# Advanced Step

**0711** ★★★★★

## afraid

두려워하는, 겁내는
Don't be **afraid**.
겁내지 마.

두려운/
겁내는

**0712** ★★★★★

## scared

(작은 일로) 겁을 먹은
a **scared** child
겁을 먹은 아이

**0715** ★★★☆☆

## apprehensive

(안 좋은 일이 일어날지도 모른다고 약간) 걱정[우려]하는
**apprehensive** of coming danger
다가오는 위험을 걱정하는

**0713** ★★★★☆

## frightened

(습관적으로) 무서워하는
**frightened** of heights
높은 곳을 무서워하는

**0714** ★★★★☆

## alarmed

(위험하거나 불쾌한 일이 일어날까) 두려운
**alarmed** at the prospect of traveling alone
혼자 여행해야 할지도 모른다는 생각에 두려운

# Review Test

## A  영어는 우리말로, 우리말은 영어로 쓰시오.

**1.** request _____   **2.** 표면, 지면, 수면   s_____
**3.** kin _____   **4.** 느슨하게, 헐겁게   l_____
**5.** mythology _____   **6.** 금지(법); 금하다   b_____
**7.** aggressively _____   **8.** 언급, 참조[참고]   r_____

## B  영어 단어와 우리말 뜻을 연결하시오.

**1.** straightforward •      • **a.** 교리, 원칙, 주의
**2.** section      •      • **b.** 부분, 구획, 영역
**3.** doctrine      •      • **c.** 쉬운, 간단한, 똑바른, 솔직한

## C  다음 주어진 뜻에 해당하는 밑줄 친 단어의 파생어를 쓰시오.

**1.** a sense of relief   동 _____ 안도하게 하다, 경감하다
**2.** a competent secretary   명 _____ 유능함, 능숙함
**3.** a severe handicap   명 _____ 심각성, 엄격

## D  밑줄 친 단어의 유의어를 쓰시오.

**1.** a magnificent sight   유 s_____
**2.** compassion for the sick   유 s_____
**3.** a hesitant smile   유 r_____

---

정답

**A 1.** 요청, 신청; 요청[부탁]하다  **2.** (s)urface  **3.** 친족, 친척, 동족; 친족의 동족의, 혈족의
  **4.** (l)oosely  **5.** 신화(학)  **6.** (b)an  **7.** 공격적으로, 적극적으로  **8.** (r)eference
**B 1.** c  **2.** b  **3.** a
**C 1.** relieve  **2.** competence  **3.** severity
**D 1.** (s)plendid  **2.** (s)ympathy  **3.** (r)eluctant

# Actual Test

다음 글의 밑줄 친 부분 중, 문맥상 낱말의 쓰임이 적절하지 <u>않은</u> 것은?

대수능

While the eye sees at the surface, the ear tends to penetrate below the surface. Joachim-Ernst Berendt points out that the ear is the only sense that ① fuses an ability to measure with an ability to judge. We can ② discern different colors, but we can give a precise *number* to different sounds. Our eyes do not let us perceive with this kind of precision. An unmusical person can ③ recognize an octave and, perhaps once instructed, a quality of tone, that is, a C or an F-sharp. Berendt points out that there are few 'acoustical illusions'—something sounding like something that in fact it is not—while there are many optical illusions. The ears do not ④ lie. The sense of hearing gives us a remarkable connection with the invisible, underlying order of things. Through our ears we gain access to vibration, which ⑤ undermines everything around us. The sense of tone and music in another's voice gives us an enormous amount of information about that person, about her stance toward life, about her intentions.

\*acoustical 청각의

---

**해석**

눈은 표면에서 보지만, 귀는 표면 아래로 침투하는 경향이 있다. Joachim-Ernst Berendt는 귀는 측정 능력을 판단 능력과 융합하는 유일한 감각 기관이라고 지적한다. 우리는 서로 다른 색깔을 분간할 수 있지만, 여러 다른 소리에는 정확한 '숫자'를 부여할 수 있다. 우리의 눈은 우리가 이런 종류의 정확성을 가지고 지각하도록 해 주지는 않는다. 음악에 소질이 없는 사람이라도 한 옥타브를 인지할 수 있고, 아마도 일단 배우게 되면 음정의 특성, 다시 말해서, 도 혹은 반음 높은 파를 인지할 수 있다. Berendt는 시각적 착각은 많지만 '청각적 착각', 즉 어떤 것이 사실은 그것이 아닌 어떤 것처럼 들리는 일은 거의 없다는 것을 지적한다. 귀는 거짓말을 하지 않는다. 청각은 보이지 않는 근원적인 사물의 질서와 우리를 놀라울 정도로 연결시켜 준다. 귀를 통해서 우리는 우리 주변에 있는 모든 것을 손상시키는(→ 의 근저에 있는) 진동에 접근하게 된다. 상대방의 음성의 어조와 음악적 음향을 감지하는 것은 그 사람에 대해, 그 사람의 삶에 대한 태도에 대해, 그 사람의 의향에 대해 엄청난 양의 정보를 우리에게 준다.

**해설** 귀를 통해 우리 주변에 있는 모든 것의 근저에 있는 진동에 접근하며 사람의 음성을 통해 그 사람에 대한 많은 정보를 파악할 수 있다는 내용이므로, ⑤의 undermines(~을 손상시키다)를 underlies(~의 근저에 있다)와 같은 낱말로 바꾸어야 한다.

**정답** ⑤

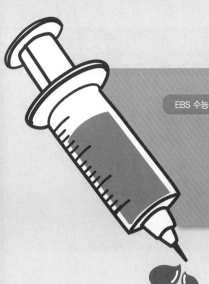

# DAY
# 14

## Word Preview

- [ ] nervous
- [ ] specific
- [ ] steady
- [ ] costume
- [ ] introduce
- [ ] characteristic
- [ ] accept
- [ ] notice
- [ ] constant
- [ ] quality
- [ ] adapt
- [ ] settle
- [ ] wholesaler
- [ ] refuse
- [ ] exercise
- [ ] indulge
- [ ] uniform

- [ ] conscience
- [ ] profound
- [ ] rehearse
- [ ] contemplate
- [ ] crack
- [ ] formal
- [ ] plague
- [ ] committee
- [ ] broadcast
- [ ] disaster
- [ ] combat
- [ ] pollute
- [ ] retreat
- [ ] envelope
- [ ] ripe
- [ ] transcribe
- [ ] union

- [ ] escort
- [ ] initial
- [ ] surround
- [ ] repair
- [ ] palm
- [ ] concretely
- [ ] conceive
- [ ] efficient
- [ ] regime
- [ ] routine
- [ ] income
- [ ] minute
- [ ] fiction
- [ ] variation
- [ ] entity
- [ ] guilty

---

**0716** ★★★★★

## nervous
[nə́:rvəs]

형 긴장하는, 불안해하는, 초조해하는, 신경의
Our **nervous** system is automatically set to engage in emotional empathy. 모평
우리의 신경 체계는 감정적 공감을 하도록 자동적으로 설정되어 있다.
파 **nerve** 명 신경, 긴장, 불안　　**nervously** 부 신경질적으로, 초조하게
유 불안해하는 anxious, worried　　반 자신감 있는 confident

---

**0717** ★★★★★

## specific
[spəsífik]

형 특정한, 구체적인, 독특한
Our individuality is viewed as a product of **specific** social and cultural experiences. 모평
우리의 개성은 특정한 사회적, 문화적 경험의 산물로 여겨진다.
파 **specify** 동 명시하다　　**specifically** 부 구체적으로 말하면, 분명히
유 특정한 particular　　독특한 peculiar　　반 일반적인 general

---

**0718** ★★★★★

## steady
[stédi]

형 꾸준한, 한결같은, 안정된, 확고한, 견실한
Slow muscle fibers perform better in endurance exercises which require slow, **steady** muscle activity. 대수능
느린 근섬유는 느리고 꾸준한 근육 활동이 필요한 지구력 운동에서 더 잘 작동한다.
파 **steadily** 부 꾸준히, 변함없이, 견실하게, 확고하게
　　**steadiness** 명 끈기, 견실함, 불변, 안정됨
유 한결같은 constant　　안정된 stable　　확고한 firm

---

**0719** ★★★★★

## costume
[kástju:m]

명 의상, 복장
Leon Heuzey was the pioneer of the study of classical **costume**. 모평
Leon Heuzey는 고전 의상 연구의 개척자였다.
파 **costumed** 형 의상을 입은　　혼 **custom** 명 관습, 풍습
유 clothing, outfit, apparel

---

**0720** ★★★★★

## introduce
[ìntrədjú:s]

동 소개하다, 도입하다, 들여오다
The UN **introduced** the concept of human rights into international law and politics. 모평
유엔은 국제법과 국제 정치에 인권이라는 개념을 도입했다.
파 **introduction** 명 소개, 도입　　**introductory** 형 서두의, 소개용의
유 잘 알게 하다, 소개하다 acquaint　　반 철회하다 withdraw

---

**0721** ★★★★★

## characteristic
[kæ̀riktərístik]

형 특유의, 특징적인, 독특한　명 특징, 특성
"Monumental" is a word that comes very close to expressing the basic **characteristic** of Egyptian art. 대수능
'기념비적'이라는 말은 이집트 예술의 기본적인 특징을 표현하는 데 매우 근접한 단어이다.
파 **characteristically** 부 특징적으로, 특질상
유 독특한, 특유의 distinctive, peculiar　　특징, 특성 trait

---

**0722** ★★★★★

## accept
[əksépt]

통 받아들이다, 인정하다, 수락하다
What they need to do is to **accept** that some things are beyond their control. 모평
그들이 할 필요가 있는 것은 어떤 일은 그들의 통제 밖에 있음을 인정하는 것이다.
파 **acceptable** 형 받아들일 수 있는, 허용되는
　　**acceptance** 명 받아들임, 수락, 허용
유 받아들이다 receive　인정하다 admit　반 거부하다 reject

**0723** ★★★★★

## notice
[nóutis]

통 알아채다, 주목하다, 통지하다　명 알아챔, 주목, 공지
We might **notice** what the piano or drums are doing in the background. 모평
우리는 배경 음악으로 피아노나 드럼이 연주하고 있는 것을 알아챌 수도 있다.
파 **notify** 통 알리다, 통지하다　**noticeable** 형 눈에 띄는, 두드러진
유 알아채다 perceive, recognize　주목하다 note

**0724** ★★★★★

## constant
[kánstənt]

형 끊임없는, 지속적인, 불변의, 한결같은
Make **constant** efforts until everyone you explain your idea to understands it. 모평
여러분이 자신의 생각을 설명해 주는 모든 사람이 그것을 이해할 때까지 끊임없는 노력을 하라.
파 **constancy** 명 불변성, 항구성　**constantly** 부 끊임없이, 지속적으로
유 지속적인, 지속성의 continuous, persistent　반 변하기 쉬운 variable

**0725** ★★★★★

## quality
[kwáləti]

명 (품)질, 양질, 자질, 특징, 특성　형 양질의, 고급의
It is not surprising that humans use all their five senses to analyze food **quality**. 대수능
인간이 음식의 질을 분석하기 위해 자신의 오감 모두를 사용하는 것은 놀랍지 않다.
파 **qualify** 통 자격[권한]을 주다　**qualitative** 형 질적인, 성질상의
유 특성 characteristic, trait, attribute

**0726** ★★★★★

## adapt
[ədǽpt]

통 적응하다[시키다], 조정하다, 개작하다
People **adapt** to their environments. 모평
사람들은 자신들의 환경에 적응한다.
파 **adaptation** 명 적응, 순응, 개작　**adaptive** 형 적응될 수 있는, 조정의
유 조정하다 adjust, modify

**0727** ★★★★★

## settle
[sétl]

통 정착하다, 안정시키다, 해결하다
The young individual must **settle** in a habitat that satisfies not only survivorship but reproductive needs as well. 대수능
그 어린 개체는 생존뿐만 아니라 번식을 위한 필요조건도 충족시켜 주는 서식지에 정착해야 한다.
파 **settled** 형 안정된, 자리를 잡은　**settlement** 명 정착(지), 해결
유 살다, 거주하다 inhabit　해결하다 resolve

---

**0728** ★★★☆☆

## wholesaler
[hóulsèilər]

몡 도매업자, 도매상
The price that the farmer gets from the **wholesaler** is flexible. 모평
농부가 도매업자에게서 받는 가격은 유동적이다.
🔁 wholesale 형 도매의, 대량의 몡 도매, 대량 판매 뷔 도매로
❸ wholesale market 도매 시장
🔄 소매업자 retailer

---

**0729** ★★★★★

## refuse
[rifjúːz]

통 거절하다, 거부하다
He can take what's offered or **refuse** to take anything. 모평
그는 제공되는 것을 받거나 어떤 것도 받지 않겠다고 거절할 수 있다.
🔁 refusal 몡 거절, 거부
🔄 reject, decline, deny

---

**0730** ★★★★★

## exercise
[éksərsàiz]

통 운동하다, 훈련하다, 행사하다 몡 운동, 훈련, 연습, (권력 등의) 행사
It **exercises** considerable control over the meaning and value of things. 모평
그것은 사물의 의미와 가치에 상당한 통제력을 행사한다.
🔄 훈련 training　　연습(하다) practice　　행사하다 exert

---

**0731** ★★★☆☆

## indulge
[indʌ́ldʒ]

통 ~에 빠지다, 탐닉하다, 충족[만족]시키다
Some people may **indulge** fantasies of violence by watching a film. 대수능
일부 사람들은 영화를 봄으로써 폭력에 대한 환상을 충족시킬지도 모른다.
🔁 indulgence 몡 멋대로 함, 즐거움, 탐닉
🔄 충족[만족]시키다 satisfy, gratify

---

**0732** ★★★★★

## uniform
[júːnəfɔ̀ːrm]

형 획일적인, 동일한, 한결같은 몡 제복, 유니폼
We need to be cautious about thinking of war and the image of the enemy that informs it in a **uniform** way. 대수능
우리는 전쟁과 그것에 영향을 미치는 적의 이미지를 획일적인 방식으로 생각하는 것에 대해 주의할 필요가 있다.
🔁 uniformity 몡 획일, 일치　　uniformly 뷔 한결같이, 균일하게
🔄 동일한 identical　　한결같은 unvarying, consistent

---

**0733** ★★★★☆

## conscience
[kánʃəns]

몡 양심, 의식
Zach's **conscience** whispered that a true victory comes from fair competition. 모평
Zach의 양심은 진정한 승리는 공정한 경쟁으로부터 오는 것이라고 속삭였다.
🔁 conscientious 형 양심적인　　conscienceless 형 비양심적인
❸ consciousness 몡 의식, 자각

---

## 0734 ★★★★☆

### profound
[prəfáund]

[형] 심오한, 깊은, 엄청난
The results of science have **profound**, and sometimes unexpected, impacts on every human being on earth. 모평
과학의 결과는 지구상의 모든 사람에게 심오한, 그리고 때로는 예기치 못한 영향을 미친다.
[파] **profoundly** [부] 깊이, 완전히
[유] 엄청난 extreme  깊은 deep  [반] 얕은 shallow

## 0735 ★★★★☆

### rehearse
[rihə́:rs]

[동] 예행연습하다, 시연하다, 되풀이하다
To **rehearse** to them the findings of previous work is simply to bore them with unnecessary reminders. 대수능
그들에게 이전 작업의 연구 결과를 되풀이하는 것은 불필요하게 상기시키는 것으로 그저 그들을 지루하게 할 따름이다.
[파] **rehearsal** [명] 예행연습, 반복
[유] 연습하다 practice  반복 연습하다 drill  되풀이하다 repeat

## 0736 ★★★☆☆

### contemplate
[kántəmplèit]

[동] 심사숙고하다, (곰곰이) 생각하다, 응시하다
Self-awareness is the consciousness that enables us to **contemplate** ourselves. EBS 연계
자기 인식은 우리가 자신을 곰곰이 생각할 수 있게 해 주는 의식이다.
[파] **contemplation** [명] 사색, 명상, 응시
[유] 숙고하다 ponder, speculate  응시하다 stare

## 0737 ★★★★☆

### crack
[kræk]

[명] (갈라진) 금, 틈 [동] 갈라지게 하다, 금가다
The paths are **cracked**. 대수능
그 길들은 갈라졌다.
[파] **cracked** [형] 갈라진, 금이 간
[유] (갈라진) 금 fracture  갈라지게 하다 split

## 0738 ★★★★★

### formal
[fɔ́:rməl]

[형] 공식적인, 격식 차린, 정식의
Rules can be thought of as **formal** types of game cues. 모평
규칙은 공식적인 유형의 경기 신호라 생각할 수 있다.
[파] **formality** [명] 격식  **formally** [부] 공식적으로, 형식상, 정식으로
[유] 공식적인 official  공인된 authorized  [반] informal

## 0739 ★★★☆☆

### plague
[pleig]

[명] 전염병, 재해 [동] 괴롭히다, 성가시게 하다
Organic farmers grow crops that are no less **plagued** by pests than those of conventional farmers. 모평
유기 농법을 사용하는 농부들은 전통적 농법을 사용하는 농부들의 작물만큼이나 해충에 의해 괴롭힘을 당하는 작물을 재배한다.
[파] **plaguesome** [형] 귀찮은, 성가신
[유] 전염병 epidemic, infection  괴롭히다 bother

**0740** ★★★★☆

**committee**
[kəmíti]

[명] 위원회, 전(全)위원
The Nobel **committee** realizes that this is not really in the scientific spirit. 대수능
노벨상 위원회는 이것이 실제로 과학 정신 속에 있는 것이 아니라는 것을 인식하고 있다.
⊕ 위원회 board, council

**0741** ★★★★★

**broadcast**
[brɔ́:dkæ̀st]

[동] 방송하다, 방영하다, 퍼뜨리다 [명] 방송, 방영
Early radio **broadcasts** were most likely to be live performances. EBS 연계
초기의 라디오 방송은 라이브 공연이 될 가능성이 매우 많았다.
ⓜ **broadcaster** [명] 방송인, 방송사
⊕ 방송하다 air, telecast

**0742** ★★★★★

**disaster**
[dizǽstər]

[명] 재해, 재난, (큰) 실패
After enjoying a few years of comparative safety, **disaster** of a different kind struck the Great Auk. 모평
몇 년을 비교적 안전하게 지낸 뒤에 다른 종류의 재난이 큰바다쇠오리에게 타격을 주었다.
ⓜ **disastrous** [형] 재난의, 비참한
⊕ 재해 catastrophe    실패 failure

**0743** ★★★☆☆

**combat**
[kəmbǽt]

[동] 싸우다, 분투하다 [명] [kámbæt] 전투, 싸움
Strength training can help **combat** depression, and risk factors for heart disease and diabetes. 대수능
체력 훈련은 우울증, 그리고 심장 질환과 당뇨병을 일으킬 수 있는 위험 요인들과 맞서 싸우는 데에 도움을 줄 수 있다.
ⓜ **combative** [형] 전투적인, 호전적인    **combatant** [명] 전투원, 전투 부대
⊕ 전투 warfare, battle, fighting

**0744** ★★★★★

**pollute**
[pəlú:t]

[동] 오염시키다, 더럽히다
Technology produced automobiles that **pollute** the air. 대수능
기술이 공기를 오염시키는 자동차를 생산했다.
ⓜ **pollution** [명] 오염, 공해    **pollutant** [명] 오염 물질, 오염원
⊕ contaminate    ⓐ 정화하다 cleanse, purify

**0745** ★★★☆☆

**retreat**
[ritrí:t]

[동] 물러나다, 후퇴하다 [명] 후퇴, 철수, 피난(처)
The lions gave up and **retreated**. 대수능
그 사자들은 포기하고 물러났다.
⊕ 물러나다 withdraw, recede    ⓐ 나아가다 advance

## 0746 ★★★☆☆

**envelope**
[énvəlòup]

뗑 봉투, 싸는 것
Steven opened the **envelope** that his dad handed to him. 모평
Steven은 아빠가 자신에게 건네준 봉투를 열었다.
⑩ envelop 동 싸다, 봉하다
⊕ 싸는 것, 포장지 wrapper

## 0747 ★★★★☆

**ripe**
[raip]

뗑 익은, 숙성한
Fruit picked before it is **ripe** has less flavour than fruit picked **ripe** from the plant. 모평
익기 전에 수확된 과일은 그 식물에서 익은 상태로 수확된 과일보다 맛이 덜하다.
⑩ ripen 동 익다, 숙성하다, 숙성시키다
⊕ mature ⊖ 익지 않은, 미숙한 unripe 미숙한 immature

## 0748 ★★★☆☆

**transcribe**
[trænskráib]

동 기록하다, 필사하다, 베끼다
A well-trained monk could **transcribe** around four pages of text per day. 대수능
잘 훈련된 수도승은 하루에 약 4쪽의 문서를 필사할 수 있었다.
⑩ transcript 뗑 베낀 것, 사본 transcription 뗑 필사, 사본
⊕ 기록하다 note 베끼다 copy

## 0749 ★★★★★

**union**
[júːnjən]

뗑 결합, 연합, (노동)조합
This **union** between artists and their work has determined the essential qualities of an artist. 모평
예술가와 자신들 작품 간의 이 결합이 예술가의 필수 자질을 결정해 왔다.
⑧ student union 학생회 labor union 노동조합
⊕ 결합 combination 연합 association, alliance

## 0750 ★★★☆☆

**escort**
[iskɔ́ːrt]

동 호위하다, 호송하다 뗑 [éskɔːrt] 호위(대)
Freshwater dolphins will **escort** me on the playful river.
대수능
민물돌고래가 즐거운 강에서 나를 호위할 것이다.
⑧ Escort required. 직원의 안내를 받으십시오.
police escort 경찰 호위
⊕ 보호[호위]하다 guard

## 0751 ★★★★★

**initial**
[iníʃəl]

뗑 처음의, 초기의 뗑 첫 글자
After their **initial** shock, they gathered their resources. 모평
처음의 충격 이후에 그들은 자신들의 지략을 끌어모았다.
⑩ initially 뿐 처음에 initiate 동 착수시키다, 시작하다
initiative 뗑 주도권, 진취성, 발의 뗑 처음의
⊕ 처음의 first, beginning

---

**0752** ★★★★★

**surround**
[səráund]

통 둘러싸다, 에워싸다
**Surrounded** by cheering friends, she enjoyed her victory full of joy. 모평
환호하는 친구들에게 둘러싸여, 그녀는 기쁨으로 가득 찬 승리를 즐겼다.
파 **surrounding** 형 주위의, 인근의 명 (*pl.*) 환경, 주위(의 상황)
유 enclose, encompass, encircle

---

**0753** ★★★★★

**repair**
[ripέər]

통 수리하다, 수선하다, 바로잡다 명 수리, 수선
Please send a service engineer as soon as possible to **repair** it. 대수능
그것을 수리할 서비스 기사를 가능한 한 빨리 보내 주시기 바랍니다.
파 **repairer** 명 수리공 숙 **repair shop** 수리점, 정비 공장
유 fix, mend, renovate

---

**0754** ★★★☆☆

**palm**
[pɑ:m]

명 야자수, 종려나무, 손바닥
Fijians have developed their **palm** mat into profitable tourist businesses. 모평
피지 제도에 사는 사람들은 자신들의 야자수 깔개를 수익성 있는 관광 사업으로 발전시켰다.
숙 **palm oil** 야자유    **lines of the palm** 손금

---

**0755** ★★★☆☆

**concretely**
[kɑ́ŋkritli]

부 구체적으로, 명확하게
We **concretely** express what Erikson believes to be an inborn desire to teach. 모평
우리는 가르치고자 하는 타고난 욕구라고 Erikson이 믿는 것을 구체적으로 표현한다.
파 **concrete** 형 구체적인, 실재의, 콘크리트로 만든
유 구체적으로 specifically    명확하게 definitely    반 추상적으로 abstractly

---

**0756** ★★★★☆

**conceive**
[kənsí:v]

통 생각해 내다, 마음에 품다, 상상하다, 임신하다
It often requires great cleverness to **conceive** of measures that tap into what people are thinking. 모평
사람들이 생각하고 있는 것에 접근하는 방안에 대해 생각해 내는 것은 많은 경우 대단한 교묘함이 필요하다.
파 **conception** 명 개념, 생각, 임신    **conceivable** 형 상상할 수 있는
유 생각해 내다 think    마음에 품다 envision    상상하다 imagine

---

**0757** ★★★★★

**efficient**
[ifíʃənt]

형 효율적인, 능률적인, 유능한
They were often given the task of making the company more **efficient**. 모평
그들에게 회사를 더 효율적으로 만드는 과제가 자주 주어졌다.
파 **efficiency** 명 효율, 능률    **efficiently** 부 효율적으로, 유효하게
유 효과적인 effective    유능한 competent
반 비효율[비능률]적인 inefficient

---

## 0758 ★★★☆☆

**regime**
[rəʒíːm]

몡 정권, 체제, 제도, 통치
Their themes record a **regime**'s sins. EBS 연계
그들의 주제는 정권의 잘못을 기록한다.
⊕ **corrupt regime** 부패 정권　**regime shift** 체제 변환
⊕ 통치 government, reign, rule

## 0759 ★★★★★

**routine**
[ruːtíːn]

몡 판에 박힌 일상, 일과, 관례, 순서　톙 일상적인, 판에 박힌
They stick to **routines**. 대수능
그들은 판에 박힌 일상을 고수한다.
⊕ **routinely** 貝 판에 박힌 듯, 관례대로
⊕ 관례 custom　절차, 순서 procedure　순서 order

## 0760 ★★★★★

**income**
[ínkʌm]

몡 수입, 소득, 유입
They earn additional **income** by performing folk dances and fire walking. 모평
그들은 민속춤과 불 속 걷기 공연을 함으로써 추가 수입을 얻는다.
⊕ **incomeless** 톙 수입[소득]이 없는
⊕ **income tax** 소득세
⊕ 수입 revenue, earning　⊕ 지출 expenditure

## 0761 ★★★★★

**minute**
[mínit]

몡 분, 순간　톙 [mainjúːt] 아주 작은, 상세한, 미세한, 사소한
Most students put off their studying to the last **minute**. EBS 연계
대다수의 학생들은 마지막 순간까지 자신의 공부를 미룬다.
⊕ **minutely** 貝 상세하게, 1분마다
⊕ 순간 moment　아주 작은 tiny　상세한 detailed

## 0762 ★★★★★

**fiction**
[fíkʃən]

몡 소설, 허구, 가공의 이야기
Films and other works of **fiction** never take a direct route to their goal. EBS 연계
영화와 여타 허구를 다룬 작품은 결코 그것들의 목적지로 직행하는 경로를 택하지 않는다.
⊕ **fictional** 톙 꾸며 낸, 소설적인, 허구의
⊕ 소설 novel　이야기 tale　⊕ fact

## 0763 ★★★★☆

**variation**
[vɛ̀əriéiʃən]

몡 변화, 변동, 차이
Seasonal **variation** prevents one group from excluding the other. 대수능
계절적 변화가 한 집단이 다른 집단을 배제하는 것을 막아 준다.
⊕ **vary** 통 변화하다, 달라지다　**variable** 톙 변하기 쉬운 몡 변수, 변이
⊕ 안정(화) stabilization

**0764** ★★★★☆

**entity**
[éntəti]

명 실체, 존재, 실재, 독립체
Information has become a recognized **entity** to be measured, evaluated, and priced. 대수능
정보는 측정되고, 평가되고, 값이 매겨지는 인정받는 존재 가 되었다.
⊕ 실체 substance    존재 being, existence

**0765** ★★★★★

**guilty**
[gílti]

형 죄책감이 드는, 유죄의
The person will tend to feel **guilty** when his or her own conduct violates that principle. 대수능
그 사람은 자기 자신의 행동이 그 원칙에 위배 되면 죄책감을 느끼는 경향이 있을 것이다.
파 guilt 명 죄책감, 유죄    표 **guilty party** 가해자 측
⊕ 죄책감이 드는 ashamed    유죄의 convicted    반 무죄의 innocent

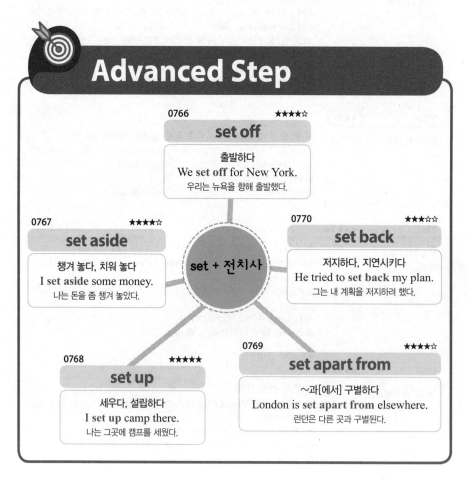

## Advanced Step

**0766** ★★★★☆
### set off
출발하다
We **set off** for New York.
우리는 뉴욕을 향해 출발했다.

**set + 전치사**

**0767** ★★★★☆
### set aside
챙겨 놓다, 치워 놓다
I **set aside** some money.
나는 돈을 좀 챙겨 놓았다.

**0770** ★★★☆☆
### set back
저지하다, 지연시키다
He tried to **set back** my plan.
그는 내 계획을 저지하려 했다.

**0768** ★★★★★
### set up
세우다, 설립하다
I **set up** camp there.
나는 그곳에 캠프를 세웠다.

**0769** ★★★★☆
### set apart from
~과[에서] 구별하다
London is **set apart from** elsewhere.
런던은 다른 곳과 구별된다.

# Review Test

**A** 영어는 우리말로, 우리말은 영어로 쓰시오.

**1.** steady _____
**2.** 의상, 복장　　c_____
**3.** refuse _____
**4.** 정책[해결]하다　　s_____
**5.** envelope _____
**6.** 물러나다; 후퇴　　r_____
**7.** contemplate _____
**8.** 실체, 존재, 실재　　e_____

**B** 영어 단어와 우리말 뜻을 연결하시오.

**1.** uniform •　　　　　　　• **a.** 획일적인, 동일한; 제복
**2.** plague •　　　　　　　• **b.** 결합, 연합, (노동)조합
**3.** union •　　　　　　　• **c.** 전염병; 괴롭히다

**C** 다음 주어진 뜻에 해당하는 밑줄 친 단어의 파생어를 쓰시오.

**1.** profound insights　　　　부 _____ 깊이, 완전히
**2.** an initial letter　　　　동 _____ 착수시키다, 시작하다
**3.** a work of popular fiction　　형 _____ 꾸며 낸, 소설적인, 허구의

**D** 밑줄 친 단어의 유의어 혹은 반의어를 쓰시오.

**1.** ripe fruit　　　　반 i_____
**2.** an annual income　　유 r_____
**3.** formal legal processes　　반 i_____

# Actual Test

(A), (B), (C)의 각 네모 안에서 문맥에 맞는 낱말을 고르시오.

모평

Early human societies were nomadic, based on hunting and gathering, and, in a shifting pattern of life in search of new sources of food, qualities such as lightness, portability, and adaptability were dominant criteria. With the evolution of more settled rural societies based on agriculture, other characteristics, other traditions of form appropriate to the new patterns of life, rapidly emerged. It must be emphasized, however, that tradition was not (A) static / variable , but constantly subject to minute variations appropriate to people and their circumstances. Although traditional forms reflected the experience of social groups, specific manifestations could be (B) adapted / refused in various minute and subtle ways to suit individual users' needs. A chair could keep its basic, accepted characteristics while still being closely shaped in detail to the physique and proportions of a specific person. This basic principle of customization allowed a constant stream of incremental modifications to be (C) introduced / banned , which, if demonstrated by experience to be advantageous, could be integrated back into the mainstream of tradition.

*manifestation 외적 형태, 표시 **physique 체격 ***incremental (점진적으로) 증가하는

---

**해석**

초기 인간 사회는 수렵과 채집을 기반으로 한 유목 생활이었고, 새로운 식량원을 찾아 이동하는 생활 양식에서는 경량성, 휴대성, 그리고 적응성과 같은 특징이 지배적인 기준이었다. 농업을 기반으로 한 더 정착된 농촌 사회의 발전과 더불어, 다른 특징, 즉 새로운 생활 양식에 적합한 다른 형태의 전통이 빠르게 등장했다. 그러나 전통은 정적인 것이 아니라 사람들과 그들의 환경에 적절한, 아주 작은 변화를 끊임없이 겪기 마련이라는 것이 강조되어야 한다. 전통적 형태가 사회 집단의 경험을 반영하더라도, 개개의 사용자의 요구를 충족시키기 위해 특정한 외적 형태가 각양각색의 미세하고 미묘한 방식으로 조정될 수 있었다. 의자는 그것의 기본적이고 일반적으로 용인되는 특징을 유지할 수 있는 동시에, 여전히 특정 개인의 체격과 (신체) 비율에 맞게 세부적으로 면밀히 모양이 만들어지고 있었다. 맞춤 제작의 이러한 기본적 원리에 의해 일련의 끊임없이 증가하는 변형이 도입될 수 있었고, 만약 그것들이 경험에 의해 유익하다고 입증되면 전통의 주류 속으로 다시 통합될 수 있었다.

**해설** (A) 전통은 아주 작은 변화를 끊임없이 겪었다는 내용으로 보아 정적인 것이 아니었다는 문맥이 되어야 하므로 '정적인'이라는 뜻의 static이 적절하다. variable은 '변하기 쉬운'이라는 뜻이다.
(B) 개개 사용자의 요구를 충족시키기 위해 외적 형태가 조정될 수 있었다는 내용이므로 adapted가 적절하다. refuse는 '거부하다'라는 뜻이다.
(C) 맞춤 제작의 기본적 원리에 의해 끊임없이 증가하는 변형이 도입될 수 있었다는 문맥이 되어야 하므로 introduced가 적절하다. ban은 '금지하다'라는 뜻이다.

**정답** (A) static (B) adapted (C) introduced

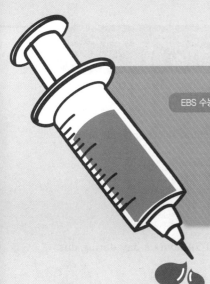

# DAY
# 15

## Word Preview

- [ ] absence
- [ ] period
- [ ] struggle
- [ ] overcome
- [ ] cause
- [ ] significant
- [ ] drive
- [ ] regard
- [ ] complain
- [ ] interpretation
- [ ] interact
- [ ] investment
- [ ] cancer
- [ ] retrospect
- [ ] executive
- [ ] scroll
- [ ] journey

- [ ] trout
- [ ] election
- [ ] shoot
- [ ] gentle
- [ ] idle
- [ ] mere
- [ ] inspection
- [ ] lack
- [ ] furniture
- [ ] strike
- [ ] joint
- [ ] identical
- [ ] vehicle
- [ ] erosion
- [ ] infrastructure
- [ ] norm
- [ ] ease

- [ ] undergo
- [ ] rage
- [ ] clue
- [ ] retire
- [ ] overshadow
- [ ] refund
- [ ] guarantee
- [ ] disappointed
- [ ] prove
- [ ] tame
- [ ] detach
- [ ] decorate
- [ ] gossip
- [ ] thick
- [ ] trap
- [ ] prosperity

**0771** ★★★★★

## absence
[ǽbsəns]

명 없음, 결여, 부재, 결석
In the **absence** of threat, natural selection tends to *resist* change. 모평
위협이 없을 때, 자연 선택은 변화에 '저항하는' 경향이 있다.
파 **absent** 형 없는, 부재의 동 결석하다, 비우다
유 결핍, 부족 lack  반 있음, 존재, 출석, 참석 presence

**0772** ★★★★★

## period
[pí(:)əriəd]

명 기간, 시기, 시대, 마침표
Books can be dropped off 24 hours a day during this **period**. 모평
이 기간 동안 하루 24시간 도서를 갖다 놓으실 수 있습니다.
파 **periodic** 형 주기적인, 정기적인
 **periodical** 형 정기 간행(물)의 명 정기 간행물
유 기간 time, duration, term

**0773** ★★★★★

## struggle
[strʌ́gl]

동 분투하다, 애쓰다, 싸우다, 씨름하다 명 분투, 투쟁, 몸부림
She continued to cry for help and **struggle** to get out. 모평
그녀는 계속해서 도와 달라고 울부짖으며 밖으로 나가려고 애썼다.
파 **struggling** 형 고군분투하는, 몸부림치는
유 분투하다 strive  싸우다 fight  씨름하다 wrestle

**0774** ★★★★★

## overcome
[òuvərkʌ́m]

동 극복하다, 이기다, 압도하다
To **overcome** disadvantages of their size, small animals have developed useful weapons such as poison. 대수능
자신의 크기에 대한 불리함을 극복하기 위해 작은 동물들은 독과 같은 유용한 무기를 개발했다.
유 이기다 defeat, beat  압도하다 overwhelm

**0775** ★★★★★

## cause
[kɔːz]

명 원인, 이유, 대의 동 야기하다, 초래하다, ~의 원인이 되다
All species **cause** wildlife damage, not just overabundant ones. 모평
단지 과잉 종뿐만 아니라 모든 종이 야생 동물 피해를 야기한다.
파 **causal** 형 인과 관계의  **causality** 명 인과 관계
유 원인 origin  이유 reason  야기하다 induce

**0776** ★★★★★

## significant
[signífikənt]

형 중요한, 의미 있는, 상당한
These technological and economic advances have had **significant** cultural implications. 모평
이러한 과학 기술 발전과 경제 발전은 상당한 문화적 영향을 미쳐 왔다.
파 **significance** 명 중요성, 의의  **significantly** 부 의미가 있게, 상당히
유 중요한 important  의미 있는 meaningful
반 대수롭지 않은, 무의미한 insignificant

## 0777 ★★★★★

**drive**
[draiv]

图 (차량을) 몰다, ~하게 만들다, 추진하다
명 운전, 동인, 욕구, (조직적인) 운동
This destruction was **driven** by the needs of a fast growing mat-making industry. 대수능
이런 파괴는 빠르게 성장하는 매트 제조 산업의 필요에 의해 만들어졌다.
❸ **driven** 형 강제된, ~ 주도의
❹ 욕구 urge  (정치적·사회적) 운동 movement

## 0778 ★★★★★

**regard**
[rigá:rd]

图 여기다, 고려하다, 존중하다 명 관계, 고려, 존중
The late photographer Jim Marshall is **regarded** as one of the most celebrated photographers of the 20th century. 대수능
작고한 사진작가 Jim Marshall은 20세기의 가장 유명한 사진작가 중 한 명으로 여겨진다.
❸ **regarding** 전 ~에 관하여
❹ 여기다 consider, deem  ❺ 무시하다 disregard

## 0779 ★★★★★

**complain**
[kəmpléin]

图 불평하다, 항의하다
Many of my apartment neighbors seriously **complain** about this noise. 대수능
제 아파트의 많은 이웃이 이 소음에 대해 심하게 불평하고 있습니다.
❸ **complaint** 명 불평, 항의
❹ 비난[비판]하다 criticize  항의하다 protest

## 0780 ★★★★★

**interpretation**
[intə̀:rpritéiʃən]

명 해석, 이해, 설명
The **interpretation** of complex phenomena usually requires active attention and thought. 모평
복잡한 현상에 대한 해석은 대개 적극적인 주의 집중과 사고를 필요로 한다.
❸ **interpret** 图 해석하다, 설명하다  **interpretative** 형 해석상의
❹ 해석, 번역 translation  설명 explanation

## 0781 ★★★★★

**interact**
[ìntərǽkt]

图 상호 작용하다, 교류하다
It is important for students to use and **interact** with materials in science class. 대수능
과학 수업에서는 학생들이 재료를 사용하고 (재료와) 상호 작용하는 것이 중요하다.
❸ **interaction** 명 상호 작용  **interactive** 형 상호 작용하는
❹ 교제하다 associate  사회화하다, 어울리다 socialize

## 0782 ★★★★★

**investment**
[invéstmənt]

명 투자(금), (시간, 노력 등의) 투입
Most **investment** happens before they begin producing. 대수능
대부분의 투자는 그들이 생산을 시작하기 전에 발생한다.
❸ **invest** 图 투자하다, (시간이나 돈을) 쓰다  **investor** 명 투자자
❹ 자금 제공 funding  자금 조달 financing

---

**0783** ★★★★☆

**cancer**
[kǽnsər]

몡 암(적인 존재), 종양
Fruits and vegetables are believed to help prevent **cancer**. 모평
과일과 채소는 암을 예방하는 데 도움이 된다고 여겨진다.
📚 **cancerous** 혱 암의, 암에 걸린
🔵 종양 tumor

---

**0784** ★★★☆☆

**retrospect**
[rétrəspèkt]

몡 회고, 회상, 추억 통 회고하다, 돌이켜 생각하다
In **retrospect**, they probably made a poor choice. 대수능
회고해 보면, 그들은 아마도 좋지 못한 선택을 한 것 같다.
📚 **retrospection** 몡 회고, 회상   **retrospective** 혱 회고하는, 회상하는
🔵 회상하다 recall, recollect   🔴 전망 prospect

---

**0785** ★★★☆☆

**executive**
[igzékjətiv]

몡 (기업의) 임원, 중역, 경영진, 행정관 혱 실행의, 경영의, 행정의
Ideally, **executives** should present their vision for the company. 모평
이상적으로는 임원들은 회사를 위한 자신의 비전을 제시해야 한다.
📚 **execute** 통 실행하다, 실시하다, 처형하다
   **execution** 몡 실행, 집행, 처형
🔵 **CEO** 최고 경영자(Chief Executive Officer)
🔵 임원 manager, director   행정관 administrator

---

**0786** ★★★☆☆

**scroll**
[skroul]

몡 두루마리, 목록, 일람표 통 (컴퓨터 화면을) 상하로 움직이다
The incredible amount of time required to copy a **scroll** or book by hand limited the speed with which information could spread this way. 대수능
손으로 두루마리나 책을 베껴 쓰는 데 요구되는 엄청난 양의 시간은 이러한 방식으로 정보가 퍼져 나갈 수 있는 속도를 제한했다.
🔵 **scroll bar** 스크롤바(화면을 상하좌우로 움직일 때 사용하는 막대)
🔵 목록 list   일정, 일람표 schedule

---

**0787** ★★★★★

**journey**
[dʒə́ːrni]

몡 여행, 여정, 이동 통 여행하다
I'd better get some sleep since a long, tough **journey** is ahead of me. 대수능
나는 길고 힘든 여행을 앞두고 있어 잠을 좀 자는 것이 좋겠다.
📚 **journeyer** 몡 여행자
🔵 여행 trip, travel, tour

---

**0788** ★★★☆☆

**trout**
[traut]

몡 송어
This is the result of individual responses to chemical signals from other **trout**. 모평
이것은 다른 송어가 내보내는 화학적 신호에 대한 개별적인 반응의 결과이다.
🔵 **trout pond** 송어 양식지

---

## 0789 ★★★★★

**election**
[ilékʃən]

몡 선거, 당선, 투표
When the **election** day came, Steve found that his bicycle had a flat tire, so he started to run to school. 대수능
선거일이 되었을 때, Steve는 자신의 자전거가 펑크난 것을 발견했고, 그래서 학교로 뛰어가기 시작했다.
⊕ **elect** 통 선거하다, 선출하다  ⊜ **election board** 선거 관리 위원회
⊕ 투표 vote  여론 조사, 투표 poll  투표 (용지) ballot

## 0790 ★★★★☆

**shoot**
[ʃuːt]

통 쏘다, 사진을 찍다, (영화) 촬영하다, 발아하다  몡 사격, 촬영, 새싹
Today, most digital photographers **shoot** and then look. EBS 연계
오늘날 대부분의 디지털 사진작가들은 사진을 찍고 난 다음 본다.
⊕ 쏘다 fire  사진을 찍다 photograph  발아하다; 새싹 sprout

## 0791 ★★★★☆

**gentle**
[dʒéntl]

혱 온화한, 부드러운, 상냥한
The transformation may take some time and be more **gentle**. 모평
그 변화는 어느 정도 시간이 걸리고 더 온화할 수도 있다.
⊕ **gently** 閉 온화하게, 부드럽게  **gentleness** 몡 온화함, 점잖음, 상냥함
⊕ 온화한, 부드러운 mild  부드러운, 상냥한 tender

## 0792 ★★★☆☆

**idle**
[áidl]

혱 게으른, 나태한, 한가한  통 빈둥거리다
Concerned about Jean **idling** around, Ms. Baker decided to change her teaching method. 모평
Jean이 빈둥거리는 것이 걱정되어, Ms. Baker는 자신의 교수 방법을 바꾸기로 결심했다.
⊕ **idleness** 몡 게으름, 나태  **idly** 閉 한가하게, 하는 일 없이
⊕ 게으른 lazy, inactive  ⊖ 활발한 active

## 0793 ★★★★☆

**mere**
[miər]

혱 단순한, 순전한, ~에 불과한
Local residents may feel that this process reduces their identities to **mere** commercial transactions. 모평
지역 주민들은 이 과정으로 인해 자신들의 정체성이 단순한 상거래로 격하된다고 느낄 수도 있다.
⊕ **merely** 閉 단지, 그저
⊕ 단순한 simple  순전한 pure

## 0794 ★★★★☆

**inspection**
[inspékʃən]

몡 검사, 조사, 사찰
Generally, the **inspection** process exists only because of a fear of mistakes made during the work process. EBS 연계
일반적으로, 검사 과정은 오로지 작업 과정 중에 하는 실수에 대한 두려움 때문에 존재한다.
⊕ **inspect** 통 검사하다, 조사하다  **inspective** 혱 주의 깊은, 검사하는
⊕ examination, investigation, scrutiny

---

**0795** ★★★★★

**lack**
[læk]

명 부족, 결핍 동 ~이 없다[부족하다]
Consumers **lack** adequate information to make informed choices. 모평
소비자들은 정보에 근거한 선택을 하기 위한 적절한 정보가 부족하다.
㉺ **lacking** 형 ~이 없는[부족한]
㉣ **lack of consensus** 의견 불일치
㊀ 부족 deficiency, shortage　　㉺ 과잉 surplus

---

**0796** ★★★★★

**furniture**
[fə́:rnitʃər]

명 가구, 비품
The tree's wood is used for making buildings and **furniture**. 모평
그 나무의 목재는 건축물을 짓고 가구를 만드는 데 사용된다.
㉣ **custom-made furniture** 주문 가구
㊀ furnishing, fitting

---

**0797** ★★★★☆

**strike**
[straik]

동 치다, 공격하다, 생각나다 명 치기, 공격, 파업
Sometimes they may not **strike** the guilty person himself, but rather one of his relatives or tribesmen. 대수능
때때로 그들은 죄가 있는 그 사람 자체가 아니라, 오히려 그의 친척이나 부족민 중의 한 명을 공격할지도 모른다.
㉺ **striking** 형 눈에 띄는, 두드러진, 놀라운
　　**strikingly** 부 눈에 띄게, 두드러지게
㊀ 치다 hit, slap, beat

---

**0798** ★★★☆☆

**joint**
[dʒɔint]

형 공동의, 합작의, 합동의 명 이음매, 관절
The act of communicating is always a **joint**, creative effort. 모평
의사소통 행위는 항상 공동의, 창의적 노력이다.
㉺ **join** 동 연결하다, 합치다, 참가하다
㉣ **joint venture** 합작 투자
㊀ 연합한 united, allied

---

**0799** ★★★★☆

**identical**
[aidéntikəl]

형 동일한, 똑같은
Equal rights do not mean **identical** rights. 모평
평등한 권리가 똑같은 권리를 의미하는 것은 아니다.
㉺ **identify** 동 동일시하다, 확인하다　　**identity** 명 신원, 정체, 유사성
㊀ same, alike　　㉺ different

---

**0800** ★★★★☆

**vehicle**
[ví:ikl]

명 차량, 탈것, 수단, 매개체
Natural objects, such as roses, are not taken as **vehicles** of meanings and messages. 모평
장미와 같은 자연물은 의미와 메시지의 매개체로 받아들여지지 않는다.
㉣ **vehicle control** 차량 통제
㊀ 차량 automobile　　수단 channel　　매개체 medium

---

## 0801 ★★★☆☆

**erosion**
[iróuʒən]

图 부식, 침식

Topsoil **erosion** from agriculture is too great. 모평

농업으로 인한 표토(表土)의 부식이 너무 심하다.

📗 **erode** 통 침식하다, 부식시키다    **erosive** 휑 침식성의, 부식성의
📘 부식 corrosion

## 0802 ★★★★☆

**infrastructure**
[ínfrəstrʌ̀ktʃər]

图 (사회) 기반 시설, 하부 구조, 토대

The linkage between systems and services is critical to any discussion of **infrastructure**. 모평

시스템과 서비스의 연계성은 기반 시설에 대한 어떤 논의에서도 대단히 중요하다.

📙 **information infrastructure** 정보 기반, 정보 인프라
   **economic infrastructure** 경제적 하부 구조

## 0803 ★★★★★

**norm**
[nɔːrm]

图 규범, 기준, 표준

The **norms** of scientific communication presuppose that nature does not speak unambiguously. 모평

과학적 의사전달의 기준은 자연은 명료하게 말하지 않는다는 것을 전제한다.

📗 **normal** 휑 보통의, 평범한, 정상적인, 표준의    **normative** 휑 규범적인
📘 규칙, 규범 rule    기준 standard, criterion

## 0804 ★★★★★

**ease**
[iːz]

图 쉬움, 편안함 통 덜다, 진정시키다, 편해지다

Maybe she could help **ease** his concern. 모평

어쩌면 그녀가 그의 걱정을 더는 데 도움을 줄 수 있을 것이다.

📗 **easy** 휑 쉬운, 편한
📘 진정시키다 relax, relieve, calm

## 0805 ★★★☆☆

**undergo**
[ʌ̀ndərgóu]

통 (변화·안 좋은 일 등을) 겪다, 경험하다, 받다

A special feature of the real estate rental market is its tendency to **undergo** a severe contraction phase. 모평

부동산 임대 시장의 특별한 특징은 그것이 심한 경기 후퇴기를 겪는 경향이 있다는 것이다.

📗 **undergoer** 图 경험자
📘 겪다 experience, undertake, suffer

## 0806 ★★★☆☆

**rage**
[reidʒ]

图 격노, 분노 통 격노하다, 야단치다

**Rage** attracts **rage**. EBS 연계

분노는 분노를 끌어당긴다.

📗 **rageful** 휑 미칠 듯이 화가 난, 격노한
📘 격노, 분노 fury, outrage

---

**0807** ★★★★★

**clue**
[klu:]

명 단서, 실마리
**Clues** to past environmental change are well preserved in many different kinds of rocks. 모평
과거의 환경 변화에 대한 단서는 서로 다른 많은 종류의 암석들에 잘 보존되어 있다.
파 **clueless** 형 단서가 없는
유 hint

---

**0808** ★★★★★

**retire**
[ritáiər]

동 은퇴하다, 퇴직하다, 물러나다
Now a former champion, she was thinking of **retiring** from boxing. 대수능
이제 전직 챔피언인 그녀는 권투에서 은퇴하는 것을 생각하고 있었다.
파 **retirement** 명 은퇴, 퇴직   **retiree** 명 은퇴자, 퇴직자
유 leave, withdraw

---

**0809** ★★★☆☆

**overshadow**
[òuvərʃǽdou]

동 그림자를 드리우다, 무색하게 하다
The revised edition **overshadowed** Vasari's own achievements. 대수능
개정판이 Vasari 자신의 업적에 그림자를 드리웠다.
유 그림자를 드리우다 shade, darken   무색하게 하다 outshine

---

**0810** ★★★★★

**refund**
[rí:fʌnd]

명 환불(금), 상환(액) 동 [rifʌ́nd] 환불하다, 상환하다
I insist on receiving a full **refund**. 모평
저는 전액 환불받기를 주장합니다.
파 **refundable** 형 환불 가능한
숙 **period of refund** 상환 기간
유 repay

---

**0811** ★★★★★

**guarantee**
[gæ̀rəntí:]

명 보장, 보증(서) 동 보장하다, 보증하다
There is no **guarantee** that it will be accepted. 대수능
그것이 받아들여질 것이라는 보장은 없다.
파 **guaranteed** 형 확실한, 보장된
숙 **guarantee fund** 보증 기금
유 보장 warranty, assurance

---

**0812** ★★★★★

**disappointed**
[dìsəpɔ́intid]

형 실망한, 낙담한
I couldn't register and was really **disappointed**. 모평
나는 등록을 할 수 없었고 정말로 실망했다.
파 **disappoint** 동 실망시키다, 좌절시키다
**disappointing** 형 실망스러운, 기대에 못 미치는
유 낙담한 discouraged   실망한, 좌절한 frustrated   반 satisfied

---

## 0813 ★★★★★

**prove**
[pru:v]

동 (~임이) 드러나다, 판명되다, 입증[증명]하다
High school life soon **proved** as challenging as the principal had predicted. 대수능
고등학교 생활은 교장 선생님이 예측했던 대로 힘들다는 것이 곧 드러났다.
파 proof 명 증거(물), 입증    proven 형 입증된, 증명된
유 입증하다 verify, demonstrate

## 0814 ★★★☆☆

**tame**
[teim]

형 길들여진, 온순한 동 길들이다, 다스리다
The real lesson of chess is learning how to **tame** your mind. 모평
체스의 진정한 교훈은 여러분의 마음을 다스리는 법을 배우는 것이다.
파 tamed 형 길들여진, 온순한    tameless 형 길들지 않은, 야생의
유 길들여진 domesticated, trained    반 야생의 wild

## 0815 ★★★☆☆

**detach**
[ditǽtʃ]

동 떼어 내다, 분리시키다
The summary may be **detached** as a separate unit with a heading or it may be simply a summarizing opening paragraph. EBS 연계
요약은 제목이 있는 독립된 단위로 분리되어 있거나 단지 요약을 하는 시작 단락일 수도 있다.
파 detachment 명 분리, 이탈, 무관심    detachable 형 분리할 수 있는
유 separate, isolate    반 붙이다 attach

## 0816 ★★★★☆

**decorate**
[dékərèit]

동 장식하다, 꾸미다
My grandmother **decorated** a cake with "HAPPY BIRTHDAY BETTY." 모평
나의 할머니는 'HAPPY BIRTHDAY BETTY'라는 문구로 케이크를 장식했다.
파 decoration 명 장식(물)    decorative 형 장식용의
유 adorn

## 0817 ★★★★☆

**gossip**
[gásəp]

명 소문, 험담, 뒷공론 동 뒷공론하다, 잡담하다
This is the main motive for **gossiping** about well-known figures and superiors. 모평
이것이 잘 알려진 인물과 뛰어난 사람들에 대해 뒷공론을 하는 주요 동기이다.
파 gossiping 명 잡담, 수다 형 잡담하는    ● idle gossip 한가한 잡담
유 소문 rumor    속삭임, 소문 whisper

## 0818 ★★★★★

**thick**
[θik]

형 두꺼운, 빽빽한, 짙은, 진한
**Thick** seed coats are often essential for seeds to survive in a natural environment. 대수능
두꺼운 씨앗 껍질은 흔히 씨앗이 자연환경에서 생존하는 데 필수적이다.
파 thickness 명 두께    ● thick forest 울창한 숲
유 두꺼운, 부피가 큰 bulky    빽빽한 dense    반 얇은, 가는 thin

**0819** ★★★★★

**trap**
[træp]

명 덫, 함정, 술책　동 덫으로 잡다, (함정에) 빠뜨리다

We are **trapped** deep in a paradox: deciding on the best course of action, then doing something else. 모평

우리는 모순에 깊이 빠져 있는데, 그것은 가장 좋은 행동 방침을 정하고 나서 다른 것을 하는 것이다.

關 **speed trap** 속도위반 단속 지역
　　**unemployment trap** 실업의 덫
ⓤ 덫, 올가미 snare

**0820** ★★★★☆

**prosperity**
[prɑspérəti]

명 번영, 번성, 번창, 성공

Material **prosperity** can help individuals, as well as society, attain higher levels of happiness. 대수능

물질적 번영은 사회뿐만 아니라 개인이 더 높은 수준의 행복을 얻을 수 있도록 도와줄 수 있다.

ⓟ **prosper** 동 번영하다, 번성하다　**prosperous** 형 번영하는, 번창한

# Advanced Step

**0821** ★★★★☆

## good chance

높은 가능성
There's a **good chance** that I won't be here next year.
내년에는 내가 여기 못 올 가능성이 높아.

**0822** ★★★★☆

### slight chance

약간[조금]의 가능성
There's a **slight chance** of rain.
비가 올 가능성이 조금 있어.

(형용사)
+ chance +
(명사)

**0825** ★★★☆☆

### chance encounter

우연한 만남
**Chance encounter** didn't lead to romance.
우연한 만남이 로맨스로 이어지지는 않았다.

**0823** ★★★★☆

### slim chance

매우 낮은 가능성
She has a **slim chance** of passing the exam.
그녀는 그 시험에 합격할 가능성이 매우 낮다.

**0824** ★★★☆☆

### fat chance

거의 없는 가능성
**Fat chance** of him helping you!
그가 너를 도울 가능성은 거의 없어!

# Review Test

### A 영어는 우리말로, 우리말은 영어로 쓰시오.

**1.** election _____

**2.** 분투하다, 애쓰다   s_____

**3.** identical _____

**4.** 상호 작용하다   i_____

**5.** erosion _____

**6.** 차량, 수단, 매개체   v_____

**7.** norm _____

**8.** 보장(하다)   g_____

### B 영어 단어와 우리말 뜻을 연결하시오.

**1.** mere •

**2.** undergo •

**3.** detach •

• **a.** 단순한, 순전한, ~에 불과한

• **b.** 떼어 내다, 분리시키다

• **c.** 겪다, 경험하다, 받다

DAY 15

### C 다음 주어진 뜻에 해당하는 밑줄 친 단어의 파생어를 쓰시오.

**1.** the <u>interpretation</u> of law   동 _____ 해석하다, 설명하다

**2.** a close <u>inspection</u>   동 _____ 검사하다, 조사하다

**3.** national <u>prosperity</u>   형 _____ 번영하는, 번창한

### D 밑줄 친 단어의 유의어 혹은 반의어를 쓰시오.

**1.** a long <u>absence</u>   반 p_____

**2.** in a <u>rage</u>   유 f_____

**3.** a <u>lack</u> of food   유 d_____

정답

**A** 1. 선거, 당선, 투표   2. (s)truggle   3. 동일한, 똑같은   4. (i)nteract   5. 부식, 침식   6. (v)ehicle
7. 규범, 기준, 표준   8. (g)uarantee
**B** 1. a   2. c   3. b
**C** 1. interpret   2. inspect   3. prosperous
**D** 1. (p)resence   2. (f)ury   3. (d)eficiency

## Actual Test

다음 글의 밑줄 친 부분 중, 문맥상 낱말의 쓰임이 적절하지 <u>않은</u> 것은?

모평

An Egyptian executive, after entertaining his Canadian guest, offered him joint partnership in a new business venture. The Canadian, delighted with the offer, suggested that they meet again the next morning with their ① respective lawyers to finalize the details. The Egyptian never showed up. The surprised and disappointed Canadian tried to understand what had gone wrong: Did Egyptians ② lack punctuality? Was the Egyptian expecting a counter-offer? Were lawyers unavailable in Cairo? None of these explanations proved to be correct; rather, the problem was ③ caused by the different meaning Canadians and Egyptians attach to inviting lawyers. The Canadian regarded the lawyers' ④ absence as facilitating the successful completion of the negotiation; the Egyptian interpreted it as signaling the Canadian's mistrust of his verbal commitment. Canadians often use the impersonal formality of a lawyer's services to finalize ⑤ agreements. Egyptians, by contrast, more frequently depend on the personal relationship between bargaining partners to accomplish the same purpose.

\*punctuality 시간 엄수

**해석**

캐나다인 손님을 접대한 후에, 한 이집트인 중역이 그에게 새로운 벤처 사업에서의 합작 제휴를 제의했다. 그 제의에 기뻐서, 캐나다인은 세부 사항을 마무리하기 위해 다음 날 아침에 각자의 변호사와 함께 다시 만날 것을 제안했다. 그 이집트인은 결코 나타나지 않았다. 놀라고 실망한 그 캐나다인은 무엇이 잘못된 것인지 이해하려고 했다. 이집트인은 시간 엄수 관념이 없었는가? 그 이집트인이 수정 제안을 기대하고 있었는가? 카이로에서는 변호사를 구할 수 없었는가? 이들 설명 중 어떤 것도 올바른 것으로 판명되지 않았다. 오히려, 문제는 캐나다인과 이집트인이 변호사를 불러들이는 것에 두는 서로 다른 의미에 의해 야기되었다. 그 캐나다인은 변호사의 부재(→ 참석)를 협상의 성공적인 마무리를 용이하게 하는 것으로 여겼고, 그 이집트인은 그것을 그의 구두 약속에 대한 캐나다인의 불신을 암시하는 것이라고 해석했다. 캐나다인은 흔히 합의를 마무리짓기 위해 변호사의 도움을 받는, 사사로움에 치우치지 않는 형식상의 절차를 이용한다. 이와 대조적으로, 이집트인은 같은 목적을 완수하기 위해 거래 상대자 간의 개인적인 관계에 더 자주 의존한다.

**해설** 캐나다인은 변호사가 입회한 상태에서 협상을 마무리하는 것이 협상을 성공적으로 마무리하는 데 도움이 된다고 생각했을 것이므로, ④의 absence(부재)를 presence(참석)와 같은 낱말로 바꾸어야 한다.

**정답** ④

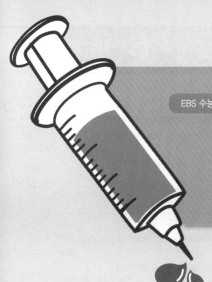

# DAY
# 16

## Word Preview

| | | |
|---|---|---|
| ☐ charge | ☐ blend | ☐ priest |
| ☐ reduce | ☐ jar | ☐ imitate |
| ☐ assume | ☐ physical | ☐ consensus |
| ☐ charity | ☐ eager | ☐ capture |
| ☐ require | ☐ forefront | ☐ advocacy |
| ☐ odd | ☐ pity | ☐ discount |
| ☐ exchange | ☐ misery | ☐ design |
| ☐ include | ☐ drown | ☐ diplomacy |
| ☐ complete | ☐ portray | ☐ rotate |
| ☐ upset | ☐ channel | ☐ prompt |
| ☐ shelter | ☐ scrap | ☐ hatch |
| ☐ raise | ☐ awful | ☐ evaporate |
| ☐ relevant | ☐ hinder | ☐ radiation |
| ☐ federal | ☐ hurt | ☐ phase |
| ☐ profit | ☐ host | ☐ reckless |
| ☐ wonder | ☐ submit | ☐ stare |
| ☐ base | ☐ inhibit | |

---

**0826** ★★★★★

## charge
[tʃɑːrdʒ]

명 비용, 책임, 고소  동 청구[부과]하다, 책임을 지우다, 충전하다
Participation in the contest is free of **charge**. 모평
그 대회 참가하는 비용은 무료이다.
파 **chargeable** 형 청구되는, 과세되는    **charger** 명 충전기
유 비용 cost, price    책임 responsibility

---

**0827** ★★★★★

## reduce
[ridʒúːs]

동 줄이다, 축소하다
They asked people for ways to **reduce** crime in a community.
모평
그들은 사람들에게 지역 사회 내의 범죄를 줄이는 방법을 물어보았다.
파 **reduction** 명 감소, 축소    **reducible** 형 축소할 수 있는, 환원할 수 있는
유 lessen, diminish    반 increase

---

**0828** ★★★★★

## assume
[əsjúːm]

동 가정하다, 추정하다, (역할 등을) 맡다
Science **assumes** that what is being investigated is lawful.
모평
과학은 연구되고 있는 것을 타당한 것이라고 가정한다.
파 **assumption** 명 가정, 추정, 억측    **assumably** 부 아마
유 가정[추정]하다 suppose, presume, presuppose

---

**0829** ★★★★☆

## charity
[tʃǽrəti]

명 자선 단체, 자선, 자비(심)
All money raised will be donated to **charity**. 대수능
마련된 기금은 모두 자선 단체에 기부될 것입니다.
파 **charitable** 형 자비로운, 자선의    연 **charity event** 자선 행사
유 자비심 benevolence, generosity

---

**0830** ★★★★★

## require
[rikwáiər]

동 필요하다, 요구하다
An Internet connection is not **required** to play the songs!
모평
노래를 재생하기 위해 인터넷에 연결할 필요가 없습니다!
파 **requirement** 명 필요(한 것), 필요조건
유 필요하다 need    요구하다 demand, claim

---

**0831** ★★★★★

## odd
[ɑd]

형 이상한, 기묘한, 홀수의  명 (pl.) 가능성, 역경
You might think this is **odd** but would have no difficulty
understanding it. 모평
여러분은 이것을 이상하다고 여길 수 있으나, 그것을 이해하는 데는 전혀 어려움을
겪지 않을 것이다.
파 **oddly** 부 이상하게, 특이하게    **oddity** 명 이상함, 기묘함
유 이상한 strange, eccentric    반 정상의 normal    짝수의 even

---

## 0832 ★★★★★

**exchange**
[ikstʃéindʒ]

몡 교환, 환전, 거래소  동 교환하다, 주고받다, 환전하다
Two of you can **exchange** romantic words. 모평
여러분 두 사람은 낭만적인 말을 주고받을 수 있다.
🔵 **exchangeable** 혱 교환할 수 있는  🔵 **stock exchange** 증권 거래소
🔵 interchange, trade, barter

## 0833 ★★★★★

**include**
[inklú:d]

동 포함하다, 함유하다
Scientists must **include** all of the known evidence and all of
the hypotheses previously proposed. 모평
과학자들은 모든 알려진 증거와 이전에 제시된 모든 가설을 포함해야 한다.
🔵 **inclusion** 몡 포함, 포괄  **inclusive** 혱 포괄적인, ~이 포함된
🔵 포함하다 involve, incorporate  🔵 제외하다 exclude

## 0834 ★★★★★

**complete**
[kəmplí:t]

혱 완전한, 완성된, 전부의  동 완성하다, 완료하다
A **complete** scientific explanation of moral evolution and
development in the human species is a very long way off. 대수능
인간 종의 도덕적 진화와 발전에 대한 완전한 과학적 설명은 까마득히 멀다.
🔵 **completely** 분 완전히, 전적으로  **completion** 몡 완성, 완료
🔵 완전한 perfect  전부의 entire  🔵 불완전한 incomplete

## 0835 ★★★★★

**upset**
[ʌpsét]

혱 걱정하는, 당황한, 속상한  동 뒤엎다, 속상하게 하다
몡 [ʌpset] 혼란, 속상함
Preparing to solve a problem for next time feels better than
getting **upset** about our failure to solve it this time. 모평
다음번에 문제를 해결할 준비를 하는 것은 우리가 그것을 이번에 해결하지 못한 것
에 대해서 속상해하는 것보다 기분이 더 좋다.
🔵 **upsetting** 혱 속상하게 하는  🔵 **stomach upset** 소화 불량
🔵 걱정하는 worried  불안한 disturbed  속상한 distressed

## 0836 ★★★★★

**shelter**
[ʃéltər]

몡 피난처, 주거지, 보호(소)
Surviving individuals were forced to find **shelter** elsewhere.
모평
살아남은 개체들은 하는 수 없이 다른 곳에서 피난처를 찾아야 했다.
🔵 **sheltered housing** 보호 시설  **animal shelter** 동물 보호소
🔵 피난처 refuge  주거지 housing, lodging

## 0837 ★★★★★

**raise**
[reiz]

동 올리다, 일으키다, 기르다, 돈을 모으다
They prefer to be called by the names of the cattle they **raise**.
모평
그들은 자신들이 기르는 소의 이름으로 불리는 것을 선호한다.
🔵 올리다 lift  기르다 rear  🔵 내리다 lower

---

**0838** ★★★★☆

**relevant**
[rélǝvǝnt]

형 관련된, 적절한, 상대적인
Some force outside the object might be **relevant**. 대수능
그 물체 외부의 어떤 힘이 관련되어 있을지도 모른다.
❶ **relevance** 명 관련성, 적절성　❷ **relevant information** 관련 정보
❸ 관련된 related　적절한 appropriate　❹ 무관한, 부적절한 irrelevant

---

**0839** ★★★☆☆

**federal**
[fédǝrǝl]

형 연방 정부의, 연방(제)의, 연합의
During 2009~2010, nearly 40 percent of **federal**
expenditures were financed by borrowing. 모평
2009년에서 2010년 동안, 연방 정부 지출의 거의 40%가 차용에 의해 자금이 충
당되었다.
❸ **federal state** 연방 국가
　**Federal Reserve Bank** 미국 연방 준비 은행
❼ 연합한 allied, united

---

**0840** ★★★★★

**profit**
[práfit]

명 수익, 이익, 이득　동 이익을 얻다[주다]
The quest for **profit** and the search for knowledge cannot
coexist in archaeology because of the time factor. 대수능
이익 추구와 지식 탐구는 시간이라는 요인 때문에 고고학에서는 공존할 수 없다.
❶ **profitable** 형 이익이 되는, 유익한　**profitability** 명 수익성
❸ 수익 revenue　이익[이득] benefit　❹ 손실 loss

---

**0841** ★★★★★

**wonder**
[wʌ́ndǝr]

동 궁금하다, ~일까 생각하다　명 경이(로운 것)
Looking around, Sharon **wondered** what kind of show she
could expect. 모평
주위를 둘러보며, Sharon은 어떤 종류의 쇼를 기대할 수 있을지 궁금했다.
❶ **wonderful** 형 놀랄 만한, 훌륭한
❸ 경이 marvel, awe

---

**0842** ★★★★★

**base**
[beis]

동 기초로 하다, ~을 근거로 하다　명 기초, 토대, 근거
He believed human behavior to be **based** on three
abilities—intellect, emotion, and will. 모평
그는 인간 행동이 지력, 감정, 그리고 의지라는 세 가지 능력에 근거한다고 믿었다.
❶ **basic** 형 기초의, 기본[근본]적인　**basis** 명 기초, 근거
❸ 기초 foundation, ground

---

**0843** ★★★☆☆

**blend**
[blend]

동 섞(이)다, 혼합하다
These spineless plants survive by **blending** into their native
habitat. 모평
가시 없는 이 식물들은 자신들의 토착 서식지에 섞여 들어감으로써 생존한다.
❶ **blended** 형 혼합된　**blender** 명 믹서, 분쇄기
❸ 섞다 mix, stir　혼합하다 compound

---

## 0844 ★★★★☆

**jar**
[dʒɑːr]

명 단지, 병, 항아리
You decide to organize them into little **jars**. 모평
여러분은 그것들을 작은 단지 안에 정리해 넣기로 결심한다.
⊕ 용기, 그릇 container  병 bottle  항아리, 냄비 pot

## 0845 ★★★★★

**physical**
[fízikəl]

형 신체의, 물리적인, 물질적인, 물리학의
All athletes have the **physical** skills to be successful. 모평
모든 운동선수는 성공할 수 있는 신체 능력을 갖고 있다.
⊕ **physically** 부 신체적으로, 물리적으로
⊜ **physical therapy** 물리 요법[치료]
⊕ 신체의 bodily  물질적인 material  ⊕ 정신적인 mental

## 0846 ★★★★☆

**eager**
[íːgər]

형 열성적인, 열망하는, 간절히 바라는
Young Benjamin was a quick and **eager** learner. EBS 연계
어린 Benjamin은 빨리 그리고 열성적으로 배우는 사람이었다.
⊕ **eagerly** 부 열심히, 간절히  **eagerness** 명 열의, 열망
⊕ enthusiastic, longing, keen

## 0847 ★★★☆☆

**forefront**
[fɔ́ːrfrʌnt]

명 맨 앞, 중심, 가장 중요한 위치
Such multi-faceted creativity has, at times, placed children's
literature at the **forefront** of imaginative experimentation.
모평
그런 다면적인 창의성은 때때로 아동 문학을 상상력이 풍부한 실험의 중심에 가져다
놓았다.
⊕ 맨 앞, 선두 head, lead, first

## 0848 ★★★★★

**pity**
[píti]

명 연민, 동정(심), 유감
The emotion of **pity** is still in our genes. 모평
연민의 감정은 여전히 우리의 유전자 속에 있다.
⊕ **pitiful** 형 측은한, 가련한
⊕ 동정(심) compassion, sympathy  ⊕ 무자비함 mercilessness

## 0849 ★★★☆☆

**misery**
[mízəri]

명 비참(함), 고통, 불행
We have a bit of self-interest in relieving the **misery** of
others. 모평
다른 사람의 비참함을 경감시킬 때 우리는 약간의 자기 이익을 취한다.
⊕ **miserable** 형 비참한, 불행한
⊕ 고통 distress, pain  불행, 불운 misfortune

---

**0850** ★★★☆☆

**drown**
[draun]

동 익사하다[시키다], 흠뻑 젖게 하다, ~에 빠지다[몰두하다]
The dog's fears stemmed from her puppyhood when she almost **drowned** twice. 모평
그 개의 두려움은 자신이 거의 두 번이나 익사할 뻔했던 강아지 시절에서 비롯되었다.
파 **drowned** 형 물에 빠져 죽은, ~에 빠진[몰두한]
유 흠뻑 적시다, 담그다 soak

---

**0851** ★★★★☆

**portray**
[pɔːrtréi]

동 그리다, 묘사하다
Afraid of the world that is **portrayed** on TV, people stay in their homes. 대수능
TV에서 묘사되는 세상을 두려워하며, 사람들은 자신의 집에 머문다.
파 **portrayal** 명 묘사    **portrait** 명 초상화, 묘사
유 draw, describe, depict

---

**0852** ★★★★★

**channel**
[tʃǽnəl]

명 채널, 수로, 해협, 유통 체계, (의사소통) 수단
There was plenty of water in the **channel**. EBS 연계
수로에는 많은 물이 있었다.
숙 **distribution channel** 유통 경로
유 수단 means, medium, avenue

---

**0853** ★★★★☆

**scrap**
[skræp]

명 조각, 오려 낸 것, 쓰레기 동 (쓰레기로) 버리다, 폐기하다
It can make brokers **scrap** all the strategizing and analyses and go for emotional, or gut, decisions. 모평
그것은 중개인이 그 모든 빈틈없는 계획과 분석을 버리고 감정적인, 즉 직감적인 결정을 택하게 만들 수 있다.
숙 **a scrap of paper** 종이 한 조각
유 조각 piece    조각, 파편 fragment    버리다 discard

---

**0854** ★★★☆☆

**awful**
[ɔ́ːfəl]

형 끔찍한, 무서운, 지독한
The reviewer was harsh, calling it "an **awful** performance." 모평
그 비평가는 그것을 '끔찍한 공연'이라며 혹평했다.
파 **awe** 명 두려움, 경외    **awfully** 부 정말, 몹시
유 terrible, fearful, dreadful

---

**0855** ★★★★☆

**hinder**
[híndər]

동 방해하다, 저해하다, 막다
Sometimes praise seems to **hinder** concentration. EBS 연계
때로는 칭찬이 집중을 방해하는 것처럼 보인다.
파 **hindrance** 명 방해, 장애
유 방해하다 interrupt, inhibit    막다 prevent

---

## 0856 ★★★★★

**hurt**
[hə:rt]

图 다치게 하다, (감정을) 상하게 하다, 손해를 입히다
图 다친, 마음이 아픈 图 상처, 아픔
Betty was **hurt** but wasn't particularly surprised. 대수능
Betty는 마음이 아팠지만, 특별히 놀라지는 않았다.
ᴾ **hurtful** 图 마음을 아프게 하는
ᵞ 다치게 하다 injure    아프다 ache

## 0857 ★★★★★

**host**
[houst]

图 개최하다, 주최하다, 주인 노릇을 하다
图 주인, 주최자, 진행자, 다수, 숙주
*Mountain Today* is **hosting** a photo contest for local high school students. 모평
'Mountain Today'는 지역 고등학생 대상의 사진 대회를 개최합니다.
ᴾ **co-host** 图 공동 사회자    a host of possibilities 많은 가능성
ᵞ 개최하다 hold    (어떤 일을) 조직하다 organize

## 0858 ★★★★★

**submit**
[səbmít]

图 제출하다, 복종시키다, 항복하다
She wasn't sure whether she could **submit** it on time. 모평
그녀는 그것을 제때 제출할 수 있을지 확신하지 못했다.
ᴾ **submission** 图 제출, 항복    **submissive** 图 복종하는, 순종적인
ᵞ 제출하다 present    항복하다 yield, surrender

## 0859 ★★★★☆

**inhibit**
[inhíbit]

图 억제하다, 방해하다, 금지하다
Their physical layout encourages some uses and **inhibits** others. 대수능
그것들의 물리적 배치는 어떤 사용은 권장하고 다른 사용은 억제한다.
ᴾ **inhibition** 图 억제, 방해, 금지    **inhibitive** 图 억제하는
ᵞ 억제하다 restrain    방해하다 hinder    금지하다 prohibit

## 0860 ★★★☆☆

**priest**
[pri:st]

图 성직자, 사제, 신부
Disease takes over, in many cases, the role played by policemen, judges, and **priests** in modern society. 대수능
많은 경우, 질병은 현대 사회의 경찰관, 재판관, 그리고 성직자가 행하는 역할을 떠안는다.
ᴾ **high priest** 제사장, 대사제
ᵞ minister

## 0861 ★★★★☆

**imitate**
[ímitèit]

图 모방하다, 흉내 내다
There are hundreds of great people to **imitate** and copy. 대수능
흉내 내고 모방할 수백 명의 위대한 사람들이 있다.
ᴾ **imitation** 图 모방, 흉내    **imitated** 图 모조의, 가짜의
ᵞ copy, mimic, simulate

**DAY 16**

## 0862 ★★★☆☆

**consensus**
[kənsénsəs]

명 의견 일치, 합의
Disagreement is wrong and **consensus** is the desirable state of things. 모평
의견 차이는 잘못된 것이고 의견 일치가 바람직한 상황이다.
⊕ **national consensus** 국민적 합의
⊕ consent, assent ⊕ 의견 차이 dissent

## 0863 ★★★★☆

**capture**
[kǽptʃər]

동 잡다, 포획하다, 포착하다 명 포획, 포착
During the first night, all the bats **captured** at least one firefly. 모평
첫날 밤 동안, 모든 박쥐가 적어도 한 마리의 반딧불이를 잡았다.
⊕ **data capture** 데이터 수집 **visual capture** 시각 포착
⊕ 잡다 catch, seize ⊕ 풀어 주다 release

## 0864 ★★★☆☆

**advocacy**
[ǽdvəkəsi]

명 옹호, 지지, 변호
Mediation is a process that has much in common with **advocacy** but is also crucially different. 대수능
중재는 옹호와 많은 공통점이 있는 과정이나 또한 결정적으로 다르기도 하다.
⊕ **advocate** 동 옹호하다, 지지하다 명 옹호자, 지지자, 변호사
**advocator** 명 주창자, 옹호자
⊕ 옹호, 지지 support, backing ⊕ 반대 opposition

## 0865 ★★★★★

**discount**
[dískaunt]

명 할인 동 할인하다, 무시하다
A parking **discount** is available to museum visitors. 대수능
박물관 방문객들은 주차 할인을 받을 수 있습니다.
⊕ **discounted** 형 할인된 **discountable** 형 할인할 수 있는
⊕ 할인 reduction 무시하다 disregard, ignore

## 0866 ★★★★★

**design**
[dizáin]

명 디자인, 설계, 도안 동 디자인하다, 설계하다, 계획하다
It was **designed** by Michelangelo himself as the pope requested. 모평
그것은 교황이 요청한 대로 미켈란젤로에 의해 직접 설계되었다.
⊕ **visual design** 시각 디자인 **design model** 설계 모형
⊕ 설계 plan, draft, outline

## 0867 ★★★☆☆

**diplomacy**
[diplóuməsi]

명 외교(술)
**Diplomacy** aimed at public opinion can become important to outcomes. 모평
여론을 겨냥한 외교가 결과에 중요해질 수 있다.
⊕ **diplomat** 명 외교관 **diplomatic** 형 외교(상)의
⊕ **international diplomacy** 국제 외교

## 0868 ★★★☆☆

**rotate**
[róuteit]

동 회전하다, 교대하다, 순환 근무를 하다
Security officers **rotate** around different stations. 모평
보안 직원은 서로 다른 위치로 순환 근무를 한다.
⊕ **rotation** 명 회전, 교대, 순환　**rotary** 형 회전하는, 회전식의
⊕ 회전하다 revolve　교대하다 alternate, switch

## 0869 ★★★☆☆

**prompt**
[prɑmpt]

형 즉각적인, 신속한　동 자극하다, 유발하다, 촉구하다
Most overeating is **prompted** by feelings rather than physical hunger. 모평
대부분의 과식은 신체의 배고픔이 아니라 감정에 의해 유발된다.
⊕ **promptly** 부 신속히, 즉석에서　**promptness** 명 재빠름, 신속
⊕ 유발하다 cause, provoke, induce

## 0870 ★★★☆☆

**hatch**
[hætʃ]

동 부화하다, 알을 품다　명 부화, 승강구, 출입구
When the egg of the thief **hatches**, it kills the host's offspring. 모평
그 도둑의 알이 부화하면, 그것은 숙주의 새끼를 죽인다.
⊕ **hatcher** 명 부화기　⊕ **escape hatch** 탈출구
⊕ 부화하다 incubate

## 0871 ★★★☆☆

**evaporate**
[ivǽpərèit]

동 증발하다, 탈수하다, 사라지다
These wind bursts can occur in clear air when rain **evaporates** high above the ground. 모평
이런 급격한 바람의 흐름은 지상 높은 곳에서 비가 증발할 때 맑은 하늘에서 발생할 수 있다.
⊕ **evaporation** 명 증발, 탈수　**evaporative** 형 증발의, 증발에 의한
⊕ 증발하다 vaporize　탈수하다 dehydrate　사라지다 disappear

## 0872 ★★★☆☆

**radiation**
[rèidiéiʃən]

명 방사(선), 방사 에너지, 복사열
The **radiation** emitted into space would be so great. 모평
우주로 방사되는 방사 에너지는 매우 엄청날 것이다.
⊕ **radiative** 형 방사성의, 방사하는　⊕ **radiation therapy** 방사선 치료
⊕ 방사, 발산 emission, diffusion

## 0873 ★★★★★

**phase**
[feiz]

명 단계, 시기, 국면, 측면
Some discoveries seem to entail numerous **phases** and discoverers. 대수능
몇몇 발견은 수많은 단계와 발견자들을 수반하는 것처럼 보인다.
⊕ **design phase** 계획 단계
⊕ 단계 stage　시기 period　측면 aspect

DAY 16

| 0874 | ★★★☆☆ |
| --- | --- |

**reckless**
[réklis]

ⓐ 무모한, 부주의한, 난폭한

Evidence suggests an association between loud, fast music and **reckless** driving. 모평

시끄럽고 빠른 음악과 난폭한 운전 사이의 연관성을 시사하는 증거가 있다.

파 **recklessly** 뿐 무모하게   **recklessness** 몡 무모함

윤 무모한, 난폭한 wild   부주의한 careless

반 조심성 있는, 신중한 cautious

| 0875 | ★★★★☆ |
| --- | --- |

**stare**
[stɛər]

동 응시하다, 빤히 보다   몡 응시, 빤히 봄

She stood there **staring** at the water. 모평

그녀는 물을 응시하며 그곳에 서 있었다.

파 **staring** 혱 응시하는

윤 gaze

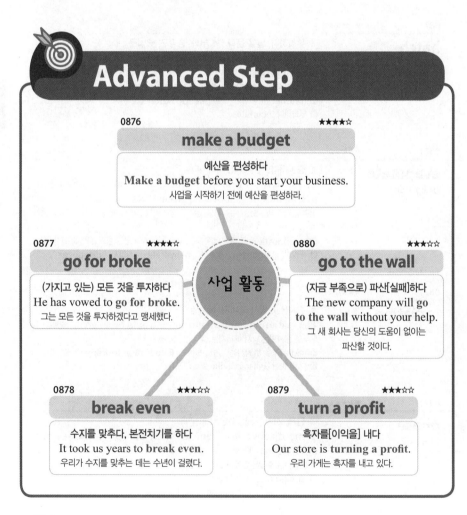

# Advanced Step

**0876** ★★★★☆

## make a budget

예산을 편성하다
**Make a budget** before you start your business.
사업을 시작하기 전에 예산을 편성하라.

**0877** ★★★★☆

## go for broke

(가지고 있는) 모든 것을 투자하다
He has vowed to **go for broke**.
그는 모든 것을 투자하겠다고 맹세했다.

사업 활동

**0880** ★★★☆☆

## go to the wall

(자금 부족으로) 파산[실패]하다
The new company will **go to the wall** without your help.
그 새 회사는 당신의 도움이 없이는 파산할 것이다.

**0878** ★★★☆☆

## break even

수지를 맞추다, 본전치기를 하다
It took us years to **break even**.
우리가 수지를 맞추는 데는 수년이 걸렸다.

**0879** ★★★☆☆

## turn a profit

흑자를[이익을] 내다
Our store is **turning a profit**.
우리 가게는 흑자를 내고 있다.

# Review Test

## A

영어는 우리말로, 우리말은 영어로 쓰시오.

**1.** charity _____
**2.** 부화(하다)   h_____
**3.** shelter _____
**4.** 방사 (에너지)   r _____
**5.** priest _____
**6.** 제출[항복]하다   s_____
**7.** capture _____
**8.** 외교(술)   d_____

## B

영어 단어와 우리말 뜻을 연결하시오.

**1.** odd •
**2.** portray •
**3.** prompt •

• **a.** 그리다, 묘사하다
• **b.** 즉각적인, 신속한; 자극[유발]하다
• **c.** 이상한, 기묘한, 홀수의; 가능성, 역경

## C

다음 주어진 뜻에 해당하는 밑줄 친 단어의 파생어를 쓰시오.

**1.** <u>assume</u> a principle   명 _____ 가정, 추정, 억측
**2.** <u>hinder</u> our walking   명 _____ 방해, 장애
**3.** <u>advocacy</u> group   동 _____ 옹호하다, 지지하다

## D

밑줄 친 단어의 유의어 혹은 반의어를 쓰시오.

**1.** an increase in <u>profits</u>   반 l _____
**2.** the <u>misery</u> of unemployment   유 d_____
**3.** a general <u>consensus</u>   유 c_____

정답

**A 1.** 자선 (단체), 자비(심) **2.** (h)atch **3.** 피난처, 주거지, 보호(소) **4.** (r)adiation **5.** 성직자, 사제, 신부 **6.** (s)ubmit **7.** 잡다, 포획(하다), 포착(하다) **8.** (d)iplomacy
**B 1.** c **2.** a **3.** b
**C 1.** assumption **2.** hindrance **3.** advocate
**D 1.** (l)oss **2.** (d)istress **3.** (c)onsent

## Actual Test

다음 글의 밑줄 친 부분 중, 문맥상 낱말의 쓰임이 적절하지 <u>않은</u> 것은?

모평

When a company comes out with a new product, its competitors typically go on the defensive, doing whatever they can to ① <u>reduce</u> the odds that the offering will eat into their sales. Responses might include increasing marketing efforts, offering discounts to channel partners, and even lobbying for regulations that would ② <u>hinder</u> the rival's expansion. In many cases, though, such actions are misguided. Although the conventional wisdom that a rival's launch will ③ <u>hurt</u> profits is often correct, my research shows that companies sometimes see profits increase after a rival's launch. The underlying mechanism is pretty simple: When a company comes out with a new product, it often raises the prices of its existing products. This might be designed to make the new product look ④ <u>expensive</u> and thus more attractive by comparison. As that company ⑤ <u>adjusts</u> its pricing, its competitors can do the same without risking customer defections over price.

\*defection 이탈

해석

어떤 회사가 신제품을 출시할 때, 그 회사의 경쟁사들은 일반적으로 그 제품이 자신들의 판매를 잠식할 가능성을 줄이기 위해 할 수 있는 것은 무엇이든 하면서 방어 태세를 취한다. (그들의) 반응들에는 마케팅에 노력을 더 기울이는 것, 유통 체계 협력자들에게 할인 제공하기, 그리고 심지어는 경쟁사의 발전을 방해할 법규를 위해 로비하는 것까지도 포함될 것이다. 그렇지만, 많은 경우 그러한 조치들은 잘못된 것이다. 경쟁사의 (신제품) 출시가 (자사의) 이익에 손해를 입힐 것이라는 통설이 흔히 맞기도 하지만, 내가 연구한 바에 따르면 경쟁사가 (신제품을) 출시한 후 때로 회사는 이익의 증가를 본다는 것을 보여 준다. 그 기저에 깔린 메커니즘은 아주 단순한데, 어떤 회사가 신제품을 출시하면, 그 회사는 흔히 기존 제품들의 가격을 올린다. 이것은 신제품이 값비싼(→ 더 저렴해) 보이고, 따라서 (기존 제품들과) 비교하여 (신제품이) 더 매력적으로 보이게 하려고 계획된 것일 것이다. 그 회사가 가격 책정을 조절할 때, 경쟁사들도 가격에 대한 고객 이탈 위험 없이 동일한 일을 할 수 있다.

해설 어떤 회사가 신제품을 출시한 후, 기존 제품들의 가격을 올리게 되면 신제품이 상대적으로 더 저렴해 보이게 되므로, ④의 expensive(값비싼)를 cheaper(더 저렴한)와 같은 낱말로 바꾸어야 한다.

정답 ④

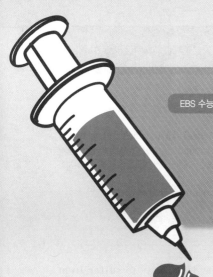

## Word Preview

- [ ] maintain
- [ ] suffer
- [ ] observation
- [ ] arise
- [ ] connect
- [ ] unique
- [ ] encounter
- [ ] precise
- [ ] circumstance
- [ ] accumulate
- [ ] conservation
- [ ] constitute
- [ ] facilitate
- [ ] spatial
- [ ] compliment
- [ ] whistle
- [ ] applause

- [ ] pervade
- [ ] shipwreck
- [ ] inquiry
- [ ] intuition
- [ ] layer
- [ ] manual
- [ ] disguise
- [ ] literacy
- [ ] leather
- [ ] arrow
- [ ] excerpt
- [ ] streamlined
- [ ] transform
- [ ] boost
- [ ] foresee
- [ ] quest
- [ ] accustomed

- [ ] swallow
- [ ] fatality
- [ ] conductor
- [ ] browse
- [ ] curse
- [ ] distress
- [ ] inherit
- [ ] talented
- [ ] persistence
- [ ] regain
- [ ] waterproof
- [ ] collide
- [ ] concise
- [ ] underlie
- [ ] prosecutor
- [ ] athletic

**0881** ★★★★★

**maintain**
[meintéin]

동 유지하다, 보수하다, 주장하다
These insects are able to **maintain** a nearly constant temperature in their hives or mounds throughout the year. 모평
이 곤충들은 일 년 내내 자신들의 벌집이나 개미탑에서 거의 일정한 온도를 유지할 수 있다.
파 maintenance 명 유지, 보수    maintainable 형 유지할 수 있는
maintainability 명 유지할 수 있음
유 유지하다 sustain    보수하다 repair    주장하다 insist

**0882** ★★★★★

**suffer**
[sʌ́fər]

동 경험하다, 괴로워하다, 시달리다, 고생하다
An introvert would be far less likely to **suffer** from boredom without outside stimulation. 모평
내성적인 사람은 외부 자극이 없어도 지루함에 시달릴 가능성이 훨씬 더 적을 것이다.
파 suffering 명 괴로움, 고통
유 경험하다 undergo    괴로워하다 agonize

**0883** ★★★★★

**observation**
[àbzəːrvéiʃən]

명 관찰, 주시, 발언
**Observations** are not always undertaken with a clear sense of what data may be relevant. EBS 연계
항상 어떤 데이터가 관련이 있을지를 분명하게 알고서 관찰에 착수하는 것은 아니다.
파 observe 동 관찰하다, 말하다, 준수하다    observatory 명 천문대
observational 형 관찰에 의한    observance 명 준수
유 발언 statement, remark, comment

**0884** ★★★★★

**arise**
[əráiz]

동 일어나다, 생기다, 발생하다
Debates about performance enhancement **arise** in music as well as in sports. EBS 연계
수행 향상에 관한 논쟁은 스포츠에서뿐만 아니라 음악에서도 일어난다.
유 occur, happen, originate

**0885** ★★★★★

**connect**
[kənékt]

동 연결하다, 연락하다
I'll explain how to **connect** to the Internet in the office. 모평
사무실에서 인터넷에 연결하는 방법을 설명할게요.
파 connection 명 연결, 연락, 연줄    connected 형 이어진
connecting 형 연결하는
유 연결하다 link, unite, combine    반 분리하다 separate, detach

**0886** ★★★★★

**unique**
[juːníːk]

형 유일한, 독특한
If we aren't **unique** toolmakers, or artists, or moral ethicists then what makes us special? 대수능
우리가 유일한 도구 제작자나 예술가, 혹은 도덕 윤리학자가 아니라면, 무엇이 우리를 특별하게 만드는가?
파 uniqueness 명 유일함, 독특함    uniquely 부 유일하게, 독특하게
유 유일한 single    독특한 unusual    반 일반적인 common, ordinary, typical

## 0887 ★★★★★

**encounter**
[inkáuntər]

명 (우연히) 만남, 교전 동 우연히 만나다, 교전하다
Time spent on on-line interaction leaves less time available for actual **encounters** with a wide variety of people. 대수능
온라인 상호 작용을 하는 데 소비되는 시간으로 인해 폭넓은 다양한 사람들과의 실제적인 만남을 위해 쓸 수 있는 시간이 더 줄어들게 된다.
⊕ **encounter theory** 조우설
⊕ 만남 meeting    교전 battle

## 0888 ★★★★★

**precise**
[prisáis]

형 정확한, 바로 그 ∼
He tried to be as **precise** as he could. 모평
그는 자신이 할 수 있는 한 정확하려고 노력했다.
⊕ **precision** 명 정확, 꼼꼼함    **precisely** 부 정확하게
**preciseness** 명 정확성, 명확함
⊕ 정확한 exact, accurate    ⊖ 모호한 vague    부정확한 inaccurate

## 0889 ★★★★★

**circumstance**
[sə́:rkəmstæns]

명 상황, 정황, 사건
It may just be that the **circumstances** at one period of time were more favourable for fossilization than they were at other times. 모평
그것은 단지 어느 시간의 상황이 다른 시기에서보다 화석화에 더 유리했다는 것일 수도 있다.
⊕ **circumstantial** 형 상황에 의한, 추정상의
⊕ **circumstantial evidence** 정황 증거, 추정 증거
⊕ 상황 situation    사건 case, incident

## 0890 ★★★★★

**accumulate**
[əkjú:mjulèit]

동 (조금씩) 모으다, (재산을) 축적하다
Knowledge is **accumulated** over a long period of time. EBS 연계
지식은 오랜 기간에 걸쳐 축적된다.
⊕ **accumulation** 명 축적    **accumulated** 형 축적된, 누적된
⊕ 모으다 collect, amass    ⊖ 흩다, 확산시키다 disperse

## 0891 ★★★★★

**conservation**
[kὰnsərvéiʃən]

명 보호, 보존, 관리
The island is home to over 10 million people, most of whom are hardly concerned with environmental **conservation**. 모평
그 섬에는 천만 명이 넘는 사람들이 살고 있는데, 그들 중 대부분은 거의 환경 보존에 관심이 없다.
⊕ **conserve** 동 보호하다, 보존하다    **conservative** 형 보수적인
⊕ 보존 preservation    관리 maintenance

## 0892 ★★★★★

**constitute**
[kánstitʃù:t]

동 구성하다, ∼이 되다, (법령 등을) 제정하다
Water derived from the capture of flash floods is not subject to Islamic law as this **constitutes** an uncertain source. 모평
갑작스럽게 불어난 물을 억류해서 얻어진 물은 불확실한 수원이 되기 때문에 이슬람 율법의 영향을 받지 않는다.
⊕ **constitution** 명 구성, 헌법
⊕ 구성하다 compose, comprise

DAY 17

---

0893 ★★★★★

**facilitate**
[fəsílitèit]

동 쉽게 하다, 촉진하다
They **facilitate** physiological changes on a roughly twenty-four-hour cycle no matter what is happening. 모평
무슨 일이 일어나든 상관없이, 그것들은 대략 24시간을 주기로 생리적인 변화를 촉진한다.
⊕ facilitation 명 용이하게 함, 촉진    facilitator 명 용이하게 하는 것
⊕ 손쉽게 하다 assist, ease    ⊕ 저해하다 hinder

---

0894 ★★★★★

**spatial**
[spéiʃəl]

형 공간의, 공간에 존재하는
Buildings tell stories, for their form and **spatial** organization give us hints about how they should be used. 대수능
건물은 이야기를 들려주는데, 왜냐하면 그것들의 형태와 공간 구성이 그것들이 어떻게 사용되어야 하는지에 대한 힌트를 우리에게 주기 때문이다.
⊕ space 명 공간    spatially 부 공간적으로
⊕ temporal 형 시간의

---

0895 ★★★★☆

**compliment**
[kámpləment]

명 칭찬, 찬사, 경의 동 칭찬하다
Flattery involves excessive **compliments** designed to make someone feel good about him- or herself. EBS 연계
아첨은 어떤 사람이 자신에 대해 기분 좋게 느끼도록 만들어 주려고 의도된 과도한 칭찬을 포함한다.
⊕ complimentary 형 칭찬하는, 무료의    complimentable 형 칭찬할 만한
⊕ complement 동 보충하다 명 보완하는 것
⊕ 칭찬 praise    ⊕ 비판하다 criticize

---

0896 ★★★☆☆

**whistle**
[hwísl]

명 휘파람, 호각 동 휘파람을 불다, 밀고하다
It wasn't long before a **whistle** called the dogs out, leaving her unfound. 모평
오래지 않아 그녀를 발견되지 않은 상태로 둔 채 휘파람 소리가 개들을 불러냈다.
⊕ whistler 명 휘파람 부는 사람, 밀고자
⊕ whistle-blower 명 내부 고발자

---

0897 ★★★☆☆

**applause**
[əplɔ́:z]

명 박수갈채, 칭찬
When the **applause** subsided, Zukerman complimented the artist. 모평
박수갈채가 잦아들었을 때, Zukerman은 그 예술가를 칭찬했다.
⊕ applaud 동 박수를 치다    ⊕ self-applause 명 자화자찬
⊕ clapping, acclaim

---

0898 ★★★☆☆

**pervade**
[pə:rvéid]

동 만연하다, 널리 퍼지다, 스며들다
The language and mindset of Econ 101 so **pervades** public debate that it shapes the way that we think about the economy. EBS 연계
Econ 101의 언어와 사고방식은 공개 토론에 매우 만연해 있어서 그것은 우리가 경제에 관해 생각하는 방식을 형성한다.
⊕ pervasion 명 만연, 퍼뜨림    pervasive 형 만연하는
⊕ 만연하다 overspread    스며들다 permeate

---

## 0899 ★★★☆☆

**shipwreck**
[ʃíprèk]

명 난파선, 난파  동 난파시키다, 조난시키다
In Mediterranean countries, ancient **shipwrecks** have long been treated like any other archaeological site. `EBS 연계`
지중해 국가에서 고대 난파선은 오랫동안 어느 다른 고고학적 유적지처럼 취급되었다.
🔁 shipwrecked 형 난파선의, 난파한

## 0900 ★★★★★

**inquiry**
[inkwáiəri]

명 질문, 문의 사항, 조사, 연구
For additional **inquiries**, please contact us at 123-456-7890 or visit our website. `모평`
추가 문의 사항은 123-456-7890으로 연락하시거나 저희 웹 사이트를 방문해 주십시오.
🔁 inquire 동 묻다, 문의하다    inquiring 형 묻는, 알고 싶어 하는
🔁 enquiry(= inquiry)
🔗 질문 question    조사 investigation    연구 study

## 0901 ★★★★★

**intuition**
[ìntʃuːíʃən]

명 직감, 직관력
By giving yourself freedom to follow your **intuition**, you develop your sensitivity to your inner voice. `모평`
여러분 자신에게 자신의 직관력을 따르는 자유를 줌으로써, 여러분은 내면의 목소리에 대한 감성을 계발하게 된다.
🔁 intuitive 형 직감적으로 얻은    intuitional 형 직관적인
🔗 insight, instinct, hunch

## 0902 ★★★★★

**layer**
[léiər]

명 층, 겹
They found the falls spilling out in various **layers** of rock.
`대수능`
그들은 다양한 층의 암석에서 폭포가 쏟아져 나오는 것을 발견했다.
🔁 layered 형 층을 이루고 있는    🔁 ozone layer 오존층

## 0903 ★★★★★

**manual**
[mǽnjuəl]

명 소책자, 설명서  형 손으로 하는, 노동의
In the twelfth century there appeared the first **manuals** teaching "table manners" to the offspring of aristocrats. `모평`
12세기에 귀족의 자녀들에게 '식탁 예절'을 가르치는 최초의 소책자가 등장했다.
🔁 manually 부 손으로, 육체로    🔁 manual labor 육체노동
🔗 설명서 guidebook, handbook    손으로 하는 hand-operated, physical
🔄 자동의 automatic

## 0904 ★★★★★

**disguise**
[disɡáiz]

동 변장하다, 겉모습을 바꾸어 속이다  명 변장, 위장
No matter how well you believe you are **disguising** yourself, others always know. `모평`
당신이 아무리 스스로를 잘 변장하고 있다고 믿더라도 다른 사람들은 항상 알고 있다.
🔁 disguised 형 변장한    disguisement 명 변장시킴, 가장
🔗 변장(하다) camouflage    🔄 드러내다 reveal

---

**0905** ★★★★☆

**literacy**
[lítərəsi]

명 읽고 쓸 줄 앎, 읽고 쓰는 능력
The advent of **literacy** strengthened the ability of large and complex ideas to spread with high fidelity. 대수능
글을 읽고 쓰는 능력의 출현은 크고 복잡한 생각이 매우 정확하게 퍼져 나가는 능력을 강화했다.
파 **literate** 형 읽고 쓸 줄 아는
파 **literacy rate** 국민 중 읽고 쓸 줄 아는 사람들의 비율
반 문맹 illiteracy

---

**0906** ★★★★☆

**leather**
[léðər]

명 가죽, 가죽 제품 형 가죽의 동 ~에 가죽을 대다
Throwing himself with his **leather** bag on the long sofa, he closed his eyes and reviewed the events. 모평
가죽 가방과 함께 긴 소파에 몸을 던지면서, 그는 눈을 감고 일들을 되새겨 보았다.
파 **leathery** 형 가죽의 파 **leather-bound** 형 (책 따위가) 가죽 제본의
유 가죽 skin

---

**0907** ★★★☆☆

**arrow**
[ǽrou]

명 화살 동 화살표로 표시하다
Archers hunting with a bow and **arrow** knew that if they aimed directly at the fish in the water they would miss. EBS 연계
활과 화살로 사냥하는 궁수들은 수중 물고기를 직접 겨냥하면 못 맞힐 것이라는 것을 알고 있었다.
파 **arrowy** 형 화살 같은 파 **arrow head** 화살촉

---

**0908** ★★★☆☆

**excerpt**
[éksəːrpt]

명 발췌, 인용 동 [iksə́ːrpt] 발췌하다, 인용하다
The core was largely the same throughout Europe including operas and operatic **excerpts** from Mozart through Verdi. 모평
오페라와 모차르트에서 베르디까지의 오페라 발췌곡을 포함하여, 핵심은 유럽 전역에 걸쳐서 대체로 같았다.
파 **excerption** 명 발췌 **excerptible** 형 발췌할 수 있는, 인용할 수 있는
유 인용 citation, quotation 인용하다 cite, quote

---

**0909** ★★★☆☆

**streamlined**
[stríːmlàind]

형 유선형의, 능률화된
It is no accident that fish have bodies which are **streamlined** and smooth, with fins and a powerful tail. 모평
물고기가 지느러미와 강력한 꼬리를 가진 유선형의 매끄러운 몸을 가지고 있는 것은 우연이 아니다.
파 **streamline** 동 유선형으로 하다, 능률화하다
파 **streamlined shape** 유선형

---

**0910** ★★★★★

**transform**
[trænsfɔ́ːrm]

동 변형시키다, 바꾸다
What is needed today are approaches to architecture that can free its potential to **transform** our ways of thinking. 모평
오늘날 필요한 것은 우리의 사고방식을 바꿀 수 있도록 그것(건축)의 잠재력을 자유롭게 해 줄 수 있는 건축 접근법이다.
파 **transformation** 명 변형 **transformer** 명 변압기
유 alter, change

---

## 0911 ★★★★★

**boost**
[buːst]

통 증가시키다, 밀어 올리다  명 인상, 밀어 올림
Retailers often **boost** sales with accompanying support such as assembly or installation services.  모평
소매업자들은 흔히 조립이나 설치 서비스와 같은 동반 지원을 통해 매출을 증가시킨다.
파 **booster** 명 높이는 것
유 raise, increase   반 decrease

## 0912 ★★★☆☆

**foresee**
[fɔːrsíː]

동 예측하다, 미리 보다
Expert players subconsciously use body cues from their opponent to **foresee** where the ball will be directed.  EBS 연계
전문 선수들은 무의식적으로 상대의 몸짓을 이용해 공이 어디로 향할지 예측한다.
파 **foreseeable** 형 예측할 수 있는
유 foretell, forecast, predict

## 0913 ★★★★★

**quest**
[kwest]

명 추구, 탐구  동 추구하다, 탐구하다
These highly successful givers mentioned a **quest** for power almost twice as often as the comparison group.  EBS 연계
이 매우 성공적인 베푸는 사람들은 권력의 추구를 비교 집단보다 거의 두 배 더 자주 언급했다.
파 **questing** 형 추구하는, 탐구하는
유 추구 pursuit   추구하다 pursue, seek

## 0914 ★★★★☆

**accustomed**
[əkʌ́stəmd]

형 익숙한, 습관의
Children **accustomed** to the background hum of praise seemed to become dependent on praise.  EBS 연계
칭찬이라는 배경 소음에 익숙한 어린이들은 칭찬에 의존하게 되는 것처럼 보였다.
파 **accustom** 동 익숙케 하다, 습관이 들게 하다
   **accustomedly** 부 평소대로, 습관대로
유 익숙한 familiar, used   습관의 habitual

## 0915 ★★★★☆

**swallow**
[swάlou]

동 삼키다  명 삼킴, 제비(새)
When **swallowed**, chemicals released by fireflies cause bats to throw them back up.  모평
반딧불이를 삼키면 반딧불이가 배출하는 화학 물질 때문에 박쥐가 그것을 다시 토해 낸다.
파 **swallowable** 형 삼킬 수 있는
유 삼키다 gulp

## 0916 ★★★☆☆

**fatality**
[fətǽləti]

명 사망자 (수), 재난
Why, in country after country that mandated seat belts, was it impossible to see the promised reduction in **fatalities**?  대수능
왜 안전벨트를 의무화한 나라들에서 사망자 수가 기대한 만큼 감소하는 것을 보는 것이 불가능했을까?
파 **fatal** 형 치명적인   **fatality rate** 사망률
유 사망자 casualty, death toll   재난 disaster

---

**0917** ★★★☆☆

## conductor
[kəndʌ́ktər]

몡 전도체, 지휘자, (버스의) 차장, 안내원
Air is such a poor heat **conductor** that this process only takes place within a few centimeters of the ground. EBS 연계
공기는 아주 형편없는 열 전도체여서 지면 몇 센티미터 이내에서 이 과정이 일어날 뿐이다.
ⓟ conduct 퉁 전도하다　conduction 몡 전도
　conductive 휑 전도체의
ⓢ 지휘자 stage director　차장 attendant

---

**0918** ★★★☆☆

## browse
[brauz]

퉁 둘러보다, 훑어보다, 이것저것 읽다
The percentage of parents who **browsed** shelves is the same as that of parents who borrowed print books. 대수능
서가를 둘러본 부모의 비율은 인쇄된 책을 빌린 부모의 비율과 같다.
ⓟ browser 몡 브라우저(인터넷의 자료를 읽을 수 있게 해 주는 프로그램)
ⓢ skim

---

**0919** ★★★☆☆

## curse
[kə:rs]

퉁 저주하다, 욕설하다　몡 저주, 욕설
Every day, people yell, scream, **curse**, and take flight from loved ones when their buttons are pushed. EBS 연계
매일 그들의 버튼이 눌릴 때 사람들은 소리를 지르고, 비명을 지르고, 저주를 하고, 사랑하는 사람들로부터 도망친다.
ⓟ cursed 휑 저주받은　curser 몡 저주하는 사람
ⓢ swear, damn　ⓐ 축복하다 bless　축복 blessing

---

**0920** ★★★☆☆

## distress
[distrés]

몡 고통, 비탄, 가난　퉁 괴롭히다, 궁핍케 하다
When we are unable to set healthy limits, it causes **distress** in our relationships. 대수능
우리가 건전한 한계를 설정할 수 없을 때, 그것은 우리의 관계에 고통을 야기한다.
ⓟ distressed 휑 괴로워하는　distressing 휑 괴로움을 주는
　distressful 휑 고민이 많은, 괴로운
ⓢ 고통 agony, anguish　가난 poverty　괴롭히다 afflict, bother

---

**0921** ★★★★★

## inherit
[inhérit]

퉁 물려받다, 상속하다
They may show profit on the balance sheets of our generation, but our children will **inherit** the losses. 대수능
그것은 우리 세대의 대차대조표에서는 이익을 보여 줄지도 모르지만, 우리의 자녀들은 그 손실을 물려받을 것이다.
ⓟ inheritance 몡 상속　inherited 휑 상속한, 상속받은
　inheritable 휑 상속할 수 있는, 유전되는
ⓢ succeed

---

**0922** ★★★★☆

## talented
[tǽləntid]

휑 재주 있는, 재능이 있는
I wasn't the most **talented**, or the least. 모평
나는 재능이 가장 많지도, 혹은 가장 적지도 않았다.
ⓟ talent 몡 재주, 재능
ⓢ gifted, skilled　ⓐ 평범한 common, ordinary

---

## 0923 ★★★★★

### persistence
[pərsístəns]

명 끈기, 고집, 내구력
With a positive perspective and **persistence**, you will find a way through all obstacles. 모평
긍정적인 시각과 끈기를 가지면, 여러분은 모든 장애물을 헤쳐 나가는 방법을 발견할 것이다.
파 **persist** 동 고집[주장]하다    **persistent** 형 고집하는, 완고한, 영속하는
유 끈기 patience, endurance    고집 stubbornness    인내, 내구력 endurance

## 0924 ★★★★☆

### regain
[rigéin]

동 되찾다, 회복하다 명 회복, 탈환
The doctor concluded that he had suffered nerve damage and that he might never **regain** the full use of his right arm. 모평
의사는 그가 신경 손상을 입었으며 그가 오른쪽 팔의 완전한 사용을 결코 되찾지 못할 수도 있을 것이라고 결론을 내렸다.
파 **regainable** 형 되찾을 수 있는, 회복할 수 있는
유 되찾다 recover, retrieve    회복 recovery, retrieval

## 0925 ★★★★☆

### waterproof
[wɔ́:tərprù:f]

형 방수의 동 방수 처리하다 명 방수복
Tommy is not **waterproof**. 모평
Tommy는 방수가 되지 않는다.
파 **waterproofing** 명 방수 처리    **waterproofness** 명 방수 처리가 됨
반 **bulletproof** 형 방탄의
유 방수의 water-resistant

## 0926 ★★★☆☆

### collide
[kəláid]

동 충돌하다
Billiard balls rolling around the table may **collide**, but they do not actually change each other. 모평
당구대를 돌아다니는 당구공은 충돌할 수는 있지만, 실제로 서로를 변화시키지는 않는다.
파 **collision** 명 충돌
유 bump, clash, crash

## 0927 ★★★☆☆

### concise
[kənsáis]

형 간결한
The major test for historical reconstructions is whether they accommodate the existing data in a **concise** manner. EBS 연계
역사적 재구성을 위한 주요 기준은, 그것이 현존하는 자료를 간결한 방식으로 담아내는지의 여부이다.
파 **conciseness** 명 간결함    **concisely** 부 간결하게
유 brief, succinct    반 장황한 lengthy

## 0928 ★★★★☆

### underlie
[ʌ̀ndərlái]

동 ~의 기저를 이루다, ~의 밑에 있다, ~의 기초가 되다
**Underlying** the debate is a disagreement over the qualities that constitute musical excellence. EBS 연계
음악적 탁월함을 구성하는 자질들에 대한 의견의 차이가 그 논쟁의 기저를 이루고 있다.
파 **underlying** 형 근본적인, 밑에 있는
유 base

DAY 17

**0929** ★★★☆☆

**prosecutor**
[prásəkjùːtər]

몡 검사, 검찰관, 실행자, 수행자
Neither **prosecutor** nor defender is obliged to consider anything that weakens their respective cases. 모평
검찰관이나 피고 측 변호사 둘 중 누구도 자신들 각자의 입장을 약화시키는 것은 어떤 것도 고려할 의무가 없다.
쉐 **prosecute** 동 기소하다, 공소를 제기하다, 수행하다
　　**prosecution** 몡 기소, 검찰 측, 기소자 측, 실행
윺 변호사 attorney

**0930** ★★★★☆

**athletic**
[æθlétik]

몡 운동의, 강건한
In fact, a good 25 percent of his **athletic** time was devoted to externals other than working out. 모평
사실 그의 운동 시간 중 족히 25%가 운동이 아닌 외적인 것에 바쳐졌다.
쉐 **athlete** 몡 운동선수
윺 강건한 vigorous, energetic　　빤 허약한 weak, frail

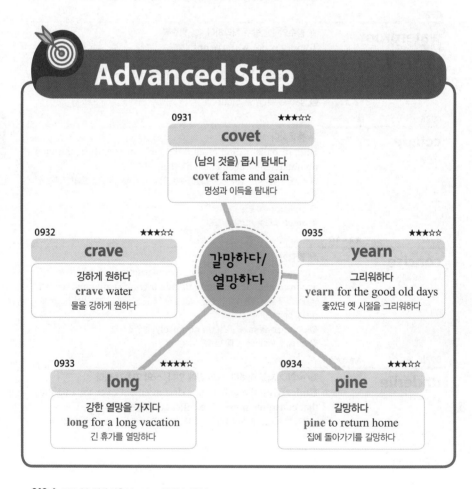

## Advanced Step

**0931** ★★★☆☆
**covet**
(남의 것을) 몹시 탐내다
covet fame and gain
명성과 이득을 탐내다

**0932** ★★★☆☆
**crave**
강하게 원하다
crave water
물을 강하게 원하다

**0935** ★★★☆☆
**yearn**
그리워하다
yearn for the good old days
좋았던 옛 시절을 그리워하다

**0933** ★★★★☆
**long**
강한 열망을 가지다
long for a long vacation
긴 휴가를 열망하다

**0934** ★★★☆☆
**pine**
갈망하다
pine to return home
집에 돌아가기를 갈망하다

갈망하다/
열망하다

# Review Test

## A
영어는 우리말로, 우리말은 영어로 쓰시오.

**1.** accustomed _____　**2.** 검사　　　　p_____

**3.** athletic _____　**4.** 발췌하다　　e_____

**5.** literacy _____　**6.** 칭찬　　　　c_____

**7.** accumulate _____　**8.** 유지하다　　m_____

## B
영어 단어와 우리말 뜻을 연결하시오.

**1.** regain　•　　　　　　　•　**a.** 박수갈채

**2.** applause　•　　　　　　•　**b.** 만연하다, 스며들다

**3.** pervade　•　　　　　　•　**c.** 회복, 탈환

## C
다음 주어진 뜻에 해당하는 밑줄 친 단어의 파생어를 쓰시오.

**1.** a precise statement　　　　명 _____ 정확, 꼼꼼함

**2.** moved by his persistence　　동 _____ 고집[주장]하다

**3.** invalid circumstantial evidence　명 _____ 상황, 정황, 사건

## D
밑줄 친 단어의 유의어 혹은 반의어를 쓰시오.

**1.** as talented as a singer　　유 g_____

**2.** unique boy names　　　　반 o_____

**3.** manual operation　　　　반 a_____

DAY 17

---

**정답**

**A 1.** 익숙한　**2.** (p)rosecutor　**3.** 운동의, 강건한　**4.** (e)xcerpt　**5.** 읽고 쓸 줄 앎　**6.** (c)ompliment
　**7.** 축적하다, 모으다　**8.** (m)aintain

**B 1.** c　**2.** a　**3.** b

**C 1.** precision　**2.** persist　**3.** circumstance

**D 1.** (g)ifted　**2.** (o)rdinary　**3.** (a)utomatic

# Actual Test

다음 글의 밑줄 친 부분 중, 문맥상 낱말의 쓰임이 적절하지 <u>않은</u> 것은?

대수능

Some prominent journalists say that archaeologists should work with treasure hunters because treasure hunters have ① <u>accumulated</u> valuable historical artifacts that can reveal much about the past. But archaeologists are not asked to cooperate with tomb robbers, who also have valuable historical artifacts. The ② <u>quest</u> for profit and the search for knowledge cannot coexist in archaeology because of the time factor. Rather incredibly, one archaeologist employed by a treasure hunting firm said that as long as archaeologists are given six months to study ③ <u>shipwrecked</u> artifacts before they are sold, no historical knowledge is lost! On the contrary, archaeologists and assistants from the INA (Institute of Nautical Archaeology) needed more than a decade of year-round ④ <u>conservation</u> before they could even catalog all the finds from an eleventh-century AD wreck they had excavated. Then, to interpret those finds, they had to learn Russian, Bulgarian, and Romanian, without which they would never have learned the true nature of the site. Could a "commercial archaeologist" have waited more than a decade or so before ⑤ <u>buying</u> the finds?

*prominent 저명한 **excavate 발굴하다

---

**해석**

일부 저명한 언론인은 보물 사냥꾼이 과거에 대해 많은 것을 드러낼 수 있는 가치 있는 역사적 유물을 축적해 왔기 때문에, 고고학자는 보물 사냥꾼과 협업해야 한다고 말한다. 그러나 고고학자는 도굴꾼 또한 가치 있는 역사적 유물을 가지고 있긴 하지만, 도굴꾼과 협력하도록 요구받지는 않는다. 이윤 추구와 지식 탐구는 시간이라는 요인 때문에 고고학에서 공존할 수 없다. 상당히 믿기 어렵지만, 보물 탐사 기업에 의해 고용된 한 고고학자는 난파선의 유물이 판매되기 전에 그것들을 연구할 수 있도록 고고학자들에게 6개월이 주어지기만 하면, 어떠한 역사적 지식도 사라지지 않는다고 말했다! 그와는 반대로, 해양고고학 연구소(INA)의 고고학자들과 보조원들은 그들이 발굴한 서기 11세기 난파선의 모든 발굴물의 목록을 만들 수가 있기까지 10여 년의 기간 내내 보존이 필요했다. 그러고 나서, 그러한 발굴물을 해석하기 위해서 그들은 러시아어, 불가리아어, 그리고 루마니아어를 배워야만 했는데, 그렇게 하지 않았다면 그들은 유적지의 실체를 결코 알지 못했을 것이다. '상업적인 고고학자'가 발굴물을 <u>사기</u>(→ 팔기) 전에 10여 년 정도의 기간을 기다릴 수 있었겠는가?

**해설** 난파선의 유물이 보물 사냥꾼에 의해서 팔리기 전에 어느 정도의 시간을 들여야 유물을 제대로 연구할 수 있는지에 관한 내용이므로, ⑤의 buying을 selling과 같은 낱말로 바꾸어야 한다.

**정답** ⑤

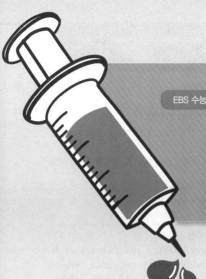

# DAY

# 18

## Word Preview

- [ ] appreciate
- [ ] favorable
- [ ] attempt
- [ ] reject
- [ ] perceive
- [ ] ancient
- [ ] measure
- [ ] consist
- [ ] attribute
- [ ] apology
- [ ] affluent
- [ ] isolated
- [ ] dread
- [ ] overestimate
- [ ] combine
- [ ] disapprove
- [ ] criterion

- [ ] calculation
- [ ] curiosity
- [ ] devote
- [ ] pirate
- [ ] swelling
- [ ] freshwater
- [ ] chaos
- [ ] inward
- [ ] suddenly
- [ ] moderate
- [ ] offend
- [ ] console
- [ ] delight
- [ ] valid
- [ ] optimism
- [ ] fluctuate
- [ ] tedious

- [ ] initiate
- [ ] score
- [ ] illustration
- [ ] carton
- [ ] accommodate
- [ ] enroll
- [ ] district
- [ ] gravel
- [ ] foster
- [ ] illusion
- [ ] conversion
- [ ] mediate
- [ ] spectrum
- [ ] prerequisite
- [ ] vanish
- [ ] embrace

---

**0936** ★★★★★

## appreciate
[əpríːʃièit]

동 고맙게 여기다, 감상하다, ~의 진가를 인정하다

I would really **appreciate** it if you could allow my son to register additionally. 모평

제 아들이 추가적으로 등록할 수 있도록 허락해 주실 수 있다면 정말로 고맙게 여길 것입니다.

파 **appreciative** 형 감사하고 있는, 감상할 줄 아는
**appreciation** 명 감사, 감상, 진가의 인정

---

**0937** ★★★★★

## favorable
[féivərəbl]

형 호의를 보이는, 찬성의, 형편이 좋은

We usually assign to good-looking individuals such **favorable** traits as talent, kindness, and intelligence. 대수능

우리는 대개 재능, 상냥함 그리고 지성과 같은 호의적인 특성들을 잘생긴 사람들에게 부여한다.

파 **favor** 명 호의   **favorably** 부 호의적으로, 유리하게
유 호의를 보이는 approving   형편이 좋은 advantageous

---

**0938** ★★★★★

## attempt
[ətémpt]

동 시도하다 명 시도

It is an **attempt** to be seen as abreast with the latest thinking of what we must do to save our planet. 모평

그것은 지구를 구하기 위해 우리가 무엇을 해야 하는가에 관한 최신의 생각과 보조를 맞추고 있는 것으로 보이려는 시도이다.

유 endeavor, seek, strive

---

**0939** ★★★★★

## reject
[ridʒékt]

동 거절하다, 거부하다

Industry may **reject** these facts and complain about the high cost of acting, but history sets the record straight. 모평

업계는 이러한 사실들을 거부하고 높은 실행 비용에 대해 불평할지도 모르지만, 역사가 그 기록을 바로잡는다.

파 **rejection** 명 거절   **rejectable** 형 거절할 수 있는
유 decline, refuse   반 accept

---

**0940** ★★★★★

## perceive
[pərsíːv]

동 지각하다, 인식하다

Artists are **perceived** to establish a strong bond with their art to the point of combining into one "entity." 모평

예술가는 하나의 '실체'로 합쳐질 정도로까지 자신들의 예술품과 강한 유대를 확립한다고 인식된다.

파 **perceivable** 형 지각[감지 / 인지]할 수 있는   **perception** 명 지각
유 sense, detect   반 overlook

---

**0941** ★★★★★

## ancient
[éinʃənt]

형 고대의, 옛날의

Is there any psychological basis to the **ancient** belief that odds are male and evens are female? EBS 연계

홀수가 남성적이고 짝수가 여성적이라는 고대의 믿음에 대한 어떤 심리적인 근거가 있을까?

유 원시 시대의 primitive   반 modern, contemporary

---

## 0942 ★★★★★

**measure**
[méʒər]

동 재다, 측정하다  명 치수, 조치
We use instruments to **measure** bulk properties of the environment, such as salinity and temperature. 모평
우리 염도와 기온과 같은, 대량의 환경 특성을 측정하기 위해 도구를 사용한다.
파 **measurable** 형 잴 수 있는  **measurement** 명 측정, 크기
유 재다 gauge  조치 step, action

## 0943 ★★★★★

**consist**
[kənsíst]

동 이루어져 있다, 있다, 일치하다
Domestic waste is a third of the total urban solid waste, and it **consists** of seven categories. EBS 연계
가정 쓰레기는 도시 고형 폐기물 총량의 1/3이며 그것은 일곱 가지 부류로 이루어져 있다.
파 **consistency** 명 일관성, 언행일치  **consistent** 형 일치하는
유 있다 lie  일치하다 accord

## 0944 ★★★★★

**attribute**
[ətríbjuːt]

동 (~에게) 돌리다, (~의) 탓으로 하다  명 [ǽtrəbjùːt] 속성
When he contracts influenza, he never **attributes** this event to his behavior toward the tax collector. 대수능
그가 유행성 독감에 걸릴 때, 그는 결코 이 사건을 세금 징수원에 대한 자신의 행동 탓으로 돌리지 않는다.
파 **attributable** 형 돌릴 수 있는  **attribution** 명 돌림, 귀속, 속성
유 (~에게) 돌리다 owe, ascribe  속성 quality, property

## 0945 ★★★★★

**apology**
[əpáləʤi]

명 사과, 해명
Harumi responded that he thought that the **apology** would be a good introduction to his presentation. 모평
Harumi는 사과가 그의 발표의 훌륭한 도입부가 될 것으로 생각한다고 대답했다.
파 **apologize** 동 사과하다, 해명하다  **apologetic** 형 사과의, 해명의
유 해명 excuse, explanation, justification

## 0946 ★★★☆☆

**affluent**
[ǽfluənt]

형 풍부한, 유복한
The concept of thrift emerged out of a more **affluent** money culture. 모평
절약이라는 개념은 더 풍부한 화폐 문화로부터 등장했다.
파 **affluence** 명 풍요함, 유복  **affluently** 부 풍부하게, 유복하게
유 풍부한 abundant  유복한 rich, wealthy  반 부족한 lacking, scarce

## 0947 ★★★★★

**isolated**
[áisəlèitid]

형 고립된, 격리된
When elderly people became increasingly **isolated**, not surprisingly their mental functioning deteriorated. 모평
노인들이 점점 더 고립되었을 때, 당연히 그들의 정신적 기능이 약화되었다.
파 **isolate** 동 고립시키다  **isolation** 명 고립, 격리
유 secluded, reclusive

DAY 18

## 0948 ★★★★★

**dread**
[dred]

동 몹시 두려워하다  명 공포
Jeremy became so stressed that he even **dreaded** going into his classroom. 대수능
Jeremy는 너무 스트레스를 받아서 심지어 자기 교실에 들어가는 것도 몹시 두려워했다.
🔁 **dreadful** 형 무서운, 두려운
🔗 fear

## 0949 ★★★★☆

**overestimate**
[òuvəréstəmèit]

동 과대평가하다  명 [òuvəréstəmət] 과대평가
Where denial and suppression occur, there comes the danger that the individual **overestimates** anger and resentment. 대수능
부인과 억압이 일어나는 곳에서, 그 사람이 분노와 분한 마음을 과대평가하는 위험성이 찾아온다.
🔁 **overestimation** 명 과대평가
🔗 과대평가하다 overrate, overvalue  🔛 underestimate

## 0950 ★★★★★

**combine**
[kəmbáin]

동 결합시키다, 연합시키다
In *multi-source feedback* systems, ratings from various raters are **combined**. EBS 연계
'다원 피드백' 시스템에서 다양한 평가자들로부터의 평가가 결합된다.
🔁 **combination** 명 결합, 연합  **combined** 형 결합된
🔗 link, connect, associate  🔛 나누다, 분리하다 divide, separate

## 0951 ★★★☆☆

**disapprove**
[dìsəprúːv]

동 못마땅해하다, 인가하지 않다
When his or her conduct violates that principle, the person will tend to **disapprove** of others whose behavior conflicts with it. 대수능
그 사람은 자신의 행동이 그 원칙에 위배될 때, 그것과 충돌하는 행동을 하는 다른 사람을 못마땅해하는 경향이 있을 것이다.
🔁 **disapproval** 명 못마땅함, 불찬성  **disapproving** 형 못마땅해하는
🔛 approve

## 0952 ★★★☆☆

**criterion**
[kraití(ː)əriən]

명 기준, 표준
Those decisions involve a process of assigning weights to competing interests, based upon some **criterion**. 모평
그러한 결정에는 어떤 기준에 따라 상충하는 이익에 중요성을 배정하는 과정이 포함된다.
🔁 **criteria** criterion의 복수형
🔗 standard, norm

## 0953 ★★★★☆

**calculation**
[kælkjuléiʃən]

명 계산, 신중한 계획
Amazonian people who have not invented counting are unable to make exact **calculations** as simple as, say, 6−2.
대수능
수를 세는 것을 발명하지 않은 아마존 사람들은, 예를 들어, 6−2처럼 간단한 계산을 정확하게 할 수 없다.
🔁 **calculate** 동 계산하다  **calculated** 형 계산된, 계획적인
🔗 계산 computation  신중한 계획 deliberation

## 0954 ★★★★☆

**curiosity**
[kjùəriásəti]

명 호기심, 진기함
Decide to spend a day exploring a park or a neighborhood
with **curiosity** as your only guide. 모평
호기심을 유일한 안내자로 해서 공원이나 이웃을 답사하는 데 하루를 쓰도록 결정하라.
파 **curious** 형 호기심이 있는, 진기한
유 진기함 novelty, rarity　반 무관심 apathy, indifference

## 0955 ★★★★☆

**devote**
[divóut]

동 바치다, 기울이다, 헌신하다
We should **devote** as much attention to the development of
a domain as we do to the people working within it. 모평
우리는 어떤 분야에서 일하는 사람들에게 주의를 기울이는 것만큼이나 그 분야의 발
전에도 주의를 기울여야 한다.
파 **devotion** 명 바침, 헌신　**devoted** 형 충실한, 헌신적인
유 헌신하다 dedicate, commit

## 0956 ★★★☆☆

**pirate**
[páiərət]

명 해적, 저작권 침해자 동 약탈하다, 표절해서 만들다
While he was en route to Spain as his enterprise's traveling
partner, **pirates** robbed him of all his goods. 대수능
그가 그의 사업의 여행 파트너로서 Spain으로 가는 길에, 해적들이 그에게서 그의
모든 물건을 약탈했다.
파 **piracy** 명 해적 행위, 저작권 침해
유 약탈하다 plunder　표절해서 만들다 plagiarize

## 0957 ★★★★☆

**swelling**
[swéliŋ]

형 부푸는, 넘실거리는, 커지는 명 부기, 팽창
The **swelling** waves seemed to say, "Come on, Dave. One
more try!" 대수능
넘실거리는 파도가 "힘을 내, Dave. 한 번 더 시도해 봐!"라고 말하는 것 같았다.
파 **swell** 동 부풀다, 팽창하다
유 커지는 inflating, increasing　반 감소하는 deflating, decreasing

## 0958 ★★★☆☆

**freshwater**
[fréʃwɔ:tər]

형 민물의, 민물에 사는
A fish in a **freshwater** lake struggles to accumulate salts
inside its body. 모평
민물 호수에 있는 물고기는 자기 몸속에 염분을 축적하려고 애쓴다.
참 **fresh water** 민물

## 0959 ★★★★☆

**chaos**
[kéiɑs]

명 혼돈, 무질서
Stable patterns are necessary lest we live in **chaos**. 모평
우리가 혼돈 속에서 살지 않기 위해서 안정적인 패턴이 필요하다.
파 **chaotic** 형 혼돈된, 무질서한
유 disorder, disarray　반 order

---

**0960** ★★★★☆

**inward**
[ínwərd]

형 안의, 안쪽의  명 내부  부 안으로, 내부로

The downdraft spreads out when it hits the ground and forms an **inward** circular pattern. 모평

하강 기류는 땅에 부딪쳐 내부 순환 형태를 형성할 때 확산된다.

파 **inwardness** 명 내적인 것
유 안쪽의 inner, inside, internal    반 외부의 outward, external

---

**0961** ★★★★★

**suddenly**
[sʌ́dnli]

부 갑자기

While Marie and Nina kept watching the salmon, a big one **suddenly** leapt. 대수능

Marie와 Nina가 계속 연어를 지켜보고 있는 동안, 커다란 연어 한 마리가 갑자기 뛰어올랐다.

파 **sudden** 형 갑작스러운
유 abruptly

---

**0962** ★★★★★

**moderate**
[mάdərèit]

동 조정하다, 완화하다  형 [mάdərit] 적당한, 온건한, 절제하는

An individual characteristic that **moderates** the relationship with behavior is a judgment of one's capability. 모평

행동과의 관계를 조정하는 개인적인 특징은 자신의 능력에 대한 판단이다.

파 **moderation** 명 적당, 완화, 절제    **moderately** 부 적당하게, 삼가서
유 적당한 modest, reasonable, temperate    반 극심한 extreme

---

**0963** ★★★★★

**offend**
[əfénd]

동 기분을 상하게 하다, 불쾌하게 하다, 위반하다

It is possible to write correctly and still **offend** your readers' notions of your language competence. 모평

올바르게 글을 쓰면서도 여러분의 언어 능력에 대한 독자의 생각에 불쾌감을 주는 것이 가능하다.

파 **offensive** 형 불쾌한, 모욕적인    **offense** 명 범죄, 공격, 위반
유 insult, disgust    반 flatter

---

**0964** ★★★☆☆

**console**
[kənsóul]

동 위로하다

Patience **consoled** herself by recognizing the part she had played in the American Revolution. 모평

Patience는 미국 독립 전쟁에서 자신이 했던 역할을 인식함으로써 스스로를 위로했다.

파 **consoling** 형 위안이 되는    **consolatory** 형 위로하기 위한
　 **consolation** 명 위안, 위안이 되는 것
유 위로하다 comfort, soothe

---

**0965** ★★★★★

**delight**
[diláit]

동 기쁘게 하다, 즐겁게 하다  명 기쁨

Sally was **delighted** by the books about birds and she joyfully looked at the beautiful pictures in them. 모평

Sally는 새에 관한 책들을 보고 기뻤으며, 즐거운 기분으로 그 책에 있는 아름다운 사진들을 보았다.

파 **delightful** 형 즐거운, 매우 기쁜    **delighted** 형 아주 기뻐하는
유 기쁨 pleasure, joy    즐겁게 하다 please    반 불쾌하게 하다 displease

---

## 0966 ★★★★★

**valid**
[vǽlid]

형 타당한, 근거가 확실한, (법) 유효한
**Valid** experiments must have data that are measurable. 대수능
타당한 실험은 측정할 수 있는 자료를 가지고 있어야 한다.
🔸 **validate** 동 유효하게 하다  **validity** 명 정당성, 타당성, 합법성
**validly** 부 유효하게
🔹 유효한 sound, legitimate  🔻 무효의 void, invalid

## 0967 ★★★★☆

**optimism**
[ɑ́ptəmìzəm]

명 낙천주의, 낙관(주의)
This "genetic **optimism**" has influenced public opinion, and
people are accepting of genetic explanations for health. 모평
이 '유전적 낙관주의'는 여론에 영향을 미쳤으며, 사람들은 건강에 대한 유전적 설명
을 받아들인다.
🔸 **optimist** 명 낙천주의자, 낙관주의자  **optimistic** 형 낙천적인, 낙관적인
🔹 관념론, 이상주의 idealism  🔻 비관주의 pessimism

## 0968 ★★★★☆

**fluctuate**
[flʌ́ktʃuèit]

동 (물가 등이) 오르내리다, 변동하다
Japanese *shakuhachi* music and the *sanjo* music of Korea
**fluctuate** constantly around the notional pitches. 대수능
일본의 '샤쿠하치' 음악과 한국의 '산조' 음악은 관념상의 음 높이 주위에서 끊임없이
변동한다.
🔸 **fluctuation** 명 오르내림, 변동  **fluctuating** 형 오르내리는, 변동하는
🔹 change, shift

## 0969 ★★★☆☆

**tedious**
[tíːdiəs]

형 지루한
In a study, participants first had to perform a series of very
lengthy, extremely **tedious** tasks. EBS 연계
한 연구에서 참가자들은 먼저 일련의 매우 길고 극히 지루한 과제를 수행해야 했다.
🔸 **tediousness** 명 지루함  **tediously** 부 지루하게
🔹 boring, dull, monotonous  🔻 흥미로운 exciting, intriguing

## 0970 ★★★★★

**initiate**
[iníʃièit]

동 시작하다, 입문시키다
Any individual can **initiate** a movement, such as a change
in direction, and this sends out a "maneuver wave." 모평
어떤 개체라도 방향 전환과 같은 움직임을 시작할 수 있고 이것은 '움직임 파장'을 내
보낸다.
🔸 **initiative** 명 발의, 창시, 주도권 형 처음의, 솔선하는
**initiation** 명 개시, 착수, 입회식
🔹 시작하다 begin, launch

## 0971 ★★★★☆

**score**
[skɔːr]

명 악보, 점수[득점], 20 동 채점하다, 편곡[작곡]하다, ~의 셈을 달다
The **score** is not simply laid out in her mind, to be read
from any random point. 모평
그 악보는 그저 그녀의 머릿속에 펼쳐져 있어서 어떤 임의의 지점부터 읽힐 수 있는
것이 아니다.
🔸 **scoring** 명 경기 기록, 득점, 악보 작성
🔹 채점하다 grade  작곡하다 compose

| 0972 | ★★★★★ |
|---|---|

### illustration
[ìləstréiʃən]

명 실례, 삽화
For an **illustration**, consider Thibodeau and Broditsky's series of experiments on ways to reduce crime in a community. 모평
하나의 실례로, 지역 사회 내의 범죄를 줄이는 방법에 관한 Thibodeau와 Broditsky의 일련의 실험에 대해 생각해 보라.
파 **illustrate** 통 예증하다, 삽화를 넣다   **illustrator** 명 삽화가
**illustrated** 형 삽화를 넣은
유 실례 example, instance, demonstration

| 0973 | ★★★☆☆ |
|---|---|

### carton
[káːrtən]

명 팩, 상자, 마분지
At snack time, Emily wanted him to open her milk **carton**, so he did. 모평
간식 시간에 Emily는 그가 그녀의 우유 팩을 열어 주기를 원했고, 그래서 그는 그렇게 해 주었다.
숙 **egg carton** 달걀 곽
유 상자 box, pack

| 0974 | ★★★★☆ |
|---|---|

### accommodate
[əkάmədèit]

통 ~에 편의를 도모하다, 수용하다, 협조하다
Space that was constructed to **accommodate** business and consumer needs at the peak of the cycle remains. 모평
주기의 절정기에 업체와 소비자 요구를 수용하기 위해 건설된 공간이 남아 있다.
파 **accommodation** 명 (pl.) 숙박 시설, 편의의 제공
**accommodating** 형 잘 협조하는, 선뜻 응하는
유 편의를 도모하다 favor, serve   수용하다 house

| 0975 | ★★★★☆ |
|---|---|

### enroll
[inróul]

통 등록하다, 입학시키다, 입대하다
The tables above show the number of international students **enrolled** in U.S. colleges and universities. 대수능
위 표는 미국의 대학과 종합 대학에 등록한 외국 유학생의 수를 보여 준다.
파 **enrollment** 명 기재, 등록, 입학
유 등록하다 register   입학시키다 enlist   반 퇴학시키다 dismiss

| 0976 | ★★★☆☆ |
|---|---|

### district
[dístrikt]

명 지역, 지구 통 지구로 나누다
There might be someone somewhere *in the same district* who may be more successful at teaching this subject. 대수능
이 과목을 가르치는 데 있어서 더 성공적일 수 있는 누군가가 '같은 지역의' 어딘가에 있을 수도 있다.
유 지역 area, region, neighborhood

| 0977 | ★★★☆☆ |
|---|---|

### gravel
[grǽvəl]

명 자갈 통 자갈로 덮다
I stopped the car because a small woodchuck was traveling along the road, its belly almost flat to the **gravel**. 대수능
나는 작은 마멋이 배를 자갈에 거의 납작 붙인 채 길을 따라 이동하고 있었기 때문에 차를 멈췄다.
파 **graveled** 형 자갈로 덮인   **gravelly** 형 자갈 투성이의
유 pebble

## 0978 ★★★★★

**foster**
[fɔ́(:)stər]

동 (양자 등으로) 기르다, 조장[촉진]하다
From an evolutionary perspective, fear has contributed to both **fostering** and limiting change. 모평
진화의 관점에서 볼 때, 두려움은 변화를 조장하고 제한하는 것 둘 다에 기여해 왔다.
⬛ **foster child** 수양 자녀　**foster parent** 양부모
⬤ 기르다 nourish, nurture　촉진하다 promote　⬤ 금하다 inhibit

## 0979 ★★★★★

**illusion**
[ilʲúːʒən]

명 환상, 환영, 환각
The **illusion** of knowledge led them to confuse the familiarity to the concepts with an actual understanding of them. 모평
지식의 환상이 그들로 하여금 그 개념들에 대한 친숙함과 그 개념들에 대한 실제적인 이해를 혼동하게 만들었다.
⬤ **illusionary** 형 환상의, 환영의　**illusionist** 명 환상가, 요술쟁이
⬤ fantasy, fancy　⬤ reality

## 0980 ★★★☆☆

**conversion**
[kənvə́ːrʒən]

명 전환, 용도 변경, 전향
The **conversion** of forest into cultivated terraces means a higher productivity can be extracted from the same area. 모평
경작된 계단식 농경지로의 숲의 용도 변경은 같은 지역에서 훨씬 더 높은 생산성을 끌어낼 수 있다는 것을 의미한다.
⬤ **convert** 명 개심자, 전향자 동 전향하다, 전환하다
　**converse** 형 역의, 전환한 명 역, 전환
⬤ 전환 transformation

## 0981 ★★★★☆

**mediate**
[míːdièit]

동 조정하다, 중재하다　형 [míːdiət] 중재의
Some newspapers have a "graphics editor" who **mediates** between the news desk and the art department. EBS 연계
일부 신문사에는 뉴스 데스크와 미술부 사이에서 조정하는 '그래픽 편집자'가 있다.
⬤ **mediation** 명 중재, 조정　**mediator** 명 중재인
　**mediatory** 형 중재의, 중개의
⬤ 중재하다 moderate, intervene

## 0982 ★★★★☆

**spectrum**
[spéktrəm]

명 스펙트럼, 범위
The term "biological control" has been used to cover a full **spectrum** of biological organisms and biologically based products. 모평
'생물학적 방제'라는 용어는 모든 범위의 생물학적인 유기체와 생물학적 기반의 제품을 포함하기 위해 사용되어 왔다.
⬤ **spectral** 형 스펙트럼의　⬤ **spectra** spectrum의 복수형
⬤ range

## 0983 ★★★★☆

**prerequisite**
[priː(:)rékwizit]

명 전제 조건, 필요조건　형 없어서는 안 될
High quality seed is a **prerequisite** for a successful crop.
EBS 연계
고품질의 종자는 성공적인 작황을 위한 전제 조건이다.
⬤ 필요조건 requirement　없어서는 안 될 essential, inevitable

| 0984 | ★★★★☆ |
| --- | --- |

**vanish**
[vǽniʃ]

통 사라지다
This year somewhere between three and a hundred species
will **vanish**. 모평
대략 세 개에서 백 개 사이의 종이 금년에 사라질 것이다.
파 **vanishing** 형 사라지는
유 fade, perish, disappear 반 appear, emerge

| 0985 | ★★★★★ |
| --- | --- |

**embrace**
[imbréis]

통 얼싸안다, 받아들이다, 맞이하다 명 포옹
The water seemed to welcome and **embrace** her. 대수능
바다는 그녀를 환영하고 얼싸안는 것처럼 보였다.
파 **embracing** 형 껴안는, 포용하는
**embraceable** 형 껴안을 수 있는, 받아들일 수 있는
유 껴안다 hug 받아들이다 accept 반 배제하다 exclude, reject

# Advanced Step

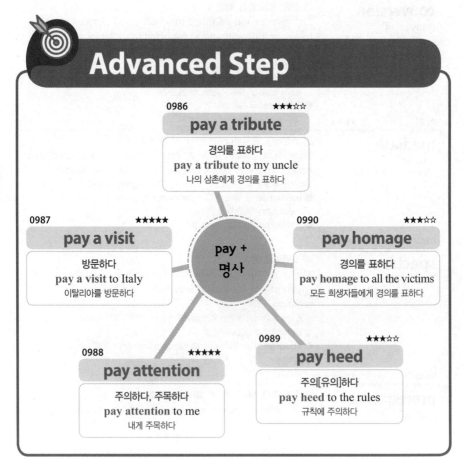

**0986** ★★★☆☆
**pay a tribute**
경의를 표하다
**pay a tribute to my uncle**
나의 삼촌에게 경의를 표하다

**0987** ★★★★★
**pay a visit**
방문하다
**pay a visit to Italy**
이탈리아를 방문하다

**pay +
명사**

**0990** ★★★☆☆
**pay homage**
경의를 표하다
**pay homage to all the victims**
모든 희생자들에게 경의를 표하다

**0988** ★★★★★
**pay attention**
주의하다, 주목하다
**pay attention to me**
내게 주목하다

**0989** ★★★☆☆
**pay heed**
주의[유의]하다
**pay heed to the rules**
규칙에 주의하다

# Review Test

## A
영어는 우리말로, 우리말은 영어로 쓰시오.

1. overestimate _____
2. 풍부한　　　　a_____
3. pirate _____
4. 등록하다　　　e_____
5. freshwater _____
6. 기쁨　　　　　d_____
7. mediate _____
8. 기준　　　　　c_____

## B
영어 단어와 우리말 뜻을 연결하시오.

1. appreciate　•　　　　　• **a.** 전환, 전향
2. conversion　•　　　　　• **b.** 고맙게 여기다, 감상하다
3. accommodate •　　　　　• **c.** ~의 편의를 제공하다, 수용하다

## C
다음 주어진 뜻에 해당하는 밑줄 친 단어의 파생어를 쓰시오.

1. a valid reason　　　　　　　명 _____ 타당성, 합법성
2. offended by a harsh remark　형 _____ 불쾌한, 모욕적인
3. an apology to viewers　　　　동 _____ 사과하다

## D
밑줄 친 단어의 반의어를 쓰시오.

1. optimism, the best human attribute　반 p_____
2. rejecting a job offer　　　　　　　　반 a_____
3. a tedious task　　　　　　　　　　　반 e_____

DAY 18

---

정답

**A** 1. 과대평가(하다)　2. (a)ffluent　3. 해적, 저작권 침해자　4. (e)nroll　5. 민물의　6. (d)elight
　　7. 조정하다, 중재하다　8. (c)riterion
**B** 1. b　2. a　3. c
**C** 1. validity　2. offensive　3. apologize
**D** 1. (p)essimism　2. (a)ccept　3. (e)xciting

# Actual Test

다음 글의 밑줄 친 부분 중, 문맥상 낱말의 쓰임이 적절하지 <u>않은</u> 것은?

모평

Studies of people struggling with major health problems show that the majority of respondents report they derived ① benefits from their adversity. Stressful events sometimes force people to develop new skills, reevaluate priorities, learn new insights, and acquire new strengths. In other words, the adaptation process ② initiated by stress can lead to personal changes for the better. One study that measured participants' exposure to thirty-seven major negative events found a curvilinear relationship between lifetime adversity and mental health. High levels of adversity predicted poor mental health, as expected, but people who had faced intermediate levels of adversity were healthier than those who experienced little adversity, suggesting that moderate amounts of stress can ③ foster resilience. A follow-up study found a ④ similar link between the amount of lifetime adversity and subjects' responses to laboratory stressors. Intermediate levels of adversity were predictive of the greatest resilience. Thus, having to deal with a moderate amount of stress may ⑤ undermine resilience in the face of future stress.

---

**해석**

중대한 건강 문제를 해결하려고 노력하는 사람들에 대한 연구는 대다수의 응답자가 자신이 겪은 역경에서 이익을 얻었다고 보고한다는 것을 보여 준다. 스트레스를 주는 사건들은 때때로 사람들이 새로운 기술을 개발하고 우선순위를 재평가하고 새로운 통찰을 배우고 새로운 강점을 얻게 한다. 다시 말해, 스트레스에 의해 시작된 적응 과정은 더 나은 쪽으로의 개인적 변화를 가져올 수 있다. 참가자들의 서른일곱 가지 주요 부정적인 사건 경험을 측정한 한 연구는 생애에서 겪은 역경과 정신 건강 사이의 곡선의 관계를 발견했다. 높은 수준의 역경은 예상대로 나쁜 정신 건강을 예측했지만 중간 수준의 역경에 직면했던 사람들은 역경을 거의 경험하지 않았던 사람들보다 더 건강했는데 이것은 적당한 양의 스트레스가 회복력을 촉진할 수 있음을 보여 준다. 후속 연구는 생애에서 겪은 역경의 양과 피실험자들이 실험 중 주어진 스트레스 요인에 반응하는 것 사이에서 비슷한 관계를 발견했다. 중간 수준의 역경이 가장 큰 회복력을 예측했다. 따라서 적당한 양의 스트레스를 해결하기 위해 노력해야 하는 것은 미래에 스트레스를 직면할 때의 회복력을 약화시킬(→ 기를) 수도 있다.

**해설** 적당한 양의 스트레스를 해결하는 과정에서 회복력을 얻게 될 수도 있다는 글의 흐름이므로, ⑤의 undermine(약화시키다)을 build(기르다)와 같은 낱말로 고쳐 써야 한다.

**정답** ⑤

---

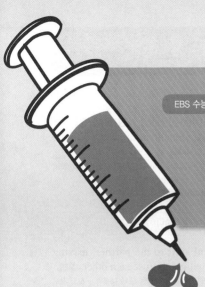

# DAY

# 19

## Word Preview

- [ ] deliver
- [ ] equal
- [ ] demonstrate
- [ ] pursue
- [ ] impact
- [ ] urban
- [ ] sacrifice
- [ ] yield
- [ ] interaction
- [ ] bound
- [ ] incredible
- [ ] internal
- [ ] oblivious
- [ ] mimic
- [ ] neglect
- [ ] acknowledge
- [ ] grasp

- [ ] depiction
- [ ] flickering
- [ ] alert
- [ ] pioneer
- [ ] vibration
- [ ] potent
- [ ] remote
- [ ] geology
- [ ] speculation
- [ ] maximum
- [ ] colonize
- [ ] eloquent
- [ ] convince
- [ ] reputation
- [ ] compatibility
- [ ] introvert
- [ ] motion

- [ ] elevate
- [ ] spoil
- [ ] secondhand
- [ ] filter
- [ ] discrete
- [ ] terminal
- [ ] wilderness
- [ ] administrative
- [ ] enlarge
- [ ] cognitive
- [ ] distort
- [ ] tangible
- [ ] affair
- [ ] texture
- [ ] utilitarian
- [ ] opponent

---

**0991** ★★★★★

**deliver**
[dilívər]

동 (편지, 물품을) 배달하다, (이야기 따위를) 전하다, 해방시키다, 분만하다
Ricky **delivered** newspapers, shined shoes, worked in the office, and even repaired nets. 모평
Ricky는 신문을 배달하고, 구두를 닦고, 사무실에서 일하며, 심지어는 그물도 손질했다.
파 **delivery** 명 인도, 강연, 해방, 분만　**deliveryman** 명 배달부
유 전하다 convey　해방시키다 liberate　분만하다 bear

---

**0992** ★★★★★

**equal**
[í:kwəl]

형 (똑)같은, 감당할 수 있는　동 ~에 필적하다
명 대등한 사람, 필적하는 것
Many people offer an **equal** split to the partner, leaving both individuals happy and willing to trust each other. 모평
많은 사람은 짝에게 똑같이 나눈 몫을 제안하여, 두 사람을 모두 행복하게 하고 서로를 기꺼이 신뢰하게 한다.
파 **equality** 명 평등, 동등　**equally** 부 동등하게
유 같은 same, equivalent　반 불공정한, 다른 unequal

---

**0993** ★★★★★

**demonstrate**
[démənstrèit]

동 논증하다, 예를 들어 설명하다[보여 주다], 시위 운동을 하다
The speed with which it achieves popularity **demonstrates** that formal innovation is an important commodity. 모평
그것이 인기를 얻는 속도는 형식적인 혁신이 중요한 상품이라는 것을 보여 준다.
파 **demonstration** 명 논증, 실연, 시위 운동
　**demonstrator** 명 시위자, 시위하는 사람
유 논증하다 confirm　예를 들어 설명하다 illustrate

---

**0994** ★★★★★

**pursue**
[pərsjú:]

동 추구하다, 수행하다
People who have a high sense of self-efficacy tend to **pursue** challenging goals. 모평
높은 자기 효능감을 가진 사람들은 도전적인 목표를 추구하는 경향이 있다.
파 **pursuit** 명 추구, 추적, 수행　**pursuable** 형 추구할 수 있는
유 추구하다 seek, strive　수행하다 perform

---

**0995** ★★★★★

**impact**
[ímpækt]

명 영향, 충격　동 [impǽkt] 영향을 주다, 강한 충격을 주다
Those who donate to a charity seek evidence about what the charity is doing and whether it is really having a positive **impact**. 대수능
자선 단체에 기부하는 사람들은 그 자선 단체가 무슨 일을 하고 있는지에 관한 증거와 그것이 실제로 긍정적인 영향을 끼치고 있는가에 관한 증거를 찾는다.
파 **impactful** 형 영향력이 강한, 강렬한 인상을 주는
유 영향 influence, effect　충격 blow

---

**0996** ★★★★★

**urban**
[ə́:rbən]

형 도시의
This illustrates the tendency that most city dwellers get tired of **urban** lives. 모평
이는 대부분의 도시 거주자들이 도시 생활에 싫증을 내고 있다는 추세를 보여 준다.
파 **urbanize** 동 도시화하다　**urbanization** 명 도시화
유 civic, metropolitan, municipal　반 rural

---

## 0997 ★★★★★

**sacrifice**
[sǽkrəfàis]

명 희생, 제물 동 희생하다, 제물로 바치다
Local residents may believe they **sacrifice** what is unique and special about their place. 모평
지역 주민들은 자신들의 장소에 관한 독특하고 특별한 것을 자신들이 희생한다고 믿을 수도 있다.
◉ 희생 loss   제물 offering   ◉ 획득 gain, acquisition

## 0998 ★★★★★

**yield**
[ji:ld]

동 생산하다, 만들어 내다, 양보하다, 굴복[항복]하다 명 수확량, 농작물
It is not the money *per se* that is valuable, but the fact that it can potentially **yield** more positive experiences. 대수능
가치가 있는 것은 돈 '그 자체로서'가 아니라, 그것이 잠재적으로 더 긍정적인 경험을 만들어 낼 수 있다는 사실이다.
◉ **yielding** 형 (~의) 수확량을 내는, 말을 잘 듣는
◉ 생산하다 produce   굴복[항복]하다 succumb, surrender
  농작물 crop, produce

## 0999 ★★★★★

**interaction**
[ìntərǽkʃən]

명 상호 작용
The **interaction** between nature and nurture is highly complex. 대수능
천성과 양육 사이의 상호 작용은 매우 복잡하다.
◉ **interact** 동 상호 작용하다   **interactive** 형 상호 작용하는

## 1000 ★★★★★

**bound**
[baund]

형 묶인, 얽매인, ~하지 않을 수 없는, ~ 행의 명 경계, 한계
동 ~의 경계가 되다
The liquid nature of services means they don't have to be **bound** to materials. 모평
서비스의 유동적인 특성은 그것들이 물질에 얽매일 필요가 없다는 것을 의미한다.
◉ **bind** 동 묶다   **boundary** 명 경계, 한계
  **boundless** 형 끝이 없는, 한이 없는
◉ 묶인 fastened, tied   ~하지 않을 수 없는 forced, obliged, compelled

## 1001 ★★★★★

**incredible**
[inkrédəbl]

형 믿을 수 없는, 엄청난
Melanie seemed to have the passive manner of an obedient child and an absolutely **incredible** voice. EBS 연계
Melanie는 순종하는 아이의 수동적인 태도 그리고 정말 믿을 수 없는 목소리를 지닌 것 같았다.
◉ **incredibility** 명 믿을 수 없음   **incredibly** 부 믿을 수 없을 정도로
◉ amazing, awesome, remarkable   ◉ 보통의 ordinary

## 1002 ★★★★★

**internal**
[intə́ːrnəl]

형 내부의, 내(면)적인
Exercising leadership requires you to challenge your **internal** status quo. 대수능
지도력을 발휘하는 일은 여러분의 내적인 현재 상태에 도전할 것을 요구한다.
◉ **internalize** 동 내재화하다   **internalization** 명 내재화
  **internally** 부 내적으로
◉ inner, inside, inward   ◉ outer, outside, external

DAY 19

---

**1003** ★★★★☆

## oblivious
[əblíviəs]

형 알아차리지 [기억하지] 못하는

When a lower animal is taught the new concept first, the rest of the colony remains mostly **oblivious** to its value. 모평

서열이 낮은 동물이 그 새로운 개념을 먼저 배울 때, 무리에 있는 나머지는 대개 그 것의 가치에 대해 알아차리지 못한다.

파 **oblivion** 명 망각, 잊기 쉬움　　**obliviously** 부 알아차리지 못하게

유 insensible, unconscious

---

**1004** ★★★★★

## mimic
[mímik]

동 흉내 내다, 모방하다　형 흉내 내는, 모방의

As our body **mimics** the other's, we begin to experience emotional matching. 모평

우리 신체가 다른 한 사람의 신체를 모방할 때, 우리는 감정적인 일치를 경험하기 시작한다.

파 **mimical** 형 흉내 내는　　**mimicker** 명 흉내 내는 사람

유 흉내 내다 imitate, copy　　반 근원이 되다 originate

---

**1005** ★★★★☆

## neglect
[niglékt]

동 소홀히하다, 무시하다, 간과하다　명 태만, 부주의

Idealized visions of home cooking persistently **neglect** "the many generations of paid cooks who worked in commercial settings." EBS 연계

가정 요리에 대해 이상적으로 보는 시각은 '상업적 환경에서 일했던 여러 세대의 유급 요리사들'을 지속적으로 무시한다.

파 **negligible** 형 무시해도 좋은, 하찮은　　**negligent** 형 소홀한, 태만한

유 무시하다 ignore, disregard　　간과하다 overlook　　반 attend

---

**1006** ★★★★★

## acknowledge
[əknálidʒ]

동 인식하다, 인정하다

Telling students to never split an infinitive, most composition experts **acknowledge** that a split infinitive is not a grammar crime. 모평

학생들에게 부정사를 절대로 분리하지 말라고 말하면서도 대부분의 작문 전문가들은 분리부정사가 문법 위반 행위가 아니라는 것을 인정한다.

파 **acknowledgement** 명 승인, 감사(의) 말　　**acknowledged** 형 인정된, 승인된　　**acknowledgeable** 형 승인할 수 있는

유 인정하다 admit, recognize　　반 부인하다 deny

---

**1007** ★★★★★

## grasp
[græsp]

동 이해하다, 붙잡다　명 이해, 파악, 붙잡음

They are satisfied with **grasping** the meaning of what they see. 모평

그들은 자신들이 보는 것의 의미를 이해하는 것에 만족해한다.

유 이해하다 understand　　붙잡다 grip　　반 오해하다 misunderstand

---

**1008** ★★★★★

## depiction
[dipíkʃən]

명 묘사, 서술

A major challenge for map-makers is the **depiction** of hills and valleys, slopes and flat lands called the topography. 대수능

지도 제작자들의 커다란 어려움은 지형이라고 불리는 언덕과 계곡, 경사지와 평지의 묘사이다.

파 **depict** 동 묘사하다, 서술하다　　**depictive** 형 묘사적인

유 description, portrayal

---

## 1009 ★★★☆☆

**flickering**
[flíkəriŋ]

형 흔들리는, 어른거리는, 깜박이는　명 깜박임, 명멸

This explains why we "see" faces and figures in a **flickering** campfire, or in moving clouds. 모평

이것은 왜 우리가 흔들리는 모닥불이나 움직이는 구름 속에서 얼굴과 형상을 '보는지' 설명해 준다.

파 **flicker** 통 깜박이다, 흔들리다, 어른거리다

유 흔들리는 wavering

## 1010 ★★★★★

**alert**
[ələ́:rt]

형 경계하는, (동작이) 기민한　명 경계　통 경종을 울리다

We expect people to monitor machines, which means keeping **alert** for long periods. 대수능

우리는 사람들이 기계를 감시하기를 기대하는데, 이는 오랫동안 경계하는 상태를 유지하는 것을 의미한다.

파 **alertness** 명 빈틈없음　**alertly** 부 방심 않고, 기민하게

유 경계하는 vigilant, watchful　기민한 agile, prompt

## 1011 ★★★★★

**pioneer**
[pàiəníər]

명 개척자, 선구자　통 개척하다, 선도하다

Great scientists, the **pioneers** that we admire, are not concerned with results but with the next questions. 대수능

위대한 과학자들, 즉 우리가 존경하는 선구자들은 결과가 아니라 다음 질문에 관심이 있다.

파 **pioneering** 형 개척의, 선구적인　유 **pioneering industry** 첨단 산업

유 개척자 frontiersman

## 1012 ★★★★☆

**vibration**
[vaibréiʃən]

명 진동, 떨림

Through our ears we gain access to **vibration**, which underlies everything around us. 대수능

귀를 통해서 우리는 우리 주변에 있는 모든 것의 근저에 있는 진동에 접근하게 된다.

파 **vibrate** 통 진동하다, 흔들리다　**vibrational** 형 진동하는, 흔들리는

유 떨림 quiver

## 1013 ★★★★☆

**potent**
[póutənt]

형 (영향력이) 강력한, 유력한, 효능 있는

The purely auditory medium of the telephone is itself socially and emotionally **potent**. EBS 연계

전화라는 순전히 청각적인 전달 매체는 그 자체로 사회적, 정서적으로 영향력이 강력하다.

파 **potency** 명 힘, 효능　**potently** 부 강력하게, 유력하게

유 강력한 powerful, strong　반 약한 weak　무력한 impotent

## 1014 ★★★★★

**remote**
[rimóut]

형 먼, 외딴, 관계가 적은

Farmers in **remote** areas will be able to access weather data, and rural children will be able to pursue online educations. 모평

외딴 지역에 있는 농부들이 날씨 자료에 접속할 수 있을 것이고, 시골의 아이들은 온라인 교육을 추구할 수 있을 것이다.

파 **remotely** 부 멀리　**remoteness** 명 멀리 떨어져 있음

유 **remote control** 원격 조종, 리모컨

유 먼 distant, faraway　외딴, 고립된 isolated　반 가까운 close

---

**1015** ★★★☆☆

## geology
[dʒiálədʒi]

몡 지질(학)

Interest in extremely long periods of time sets **geology** and astronomy apart from other sciences. 모평

매우 긴 시간에 대한 관심은 지질학과 천문학을 다른 과학들과 구별시킨다.

🔵 **geologist** 몡 지질학자　**geological** 혱 지질학상의

---

**1016** ★★★☆☆

## speculation
[spèkjuléiʃən]

몡 숙고, 추측, 고찰, 투기

**Speculations** about prehistoric art rely heavily on analogies drawn with modern-day hunter-gatherer societies. 대수능

선사 시대 예술에 대한 고찰은 현대의 수렵 채집 사회와의 사이에서 끌어낸 유사점에 크게 의존한다.

🔵 **speculate** 통 심사숙고하다, 추측하다, 투기하다
　**speculative** 혱 사색적인, 투기의

🔵 숙고 deliberation　추측 conjecture　투기 gambling

---

**1017** ★★★★★

## maximum
[mǽksəməm]

혱 최대(한)의 몡 최대

Our ancestors gave priority to securing minimum resources rather than pursuing **maximum** gains. 모평

우리의 조상들은 최대한의 이득을 추구하는 것보다는 최소한의 자원을 확보하는 것에 우선순위를 두었다.

🔵 **maximize** 통 최대화하다　**maximization** 몡 최대화

🔵 최대한의 utmost, maximal　🔴 minimum

---

**1018** ★★★☆☆

## colonize
[kálənàiz]

통 식민지로 만들다, 대량 서식하다

A proportion of agricultural land is left completely uncultivated so that species can gradually **colonize** it. 모평

생물 종들이 점차 그곳에 대량 서식할 수 있도록 일정 비율의 농지를 전혀 경작을 하지 않고 놓아둔다.

🔵 **colonizer** 몡 식민지 개척자　**colonization** 몡 식민지화

🔵 서식하다 settle　거주하게 하다 populate

---

**1019** ★★★☆☆

## eloquent
[éləkwənt]

혱 웅변의, 달변의, 설득력 있는

If we the ordinary people are to keep pace with science, we need more science writing that is clear, wise and **eloquent**. 모평

우리 일반 사람들이 과학과 보조를 맞추려면, 우리는 명료하고, 지혜롭고, 설득력 있는 더 많은 과학 저술이 필요하다.

🔵 **eloquence** 몡 웅변, 능변　**eloquently** 뷔 웅변으로

🔵 설득력 있는 persuasive

---

**1020** ★★★★★

## convince
[kənvíns]

통 납득시키다, 설득하다

This can happen at either a conscious or unconscious level since the person we are seeking to **convince** is ourselves. 모평

우리가 납득시키려고 애쓰는 사람이 우리 자신이기 때문에 이것은 의식적인 수준이나 무의식적인 수준에서 일어날 수 있다.

🔵 **convincing** 혱 설득력 있는　**conviction** 몡 확신, 설득

🔵 persuade, reason　🔴 단념시키다 dissuade

---

## 1021 ★★★★★

**reputation**
[rèpjə(:)téiʃən]

몡 평판, 명성
As the zoo world repairs its **reputation**, a wonderful resource is being taken out of its curtain. EBS 연계
동물원 업계가 명성을 회복하면서 훌륭한 자산이 장막 밖으로 꺼내어지고 있다.
 **reputational** 혱 평판의, 명성이 있는
 ⊕ fame, prestige  ⊕ 오명 dishonor, disgrace

## 1022 ★★★☆☆

**compatibility**
[kəmpæ̀təbíləti]

몡 양립 가능성, 적합성, 호환성
Which cultural item is accepted depends largely on the item's **compatibility** with already existing cultural traits. 대수능
어떤 문화 항목이 받아들여지는가는 대체로 이미 존재하는 문화적 특성과 그 항목의 양립 가능성에 달려 있다.
 **compatible** 혱 양립하는, 호환성이 있는
 ⊛ compatible computer 호환이 되는 컴퓨터

## 1023 ★★★★☆

**introvert**
[íntrəvə̀:rt]

혱 내성적인 몡 내성적인 사람 동 [ìntrəvə́:rt] 내성적이 되다
An **introvert** is far less likely to make a mistake in a social situation. 모평
내성적인 사람은 사교 상황에서 실수할 가능성이 훨씬 더 적다.
 **introverted** 혱 내성적인, 내향적인
 ⊕ extrovert

## 1024 ★★★★★

**motion**
[móuʃən]

몡 운동, 동작, 움직임, 제안 동 ~에게 동작으로 알리다
Many virtual reality games and rides now allow audiences and players to feel sensations of **motion** and touch. 모평
많은 가상 현실 게임과 탈것들은 이제 관객들과 이용자들에게 동작과 접촉의 감각을 느끼게 해 준다.
 **motionless** 혱 움직이지 않는, 정지한
 ⊕ 동작 movement, mobility, gesture   제안 proposal, suggestion

## 1025 ★★★☆☆

**elevate**
[éləvèit]

동 들어 올리다, 승진시키다
It is not likely that men's hair dyes will spread into rural Africa where a person's status is **elevated** with advancing years. 대수능
남성용 머리 염색약은 나이가 들어감에 따라 사람의 지위가 올라가는 아프리카의 시골로 퍼질 것 같지는 않다.
 **elevation** 몡 올리기, 고도, 해발   **elevator** 몡 승강기
 **elevated** 혱 높여진, 높은
 ⊕ 들어 올리다 lift   승진시키다 promote   ⊕ 낮추다 lower

## 1026 ★★★★★

**spoil**
[spɔil]

동 상하다, 망쳐 놓다, 빼앗다, 약탈하다 몡 전리품
The chemical industry predicted numerous deaths because food and vaccines would **spoil** without refrigeration. 모평
화공업계에서는 냉장하지 않으면 식품과 백신이 상할 것이라는 이유로 수많은 사망자를 예측했다.
 **spoiler** 몡 방해물, 스포일러   **spoilt** 혱 버릇없는, 제멋대로 구는
 ⊕ 부패하다 rot, decay   망치다 ruin, destroy   약탈하다 plunder

DAY 19

---

**1027** ★★★☆☆

## secondhand
[sékəndhǽnd]

형 중고의, 간접적인 부 중고로, 간접으로
Repurposed clothing tells an even more complex tale than that of **secondhand** garments. EBS 연계
다른 용도에 맞게 고친 옷은 중고 옷의 이야기보다 훨씬 더 복잡한 이야기를 들려준다.
⊜ **second hand** 초침
⊕ 중고의 used  간접적인 indirect, secondary  ⊛ 직접적인 direct

---

**1028** ★★★★★

## filter
[fíltər]

동 거르다, 여과하다 명 여과기
Starvation **filters** out those less fit to survive. 모평
기아는 살아남기에 덜 적합한 것들을 걸러 낸다.
⊕ **filtering** 명 거르기  **filterable** 형 거를 수 있는, 여과되는
⊕ 거르다 screen

---

**1029** ★★★☆☆

## discrete
[diskríːt]

형 별개의, 분리된
In most of the world's musical cultures, pitches are not only fixed, but organized into a series of **discrete** steps. 대수능
세계의 대부분의 음악 문화에서 음 높이는 고정되어 있을 뿐만 아니라, 연속된 별개의 음정으로 조직되어 있다.
⊕ **discreteness** 명 분리성, 불연속  **discretely** 부 별개로, 따로
⊜ **discreet** 형 신중한
⊕ separate, distinct  ⊛ combined

---

**1030** ★★★☆☆

## terminal
[tə́ːrmənəl]

형 말기의, 최종의, 가망 없는 명 종점
Rock radio is in seemingly **terminal** decline and MTV doesn't show many music videos anymore. 대수능
록을 들려주는 라디오는 가망 없는 쇠퇴기에 접어든 것으로 보이고, MTV는 더 이상 많은 뮤직비디오를 보여 주지 않는다.
⊕ **term** 명 만기, 기간  **terminate** 동 끝내다
　**terminally** 부 종말에, 말단에, 학기말에
⊜ **terminal patient** 말기 환자
⊕ 최종의 ultimate, final  가망 없는 fatal, incurable  ⊛ 최초의 initial

---

**1031** ★★★☆☆

## wilderness
[wíldərnis]

명 황야, 황무지
The Alaskan **wilderness** would not be harmed by glaciers. 모평
알래스카의 황무지는 빙하에 의해 손상을 입지 않을 것이다.
⊕ **wilder** 동 길을 잃다
⊕ desert, wasteland

---

**1032** ★★★☆☆

## administrative
[ədmínistrèitiv]

형 행정(상)의, 경영[관리]상의
He hadn't realized that the **administrative** staff hadn't been able to find the requested Bösendorfer piano. 대수능
행정 직원들이 요청받았던 Bösendorfer 피아노를 발견할 수 없었다는 것을 그는 깨닫지 못했다.
⊕ **administer** 동 관리하다, 집행하다  **administration** 명 행정, 관리, 경영
⊕ executive, managerial

---

## 1033 ★★★★☆

**enlarge**
[inlάːrdʒ]

동 크게 하다, 확대하다
Workers then wanted more leisure and leisure time was **enlarged** by union campaigns. 대수능
그 후 노동자들은 더 많은 여가를 원했고, 여가 시간은 노동조합 운동에 의해 확대되었다.
파 **enlargement** 명 확장　**enlarged** 형 커진, 확대된
유 expand, extend, magnify　반 shrink, reduce

## 1034 ★★★★★

**cognitive**
[kάgnitiv]

형 인식의, 인식력이 있는
Even an invention as elementary as finger-counting changes our **cognitive** abilities dramatically. 대수능
손가락으로 헤아리기와 같은 기본적인 발명조차도 우리의 인식 능력을 극적으로 변화시킨다.
파 **cognition** 명 인식, 인지　**cognitively** 부 인식적으로
관 **cognitive psychology** 인지 심리학
유 perceptual

## 1035 ★★★☆☆

**distort**
[distɔ́ːrt]

동 (사실을) 왜곡하다, (얼굴을) 찡그리다
It **distorts** reality, keeping us from getting all the information we need and assessing issues clearly. EBS 연계
그것은 현실을 왜곡하여 우리로 하여금 우리가 필요로 하는 모든 정보를 얻어서 사안을 분명히 평가하는 것을 막는다.
파 **distortion** 명 왜곡, 일그러뜨림　**distorted** 형 일그러진, 비뚤어진
유 왜곡하다 mislead, falsify, twist　찡그리다 frown
반 명확하게 하다 clarify, straighten

## 1036 ★★★★☆

**tangible**
[tǽndʒəbl]

형 만져서 알 수 있는, 유형의, 명백한　명 (pl.) 유형 자산
The **tangible** is replaced by intangibles that do the work that more aluminum atoms used to do. 모평
유형의 것들은 더 많은 알루미늄 원자들이 하던 일을 하는 무형의 것들에 의해 대체된다.
파 **tangibility** 명 만져서 알 수 있음, 명백함
유 유형의 concrete　명백한 obvious　반 무형의 intangible

## 1037 ★★★★★

**affair**
[əfέər]

명 일, 업무, 사건, 문제
Bismarck only in the name of Wilhelm was able to exert great control over domestic and foreign **affairs**. EBS 연계
Bismarck는 오직 Wilhelm의 이름으로만 내정과 외교 문제에 대한 큰 지배력을 행사할 수 있었다.
관 **foreign affairs** 외교 문제, 외무　**domestic affairs** 내정, 가사
유 업무 business　사건 event

## 1038 ★★★☆☆

**texture**
[tékstʃər]

명 직물, 질감, 구조, 감촉　동 (직물을) 짜다
This is because the spaces between the sounds give music structure and **texture**. 모평
이것은 소리들 사이의 공간이 음악에 구조와 질감을 주기 때문이다.
파 **textured** 형 질감을 살린, 특별한 질감이 나게 하는　**textural** 형 조직의
유 직물 fabric

**1039** ★★★★☆

**utilitarian**
[juːtìlitέ(ː)əriən]

[형] 실용[실리]적인, 공리주의의 [명] 공리주의자

The greatest benefit of an everyday, **utilitarian** AI will not be increased productivity or an economics of abundance. 대수능

일상적이고 실용적인 AI의 가장 큰 이점은 향상된 생산성이나 풍요의 경제학이 아닐 것이다.

[파] utilitarianism [명] 공리주의   utility [명] 실용, 유용
[유] 실용적인 practical, pragmatic   [반] 비현실적인 impractical

**1040** ★★★★★

**opponent**
[əpóunənt]

[명] 상대, 반대자 [형] 반대하는

With Bob acting as interpreter, Paul offered 300 and his **opponent** proposed 450. 대수능

Bob이 통역사의 역할을 하는 가운데, Paul은 300을 제안했고 그의 상대는 450을 제안했다.

[파] oppose [동] 반대하다   opposition [명] 반대   opposite [형] 반대의
[유] 상대 enemy, adversary, counterpart   [반] 협력자 ally

# Advanced Step

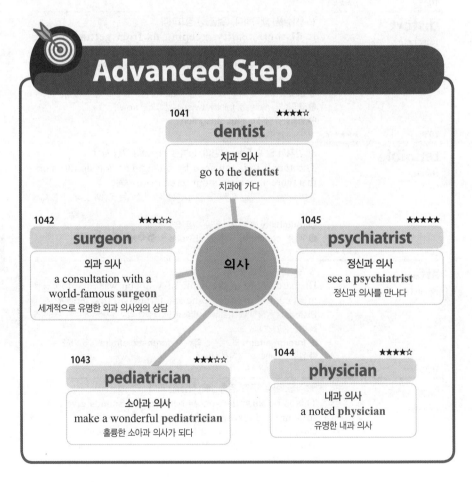

**1041** ★★★★☆
**dentist**
치과 의사
go to the **dentist**
치과에 가다

의사

**1042** ★★★☆☆
**surgeon**
외과 의사
a consultation with a world-famous **surgeon**
세계적으로 유명한 외과 의사와의 상담

**1045** ★★★★★
**psychiatrist**
정신과 의사
see a **psychiatrist**
정신과 의사를 만나다

**1043** ★★★☆☆
**pediatrician**
소아과 의사
make a wonderful **pediatrician**
훌륭한 소아과 의사가 되다

**1044** ★★★★☆
**physician**
내과 의사
a noted **physician**
유명한 내과 의사

# Review Test

## A
영어는 우리말로, 우리말은 영어로 쓰시오.

**1.** interaction _____　　**2.** 도시의　　　u_____

**3.** depiction _____　　**4.** 내성적인　　i_____

**5.** acknowledge _____　　**6.** 명성, 평판　r_____

**7.** sacrifice _____　　**8.** 흉내 내다　m_____

## B
영어 단어와 우리말 뜻을 연결하시오.

**1.** tangible •　　　　　　　• **a.** 실리적인, 실용적인

**2.** utilitarian •　　　　　　• **b.** 만져서 알 수 있는, 유형의

**3.** oblivious •　　　　　　　• **c.** 알아차리지[기억하지] 못하는

## C
다음 주어진 뜻에 해당하는 밑줄 친 단어의 파생어를 쓰시오.

**1.** a man <u>equal</u> to the task　　명 _____ 평등, 대등

**2.** put in <u>vibration</u> mode　　　동 _____ 진동하다, 흔들리다

**3.** <u>distort</u> what is meant　　　명 _____ 왜곡, 일그러뜨림

## D
밑줄 친 단어의 유의어 혹은 반의어를 쓰시오.

**1.** importance of <u>filtering</u> information　유 s_____

**2.** <u>discrete</u> steps taken　　　　　　유 s_____

**3.** a <u>remote</u> relative　　　　　　　반 c_____

---

정답

**A 1.** 상호 작용 **2.** (u)rban **3.** 묘사, 서술 **4.** (i)ntrovert **5.** 인식하다, 인정하다 **6.** (r)eputation
　**7.** 희생(하다) **8.** (m)imic
**B 1.** b **2.** a **3.** c
**C 1.** equality **2.** vibrate **3.** distortion
**D 1.** (s)creen **2.** (s)eparate **3.** (c)lose

DAY 19

# Actual Test

다음 글의 밑줄 친 부분 중, 문맥상 낱말의 쓰임이 적절하지 <u>않은</u> 것은?

대수능

One exercise in teamwork I do at a company retreat is to put the group in a circle. At one particular retreat, there were eight people in the circle, and I slowly handed tennis balls to one person to start throwing around the circle. If N equals the number of people in the circle, then the ① maximum number of balls you can have in motion is N minus 1. Why? Because it's almost ② impossible to throw and catch at the same time. The purpose of the exercise is to ③ hide the importance of an individual's action. People are much more concerned about catching the ball than throwing it. What this demonstrates is that it's equally ④ important to the success of the exercise that the person you're throwing to catches the ball as that you are able to catch the ball. If you're less concerned about how you deliver information, you'll ultimately ⑤ fail at delegation. You have to be equally skilled at both.

*delegation 위임

---

**해석**

회사 단합 대회에서 내가 실시하는 협업 분야의 훈련 한 가지는 그 집단을 원형으로 둘러 세우는 일이다. 어느 특정 휴양 시설에서는 여덟 명이 원을 그리고 둘러섰는데, 나는 천천히 한 사람에게 테니스공을 건네주어 원을 따라 던지기 시작하게 했다. N이 원을 그리고 둘러선 사람들의 수와 같다고 하면, 여러분이 움직이게 할 수 있는 공의 최대 수는 N-1이다. 왜 그럴까? 던져 주면서 동시에 받는 것은 거의 불가능하기 때문이다. 그 훈련의 목적은 개인의 행동의 중요성을 숨기는(→ 보여 주는) 것이다. 사람들은 공을 던져 주는 것보다는 잡는 데 훨씬 더 관심이 있다. 이것이 보여 주는 것은, 여러분이 공을 던져 주는 대상인 사람이 공을 잡는 것이 여러분이 공을 잡을 수 있는 것만큼 그 훈련의 성공에 똑같이 중요하다는 것이다. 만약 여러분이, 자신이 정보를 어떻게 전달하는가에 관심을 더 적게 가진다면, 여러분은 결국 (임무의) 위임에 실패할 것이다. 여러분은 두 가지 모두에 똑같이 능숙해야 한다.

**해설** 공을 던지고 받는 훈련을 하는 것의 목적은 개인의 행동의 중요성을 보여 주기 위한 것이라고 해야 하므로, ③의 hide를 demonstrate와 같은 낱말로 고쳐 써야 한다.

**정답** ③

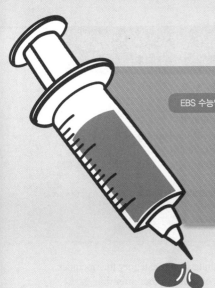

# DAY 20

## Word Preview

- ☐ compare
- ☐ compete
- ☐ limit
- ☐ remark
- ☐ adjust
- ☐ company
- ☐ decline
- ☐ preserve
- ☐ financial
- ☐ prejudice
- ☐ celebration
- ☐ mess
- ☐ peer
- ☐ superb
- ☐ sufficient
- ☐ deposit
- ☐ anticipation

- ☐ corruption
- ☐ abound
- ☐ advocate
- ☐ breath
- ☐ stiff
- ☐ divine
- ☐ conceal
- ☐ compensate
- ☐ deception
- ☐ inspire
- ☐ predecessor
- ☐ occupy
- ☐ destructive
- ☐ intervention
- ☐ bitter
- ☐ unanimously
- ☐ herd

- ☐ affection
- ☐ infant
- ☐ multitude
- ☐ alliance
- ☐ abandon
- ☐ tempt
- ☐ trauma
- ☐ editor
- ☐ infer
- ☐ catastrophe
- ☐ carpenter
- ☐ repetitive
- ☐ stature
- ☐ mobile
- ☐ overwhelm
- ☐ civilian

---

**1046** ★★★★★

## compare
[kəmpέər]

동 비교하다, 비유하다, 대조하다, 필적하다
Jean Piaget analyzed children's conception of time via their ability to **compare** the time taken by pairs of events. 대수능
Jean Piaget는 짝 지은 사건에 소요되는 시간을 비교하는 아이들의 능력을 통해 그들의 시간 개념을 분석했다.
파 comparison 명 비교　comparative 형 비교의
　　comparable 형 상당하는, 필적하는
유 대조하다 contrast　비유하다 liken

---

**1047** ★★★★☆

## compete
[kəmpíːt]

동 경쟁하다
When we try to recall something from a category that includes instances many memories **compete** for our attention. 대수능
우리가 사례를 포함하는 범주로부터 어떤 것을 기억해 내려고 할 때, 많은 기억이 우리의 주목을 받으려고 경쟁한다.
파 competition 명 경쟁, 대회　competitive 형 경쟁의, 경쟁적인
유 contend　반 yield, surrender

---

**1048** ★★★☆☆

## limit
[límit]

동 제한하다 명 한계
Although it **limits** your thinking, it makes you smart. 모평
비록 그것이 여러분의 사고를 제한하지만, 그것은 여러분을 똑똑하게 만들어 준다.
파 limitation 명 제한, 한계　limited 형 한정된, 유한 책임의
유 제한하다 restrict　한계 boundary, restriction

---

**1049** ★★★★☆

## remark
[rimáːrk]

동 ~에 주목하다, 말하다 명 발언, 말
When we **remark** that someone "looks young" for his age, we are observing that we all age biologically at different rates. 대수능
우리가 어떤 사람이 그의 나이에 비해 '젊어 보인다'고 말할 때, 우리는 우리 모두가 생물학적으로 서로 다른 속도로 나이가 든다고 말하고 있는 것이다.
파 remarkable 형 주목할 만한, 현저한
유 주목하다 notice　말하다 comment, mention, state

---

**1050** ★★★★☆

## adjust
[ədʒʌ́st]

동 조정하다, 조절하다, 순응하다
They also adaptively **adjust** their eating behavior in response to deficits in water, calories, and salt. 대수능
그들은 또한 자신의 섭식 행동을 물, 열량, 소금의 부족에 대응하여 적절히 조정한다.
파 adjustable 형 조정[조절]할 수 있는　adjustment 명 조정, 조절
유 조정하다, 적응하다 adapt

---

**1051** ★★★☆☆

## company
[kʌ́mpəni]

명 회사, 교제, 동반, 동석한 사람들, 일행
I wish I could camp in the wild and enjoy the **company** of mosquitos, snakes, and spiders. 대수능
나는 야생에서 야영을 하면서 모기, 뱀, 그리고 거미들과 함께하는 것을 즐길 수 있다면 좋겠다.
유 회사 firm　일행 party

---

## 1052 ★★★★★

**decline**
[dikláin]

몡 쇠퇴, 하락, 경사 통 거절[거부]하다, 감소하다, (아래로) 기울이다
AIs could compensate for a **decline** in human intelligence.

대수능

AI가 인간 지능의 쇠퇴를 보완할 수도 있을 것이다.
파 **declination** 몡 거절, 내리받이 경사   **declining** 혱 기우는, 쇠퇴하는
유 거절하다 deny, reject, refuse   반 받아들이다 accept

## 1053 ★★★☆☆

**preserve**
[prizə́:rv]

통 유지하다, 보존하다, 저장 식품으로 만들다
It appears that respecting the rules not only **preserves** sport
but also makes room for the creation of excellence. 모평
규칙을 존중하는 것은 스포츠를 보존할 뿐만 아니라 탁월성 창출의 여지도 또한 만
들어 내는 것처럼 보인다.
파 **preservation** 몡 보존, 저장   **preserved** 혱 보존된
　　**preservatory** 혱 보존의 몡 저장소
유 유지하다 conserve, maintain, sustain

## 1054 ★★★☆☆

**financial**
[fainǽnʃəl]

혱 재정(상)의, 금융상의, 회비를 내는
Both the budget deficit and federal debt have soared during
the recent **financial** crisis and recession. 모평
최근의 재정 위기와 경기 침체 동안에 재정 적자와 연방 정부의 부채가 모두 치솟았다.
파 **finance** 몡 재정, 금융 통 ~에 자금을 공급하다
　　**financially** 뷰 재정적으로
숙 **financial aid** 학자금 융자
유 재정상의 monetary, fiscal

## 1055 ★★★★☆

**prejudice**
[prédʒədis]

몡 편견, 선입관 통 ~에 편견을 갖게 하다
Even the simplest of choices regarding wording or
punctuation can **prejudice** your audience against you. 모평
단어 선택이나 구두점과 관련한 가장 사소한 선택조차도 청중이 여러분에 대해 편
견을 갖게 할 수 있다.
파 **prejudiced** 혱 편견을 가진, 편파적인
　　**prejudiceless** 혱 편견 없는, 선입관이 없는
유 편견 bias   반 공평함 impartiality, balance

## 1056 ★★★★☆

**celebration**
[sèləbréiʃən]

몡 축하, 축하 행사
She called yesterday and asked us to prepare this
**celebration** for you. 모평
그녀가 어제 전화해서 우리에게 당신을 위해 이 축하 행사를 준비하도록 부탁했습니다.
파 **celebrate** 통 축하하다   **celebrity** 몡 명사, 유명인
유 기념 (행사) commemoration   추모, 추억 remembrance

## 1057 ★★★☆☆

**mess**
[mes]

몡 지저분한 모양, 더러운 것 통 더럽히다
Do you have a hard time relaxing if your house is a **mess**?

모평

여러분은 집이 지저분하면 쉬는 데 어려움을 겪는가?
파 **messy** 혱 더러운
유 지저분한 모양 clutter   쓰레기 litter   반 정돈 order

DAY 20

## Basic Step

---

**1058** ★★★★★

**peer**
[piər]

명 또래, 동료, 동년배  동 ~에 필적하다, 응시하다, 자세히 보다
It is important to draw a meaningful result from the experiment on **peer** group activities. 모평
또래 집단 활동에 관한 실험에서 의미 있는 결과를 도출하는 것이 중요하다.
🔵 **peer pressure** 또래 압박
🔶 동년배 contemporary  필적하다 equal  응시하다 stare

---

**1059** ★★★★☆

**superb**
[sju(:)pə́:rb]

형 멋진, 최고의, 훌륭한
"Andrew," said Grandad, inspired by his grandson's **superb** victory, "you are now all set to fulfill my dream." 모평
손자의 멋진 승리에 고무된 할아버지는 "Andrew, 이제 너는 내 꿈을 실현할 만반의 준비가 되어 있구나."라고 말했다.
🔵 **superbly** 부 훌륭하게, 화려하게
🔶 최고의 excellent  훌륭한 splendid
🔴 형편없는 terrible  열등한 inferior

---

**1060** ★★★☆☆

**sufficient**
[səfíʃənt]

형 충분한, 족한
Not all organisms are able to find **sufficient** food to survive, so starvation is a kind of disvalue often found in nature. 모평
모든 생물이 생존하기에 충분한 먹이를 구할 수는 없으므로, 기아는 자연에서 흔히 발견되는 일종의 반(反)가치이다.
🔵 **sufficiency** 명 충분함  **suffice** 동 ~에 충분하다, 만족시키다
**sufficiently** 부 충분히
🔶 abundant, affluent  🔴 insufficient, deficient

---

**1061** ★★★★☆

**deposit**
[dipázit]

명 보증금, 계약금, 착수금, 예금, 퇴적물  동 예금하다, 퇴적시키다
I didn't hesitate to sign up and pay the non-refundable **deposit** for the second week program. 대수능
저는 주저하지 않고 등록했고 두 번째 주 프로그램에 환불이 안 되는 보증금을 지불했습니다.
🔵 **depositor** 명 예금자  **depository** 명 보관소, 창고, 수탁자
🔶 계약금 down payment  🔴 인출 withdrawal  인출하다 withdraw

---

**1062** ★★★★☆

**anticipation**
[æntìsəpéiʃən]

명 기대, 예상
As beginners, you may be nervous in **anticipation** of your first climb. 모평
여러분은 초보자로서 첫 등반을 기대하며 긴장할 수도 있습니다.
🔵 **anticipate** 동 기대하다
🔶 expectation

---

**1063** ★★★☆☆

**corruption**
[kərʌ́pʃən]

명 부패 (행위), 타락, 매수
Critiques of mass culture seem always to represent the depths of the **corruption** of the people. 모평
대중문화에 대한 비평은 항상 사람들의 타락의 깊이를 나타내는 것 같다.
🔵 **corrupt** 동 타락하다, 매수하다  형 부정한, 부패한
🔶 뇌물 수수 bribery

---

**1064** ★★★★★

## abound
[əbáund]

동 많이 있다, 풍부하다
The island **abounds** greatly in iguanas, and in a species of birds called *fragatas*. 모평
이 섬에는 이구아나와 'fragatas'라는 종의 새들이 아주 많이 있다.
ⓓ **abundance** 명 풍부, 많음　**abundant** 형 풍부한, 많은

---

**1065** ★★★☆☆

## advocate
[ǽdvəkit]

명 옹호자, 주창자　동 [ǽdvəkèit] 옹호하다, 주장하다
The role of science can sometimes be overstated, with its **advocates** slipping into scientism. 대수능
과학의 옹호자들이 과학만능주의에 빠져드는 가운데, 과학의 역할은 때때로 과장될 수 있다.
ⓓ **advocative** 형 옹호하는　**advocacy** 명 옹호, 지지, 변호
ⓟ 옹호자 supporter, defender
ⓐ 반대자 opponent　반대하다 protest, oppose

---

**1066** ★★★☆☆

## breath
[breθ]

명 호흡, 한숨
Joe took a deep **breath** and said, "I have been asked to play in a concert, and I would like your permission first." 모평
Joe는 심호흡을 하고 "저는 콘서트에서 연주해 달라는 요청을 받았는데, 먼저 당신의 허락을 받고 싶습니다."라고 말했다.
ⓓ **breathe** 동 호흡하다, 숨을 쉬다
ⓔ **breathtaking** 형 깜짝 놀랄 만한, 아슬아슬한　**breadth** 명 폭, 넓이
ⓟ 호흡 respiration　한숨 sigh

---

**1067** ★★★★☆

## stiff
[stif]

형 딱딱한, 뻐근한, 단호한
This view suggests that runners create **stiff** legs when they are moving along on yielding terrain. 모평
이 견해는 달리는 사람은 물렁한 지형에서 움직일 때는 다리를 뻣뻣하게 한다는 것을 넌지시 보여 준다.
ⓓ **stiffness** 명 딱딱함　**stiffly** 부 딱딱하게, 강경하게
ⓟ 딱딱한 firm, solid　완강한 rigid, stubborn, obstinate
ⓐ 유연한, 융통성이 있는 flexible

---

**1068** ★★★★☆

## divine
[diváin]

형 신의, 신성한　동 예언하다, 점치다
Illness was so often attributed to **divine** providence. EBS 연계
질병은 매우 흔하게 신의 섭리 탓으로 돌려졌다.
ⓓ **divinity** 명 신성, 신격　**divinely** 부 신에 의해서
ⓟ 신성한 holy, sacred　예언하다 forecast, foresee
ⓐ 세속의 worldly

---

**1069** ★★★☆☆

## conceal
[kənsíːl]

동 숨기다, 숨다, 감추다
It was his practice to **conceal** himself at previews of his paintings in order to hear the public's opinions. 대수능
대중의 의견을 듣기 위해서 자기 그림의 시사회에서 자신을 감추는 것이 그의 관행이었다.
ⓓ **concealment** 명 숨김, 은폐
ⓟ 숨다 hide　ⓐ 드러내다 expose, reveal, disclose

---

**1070** ★★★★★

## compensate
[kámpənsèit]

동 보상하다, 보충하다, 상쇄하다
Salespeople have a genius for doing what's **compensated** rather than what's effective. 모평
판매원들은 효과적인 일보다는 보상받은 일을 하는 데 비범한 재능이 있다.
**파** **compensation** 명 배상, 벌충, 보상
    **compensatory** 형 보상의, 보충의

---

**1071** ★★★★☆

## deception
[disépʃən]

명 속임수, 사기
Nonverbal cues may reveal the speaker's true mood as they do in **deception**. 모평
속임수를 쓸 때 그러는 것처럼 비언어적 신호가 말하는 사람의 진정한 기분 상태를 드러낼지도 모른다.
**파** **deceive** 동 속이다, 사기 치다     **deceptive** 형 현혹시키는, 사기의
**유** deceit, fraud     **반** honesty, sincerity

---

**1072** ★★★☆☆

## inspire
[inspáiər]

동 격려하다, 고취하다, 영감을 주다, (숨을) 들이쉬다
Adams got **inspired** and submitted some cartoons, but he was quickly rejected. 대수능
Adams는 격려를 받아 몇 편의 만화를 제출했지만, 그는 금방 거절당했다.
**파** **inspiration** 명 영감    **inspiring** 형 고무하는, 분발케 하는
**유** 격려하다 motivate, encourage    **반** 좌절시키다 discourage

---

**1073** ★★★★☆

## predecessor
[prédisèsər]

명 전신(前身), 전임자, 선행자, 이전의 것
Their manufactured goods had symbols on them, which are the **predecessors** of modern trademarks. 모평
그들의 제조품들에는 상징이 표시되어 있었는데, 이것이 현대의 상표의 전신이다.
**유** 조상, 선조 ancestor    **반** 후임자 successor

---

**1074** ★★★★☆

## occupy
[ákjəpài]

동 차지하다, 거주하다, 점유하다
Examine your thoughts, and you will find them wholly **occupied** with the past or the future. 대수능
자신의 생각을 살펴보면, 여러분은 그것이 전적으로 과거나 미래에 사로잡혀 있다는 것을 알게 될 것이다.
**파** **occupation** 명 점유, 직업    **occupied** 형 점령된, 사용 중인
**유** 거주하다 inhabit    점유하다 possess    **반** 비우다 vacate

---

**1075** ★★★☆☆

## destructive
[distrÁktiv]

형 파괴적인, 유해한
As for politicians, their profession lends itself to this particularly **destructive** personality trait. EBS 연계
정치가에 관한 한 그들의 직업이 특히 이 파괴적인 성격적 특성에 기여한다.
**파** **destruction** 명 파괴    **destroy** 동 파괴하다
    **destructively** 부 파괴적으로
**유** 파괴적인 devastating    유해한 harmful, detrimental
**반** 건설적인 constructive

---

## 1076 ★★★★★

### intervention
[ìntərvénʃən]

몡 중재, 사이에 듦, 간섭, 개입
"Good" homeless people may qualify for intensive interventions. EBS 연계
'좋은' 노숙자는 집중적인 중재를 받을 자격을 얻을 수도 있다.
파 intervene 동 사이에 끼다, 개입하다, 간섭하다
　　 interventional 혱 개입의
유 중재 mediation　　개입 interference

## 1077 ★★★☆☆

### bitter
[bítər]

혱 쓴, 신랄한
Both humans and rats dislike *bitter* and *sour* foods, which tend to contain toxins. 대수능
사람과 쥐 모두 '쓴' 음식과 '신' 음식을 싫어하는데, 이것들에는 독소가 들어 있는 경향이 있다.
파 bitterness 몡 쓴맛, 신랄함　　bitterly 뷔 쓰게, 통렬히, 가차 없이
유 신랄한 harsh, distressing, severe　　반 달콤한 sweet　　온화한 gentle

## 1078 ★★★☆☆

### unanimously
[juːnǽniməsli]

뷔 만장일치로
The low performers usually voted **unanimously**, with little open debate. 대수능
실적이 낮은 사람들은 공개 토론이 거의 없이 대개 만장일치로 투표했다.
파 unanimous 혱 만장일치의
참 unanimous decision 만장일치 판정
　　split decision 엇갈린 판정(2-1, 3-2 등)

## 1079 ★★★★☆

### herd
[həːrd]

몡 떼, 무리, 군중 동 무리를 짓게 하다, 무리를 짓다
Each cattle-owner considers the relative advantage and disadvantage of adding one more animal to the **herd**. 대수능
각각의 가축 소유주는 가축을 한 마리 더 무리에 추가하는 것의 상대적 장단점을 고려한다.
참 herdsman 몡 가축지기　　shepherd 몡 양치기
유 떼 flock, school　　군중 crowd

## 1080 ★★★★☆

### affection
[əfékʃən]

몡 애정, 감정, 영향
If you follow your **affections**, you will write well and will engage your readers. 모평
여러분이 자신의 감정을 따른다면, 여러분은 글을 잘 쓸 것이고, 독자의 관심을 사로잡을 것이다.
파 affect 동 영향을 미치다　　affectional 혱 애정 어린
유 애정 attachment, fondness　　영향 influence
반 무관심 indifference

## 1081 ★★★☆☆

### infant
[ínfənt]

몡 유아, 미성년자 혱 유아(용)의
**Infants** enter the world ready to respond to pain as bad and to sweet (up to a point) as good. 대수능
유아는 고통은 나쁘고 (어느 정도까지) 달콤함은 좋다고 반응할 준비가 된 채로 세상에 나온다.
파 infancy 몡 유아기　　infantile 혱 어린애 같은

## 1082 ★★★★★

### multitude
[mʌ́ltitʲùːd]

몡 다수, 군중
Climate change has a **multitude** of indirect effects on crop and livestock production. EBS 연계
기후 변화는 농작물과 가축 생산에 다수의 간접적인 영향을 미친다.
유 crowd, horde, mass

## 1083 ★★★★☆

### alliance
[əláiəns]

몡 연합, 동맹, 결연
Rainforest **Alliance** recorded the second highest sales in 2010 and recorded the highest sales in 2015. 대수능
열대 우림 연합은 2010년에 두 번째로 많은 판매를 기록했고, 2015년에는 가장 많은 판매를 기록했다.
파 ally 동 동맹하게 하다, 결합시키다   allied 형 동맹한, 연합한
관 allied forces 연합군
유 affiliation, association, league

## 1084 ★★★☆☆

### abandon
[əbǽndən]

동 포기하다, 버리고 떠나다, 버리다 몡 방종, 방탕
When Christmas was at hand, I had **abandoned** all hope of getting a pony. 모평
크리스마스가 코앞에 다가왔을 때, 나는 이미 조랑말을 가지는 모든 희망을 포기해 버렸다.
파 abandoned 형 버림받은, 자포자기한, 방탕한
   abandonment 몡 포기, 유기, 방종
유 버리다 desert, relinquish   반 유지하다 remain, continue

## 1085 ★★★★☆

### tempt
[tempt]

동 유혹하다, ~할 기분이 나게 하다, 부추기다
The knowledge of another's personal affairs can **tempt** the possessor of this information to repeat it as gossip. 모평
다른 사람의 개인적인 일에 대해 아는 것은 이 정보를 가진 사람이 그것을 뒷공론으로 반복하도록 부추길 수 있다.
파 temptation 몡 유혹   tempting 형 유혹하는, 부추기는
유 lure, entice

## 1086 ★★★★☆

### trauma
[tráuːmə]

몡 외상, 마음의 상처, 정신적 쇼크
These early **traumas** made water the only thing that Princess truly feared. 모평
이러한 어린 시절의 정신적 외상이 물을 Princess가 정말로 두려워하는 유일한 것으로 만들었다.
파 traumatic 형 외상의, 정신적 쇼크의   traumatize 동 마음에 충격을 주다
유 shock

## 1087 ★★★☆☆

### editor
[éditər]

몡 편집자, 논설위원
We're still providing these important first experiences to budding young writers and **editors**. 모평
우리는 여전히 이런 중요한 첫 경험들을 젊은 신진 작가들과 편집자들에게 제공하고 있습니다.
파 edit 동 편집하다   editorial 몡 사설 형 편집의, 사설의
관 chief editor 편집장
유 기자, 기고가 journalist

## 1088 ★★★★★

### infer
[infə́:r]

동 추론하다, 암시하다, 넌지시 말하다

We can **infer** that there was prosperity because this was a time that saw the planting of many olive trees. 모평

이때는 많은 올리브 나무를 심는 것을 목격한 시기였기 때문에 우리는 번영이 있었다고 추론할 수 있다.

파 **inference** 명 추리, 추론　**inferable** 형 추론할 수 있는
유 추론하다 deduce, assume

## 1089 ★★★☆☆

### catastrophe
[kətǽstrəfi]

명 큰 재해, 대이변

This means finding and capturing food; avoiding an early death from predation or chance **catastrophe**. EBS 연계

이것은 먹이를 발견해서 잡는 것, 포식(捕食) 혹은 우연한 큰 재해로 인한 조기 사망을 피하는 것을 의미한다.

파 **catastrophic** 형 대이변의, 큰 재앙의
유 calamity, disaster

## 1090 ★★★☆☆

### carpenter
[ká:rpəntər]

명 목수, 목공　동 목공 일을 하다

**Carpenters** may request a lightweight circular saw. 대수능

목수들은 가벼운 원형 톱을 요청할지도 모른다.

파 **carpent** 동 목공 일을 하다　**carpentry** 명 목수직, 목수일
유 목수 woodworker

## 1091 ★★★★☆

### repetitive
[ripétitiv]

형 반복성의, 반복되는

The **repetitive** social sharing of the bad news contributes to realism. 대수능

나쁜 소식의 반복되는 사회적 공유는 현실성에 기여한다.

파 **repeat** 동 반복하다　**repetition** 명 반복
　**repeatedly** 부 되풀이하여, 몇 번이고
유 recurrent

## 1092 ★★★★☆

### stature
[stǽtʃər]

명 위상, 키, 신장, 능력

There was a social pressure for art to come up with some vocation that made it equal in **stature** to science. 모평

예술이 그것을 위상에서 과학과 동등하게 만드는 어떤 소명을 제시해야 한다는 사회적 압력이 있었다.

파 **statural** 형 신장의, 키의
유 키 height　능력 ability, capacity

## 1093 ★★★☆☆

### mobile
[móubəl]

형 휴대의, 이동성이 있는, 움직이기 쉬운

Young people treat the **mobile** phone as an essential necessity of life. 모평

젊은이들은 휴대 전화를 생활 필수품으로 여긴다.

파 **mobility** 명 기동성, 변덕
유 휴대의 portable　이동성이 있는 movable

| 1094 | ★★★★★ |
|---|---|

## overwhelm
[òuvərhwélm]

통 압도하다, 당황하게 하다

When people are **overwhelmed** with the volume of information, they have difficulty knowing what to focus on. 모평

정보의 양에 압도당할 때, 사람들은 무엇에 초점을 두어야 할지 알아내는 데 어려움을 겪는다.

파 **overwhelming** 형 압도적인, 저항할 수 없는

유 압도하다 overpower    당황하게 하다 astonish, bewilder

| 1095 | ★★★★★ |
|---|---|

## civilian
[sivíljən]

명 민간인 형 민간인의

Consider Picasso's *Guernica*, a huge painting that he made in response to the slaughter of Spanish **civilians**. 모평

스페인 민간인의 대량 학살에 대한 반응으로 피카소가 그린 거대한 그림인 피카소의 '게르니카'에 대해 생각해 보라.

파 **civil** 형 시민의, 문명의    **civilization** 명 문명

반 군사적인 military    군인 soldier

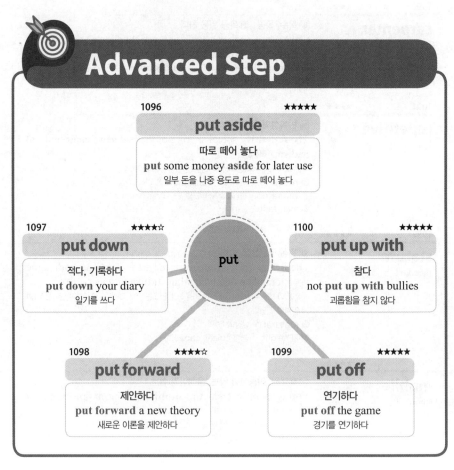

# Advanced Step

**1096** ★★★★★
## put aside
따로 떼어 놓다
**put** some money **aside** for later use
일부 돈을 나중 용도로 따로 떼어 놓다

**1097** ★★★★☆
## put down
적다, 기록하다
**put down** your diary
일기를 쓰다

**put**

**1100** ★★★★★
## put up with
참다
not **put up with** bullies
괴롭힘을 참지 않다

**1098** ★★★★☆
## put forward
제안하다
**put forward** a new theory
새로운 이론을 제안하다

**1099** ★★★★★
## put off
연기하다
**put off** the game
경기를 연기하다

# Review Test

## A

영어는 우리말로, 우리말은 영어로 쓰시오.

1. preserve _____
2. 한숨, 호흡　b_____
3. intervention _____
4. 포기하다, 버리다　a_____
5. predecessor _____
6. 키, 신장　s_____
7. alliance _____
8. 많이 있다　a_____

## B

영어 단어와 우리말 뜻을 연결하시오.

1. advocate ・ ・ a. 애정, 감정
2. affection ・ ・ b. 기대, 예상
3. anticipation ・ ・ c. 옹호자; 주장하다

## C

다음 주어진 뜻에 해당하는 밑줄 친 단어의 파생어를 쓰시오.

1. adjust to peer pressure　　명 _____ 조정, 조절
2. causes of repetitive failures　명 _____ 반복
3. tempt him to do wrong　　형 _____ 유혹하는, 부추기는

## D

밑줄 친 단어의 유의어 혹은 반의어를 쓰시오.

1. destructive interference　　반 c_____
2. ways of depositing money　　반 w_____
3. a long-standing racial prejudice　유 b_____

DAY 20

---

정답

A 1. 유지하다, 보존하다　2. (b)reath　3. 중재, 개입　4. (a)bandon　5. 전임자, 선행자
　6. (s)tature　7. 결연, 동맹　8. (a)bound
B 1. c　2. a　3. b
C 1. adjustment　2. repetition　3. tempting
D 1. (c)onstructive　2. (w)ithdrawing　3. (b)ias

# Actual Test

다음 글의 밑줄 친 부분 중, 문맥상 낱말의 쓰임이 적절하지 <u>않은</u> 것은?

대수능

In the less developed world, the percentage of the population involved in agriculture is declining, but at the same time, those remaining in agriculture are not ① benefiting from technological advances. The typical scenario in the less developed world is one in which a very few commercial agriculturalists are technologically advanced while the vast majority are ② incapable of competing. Indeed, this vast majority have lost control over their own production because of larger global causes. As an example, in Kenya, farmers are actively ③ encouraged to grow export crops such as tea and coffee at the expense of basic food production. The result is that a staple crop, such as maize, is not being produced in a ④ sufficient amount. The essential argument here is that the capitalist mode of production is affecting peasant production in the less developed world in such a way as to ⑤ expand the production of staple foods, thus causing a food problem.

*staple 주요한 **maize 옥수수 ***peasant 소농(小農)

---

해석
저개발 세계에서, 농업에 종사하는 인구 비율은 감소하고 있지만, 동시에 계속 농업에 종사하는 사람들은 기술 발전의 혜택을 받지 못하고 있다. 저개발 세계에서 벌어지는 전형적인 시나리오는 아주 소수의 상업적 농업 경영인들이 기술적으로 발전해 있는 반면에 대다수는 경쟁할 수 없다는 것이다. 사실, 이 대다수는 더 큰 세계적인 원인으로 인해 자신들의 생산에 대한 통제력을 잃게 되었다. 한 예로서, 케냐에서 농부들은 기초 식품 생산을 희생해 가면서 차와 커피와 같은 수출 작물을 재배하도록 적극적으로 권장된다. 결과적으로 옥수수와 같은 주요 작물은 충분한 양으로 생산되지 못하고 있다. 여기에서 본질적인 논점은 자본주의적 생산 방식이 주요 식품의 생산을 확장하는(→ 제한하는) 방식으로 저개발 세계 소작농의 생산에 영향을 끼쳐 식량 문제를 일으키고 있다는 것이다.

해설  저개발 세계에서 자본주의적 생산 방식이 주요 식품의 생산을 제한하는 방식으로 소작농들의 생산에 영향을 끼쳐 궁극적으로 식량 문제를 일으키게 된다는 내용의 글이므로, ⑤의 expand(확장하다)를 limit(제한하다)와 같은 낱말로 바꾸어야 한다.

정답  ⑤

# Vaccine VOCA PLUS

## 혼동어 (1)

| | |
|---|---|
| **obvious**<br>**oblivious** | 혱 명백한 obvious to us all 우리 모두에게 명백한<br>혱 알아차리지[기억하지] 못하는 oblivious of his promise 그의 약속을 기억하지 못 하는 |
| **benefit**<br>**benefit**<br>**from** | 동 ~에게 이익이 되다 benefit us in many ways 여러모로 우리에게 이익이 되다<br>~에서 이익을 얻다 benefit from listening 경청에서 이익을 얻다 |
| **compliment**<br>**complement** | 동 칭찬하다 good at complimenting people 사람을 칭찬하는 것에 능한<br>동 보충하다 complement what is lacking 부족한 것을 보충하다 |
| **apply to**<br>**apply for** | ~에 적용되다 apply to this case 이 사건에 적용되다<br>~에 지원하다 apply for the position 그 자리에 지원하다 |
| **comprehend**<br>**apprehend** | 동 이해하다 comprehend its true meaning 그것의 참된 의미를 이해하다<br>동 체포하다 apprehend a criminal 범죄자를 체포하다 |
| **aware**<br>**beware** | 혱 알고 있는 as far as I'm aware 내가 알고 있는 한<br>동 주의하다 beware of undercooked food 덜 익은 음식을 주의하다 |
| **deal in**<br>**deal with** | ~을 거래하다 deal in stock exchanges 증권 거래를 하다<br>~에 대처하다 deal with depression 우울증에 대처하다 |
| **discreet**<br>**discrete** | 혱 신중한 seek a discreet way 신중한 방식을 모색하다<br>혱 별개의 take discrete steps 별개의 조치를 취하다 |
| **sure to**<br>**sure of** | 반드시 ~하는 sure to keep my word 내 약속을 반드시 지키는<br>~을 확신하는 sure of my victory 나의 승리를 확신하는 |
| **article**<br>**articulate** | 명 기사 read an article 기사를 읽다<br>혱 분명히 발음된 articulate and well spoken 분명히 발음되고 잘 구사된 |

| | |
|---|---|
| **vote** | 몡 투표  cast a **vote** 투표하다 |
| **veto** | 몡 거부(권)  exercise the power of **veto** 거부권을 행사하다 |
| **profit** | 동 ~에게 이익이 되다  **profit** me nothing 나에게 아무런 이익이 안 되다 |
| **profit from** | ~에서 이득을 얻다  **profit from** his experience 그의 경험에서 이득을 얻다 |
| **buttress** | 몡 버팀, 지지  the **buttress** of public opinion 여론의 지지 |
| **fortress** | 몡 요새  invincible **fortress** 난공불락의 요새 |
| **result in** | 결국 ~이[가] 되다  **result in** unexpected failure 결국 예기치 않은 실패가 되다 |
| **result from** | ~에서 생기다  problems **resulting from** lack of understanding 이해의 부족에서 생기는 문제점들 |
| **convey** | 동 전하다  **convey** a crucial message 중요한 메시지를 전하다 |
| **convoy** | 동 호송하다  **convoy** his master home 그의 주인을 집으로 호송하다 |
| **moral** | 몡 교훈, 도덕  the **moral** of the story 그 이야기의 교훈 |
| **morale** | 몡 사기  boost his men's **morale** 그의 부하들의 사기를 끌어올리다 |
| **come down to** | 영락하여 ~하게 되다  **come down to** begging 영락하여 구걸하게 되다 |
| **come down with** | (병에) 걸리다  **come down with** a cold 감기에 걸리다 |
| **potable** | 혱 마시기에 알맞은  **potable** water 마시기에 알맞은 물 |
| **portable** | 혱 휴대용의  buy a **portable** bed 휴대용 침대를 사다 |
| **pervasive** | 혱 널리 퍼지는  as **pervasive** as ever 어느 때 못지않게 널리 퍼지는 |
| **persuasive** | 혱 설득력 있는  the most **persuasive** evidence 가장 설득력 있는 증거 |
| **prescribe** | 동 처방하다  **prescribe** medicine to a patient 환자에게 약을 처방하다 |
| **subscribe** | 동 구독하다  **subscribe** to a newspaper 신문을 구독하다 |

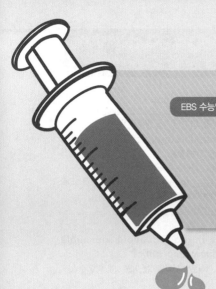

# Word Preview

- [ ] native
- [ ] motivate
- [ ] suit
- [ ] rare
- [ ] intense
- [ ] criticize
- [ ] expense
- [ ] innate
- [ ] trigger
- [ ] additional
- [ ] momentous
- [ ] luxury
- [ ] stationary
- [ ] extract
- [ ] eligible
- [ ] revolve
- [ ] domain

- [ ] polish
- [ ] flatter
- [ ] compulsively
- [ ] legislation
- [ ] medication
- [ ] philosophical
- [ ] summarize
- [ ] unbiased
- [ ] fierce
- [ ] rationality
- [ ] squeeze
- [ ] contradict
- [ ] harbor
- [ ] conform
- [ ] neural
- [ ] subordinate
- [ ] nursery

- [ ] sedentary
- [ ] twilight
- [ ] annoyance
- [ ] barrier
- [ ] vain
- [ ] injustice
- [ ] numeral
- [ ] contagious
- [ ] volcanic
- [ ] meditate
- [ ] endure
- [ ] stimulus
- [ ] disrupt
- [ ] distract
- [ ] misguided
- [ ] pedestrian

---

**1101** ★★★★★

**native**
[néitiv]

형 출생지의, 토착[토종]의, 원주민의, 타고난  명 원주민
The consequences of such introduced species are sometimes devastating to **native** species.  EBS 연계
그러한 도입 종의 결과는 때때로 토착 종에 대단히 파괴적이다.
파 **nativeness** 명 태어난 땅임, 출생임  **natively** 부 나면서부터, 천연적으로
유 inborn, innate, inherent, indigenous

---

**1102** ★★★★★

**motivate**
[móutəvèit]

동 동기를 부여하다, 자극하다
Fear can **motivate** change in order to avoid something you're afraid of, such as dying young.  모평
두려움은 젊은 나이에 죽는 것과 같은, 여러분이 두려워하는 어떤 것을 피할 수 있도록 변화를 자극할 수 있다.
파 **motivation** 명 동기 부여  **motivated** 형 동기가 부여된
유 encourage, inspire  반 discourage

---

**1103** ★★★★★

**suit**
[sju:t]

동 일치시키다, 적합하게 하다  명 소송, (복장의) 한 벌
Our misinformation owes partly to our tendency to see the world in ways that **suit** our desires.  모평
우리가 잘못 아는 것은 부분적으로는 우리의 갈망과 일치하는 방식으로 세상을 바라보는 우리의 경향 탓이다.
파 **suitable** 형 적절한  **suitability** 명 적합, 적당
유 적합하게 하다 fit, match  소송 case, lawsuit

---

**1104** ★★★★★

**rare**
[rɛər]

형 희귀한, 드문
In the fading evening light, she found the two **rare** black birds in their nest.  모평
흐릿해지는 저녁 빛 속에서, 그녀는 자신들의 둥지에 있는 그 희귀한 검은 새 두 마리를 발견했다.
파 **rareness** 명 드묾  **rarity** 명 진기함  **rarely** 부 드물게
유 드문 scarce  진기한 novel  반 흔한 common, ordinary, usual

---

**1105** ★★★★★

**intense**
[inténs]

형 극심한, 격렬한, 열심인
You can gain an objectivity and control that the original **intense** situation did not have.  대수능
여러분은 원래의 극심한 상황에서는 존재하지 않았던 객관성과 통제력을 얻을 수 있다.
파 **intensity** 명 강렬함, 강도  **intenseness** 명 강렬함, 격렬함
  **intensely** 부 몹시, 강렬하게, 격하게
유 극심한 acute  열심인 ardent, passionate

---

**1106** ★★★★★

**criticize**
[krítisàiz]

동 비판하다, 비난하다
In so far as we sympathize with the victims, we may **criticize** the UN for failing to keep its promises.  모평
피해자들과 공감하는 한, 우리는 유엔을 자신의 약속을 지키지 못한 것에 대해 비난할 수도 있을 것이다
파 **critic** 명 비평가, 비난하는 사람  **critical** 형 비판적인, 중대한, 위독한
유 scold, reproach  반 칭찬하다 compliment  장려하다 encourage

---

| 1107 | ★★★★★ |
|---|---|

**expense**
[ikspéns]

명 지출, 경비, 비용, 희생 동 필요 경비로 지출되다
Millions of workers who retired with pensions found that inflation pushed up costs far beyond their expected **expenses.** 모평
연금을 받고 퇴직한 수백만 명의 근로자들은 인플레이션이 (생활에 필요한) 자신들이 예상했던 경비를 훨씬 넘어서게 비용을 끌어올렸다는 것을 알게 되었다.
㉴ expensive 형 비싼　 expenseless 형 지출이 없는, 검소한
㊜ 지출 expenditure　 비용 cost　 희생 sacrifice　 ㊝ 수입 income

| 1108 | ★★★★★ |
|---|---|

**innate**
[inéit]

형 타고난, 선천적인
Approximately 20 percent of the difference between people in selfless behavior is **innate.** EBS 연계
이타적 행동에 있어 사람들 간 차이점의 대략 20%가 선천적인 것이다.
㉴ innateness 명 타고남, 천부적임, 본질적임
　 innately 부 타고나서, 선천적으로
㊜ inborn, inherent, native　 ㊝ 학습된 learned　 획득된 acquired

| 1109 | ★★★★★ |
|---|---|

**trigger**
[trígər]

동 방아쇠를 당기다, 유발하다 명 방아쇠
Erikson believes that when we reach the adult years, several stimuli **trigger** a sense of *generativity.* 모평
Erikson은 우리가 성년기에 이를 때, 몇 가지 자극이 '생식성'에 대한 인식을 유발한다고 믿는다.
㉴ triggered 형 방아쇠가 있는
㊜ 유발하다 cause, prompt　 ㊝ 방지하다 prevent

| 1110 | ★★★★★ |
|---|---|

**additional**
[ədíʃənəl]

형 추가의, 부가의
He does not require **additional** energy or nutrients to meet his daily needs. 대수능
그는 자신의 하루 필요량을 충족시키기 위해 추가적인 에너지나 영양소를 필요로 하지 않는다.
㉴ addition 명 추가　 additionally 부 추가로
㊜ extra, supplementary

| 1111 | ★★★☆☆ |
|---|---|

**momentous**
[mouméntəs]

형 중대한, 중요한
The American Revolution was one of the most **momentous** upheavals of a whole series of revolutionary events. EBS 연계
미국 독립 혁명은 모든 일련의 혁명적 사건들 중에서 가장 중대한 대변동들 중의 하나였다.
㉴ momentously 부 중대하게, 중요하게
㉴ momentary 형 순간의
㊜ important, significant　 ㊝ 사소한 trivial

| 1112 | ★★★☆☆ |
|---|---|

**luxury**
[lʌ́kʃəri]

명 사치(품), 호사
Exercise is not a **luxury**, but it is a necessity. EBS 연계
운동은 사치가 아니라 필요한 것이다.
㉴ luxurious 형 사치스러운　 luxuriousness 명 사치스러움, 방탕함
㊜ 낭비, 사치 lavishness, wastefulness, extravagance　 ㊝ 검소 frugality

## 1113 ★★★★☆

**stationary**
[stéiʃənèri]

형 정지된, 움직이지 않는, 고정된 명 움직이지 않는 사람

Researchers asked a group of college volunteers to exercise at a self-selected pace on a treadmill and a **stationary** bike. 모평

연구자들은 한 무리의 대학생 지원자들에게 러닝머신과 고정된 자전거에서 각각 자신이 선택한 속도로 운동할 것을 요청했다.

🔵 **station** 명 정거장 ⚫ **stationery** 명 문방구
🔴 정지된 motionless, static, fixed ⚫ movable, active

## 1114 ★★★★☆

**extract**
[ikstrǽkt]

동 추출하다, 뽑아내다, 인용하다, 발췌하다
명 [ékstrækt] 추출물, 발췌

Information is **extracted** from these sources of data, and this captured information is transformed into knowledge. 모평

정보는 이러한 데이터의 출처로부터 추출되며, 이 습득된 정보는 지식으로 변형된다.

🔵 **extracted** 형 추출된 **extraction** 명 뽑아냄, 추출, 발췌
🔴 인용하다 cite, excerpt

## 1115 ★★★☆☆

**eligible**
[élidʒəbl]

형 자격이 있는, 적격의 명 유자격자, 적격자

Anyone over the age of 18 is **eligible**, with the exception of professional photographers. 모평

전문 사진가를 제외하고 18세가 넘는 사람은 누구나 자격이 있다.

🔵 **eligibility** 명 적임, 적격 **reeligible** 형 재임 자격이 있는
🔴 자격이 있는 qualified ⚫ ineligible

## 1116 ★★★☆☆

**revolve**
[riválv]

동 돌다, 회전하다

The Nuer are a cattle-raising people, whose everyday lives **revolve** around their cattle. 대수능

Nuer 족은 소를 기르는 민족으로, 그들의 일상생활은 자신들의 소를 중심으로 돌아간다.

🔵 **revolving** 형 회전하는 ⚫ **revolving door** 회전문
🔴 rotate, spin

## 1117 ★★★☆☆

**domain**
[douméin]

명 영역, 분야

Research and development for seed improvement has long been a public **domain** and government activity. 대수능

종자 개량을 위한 연구 개발은 오랫동안 공공 영역이자 정부의 활동이었다.

🔵 **domanial** 형 영지의, 소유지의 ⚫ **domain name** 도메인 이름
🔴 territory, realm, field

## 1118 ★★★☆☆

**polish**
[páliʃ]

동 윤[광]을 내다, 다듬다, 세련되게 하다 명 광택, 세련

You can go back to revise and **polish** your writing. 모평

여러분은 다시 돌아가 쓴 글을 교정하고 다듬을 수 있다.

🔵 **polished** 형 광택 나는, 세련된 **polisher** 명 윤을 내는 기구
**polishable** 형 닦을 수 있는, 닦으면 윤이 나는
🔴 윤을 내다 shine 세련되게 하다 refine

---

**1119** ★★★☆☆

## flatter
[flǽtər]

동 아첨하다, 치켜세우다, 우쭐하게 하다
A clever salesperson may **flatter** the customer by remarking that he is "in good shape for his age." EBS 연계
똑똑한 판매사원은 그가 '그의 연령에 비해 몸 상태가 좋다'고 언급함으로써 그 고객에게 아첨할 수 있다.
파 **flattery** 명 아첨  **flatterer** 명 아첨꾼  **flattering** 형 아부하는, 아첨하는
유 compliment  반 criticize

---

**1120** ★★★☆☆

## compulsively
[kəmpʌ́lsivli]

부 강박감에 사로잡혀, 강제적으로
She started **compulsively** drawing and painting all the wondrous things she was discovering. 모평
그녀는 강박감에 사로잡혀 자신이 발견하는 모든 경이로운 것들을 그리고 색칠하기 시작했다.
파 **compulsive** 형 강제적인  **compulsory** 형 강제적인, 의무적인
**compulsion** 명 강요, 강제
유 obsessively

---

**1121** ★★★★☆

## legislation
[lèdʒisléiʃən]

명 입법, 법률
Supporters of such **legislation** like to defend these increases with tales of starving writers and their descendants. 대수능
그런 입법을 지지하는 사람들은 굶주리는 작가와 그들의 후손들의 이야기를 들어 이렇게 늘어난 것에 대해 옹호하는 것을 좋아한다.
파 **legislature** 명 입법부, 입법 기관  **legislate** 동 법률을 제정하다
**legitimate** 형 합법의, 정당한
유 decree

---

**1122** ★★★☆☆

## medication
[mèdəkéiʃən]

명 약물, 의약품
Average consumers of health care do not have a license to order services or prescribe **medications**. 모평
일반적인 의료 소비자들은 (의료) 서비스를 주문하거나 약물을 처방하는 면허를 가지고 있지 않다.
파 **medical** 형 의학의, 내과의  **medicine** 명 약, 의학
유 drug

---

**1123** ★★★★☆

## philosophical
[filəsáfikəl]

형 철학의, 이성적인
Within the **philosophical** disciplines, logic must be learned through the use of examples and actual problem solving. 대수능
철학 교과 내에서 논리는 실례의 사용과 실제적 문제 해결을 통해서 학습되어야 한다.
파 **philosophy** 명 철학  **philosopher** 명 철학자
유 이성적인 rational  반 감정적인 emotional

---

**1124** ★★★★☆

## summarize
[sʌ́məràiz]

동 요약하다
Schemata **summarize** the broad pattern of your experience, and so they tell you what's ordinary in a given situation. 대수능
도식이 여러분의 경험의 광범위한 유형을 요약하며, 그래서 그것(도식)이 주어진 상황에서 무엇이 평범한 것인지 여러분에게 말해 준다.
파 **summary** 명 요약  **summarization** 명 요약

---

**1125** ★★★☆☆

## unbiased
[ʌnbáiəst]

형 편견[선입관]이 없는, 공평한
Discoveries are the product of inspired patience, of skilled hands and an inquiring but **unbiased** mind. 모평
발견은 영감을 받은 인내, 솜씨 있는 손, 그리고 탐구적이지만 편견이 없는 정신의 산물이다.
❸ **unbiasedly** 부 편견 없이
❺ unprejudiced, impartial, fair   ❹ biased, prejudiced

---

**1126** ★★★★★

## fierce
[fiərs]

형 격렬한, 몹시 사나운
After several **fierce** battles, Andrew's concentration wavered for a moment. 모평
몇 차례의 격렬한 다툼 후에, Andrew의 집중력이 잠시 동안 흔들렸다.
❸ **fierceness** 명 사나움   **fiercely** 부 맹렬히, 지독히
❺ ferocious, intense   ❹ 길들여진 tame   온순한 mild

---

**1127** ★★★☆☆

## rationality
[ræʃənǽləti]

명 합리성
Policymaking is seen to be more objective when utilitarian **rationality** is the dominant value that guides policy. 대수능
공리적인 합리성이 정책을 유도하는 지배적인 가치일 때 정책 결정은 더 객관적인 것으로 간주된다.
❸ **rational** 형 합리적인, 이성적인   **rationalize** 동 합리화하다
❺ 이성 reason

---

**1128** ★★★★☆

## squeeze
[skwi:z]

동 압착하다, 짜내다, 밀어 넣다
We are generally too busy trying to **squeeze** more and more activities into less and less time. 모평
우리는 일반적으로 점점 더 적은 시간에 점점 더 많은 활동을 밀어 넣으려고 시도하느라 너무 바쁘다.
❺ 압착하다 compress   밀어 넣다 cram

---

**1129** ★★★☆☆

## contradict
[kàntrədíkt]

동 반박하다, ~와 모순되다
Lie detectors can verify the accuracy of this information by searching for further evidence that supports or **contradicts** it. EBS 연계
거짓말 탐지기는 그것을 뒷받침하거나 반박하는 추가 증거를 찾음으로써 이 정보의 정확성을 입증할 수 있다.
❸ **contradictory** 형 모순된, 양립치 않는   **contradiction** 명 반박, 모순
❺ 반박하다 dispute, protest   ❹ 동의하다 agree   지지하다 support

---

**1130** ★★★☆☆

## harbor
[há:rbər]

명 항구, 피난처 동 살다, (항구에) 정박하다, (악의를) 품다, 숨기다
Madagascar alone **harbors** some 8,000 species of flowering plants. 모평
마다가스카르에만 약 8,000종의 화초들이 산다.
❸ **harborage** 명 정박 시설, 피난 시설
**harborless** 형 피난처가 없는, 항구가 없는
❺ 항구 port   피난처 refuge, shelter, retreat   숨기다 conceal

---

## 1131 ★★★★☆

### conform
[kənfɔ́:rm]

동 따르게 하다, 순응하다, 일치하다
Larger groups put more pressure on their members to
conform. 대수능
규모가 더 큰 집단은 구성원들에게 순응하도록 더 큰 압력을 가한다.
⑪ conformity 명 일치, 순응
⑤ agree, comply  ⑭ rebel

## 1132 ★★★☆☆

### neural
[njú(:)ərəl]

형 신경(계)의
Your gut bugs have the ability to impact your behavior and
mood by altering the neural signals in your vagus nerve.
EBS 연계
여러분의 소화관 미생물은 미주 신경의 신경 신호를 바꿈으로써 행동과 기분에 영향
을 미치는 능력을 가지고 있다.
⑪ neurally 부 신경계로
ⓐ neurological

## 1133 ★★★☆☆

### subordinate
[səbɔ́:rdənət]

명 부하, 아랫사람 형 종속의, 부수하는
In every case, the leader's subordinates perceived the
removal of the mask as an act of strength and courage. 모평
모든 경우에, 그 지도자의 부하들은 가면의 제거를 힘과 용기의 행위로 인식했다.
⑪ subordinately 부 부차적으로, 하위에
⑤ 아랫사람 assistant, junior, servant  ⑭ 윗사람 senior, supervisor

## 1134 ★★★☆☆

### nursery
[nɔ́:rsəri]

명 아이 방, 보육원, 양성소, 온상
She ran back to the nursery to check on her daughter. 모평
그녀는 자신의 딸을 살피기 위해 아이 방으로 다시 달려갔다.
⑪ nurse 동 돌보다 명 간호사
ⓢ day-care center 어린이집

## 1135 ★★★☆☆

### sedentary
[sédəntèri]

형 앉은 채 있는, 이주하지 않는 명 늘 앉아 있는 사람
Birds of the same species may be migratory in one area, but
sedentary elsewhere. 모평
같은 종의 새들이 한 지역에서는 이동할 수도 있으나 다른 곳에서는 이주하지 않을
수도 있다.
⑪ sedentarily 부 늘 앉아서
⑤ fixed, immobile, inactive, stationary  ⑭ energetic

## 1136 ★★★★☆

### twilight
[twáilàit]

명 땅거미, 저물녘, 황혼 때
She was happy that she could view the bridge in the
twilight. 모평
그녀는 땅거미가 질 때 그 다리를 볼 수 있어서 행복했다.
ⓢ twilight zone 중간 지대
⑤ dusk, sunset  ⑭ dawn

---

**1137** ★★★★☆

**annoyance**
[ənɔ́iəns]

명 성가심, 불쾌감, 골칫거리
Occasionally individuals select indirect means of expressing their **annoyance**. 모평
때때로 사람들은 자신의 불쾌감을 표현하는 간접적인 수단을 선택한다.
파 **annoy** 통 괴롭히다, 성가시게 하다　**annoyed** 형 짜증이 난, 약 오르는
　**annoying** 형 성가신, 귀찮은
유 irritation, nuisance, provocation　반 comfort, pleasure

---

**1138** ★★★★★

**barrier**
[bǽriər]

명 장벽, 울타리, 장애물
None of the four Asian countries broke the **barrier** of receiving 5,000 U.S. S & E doctorates in a single year. 모평
아시아의 4개국 중에서 어느 국가도 한 해에 5,000개의 미국의 이공계 박사 학위를 취득하는 장벽을 넘지 못했다.
파 **barrier-free** 형 장애물이 없는
유 obstacle, hurdle, fence　반 passage

---

**1139** ★★★★☆

**vain**
[vein]

형 헛된, 자만하는, 소용없는
It threw itself up and over the rushing water above, but in **vain**. 대수능
그것은 빠르게 흐르는 물 위로 몸을 솟구쳐 넘어가려고 했지만, 소용없었다.
파 **vainly** 부 헛되이, 자만하여
유 헛된 futile, unprofitable　자만하는 haughty
반 효과적인 effective　겸손한 humble

---

**1140** ★★★★☆

**injustice**
[indʒʌ́stis]

명 불공평, 부당
Their sense of **injustice** was heightened by the fact that there were laws that supported their belief. 모평
자신들의 믿음을 뒷받침해 주는 법이 있다는 사실에 의해서 부당하다는 그들의 의식이 고조되었다.
파 **remedy injustice** 부당함을 바로잡다
유 partiality　반 justice, impartiality

---

**1141** ★★★☆☆

**numeral**
[njúːmərəl]

명 숫자 형 수의, 수를 나타내는
When we learn Arabic **numerals** we build a circuit to quickly convert those shapes into quantities. 대수능
우리가 아라비아 숫자를 배울 때 우리는 그러한 모양들을 빠르게 수량으로 변환하는 회로를 만든다.
파 **numerous** 형 다수의, 수많은
유 number, figure, digit

---

**1142** ★★★★☆

**contagious**
[kəntéidʒəs]

형 전염성의, 전파하는, 옮기 쉬운
Congratulations, hugs, and laughter were **contagious**. 대수능
축하, 포옹, 그리고 웃음은 전염성이 있었다.
파 **contagion** 명 전염(병)　**contagiously** 부 전염성으로, 전염하여
유 infectious, transmittable

---

## 1143 ★★★★☆

### volcanic
[vɑlkǽnik]

형 화산의, 폭발성의
Volcanic activity caused the island refuge to sink completely beneath the waves. 모평
화산 활동은 그 섬 피난처를 완전히 물결 밑으로 가라앉게 했다.
파 volcano 명 화산  volcanically 부 화산처럼, 격렬하게
유 폭발성의 explosive

## 1144 ★★★☆☆

### meditate
[méditèit]

동 숙고하다, 명상하다
We have to slow down a bit and take the time to contemplate and meditate. 모평
우리는 조금 속도를 늦추고 깊이 생각하고 숙고할 시간을 가져야 한다.
파 meditation 명 명상, 숙고  meditative 형 명상적인, 깊은 생각에 잠긴
유 contemplate, ponder

## 1145 ★★★★☆

### endure
[indʒúər]

동 견디다, 참다, 경험하다
This sincere interest in the product may enable the customer to endure the increased cost. 대수능
제품에 대한 이 진정한 관심은 소비자로 하여금 증가된 비용을 견딜 수 있게 해 줄 수도 있다.
파 endurance 명 인내, 지구력  enduring 형 오래 가는
  endurable 형 견딜 수 있는, 감내할 수 있는
유 견디다 bear, tolerate, stand  경험하다 undergo

## 1146 ★★★★☆

### stimulus
[stímjələs]

명 자극
In a singer some of the auditory stimulus is conducted to the ear through the singer's own bones. 모평
가수의 경우에는 청각적 자극의 일부가 가수 자신의 뼈를 통해서 귀로 전달된다.
파 stimulate 동 자극을 주다
참 stimuli stimulus의 복수형  stimulus and reaction 자극과 반응
유 impetus

## 1147 ★★★★☆

### disrupt
[disrʌ́pt]

동 지장을 주다, 부수다
Embarrassment caused by such failure may cause cognitive interference of sufficient intensity to disrupt performance. EBS 연계
그러한 실패로 인한 당혹감은 충분한 강도의 인지적 간섭을 유발하여 연기에 지장을 줄 수도 있다.
파 disruption 명 분열, 붕괴, 혼란  disruptive 형 붕괴시키는, 파괴적인
유 방해하다 disturb  잘못되게 만들다 upset  반 진정시키다 calm

## 1148 ★★★★★

### distract
[distrǽkt]

동 흩트리다, 산만하게 하다, 재미있게 하다
In the so-called information overload, a leader is overrun with inputs that only distract and confuse her thinking. 모평
소위 말하는 정보 과부하 상태에서 지도자는 자신의 생각을 흩트리고 혼란스럽게 할 뿐인 조언에 압도당한다.
파 distraction 명 주의 산만, 정신 착란, 기분 전환, 오락
  distractor 명 정신을 산만하게 하는 것, 정답 이외의 선택지
  distracting 형 산만하게 하는
유 혼란하게 하다 disturb  재미있게 하다 amuse, entertain

| 1149 | ★★★☆☆ |
|---|---|

**misguided**
[misgáidid]

[형] 오도된, 미혹된, 잘못 안

We believe this view to be thoroughly **misguided**. 대수능
우리는 이러한 관점이 철저하게 오도된 것으로 믿는다.
🔵 **misguidedly** [부] 미혹되게
🟢 misinformed, misdirected, deceived　🔴 informed, accurate

| 1150 | ★★★★☆ |
|---|---|

**pedestrian**
[pədéstriən]

[명] 보행자 [형] 보행자의, 도보의

Some residents express concern that tourists may cause traffic and **pedestrian** congestion. 대수능
몇몇 주민들은 관광객들이 교통과 보행자 혼잡을 초래할지도 모른다는 우려를 표한다.
🔵 **jaywalker** [명] 무단 횡단하는 사람　**jaywalk** [동] 무단 횡단하다
🟢 walker

# Advanced Step

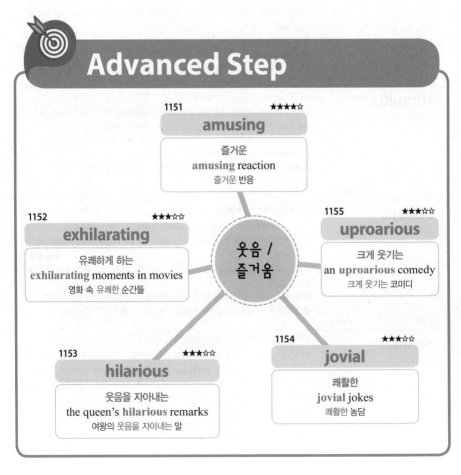

**1151** ★★★★☆
**amusing**
즐거운
**amusing** reaction
즐거운 반응

**1152** ★★★☆☆
**exhilarating**
유쾌하게 하는
**exhilarating** moments in movies
영화 속 유쾌한 순간들

**1155** ★★★☆☆
**uproarious**
크게 웃기는
an **uproarious** comedy
크게 웃기는 코미디

웃음 /
즐거움

**1153** ★★★☆☆
**hilarious**
웃음을 자아내는
the queen's **hilarious** remarks
여왕의 웃음을 자아내는 말

**1154** ★★★☆☆
**jovial**
쾌활한
**jovial** jokes
쾌활한 농담

# Review Test

## A

영어는 우리말로, 우리말은 영어로 쓰시오.

1. criticize _____
2. 타고난 i_____
3. motivate _____
4. 부정(不正) i_____
5. neural _____
6. 장벽 b_____
7. extract _____
8. 요약하다 s_____

## B

영어 단어와 우리말 뜻을 연결하시오.

1. expense •  • **a.** 지출, 경비
2. trigger •  • **b.** 광을 내다, 세련되게 하다
3. polish •  • **c.** 방아쇠를 당기다, 유발하다

## C

다음 주어진 뜻에 해당하는 밑줄 친 단어의 파생어를 쓰시오.

1. inevitable <u>luxury</u> tax 　형 _____ 사치스러운
2. <u>endure</u> with spirit and humor 　명 _____ 인내, 지구력
3. overseas Koreans <u>eligible</u> to vote 　명 _____ 적임, 적격

## D

밑줄 친 단어의 유의어 혹은 반의어를 쓰시오.

1. peace at the <u>expense</u> of freedom 　유 s_____
2. a <u>contagious</u> disease 　유 i_____
3. an <u>annoyance</u> that never goes away 　반 p_____

---

정답

**A** 1. 비판하다 2. (i)nnate 3. 동기를 부여하다 4. (i)njustice 5. 신경(계)의 6. (b)arrier
　　7. 추출하다, 뽑아내다 8. (s)ummarize
**B** 1. a 2. c 3. b
**C** 1. luxurious 2. endurance 3. eligibility
**D** 1. (s)acrifice 2. (i)nfectious 3. (p)leasure

# Actual Test

다음 글의 밑줄 친 부분 중, 문맥상 낱말의 쓰임이 적절하지 <u>않은</u> 것은?

모평

In mature markets, breakthroughs that lead to a major change in competitive positions and to the growth of the market are ① rare. Because of this, competition becomes a zero sum game in which one organization can only win at the expense of others. However, where the degree of competition is particularly intense a zero sum game can quickly become a negative sum game, in that everyone in the market is faced with ② additional costs. As an example of this, when one of the major high street banks in Britain tried to gain a competitive advantage by opening on Saturday mornings, it attracted a number of new customers who found the traditional Monday-Friday bank opening hours to be a ③ convenience. However, faced with a loss of customers, the competition responded by ④ opening on Saturdays as well. The net effect of this was that, although customers ⑤ benefited, the banks lost out as their costs increased but the total number of customers stayed the same. In essence, this proved to be a negative sum game.

해석

충분히 발달한 시장에서는, 경쟁적 지위들에서의 중요한 변화와 시장의 성장을 가져오는 획기적인 발전이 드물다. 이 때문에, 경쟁은 한 조직이 다른 조직들을 희생해서만 승리할 수 있는 제로섬 게임이 된다. 하지만 경쟁의 정도가 특히 극심한 경우, 제로섬 게임은 시장 내의 모두가 추가적인 비용에 직면하므로, 급속하게 네거티브 섬 게임이 될 수도 있다. 이것의 한 가지 예로, 영국의 주요 소매 은행 중 한 곳이 토요일 오전에 영업함으로써 경쟁 우위를 점하려고 했을 때, 그 은행은 전통적인 월요일부터 금요일까지의 은행 영업시간을 편리함(→ 제약)이라고 여기던 많은 새로운 고객을 끌어모았다. 하지만 고객의 감소에 직면하자, 경쟁 상대도 역시 토요일에 영업함으로써 대응했다. 이것의 최종 결과는, 비록 고객들은 이득을 보았지만, 은행들은 비용은 증가했으나 고객의 총수는 그대로였기 때문에 손해를 보았다는 것이었다. 본질적으로 이것은 네거티브 섬 게임으로 판명되었다.

해설 은행의 전통적인 월요일부터 금요일까지의 영업시간을 불편하게 여긴 고객들이 토요일에 문을 여는 은행을 찾은 것이므로, ③의 convenience(편리함)를 constraint(제약)와 같은 낱말로 고쳐 써야 한다.

정답 ③

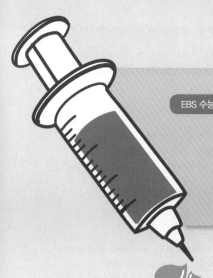

## Word Preview

- [ ] actual
- [ ] available
- [ ] justify
- [ ] subject
- [ ] myth
- [ ] describe
- [ ] cancel
- [ ] recall
- [ ] independent
- [ ] grant
- [ ] chronological
- [ ] refer
- [ ] avenue
- [ ] abruptly
- [ ] complicated
- [ ] satisfy
- [ ] pupil

- [ ] dismiss
- [ ] conference
- [ ] outline
- [ ] assert
- [ ] restrict
- [ ] punctuality
- [ ] immerse
- [ ] absorbed
- [ ] precaution
- [ ] interference
- [ ] predetermined
- [ ] fossil
- [ ] recite
- [ ] vivid
- [ ] solely
- [ ] auditory
- [ ] legitimate

- [ ] spell
- [ ] perceptual
- [ ] restore
- [ ] trivial
- [ ] rectangular
- [ ] scarcely
- [ ] compact
- [ ] disturb
- [ ] glance
- [ ] spare
- [ ] fallacy
- [ ] departure
- [ ] ironically
- [ ] prolific
- [ ] subscription
- [ ] mission

---

**1156** ★★★★★

## actual
[ǽktʃuəl]

형 실제의, 사실의, 현재의
Sometimes you will want to use your life more directly in your fiction, dramatizing **actual** incidents. 대수능
때로 여러분은 실제 사건들을 각색하여, 여러분의 인생을 여러분의 소설에 더 직접적으로 사용하기를 원할 것이다.
파 **actuality** 명 현실, 사실　**actually** 부 실제로, 지금 현재로
유 real, factual　반 false

---

**1157** ★★★★★

## available
[əvéiləbl]

형 이용할 수 있는, 손에 넣을 수 있는, 시간이 있는
This is an important focus—especially as more and more information becomes **available** electronically. 모평
이것은 중요한 중점 사항인데, 점점 더 많은 정보가 전자적으로 이용 가능하게 됨에 따라 특히 그러하다.
파 **avail** 동 이용하다　**availability** 명 이용도, 이용할 수 있는 것
유 accessible, handy, obtainable　반 inaccessible, unavailable

---

**1158** ★★★★★

## justify
[dʒʌ́stəfài]

동 정당화하다, 옳음을 보여 주다
The children were asked to judge whether the cars had run for the same time and to **justify** their judgment. 대수능
아이들은 그 자동차들이 같은 시간 동안 달렸는지의 여부를 판단하고 자신들의 판단이 옳음을 보여 보라는 요청을 받았다.
파 **justification** 명 정당하다고 규정함　**justifiable** 형 정당한, 타당한
유 rationalize

---

**1159** ★★★★★

## subject
[sʌ́bdʒikt]

명 과목, 주제, 피실험자, 신하　형 ~의 영향을 받는, ~을 조건으로 하는, ~에 걸리기 쉬운, 종속하는　동 [səbdʒékt] 복종시키다, 당하게 하다
The traditional historian of science seems blind to the fact that the standards are **subject** to historical change. 대수능
기준이 역사적 변화의 영향 하에 있다는 사실을 전통적인 과학 사학자들은 알지 못하는 것처럼 보인다.
파 **subjective** 형 주관적인　**subjectivity** 명 주관성, 자기 본위
유 과목 course　주제 theme　~을 조건으로 하는 conditional
~에 걸리기 쉬운 susceptible, vulnerable, prone

---

**1160** ★★★★★

## myth
[miθ]

명 근거 없는 통념, 잘못된 믿음[사실], 신화
A detailed examination highlights the perpetuation of the **myth**. EBS 연계
자세히 관찰하면 잘못된 믿음의 영속화가 두드러지게 나타난다.
파 **mythology** 명 신화(집)　**mythological** 형 신화의
유 legend　반 fact, truth

---

**1161** ★★★★★

## describe
[diskráib]

동 묘사하다
The respondents' suggestions depended on whether the metaphor used to **describe** crime was as a virus. 모평
범죄를 묘사하는 데 사용된 은유가 바이러스로 였는지에 따라 응답자들의 제안이 달랐다.
파 **description** 명 묘사　**descriptive** 형 묘사적인
유 depict, portray

---

## 1162 ★★★★★

**cancel**
[kǽnsəl]

통 취소하다, 지우다
The walk will be **cancelled** in the event of rain. 대수능
비가 올 경우에 산책은 취소될 것이다.
파 **cancellation** 명 취소  **cancelled** 형 취소된
유 취소하다 annul, nullify, revoke  지우다 erase
반 확인해 주다 confirm

## 1163 ★★★★★

**recall**
[rikɔ́:l]

통 생각해 내다, 기억하다, 생각나게 하다 명 기억, 회상
If there are things you can't **recall**, your schemata will fill
in the gaps with knowledge about what's typical. 대수능
여러분이 기억할 수 없는 것이 있으면, 여러분의 스키마가 그 공백을 어떤 것이 일반
적인 것인지에 대한 지식으로 채워 줄 것이다.
파 **recallable** 형 회상할 수 있는
유 생각해 내다 remember, reminisce  반 잊다 forget

## 1164 ★★★★★

**independent**
[ìndipéndənt]

형 독립한, 자력의, 자립의
The **independent** self may be more driven to cope by
appealing to a sense of agency or control. 모평
독립적 자아는 주체 의식이나 통제 의식에 호소함으로써 대처하도록 더 많이 유도될
수도 있다.
파 **independence** 명 독립, 자립  **independently** 부 독립하여
유 self-reliant  반 dependent

## 1165 ★★★★★

**grant**
[grænt]

동 주다, 부여하다, 허가하다 명 보조금, 허가
In Peru, the government **grants** water to communities, and
it is up to the community to allocate it. 모평
페루에서는 정부가 지역 사회에 물을 주고 그것을 분배하는 것은 지역 사회의 몫이다.
파 **granted** 형 인정한, 당연한 접 ~이므로
유 주다 accord, bestow, give  허가하다 admit  보조금 subsidy

## 1166 ★★★★☆

**chronological**
[krànəládʒikəl]

형 연대순의, 연대학의
Many writers interpret the term *logical* to mean **chronological**.
대수능
글을 쓰는 많은 사람들이 '논리적'이라는 용어를 연대순이라는 의미로 해석한다.
파 **chronology** 명 연대학  **chronologically** 부 연대순으로
유 sequential, successive  반 random

## 1167 ★★★★★

**refer**
[rifə́:r]

동 가리키다, 언급하다, 참조[조회]하다
Vertical transfer **refers** to such situations: A learner acquires
new knowledge by building on basic information. 모평
수직적 전이는 그러한 상황을 가리킨다. 학습자는 기본적인 정보를 바탕으로 하여 새
로운 지식을 습득한다.
파 **reference** 명 언급, 참조  **referential** 형 참조의, 관련한
연 reference book 참고서

---

**1168** ★★★★☆

**avenue**
[ǽvənjùː]

명 도로, 방법, 수단

One **avenue** that has been explored is the reprocessing of spent fuel to remove the active ingredients. 모평

탐색되어 온 한 방법은 활성 성분을 제거하기 위해 사용된 연료를 재처리하는 것이다.

🄮 **explore every avenue** 모든 수단을 강구하다

🄯 도로 boulevard, road, street     수단 means

---

**1169** ★★★★☆

**abruptly**
[əbrʌ́ptli]

부 갑작스럽게, 무뚝뚝하게, 퉁명하게

After literally screaming at me several times, he **abruptly** hung up on me! EBS 연계

말 그대로 여러 차례 나에게 소리를 지른 후에 그는 갑자기 전화를 끊었다!

🄮 **abruption** 명 갑작스러운 중단     **abruptness** 명 갑작스러움
**abrupt** 형 갑작스러운, 퉁명한

🄯 갑작스럽게 suddenly     무뚝뚝하게 bluntly

---

**1170** ★★★★★

**complicated**
[kɑ́mpləkèitid]

형 복잡한, 알기 어려운

As the writer, you're too close to your own **complicated** makeup. 대수능

작가로서, 여러분은 여러분 자신의 복잡한 구성에 너무나 가까이 있다.

🄮 **complicate** 동 복잡하게 하다     **complicatedly** 부 복잡하게

🄯 complex, intricate     🄫 simple

---

**1171** ★★★★★

**satisfy**
[sǽtisfài]

동 만족시키다, 충족시키다

The increased interest in **satisfying** the human senses that was characteristic of the age grew stronger. 모평

그 시대의 특징이었던 인간의 감각을 충족시키는 것에 대해 늘어난 관심은 더 강해졌다.

🄮 **satisfied** 형 만족한     **satisfactory** 형 만족스러운, 더할 나위 없는
**satisfaction** 명 만족

🄯 gratify     🄫 displease, dissatisfy

---

**1172** ★★★★☆

**pupil**
[pjúːpəl]

명 동공, 눈동자, 제자, 학생

The cliché that teachers learn as much as their **pupils** is certainly true. 모평

교사가 그들의 학생들만큼 많이 배운다는 상투적인 말은 틀림없이 사실이다.

🄮 **pupilage** 명 학생의 신분     🄯 **pupil teacher** 교생

🄯 멘토 mentor

---

**1173** ★★★★☆

**dismiss**
[dismís]

동 해산시키다, 해고하다, 일축하다

Minorities tend not to have much power or status and may even be **dismissed** as troublemakers. 대수능

소수 집단은 많은 힘이나 지위를 가지고 있지 않는 경향이 있고 심지어 말썽꾼으로 일축될 수도 있다.

🄮 **dismissed** 형 잊혀진     **dismissible** 형 해고할 수 있는

🄯 해산시키다 disperse     해고하다 fire

🄫 받아들이다 accept     고용하다 hire, employ

---

## 1174 ★★★★★

**conference**
[kánfərəns]

명 회담, 회견, 회의
Some scientists announce a discovery at a press **conference** without expert review. 모평
어떤 과학자들은 전문가 재검토 없이 기자 회견에서 발견을 발표한다.
④ **conference room** 회의실　**press conference** 기자 회견
⑪ discussion, convention, seminar, symposium

## 1175 ★★★☆☆

**outline**
[áutlàin]

동 윤곽을 그리다, 간략하게 기술하다　명 윤곽, 개요
Groups of this size usually escape the problems we have just **outlined**. 대수능
이 크기를 지닌 집단은 일반적으로 우리가 방금 간략하게 기술한 그 문제들을 모면한다.
④ **outline letter** 겹줄 글자
⑪ 윤곽 profile　개요 summary

## 1176 ★★★★☆

**assert**
[əsə́:rt]

동 단언하다, 주장하다
This sort of post-truth relationship to facts occurs when we are seeking to **assert** something that is important to us. 모평
사실에 대한 이러한 종류의 탈진실적 관계는 우리가 우리에게 중요한 어떤 것을 주장하려고 추구하고 있을 때에 일어난다.
④ **assertion** 명 단언, 주장　**assertive** 형 단언적인, 우기는
⑪ affirm, claim, maintain, argue　⑫ deny

## 1177 ★★★★★

**restrict**
[ristríkt]

동 제한하다, 한정하다
Based on a sensory analysis that is not **restricted** to the sense of taste, the final decision is made. EBS 연계
미각에 제한하지 않는 감각 분석을 토대로, 최종 결정이 내려진다.
④ **restriction** 명 제한, 한정　**restricted** 형 한정된, 제한된
**restrictive** 형 제한하는, 한정하는
⑪ limit, confine

## 1178 ★★★★☆

**punctuality**
[pʌ̀ŋktʃuǽləti]

명 시간 엄수, 정확함
King Hassan is a notorious late arriver whose lack of **punctuality** has injured his country's foreign relations. 모평
Hassan 왕은 시간을 엄수하지 못하여 나라의 외교 관계에 손해를 끼친 악명 높은 지각자이다.
④ **punctual** 형 시간을 엄수하는, 정확한
⑪ 시간 엄수 promptness　정확함 precision　⑫ 느림 tardiness

## 1179 ★★★★☆

**immerse**
[imə́:rs]

동 몰두하게 하다, 가라앉히다, 담그다
Adolescents have **immersed** themselves in technology with most using the Internet to communicate. 모평
청소년들은 대부분 소통하기 위해 인터넷을 사용하면서 과학 기술에 몰두해 왔다.
④ **immersion** 명 열중　**immersed** 형 몰두한, 집어넣은
⑪ 몰두하게 하다 absorb, engross　가라앉히다 bathe, sink

## 1180 ★★★★★

### absorbed
[əbsɔ́ːrbd]

형 열중한, 마음을 빼앗긴

For two months now, Sally had been **absorbed**, perhaps even excessively, in studying birds. 모평

지금까지 두 달 동안 Sally는, 어쩌면 심지어 지나치게, 새를 연구하는 일에 열중해 있었다.

파 **absorb** 동 흡수하다, 열중케 하다  **absorption** 명 흡수, 열중
**absorbing** 형 몰두하게 만드는
유 immersed, engrossed, preoccupied

## 1181 ★★★★☆

### precaution
[prikɔ́ːʃən]

명 예방 조치, 조심, 경계

We do not plan and take **precautions** to prevent emergencies from arising. 모평

우리는 비상사태가 생기는 것을 막기 위해 계획을 세우고 예방 조치를 취하지 않는다.

파 **precautionary** 형 예방의
유 예방 조치 prevention  조심 care  반 부주의 carelessness

## 1182 ★★★★★

### interference
[ìntərfí(ː)ərəns]

명 방해, 간섭

A sovereign state is defined as one whose citizens are free to determine their own affairs without **interference**. 모평

주권 국가는 그 시민들이 간섭을 받지 않고 자기 자신의 일을 자유롭게 결정할 수 있는 국가로 정의된다.

파 **interfere** 동 방해하다, 간섭하다  **interferential** 형 간섭의
유 hindrance, obstacle, impediment, interception

## 1183 ★★★☆☆

### predetermined
[prìditə́rmind]

형 미리 결정된

Replace **predetermined** routines with fresh ones. 모평

미리 결정된 일상을 새로운 일상으로 교체하라.

파 **predetermine** 동 미리 결정하다
**predetermination** 명 선결, 미리 결정함
유 predestined, prearranged

## 1184 ★★★★☆

### fossil
[fásl]

명 화석  형 화석의, 화석이 된

We cannot assume that more **fossil** evidence means that more individuals were present. 모평

우리는 더 많은 화석 증거가 더 많은 개체가 있었다는 것을 의미한다고 추정할 수 없다.

파 **fossilize** 동 화석화하다  **fossilization** 명 화석화 작용
숙 fossil fuel 화석 연료

## 1185 ★★★★☆

### recite
[risáit]

동 암송하다, 낭송하다, 읊다

The inner critic **recites** its lines in an attempt to get you to go back into the familiar zone of the status quo. EBS 연계

내면의 비판가는 여러분을 현 상황의 익숙한 지대로 되돌리게 만들려는 시도로 자신의 대사를 읊는다.

파 **recital** 명 연주회, 발표회  **recitation** 명 낭독, 암송
유 orate

## 1186 ★★★☆☆

### vivid
[vívid]

형 생생한, 생기 있는, 눈에 보이는 듯한, 명확한

His special bonds with the artists helped him capture some of his most **vivid** and iconic imagery. 대수능

예술가들과의 그의 특별한 유대 관계로 인해 그는 자신의 가장 생생하고 상징적인 이미지를 포착하는 데 도움을 받았다.

파 **vividness** 명 생생함　**vividly** 부 생생하게
유 활기찬 lively, vibrant　반 활기 없는 lifeless

## 1187 ★★★★☆

### solely
[sóulli]

부 혼자서, 단지

If you argue that Rome fell **solely** because of Christianity, you will need persuasive reasoning and arguments. 모평

단지 기독교 때문에 로마가 멸망했다고 여러분이 주장한다면, 여러분은 설득력 있는 추론과 주장이 필요할 것이다.

파 **sole** 형 오직 하나의, 유일한
유 단지 merely, simply, only

## 1188 ★★★★★

### auditory
[ɔ́ːditɔ̀ːri]

형 청각의, 청각 기관의

A good deal of the information stored in working memory is encoded in an **auditory** form. 모평

작동 기억 내에 저장된 많은 정보는 청각 형태로 암호화된다.

파 **audible** 형 들리는, 들을 수 있는　**audio** 형 음성 송[수]신의
**audition** 명 청각, 청력, 음성 테스트, 오디션

## 1189 ★★★★☆

### legitimate
[lidʒítəmət]

형 타당한, 정당한, 합법의　동 [lidʒítəmèit] 합법으로 인정하다

To be disappointed that our progress in understanding has not remedied the social ills is a **legitimate** view. 대수능

이해에 있어서의 진보가 사회적인 불행을 치유하지 못했다는 것에 실망하는 것은 타당한 견해이다.

파 **legitimacy** 명 합법성　**legitimately** 부 합법적으로
유 합법의 legal, lawful　반 불법의 illegal, illicit

## 1190 ★★★★☆

### spell
[spel]

명 한동안의 계속, 주문, 마법　동 철자를 맞게 쓰다, 철자를 말하다

Since most of you are working on a word processor, it seems silly to spend too much time on **spelling**. 모평

여러분 대부분이 워드 프로세서로 작업을 하고 있기 때문에 철자를 맞게 쓰는 것에 너무나 많은 시간을 들이는 것은 어리석게 보인다.

파 **spelling** 명 맞춤법, 철자법
**spellbound** 형 주문에 걸린　**spelling bee** 맞춤법[철자법] 대회
유 기간 interval, period　마법 charm, enchantment

## 1191 ★★★★☆

### perceptual
[pərséptʃuəl]

형 지각[인식]의, 지각 있는

For this reason, recognize that our first impressions of others also may be **perceptual** errors. 모평

이런 이유로, 다른 사람들에 대한 우리의 첫인상도 인식상의 잘못일지도 모른다는 것을 인정하라.

파 **perceive** 동 지각하다　**perception** 명 지각, 인지
유 분별 있는 sensible　감각의 sensory

**1192** ★★★★★

**restore**
[ristɔ́:r]

통 회복시키다, 돌려주다, 원상태로 되돌리다
This island was taken by the English, who **restored** it the
following year to the French. 모평
이 섬은 영국인들에 의해 점령되었는데 그들은 이듬해에 그것을 프랑스인들에게 돌
려주었다.
파 **restoration** 명 회복, 복구  **restorative** 형 회복시키는, 복구하는
유 recover, regain  반 destroy, damage

**1193** ★★★☆☆

**trivial**
[tríviəl]

형 하찮은, 사소한
Raising awareness of children about the potential long-term
impact of a seemingly **trivial** act is crucial. 대수능
겉보기에는 사소한 행동의 잠재적인 장기적 영향에 대한 아이들의 의식을 높이는 것
은 매우 중요하다.
파 **triviality** 명 하찮음  **trivially** 부 하찮게, 사소하게
 **trivialize** 통 하찮게 하다
유 inconsequential, insignificant, petty  반 significant

**1194** ★★★★☆

**rectangular**
[rektǽŋgjulər]

형 직사각형의, 직각의
We tend to perceive the door of a classroom as **rectangular**
no matter from which angle it is viewed. 대수능
우리는 교실의 문을 어느 각도에서 보든지 직사각형으로 인식하는 경향이 있다.
파 **rectangle** 명 직사각형  **rectangularly** 부 직사각형으로
유 **square** 명 형 정사각형(의)

**1195** ★★★★★

**scarcely**
[skɛ́ərsli]

부 거의 ~아니다
Sailors who select a port because they are driven to it
**scarcely** drop anchor in the right one. 모평
어떤 항구로 내몰리기 때문에 그 항구를 선택하는 선원들은 적당한 항구에 닻을 거
의 내리지 못한다.
파 **scarce** 형 부족한, 드문  **scarcity** 명 결핍, 부족
유 hardly, rarely, seldom

**1196** ★★★☆☆

**compact**
[kəmpǽkt]

형 밀집해 있는, 빽빽한, 소형의 통 죄다, 빽빽이 채워 넣다
It's clear that the future of the Earth depends on more
people gathering together in **compact** communities. 모평
지구의 미래가 밀집한 공동체 속에 함께 모이는 더 많은 사람들에게 달린 것은 분
명하다.
파 **compacted** 형 꽉 찬  **compactly** 부 빽빽하게, 소형으로
유 빽빽한 crammed, crowded  반 드문드문한 scattered

**1197** ★★★★★

**disturb**
[distɔ́:rb]

통 방해하다, 불안하게 하다
Although she knew caterpillars did harm to cabbages, she
didn't wish to **disturb** the natural balance. 대수능
애벌레가 양배추에게 해를 끼친다는 것을 알지만, 그녀는 자연의 균형을 방해하고 싶
지 않았다.
파 **disturbance** 명 방해, 불안  **disturbing** 형 교란시키는, 불온한
 **disturbed** 형 불안한, 정신 장애의
유 bother, distress, interrupt, upset  반 calm, compose

## 1198 ★★★★☆

## glance
[glæns]

몡 흘긋 봄, 일견 됭 흘긋 보다, 대강 훑어보다
At a **glance**, they reveal whether the relief in the mapped area is great or small. 대수능
한눈에, 그것들은 지도로 그려진 지역의 기복이 큰지 작은지를 드러낸다.
⊕ 흘긋 보다 peek, scan　⊖ 응시하다 stare

## 1199 ★★★★☆

## spare
[spɛər]

됭 할애하다, 절약하다, 면하게 하다, 삼가다 혱 여분의
Some activities only arise when time can be **spared** from the human owner's other commitments. 모평
어떤 활동은 인간 주인의 다른 책임으로부터 시간이 할애될 수 있을 때만 이루어진다.
⊕ sparing 혱 조금만 쓰는, 아끼는
⊕ 면하게 하다 save, pardon　여분의 extra, surplus

## 1200 ★★★☆☆

## fallacy
[fǽləsi]

몡 잘못된 생각, 오류
Worse than reaching a conclusion with just a little evidence is the **fallacy** of reaching a conclusion without any evidence. 모평
사소한 증거만으로 결론에 도달하는 것보다 더 나쁜 것은 어떤 증거도 없이 결론에 도달하는 오류이다.
⊕ fallacious 혱 잘못된, 틀린
⊕ error, falsity, flaw　⊖ truth, validity

## 1201 ★★★★☆

## departure
[dipáːrtʃər]

몡 출발, 이탈, 벗어남
The clerk sold him a ticket for a first-class compartment on the next scheduled **departure**. EBS 연계
역무원은 바로 다음에 출발하기로 예정되어 있는 1등실 승차권을 그에게 판매했다.
⊕ depart 됭 출발하다　departing 혱 출발하는
⊕ 출발 leaving　이탈 deviation　⊖ 도착 arrival

## 1202 ★★★★☆

## ironically
[airánikəli]

閏 역설적으로, 얄궂게도
**Ironically**, the stuff that gives us life eventually kills it. 대수능
역설적이게도, 우리에게 생명을 주는 것이 결국 그것(생명)을 죽인다.
⊕ ironical 혱 반어의, 비꼬는, 풍자적인　irony 몡 풍자, 빈정댐
⊕ paradoxically

## 1203 ★★★☆☆

## prolific
[prəlífik]

혱 다작하는, 다산의, 많은
Edwin Armstrong is often considered the most **prolific** and influential inventor in radio history. 모평
Edwin Armstrong은 흔히 라디오 역사에서 가장 다작을 하고 영향력이 있는 발명가로 여겨진다.
⊕ prolificacy 몡 다산, 풍부　prolifically 閏 다산으로, 풍부하게
⊕ 많은 abundant, copious, profuse

| 1204 | ★★★☆☆ |
|---|---|

**subscription**
[səbskrípʃən]

명 구독(료), 예약
Most consumer magazines depend on **subscriptions** and advertising. 대수능
대부분의 소비자 잡지는 구독과 광고에 의존한다.
파 **subscribe** 통 구독하다

| 1205 | ★★★★☆ |
|---|---|

**mission**
[míʃən]

명 임무, 포교 통 사명을 맡기다, 포교하다
On this **mission**, Aeneas endured many dangers. EBS 연계
이 임무를 하는 도중에, Aeneas는 많은 위험을 견뎌 냈다.
파 **missionary** 명 선교사
유 임무 assignment, task

# Advanced Step

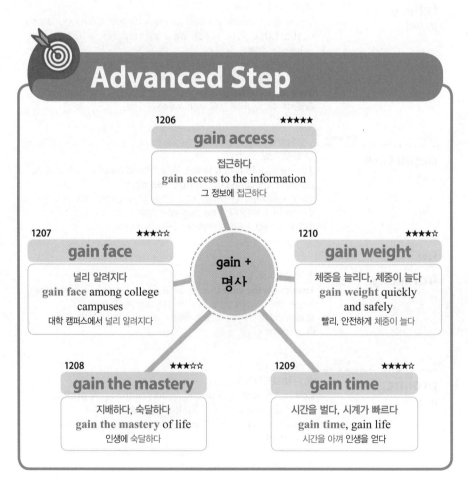

**1206** ★★★★★
**gain access**
접근하다
**gain access** to the information
그 정보에 접근하다

**gain + 명사**

**1207** ★★★☆☆
**gain face**
널리 알려지다
**gain face** among college campuses
대학 캠퍼스에서 널리 알려지다

**1210** ★★★★☆
**gain weight**
체중을 늘리다, 체중이 늘다
**gain weight** quickly and safely
빨리, 안전하게 체중이 늘다

**1208** ★★★☆☆
**gain the mastery**
지배하다, 숙달하다
**gain the mastery** of life
인생에 숙달하다

**1209** ★★★★☆
**gain time**
시간을 벌다, 시계가 빠르다
**gain time, gain life**
시간을 아껴 인생을 얻다

# Review Test

## A

영어는 우리말로, 우리말은 영어로 쓰시오.

**1.** conference _____   **2.** 예방 조치   p_____

**3.** rectangular _____   **4.** 생각해 내다   r_____

**5.** independent _____   **6.** 화석   f_____

**7.** compact _____   **8.** 취소하다   c_____

## B

영어 단어와 우리말 뜻을 연결하시오.

**1.** predetermined •   • **a.** 복잡한

**2.** complicated •   • **b.** 미리 결정된

**3.** solely •   • **c.** 혼자서, 단지

## C

다음 주어진 뜻에 해당하는 밑줄 친 단어의 파생어를 쓰시오.

**1.** a man of punctuality   형 _____ 시간을 엄수하는

**2.** immersed in his own thoughts   명 _____ 열중

**3.** an abruptly made decision   명 _____ 갑작스러움

## D

밑줄 친 단어의 유의어 혹은 반의어를 쓰시오.

**1.** hard to restore   유 r_____

**2.** a trivial question   유 i_____

**3.** departure for a new life   반 a_____

---

정답

**A 1.** 회담, 회의  **2.** (p)recaution  **3.** 직사각형의  **4.** (r)ecall  **5.** 독립한, 자력의  **6.** (f)ossil
  **7.** 밀집해 있는, 소형의  **8.** (c)ancel
**B 1.** b  **2.** a  **3.** c
**C 1.** punctual  **2.** immersion  **3.** abruptness
**D 1.** (r)ecover  **2.** (i)nsignificant  **3.** (a)rrival

다음 글의 밑줄 친 부분 중, 문맥상 낱말의 쓰임이 적절하지 <u>않은</u> 것은?

모평

Parents are quick to inform friends and relatives as soon as their infant holds her head up, reaches for objects, sits by herself, and walks alone. Parental enthusiasm for these motor ① accomplishments is not at all misplaced, for they are, indeed, milestones of development. With each additional skill, babies gain control over their bodies and the environment in a new way. Infants who are able to sit alone are ② denied an entirely different perspective on the world than are those who spend much of their day on their backs or stomachs. Coordinated reaching opens up a whole new avenue for exploration of objects, and when babies can move about, their opportunities for independent exploration and manipulation are ③ multiplied. No longer are they ④ restricted to their immediate locale and to objects that others place before them. As new ways of controlling the environment are achieved, motor development provides the infant with a ⑤ growing sense of competence and mastery, and it contributes in important ways to the infant's perceptual and cognitive understanding of the world.

\*locale 현장, 장소

해석

부모는 자신들의 유아가 머리를 곧추세우고, 물건을 집으러 손을 뻗고, 스스로 앉고, 혼자서 걷자마자 친구와 친척들에게 재빨리 알린다. 이러한 운동 기능의 성취에 대한 부모의 열성은 전혀 잘못된 것이 아닌데, 왜냐하면 그것들은 실제로 발달의 중요한 단계들이기 때문이다. 각각의 추가적인 기술로 아이들은 새로운 방식으로 자신들의 신체와 환경에 대한 통제력을 얻는다. 혼자서 앉을 수 있는 유아는 하루의 많은 부분을 눕거나 엎드려 보내는 유아들에 비해 세상에 대한 완전히 다른 시각이 허락되지 않게(→ 을 부여받게) 된다. 근육의 협응에 의한 뻗치기는 사물 탐구에 대한 온전히 새로운 길을 열어 주며, 아기들이 돌아다닐 수 있을 때 독립적인 탐구와 조작을 위한 기회는 크게 증가된다. 그들은 이제 더 이상 자신들에게 가까운 장소와 다른 사람들이 그들 앞에 놓아두는 물건들에만 제한되지 않는다. 환경을 조절하는 새로운 방식이 성취되면서, 운동 능력의 발달은 유아에게 능력과 숙달에 대한 증가하는 인식을 제공하고, 그것은 세상에 대한 유아의 지각적·인지적 이해에 중요한 방식으로 기여한다.

해설 유아의 운동 능력의 발달이 주변 세상에 대한 완전히 새로운 시각을 제공한다는 내용의 글이므로, ②의 denied를 granted와 같은 낱말로 바꾸어 써야 한다.

정답 ②

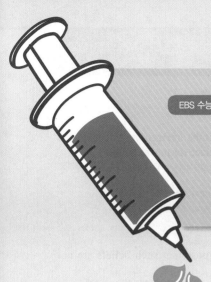

# DAY
# 23

## Word Preview

- ☐ reflect
- ☐ suppose
- ☐ reinforce
- ☐ contact
- ☐ eliminate
- ☐ engage
- ☐ release
- ☐ spot
- ☐ participant
- ☐ remind
- ☐ dignity
- ☐ greed
- ☐ clarity
- ☐ ubiquitous
- ☐ involuntary
- ☐ foundation
- ☐ hazard

- ☐ therapy
- ☐ privileged
- ☐ extrinsic
- ☐ substantive
- ☐ laboratory
- ☐ acute
- ☐ monetary
- ☐ strength
- ☐ geography
- ☐ deforestation
- ☐ electronic
- ☐ fake
- ☐ novelty
- ☐ provoke
- ☐ mechanical
- ☐ venture
- ☐ immature

- ☐ reform
- ☐ discourse
- ☐ refreshment
- ☐ instruct
- ☐ equivalent
- ☐ substitute
- ☐ obligation
- ☐ convey
- ☐ thirst
- ☐ respectively
- ☐ dispute
- ☐ latitude
- ☐ tactic
- ☐ integrate
- ☐ laundry
- ☐ vocal

---

**1211** ★★★★★

## reflect
[riflékt]

**동** 반영하다, 숙고하다, 반성하다
Thus, these prices do **reflect** the interaction of demand and supply in the wider marketplace for potatoes. 모평
따라서 이 가격은 더 광범위한 감자 시장에서의 수요와 공급의 상호 작용을 정말로 반영한다.
**명 reflection** 명 반사, (물에 비친) 그림자, 반성, 숙고
**유** 반영하다 mirror    숙고하다 contemplate, ponder

---

**1212** ★★★★★

## suppose
[səpóuz]

**동** 가정하다, 생각하다, 추측하다
It would be wrong to **suppose** that such beliefs are not sincerely held. 모평
그러한 믿음을 진심으로 가지는 것은 아니라고 가정하는 것은 잘못일 것이다.
**명 supposition** 명 추측, 상상, 가정    **supposed** 형 상상된, 가정의
**유** 가정하다 assume, imagine    추측하다 guess, surmise

---

**1213** ★★★★★

## reinforce
[rìːinfɔ́ːrs]

**동** 보강하다, 강화하다
Art history has **reinforced** this oneness: A painting by Pablo Picasso is called "a Picasso." 모평
예술의 역사는 이 일체감을 강화해 와서, Pablo Picasso가 그린 그림은 'a Picasso'라고 불린다.
**명 reinforcement** 명 보강, 강화    **reinforced** 형 보강된
**유** augment, strengthen

---

**1214** ★★★★★

## contact
[kɑntǽkt]

**동** 접촉하다, 연락하다 **명** [kɑ́ntækt] 접촉, 연락
If you have further questions, please **contact** the coordinator at 714-3127-1004. 모평
더 질문이 있으시면, 714-3127-1004로 진행자에게 연락하시기 바랍니다.
**숙 eye contact** 시선을 마주침    **contact number** 연락 전화번호
**유** 접촉하다 reach    연락 communication

---

**1215** ★★★★★

## eliminate
[ilímənèit]

**동** 제거하다
Once racial segregation is **eliminated**, people must learn to live together despite diverse cultural perspectives. 모평
일단 인종적 차별이 제거되면, 사람들은 다양한 문화적 시각에도 불구하고 함께 사는 법을 배워야 한다.
**명 elimination** 명 제거    **eliminative** 형 제거할 수 있는
**유** abolish, delete, remove

---

**1216** ★★★★★

## engage
[ingéidʒ]

**동** 참여하다, 약속하다, 예약하다, 약혼시키다
Aristotle did not think that all human beings should be allowed to **engage** in political activity. 모평
아리스토텔레스는 모든 인간이 정치 활동에 참여하도록 허용되어야 한다고 생각하지 않았다.
**명 engagement** 명 참여, 약속, 약혼    **engaged** 형 약혼한, 바쁜, 통화 중인
**유** 참여시키다 involve    약속하다 promise    예약하다 reserve

---

## 1217 ★★★★★

**release**
[rilíːs]

[동] 놓아주다, 석방하다, 표출하다, (영화를) 개봉하다 [명] 석방, (영화) 개봉

The dog is trained to search out the desired item on cue, so that the trainer can control or **release** the behavior. 모평

그 개는 조련사가 개의 행동을 통제하거나 표출할 수 있도록 신호에 따라 바라는 품목을 찾아내도록 훈련된다.

🔵 released [형] 임무가 면제된
🔄 놓아주다 unfasten, liberate, unbind  🔺 가두다 imprison

## 1218 ★★★★★

**spot**
[spɑt]

[명] 얼룩, 점, 장소 [형] 즉석의, 현장에서의
[동] 얼룩지게 하다, 탐지해 내다, 알아내다

One immediate reason was easy enough to **spot**: the local human population was cutting down the reed beds. 대수능

한 가지 직접적인 원인은 알아내기 매우 쉬웠는데, 현지의 인간들이 갈대밭을 베어 넘어뜨리는 것이었다.

🔵 spotted [형] 얼룩무늬의  spotless [형] 얼룩이 없는
🔷 on the spot 즉석에서
🔄 얼룩 stain  장소 site  탐지해 내다 find, locate

## 1219 ★★★★★

**participant**
[pɑːrtísəpənt]

[명] 참가자 [형] 참가하는

**Participants** can receive flight instruction, go on field trips, and try flight simulators. 모평

참여자들은 비행 교육을 받고, 견학을 가고, 그리고 모의 비행 조종 장치를 작동해 볼 수 있다.

🔵 participate [동] 참가하다  participation [명] 참가

## 1220 ★★★★★

**remind**
[rimáind]

[동] 생각나게 하다, 상기시키다

**Participants** should be **reminded** that withdrawal from the study is optional and without penalty. EBS 연계

연구에서 빠지는 일이 선택이며 불이익이 없다는 것을 참가자에게 상기시켜야 한다.

🔵 reminder [명] 생각나게 하는 것  remindful [형] 생각나게 하는
🔄 recall, reminisce

## 1221 ★★★★★

**dignity**
[dígnəti]

[명] 위엄, 위풍

The beard contributed to **dignity** and respectability and men associated it with thoughts of honor and importance. EBS 연계

수염은 위엄과 존경심에 기여했고 사람들은 그것을 명예와 중요성에 대한 생각과 연관시켰다.

🔵 dignify [동] ~에 위엄을 갖추다  dignified [형] 위엄 있는, 엄숙한
🔄 solemnity, gravity

## 1222 ★★★☆☆

**greed**
[griːd]

[명] 탐욕, 욕심

To describe what happens to common resources as a result of human **greed**, use the example of an area of pasture. 대수능

인간의 탐욕의 결과로 공동의 자원에 일어나는 일을 설명하기 위해 목초지의 예를 사용하라.

🔵 greedy [형] 탐욕스러운  greediness [명] 탐욕  greedless [형] 탐욕이 없는
🔷 insatiability  🔺 generosity, satisfaction

---

**1223** ★★★★☆

**clarity**
[klǽrəti]

명 명료함, 맑음
Clarity is often a difficult thing for a leader to obtain. 모평
명료함은 흔히 지도자가 얻기 어려운 것이다.
파 clarify 통 명료하게 하다, 맑게 하다
유 lucidity, clearness, transparency

---

**1224** ★★★☆☆

**ubiquitous**
[ju:bíkwitəs]

형 도처에 있는, 편재하는
Troubles are ubiquitous. 대수능
걱정거리는 도처에 있다.
파 ubiquitousness 명 편재
ubiquitously 부 편재하여, 도처에 존재하는 식으로
유 widespread, universal

---

**1225** ★★★★☆

**involuntary**
[inváləntèri]

형 무심결의, 본의 아닌
The society stripped the elderly of their roles through involuntary retirement and social isolation. 모평
사회가 본의 아닌 퇴직과 사회적 고립을 통해 노인들로부터 그들의 역할을 빼앗아 버렸다.
파 involuntarily 부 무의식중에
유 automatic, instinctive, spontaneous 반 intentional, voluntary

---

**1226** ★★★★★

**foundation**
[faundéiʃən]

명 창설, 토대, 기초, 재단
The ethical principles of justice provide an essential foundation for policies to protect unborn generations. 대수능
정의의 윤리적 원칙이 아직 태어나지 않은 세대를 보호하기 위한 정책에 대한 근본적인 기초를 제공한다.
파 foundational 형 기초의 foundationless 형 기초가 없는, 토대가 없는
found 통 설립하다, ~의 근거를 두다
유 창설 creation 토대 groundwork, basis

---

**1227** ★★★☆☆

**hazard**
[hǽzərd]

명 위험 (요소) 통 위태롭게 하다
Life is full of hazards. 모평
삶은 위험 요소로 가득 차 있다.
파 hazardous 형 위험한
moral hazard 도덕적 해이
유 위험 danger, jeopardy, menace 위태롭게 하다 endanger
반 안전 safety

---

**1228** ★★★☆☆

**therapy**
[θérəpi]

명 치료(법)
Some doctors prescribe hormone therapy to ease the discomfort of night sweats. EBS 연계
일부 의사는 자면서 심하게 땀을 흘리는 불편함을 완화하기 위해 호르몬 치료를 처방한다.
파 therapeutic 형 치료의, 건강 유지에 도움이 되는
유 치료 remedy, treatment

---

## 1229 ★★★☆☆

### privileged
[prívəlidʒd]

형 특권이 있는
Mother Teresa chose to leave her position educating the privileged classes to care for the poor and forgotten. EBS 연계
테레사 수녀는 가난하고 잊힌 사람들을 돌보기 위해 특권 계층을 교육하는 자리를 떠나는 것을 선택했다.
파 **privilege** 명 특권, 특별 취급 동 특권을 주다
유 권리가 있는 entitled 허가를 받은 licensed

## 1230 ★★★☆☆

### extrinsic
[ikstrínsik]

형 외적인, 외부의, 비본질적인
The negative effects of extrinsic motivators have been documented with students from different cultures. 대수능
외적인 동기 부여 요인의 부정적인 영향은 다양한 문화권 출신의 학생들에게서 서류로 입증되어 왔다.
파 **extrinsically** 부 외부로부터, 외부적으로
반 본질적인, 고유한 intrinsic

## 1231 ★★★☆☆

### substantive
[sʌ́bstəntiv]

형 실질적인, 실재적인
This will lead to a substantive, useful understanding of the complexities and nuances of the concept. 모평
이것은 그 개념의 복잡한 특징들과 뉘앙스에 대한 실질적이고 유용한 이해로 이어질 것이다.
파 **substantively** 부 실질상 **substance** 명 실질, 물질

## 1232 ★★★★★

### laboratory
[lǽbrətɔ̀:ri]

명 실험실, (교과 과정의) 실험 시간 형 실험실의
What happens in somebody's laboratory is only one stage in the construction of scientific truth. 모평
어떤 사람의 실험실 안에서 일어나는 것은 과학적 진실 구축의 한 단계에 불과하다.
숙 **laboratory disease** 인위적으로 걸리게 한 병

## 1233 ★★★★☆

### acute
[əkjú:t]

형 날카로운, 격심한, (의학) 급성의
Sherlock Holmes seemed to have an acute recognition of this insight. EBS 연계
Sherlock Holmes는 이러한 통찰력에 대한 날카로운 인식을 가지고 있는 것 같았다.
파 **acuteness** 명 날카로움, 격렬함 **acutely** 부 강렬히, 몹시
유 날카로운 sharp, keen 격심한 intense 급성의 critical
반 만성의 chronic

## 1234 ★★★☆☆

### monetary
[mánitèri]

형 화폐의, 금전의, 금융의, 재정의
The best archival decisions about art do not focus on questions of monetary value or prestige. 모평
미술에 관한 최선의 기록 보관 결정은 금전적 가치나 위신의 문제에 초점을 두지 않는다.
파 **monetarily** 부 화폐로, 금전상으로 숙 **monetary policy** 통화 정책
유 금융의 financial (국가) 재정의 fiscal

---

**1235** ★★★★★

## strength
[streŋkθ]

명 힘, 장점, 내구력
That is one of the **strengths** of the learning cycle. 모평
그것이 순환 학습의 장점 중 하나이다.
🔁 strengthen 동 강하게 하다  strengthening 명 보강
🔄 힘 power  장점 benefit, advantage  내구력 durability, stamina

---

**1236** ★★★★☆

## geography
[dʒiágrəfi]

명 지리(학), 지형
Most applications in **geography** do not require extremely
fine-grained temporal resolution. 대수능
지리학에서의 대부분의 응용 프로그램들은 극단적으로 결이 고운 시간적 해상도를
필요로 하지 않는다.
🔁 geographic 형 지리적인, 지리학의  geographer 명 지리학자

---

**1237** ★★★☆☆

## deforestation
[difɔ́:rəstéiʃən]

명 산림 벌채[파괴]
**Deforestation** has had a severe impact both on local
communities and on native plants and wildlife. 모평
산림 벌채는 현지의 지역 사회에도 그리고 토착 식물과 야생 동물에도 심각한 영향을
미쳤다.
🔁 deforest 동 산림을 벌채하다
🔄 forestation

---

**1238** ★★★★★

## electronic
[ilektránik]

형 전자의
Of course, Faraday's experiments were the beginning of the
**electronic** age. 대수능
물론, Faraday의 실험은 전자 시대의 시작이었다.
🔁 electron 명 전자  electronically 부 전자적으로
electronics 명 전자 공학
🔄 neutronic 중성자의  🔄 protonic 양성자의

---

**1239** ★★★★☆

## fake
[feik]

형 위조의, 가짜의 동 위조하다 명 위조(품)
They rated how extroverted those **fake** extroverts appeared,
based on their recorded voices and body language. 대수능
그들은 가짜로 외향적인 사람들의 녹화된 목소리와 몸짓 언어에 근거하여, 그들이 얼
마나 외향적인 것처럼 보이는지를 평가했다.
🔁 faker 명 사기꾼
🔄 위조의 counterfeit  위조(품) counterfeit, forgery
🔄 원본의, 본래의 original

---

**1240** ★★★★☆

## novelty
[návəlti]

명 진기함, 신기함, 새로움
Some people are genetically predisposed to seek **novelty**.
EBS 연계
어떤 사람들은 유전적으로 새로움을 추구하는 성향이 있다.
🔁 novel 형 신기한, 새로운
🔄 newness, originality

## 1241 ★★★☆☆

**provoke**
[prəvóuk]

동 유발하다, 성나게 하다
Courage enables one to pursue a right course of action, through which one may **provoke** disapproval. 대수능
용기는 사람으로 하여금 올바른 행동을 추구하게 하는데, 그것을 통해 불찬성을 유발할 수도 있다.
⊕ **provocative** 형 성나게 하는, 도발적인　**provocation** 명 성나게 함, 도발
⊕ **provocative action** 도발 행위
⊕ 유발하다 cause, incite　성나게 하다 enrage, irritate

## 1242 ★★★★★

**mechanical**
[məkǽnikəl]

형 기계(학)의
**Mechanical** processes have replicated behaviors and talents we thought were unique to humans. 대수능
기계식 공정이 우리가 생각하기에 인간에게만 있는 행동과 재능을 복제해 왔다.
⊕ **mechanically** 부 기계적으로
⊕ **mechanical engineer** 기계 기사
⊕ 자동의 automatic　⊖ 손으로 하는 manual

## 1243 ★★★★★

**venture**
[véntʃər]

동 모험하다, 위험을 무릅쓰고 가다　명 모험, 모험적 사업
Which guideline should we use—"Nothing **ventured**, nothing gained" or "Better safe than sorry"? 대수능
'모험하지 않으면 아무것도 얻을 수 없다' 또는 '나중에 후회하는 것보다 조심하는 것이 낫다' 중에 우리는 어느 지침을 이용해야 하는가?
⊕ **venturesome** 형 모험적인, 모험을 좋아하는　**venturer** 명 모험가
⊕ 모험적 사업 enterprise　모험 risk

## 1244 ★★★★☆

**immature**
[imətʃúər]

형 미숙한, 미완성의
The new finding explains why firefly larvae also glow despite being **immature** for mating. 모평
새로운 연구 결과는 짝짓기를 하기에 미숙함에도 불구하고, 반딧불이 애벌레 역시 빛을 내는 이유를 설명해 준다.
⊕ **immaturely** 부 미숙하게　**immaturity** 명 미숙, 미완성
⊖ mature

## 1245 ★★★★☆

**reform**
[rifɔ́:rm]

명 개혁　동 개혁하다
Through land **reforms**, water rights have become separated from land. 모평
토지 개혁을 통해 물에 대한 권리가 토지와 분리되었다.
⊕ **reformer** 명 개혁가　**reformed** 형 개혁된
⊕ 혁신 renovation　개선 improvement

## 1246 ★★★☆☆

**discourse**
[dískɔːrs]

명 강연, 담론, 담화　동 [diskɔ́:rs] 담화하다, 강연하다
Media portrayals of genetic influences on health have increased, becoming part of the public **discourse**. 모평
건강에 미치는 유전적 영향에 대한 대중 매체의 묘사가 증가하여 공개적 담론의 일부가 되었다.
⊕ **discourser** 명 강연자
⊕ 강연 lecture　담화하다 converse

---

**1247** ★★★☆☆

## refreshment
[rifréʃmənt]

몡 간식, 다과, 기운을 돋우는 것
Lunch is not provided, so please bring your own refreshment. 대수능
점심은 제공되지 않으므로, 각자 간식을 가져오시기 바랍니다.
⊕ 간식 snack   다과 treat

---

**1248** ★★★★★

## instruct
[instrʌ́kt]

동 가르치다, 지시하다
I **instructed** her to begin CPR. 모평
나는 그녀에게 CPR을 시작하라고 지시했다.
⊕ **instruction** 몡 가르침, 지시   **instructive** 혱 교육적인
   **instructor** 몡 교사, 강사
⊕ 가르치다 teach, educate   지시하다 direct, order

---

**1249** ★★★★★

## equivalent
[ikwívələnt]

혱 상당하는, 동등한 몡 상응하는 것
It takes more grain to produce food value through animals than to get the **equivalent** value directly from plants. 모평
동물을 통해 영양가를 생산하려면 식물로부터 직접 그와 동등한 영양가를 얻는 것보다 더 많은 곡물이 필요하다.
⊕ **equivalently** 뤼 동등하게   **equivalence** 몡 동등
⊕ 동등한 equal, akin   ⊖ 다른 different

---

**1250** ★★★★☆

## substitute
[sʌ́bstitjùːt]

동 대체하다, 대신하다, 대용하다 몡 대체물, 대리인, 후보
The reason solid physical goods can deliver more benefits is that their heavy atoms are **substituted** by weightless bits.
모평
고체의 물리적 상품이 더 많은 이익을 내놓을 수 있는 이유는 그것들의 무거운 원자가 중량이 없는 작은 조각으로 대체되기 때문이다.
⊕ **substitution** 몡 대체   **substitutional** 혱 대체의
⊕ 대체하다 replace, supplant   대체물 replacement

---

**1251** ★★★★☆

## obligation
[àbləgéiʃən]

몡 의무, 책임
This sense of future **obligation** makes possible the development of various kinds of relationships. 모평
이러한 미래의 의무감은 다양한 종류의 관계 개발을 가능하게 한다.
⊕ **obligatory** 혱 의무로서 해야만 할, 의무적인
   **oblige** 동 의무를 지우다, 하도록 강요하다
⊕ duty, responsibility

---

**1252** ★★★★★

## convey
[kənvéi]

동 전하다, 전달하다, 나르다
The fact that information is **conveyed** in this high-tech manner somehow adds authority to what is **conveyed**. 대수능
정보가 이런 첨단 기술 방식으로 전달된다는 사실이 웬일인지 전달되는 내용에 권위를 더해 준다.
⊕ **conveyer** 몡 전달자, 운송 장치   **conveyance** 몡 전달, 수송
⊕ 전하다 transmit, communicate   나르다 carry

---

## 1253 ★★★★☆

**thirst**
[θəːrst]

명 갈증, 열망 통 갈망하다

In humans, body clocks are responsible for daily changes in blood pressure, body temperature, hunger, and **thirst**. 모평

인간에게 있어서 생체 시계는 혈압, 체온, 배고픔, 그리고 갈증의 일상적 변화의 원인이 된다.

파 **thirsty** 형 목마른, 갈망하는

유 갈망 longing, desire　갈망하다 desire, long, yearn, crave

## 1254 ★★★★★

**respectively**
[rispéktivli]

부 각자, 제각기

As for men, the Republic of Korea and Singapore will rank the first and the second highest, **respectively**. 모평

남자의 경우는, 대한민국과 싱가포르가 각각 1위와 2위를 기록할 것이다.

파 **respective** 형 각각의, 각자의

유 each　반 함께 together

## 1255 ★★★★☆

**dispute**
[dispjúːt]

명 논쟁, 논의 통 논쟁하다

The **dispute** over the best way to answer this question has inflamed passions for centuries. EBS 연계

이 질문에 답을 하는 가장 좋은 방법에 관한 논쟁은 수세기에 걸쳐서 열정에 불을 지펴 왔다.

파 **disputable** 형 논의할 여지가 있는

유 논의 debate, discussion　논쟁하다 argue, quarrel

반 동의하다 agree, concur

## 1256 ★★★☆☆

**latitude**
[lǽtətjùːd]

명 위도, 재량, 여지

These data may be positional, involving the **latitude** and longitude of a place, an address, a road, or a border. EBS 연계

이런 데이터는 아마도 위치에 따른 것으로, 장소, 주소, 길, 혹은 경계의 위도와 경도를 포함하고 있을 것이다.

파 **latitudinal** 형 위도의　유 **longitude** 명 경도

유 재량 leeway, liberty　반 제한 restriction

## 1257 ★★★☆☆

**tactic**
[tǽktik]

명 전략, 전술, 책략

Louise's mother had learned this threatening **tactic** from her own mother. 모평

Louise의 어머니는 이런 협박의 전략을 그녀 자신의 어머니로부터 배웠다.

파 **tactical** 형 전술상의　**tactically** 부 전술상으로, 책략적으로

유 strategy

## 1258 ★★★★★

**integrate**
[íntəgrèit]

통 통합하다 형 [íntəgrət] 완전한

First and third grade teachers could **integrate** music into their regular math classrooms. 모평

1학년과 3학년 선생님들은 음악을 그들의 정규 수학 교실에 통합할 수 있었다.

파 **integration** 명 통합　**integrative** 형 통합하는, 완전하게 하는

**integrated** 형 통합된

유 통합하다 unite　반 분리하다 separate, segregate

**1259** ★★★★☆

**laundry**
[lɔ́:ndri]

몡 세탁물, 빨랫감, 세탁소
Why can't you put them in the **laundry** before you go to bed? EBS 연계
왜 잠자리에 들기 전에 그것들을 빨랫감 속에 넣지 못하는 거니?
파 **launder** 동 세탁하다
잡 **laundromat** 몡 빨래방, 셀프서비스 세탁소

**1260** ★★★★★

**vocal**
[vóukəl]

혱 목소리의, 소리를 내는
The pop song will rarely be sung as written; the singer is apt to embellish that **vocal** line to give it a "styling." 모평
대중음악이 작곡된 대로 정확히 노래가 불리는 경우는 드물 것이며, 가수가 그 소리를 내는 부분을 꾸며서 그것에 '모양 내기'를 제공하는 경향이 있다.
파 **vocally** 튀 목소리를 내어, 구두로    **vocality** 몡 발성 능력이 있음, 발성
유 voiced, articulate, outspoken    반 mute, unspoken

# Advanced Step

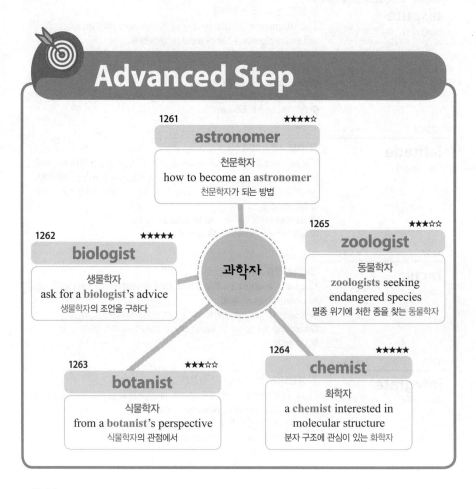

**1261** ★★★★☆
**astronomer**
천문학자
how to become an **astronomer**
천문학자가 되는 방법

**1262** ★★★★★
**biologist**
생물학자
ask for a **biologist**'s advice
생물학자의 조언을 구하다

**1265** ★★★☆☆
**zoologist**
동물학자
**zoologists** seeking endangered species
멸종 위기에 처한 종을 찾는 동물학자

과학자

**1263** ★★★☆☆
**botanist**
식물학자
from a **botanist**'s perspective
식물학자의 관점에서

**1264** ★★★★★
**chemist**
화학자
a **chemist** interested in molecular structure
분자 구조에 관심이 있는 화학자

# Review Test

## A 영어는 우리말로, 우리말은 영어로 쓰시오.

**1.** reinforce _____    **2.** 전자의    e_____

**3.** refreshment _____    **4.** 가정하다    s_____

**5.** monetary _____    **6.** 진기함    n_____

**7.** therapy _____    **8.** 창설    f_____

## B 영어 단어와 우리말 뜻을 연결하시오.

**1.** release •

**2.** dignity •

**3.** eliminate •

• **a.** 제거하다

• **b.** 위엄, 위풍

• **c.** 놓아주다, 석방하다

## C 다음 주어진 뜻에 해당하는 밑줄 친 단어의 파생어를 쓰시오.

**1.** an obligation to keep promises    형 _____ 의무적으로 해야만 할

**2.** all roads lead to clarity    동 _____ 명료하게 하다

**3.** as many participants as possible    동 _____ 참가하다

## D 밑줄 친 단어의 유의어 혹은 반의어를 쓰시오.

**1.** an acute infectious disease    반 c_____

**2.** a permanent substitute    유 r_____

**3.** an immature understanding of love    반 m_____

---

정답

**A 1.** 보강하다 **2.** (e)lectronic **3.** 간식 **4.** (s)uppose **5.** 화폐의, 금전의 **6.** (n)ovelty
**7.** 치료(법) **8.** (f)oundation
**B 1.** c **2.** b **3.** a
**C 1.** obligatory **2.** clarify **3.** participate
**D 1.** (c)hronic **2.** (r)eplacement **3.** (m)ature

# Actual Test

다음 글의 밑줄 친 부분 중, 문맥상 낱말의 쓰임이 적절하지 <u>않은</u> 것은?

Because elephant groups break up and reunite very frequently—for instance, in response to variation in food availability—reunions are more important in elephant society than among primates. And the species has evolved elaborate greeting behaviors, the form of which ① reflects the strength of the social bond between the individuals (much like how you might merely shake hands with a long-standing acquaintance but hug a close friend you have not seen in a while, and maybe even tear up). Elephants may greet each other simply by reaching their trunks into each other's mouths, possibly ② equivalent to a human peck on the cheek. However, after long absences, members of family and bond groups greet one another with incredibly ③ theatrical displays. The fact that the intensity reflects the duration of the separation as well as the level of intimacy suggests that elephants have a sense of ④ space as well. To human eyes, these greetings strike a ⑤ familiar chord. I'm reminded of the joyous reunions so visible in the arrivals area of an international airport terminal.

\*acquaintance 지인  \*\*peck 가벼운 입맞춤

---

해석

코끼리 집단은, 예컨대 먹이의 이용 가능성의 변화에 대응하여, 매우 자주 헤어지고 재결합하기 때문에 코끼리 사회에서는 영장류들 사이에서보다 재결합이 더 중요하다. 그래서 이 종은 정교한 인사 행동을 진화시켜 왔는데, 그 형태는 (마치 여러분이 오래 전부터 알고 지내 온 지인들과는 단지 악수만 하지만 한동안 보지 못했던 친한 친구는 껴안고, 어쩌면 눈물까지 흘릴 수도 있는 것처럼) 개체들 사이의 사회적 유대감의 강도를 반영한다. 코끼리는 단순히 코를 서로의 입안으로 갖다 대면서 인사를 할 수도 있는데, 이것은 아마도 사람들이 뺨에 가볍게 입 맞추는 것과 같을 것이다. 그러나 오랜 공백 후에 가족이나 친밀 집단의 구성원들은 믿을 수 없을 정도로 극적인 모습을 보이며 서로에게 인사한다. 강렬함이 친밀도뿐만 아니라 떨어져 있었던 시간의 길이도 반영한다는 사실은 코끼리들에게도 공간(→ 시간) 감각이 있다는 것을 암시한다. 사람들의 눈에 이런 인사 행위는 공감을 불러일으킨다. 나는 국제공항 터미널 도착 구역에서 흔히 볼 수 있는 즐거운 상봉 장면이 생각난다.

해설  코끼리들이 만나서 인사하는 행동의 강도가 서로 떨어져 있었던 시간의 길이에 따라 달라진다고 했으므로, 코끼리들에게도 시간적 감각이 있는 것 같다고 해야 한다. 그러므로 ④의 space(공간)를 time(시간)과 같은 낱말로 바꿔 써야 한다.

정답  ④

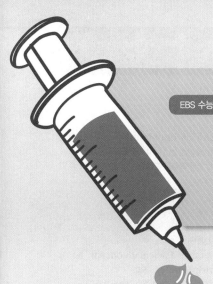

# DAY
# 24

## Word Preview

- [ ] opportunity
- [ ] multiple
- [ ] reward
- [ ] potential
- [ ] obtain
- [ ] permit
- [ ] investigation
- [ ] claim
- [ ] cherish
- [ ] verbal
- [ ] label
- [ ] spotlight
- [ ] defect
- [ ] resort
- [ ] versatile
- [ ] soothing
- [ ] starvation

- [ ] patriot
- [ ] wholesome
- [ ] reconciliation
- [ ] harsh
- [ ] enlighten
- [ ] cuisine
- [ ] notorious
- [ ] intrinsic
- [ ] narrative
- [ ] scope
- [ ] flexibility
- [ ] verge
- [ ] forecast
- [ ] temporal
- [ ] simulate
- [ ] discern
- [ ] anthropologist

- [ ] margin
- [ ] shortsighted
- [ ] misdirect
- [ ] sensory
- [ ] assemble
- [ ] cling
- [ ] pollination
- [ ] radical
- [ ] profile
- [ ] sibling
- [ ] painstaking
- [ ] surrender
- [ ] offspring
- [ ] neutral
- [ ] shift
- [ ] ultimate

---

**1266** ★★★★★

## opportunity
[ὰpərtjúːnəti]

명 기회

Biotechnologists therefore saw an **opportunity** in delaying the ripening and softening process in fruit. 모평

따라서 생명 공학자들은 과일의 숙성 및 연화 과정을 지연하는 데 있어서 기회를 엿보았다.

⬚ **opportune** 형 형편이 좋은

유 chance

---

**1267** ★★★★★

## multiple
[mʌ́ltəpl]

형 다수의, 배수의, 여러 명 (수학) 배수

If a student is going to remember a science concept, he or she should experience it **multiple** times. 모평

한 학생이 과학 개념을 기억하려면, 그 학생은 여러 번 그것을 경험해야 한다.

⬚ **multiply** 동 곱하다, 늘리다 **multiplicity** 명 다수, 다양성

유 다수의 numerous

---

**1268** ★★★★★

## reward
[riwɔ́ːrd]

명 보답, 보상, 사례금 동 보상하다, 보답하다

Playing tug with a dog is a more powerful emotional **reward** than just giving a dog a food treat. 모평

개와 당기기 놀이를 하는 것은 단지 개에게 맛있는 특별한 먹이를 주는 것보다 더욱 강력한 정서적 보상이 된다.

⬚ **rewarding** 형 보답이 되는, 할 가치가 있는

**rewardable** 형 보답할 수 있는 **rewardless** 형 보수 없는, 헛수고의

유 보답 compensation 보답하다 compensate

---

**1269** ★★★★★

## potential
[pəténʃəl]

형 잠재적인, 가능성이 있는 명 잠재력, 잠재성, 가능성

It is very important to check the garden for **potential** dangers. 모평

잠재적 위험에 대비해 정원을 점검하는 것이 매우 중요하다.

⬚ **potentially** 부 잠재적으로 **potentiality** 명 가능성

**potentialize** 동 잠재력을 갖게 하다, 가능하게 하다

유 잠재적인 possible, plausible 가능성 promise, hope, possibility

---

**1270** ★★★★★

## obtain
[əbtéin]

동 얻다, 획득하다

They ignore our need to **obtain** a deep understanding of a subject. 대수능

그들은 어떤 주제에 대한 깊은 이해를 얻고자 하는 우리의 욕구를 무시한다.

⬚ **obtainable** 형 얻을 수 있는 **obtainability** 명 획득[입수] 가능성

유 gain, acquire 반 relinquish

---

**1271** ★★★★★

## permit
[pərmít]

동 허용하다, 허락하다, 묵인하다 명 [pɔ́ːrmit] 허가

Alcoholic beverages, food, firearms, and pets are not **permitted** on park grounds. EBS 연계

주류, 음식, 총기, 애완동물은 공원 경내에서 허용되지 않습니다.

⬚ **permission** 명 허가, 허용 **permissible** 형 허용되는

유 허락하다 allow, let 반 금하다 forbid, prohibit

---

## 1272 ★★★★★

**investigation**
[invèstəgéiʃən]

명 조사, 연구, 수사
In the nutrition industry, articles are often written discussing a new nutrient under **investigation**. 모평
영양제 업계에서는, 연구 중인 새로운 영양분에 대해 논의하는 기사가 흔히 작성된다.
ⓓ **investigate** 통 조사하다, 수사하다　　**investigator** 명 조사관, 수사관
　　**investigated** 형 조사된
ⓢ 조사, 연구 inquiry

## 1273 ★★★★★

**claim**
[kleim]

명 청구, 요구, (소유권의) 주장
통 요구하다, 주장하다, 제 것이라고 주장하다
With the advance of science, there has been a tendency to assume that any factual **claim** can be authenticated. 대수능
과학의 발전과 함께 사실에 입각한 어떤 주장이든 진짜로 입증될 수 있다고 가정하는 경향이 있어 왔다.
ⓓ **claimable** 형 요구할 수 있는
ⓢ 요구(하다) demand　　주장하다 assert

## 1274 ★★★★★

**cherish**
[tʃériʃ]

통 소중히 여기다[키우다]
Grey Stone made the dinnerware set our whole family has **cherished** for many years. 모평
Grey Stone은 나의 가족 전체가 수년 동안 소중히 여겨 온 식기류 세트를 만들었다.
ⓓ **cherishable** 형 소중히 간직할 만한
ⓢ 소중히 여기다 treasure, prize　　ⓐ 경멸하다 despise

## 1275 ★★★★★

**verbal**
[vɔ́:rbəl]

형 말[언어]의, 구두의
Attempting to determine if a speaker is sarcastic, communicators compare the **verbal** and nonverbal message.
모평
의사 전달자들은 어떤 화자가 빈정대는 것인지 판단하려고 할 때, 언어적 메시지와 비언어적 메시지를 비교한다.
ⓓ **verbally** 부 말로, 구두로　　**verbalize** 통 말로 표현하다
ⓢ oral, vocal, spoken　　ⓐ written

## 1276 ★★★★★

**label**
[léibəl]

통 명칭[라벨]을 붙이다 명 라벨, 이름표
I turned on the projector, and settled in to watch the film **labeled** HATTIE-1951. 모평
나는 영사기를 켜고, HATTIE-1951이라는 명칭이 붙여진 영화를 보기 위해 자리를 잡았다.
ⓢ 명칭을 붙이다 tag, mark, stamp

## 1277 ★★★☆☆

**spotlight**
[spátlàit]

명 스포트라이트, 주목[관심], 집중 조명 통 집중 조명하다
Annette stood in the **spotlight** in front of a large crowd and felt not afraid but supported by her partner. EBS 연계
Annette는 많은 군중들 앞에서 스포트라이트를 받으며 서 있었고 두려움이 아니라 파트너의 지지를 받고 있음을 느꼈다.
ⓔ **spotlight effect** 조명 효과
ⓢ 세상의 이목 limelight　　관심 attention

---

**1278** ★★★★☆

## defect
[difékt]

명 결함, 결점, 부족  동 탈주하다, 망명하다

To compensate for this **defect**, a specially selected species of fish called the Large-mouthed Bass was introduced. 대수능

이런 결함을 보충하기 위해, Large-mouthed Bass(큰입농어)라 불리는 특별히 선택된 물고기 종이 도입되었다.

패 **defective** 형 결함이 있는  **defection** 명 탈당, 변절, 부족
**defector** 명 탈주자

유 결함 flaw, imperfection  부족 deficiency  반 완벽 perfection

---

**1279** ★★★★☆

## resort
[rizɔ́:rt]

동 의지하다, 의존하다  명 의지, 수단, 방책

When science displays its products to non-scientists, it need not, and indeed is not able to, **resort** to salesmanship. 대수능

과학이 과학적 산물을 과학자가 아닌 사람들에게 나타낼 때, 과학은 상술(설득력)에 의지할 필요도 없고 사실 의지할 수도 없다.

표 **last resort** 최후의 수단
유 의지하다 rely, count, depend  수단 means

---

**1280** ★★★☆☆

## versatile
[vɔ́:rsətil]

형 다용도의, 다재다능한

The personal computer may well be the most **versatile** tool ever to come into common organizational use. EBS 연계

개인용 컴퓨터는 아마도 조직체에서 일상적으로 사용하게 된 지금까지 가장 다용도의 도구일 것이다.

패 **versatility** 명 다재다능
유 multipurpose

---

**1281** ★★★☆☆

## soothing
[súːðiŋ]

형 진정시키는, 마음을 달래는

Putting on some **soothing** sounds, and reading something light are all good methods to get ready for a restful sleep. 모평

몇몇 마음을 달래는 (음악) 소리를 듣고, 가벼운 것을 읽는 것은 모두 편안한 잠에 대비하기 위한 좋은 방법이다.

패 **soothe** 동 달래다, 위로하다  **soothingly** 부 진정시키듯이
유 comforting, pacifying  반 irritating

---

**1282** ★★★★★

## starvation
[stɑːrvéiʃən]

명 굶주림, 기아

My friend was disappointed that scientific progress has not cured the world's ills by abolishing **starvation**. 대수능

나의 친구는 과학적인 발전이 기아를 없앰으로써 세상의 불행을 치유하지 못했다는 것에 실망했다.

패 **starve** 동 굶주리다  **starved** 형 굶주린
유 famine, hunger

---

**1283** ★★★☆☆

## patriot
[péitriət]

명 애국자

She was also a devoted **patriot**. 모평

그녀는 또한 헌신적인 애국자였다.

패 **patriotic** 형 애국의  **patriotism** 명 애국심
반 betrayer

---

1284 ★★★★☆

## wholesome
[hóulsəm]

형 건강에 좋은, 건전한, 유익한
The copy team makes ads to encourage single people to use the soup for a quick, **wholesome** meal. EBS 연계
광고문 팀은 신속하고 건강에 좋은 식사를 위해 독신자들이 수프를 먹도록 권장하려는 광고를 만든다.
파 **wholesomely** 부 건전하게　**wholesomeness** 명 유익함
반 **wholesale** 명 형 도매(의)
유 건강에 좋은 healthful　영양가가 높은 nutritious　반 해로운 harmful

---

1285 ★★★☆☆

## reconciliation
[rikənsìliéiʃən]

명 화해, 조정
Sincere apologies are readily accepted by the victims and **reconciliations** ensue. 대수능
진심 어린 사과는 쉽사리 피해자(상처 입은 사람)에게 받아들여지고 화해가 이어진다.
파 **reconcile** 동 화해시키다　**reconciliatory** 형 화해의
유 화해 pacification

---

1286 ★★★★★

## harsh
[hɑ:rʃ]

형 거친, 모진, (귀 혹은 눈에) 거슬리는, 혹평하는
The reviewer was **harsh**, calling it "an awful performance." 모평
리뷰를 쓴 사람은 그것을 '끔찍한 공연'으로 말하며 혹평했다.
파 **harshness** 명 엄격함, 거침　**harshly** 부 엄하게, 거칠게
유 엄격한 strict　심한 severe　반 온화한 mild　친절한 kind

---

1287 ★★★★☆

## enlighten
[inláitən]

동 계몽하다, 교육하다
We invent successive hypotheses about where to find the scenic vistas that would **enlighten** the tourists. 모평
우리는 관광객들을 계몽할 경치가 좋은 풍경을 어디에서 찾을지에 관해서 연속적인 가설을 만든다.
파 **enlightenment** 명 계몽　**enlightening** 형 계몽하는
유 교육하다 educate

---

1288 ★★★★☆

## cuisine
[kwizí:n]

명 요리(법), 요리 솜씨
**Cuisine** and table narrative occupy a significant place in the training grounds of a community and its civilization. 모평
요리와 요리 이야기가 한 공동체와 그 공동체의 문명의 훈련장에서 중요한 위치를 차지한다.
유 **fusion cuisine** 퓨전 요리
유 요리 cooking, cookery

---

1289 ★★★☆☆

## notorious
[noutɔ́:riəs]

형 악명 높은, (나쁜 쪽으로) 유명한
The Duke of Marlborough's **notorious** love of money remained with him through his life. EBS 연계
Marlborough 공작의 악명 높은 돈 사랑은 평생 동안 그에게 남아 있었다.
파 **notoriety** 명 악명　**notoriously** 부 (나쁘게) 널리 알려져서
유 infamous, disreputable　반 유명한 famous, well-known

---

**1290** ★★★★☆

## intrinsic
[intrínsik]

형 본래 갖추어진, 고유의
Starvation can be of practical or instrumental value, even as it is an **intrinsic** disvalue. 모평
기아는, 그것이 고유의 반가치일 때조차도, 실용적인 혹은 유익한 가치를 지닐 수 있다.
⊕ **intrinsically** 부 본질적으로
⊕ inherent, innate, inborn　⊕ extrinsic

---

**1291** ★★★★☆

## narrative
[nǽrətiv]

명 이야기 형 이야기(체)의
By talking about the event, people constructed a social **narrative** and a collective memory of the emotional event. 대수능
그 사건에 관해 이야기함으로써, 사람들은 그 감정적 사건의 사회적 이야기와 집단 기억을 구축했다.
⊕ **narration** 명 서술, 이야기(하기)　**narratively** 부 이야기체로
⊕ 이야기 account, story, tale

---

**1292** ★★★★☆

## scope
[skoup]

명 범위, 영역, (능력을 발휘할) 여지
Music can convey the **scope** of a film, communicating whether the motion picture is an epic drama or a story. 모평
음악은 영화가 서사극인지 아니면 이야기인지를 전달하면서, 영화의 범위를 전해 줄 수 있다.
⊕ **scopeless** 형 영역이 없는
⊕ 범위 range

---

**1293** ★★★★☆

## flexibility
[flèksəbíləti]

명 유연성, 융통성
African American culture appreciates a greater **flexibility** of gender roles. 모평
아프리카계 미국인 문화는 성 역할에 대한 더 많은 유연성을 인식한다.
⊕ **flexible** 형 유연성[융통성]이 있는　**flex** 동 구부리다
⊕ pliability, elasticity

---

**1294** ★★★☆☆

## verge
[vəːrdʒ]

명 모서리, 가장자리
**Verges** should be widened to improve visibility and to discourage crossings by wildlife. EBS 연계
가시성을 높이고 야생 동물들이 건너가는 것을 막기 위해 (도로의) 가장자리가 확대되어야 한다.
⊕ brink, edge

---

**1295** ★★★★☆

## forecast
[fɔ́ːrkæst]

명 예보, 예상 동 예보하다, 예상하다
Weather **forecasts** are probabilistic because many of these variables change, and others are simply unknown. 모평
일기 예보는 확률적인데 이 변수들 중 많은 것이 변하고 다른 변수들이 전혀 알려져 있지 않기 때문이다.
⊕ **forecaster** 명 기상 통보관
⊕ 예상 prediction　예상하다 foresee, expect, predict

---

## temporal
[témpərəl]

형 시간의, 일시적인

Freedom in time (and limits on its temporal extent) is equally important and probably more fundamental. 모평

시간적 자유가 (그리고 시간적 범위에 대한 제한이) 동등하게 중요하며 아마 더 근본적일 것이다.

파 tempo 명 빠르기, 박자, 속도　　temporally 부 일시적으로
유 일시적인 temporary, transient
반 공간의 spatial　　영원한 permanent, eternal, perpetual

## simulate
[símjulèit]

통 가장하다, 모의실험을 하다, 가상하다

Exhibits are being constructed to closely simulate natural surroundings. EBS 연계

전시장이 자연환경을 밀접하게 가장하도록 구성되고 있다.

파 simulation 명 가장, 모의실험　　simulated 형 가장된, 모의의
simulatory 형 흉내 내는, 시늉을 하는
유 가장하다 feign, pretend

## discern
[disə́:rn]

통 구별하다, 식별하다

Twenty years is long enough to allow us to discern a fundamental rift between computational tools. EBS 연계

20년이라는 시간은 전산 도구들 사이의 근본적인 간극을 우리가 식별하게 해 줄 만큼 충분히 길다.

파 discernible 형 식별할 수 있는　　discerning 형 안목이 있는
discernment 명 식별
유 distinguish, discriminate

## anthropologist
[æ̀nθrəpá:lədʒist]

명 인류학자

The debates between social and cultural anthropologists concern the analytical priority. 모평

사회 인류학자와 문화 인류학자 사이의 논쟁은 분석적 우선순위에 관한 것이다.

파 anthropology 명 인류학　　anthropologic 형 인류학의
참 zoologist 명 동물학자

## margin
[má:rdʒin]

명 가장자리, 여지, 판매 수익

This intentional error provides individuals with a margin of safety. 대수능

이러한 고의적인 오류는 개체에게 안전에 대한 여지를 제공한다.

유 가장자리 edge　　판매 수익 profit　　반 중심 center

## shortsighted
[ʃɔ́:rtsáitid]

형 근시안의, 근시적인

She declared Tara severely shortsighted and she had to get glasses. 모평

그녀는 Tara가 심한 근시라고 선언했고 Tara는 안경을 써야 했다.

파 shortsightedness 명 근시안적임, 선견지명이 없음
shortsightedly 부 근시안적으로
유 near-sighted　　반 far-sighted

DAY 24

---

**1302** ★★★☆☆

**misdirect**
[misdirékt]

동 그릇된 방향으로 돌리다, 그릇 지시하다

In one of those little ironies of life, you **misdirect** your work; you stall; you quit. 모평

삶의 그러한 작은 역설적인 상황 중 하나에서, 여러분이 일을 그릇된 방향으로 돌려서 시간을 끌다가는 그만둬 버리게 된다.

파 **misdirection** 명 잘못 지시함　**misdirected** 형 그릇 인도된
유 misguide, mislead

---

**1303** ★★★★☆

**sensory**
[sénsəri]

형 감각의, 지각[감각] 기관의　명 감각 기관

Small changes in the **sensory** properties of foods are sufficient to increase food intake. 대수능

음식의 감각적 특성에서의 작은 변화는 음식의 섭취를 증가시키기에 충분하다.

숙 **sensory deprivation** 감각 상실
유 sensitive, perceptual

---

**1304** ★★★★☆

**assemble**
[əsémbl]

동 모으다, 조립하다

Asch **assembled** the students and announced that they were taking part in an experiment on visual perception. 대수능

Asch는 학생들을 모아 그들이 시각적 지각에 관한 실험에 참가할 거라고 발표했다.

파 **assembled** 형 모인　**assembly** 명 모임, 집회, 조립
유 gather　반 dismantle

---

**1305** ★★★☆☆

**cling**
[kliŋ]

동 고수하다, 붙들고 늘어지다

The dullness found in the senile and their **clinging** to the past were represented as the *symptoms* of senility. 모평

노쇠한 이들에게서 발견되는 활기 부족과 그들의 과거에 대한 고수는 노쇠의 '증상'으로서 기술되었다.

파 **clinging** 형 들러붙는, 사람에게 매달리는
　**clinger** 명 애착을 못 버리는 사람
유 adhere　반 release

---

**1306** ★★★☆☆

**pollination**
[pàlənéiʃən]

명 수분 (작용)

**Pollination** is the prime consideration of taming bees. 모평

벌을 길들이는 것의 주된 고려 사항이 수분 작용이다.

파 **pollinate** 동 수분하다　**pollinator** 명 수분 매개체

---

**1307** ★★★★☆

**radical**
[rǽdikəl]

형 급진적인, 근본적인　명 급진주의자

At its most **radical**, moralism produces descriptions of ideal political societies known as Utopias. 모평

가장 근본적인 입장에서, 도덕주의는 유토피아로 알려진 이상적인 정치 사회에 대한 묘사를 만들어 낸다.

파 **radicalism** 명 급진주의, 근본적 변화론 주의
　**radically** 부 급진적으로, 근본적으로
유 급진적인 drastic, extreme　근본적인 basic, fundamental

---

## 1308 ★★★★☆

**profile**
[próufail]

몡 옆모습, 윤곽　툉 윤곽을 그리다
A crack in the wall looks a little like the **profile** of a nose and suddenly a whole face appears, or a dancing figure. 모평
벽에 난 금이 코의 옆모습과 약간 닮아 보이고 갑자기 얼굴 전체가 나타나거나, 또는 춤추는 형상이 나타나기도 한다.
⨁ 윤곽 outline, silhouette

## 1309 ★★★☆☆

**sibling**
[síbliŋ]

몡 형제자매　혱 형제의, 자매의
Her **siblings** were puzzled about the specifics of how their mother would actually accomplish such a task. 모평
그녀의 형제자매들은 어머니가 실제로 그 일을 어떻게 달성할 것인지 그 상세한 내용에 대해 당혹해했다.

## 1310 ★★★☆☆

**painstaking**
[péinstèikiŋ]

혱 수고를 아끼지 않는, 공들인, 고생스러운
A painter could modify and rework the image, but the process was **painstaking** and slow. 모평
화가는 그림을 수정하고 다시 그릴 수 있었지만, 그 과정은 고생스럽고 더뎠다.
⨁ **painstakingly** 튀 수고를 아끼지 않고, 공들여서
⨁ elaborate, careful　⨀ careless

## 1311 ★★★☆☆

**surrender**
[səréndər]

툉 항복하다, 포기하다, 내주다　몡 항복, 양도, 자수
As we invent more species of AI, we will **surrender** more of what is supposedly unique about humans. 대수능
더 많은 종의 AI(인공 지능)를 발명하면서, 우리는 인간에게만 있다고 여겨지는 것 중 더 많은 것을 내줄 것이다.
⨁ 항복하다 succumb　포기하다 relinquish　⨀ 저항 resistance

## 1312 ★★★★★

**offspring**
[ɔ́(:)fsprìŋ]

몡 자식, 새끼
These thieving bees lay an egg near the pollen mass being gathered by the host bee for her own **offspring**. 모평
도둑질하는 이런 벌은 숙주 벌이 자기 자신의 새끼를 위해 모으고 있는 꽃가루 덩어리 근처에 알을 낳는다.
⨁ child, kid, young　⨀ parent

## 1313 ★★★★☆

**neutral**
[njú:trəl]

혱 중립의, 중성의, 중간의　몡 중립국
The media does not provide a **neutral** discourse. 모평
대중 매체는 중립적 이야기를 제공하지는 않는다.
⨁ **neutralize** 툉 중립화하다, 중성화하다　**neutrality** 몡 중립, 중성
　　**neutralization** 몡 중립화, 중성화
⨁ 중립의 unbiased, uninvolved

## 1314 ★★★★★

**shift**
[ʃift]

뗑 변화, (근무의) 교대 조, 임시변통  통 이동하다, 바꾸다
We are now witnessing a fundamental **shift** in our resource demands. 대수능
우리는 이제 자원 수요에 있어서 근본적인 변화를 목격하고 있다.
⟐ **shifting** 뎽 이동하는
⟐ **shift work** 교대 근무    **makeshift** 뎽 임시변통의
⟐ 변화 change, alteration    바꾸다 change, switch

## 1315 ★★★★★

**ultimate**
[ʌ́ltəmit]

뗑 최후의, 궁극적인, 최종적인  뗑 최후의 수단, 최종 결과
It is easy to do this when material wealth is elevated to the position of the **ultimate** end, as it often is in our society.

대수능

우리 사회에서 흔히 그렇듯이, 물질적 부유함이 궁극적인 목적의 위치로 높여질 때에 이렇게 하기 쉽다.
⟐ **ultimatum** 뗑 최후통첩    **ultimacy** 뗑 최후, 궁극
   **ultimately** 뛷 최종적으로
⟐ 최후의 final, utmost, conclusive    ⟐ 처음의 initial

# Advanced Step

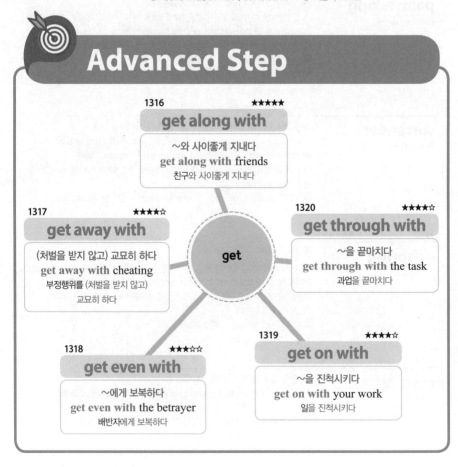

**1316** ★★★★★
**get along with**
~와 사이좋게 지내다
**get along with** friends
친구와 사이좋게 지내다

**1317** ★★★★☆
**get away with**
(처벌을 받지 않고) 교묘히 하다
**get away with** cheating
부정행위를 (처벌을 받지 않고) 교묘히 하다

**1320** ★★★★☆
**get through with**
~을 끝마치다
**get through with** the task
과업을 끝마치다

**get**

**1318** ★★★☆☆
**get even with**
~에게 보복하다
**get even with** the betrayer
배반자에게 보복하다

**1319** ★★★★☆
**get on with**
~을 진척시키다
**get on with** your work
일을 진척시키다

# Review Test

## A 영어는 우리말로, 우리말은 영어로 쓰시오.

**1.** potential _____  **2.** 애국자  p_____

**3.** forecast _____  **4.** 계몽하다  e_____

**5.** shortsighted _____  **6.** 조사  i_____

**7.** offspring _____  **8.** 소중히 여기다  c_____

## B 영어 단어와 우리말 뜻을 연결하시오.

**1.** cling  •                          • **a.** 가장자리, 판매 수익

**2.** surrender  •                      • **b.** 고수하다, 붙들고 늘어지다

**3.** margin  •                         • **c.** 항복하다, 포기하다

## C 다음 주어진 뜻에 해당하는 밑줄 친 단어의 파생어를 쓰시오.

**1.** a man of flexibility          형 _____ 유연성[융통성]이 있는

**2.** misdirected by accident or intent   명 _____ 잘못 지시함

**3.** steps to avoid being notorious   명 _____ 악명, (나쁘게) 유명함

## D 밑줄 친 단어의 유의어 혹은 반의어를 쓰시오.

**1.** the intrinsic value of real estate   반 e_____

**2.** my ultimate goal in life          반 i_____

**3.** a verbal description of a context   유 o_____

---

정답

**A** 1. 잠재적인  2. (p)atriot  3. 예보(하다)  4. (e)nlighten  5. 근시안의  6. (i)nvestigation
　　7. 자식  8. (c)herish
**B** 1. b  2. c  3. a
**C** 1. flexible  2. misdirection  3. notoriety
**D** 1. (e)xtrinsic  2. (i)nitial  3. (o)ral

# Actual Test

**다음 글의 밑줄 친 부분 중, 문맥상 낱말의 쓰임이 적절하지 <u>않은</u> 것은?**

모평

When considered in terms of evolutionary success, many of the seemingly irrational choices that people make do not seem so foolish after all. Most animals, including our ancestors and modern-day capuchin monkeys, lived very close to the ① margin of survival. Paleontologists who study early human civilizations have uncovered evidence that our ancestors faced frequent periods of drought and freezing. When you are living on the verge of starvation, a slight downturn in your food reserves makes a lot ② more difference than a slight upturn. Anthropologists who study people still living in hunter-gatherer societies have discovered that they regularly make choices designed to produce not the best opportunity for obtaining a hyperabundant supply of food but, instead, the ③ least danger of ending up with an insufficient supply. In other words, people everywhere have a ④ weak motivation to avoid falling below the level that will feed themselves and their families. If our ancestors hadn't agonized over losses and instead had ⑤ taken too many chances in going after the big gains, they'd have been more likely to lose out and never become anyone's ancestor.

\*agonize 괴로워하다, 고민하다

**해석**

진화적 성공의 관점에서 고려해 볼 때, 사람들이 하는 비이성적인 것처럼 보이는 선택들 중 많은 것들이 결국에는 그다지 어리석어 보이지 않는다. 우리의 조상과 현재의 꼬리감는원숭이를 포함하여 대부분의 동물들은 생존하는 것이 매우 힘든 상황에서 살았다. 초기 인류 문명에 대해 연구하는 고생물학자들은 우리의 조상들이 빈번한 가뭄과 혹한의 시기에 직면했다는 증거를 찾아냈다. 아사 직전의 위기에서 살고 있을 때에는 양식 저장량이 조금 감소했을 때가 조금 증가했을 때보다 훨씬 더 큰 변화를 가져온다. 아직도 수렵·채집 사회에서 살고 있는 사람들을 연구하는 인류학자들은, 그들이 엄청나게 풍부한 양의 식량을 얻을 수 있는 최상의 기회가 아니라, 오히려 결국 부족한 식량 공급을 초래하게 되는 위험성을 최소화하기 위한 선택을 일관되게 한다는 것을 발견했다. 다시 말해서, 사람들은 어디서나 자신과 가족들에게 식량을 공급할 수 있는 수준 아래로 내려가는 것을 피하려는 약한(→ 강한) 욕구를 갖고 있다. 우리의 조상들이 손실에 대해 고심하지 않고, 대신에 큰 이득을 얻으려고 너무 많은 모험을 했다면, 그들은 멸망하여 결코 어느 누구의 조상도 되지 못했을 가능성이 더 컸을 것이다.

**해설** 사람들은 무슨 수를 써서라도 식량이 부족하지 않게 하여 가족들이 굶어죽는 상황을 피하려는 강한 욕구를 갖고 있다는 글의 흐름이므로, ④의 weak(약한)를 strong(강한)과 같은 낱말로 바꾸어야 한다.

**정답** ④

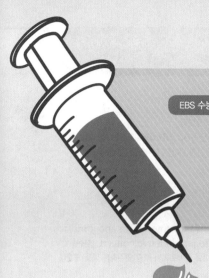

# DAY
# 25

## Word Preview

- [ ] admire
- [ ] theory
- [ ] interest
- [ ] pretend
- [ ] appropriate
- [ ] detail
- [ ] excite
- [ ] assumption
- [ ] conscious
- [ ] present
- [ ] critical
- [ ] swing
- [ ] fix
- [ ] hierarchy
- [ ] spontaneous
- [ ] rhyme
- [ ] distinguish

- [ ] temporary
- [ ] sociable
- [ ] rejoice
- [ ] inferior
- [ ] underestimate
- [ ] reside
- [ ] fair
- [ ] revolution
- [ ] civilization
- [ ] chamber
- [ ] atmosphere
- [ ] haunt
- [ ] facility
- [ ] trail
- [ ] misleading
- [ ] metaphor
- [ ] vegetation

- [ ] offensive
- [ ] certificate
- [ ] genetic
- [ ] eventually
- [ ] ashamed
- [ ] recover
- [ ] destiny
- [ ] reserve
- [ ] ruin
- [ ] fit
- [ ] fuzzy
- [ ] component
- [ ] sophistication
- [ ] diameter
- [ ] tribe
- [ ] magnitude

**1321** ★★★★★

**admire**
[ədmáiər]

图 존경하다, 칭찬하다, 감탄하며 바라보다
If you have access to someone you **admire**, be bold. EBS 연계
만약 여러분이 존경하는 누군가에게 접근하게 된다면, 대담하게 행동하라.
파 **admiration** 명 존경, 감탄
유 respect, praise, appreciate

**1322** ★★★★★

**theory**
[θí(:)əri]

명 이론, 학설
They're not going to make it if they know a lot about music
**theory** but don't know how to jam in a live concert. 대수능
음악 이론에 대해 많이 알고 있지만 라이브 콘서트에서 즉흥 연주하는 법을 모른다
면, 그들은 성공하지 못할 것이다.
파 **theoretical** 형 이론적인, 이론의
유 assumption 반 practice, experiment

**1323** ★★★★★

**interest**
[íntərəst]

명 관심, 흥미, 이익, 이자 图 ~의 관심을 끌다
We might hear a song on the radio for the first time that
catches our **interest**. 대수능
우리는 라디오에서 우리의 관심을 끄는 노래를 처음 들을 수도 있다.
파 **interesting** 형 흥미로운, 재미있는
유 이익 benefit, profit

**1324** ★★★★★

**pretend**
[priténd]

图 ~인 척하다
ask people to act like extroverts while **pretending** to teach
a math class 대수능
사람들에게 수학 수업을 가르치는 척하면서 외향적인 사람들처럼 행동할 것을 요청
하다
파 **pretension** 명 허세, 가식 **pretentious** 형 허세를 부리는, 가식적인
유 simulate

**1325** ★★★★★

**appropriate**
[əpróupriət]

형 적절한 图 [əpróuprièit] 도용하다
Opportunities to charge visitors for **appropriate** services
are being considered as one solution. 모평
방문객들에게 적절한 서비스에 대한 비용을 청구할 기회들이 하나의 해결책으로 여
겨지고 있다.
파 **appropriately** 부 적절하게 **appropriateness** 명 타당성, 적절함
유 적절한 suitable 반 부적절한 inappropriate, improper

**1326** ★★★★★

**detail**
[dí:teil]

명 세부 사항 图 상세히 알리다
People add **details** to their stories that may or may not have
occurred. 모평
사람들은 일어났을 수도, 또는 일어나지 않았을 수도 있는 세부 사항을 자신의 이
야기에 덧붙인다.
파 **detailed** 형 상세한
유 사실 fact 요소 factor

**1327** ★★★★★

**excite**
[iksáit]

통 자극하다, 흥분시키다

You may try to re-create the circumstances which excited in you the emotions that you want to excite in your audience. 모평

당신은 청중에게 자극하고 싶은 감정을 당신에게 자극했던 상황을 다시 만들려고 애 쓸지도 모른다.

파 excitement 명 흥분, 신남    exciting 형 신나는, 흥분시키는
유 thrill, stir, provoke

**1328** ★★★★★

**assumption**
[əsʌ́mpʃən]

명 가정, 추정, 가설

The assumption is called determinism. 모평

그 가설은 결정론이라고 불린다.

파 assume 통 추정하다, 가정하다, (특질, 양상 등을) 띠다
유 presumption, hypothesis

**1329** ★★★★★

**conscious**
[kánʃəs]

형 의식하는, 자각하는

We need to relieve our conscious minds so we can solve new problems as they come up. 모평

우리는 새로운 문제가 발생할 때 그것을 해결할 수 있도록 우리의 의식적인 마음의 부담을 덜어 주어야 한다.

파 consciousness 명 의식, 자각    consciously 부 의식적으로, 자각하여
유 알고 있는 aware    반 unconscious, unaware

**1330** ★★★★★

**present**
[prizént]

통 제공하다, 주다  [préznt] 명 선물, 현재  형 현재의, 참석한

Ancient Greek and Roman costume presents a traditional stability. 모평

고대 그리스와 로마의 의복은 전통의 안정을 제공한다.

파 presence 명 존재, 참석    presentation 명 제출, 발표
유 주다 give    수여하다 award    선물 gift
　 현재의 current, contemporary    반 받다 receive

**1331** ★★★★★

**critical**
[krítikəl]

형 비판적인, 중요한, 중대한

Notac High School is now accepting your original and critical book reviews. 모평

Notac 고등학교에서는 현재 여러분의 독창적이고 비판적인 독후감을 접수하고 있습니다.

파 criticize 통 비판하다    criticism 명 비판, 비평
　 critic 명 비평가, 평론가
유 중요한 crucial, important    반 중요하지 않은 unimportant

**1332** ★★★★☆

**swing**
[swiŋ]

통 휘두르다, 흔들리다, 흔들다  명 흔들기, 휘두르기

If you think you are likely to hit more home runs, you are more likely to swing for the fences. 대수능

더 많은 홈런을 칠 수 있을 것 같다고 생각하면, 더욱 펜스를 향해 휘두르게 될 것이다.

유 sway, wave, shake

---

**1333** ★★★★★

## fix
[fiks]

图 (문제를) 해결하다, 고정하다, 수리하다
His idealism ran high, and he thought he would be able to magically **fix** all of their problems. 대수능
그의 이상주의는 높아졌고, 그는 자신이 그들의 문제를 모두 마법처럼 해결할 수 있을 것이라고 생각했다.
⊕ **fixation** 图 고정, 집착
⊕ 고정하다 stick, attach    수리하다 repair, mend

---

**1334** ★★★☆☆

## hierarchy
[háiərὰːrki]

图 위계, 서열, 계급제
The aborigines see their relationship to the environment as a single harmonious continuum through a **hierarchy** of totems that connect to their ancestral origins. 모평
원주민들은 자신들의 조상 대대의 기원과 연결된 토템들의 위계를 통해 환경과 자신과의 관계를 하나의 조화로운 연속체로 간주한다.
⊕ **hierarchical** 图 서열의, 계급에 따른
⊕ grading, ranking

---

**1335** ★★★☆☆

## spontaneous
[spɑntéiniəs]

图 자생적인, 자발적인, 마음에서 우러난
on hazardous **spontaneous** settlements which made them far more vulnerable to natural and human-induced hazards
모평
자연과 인간이 야기한 위험에 대해 그들을 훨씬 더 취약하게 했던 위험한 자생적 정착지에서
⊕ **spontaneity** 图 자발적임    **spontaneously** 图 자발적으로
⊕ voluntary    ⊕ planned

---

**1336** ★★★☆☆

## rhyme
[raim]

图 운율(음조가 비슷한 글자)
in children's poetry or in nonsense **rhymes** 모평
아동용 시나 무의미한 운율에서
⊕ **rhymeless** 图 무운의, 운이 맞지 않는
⊕ verse, poem

---

**1337** ★★★★★

## distinguish
[distíŋgwiʃ]

图 구별하다, 식별하다
They can **distinguish** between hundreds of types of cows.
모평
그들은 수백 가지 유형의 소를 구별할 수 있다.
⊕ **distinguishable** 图 구별할 수 있는, 식별이 가능한
    **distinguishment** 图 구별, 식별
⊕ differentiate, identify, discern

---

**1338** ★★★★☆

## temporary
[témpərèri]

图 일시적인, 임시의
tedious annoyances and struggles that may be **temporary** roadblocks but feel more like concrete mountains 모평
일시적인 노상 장애물일수도 있지만 콘크리트로 된 산으로 더 가깝게 느껴지는 진저리나는 골칫거리와 곤란함
⊕ **temporarily** 图 일시적으로, 임시로
⊕ momentary, short-lived, brief    ⊕ permanent

---

## 1339 ★★★★☆

### sociable
[sóuʃəbl]

형 사교적인

The Ghana Network of Volunteer Service is looking for volunteers who are open-minded, sociable, and committed. 모평

가나 자원봉사 네트워크는 열린 마음을 가졌으며, 사교적이고, 헌신적인 자원봉사자를 찾고 있습니다.

파 sociability 명 사교성
유 gregarious  반 unsociable

## 1340 ★★☆☆☆

### rejoice
[ridʒɔ́is]

동 (크게) 기뻐하다, 환호하다

In the instability of American democracy, fame would be dependent on celebrity, on the degree to which the people rejoiced in the poet and his work. 대수능

미국 민주주의의 불안정 속에, 명성은 인기도, 즉 사람들이 그 시인과 그의 작품에 기뻐하는 정도에 의해 좌우될 것이었다.

파 rejoicing 명 기뻐함
유 크게 기뻐하다 exult  반 애통해하다 lament  애도하다 mourn

## 1341 ★★★★★

### inferior
[infí(ː)əriər]

형 열등한, 하위의

Unless something interferes, the inferior competitor loses out and the competitively superior species takes over. 모평

어떤 것이 개입하지 않는다면, 열등한 경쟁자가 패배하여 경쟁적으로 우수한 종이 장악하게 된다.

파 inferiority 명 열등함, 열등감
유 하위의 lower, subordinate  반 superior

## 1342 ★★★☆☆

### underestimate
[ʌ̀ndəréstəmèit]

동 과소평가하다, 낮게 어림하다, 경시하다

They underestimate how much time they really do have. 모평

그들은 자기들이 실제로 얼마나 많은 시간을 가지고 있는지를 과소평가한다.

파 underestimation 명 과소평가
유 과소평가하다 undervalue  하찮게 보이게 만들다 trivialize
반 overestimate

## 1343 ★★★☆☆

### reside
[rizáid]

동 거주하다, (특정한 곳에) 살다

The Nuer are one of the largest ethnic groups in South Sudan, primarily residing in the Nile River Valley. 대수능

Nuer 족은 South Sudan의 가장 큰 민족 집단 중 하나로, 주로 나일강 계곡에 거주한다.

파 residence 명 주택, 거주지  resident 명 거주자, 투숙객
유 live, dwell, abide

## 1344 ★★★★★

### fair
[fɛər]

형 공정한, 타당한, (피부나 머리카락이) 옅은 색의, 상당한  명 박람회

The process was fair when supervisors requested their input prior to an evaluation. 모평

관리자들이 평가 이전에 그들의 정보 제공을 요청할 때 그 과정은 공정했다.

파 fairness 명 공정성, 옅은 색  fairly 부 공정하게, 상당히, 꽤
유 공정한 impartial, just  반 불공정한 unfair

---

**1345** ★★★★★

# revolution
[rèvəljúːʃən]

몡 (정치적인) 혁명, (행성의) 공전, (축을 중심으로 한) 회전

Genes would undoubtedly have changed during the human **revolution** after 200,000 years ago, but more in response to new habits than as causes of them. 대수능

유전자는 200,000년 전 이후의 인간의 혁명 동안에 의심할 여지없이 변해 왔을 것이지만, 새로운 습관의 원인으로서보다는 새로운 습관에 대한 반응으로서 변해 왔을 것이다.

🔁 **revolve** 图 돌다, 회전하다    **revolutionary** 혭 혁명의, 혁명적인

🔀 혁명 revolt, rebellion    회전 rotation, spin

---

**1346** ★★★★★

# civilization
[sìvəlizéiʃən]

몡 문명, 개화

A **civilization** can be measured by how much progress its science and technology have made. EBS 연계

한 문명은 그 문명의 과학과 기술이 얼마나 진보해 왔는지에 의해 측정될 수 있다.

🔁 **civilize** 图 문명화하다, 개화하다, 세련되게 하다

🔀 culture, enlightenment

---

**1347** ★★★☆☆

# chamber
[tʃéimbər]

몡 방, 실, 회의실, (의회의) 원

He would be thrown into the Bridge house, the torture **chamber** of the Japanese Gestapo! EBS 연계

그는 일본 비밀경찰의 고문실인 브리지 하우스에 끌려가게 될 것이었다!

🔁 **the lower[upper] chamber** (의회의) 하[상]원

🔀 hall, room

---

**1348** ★★★★★

# atmosphere
[ǽtməsfìər]

몡 (지구의) 대기, 공기, 분위기

$CO_2$ has greatly increased the proportion of carbon in the **atmosphere**. 모평

이산화탄소는 대기의 탄소 비율을 크게 증가시켰다.

🔁 **atmospheric** 혭 대기의, 분위기 있는

🔀 대기 aerosphere, sky    분위기, 기분 mood

---

**1349** ★★★☆☆

# haunt
[hɔːnt]

图 뇌리에서 떠나지 않다, 귀신이 출몰하다

with the increasing sophistication of the media and the **haunting** quality of the imagery 모평

미디어가 점점 더 고도로 발전되는 것과 영상이 갖고 있는 뇌리를 떠나지 않는 특성을 가지고

🔁 **haunter** 몡 자주 오는 사람, 단골, 유령

🔀 뇌리에서 떠나지 않다 obsess, recur

---

**1350** ★★★★★

# facility
[fəsíləti]

몡 (생활 편의를 위한) 시설, 기능, 재능

The other half completed the task in a room where recycling **facilities** were available. 모평

나머지 절반은 재활용 시설이 이용 가능한 방에서 과업을 끝냈다.

🔁 **facilitate** 图 용이하게 하다, 가능하게 하다

🔀 시설 amenity, equipment

---

## 1351 ★★★☆☆

**trail**
[treil]

명 자취, (길게 연이어 나 있는) 자국　동 끌다

Advertising dollars have simply been following the migration **trail** across to these new technologies. 대수능

광고비는 이러한 새로운 기술로 이동하는 자취를 단순히 따라가고 있다.

● **trail away** 서서히 사라지다
⊕ 길 path, route　끌다 drag, draw, haul

## 1352 ★★★☆☆

**misleading**
[mislí:diŋ]

형 오해의 소지가 있는, 혼동하게 하는, 오도하는

It was a clever turn of phrase that's **misleading**, for even computers can process only one piece of code at a time. 대수능

그것은 오해의 소지가 있는 어구의 교묘한 전환이었는데, 왜냐하면 컴퓨터조차도 한 번에 단 한 개의 부호만을 처리할 수 있기 때문이다.

⊕ **mislead** 동 오도하다, 잘못 인도하다, 현혹시키다
⊕ confusing, deceptive　⊕ straightforward

## 1353 ★★★☆☆

**metaphor**
[métəfɔ̀:r]

명 은유, 비유

A common **metaphor** in early theories of attention is the concept of a bottleneck. 모평

주의 집중에 대한 초기 이론들에서 흔히 있는 하나의 은유는 병목의 개념이다.

⊕ **metaphoric/metaphorical** 형 은유의, 비유의
⊕ analogy, symbol

## 1354 ★★★★☆

**vegetation**
[vèdʒitéiʃən]

명 초목[식물], 한 지방 특유의 식물

But as the extra **vegetation** starts to die off, the locusts find themselves crowded together. 모평

그러나 그 여분의 초목이 죽어 없어지기 시작하면, 메뚜기들은 자신들이 서로 혼잡하게 있다는 것을 알게 된다.

⊕ **vegetate** 동 식물처럼 자라다, 무위도식하다　**vegetable** 명 채소
⊕ plant, flora

## 1355 ★★★★☆

**offensive**
[əfénsiv]

형 불쾌한, 모욕적인, 공격적인

It is a strategic mistake to give an **offensive** position away to those who will use it to attack. 모평

공격하기 위해 공격의 위치를 이용할 사람들에게 그것을 넘겨주는 것은 전략상의 실수이다.

⊕ **offend** 동 불쾌하게 하다, 범죄를 저지르다
⊕ unpleasant, insulting, abusive　⊕ pleasant, respectful

## 1356 ★★★☆☆

**certificate**
[sərtífəkit]

명 면허(증), 증명서, 자격증　동 [sərtífikèit] 면허[자격]증을 교부하다

We will offer the Summer Aviation Flight Camp for student pilot **certificates**. 모평

저희는 학생 조종사 면허를 위한 여름 항공 비행 캠프를 제공할 것입니다.

⊕ **certify** 동 (서면으로) 증명하다, 자격증을 교부하다
　**certification** 명 증명서 교부, 증명
⊕ 면허(증) licence　보증서 warrant

---

**1357** ★★★★★

## genetic
[dʒənétik]

형 유전학의

Behavioural adaptation is vastly more efficient than **genetic** adaptation. 모평

행동 적응이 유전적 적응보다 훨씬 더 효율적이다.

패 **gene** 명 유전자　**genetics** 명 유전학
유 타고난 innate, inborn

---

**1358** ★★★★★

## eventually
[ivéntʃuəli]

부 결국, 마침내

**Eventually**, most men find they must be satisfied with "any port in a storm." 모평

결국, 대부분의 사람들은 자신이 '폭풍 속에서는 어떤 항구(궁여지책)'에도 만족해야 한다는 것을 발견한다.

패 **eventual** 형 결과적인, 최종적인
유 finally, ultimately

---

**1359** ★★★★☆

## ashamed
[əʃéimd]

형 부끄러운, 창피한

However, if she found out that her hero hadn't won, she would be terribly disappointed, and he would feel **ashamed**.
모평

그러나 그녀가 자신의 우상이 우승하지 못한 것을 알게 되면, 그녀는 매우 실망할 것이고, 그는 부끄러워하게 될 것이다.

패 **shame** 명 부끄러움, 창피　**ashamedness** 명 부끄러워함
유 embarrassed, humiliated　반 proud

---

**1360** ★★★★★

## recover
[rikʌ́vər]

동 (건강이) 회복되다, (분실물 등을) 되찾다, (손실 등을) 만회하다

Once the vegetation has started to **recover**, insects, birds and other animals will travel into the newly regenerated area. 모평

일단 초목이 회복되기 시작하면, 곤충과 새와 다른 동물들이 새롭게 재생된 지역으로 이동할 것이다.

패 **recovery** 명 회복, 되찾음, 만회
유 되살아나다 revive　회복하다 regain

---

**1361** ★★★★★

## destiny
[déstəni]

명 (사람 등의) 운명

In other words, the **destiny** of a community depends on how well it nourishes its members. 모평

다시 말하자면, 한 공동체의 운명은 그것이 얼마나 잘 그 구성원들을 기르는지에 달려 있다.

패 **destine** 동 예정해 두다, 운명 짓다　**destination** 명 운명, 목적지
유 fate, doom, fortune

---

**1362** ★★★★☆

## reserve
[rizə́ːrv]

동 예약하다, 남겨 두다, (판단 등을) 보류하다, 저장하다
명 (주로 복수로) 저장량, 비축물

I **reserved** a table at a French restaurant for you. 모평

제가 당신을 위해서 프랑스 식당에 테이블을 예약했어요.

패 **reservation** 명 예약　**reservable** 형 남겨 둘 수 있는, 보류할 수 있는
유 예약하다 book　저장하다 store, save

## 1363 ★★★★☆

**ruin**
[rú(:)in]

동 손상시키다, 파멸시키다, 망치다  명 파멸, 붕괴, 몰락
Don't let this election **ruin** your friendship. 대수능
이 선거가 당신의 우정을 손상시키지 않게 하세요.
🔸 **ruins** 명 (파괴된 건물의) 잔해, 폐허, 유적
🔹 파괴하다 destroy, devastate, wreck, crush    🔻 창조하다 create

## 1364 ★★★★★

**fit**
[fit]

형 적합한, 알맞은, 건강한  동 (모양이나 크기가) 맞다, 맞게 하다
The next step was to **fit** a platform on the axle. 모평
그다음 단계는 그 굴대에 대(臺)를 맞추는 것이었다.
🔸 **fitness** 명 신체 단련, 적합함
🔹 적합한 appropriate, suitable    건강한 healthy
맞게 하다 adapt    조정하다 adjust

## 1365 ★★★☆☆

**fuzzy**
[fʌ́zi]

형 (모습이나 소리가) 흐릿한, 솜털이 보송보송한, (머리카락이) 곱슬곱슬한
I put the glasses on, and the world turned into **fuzzy**, unfocused shapes. 모평
나는 그 안경을 썼는데, 세상이 흐릿하고 초점이 없는 모양으로 변했다.
🔸 **fuzziness** 명 솜털 같음, 흐릿함
🔹 흐릿한 indistinct, blurred    솜털이 보송보송한 fluffy    곱슬곱슬한 frizzy
🔻 뚜렷한 distinct

## 1366 ★★★★★

**component**
[kəmpóunənt]

명 (구성) 요소, 부품
This program lasts for six weeks and consists of three different **components**: Daily Targets, Walking Plans, and Eating Plans. 모평
이 프로그램은 6주 동안 지속되며, 세 개의 상이한 요소, 즉 일일 목표, 걷기 계획 그리고 식사 계획으로 구성됩니다.
🔸 **componential** 형 성분의
🔹 요소 element, ingredient    부품 piece, unit

## 1367 ★★★☆☆

**sophistication**
[səfìstəkéiʃən]

명 세련됨, 복잡함, (설계나 기계 등이) 정교함, 교양
Those opposed to regulation can always criticize the regulation on the basis of lack of scientific **sophistication**.
EBS 연계
규제에 반대하는 사람들은 과학적 정교함의 결여를 근거로 그 규제를 언제든 비난할 수 있다.
🔸 **sophisticated** 형 세련된, 교양 있는, 정교한, 복잡한
🔹 refinement, elaboration, complexity

## 1368 ★★★☆☆

**diameter**
[daiǽmitər]

명 (원, 구체, 원뿔, 곡선 등의) 지름, 직경, (렌즈의) 배율
Regional telecom companies will transmit the signals to the balloons, and then each balloon will relay the signals to a ground area many miles in **diameter**. 모평
지역의 전기 통신 회사들이 신호를 풍선으로 전송하고, 그런 다음 각 풍선들이 그 신호들을 직경이 수마일인 지상의 지역으로 중계할 것이다.
🔸 **diametric** 형 지름의, 직경의
🔸 **radius** 명 반지름    height 명 높이    width 명 너비    length 명 길이

**1369** ★★★★☆

## tribe
[traib]

몡 부족, 종족, 무리

Testimony from members of the Crow **tribe** about the destruction of their culture provides an extreme and tragic example of this. 대수능

Crow 부족 구성원들의 그들 문화의 파멸에 대한 증언은 이것의 극단적이고 비극적인 사례를 제시해 준다.

파 **tribal** 혱 부족의, 종족의
윤 clan

**1370** ★★★★☆

## magnitude
[mǽgnətʃùːd]

몡 (거대한) 규모, 거대함, 중요도, 크기

They must be equal in **magnitude** but opposite in direction so that they sum to zero net force. 모평

그것들은 합해서 알짜 힘이 0이 되도록 크기에서는 같지만 방향에서 반대이어야 한다.

파 **magnify** 동 확대하다   **magnification** 몡 확대
　**magnificent** 혱 거대한, 장대한
윤 immensity, vastness   반 smallness

# Advanced Step

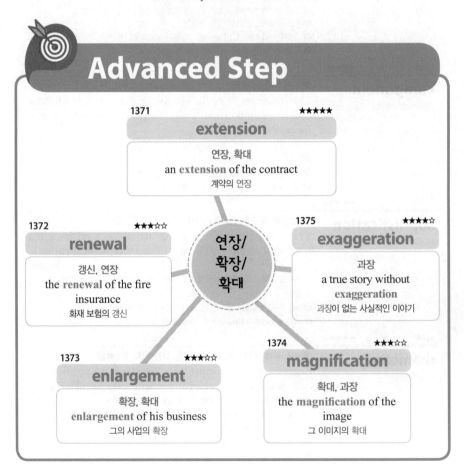

**1371** ★★★★★
### extension
연장, 확대
an **extension** of the contract
계약의 연장

**1372** ★★★☆☆
### renewal
갱신, 연장
the **renewal** of the fire insurance
화재 보험의 갱신

**1373** ★★★☆☆
### enlargement
확장, 확대
**enlargement** of his business
그의 사업의 확장

연장/
확장/
확대

**1375** ★★★★☆
### exaggeration
과장
a true story without **exaggeration**
과장이 없는 사실적인 이야기

**1374** ★★★☆☆
### magnification
확대, 과장
the **magnification** of the image
그 이미지의 확대

# Review Test

## A 영어는 우리말로, 우리말은 영어로 쓰시오.

**1.** critical _____  **2.** 문명  c _____

**3.** hierarchy _____  **4.** 시설  f _____

**5.** spontaneous _____  **6.** 은유  m _____

**7.** inferior _____  **8.** 유전의  g _____

## B 영어 단어와 우리말 뜻을 연결하시오.

**1.** fix •  • **a.** 구별하다, 식별하다

**2.** distinguish •  • **b.** (문제를) 해결하다, 고정하다, 수리하다

**3.** reside •  • **c.** 거주하다, (특정한 곳에) 살다

## C 다음 주어진 뜻에 해당하는 밑줄 친 단어의 파생어를 쓰시오.

**1.** fair competition  명 _____ 공정성, 옅은 색

**2.** the human revolution  형 _____ 혁명의, 혁명적인

**3.** an offensive position  동 _____ 불쾌하게 하다

## D 밑줄 친 단어의 유의어 혹은 반의어를 쓰시오.

**1.** the pioneers that we admire  유 r _____

**2.** take appropriate measures  유 s _____

**3.** the people rejoice  반 l _____

---

정답

**A 1.** 비판적인, 중요한, 중대한 **2.** (c)ivilization **3.** 위계, 서열, 계급제 **4.** (f)acility
**5.** 자생적인, 자발적인, 마음에서 우러난 **6.** (m)etaphor **7.** 열등한, 하위의 **8.** (g)enetic
**B 1.** b **2.** a **3.** c
**C 1.** fairness **2.** revolutionary **3.** offend
**D 1.** (r)espect **2.** (s)uitable **3.** (l)ament

# Actual Test

다음 글의 밑줄 친 부분 중, 문맥상 낱말의 쓰임이 적절하지 **않은** 것은?

대수능

A defining element of catastrophes is the magnitude of their harmful consequences. To help societies prevent or reduce damage from catastrophes, a huge amount of effort and technological sophistication are often ① employed to assess and communicate the size and scope of potential or actual losses. This effort assumes that people can understand the resulting numbers and act on them appropriately. However, recent behavioral research casts ② doubt on this fundamental assumption. Many people do not understand large numbers. Indeed, large numbers have been found to lack meaning and to be ③ overestimated in decisions unless they convey affect (feeling). This creates a paradox that rational models of decision making fail to ④ represent. On the one hand, we respond strongly to aid a single individual in need. On the other hand, we often fail to prevent mass tragedies or take appropriate measures to ⑤ reduce potential losses from natural disasters.

---

**해석**

큰 재해를 정의하는 요소 하나는 그 해로운 결과의 거대한 규모이다. 사회가 큰 재해로부터 오는 손실을 방지하거나 줄이는 데 도움을 주기 위해서, 잠재적 혹은 실제적 손실의 규모와 범위를 산정하고 전달하기 위한 대단히 큰 노력과 기술적인 정교함이 자주 사용된다. 이 노력은 사람들이 그 결과로 생기는 수를 이해할 수 있고 그에 의거하여 적절하게 행동할 수 있다는 것을 가정한다. 그러나 최근의 행동 연구는 이러한 근본적인 가정에 의혹을 던진다. 많은 사람들이 큰 수를 이해하지 못한다. 실제로, 큰 수는 정서적 반응(감정)을 전달하지 않는다면 의미가 없으며 결정을 할 때 과대평가된다(→ 과소평가된다)는 것이 밝혀졌다. 이것은 의사 결정의 이성적인 모델이 나타내지 못하는 역설을 만들어 낸다. 한편으로, 우리는 곤궁한 상태에 빠진 한 사람을 돕기 위하여 강렬하게 반응한다. 다른 한편으로, 우리는 대량의 비극을 방지하거나 자연재해로부터 잠재적인 손실을 줄이기 위한 적절한 조치를 하지 못할 때가 흔히 있다.

**해설** 큰 수는 정서적 반응을 전달하지 않는다면 의미가 없다는 말에 이어지는 표현으로 '과소평가된다'라는 말이 문맥에 어울리므로, ③의 overestimated를 underestimated와 같은 낱말로 바꾸어야 한다.

**정답** ③

---

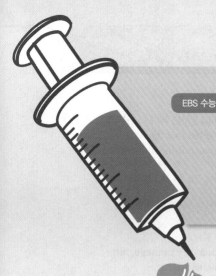

## Word Preview

- [ ] process
- [ ] manage
- [ ] advance
- [ ] evolution
- [ ] prefer
- [ ] proper
- [ ] consequence
- [ ] improve
- [ ] article
- [ ] address
- [ ] priority
- [ ] envision
- [ ] identity
- [ ] infect
- [ ] heighten
- [ ] explosion
- [ ] authentic

- [ ] invade
- [ ] contamination
- [ ] typical
- [ ] slaughter
- [ ] widespread
- [ ] spectacular
- [ ] context
- [ ] council
- [ ] maximize
- [ ] mechanism
- [ ] govern
- [ ] acoustic
- [ ] erode
- [ ] outcome
- [ ] pandemic
- [ ] commitment
- [ ] index

- [ ] anger
- [ ] significance
- [ ] leak
- [ ] oppose
- [ ] civil
- [ ] assign
- [ ] justice
- [ ] criminal
- [ ] fate
- [ ] scarce
- [ ] reverse
- [ ] dimension
- [ ] assure
- [ ] addiction
- [ ] intimidate
- [ ] validate

---

**1376** ★★★★★

## process
[práses]

몡 과정, 공정  통 [prəsés] (데이터나 문서를) 처리하다, (원자재를) 가공하다
Technological advances have led to a dramatic reduction in the cost of **processing** and transmitting information. 모평
기술적인 발전은 정보를 처리하고 전달하는 비용의 극적인 감소를 가져왔다.
파 **processor** 몡 (컴퓨터의) 프로세서, 가공 처리용 기계, 가공하는 사람
**proceed** 통 진행하다, 계속하다
유 과정 procedure, course    처리하다 handle, manage

---

**1377** ★★★★★

## manage
[mǽnidʒ]

통 관리하다, 운영하다, 간신히 해내다
They are specialists in the area they **manage**. 모평
그들은 자신들이 관리하는 영역에서 전문가들이다.
파 **management** 몡 관리, 경영(진)    **manager** 몡 관리자, 경영자
유 관리하다 run, operate, administer, supervise

---

**1378** ★★★★★

## advance
[ədvǽns]

몡 발전, 진전  통 나아가게 하다, 진보시키다
The media is the primary source of information about genetic **advances** and their applications. 모평
대중 매체는 유전학의 발전과 그 응용에 관한 정보의 주요 원천이다.
파 **advanced** 혱 선진의, 고급의    **advancement** 몡 발전, 진보
유 개발, 발전 development, improvement, evolution, progress

---

**1379** ★★★★★

## evolution
[èvəlúːʃən]

몡 진화, (점진적인) 발전
In this way, the selection pressure built up by the customers resulted in the **evolution** of a more baby-like bear by the manufacturers. 모평
이런 식으로, 소비자에 의해 고조된 선택 압력은 제조사들에 의한 더 아기 같은 곰에 대한 진화를 초래했다.
파 **evolve** 통 진화하다, 발전하다    **evolutionary** 혱 진화의, 발전의
유 발전 development, progress, advance

---

**1380** ★★★★★

## prefer
[prifə́ːr]

통 ~을 더 좋아하다, 선호하다
They **prefer** to be called by the names of the cattle they raise. 대수능
그들은 자신이 기르는 소의 이름으로 불리는 것을 선호한다.
파 **preference** 몡 선호(하는 것), 애호    **preferable** 혱 더 좋은, 선호되는
유 favor, desire

---

**1381** ★★★★★

## proper
[prápər]

혱 적절한, 올바른
Experts' tastes did move in the **proper** direction: they favored finer, more expensive wines. 모평
전문가들의 미각은 실제로 적절한 방향으로 움직였는데, 그들은 더 고급스럽고 더 비싼 와인을 선호했다.
파 **properly** 븟 적절히, 바르게    **propriety** 몡 적절성
유 appropriate, right, suitable, adequate
반 improper, inappropriate, unsuitable

---

## 1382 ★★★★★

**consequence**
[kánsəkwèns]

몡 결과, 중요함
Psychologists call this avoidance training because the person is learning to avoid the possibility of a punishing **consequence.** 대수능
당사자가 처벌 결과의 가능성을 피하는 법을 배우고 있으므로 심리학자들은 이것을 회피 훈련이라고 부른다.
🔵 **consequent** 몡 결과의, 결과로 일어나는
🔁 결과 result, outcome, effect 　중요함 importance 　🔴 원인 cause

## 1383 ★★★★★

**improve**
[imprú:v]

툉 개선하다, 향상하다
Those are the places where there are opportunities to **improve**, innovate, experiment, and grow. 대수능
그것들은 개선하고, 혁신하며, 실험하고, 성장할 기회가 있는 장소들이다.
🔵 **improvement** 몡 개선, 향상
🔁 enhance, upgrade 　🔴 악화되다 deteriorate, worsen

## 1384 ★★★★★

**article**
[á:rtikl]

몡 (신문이나 잡지의) 기사, 글, (계약서의) 조항, 물품
What one often gets is no more than abstract summaries of lengthy **articles.** 모평
흔히 얻을 수 있는 것은 단지 긴 기사의 추상적인 요약에 불과하다.
🔵 **Article 10 of the European Convention** 유럽 협약 제 10조
🔁 기사 story 　글 essay 　물품 item

## 1385 ★★★★★

**address**
[ədrés]

몡 주소, 연설 툉 연설하다, 주소를 쓰다, (문제를) 다루다
The principal was energetically **addressing** them. 대수능
교장 선생님은 그들에게 힘차게 연설하고 계셨다.
🔵 **addresser** 몡 발신자 　**addressee** 몡 수신자
🔁 주소, 위치 position 　연설 speech, lecture 　다루다 handle

## 1386 ★★★★★

**priority**
[praió(:)rəti]

몡 우선 사항, 우선권
Nothing is as important as our citizens' safety, so fixing this issue should be made a top **priority.** 모평
그 어떤 것도 우리 시민들의 안전만큼 중요한 것은 없으므로, 이 문제를 해결하는 것이 최우선 사항이 되어야 한다.
🔵 **prior** 혱 우선하는, 사전의
　**prioritize** 툉 우선순위를 매기다, 우선적으로 처리하다
🔁 으뜸 primacy 　우선 precedence 　🔴 종속, 하위 subordination

## 1387 ★★★☆☆

**envision**
[invíʒən]

툉 상상하다, 마음속에 그리다
When participants **envisioned** the most positive outcome, their energy levels, as measured by blood pressure, dropped. 모평
참가자들이 가장 긍정적인 결과를 상상했을 때, 혈압으로 측정된 그들의 에너지 수준은 떨어졌다.
🔵 **vision** 몡 시력, 시야
🔁 visualize, imagine, picture

DAY 26

---

**1388** ★★★★★

## identity
[aidéntəti]

명 신원, 신분, 정체성, 일치, 개성
You have to give yourself permission to improvise, to mimic, to take on a long-hidden **identity**. 대수능
여러분은 즉흥적으로 하고, 흉내 내고, 오랫동안 숨겨져 있던 정체성을 나타낼 수 있도록 스스로에게 허락해야 한다.
관 **identify** 동 (신원 등을) 확인하다, 동일시하다
　**identification** 명 신원, 신원 확인　**identical** 형 동일한, 똑같은
유 개성 individuality, personality

---

**1389** ★★★☆☆

## infect
[infékt]

동 감염시키다, 전염시키다
Such behaviour is like closing a wound which is still **infected**. 대수능
그러한 행동은 여전히 감염되어 있는 상처를 덮어 두는 것과 같다.
관 **infection** 명 감염, 전염(병)　**infectious** 형 전염(성)의
유 contaminate, pollute

---

**1390** ★★★☆☆

## heighten
[háitən]

동 높게 하다, 고조시키다, 증가시키다
Their sense of injustice was **heightened**. 모평
부당함에 대한 그들의 생각이 고조되었다.
관 **height** 명 높이, 키, 고도
유 고조시키다 intensify, strengthen　반 약화시키다 lower, weaken

---

**1391** ★★★★☆

## explosion
[iksplóuʒən]

명 폭발(적인 증가), 폭파
The result is an **explosion** of information, and that has produced a "paradox of plenty." 모평
그 결과는 정보의 폭발적인 증가이고, 그로 인해 '풍요의 역설'이 생겨났다.
관 **explode** 동 폭발하다, 터지다, 폭발적으로 증가하다
　**explosive** 형 폭발성의, 폭발하기 쉬운 명 폭발물, 폭약
유 blast, burst

---

**1392** ★★★☆☆

## authentic
[ɔ:θéntik]

형 진짜인, 진품인
The "restored" Sistine Chapel may look "**authentic**" today, but will it still look so when aesthetic and historical theories have changed? 모평
'복구된' Sistine Chapel이 오늘날 '진짜'처럼 보일 수도 있지만, 미학 이론과 사학 이론이 변했을 때에도 그것이 여전히 그렇게 보일까?
관 **authenticate** 동 진짜임을 증명하다　**authenticity** 명 진짜임, 진정함
유 real, genuine　반 fake

---

**1393** ★★★★☆

## invade
[invéid]

동 침입하다, 침략하다
For a long time, tourism was seen as a huge monster **invading** the areas of indigenous peoples, introducing them to the evils of the modern world. 모평
오랫동안, 관광은 토착 민족의 영역을 침범하여 그들을 현대 세계의 악을 접하게 하는 거대한 괴물로 여겨졌다.
관 **invasion** 명 침입, 침략, 침범　**invader** 명 침입자, 침략군
유 침입하다 intrude　공격하다 attack

---

## 1394 ★★★☆☆

**contamination**
[kəntæ̀mənéiʃən]

명 오염, 더러움

It is postulated that such **contamination** may result from airborne transport from remote power plants or municipal incinerators. 대수능

그러한 오염이 멀리 떨어진 발전소 혹은 지방 자치 단체의 소각로로부터 공기를 통해 전파된 결과로 발생할 수 있다는 것이 가정된다.

파 **contaminate** 동 오염시키다, 더럽히다　**contaminant** 명 오염 물질
유 pollution, infection, stain　반 purification

## 1395 ★★★★★

**typical**
[típikəl]

형 일반적인, 보통의, 전형적인

Your schemata will fill in the gaps with knowledge about what's **typical** in that situation. 대수능

여러분의 도식은 그 공백을 그 상황에서 어떤 것이 일반적인 것인지에 대한 지식으로 채워 줄 것이다.

파 **typically** 부 전형적으로, 보통　**typicality** 명 전형적임, 대표적임
유 standard, regular, normal　반 unusual, abnormal

## 1396 ★★★☆☆

**slaughter**
[slɔ́:tər]

명 대량 학살, 도살, 도축　동 도살하다

the **slaughter** of Spanish civilians by German and Italian warplanes during the Spanish Civil War 모평

스페인 내란 동안에 있었던 독일과 이탈리아의 전투기들에 의한 스페인 시민 대량 학살

파 **slaughterous** 형 살생의, 잔인한
유 대량 학살 massacre　도살 butchery

## 1397 ★★★★★

**widespread**
[wáidsprèd]

형 널리 퍼져 있는, 광범위한

There are **widespread** concerns that economic and political forces are becoming too influential. EBS 연계

경제적 · 정치적 세력이 너무 영향력이 커지고 있다는 우려가 널리 퍼져 있다.

예 **widespread famine** 광범위한 기근
유 popular, general, far-reaching, pervasive　반 limited

## 1398 ★★★☆☆

**spectacular**
[spektǽkjələr]

형 멋진, 장관을 이루는, 눈부신, 화려한

Making the **spectacular** diving catch says more about you than the "out" that is recorded in the scorebook. EBS 연계

멋진 다이빙 캐치를 하는 것은 득점 기록부에 기록되는 '아웃'보다 여러분에 대해 더 많은 것을 말해 준다.

파 **spectacle** 명 구경거리, 멋진 광경, 장관
유 웅장한 magnificent　화려한 splendid　찬란한 dazzling

## 1399 ★★★★★

**context**
[kántekst]

명 맥락, 문맥, 정황, 배경

Without the **context** provided by cells, organisms, social groups, and culture, DNA is inert. 대수능

세포, 유기체, 사회 집단, 그리고 문화에 의해 제공되는 맥락이 없으면, DNA는 비활성이다.

파 **contextual** 형 문맥상의, 전후 관계상의
유 circumstances, situation

---

**1400** ★★★★★

**council**
[káunsəl]

몡 (지방 자치 단체의) 의회, 협의회
Adrian Hewitt became a celebrity in the small world of local **council** planning. 모평
Adrian Hewitt은 지역 의회 기획이라는 작은 세계에서 유명 인사가 되었다.
ⓔ **Medical Research Council** 의학 연구 협의회
ⓨ 의회 parliament, congress    위원회 committee, board

---

**1401** ★★★★★

**maximize**
[mǽksəmàiz]

통 최대화하다, 최대로 활용하다
Evolution works to **maximize** the number of descendants that an animal leaves behind. 대수능
진화는 동물이 남기는 후손들의 수를 최대화하기 위해 작용한다.
ⓟ **maximization** 몡 최대화    **maximum** 몡 혱 최대(의), 최고(의)
ⓦ minimize

---

**1402** ★★★★☆

**mechanism**
[mékənìzəm]

몡 (생물체 내에서 특정한 기능을 수행하는) 기제, 구조, 기계 장치
the horse's efficient **mechanism** for running 모평
달리기를 위한 말의 효율적인 기제
ⓟ **mechanical** 혱 기계적인, 기계로 작동되는    **mechanic** 몡 정비공
ⓨ 체계 system    과정 process

---

**1403** ★★★★☆

**govern**
[gʌ́vərn]

통 지배하다, 통치하다, 다스리다
Like life in traditional society, but unlike other team sports, baseball is not **governed** by the clock. 모평
전통 사회의 삶과 마찬가지로, 그러나 다른 팀 스포츠와는 달리, 야구는 시계에 의해 지배되지 않는다.
ⓟ **government** 몡 정부    **governance** 몡 통치, 지배
   **governor** 몡 주지사, 총독
ⓨ 지배하다 dominate    다스리다 rule

---

**1404** ★★★☆☆

**acoustic**
[əkúːstik]

혱 음향의, 청각의
Whispering galleries are remarkable **acoustic** spaces found beneath certain domes or curved ceilings. 모평
속삭임의 회랑은 어떤 돔이나 곡면의 천장 아래에서 발견되는 놀라운 음향 공간이다.
ⓟ **acoustics** 몡 음향학, 음향 시설    **acoustician** 몡 음향 전문가
ⓨ phonic, auditory, aural

---

**1405** ★★★☆☆

**erode**
[iróud]

통 (비바람이) 침식시키다, (서서히) 약화시키다
In England in the early 1900s property owners whose land was being **eroded** by wave action clamored for the Government to take preventive action. EBS 연계
1900년대 초반 영국에서 자신의 땅이 파도의 작용으로 침식되고 있던 토지 소유자들이 정부에게 예방 조치를 취하라고 아우성쳤다.
ⓟ **erosion** 몡 침식, 부식    **erosive** 혱 침식적인, 부식성의
ⓨ 부식시키다 corrode    약화되다 deteriorate

---

## 1406 ★★★★★

### outcome
[áutkʌm]

몡 결과, 성과
Athletes are responsive to assistance when they fail to achieve the **outcome** they were hoping for. 모평
운동선수들은 자신이 바라던 성과를 달성하지 못할 때, 도움에 반응을 보인다.
◉ **final outcome** 최종 결과  **desirable outcome** 바람직한 결과
   **inevitable outcome** 피할 수 없는 결과
◉ result, conclusion, consequence

## 1407 ★★★☆☆

### pandemic
[pændémik]

몡 (전 세계적인) 유행병 혱 전 세계적으로 유행하는
the **pandemic** of obesity and diet-related diseases that is troubling much of the Western World EBS 연계
많은 서구 세계에 문제를 일으키는 비만과 식사와 관련된 질병인 전 세계적인 유행병
◉ **H1N1 pandemic** H1N1 전 세계적인 유행병
◉ epidemic, infection

## 1408 ★★★★★

### commitment
[kəmítmənt]

몡 헌신, 약속, 책무, 전념
Making a verbal **commitment** does not ensure that we reach our destination. EBS 연계
말로 하는 약속은 우리가 목표에 도달하는 것을 보장해 주지 않는다.
◉ **commit** 통 (범죄를) 저지르다, 약속하다, 위원회에 회부하다, 전념하다
◉ **commission** 몡 위원회, 수수료  **committee** 몡 위원회
◉ 헌신 dedication, devotion  약속 engagement
   책무 responsibility, duty

## 1409 ★★★★☆

### index
[índeks]

몡 지표, 목록, 색인, (물가·임금 등의) 지수 통 색인을 달다
They are recalling **indexes** and reconstructing details. 모평
그들은 지표들을 기억해 내고 세부 사항들을 재구성하고 있다.
◉ **indexical** 혱 색인의
◉ **library index** 도서 목록  **cost-of-living index** 생활비 지수

## 1410 ★★★★★

### anger
[ǽŋgər]

몡 분노, 화 통 화나게 하다
You've never murdered, but your murderer's rage will be drawn from memories of your own extreme **anger**. 대수능
여러분이 결코 살인을 한 적이 없지만, 여러분 자신의 극단적인 분노에 대한 기억으로부터 살인자의 극심한 분노가 도출될 것이다.
◉ **angered / angry** 혱 화가 난
◉ 분노, 화 rage, outrage, resentment, annoyance

## 1411 ★★★★★

### significance
[signífikəns]

몡 중요성, 의미심장함
As an architect and professor, she had taught about the historical **significance** of the bridge to her students for years. 모평
건축가이자 교수로서 그녀는 수년간 자신의 학생들에게 그 다리의 역사적인 중요성에 대해 가르쳤다.
◉ **significant** 혱 중요한, 의미심장한
   **signify** 통 의미하다, 나타내다, 중요하다
◉ importance

---

**1412** ★★★★☆

**leak**
[liːk]

동 (액체나 기체가) 새다, (비밀이) 누설되다 명 새는 구멍, 누출
Some energy must **leak** through from the Sun's center to its outer regions. 모평
얼마간의 에너지가 태양의 중심부에서 외부 지역으로 새는 것이 틀림없다.
파 **leaky** 형 새는, 구멍이 난  **leakage** 명 누출(량), 누설
유 유출하다 spill, release, outflow  누설하다 reveal

---

**1413** ★★★★☆

**oppose**
[əpóuz]

동 반대하다, 대항하다
Many of those who **oppose** globalization reserve their highest loyalties to the sovereign state. EBS 연계
세계화에 반대하는 사람 중 많은 수는 주권 국가에 대해 최고의 충성심을 가지고 있다.
파 **opposition** 명 반대(측)  **opposite** 형 다른 편의, 건너편의, 정반대의
유 resist, protest, counter  반 support, agree

---

**1414** ★★★★☆

**civil**
[sívəl]

형 시민의, 민간의, 민사상의
Decades of war put a new premium on training large groups of elite **civil** and military engineers. 모평
수십 년에 걸친 전쟁은 대규모 집단의 엘리트 민간 공학자 및 군 공학자를 교육하는 일에 새로운 중요성을 부여했다.
파 **civilize** 동 문명화하다, 세련되게 하다  **civilization** 명 문명(화), 개화
**civilian** 명 민간인
유 시민의 civic  시의 municipal

---

**1415** ★★★★★

**assign**
[əsáin]

동 배정하다, (일·과제 등을) 부여하다, 임명하다, (원인 등을) ~의 탓으로 돌리다
He had been **assigned** an office and a research assistant. 모평
그는 사무실과 연구 보조원을 배정받았다.
파 **assignment** 명 과제, 임무
유 배정하다 allocate, allot, apportion  ~의 탓으로 돌리다 attribute

---

**1416** ★★★★★

**justice**
[dʒʌ́stis]

명 정의, 공정, 사법
The ethical principles of **justice** provide an essential foundation for policies to protect unborn generations and the poorest countries from climate change. 대수능
정의의 윤리적 원칙이 아직 태어나지 않은 세대와 가장 가난한 나라들을 기후 변화로부터 보호하기 위한 정책에 대한 근본적인 기초를 제공한다.
파 **justify** 동 정당화하다, 옳음을 보여 주다
유 공정 fairness  반 불의 injustice

---

**1417** ★★★★☆

**criminal**
[krímənəl]

형 범죄의, 형사상의 명 범인, 범죄자
There is nothing **criminal** in doing this, but psychologically, we become what we believe. 대수능
이렇게 할 때 범죄가 되는 것은 없지만, 정신적으로 우리는 우리가 (그렇다고) 믿는 존재가 된다.
파 **crime** 명 범죄, 죄악  **criminate** 동 고발하다, 기소하다, 유죄를 증명하다
유 illegal, corrupt, immoral  반 합법의 legal, lawful

---

| 1418 | ★★★★☆ |
|---|---|

## fate
[feit]

명 운명, 숙명

Silently, I made vows that would keep me from sharing my mother's **fate.** 모평

말없이, 나는 내게 어머니의 운명을 공유하지 못하도록 해 줄 맹세를 했다.

파 **fatal** 형 치명적인, 죽음을 초래하는　**fateful** 형 운명적인

유 운명 destiny　운 fortune

| 1419 | ★★★★★ |
|---|---|

## scarce
[skɛərs]

형 부족한, 드문, 진귀한

In traditional societies where resources continued to be **scarce**, consumption was more seasonally and communally orientated. 모평

자원이 계속해서 부족했던 전통적인 사회에서는, 소비가 보다 계절적이고 공동체 지향적이었다.

파 **scarcity** 명 부족, 결핍　**scarcely** 부 거의 ~ 않다

유 드문 rare　반 풍부한 plentiful

| 1420 | ★★★☆☆ |
|---|---|

## reverse
[rivə́:rs]

동 뒤집다, 바꿔 놓다, 반전시키다　형 정반대의, 역방향의

In doing so, the scientist **reverses** his drive toward mathematical exactness in favor of rhetorical vagueness and metaphor. 대수능

그렇게 함에 있어서, 과학자는 화려하면서 애매모호한 표현과 은유적 표현을 사용하기 위해서 수학적 정확성을 추구하는 자신의 욕구를 뒤집는다.

파 **reversal** 명 반전, 전환, 역전　**reversion** 명 반환, 회귀

유 바꿔 놓다 switch　반대의 opposite, contrary, converse

| 1421 | ★★★☆☆ |
|---|---|

## dimension
[diménʃən]

명 차원, 관점, (공간의) 크기

Preschoolers and young school-age children confuse temporal and spatial **dimensions**. 대수능

미취학 아동과 어린 학령기 아동은 시간 차원과 공간 차원을 혼동한다.

파 **dimensional** 형 (종종 복합어로) ~ 차원의

유 차원 aspect　관점 angle, side

| 1422 | ★★★★☆ |
|---|---|

## assure
[əʃúər]

동 확신시켜 주다, 확언하다, 보장하다

After weighing and digesting the evidence, the machine **assured** its users that there was no danger of war. EBS 연계

증거를 따져 보고 이해한 후에, 그 기계는 그것의 이용자들에게 전쟁의 위험이 없다는 것을 확신시켜 주었다.

파 **assurance** 명 확언, 확약, (보장성) 보험

**assured** 형 자신감이 있는, 확실한, 보장받는

유 확신시키다 convince　보장하다 ensure

| 1423 | ★★★★★ |
|---|---|

## addiction
[ədíkʃən]

명 중독, 열중, 몰두

To break planning **addiction**, allow yourself one freedom.

모평

계획 수립의 중독을 깨기 위해, 여러분 자신에게 한 번의 자유를 허락하라.

파 **addict** 동 중독시키다 명 중독자　**addictive** 형 중독성의

유 의존성 dependence　강박 관념 obsession　갈망 craving

DAY 26

## 1424 ★★★☆☆

**intimidate**
[intímidèit]

동 겁을 주다, 위협하다
My uncle explained that opposing batters were so **intimidated** by Roberts's fastball that they were automatic "outs" even before they got to the plate. EBS 연계
삼촌은 타석에 들어서기도 전에 자동으로 '아웃된 선수'가 될 정도로 상대 팀 타자들이 Roberts의 속구에 심하게 겁을 먹었다고 설명해 주었다.
파 **intimidation** 명 협박, 위협
유 scare, frighten, threaten

## 1425 ★★★☆☆

**validate**
[vǽlidèit]

동 (정당성을) 입증하다, (타당함을) 확인하다, 승인하다
This comment orients the child toward a more fulfilling future because it **validates** the child's world view. EBS 연계
이러한 언급은 아이가 더 성취감을 주는 미래를 지향하게 하는데, 왜냐하면 그것이 아이의 세계관의 정당성을 입증하기 때문이다.
파 **validation** 명 확인, 입증, 비준
유 prove, verify, approve, ratify

# Advanced Step

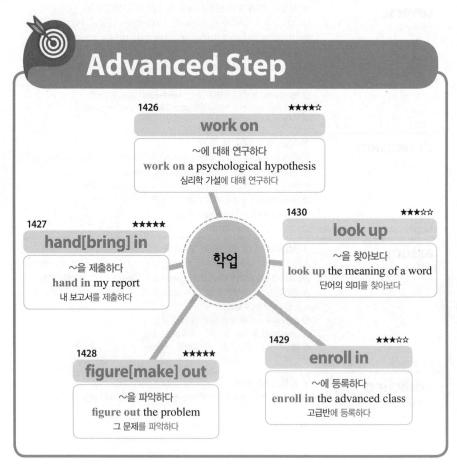

**1426** ★★★★☆
**work on**
~에 대해 연구하다
**work on** a psychological hypothesis
심리학 가설에 대해 연구하다

**1430** ★★★☆☆
**look up**
~을 찾아보다
**look up** the meaning of a word
단어의 의미를 찾아보다

**1427** ★★★★★
**hand[bring] in**
~을 제출하다
**hand in** my report
내 보고서를 제출하다

학업

**1429** ★★★☆☆
**enroll in**
~에 등록하다
**enroll in** the advanced class
고급반에 등록하다

**1428** ★★★★★
**figure[make] out**
~을 파악하다
**figure out** the problem
그 문제를 파악하다

# Review Test

## A
영어는 우리말로, 우리말은 영어로 쓰시오.

1. envision _____
2. 진화 e_____
3. infect _____
4. 적절한 p_____
5. contamination _____
6. 결과, 중요함 c_____
7. govern _____
8. 진짜인, 진품인 a_____

## B
영어 단어와 우리말 뜻을 연결하시오.

1. context •
2. acoustic •
3. commitment •

• a. 헌신, 약속, 책무, 전념
• b. 맥락, 문맥, 정황, 배경
• c. 음향의, 청각의

## C
다음 주어진 뜻에 해당하는 밑줄 친 단어의 파생어를 쓰시오.

1. a long-hidden identity (동) _____ (신원 등을) 확인하다
2. the spectacular diving catch (명) _____ 구경거리, 멋진 광경
3. validate the child's world view (명) _____ 확인, 입증, 비준

## D
밑줄 친 단어의 유의어 혹은 반의어를 쓰시오.

1. reverse his drive (유) s_____
2. Resources continued to be scarce. (유) r_____
3. the ethical principles of justice (반) i_____

---

정답

A 1. 상상하다, 마음속에 그리다  2. (e)volution  3. 감염시키다, 전염시키다  4. (p)roper
  5. 오염, 더러움  6. (c)onsequence  7. 지배하다, 통치하다, 다스리다  8. (a)uthentic
B 1. b  2. c  3. a
C 1. identify  2. spectacle  3. validation
D 1. (s)witch  2. (r)are  3. (i)njustice

# Actual Test

(A), (B), (C)의 각 네모 안에서 문맥에 맞는 낱말을 고르시오.

모평

Promoting attractive images of one's country is not new, but the conditions for trying to create soft power have changed dramatically in recent years. For one thing, nearly half the countries in the world are now democracies. In such circumstances, diplomacy aimed at public opinion can become as important to outcomes as traditional classified diplomatic communications among leaders. Information creates power, and today a much (A) larger/smaller part of the world's population has access to that power. Technological advances have led to a dramatic reduction in the cost of processing and transmitting information. The result is a(n) (B) explosion/decrease of information, and that has produced a "paradox of plenty." Plentiful information leads to scarcity of attention. When people are overwhelmed with the volume of information confronting them, they have difficulty knowing what to focus on. Attention, rather than information, becomes the (C) abundant/scarce resource, and those who can distinguish valuable information from background clutter gain power.

*clutter 혼란

해석

자기 나라의 매력적인 이미지를 홍보하는 것이 새로운 것은 아니지만, 소프트파워를 창출하려는 노력을 위한 환경은 최근 몇 년 동안에 크게 바뀌었다. 한 예로, 전 세계 국가의 거의 절반이 현재 민주 국가이다. 그러한 상황에서는 대중의 의견을 목표로 한 외교가 지도자들 사이의 전통적인 비밀 외교 소통만큼이나 결과에 중요할 수 있다. 정보는 권력을 창출하는데, 오늘날에는 세계 인구의 훨씬 더 많은 부분이 그 권력에 접근할 수 있다. 기술적인 발전은 정보의 처리와 전달 비용의 극적인 감소를 가져왔다. 그 결과로 정보가 폭발적으로 증가하게 되었고, 그로 인해 '풍요의 역설'이 생겨났다. 풍요로운 정보는 주의력 부족을 초래한다. 자신들이 직면해 있는 정보의 양에 압도당할 때, 사람들은 무엇에 초점을 두어야 할지 알기 어렵다. 정보가 아니라 주의력이 부족한 자원이 되고, 배후의 혼란으로부터 가치 있는 정보를 식별해 낼 수 있는 사람이 권력을 얻는다.

해설 (A) 기술의 발달로 정보의 처리와 전달 비용이 감소하여 세계 인구 중 '더 많은' 사람들이 정보에 접근하게 되었다.
(B) 정보 처리와 전달 비용의 감소는 정보의 '폭발적인 증가'를 가져왔다.
(C) 많은 정보로 인해 사람들의 주의력이 부족해지게 되어 결국 주의력이 '부족한' 자원이 된다.

정답 (A) larger (B) explosion (C) scarce

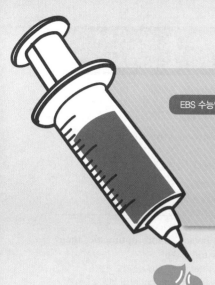

# Word Preview

- ☐ emotion
- ☐ confidence
- ☐ individual
- ☐ alternative
- ☐ necessary
- ☐ trend
- ☐ fundamental
- ☐ practical
- ☐ flight
- ☐ contract
- ☐ policy
- ☐ victimize
- ☐ uncover
- ☐ receipt
- ☐ external
- ☐ publish
- ☐ thread

- ☐ generous
- ☐ fare
- ☐ dumb
- ☐ ecology
- ☐ lyric
- ☐ comprise
- ☐ diploma
- ☐ rational
- ☐ implicit
- ☐ textile
- ☐ stride
- ☐ pitfall
- ☐ spear
- ☐ prophecy
- ☐ subsequent
- ☐ route
- ☐ attach

- ☐ portable
- ☐ immune
- ☐ breed
- ☐ merchant
- ☐ termination
- ☐ conventional
- ☐ statistic
- ☐ loose
- ☐ confirm
- ☐ formulate
- ☐ protest
- ☐ brief
- ☐ bark
- ☐ resume
- ☐ territory
- ☐ consult

---

**1431** ★★★★★

## emotion
[imóuʃən]

명 감정, 정서, 감동
I believe that a similar process occurs with human **emotions**. 모평
나는 인간의 감정에 비슷한 과정이 일어난다고 믿는다.
파 **emotional** 형 감정의
유 감정, 정서 feeling, sentiment

---

**1432** ★★★★★

## confidence
[kánfidəns]

명 자신감, 신뢰, 확신, 비밀
As the students' attitudes became more optimistic, their **confidence** with math grew too. 대수능
학생들의 태도가 더 낙관적이 되면서, 수학에 대한 그들의 자신감도 커졌다.
파 **confident** 형 자신감 있는, 확신하는    **confidential** 형 비밀의, 은밀한
유 신뢰 belief, reliance    반 불신 distrust

---

**1433** ★★★★★

## individual
[ìndəvídʒuəl]

형 개인의, 개개의 명 개인, (생물) 개체
People from more interdependent cultural contexts tend to be less focused on issues of **individual** success and agency. 모평
더 상호 의존적인 문화 환경의 출신자들은 개인의 성공과 주체성의 문제에 덜 집중하는 경향이 있다.
파 **individualize** 동 개별화하다, 개인의 요구에 맞추다
   **individualism** 명 개인주의
유 별개의 separate    반 집단의, 집단적인 collective

---

**1434** ★★★★★

## alternative
[ɔːltə́ːrnətiv]

형 대체 가능한, 대체의 명 대안, 양자택일
Without increasing today's limited supplies, we have no chance of developing the **alternative** green technologies we need to slow climate change. 대수능
오늘날의 제한된 공급을 늘리지 않고는, 우리는 기후 변화를 늦추기 위해 우리가 필요로 하는 친환경 대체 기술을 개발할 가망이 없다.
파 **alternate** 동 번갈아 나오게 만들다    **alternation** 명 교대
유 대안 substitute    선택 choice, option

---

**1435** ★★★★★

## necessary
[nésəsèri]

형 필요한, 필연적인
Sometimes the awareness that one is distrusted can provide the **necessary** incentive for self-reflection. 대수능
때로는 신임을 얻지 못한다는 인식이 자기 성찰에 필요한 동기를 제공할 수 있다.
파 **necessity** 명 필요성, 필수품    **necessarily** 부 필수적으로, 필연적으로
유 essential, vital, indispensable    반 unnecessary

---

**1436** ★★★★★

## trend
[trend]

명 유행, 추세, 동향 동 ~의 방향으로 가다, 기울다
properly assess current global warming **trends** 모평
현재의 지구 온난화 추세를 제대로 평가하다
파 **trendy** 형 최신 유행의 명 유행의 첨단을 걷는 사람
유 유행 fashion, vogue    추세 tendency, inclination

---

## 1437 ★★★★★

### fundamental
[fʌndəméntəl]

휑 기본적인, 근본적인, 주요한, 필수적인  휑 기본, 기초, 기본 원칙
a **fundamental** precondition for tourism  모평
관광 산업의 기본적인 전제 조건
⑩ **fundamentality** 휑 기본성, 중요성
⑲ 필수적인 essential    기본적인 basic    주요한 principal

## 1438 ★★★★★

### practical
[prǽktikəl]

휑 실용적인, 현실적인, 실제적인, 타당한
We might describe science that has no known **practical**
value as basic science or basic research.  대수능
우리는 알려진 실용적인 가치가 없는 과학을 기초 과학 혹은 기초 연구로 기술할 수 있다.
⑩ **practice** 휑 실행, 실천, 연습, 관행    **practicality** 휑 실현 가능성, 현실성
⑲ 현실적인 realistic    실용적인 pragmatic    실제적인 actual
⑭ theoretical, impractical

## 1439 ★★★★★

### flight
[flait]

휑 항공편, 비행
She walked over to the ticket agent and offered to take a
later **flight**.  모평
그녀는 매표소 직원에게 가서, 자기가 나중의 항공편을 이용하겠다고 제의했다.
⑩ **fly** 홍 날다    **flightless** 휑 날지 못하는
⑲ aviation

## 1440 ★★★★★

### contract
[kántrækt]

휑 계약(서), 협약, 약정  홍 [kəntrǽkt] 계약하다, 수축하다, 줄어들다
Another example is the business-to-business service
**contracts** that are layered on top of software sales.  모평
또 다른 예는 소프트웨어 판매에 더하여 층층이 쌓이는 기업 대 기업 간 서비스 계약이다.
⑩ **contraction** 휑 수축, 축소    **contractive** 휑 수축성의
⑲ 동의, 합의 agreement    약정 commitment    수축하다 constrict

## 1441 ★★★★★

### policy
[páləsi]

휑 정책, 방침
This approach to **policy** does not consider values and
cultural factors that cannot be measured empirically.  대수능
정책에 대한 이러한 접근 방식은 경험적으로 측정될 수 없는 가치와 문화적인 요소들을 고려하지 않는다.
⑩ **politic** 휑 책략적인, 현명한
⑲ scheme

## 1442 ★★★☆☆

### victimize
[víktəmàiz]

홍 희생시키다, 피해자로 만들다, 부당하게 괴롭히다
Your refusal to be **victimized** will help you grow more
tolerant with people as you mature.  EBS 연계
피해자가 되기를 거부하는 것은 여러분이 성숙해지면서 다른 사람을 더 용인하게 되는 데 도움이 될 것이다.
⑩ **victim** 휑 희생자, 피해자, 제물    **victimization** 휑 희생시킴
⑲ 희생시키다 sacrifice

## 1443 ★★★★☆

### uncover
[ʌnkʌ́vər]

동 (비밀 등을) 알아내다, 찾아내다, 폭로하다, 덮개를 벗기다
Paleontologists who study early human civilizations have **uncovered** evidence that our ancestors faced frequent periods of drought and freezing. 모평
초기 인류 문명에 대해 연구하는 고생물학자들은 우리의 조상들이 빈번한 가뭄과 혹한의 시기에 직면했다는 증거를 찾아냈다.
ⓟ **uncovered** 형 덮개가 없는, 노출되어 있는
ⓢ 폭로하다 reveal, expose, disclose　ⓐ 감추다 conceal

## 1444 ★★★★☆

### receipt
[risíːt]

명 영수증, 수령(액)
What survives these ancient societies is, for the most part, a pile of **receipts**. 대수능
이런 고대 사회에서 살아남는 것은 대부분 영수증 더미이다.
ⓟ **receive** 동 받다, 수령하다　**recipient** 명 받는 사람, 수령인
ⓔ **receipt of a letter** 편지 수령　**net[gross] receipts** 실[총] 수령액

## 1445 ★★★★★

### external
[ikstə́ːrnəl]

형 외부의, 외적인, 외계의
The reason for this is not the **external** size and massiveness of their works, although the Egyptians admittedly achieved some amazing things in this respect. 대수능
비록 이집트인들이 이런 점에서 몇 가지 대단한 업적을 달성했다는 것이 인정되지만, 이에 대한 이유는 그들의 작품의 외적인 크기와 거대함이 아니다.
ⓟ **externalize** 동 표면화하다
ⓢ outer, exterior　ⓐ internal, interior

## 1446 ★★★★★

### publish
[pʌ́bliʃ]

동 출판하다, 발행하다, 발표하다
In 1920, he **published** *The Group Mind* opposing mechanistic interpretations of human behavior. 대수능
1920년에 그는 인간 행동에 관한 기계론적인 해석에 반대하면서 'The Group Mind'를 출판했다.
ⓟ **publication** 명 출판, 발행, 발표　**publishing** 명 출판 사업
ⓢ 출판하다 issue, print　발표하다 announce

## 1447 ★★★★★

### thread
[θred]

명 실, 가닥, 줄기　동 (실 등을) 꿰다
Ghost spiders have tremendously long legs, yet they weave webs out of very short **threads**. 모평
유령거미는 엄청나게 긴 다리를 가지고 있지만 매우 짧은 가닥으로 거미집을 짜서 만든다.
ⓔ **thread a needle** 바늘에 실을 꿰다
ⓢ 실, 가닥 string, strand

## 1448 ★★★★☆

### generous
[dʒénərəs]

형 후한, 너그러운, 관대한, 넉넉한
Hobbes, his heart touched, immediately gave the man a **generous** offering. 모평
Hobbes는 마음이 움직여서 즉각 그 남자에게 후한 헌금을 주었다.
ⓟ **generosity** 명 너그러움, 관대함
ⓢ beneficent　ⓐ 인색한 mean

## 1449 ★★★☆☆

### fare
[fɛər]

명 (교통) 요금, 운임, (택시) 승객

They were charged three times more than the usual fare due to the heavy traffic. 모평
그들은 심한 교통 체증 때문에 평상시 요금보다 세 배나 더 많은 금액을 청구받았다.
관 single fare 편도 요금    double fare 왕복 요금
유 요금, 운임 charge, price

## 1450 ★★★★★

### dumb
[dʌm]

형 바보 같은, 말을 못하는, 벙어리의

Probably the biggest roadblock to play for adults is the worry that they will look silly, improper, or dumb. 대수능
아마도 어른에게 있어서 놀이에 대한 가장 큰 장애물은 그들 자신이 어리석거나, 부적절하거나, 혹은 바보같이 보일 것이라는 걱정일 것이다.
파 dumbness 명 침묵, 함묵
유 말을 못하는 mute, silent, speechless    반 영리한 clever

## 1451 ★★★☆☆

### ecology
[ikálədʒi]

명 생태(계), 생태학

It is these sorts of unexpected complexities and apparent contradictions that make ecology so interesting. 모평
생태학을 매우 흥미롭게 해 주는 것이 바로 이런 종류의 예기치 못한 복잡성과 모순인 것처럼 보이는 측면이다.
파 ecological 형 생태계의, 생태학의    ecologist 명 생태학자
관 plant[animal/human] ecology 식물[동물/인간] 생태

## 1452 ★★★★☆

### lyric
[lírik]

명 가사, 서정시 형 서정시의, 가사의

Then the next time we hear it, we hear a lyric we didn't catch the first time. 모평
그리고 나서 다음에 그것을 들을 때, 우리는 처음에 알아차리지 못한 가사를 듣는다.
파 lyrical 형 서정적인
유 시 poem, verse

## 1453 ★★★★☆

### comprise
[kəmpráiz]

동 구성하다, 차지하다, ~로 구성되다, 포함하다

A football game is comprised of exactly sixty minutes of play. 모평
미식축구 경기는 정확히 60분 경기로 구성된다.
파 comprisal 명 포함, 함유
유 포함하다 include, contain, encompass

## 1454 ★★★★☆

### diploma
[diplóumə]

명 졸업장, 수료증, (대학의 학습) 과정

Tammy was able to earn her high school diploma and some college credit before trying her hand at a number of different jobs. 모평
Tammy는 여러 다양한 일들을 시도해 보기 전에 고등학교 졸업장과 어느 정도의 대학 학점을 딸 수 있었다.
파 diplomate 명 자격 취득자, 유자격자
유 수료증 certificate

---

**1455** ★★★★★

**rational**
[rǽʃənəl]

형 합리적인, 이성적인
Their novel approach was to pursue **rational** inquiry through adversarial discussion. 모평
그들의 새로운 접근법은 대립 관계적 논의를 통해 합리적인 탐구를 추구하는 것이었다.
● **rationalize** 통 합리화하다
⊕ reasonable, intelligent, sensible　　⊖ irrational, unreasonable

---

**1456** ★★★★☆

**implicit**
[implísit]

형 암시적인, 잠재적인, 내재적인
Your culture maintains an **implicit** "schedule" for the right time to do many important things. 모평
여러분의 문화는 여러 가지 중요한 일들을 해야 할 적절한 시기에 대해 잠재적인 '일정표'를 유지하고 있다.
● **implicity** 명 암시, 함축, 내재　　**implicitly** 부 암시적으로, 함축적으로
⊕ suggestive, implied　　⊖ explicit

---

**1457** ★★★★☆

**textile**
[tékstail]

명 직물, 옷감, 섬유 산업　형 직물의
The **textiles** sector generated 38 million tons of plastic waste, or 12.58% of the total plastic waste generated. 모평
섬유 산업 부문은 3,800만 톤의 플라스틱 폐기물, 즉 발생된 전체 플라스틱 폐기물의 12.58%를 발생시켰다.
⊕ 직물 fabric

---

**1458** ★★★★☆

**stride**
[straid]

명 (성큼성큼 걷는) 걸음, 속도　통 성큼성큼 걷다
the geometry of the track governing the number of **strides** the athlete takes 모평
선수가 밟는 걸음의 수를 좌우하는 트랙의 기하학적 구조
➍ **in one's stride** 자신의 페이스로, 침착하게
⊕ 걸음, 속도 pace

---

**1459** ★★★☆☆

**pitfall**
[pítfɔːl]

명 함정, 위험
Scientific and professional policy design does not necessarily escape the **pitfalls** of degenerative politics. 대수능
과학적이고 전문적인 정책 입안이 퇴행적인 정치의 함정을 반드시 피하는 것은 아니다.
➍ **dig a pitfall trap** 함정을 파다　**avoid a pitfall** 함정을 피하다
⊕ 함정 trap　위험 danger, peril, hazard　⊖ safety

---

**1460** ★★★☆☆

**spear**
[spiər]

명 창　통 (창으로) 찌르다, (물고기를) 작살로 잡다
Even under ideal circumstances, hunting these fast animals with **spear** or bow and arrow is an uncertain task. 대수능
심지어 이상적인 상황에서도, 이런 빠른 동물을 창이나 활과 화살로 사냥하는 것은 불확실한 일이다.
➍ **be armed with spears and shields** 창과 방패로 무장하다
⊕ 찌르다 pierce, sting, stab

---

## 1461 ★★★☆☆

**prophecy**
[práfəsi]

명 예언
do a scientific study of dream **prophecy** 대수능
꿈의 예언에 대한 과학적 연구를 하다
파 **prophetic** 형 예언의, 예언자의
유 예측 prediction, forecast

## 1462 ★★★★☆

**subsequent**
[sʌ́bsikwənt]

형 이후의, 그다음의
Some environments are more likely to lead to fossilization
and **subsequent** discovery than others. 모평
어떤 환경은 다른 환경보다 화석화가 이루어지고 이후의 발견으로 이어질 가능성이
더 높다.
파 **subsequently** 부 이후에, 그 뒤에, 나중에
유 그다음의 following    계속되는 succeeding    나중의 later

## 1463 ★★★★★

**route**
[ruːt]

명 길, 경로, 노선  동 (특정 경로를 따라 무엇을) 보내다, 전송하다
Each person picks that particular road for the logical reason
that it's the fastest **route**. 모평
각각의 사람은 그것이 가장 빠른 길이라는 논리적인 이유 때문에 그 특정 도로를 선
택한다.
연 **bus route** 버스 노선    **Route 66** 66번 도로
유 과정 course    여정 journey

## 1464 ★★★★★

**attach**
[ətǽtʃ]

동 붙이다, 첨부하다
The trainer **attaches** an "emotional charge" to a particular
scent so that the dog is drawn to it above all others. 모평
조련사는 어느 특정한 냄새에 '정서적 감흥'을 첨부하며, 그래서 개는 다른 모든 냄새
에 우선하여 그것에 이끌리게 된다.
파 **attachment** 명 부착(물), 첨부 파일, 애착
유 붙이다 affix, stick    반 떼다 detach

## 1465 ★★★★★

**portable**
[pɔ́ːrtəbl]

형 휴대용의, 휴대할 수 있는
They tended to develop simple **portable** technologies for
hunting, gathering, transportation, and defense. EBS 연계
그들은 수렵, 채집, 운송 및 방어를 위해 간단한 휴대할 수 있는 기술을 개발하는 경
향이 있었다.
파 **portability** 명 휴대할 수 있음
유 편리한 handy    이동시킬 수 있는 movable

## 1466 ★★★★★

**immune**
[imjúːn]

형 면역의, 면역성이 있는
Like stress, these negative emotions can damage the
**immune** response. 모평
스트레스처럼, 이런 부정적인 감정은 면역 반응을 손상시킬 수 있다.
파 **immunity** 명 면역력    **immunize** 동 면역력을 갖게 하다
유 저항력이 있는 resistant    반 취약한 vulnerable

DAY 27

---

**1467** ★★★★☆

**breed**
[briːd]

명 품종, 유형  동 새끼를 낳다, 사육하다, 재배하다
The same holds true for high-yield livestock **breeds**. 모평
높은 생산량의 가축 종의 경우에도 마찬가지이다.
파 **breeding** 명 사육, 번식
유 품종 variety    유형 sort
새끼를 낳다 reproduce, bear    사육하다 rear, raise

---

**1468** ★★★★★

**merchant**
[mə́ːrtʃənt]

명 상인  형 상인의, 상업용의
The manufacturer cuts back on output, and the **merchant**
reduces inventory to balance supply and demand. 모평
공급과 수요의 균형을 맞추기 위해 제조자는 생산량을 줄이고 상인은 재고를 줄인다.
파 **merchandise** 명 상품, 물품 동 판매하다    **merchandiser** 명 상인
유 상인 dealer, trader, retailer, seller

---

**1469** ★★★★☆

**termination**
[tə̀ːrmənéiʃən]

명 종료, 최후
The **termination** of such interactional sequences invariably
originates from the human. 모평
그 상호 작용 절차의 종료는 항상 사람으로부터 비롯된다.
파 **terminate** 동 끝내다, 종료하다, 종점에 닿다    **terminal** 명 종점, 종착역
유 end, completion    반 beginning

---

**1470** ★★★★★

**conventional**
[kənvénʃənəl]

형 전통적인, 재래식의
You have to challenge the **conventional** ways of doing
things. 모평
여러분은 일을 하는 전통적인 방식에 이의를 제기해야 한다.
파 **convention** 명 관습, 관례, 집회, 회의, 협정
유 traditional, customary

---

**1471** ★★★★☆

**statistic**
[stətístik]

명 통계 (자료)  형 통계의, 통계적인
The school based its **statistics** on separate departments and
separate years. EBS 연계
학교는 그것의 통계 자료의 기반을 별도의 학과와 별개 연도에 두었다.
파 **statistics** 명 통계학, 통계 자료    **statistical** 형 통계적인, 통계의
참 statistics 통계학(단수 취급), 통계 자료(복수 취급)

---

**1472** ★★★★☆

**loose**
[luːs]

형 헐거운, 헝클어진, 풀린, 느슨한
Getting a non-shedding dog is a good idea if you're worried
about **loose** hairs or your kids' allergies. 모평
헝클어진 털과 여러분 자녀의 알레르기에 대해 걱정한다면, (털이) 빠지지 않는 개를
사는 것이 좋은 생각이다.
파 **loosen** 동 느슨하게 하다, 풀다
유 released, untied    반 tight

---

## 1473 ★★★★★

**confirm**
[kənfɔ́ːrm]

⑧ 확증하다, 확인하다
Research **confirms** the finding that nonverbal cues are more credible than verbal cues. 모평
연구는 비언어적 신호가 언어적 신호보다 더 신빙성이 있다는 연구 결과를 확증해 준다.
ⓟ **confirmation** ⑱ 확인, 확증　**confirmative** ⑱ 확인의, 확증적인
ⓢ prove, establish, verify

## 1474 ★★★☆☆

**formulate**
[fɔ́ːrmjulèit]

⑧ 공식화하다, 명확히 말하다, 만들어 내다, (의견을 공들여) 표현하다
A skilled explainer learns to see the intent behind the question and **formulate** an answer that focuses on understanding instead of efficiency. 모평
숙련된 설명자는 질문 뒤에 있는 의도를 보고 효율성 대신에 이해에 초점을 맞춘 답변을 만들어 내는 것을 배운다.
ⓟ **formula** ⑱ 공식, 화학식, 제조법　**formularize** ⑧ 공식으로 나타내다
ⓢ 만들어 내다 create, devise　표현하다 express

## 1475 ★★★★★

**protest**
[prətést]

⑧ 반대하다, 이의를 제기하다, 항의하다 ⑱ [próutest] 항의, 시위
She may **protest** or attempt to rewrite this version of her story. 모평
그녀는 이의를 제기하거나 자신의 이야기의 이 버전을 다시 쓰려고 시도할 수도 있다.
ⓟ **protestation** ⑱ 항의, 이의 제기
ⓢ 반대하다 disagree, object

## 1476 ★★★★★

**brief**
[briːf]

⑱ 짧은, 잠시 동안의, 간단한 ⑧ 간단히 알리다, 요약하다
After a **brief** skills test, participants will be trained based on their levels. 대수능
간단한 기술 테스트 후에, 참가자들은 자신들의 수준에 따라 훈련을 받게 될 것입니다.
ⓟ **briefness** ⑱ 짧음, 간결함　**brevity** ⑱ 간결성
ⓢ 짧은 short, swift, momentary　ⓐ 긴 long, prolonged

## 1477 ★★★★☆

**bark**
[baːrk]

⑧ (개나 여우가) 짖다 ⑱ 나무껍질
by killing trees when starving deer chew on tree **bark** EBS 연계
굶주린 사슴이 나무껍질을 씹을 때 나무를 죽임으로써
ⓔ **strip the bark** 나무껍질을 벗기다
ⓢ 으르렁거리다 woof, snarl, growl

## 1478 ★★★☆☆

**resume**
[rizjúːm]

⑧ 다시 시작하다, 재개하다
Carrying her, they **resumed** the home run walk. EBS 연계
그녀를 데리고서, 그들은 홈런 주루를 다시 시작했다.
ⓟ **resumption** ⑱ 재개　**resumable** ⑱ 되찾을 수 있는, 재개할 수 있는
ⓢ 다시 시작하다 restart　ⓐ 중단하다 discontinue

| 1479 | ★★★★★ |
|---|---|

**territory**
[térit̀ɔːri]

圕 영역, 영토, 구역
You have to venture beyond the boundaries of your current experience and explore new **territory**. 대수능
여러분은 위험을 무릅쓰고 여러분의 현재 경험의 한계를 넘어 새로운 영역을 탐사해야 한다.
④ **territorial** 圀 영토의
⊕ district, area, region, province

| 1480 | ★★★☆☆ |
|---|---|

**consult**
[kənsʌ́lt]

통 상담하다, 조언해 주다, 상의하다, 진찰받다
Scientists and professionals emerge as the appropriate experts to be **consulted** in policymaking, while local citizen input and knowledge is often viewed as unnecessary. 대수능
과학자들과 전문가들은 정책 결정에서 조언해 줄 적절한 전문가로 등장하는 반면에, 지역 주민의 참여나 지식은 자주 불필요한 것으로 간주된다.
④ **consultation** 圀 상담, 상의　　**consultant** 圀 상담가, 자문 위원
　 **consultative** 圀 상담의
⊕ 상담하다 counsel　　상의하다 discuss, confer

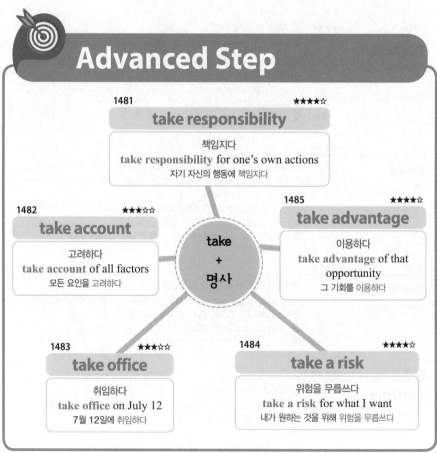

# Advanced Step

**1481**　★★★★☆
### take responsibility
책임지다
**take responsibility** for one's own actions
자기 자신의 행동에 책임지다

**1482**　★★★☆☆
### take account
고려하다
**take account** of all factors
모든 요인을 고려하다

**take + 명사**

**1485**　★★★★☆
### take advantage
이용하다
**take advantage** of that opportunity
그 기회를 이용하다

**1483**　★★★☆☆
### take office
취임하다
**take office** on July 12
7월 12일에 취임하다

**1484**　★★★★☆
### take a risk
위험을 무릅쓰다
**take a risk** for what I want
내가 원하는 것을 위해 위험을 무릅쓰다

# Review Test

## A 영어는 우리말로, 우리말은 영어로 쓰시오.

1. victimize _____
2. 영수증 r_____
3. comprise _____
4. 졸업장, 수료증 d_____
5. consult _____
6. 예언 p_____
7. subsequent _____
8. 휴대용의 p_____

## B 영어 단어와 우리말 뜻을 연결하시오.

1. ecology • • **a.** 다시 시작하다, 재개하다
2. resume • • **b.** 종료, 최후
3. termination • • **c.** 생태(계), 생태학

## C 다음 주어진 뜻에 해당하는 밑줄 친 단어의 파생어를 쓰시오.

1. formulate an answer 　명 _____ 공식, 화학식, 제조법
2. explore new territory 　형 _____ 영토의
3. confirm the finding 　명 _____ 확인, 확증

## D 밑줄 친 단어의 유의어 혹은 반의어를 쓰시오.

1. the external size 　유 o_____
2. pursue rational inquiry 　유 r_____
3. an implicit "schedule" 　반 e_____

---

**정답**

**A** 1. 희생시키다, 피해자로 만들다, 부당하게 괴롭히다  2. (r)eceipt  3. 구성하다, 차지하다, ~로 구성되다  4. (d)iploma  5. 상담하다, 조언해 주다, 상의하다, 진찰받다  6. (p)rophecy  7. 이후의, 그다음의  8. (p)ortable

**B** 1. c  2. a  3. b

**C** 1. formula  2. territorial  3. confirmation

**D** 1. (o)uter  2. (r)easonable  3. (e)xplicit

DAY 27

다음 글의 밑줄 친 부분 중, 문맥상 낱말의 쓰임이 적절하지 <u>않은</u> 것은?

모평

  The essence of science is to uncover patterns and regularities in nature by finding algorithmic compressions of observations. But the raw data of observation rarely exhibit ① <u>explicit</u> regularities. Instead we find that nature's order is hidden from us, it is written in code. To make progress in science we need to crack the cosmic code, to dig beneath the raw data and ② <u>cover</u> the hidden order. I often liken ③ <u>fundamental</u> science to doing a crossword puzzle. Experiment and observation provide us with clues, but the clues are cryptic, and require some considerable ④ <u>ingenuity</u> to solve. With each new solution, we glimpse a bit more of the overall pattern of nature. As with a crossword, so with the physical universe, we find that the solutions to independent clues link together in a consistent and supportive way to form a ⑤ <u>coherent</u> unity, so that the more clues we solve, the easier we find it to fill in the missing features.

*cryptic 비밀스러운

---

해석

과학의 본질은 관찰의 알고리즘의 압축을 찾아냄으로써 자연의 패턴과 규칙성을 알아내는 것이다. 그러나 관찰의 가공되지 않은 자료는 명백한 규칙성을 드러내지 않는다. 대신에 우리는 자연의 질서가 우리에게서 숨어 있고, 암호로 쓰여 있다는 것을 알게 된다. 과학에서 진보를 이루기 위해서 우리는 우주의 암호를 해독하고, 가공되지 않은 자료의 이면을 파헤쳐서 숨어 있는 질서를 감출(→ 알아낼) 필요가 있다. 나는 자주 기초 과학을 십자말풀이 풀기에 비유한다. 실험과 관찰은 우리에게 단서를 제공해 주지만, 그 단서들은 비밀스럽고, 해결하는 데 상당한 재능을 요구한다. 각각의 새로운 해법을 가지고, 우리는 자연의 종합적인 패턴을 조금 더 엿보게 된다. 십자말풀이에서와 마찬가지로, 물리적인 우주에 있어서도, 우리는 독립된 단서들에 대한 해법이 일관성 있는 전체를 형성하기 위해 일관되고 뒷받침하는 방식으로 함께 연결된다는 것을 알게 되고, 따라서 우리가 더 많은 단서를 해결할수록 우리는 빠져 있는 특성을 채우는 것이 더 쉬워진다는 것을 알게 된다.

해설  자연의 질서가 숨어 있고 암호로 쓰여 있어서, 과학에서 진보를 이루기 위해서는 우주의 암호를 해독하고 가공되지 않은 자료의 이면을 파헤쳐서 숨어 있는 질서를 '알아낼' 필요가 있다는 문맥이다. 그러므로 ②의 cover를 uncover와 같은 낱말로 바꾸어야 한다.

정답  ②

---

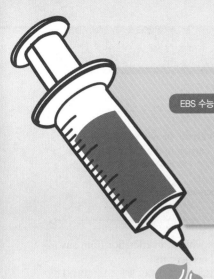

# DAY
# 28

## Word Preview

- [ ] increase
- [ ] determine
- [ ] enhance
- [ ] device
- [ ] range
- [ ] earn
- [ ] hesitate
- [ ] attract
- [ ] observe
- [ ] qualify
- [ ] figure
- [ ] due
- [ ] compress
- [ ] illustrate
- [ ] basement
- [ ] sacred
- [ ] patent

- [ ] brochure
- [ ] endow
- [ ] prioritize
- [ ] incident
- [ ] occur
- [ ] estate
- [ ] harvest
- [ ] expel
- [ ] contestant
- [ ] confront
- [ ] bounce
- [ ] tax
- [ ] intrigue
- [ ] permanent
- [ ] conservative
- [ ] blunt
- [ ] voluntary

- [ ] volume
- [ ] cohesive
- [ ] dash
- [ ] gloomy
- [ ] obsess
- [ ] imprison
- [ ] invoke
- [ ] chore
- [ ] artificial
- [ ] deviation
- [ ] tremendous
- [ ] alien
- [ ] candidate
- [ ] discord
- [ ] meadow
- [ ] vibrate

---

**1486** ★★★★★

## increase
[inkríːs]

동 증가시키다, 증가하다  명 [ínkriːs] 증가
$CO_2$ released during industrial processes has greatly **increased** the proportion of carbon in the atmosphere. 모평
산업 공정 중에 배출된 이산화탄소는 대기의 탄소 비율을 크게 증가시켰다.
파 **increasing** 형 증가하는, 점점 더 느는
유 인상하다 raise    반 감소하다 decrease

---

**1487** ★★★★★

## determine
[ditə́ːrmin]

동 결정하다, 결심하다
**determine** their own affairs without interference from any agency beyond its territorial borders 모평
국경 너머의 그 어떤 기관으로부터도 간섭받지 않고 자신들의 일을 스스로 결정하다
파 **determination** 명 결정    **determined** 형 단호한
유 decide

---

**1488** ★★★★★

## enhance
[inhǽns]

동 향상시키다, 강화하다
Identifying what we can do in the workplace serves to **enhance** the quality of our professional career. 대수능
직장에서 우리가 할 수 있는 것을 확인하는 것은 우리가 하는 전문적 일의 질을 향상시키는 데 도움이 된다.
파 **enhancement** 명 강화, 상승, 향상
유 향상시키다 improve    강화하다 reinforce, strengthen

---

**1489** ★★★★★

## device
[diváis]

명 장비, 장치, 기구
There was no clear use for the **device** until it was used to measure fluctuations in ocean temperature. 모평
그것이 해수 온도의 변화를 측정하는 데 사용될 때까지는 그 장비에 대한 분명한 용도가 없었다.
파 **devise** 동 고안하다, 창안하다
유 장비 equipment    도구, 장치 gadget, instrument

---

**1490** ★★★★★

## range
[reindʒ]

명 범위, 영역  동 (범위가) ~에 이르다
There are mechanisms to keep blood pressure within a limited **range**. 모평
혈압이 제한된 범위 안에서 유지되게 하는 장치가 있다.
숙 a wide[broad] range of 넓은 범위의 ~
유 범위, 영역 scope, area

---

**1491** ★★★★★

## earn
[əːrn]

동 얻다, (돈을) 벌다
She was producing and **earning** double the amount of her coworkers. 모평
그녀는 자신의 동료들의 두 배의 양을 생산하며 돈을 벌고 있었다.
파 **earning** 명 획득, 벌기    **earnings** 명 소득, 수익
유 얻다 gain, get, attain, obtain

---

## 1492 ★★★★★

### hesitate
[hézitèit]

동 주저하다, 망설이다

So I didn't **hesitate** to sign up and pay the non-refundable deposit for the second week program, which is from July 13 to 17. 대수능

그래서 나는 주저하지 않고 등록을 했고 두 번째 주 프로그램에 환불이 안 되는 보증금을 지불했는데, 그것은 7월 13일부터 17일까지 열린다.

파 **hesitation** 명 망설임, 우유부단　**hesitant** 형 주저하는, 망설이는

유 **be reluctant** 꺼리다　**shrink from** ~에서 피하다

## 1493 ★★★★★

### attract
[ətrǽkt]

동 끌어당기다, 마음을 끌다, 매혹하다

Fireflies don't just light up their behinds to **attract** mates, they also glow to tell bats not to eat them. 모평

반딧불이는 짝의 마음을 끌기 위해서 꽁무니에 불을 밝히는 것만이 아니라, 박쥐에게 자기들을 먹지 말라고 말하기 위해 빛을 내기도 한다.

파 **attraction** 명 끌림, 매력　**attractive** 형 매력적인

유 끌어당기다 draw　매혹하다 entice, allure

## 1494 ★★★★★

### observe
[əbzə́:rv]

동 관찰하다, 지켜보다, (법률·규칙 등을) 준수하다

At the end of the hour, after he had **observed** the class, he stood up and said: "I am glad to see that you children are doing well in your studies." 모평

수업을 지켜보고 나서 수업 시간 말미에 그가 일어나서, "여러분 어린이들이 공부를 잘하고 있는 것을 보게 되어 기쁩니다."라고 말했다.

파 **observation** 명 관찰　**observance** 명 준수
　**observatory** 명 관측소, 천문대

유 관찰하다, 지켜보다 watch, survey

## 1495 ★★★★★

### qualify
[kwɑ́ləfài]

동 자격을 얻다, 자격을 주다

He earned a medical degree from the University of Pennsylvania and **qualified** as a doctor in 1892. 모평

그는 1892년에 펜실베이니아 대학교에서 의학 학위를 받고 의사 자격을 얻었다.

파 **qualification** 명 자격(증)　**qualified** 형 자격을 얻은, 자격이 있는

유 자격을 주다 certify　반 자격을 박탈하다 disqualify

## 1496 ★★★★★

### figure
[fígjər]

명 수치, 형체, 인물

This 15% (actually −15%) **figure** would then represent "average" performance. 대수능

그렇다면 이 15%(사실은 −15%) 수치는 '평균' 업무 수행을 나타낼 것이다.

파 **figurative** 형 조형의, 구상의

유 수치 digit, number　인물 person, character

## 1497 ★★★★☆

### due
[djuː]

형 ~ 때문인, ~하기로 예정된, 만기가 된

I was **due** to present my new idea to the company at 10 a.m.
EBS 연계

나는 오전 10시에 회사에 새로운 아이디어를 발표하기로 예정되어 있었다.

숙 **be due to V** ~할 예정이다　**be due to N** ~ 때문이다

유 만기가 된 expired　예정된 scheduled

---

**1498** ★★★★☆

## compress
[kəmprés]

통 압축하다
The camera obscura automatically modified a scene by **compressing** form and emphasizing tonal mass. EBS 연계
암상자는 형태를 압축하고 색조에 따른 질량감을 강조함으로써 저절로 어떤 장면에 수정을 가했다.
파 compression 명 압축　　compressor 명 압축기
유 press, condense, squeeze

---

**1499** ★★★★★

## illustrate
[íləstrèit]

통 (분명히) 보여 주다, 예증하다, 삽화를 넣다
This **illustrates** the tendency that most city dwellers get tired of urban lives. 대수능
이는 대부분의 도시 거주자들이 도시 생활에 지치는 경향을 보여 준다.
파 illustration 명 실례, 삽화　　illustrator 명 삽화가
유 논증하다 demonstrate　　설명하다 explain

---

**1500** ★★★★★

## basement
[béismənt]

명 지하실, (건물의) 지하층
He was the one who could squeeze through the **basement** window to let everyone in. EBS 연계
그는 지하실 창문으로 비집고 들어가서 모든 사람들을 들어갈 수 있게 해 줄 수 있는 사람이었다.
숙 the first basement 지하 1층　　the second basement 지하 2층
유 지하실 cellar

---

**1501** ★★★★☆

## sacred
[séikrid]

형 신성한, 성스러운, 종교적인
These piles consist of **sacred** stones, hairstring, and pearl shells. EBS 연계
이 쌓아 올린 더미는 신성한 돌멩이들, 머리카락을 꼬아 만든 끈과 진주조개로 이루어진다.
파 sacredness 명 성스러움, 신성불가침
유 holy, divine, religious　　반 세속적인 secular, earthly

---

**1502** ★★★☆☆

## patent
[pǽtənt]

명 특허(권)　형 특허의
In the 1990s the extension of **patent** laws into the area of seed varieties started to create a growing market for private seed companies. 대수능
1990년대에 특허법이 종자 품종들의 영역까지 확장되면서 개인 종자 회사를 위한 시장이 더 커지기 시작했다.
파 patentable 형 특허를 받을 수 있는
유 저작권 copyright　　면허 licence

---

**1503** ★★★★☆

## brochure
[bróuʃuər]

명 (안내 · 광고용) 책자
I picked up a **brochure** about free conversational French being offered at my local library. EBS 연계
나는 우리 지역의 도서관에서 제공되고 있는 무료 프랑스어 회화에 관한 안내 책자를 집어 들었다.
숙 낱장으로 된 것은 leaflet(전단)이라고 함
유 booklet, pamphlet

---

## 1504 ★★★☆☆

**endow**
[indáu]

⑧ 기부하다, (능력 · 자질 등을) 부여하다
Natural selection **endowed** us with brains that intentionally see and hear the world inaccurately. 대수능
자연 선택은 우리에게 세상을 고의적으로 부정확하게 보고 듣는 두뇌를 부여했다.
⑩ **endowment** 몡 기부, 재능　**endower** 몡 기부자
⑪ 기부하다 donate　제공하다 provide

## 1505 ★★★☆☆

**prioritize**
[práiɔ́:rətàiz]

⑧ 우선순위를 매기다, 우선적으로 처리하다
Unfortunately, many individuals struggle with reaching goals due to an inability to **prioritize** their own needs. 모평
안타깝게도, 많은 사람들이 자기 자신의 필요한 사항에 우선순위를 매기지 못해 목표에 도달하는 일로 고심한다.
⑩ **prioritization** 몡 우선순위를 매김　**priority** 몡 우선순위, 우선권
⑪ put stress[emphasis] on, put a high value on ~을 중요시하다

## 1506 ★★★★☆

**incident**
[ínsidənt]

몡 사건, (우연히 발생한) 일
Repeatedly recounting humorous **incidents** reinforces unity based on key organizational values. 대수능
유머러스한 사건들을 되풀이해서 자세히 이야기하면 조직의 핵심 가치에 근거를 둔 단합이 강화된다.
⑩ **incidental** 휑 우연히 일어나는, 부차적인
⑪ 사건 event　일, 사건 happening

## 1507 ★★★★☆

**occur**
[əkɔ́:r]

⑧ 발생하다, 일어나다
Severe mercury poisoning **occurred** in many people who consumed the fish. 대수능
그 물고기를 먹은 많은 사람들에게 심한 수은 중독이 발생했다.
⑩ **occurrence** 몡 발생, 사건
⑪ happen, arise

## 1508 ★★★☆☆

**estate**
[istéit]

몡 소유지, 부동산권, 재산
A special feature of the real **estate** rental market is its tendency to undergo a severe contraction phase. 모평
부동산 임대 시장의 특별한 특징은 그것이 심한 경기 수축기를 겪는 경향이 있다는 것이다.
⑪ **property**는 일반적인 '재산'을, **estate**는 주로 토지나 건물 등의 '부동산 재산'을 의미함
⑪ 재산 property

## 1509 ★★★★☆

**harvest**
[háːrvist]

몡 수확(물)　⑧ 수확하다, 거둬들이다
This crop is **harvested** throughout the year and thus requires more than its fair share of water. 모평
이 작물은 일 년 내내 수확되고 따라서 그것의 적정한 몫의 물보다 많은 물을 필요로 한다.
⑩ **harvesting** 몡 수확　**harvestable** 휑 수확할 수 있는
⑪ 수확(물) yield, produce, crop　모으다 gather

DAY 28

| 1510 | ★★★★☆ |
|---|---|

## expel
[ikspél]

동 축출하다, 퇴학시키다, 추방하다, 배출하다
184 students were formally accused of cheating, and 152 of those were **expelled**. 모평
184명의 학생이 부정행위로 정식으로 고발되었고, 그들 중 152명이 퇴학당했다.
파 **expulsion** 명 축출, 추방, 배출  **expellee** 명 추방당한 사람
유 추방하다 banish, exile  반 수용하다 accept

| 1511 | ★★★★☆ |
|---|---|

## contestant
[kəntéstənt]

명 (대회 · 시합 등의) 참가자
All **contestants** should sing a 2-minute yodel of their choice. 모평
모든 참가자는 자신이 선택한 요들을 2분 동안 불러야 한다.
파 **contest** 명 대회, 시합 동 경쟁을 벌이다  **contestation** 명 논쟁, 쟁론
유 참가자 participant  경쟁자 competitor, contender

| 1512 | ★★★★☆ |
|---|---|

## confront
[kənfrʌnt]

동 직면하다, (문제나 곤란한 상황에) 맞서다
Confirmation bias is a term for the way the mind systematically avoids **confronting** contradiction. 대수능
확증 편향은 정신이 모순된 사실에 직면하는 것을 조직적으로 회피하는 방식을 설명하는 용어이다.
파 **confrontation** 명 직면, 대치, 대립
유 face

| 1513 | ★★★★☆ |
|---|---|

## bounce
[bauns]

동 (소리 · 빛이) 반사되다, 뛰어오르다 명 뛰어 오름, 도약
The sound waves you produce travel in all directions and **bounce** off the walls at different times and places. 모평
당신이 만드는 음파는 모든 방향으로 이동하고 각기 다른 시간과 장소에서 벽으로부터 반사된다.
파 **rebound** 동 다시 튀다  **bouncy** 형 잘 튀는, 탱탱한
유 leap

| 1514 | ★★★★★ |
|---|---|

## tax
[tæks]

명 세금 동 세금을 부과하다
pay little or no personal income **tax** 모평
개인 소득세를 거의 혹은 전혀 내지 않다
파 **taxation** 명 조세, 과세 제도
유 세금 toll, duty  관세 tariff

| 1515 | ★★★☆☆ |
|---|---|

## intrigue
[intríːg]

동 흥미를 불러일으키다, 음모를 꾸미다 명 음모
They can react badly when forced to put more important work on hold to complete a task that doesn't **intrigue** them.
모평
그들은 자신들의 흥미를 자극하지 않는 과제를 완수하기 위해 더 중요한 일을 보류할 수밖에 없을 때 좋지 않은 반응을 보일 수 있다.
파 **intriguing** 형 아주 흥미로운
유 음모를 꾸미다 plot, conspire  음모 conspiracy

## 1516 ★★★★☆

**permanent**
[pə́:rmənənt]

형 영구적인

Note that set-aside land is more **permanent** than fallow land, which is usually left for only a year. 모평

농사를 짓지 않고 남겨지는 토지는 휴경 농지, 즉 대개 1년 동안만 남겨지는 땅보다 더 영구적이라는 것을 주목하라.

파 **permanence** 명 영구성, 영속성　**permanently** 부 영구히, 불변적으로
유 eternal　반 temporary

## 1517 ★★★★☆

**conservative**
[kənsə́:rvətiv]

형 보수적인, 보수당의　명 보수주의자, 보수당원

Even some of the most **conservative** Ivy League schools have replaced listening to lectures and writing essays with field work, role-playing games, and online discussion. EBS 연계

심지어 가장 보수적인 아이비리그 학교 중 일부조차도 강의 듣기와 에세이 쓰기를 현장 연구, 역할 놀이 게임, 온라인 토론으로 대체했다.

파 **conserve** 동 보존하다, 아끼다　**conservation** 명 보존, 보호
유 전통적인 conventional, traditional　반 진보적인 progressive

## 1518 ★★★☆☆

**blunt**
[blʌnt]

형 무딘, 뭉툭한, 직설적인　동 둔화시키다

She mixed a while with a **blunt** knife then tipped more water into the bowl and mixed again. EBS 연계

그녀는 무딘 칼로 잠시 섞고 나서 그릇에 물을 더 붓고 다시 섞었다.

파 **bluntness** 명 무딤, 뭉툭함　**bluntly** 부 무뚝뚝하게, 직설적으로
유 무딘 dull, edgeless　반 날카로운 sharp

## 1519 ★★★★★

**voluntary**
[válləntèri]

형 자발적인, 자원봉사로 하는

One neural system is under **voluntary** control and the other works under involuntary control. 모평

하나의 신경 체계는 자발적인 통제하에 있고 다른 하나는 비자발적인 통제하에서 작동한다.

파 **volunteer** 명 자원봉사자, 지원병　동 자원하다, 자원봉사로 하다
유 자발적인 spontaneous　반 의무적인 obligatory

## 1520 ★★★★★

**volume**
[válju:m]

명 용량, 음량, 부피, 서적

He was having a great deal of trouble completing his tasks because of the **volume** of calls he was responding to. 모평

그는 자신이 응답하는 전화의 양 때문에 자신의 업무를 완수하는 데 많은 어려움을 겪고 있었다.

파 **voluminous** 형 아주 큰, 방대한
유 용량 capacity, amount, quantity　질량 mass

## 1521 ★★★★☆

**cohesive**
[kouhí:siv]

형 단결된, 결합력 있는, 응집력의

The more **cohesive** the group, the greater the urge of the group members to avoid creating any discord. EBS 연계

집단이 더 단결할수록, 어떠한 의견 충돌도 만들지 않으려는 집단 구성원들의 충동이 더 크다.

파 **cohere** 동 결합하다, 응집하다, 일관성이 있다
유 조화를 이루는 harmonious

---

**1522** ★★★★★

**dash**
[dæʃ]

명 돌진, 질주, 서둘러 함  동 급히 뛰어가다, 서둘러 가다

I usually wait for a break in the downpour, and then we all **dash** out together. 대수능

나는 보통은 쏟아지는 비가 그치기를 기다리고, 그러고 나서 우리 모두는 함께 급히 뛰어나간다.

파 **dashing** 형 늠름한, 멋진
유 rush

---

**1523** ★★★★★

**gloomy**
[glúːmi]

형 우울한, 침울한

She thought how her **gloomy** face in the window reflected her mistake. 모평

그녀는 창에 비친 자신의 우울한 얼굴이 자신의 실수를 어떻게 비추고 있는지 생각했다.

파 **gloom** 명 우울, 침울  동 우울해지다
유 depressing, sad, miserable

---

**1524** ★★★★☆

**obsess**
[əbsés]

동 집착하게 하다, 사로잡다

Scientists, especially young ones, can get too **obsessed** with results. 대수능

과학자들, 특히 젊은 과학자들은 결과에 너무 집착할 수 있다.

파 **obsession** 명 집착, 강박    **obsessive** 형 집착하는, 강박의, 강박적인
유 사로잡다 preoccupy, possess

---

**1525** ★★★☆☆

**imprison**
[imprízən]

동 투옥하다, 가두다

It is not a failure of impartiality to **imprison** a convicted criminal while innocent citizens go free. EBS 연계

무죄인 시민은 풀어 주고 유죄 판결을 받은 범죄자를 투옥하는 것은 공정성에 대한 실패가 아니다.

파 **imprisonment** 명 투옥, 감금
유 jail, confine

---

**1526** ★★★☆☆

**invoke**
[invóuk]

동 (영혼 따위를) 불러내다, (법에) 호소하다

Both the negative and the positive versions **invoke** the ego as the fundamental measure against which behaviors are to be evaluated. 모평

부정적인 버전과 긍정적인 버전 둘 다 평가되어야 하는 어떤 행동에 대한 본질적인 척도로서 자아를 불러낸다.

파 **invocation** 명 기도, 기원, 탄원
유 시작하다, 일으키다 initiate    청원하다 petition

---

**1527** ★★★★☆

**chore**
[tʃɔːr]

명 허드렛일, 가사

In the midst of her **chores**, my mother spent time reading. 모평

집안의 허드렛일을 하시는 도중에, 나의 어머니는 책을 읽으며 시간을 보내셨다.

참 '허드렛일', '가사'를 의미할 때 보통 복수 형태로 쓰임
유 과제, 업무 task    심부름 errand

---

## 1528 ★★★★★

### artificial
[à:rtəfíʃəl]

형 인공의, 인위적인, 인조의

In *Alien* and Olivier's *Hamlet*, the music serves at times to make small and/or **artificial** spaces seem more grand. 모평

'Alien'과 Olivier의 'Hamlet'에서 음악이 때때로 규모가 작은 그리고/또는 인위적인 공간을 더 웅장해 보이게 만드는 역할을 한다.

파 **artificiality** 명 인위적임, 인공적인 것
유 인조의, 합성의 synthetic

## 1529 ★★★☆☆

### deviation
[dì:viéiʃən]

명 일탈, 탈선, 벗어남

In some cultures the social clock is becoming more flexible and more tolerant of **deviations** from the conventional timetable. 모평

어떤 문화에서는 사회 시계가 더욱 유연해지고, 관습적인 일정표에서 벗어나는 것에 대해 더욱 관대해지고 있다.

파 **deviate** 동 벗어나다, 탈선하다   **deviator** 명 일탈하는 사람
유 탈선 derailment   일탈 divergence

## 1530 ★★★★☆

### tremendous
[triméndəs]

형 엄청난, 대단한

They would see in his poems a vibrant cultural performance, an individual springing from the book with **tremendous** charisma and appeal. 모평

그들은 그의 시에서 고동치는 문화적 공연, 즉 엄청난 카리스마와 호소력을 갖고 한 개인이 책에서 솟구쳐 나오는 것을 보게 될 것이었다.

파 **tremendousness** 명 엄청나게 큼, 무시무시함
유 huge, enormous, immense

## 1531 ★★★☆☆

### alien
[éiljən]

명 외국인, 외계인  형 외국의, 이국의, 이질적인

Oxygen will be left in the stratosphere—perhaps misleading **aliens** into thinking the planet is still inhabited. 대수능

산소는 성층권에 남아서 어쩌면 외계인들이 지구가 여전히 생명체가 살고 있다고 착각을 하게 만들 수도 있다.

파 **alienate** 동 (친구 등을) 멀리하다, 소원하게 하다
유 외국인 foreigner   외국의 foreign   이국의 exotic   이질적인 strange

## 1532 ★★★★☆

### candidate
[kǽndidèit]

명 후보자, 입후보자

And those are qualities you want in any **candidate**. 모평

그리고 그것들은 여러분이 어떤 후보자에게라도 바라는 자질들이다.

파 **candidacy** 명 입후보, 출마
유 지원자 applicant   경쟁자 contestant, competitor

## 1533 ★★★★☆

### discord
[dískɔ:rd]

명 불화, 불일치, 다툼, 불협화음

Once he has hit his little sister, broken the law, or contributed to his parents' marital **discord**? EBS 연계

일단 그가 어린 여동생을 때렸거나, 법을 어겼거나, 부모님의 결혼 생활의 불화에 일조했다면?

파 **discordant** 형 조화를 이루지 못하는, 불협화음의
유 불화 disharmony   불일치 disagreement   다툼 quarrel, dispute
반 합의 accord   화합, 화음 harmony

## 1534 ★★★★☆

**meadow**
[médou]

몡 목초지, 초원

At the height of summer, billowing **meadows** full of grasses and herbs are the habitat for grasshoppers and crickets. EBS 연계

여름이 한창일 때, 풀과 허브로 가득 차 물결치는 목초지는 메뚜기와 귀뚜라미의 서식지이다.

파 **meadowy** 혱 목초지의, 초원의, 풀이 많은
유 목초지 pasture  초원 grassland

## 1535 ★★★★☆

**vibrate**
[váibreit]

통 진동하다, 떨다, 진동시키다

As she was listening to the dull tick-tock of the clock, her phone **vibrated**. 모평

그녀가 시계의 둔탁한 똑딱거리는 소리를 듣고 있었을 때, 그녀의 전화기가 진동했다.

파 **vibration** 몡 진동, 떨림   **vibrant** 혱 진동하는, 활기찬, 강렬한
유 떨다 quiver, shiver, tremble

# Advanced Step

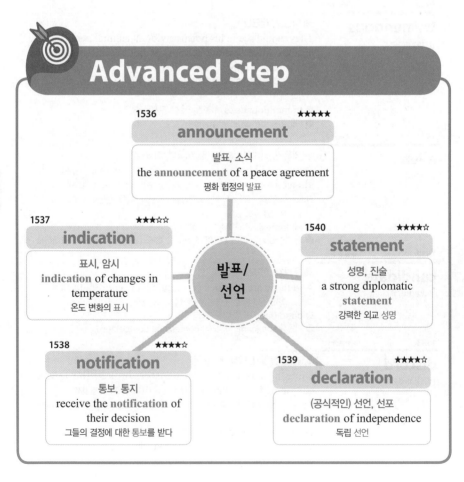

### 1536 ★★★★★
**announcement**

발표, 소식
the **announcement** of a peace agreement
평화 협정의 발표

### 1537 ★★★☆☆
**indication**

표시, 암시
**indication** of changes in temperature
온도 변화의 표시

### 1538 ★★★★☆
**notification**

통보, 통지
receive the **notification** of their decision
그들의 결정에 대한 통보를 받다

발표/ 선언

### 1540 ★★★★☆
**statement**

성명, 진술
a strong diplomatic **statement**
강력한 외교 성명

### 1539 ★★★★☆
**declaration**

(공식적인) 선언, 선포
**declaration** of independence
독립 선언

# Review Test

## A
영어는 우리말로, 우리말은 영어로 쓰시오.

1. enhance _____
2. 특허(권)   p_____
3. hesitate _____
4. 우선순위를 매기다   p_____
5. compress _____
6. 축출하다, 퇴학시키다   e_____
7. sacred _____
8. 참가자   c_____

## B
영어 단어와 우리말 뜻을 연결하시오.

1. endow •
2. incident •
3. estate •

• a. 소유지, 부동산권, 재산
• b. 사건, (우연히 발생한) 일
• c. 기부하다, (능력·자질 등을) 부여하다

## C
다음 주어진 뜻에 해당하는 밑줄 친 단어의 파생어를 쓰시오.

1. more permanent   몡 _____ 영구성, 영속성
2. conservative Ivy League schools   동 _____ 보존하다, 아끼다
3. under voluntary control   몡 _____ 자원봉사자, 지원병

## D
밑줄 친 단어의 유의어 혹은 반의어를 쓰시오.

1. imprison a convicted criminal   유 j_____
2. tremendous charisma and appeal   유 h_____
3. marital discord   반 a_____

---

**정답**

**A** 1. 향상시키다, 강화하다   2. (p)atent   3. 주저하다, 망설이다   4. (p)rioritize   5. 압축하다
   6. (e)xpel   7. 신성한, 성스러운, 종교적인   8. (c)ontestant
**B** 1. c   2. b   3. a
**C** 1. permanence   2. conserve   3. volunteer
**D** 1. (j)ail   2. (h)uge   3. (a)ccord

# Actual Test

(A), (B), (C)의 각 네모 안에서 문맥에 맞는 낱말을 고르시오.

　Interestingly, being observed has two quite distinct effects on performance. In some cases, performance is decreased, even to the point of non-existence. The extreme of this is stage fright, the sudden fear of public performance. There are many instances of well-known actors who, in mid-career, develop stage fright and simply cannot perform. The other extreme is that being observed (A) │enhances/undermines│ performance, people doing whatever it might be better when they know that others are watching. The general rule seems to be that if one is doing something new or for the first time, then being observed while doing it (B) │decreases/increases│ performance. On the other hand, being observed while doing some task or engaging in some activity that is well known or well practiced tends to enhance performance. So, if you are learning to play a new sport, it is better to begin it alone, but when you become (C) │skilled/unskilled│ at it, then you will probably perform better with an audience.

---

**해석**

흥미롭게도, 다른 누군가가 지켜보고 있다는 것은 수행에 두 가지 매우 상이한 영향을 미친다. 어떤 경우에는, 수행이 저하되어 심지어 수행 결과가 아예 없는 지경에까지 이른다. 이것의 극단적인 예는 대중 앞에서 공연하기를 갑자기 두려워하는 무대 공포증이다. 연기 인생 도중에 무대 공포증이 생겨서 공연을 전혀 할 수 없게 된 유명한 연기자들의 많은 사례가 있다. 반대의 극단적인 예로는 다른 누군가가 지켜보고 있을 때 수행 능력이 높아지는 것인데, 사람들은 다른 사람들이 보고 있다는 것을 알 때 그 일이 무엇이든 더 잘한다. 일반적으로 어떤 사람이 새롭거나 처음으로 하는 일을 할 때는 그 일을 하는 동안 다른 사람이 지켜보는 것이 수행 능력을 저하시키는 것 같다. 이와 반대로, 잘 알고 있거나 많이 연습한 과제를 하거나 활동을 할 때 다른 사람이 지켜보는 것은 수행 능력을 향상시키는 경향이 있다. 따라서 여러분이 새로운 스포츠를 배울 때는 혼자 그것을 시작하는 것이 낫지만, 그것에 숙달되면, 관중이 있을 때 아마도 더 잘할 것이다.

**해설**　(A) 글의 흐름상 다른 누군가가 지켜보고 있을 때 수행 능력이 '높아진다'고 하는 것이 자연스럽다. (B) 새롭거나 처음 하는 일을 할 때, 다른 사람이 지켜보는 것이 수행 능력을 '저하시킨다'는 것이 글의 흐름상 자연스럽다.
(C) 새로운 스포츠를 배울 때는 혼자 그것을 시작하는 것이 낫지만 그것에 '숙달되면', 관중이 있을 때 더 잘한다고 하는 것이 글의 흐름상 자연스럽다.

**정답**　(A) enhances　(B) decreases　(C) skilled

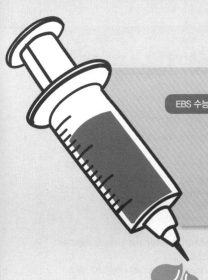

# DAY 29

## Word Preview

- [ ] register
- [ ] tolerant
- [ ] momentarily
- [ ] resolution
- [ ] duty
- [ ] commerce
- [ ] empty
- [ ] appeal
- [ ] variety
- [ ] award
- [ ] author
- [ ] corporation
- [ ] household
- [ ] achieve
- [ ] intellect
- [ ] stubbornness
- [ ] distraction

- [ ] separate
- [ ] incentive
- [ ] canal
- [ ] anonymous
- [ ] righteous
- [ ] scribbled
- [ ] pinpoint
- [ ] predominate
- [ ] rehabilitate
- [ ] resist
- [ ] span
- [ ] rebellion
- [ ] exotic
- [ ] slot
- [ ] underlying
- [ ] integral
- [ ] ally

- [ ] liberal
- [ ] astonishment
- [ ] plumber
- [ ] antibody
- [ ] pessimism
- [ ] candid
- [ ] patron
- [ ] reassure
- [ ] devastate
- [ ] tissue
- [ ] behavior
- [ ] impair
- [ ] benefit
- [ ] peel
- [ ] instinct
- [ ] inject

**1541** ★★★★★

**register**
[rédʒistər]

동 등록하다, 신고하다 명 등록부, 자동 기록기
Once you are **registered**, we will match you with a perfect tutor. 대수능
일단 여러분이 등록되면, 저희가 여러분을 완벽한 교습자와 연결시켜 드릴 것입니다.
🔵 **registration** 명 등록, 신고 **registry** 명 등기소, 등록소
🔵 등록하다 enroll 목록 list, catalogue

**1542** ★★★★★

**tolerant**
[tálərənt]

형 용인하는, 관대한, 잘 견디는
The woman's face broadened into a **tolerant** smile. EBS 연계
그 여자의 얼굴이 활짝 펴지며 관대한 미소를 띠었다.
🔵 **tolerance** 명 용인, 관용, 허용 **tolerate** 동 용인하다, 허용하다, 참다
🔵 understanding, generous, permissive 🔴 intolerant

**1543** ★★★★★

**momentarily**
[mòumənté:rəli]

부 순간적으로, 잠깐, 곧
The brief humorous comment **momentarily** put the participants in a good mood. 모평
그 짧은 유머러스한 말이 순간적으로 참여자들을 좋은 분위기로 빠져들게 했다.
🔵 **momentary** 형 순간적인, 일시적인 **moment** 명 순간, 잠시
🔵 briefly, temporarily 🔴 permanently

**1544** ★★★☆☆

**resolution**
[rèzəljú:ʃən]

명 해결, 결의안, 해상도
Leaders were supposed to make sense of chaos, to make certainty out of doubt, and to create positive action plans for the **resolution** of paradoxes. 모평
지도자들은 혼돈을 이해하고, 불확실함에서 확실성을 만들어 내고, 모순들의 해결을 위한 적극적인 실행 계획을 만들어 내야만 했다.
🔵 **resolve** 동 해결하다, 결의하다, 결심하다 **resolute** 형 단호한, 확고한
🔵 해결 solution

**1545** ★★★★★

**duty**
[djú:ti]

명 의무, 직무, 세금
Others' distrust of her might motivate her to perform her share of the **duties**. 모평
그녀에 대한 다른 사람들의 불신은 그녀가 직무의 자기 몫을 수행하도록 동기를 부여할 수도 있다.
🔵 **dutiful** 형 의무를 다하는, 착실한, 순종적인
🔵 의무 obligation 책임 responsibility 세금 tax

**1546** ★★★★★

**commerce**
[kámə(:)rs]

명 상업, 교역
Politics, **commerce**, science, and law are all rooted in orderly competition. 모평
정치, 상업, 과학 및 법은 모두 질서 있는 경쟁에 뿌리를 두고 있다.
🔵 **commercial** 형 상업의, 상업적인 명 (텔레비전·라디오의) 광고
**commercialize** 동 상업화하다 **commercialization** 명 상업화
🔵 trade

## 1547 ★★★★★

**empty**
[émpti]

형 비어 있는, 공허한 통 (속을) 비우다, 없애다
While my sisters were delighted to find their stockings filled with presents, mine was **empty**. 모평
나의 누이동생들은 양말 안에 선물이 가득한 것을 발견하고 기뻐했지만, 반면에 나의 양말은 비어 있었다.
⊕ emptiness 명 텅 비어 있음, 공허, 허무
⊕ 비어 있는 vacant　공허한 void　⊕ 가득 찬 full

## 1548 ★★★★★

**appeal**
[əpíːl]

통 호소하다, 매력적이다, 항소하다 명 호소, 매력, 항소
The fields were vast, but hardly **appealed** to him. 대수능
들판은 광대했지만, 그에게는 거의 매력적이지 않았다.
⊕ appealing 형 매력적인
⊕ 간청하다 plead, entreat　매력 attraction, fascination, allure

## 1549 ★★★★★

**variety**
[vəráiəti]

명 다양성, 품종
We invite you to join us at the 20th Virginia Art Show, famed all along the east coast for the **variety** and quality of its exhibits. 대수능
전시품의 다양성과 우수함으로 대서양 연안 전역에서 아주 유명한, 제20회 Virginia 미술 전시회에 함께하도록 여러분을 초대합니다.
⊕ various 형 다양한　variable 형 가변적인, 변화가 심한 명 변수
vary 통 다르다, 바뀌다　variation 명 변화, 변이
⊕ 다양성 diversity　품종 breed　⊕ 획일성 uniformity

## 1550 ★★★★★

**award**
[əwɔ́ːrd]

통 수여하다 명 상, 상금
The General Council of the Eastern Cherokees **awarded** Sequoyah a medal. 모평
동부 Cherokee 연합 협의회에서는 Sequoyah에게 메달을 수여했다.
⊕ awardee 명 수상자
⊕ 수여하다 give, confer　상(금) prize

## 1551 ★★★★★

**author**
[ɔ́ːθər]

명 작가, 저자 통 저술하다
Individual **authors** and photographers have rights to their intellectual property during their lifetimes. 대수능
개인 작가와 사진작가는 평생 동안 자신들의 지적 재산에 대한 권리를 갖는다.
⊕ authorial 형 작가의, 저자의　authority 명 권위
⊕ 작가, 저술가 writer

## 1552 ★★★★☆

**corporation**
[kɔ̀ːrpəréiʃən]

명 기업, 회사, 법인
In the United States a number of large **corporations** appointed a vice president for sustainability. 모평
미국에서 많은 대기업이 지속 가능성 담당 부사장을 임명했다.
⊕ corporate 형 기업의　corporative 형 기업의, 법인의, 협동조합의
⊕ 회사, 기업 company, firm, enterprise

DAY 29

---

**1553** ★★★★☆

## household
[háushòuld]

명 가정, 가구, 세대
Distribution is limited to two trees per **household** due to the limited number of available trees. EBS 연계
분양할 수 있는 나무의 제한된 숫자로 인해 분양은 가구당 두 그루의 나무로 제한됩니다.
⬤ 집합적으로 온 식구를 포괄하는 개념이며, 셀 수 있는 명사로 쓰임
⊕ family

---

**1554** ★★★★★

## achieve
[ətʃíːv]

동 성취하다, 이루다
Sometimes all the outcomes customers are trying to **achieve** in one area have a negative effect on other outcomes. 대수능
때때로 고객들이 한 부분에서 성취하려고 노력하는 모든 결과는 다른 결과들에 부정적인 영향을 끼친다.
⬤ achievement 명 업적, 성취, 달성
⊕ accomplish, fulfill

---

**1555** ★★★★☆

## intellect
[íntəlèkt]

명 지력, 지성
He believed human behavior to be based on three abilities — **intellect**, emotion, and will. 모평
그는 인간 행동이 지력, 감정, 그리고 의지라는 세 가지 능력에 근거한다고 믿었다.
⬤ intellectual 형 지적인, 지능의
⊕ intelligence

---

**1556** ★★★☆☆

## stubbornness
[stʌ́bərnnis]

명 완고함, 고집스러움
Our innate **stubbornness** refuses to permit us to accept the criticism we are receiving. 모평
우리의 타고난 완고함은 우리가 받고 있는 비판을 받아들이도록 허용하는 것을 거부한다.
⬤ stubborn 형 완고한, 고집스러운

---

**1557** ★★★★☆

## distraction
[distrǽkʃən]

명 주의 산만, 주의를 산만하게 하는 것, 오락 (활동)
The place does not matter — as long as you remove yourself from **distractions** and interruptions. 모평
주의를 산만하게 하는 것과 방해물에서 여러분 자신을 떼어 놓기만 한다면 장소는 중요하지 않다.
⬤ distract 동 산만하게 하다, (주의를) 딴 데로 돌리다
   distracting 형 산만[산란]하게 하는
⊕ 방해 disturbance, interruption   (주의를) 딴 데로 돌림 diversion

---

**1558** ★★★★★

## separate
[sépərèit]

동 분리하다, 나누다  형 [sépərit] 분리된, 따로 떨어진
Employers had **separated** out leisure from work. 대수능
고용주들은 여가를 업무와 분리했다.
⬤ separation 명 분리, 구분   separately 부 따로따로, 별도로
⊕ 분리하다, 나누다 split, divide   별개의 individual   분리된 divided
⊖ 합치다 combine

## 1559 ★★★★★

**incentive**
[inséntiv]

명 유인(책), 장려금

People were not particularly motivated to produce more goods for stockpiling, as there was little **incentive** to do so where there was little security from raids. 모평

사람들은 비축을 위해 더 많은 상품들을 생산하도록 특별하게 동기를 부여받지 않았는데, 약탈로부터의 안전 보장이 거의 없는 곳에서 그렇게 할 유인책이 거의 없었기 때문이었다.

㉾ **incentive program[system]** 동기 부여책   **incentive bonus** 장려금
㉵ 유인 inducement, encouragement   동기 motivation

## 1560 ★★★☆☆

**canal**
[kənǽl]

명 운하, 수로

The mangrove forest alongside the **canal** thrilled me as we entered its cool shade. 대수능

수로를 따라 있는 맹그로브 숲의 시원한 그늘로 들어가자, 그 숲이 나를 전율하게 했다.

㉾ **canalize** 통 (강을) 운하로 만들다
㉵ 수로 waterway

## 1561 ★★★☆☆

**anonymous**
[ənánəməs]

형 익명의, 작자 불명의

Because the written responses are kept **anonymous**, no one feels pressured to conform to anyone else's opinion. EBS 연계

글로 쓴 응답은 익명으로 유지되기 때문에, 아무도 다른 어떤 사람의 의견에 따라야 한다는 압력을 느끼지 않는다.

㉾ **anonymity** 명 익명(성)   **anonymously** 부 익명으로
㉵ 무명의 unnamed, nameless   미상의 unknown

## 1562 ★★★☆☆

**righteous**
[ráitʃəs]

형 옳은, 정당한

in order to definitively secure the **righteous** logic of 'good' taste 모평

'훌륭한' 취향의 정당한 논리를 분명히 확보하기 위해

㉾ **righteousness** 명 정의, 정당함   **righteously** 부 옳게, 정의롭게
㉵ 옳은 just   공정한 fair

## 1563 ★★★☆☆

**scribbled**
[skríbld]

형 휘갈겨 쓴

What she found in her paper was **scribbled** words, half sentences, and a pile of seemingly strange and disjointed ideas. 모평

그녀가 자신의 논문에서 발견한 것은 휘갈겨 쓴 단어, 불완전한 문장, 겉보기에 이상하고 일관성이 없는 생각의 무더기였다.

㉾ **scribble** 통 갈겨쓰다, 휘갈기다
㉵ scratchy

## 1564 ★★★★☆

**pinpoint**
[pínpòint]

통 정확히 지적하다, 정확히 나타내다

I have still not exactly **pinpointed** Maddy's character. 대수능

나는 여전히 Maddy의 성격을 정확히 지적하지 않았다.

㉾ 주로 함께 쓰이는 부사 **exactly, precisely**
㉵ 알아내다, 확인하다 identify

## 1565 ★★★☆☆

**predominate**
[pridámənèit]

동 지배하다, 우위를 차지하다, 우세하다
Those decisions involve a process of assigning weights to competing interests, and then determining which one **predominates**. 모평
그러한 결정에는 상충되는 이익에 중요성을 배정한 다음, 어떤 것이 우세한가를 결정하는 과정이 포함된다.
파 **predominant** 형 지배적인, 우세한, 두드러진, 뚜렷한
유 dominate

## 1566 ★★★☆☆

**rehabilitate**
[rì:həbílitèit]

동 재활 치료를 하다, (사회로) 복귀시키다, 갱생하다
It will take a great deal of time and patient understanding to **rehabilitate** them to real life. EBS 연계
그들을 현실에 복귀시키기 위해서는 많은 시간과 참을성 있는 이해가 필요할 것이다.
파 **rehabilitation** 명 재활 치료, 명예 회복, 갱생
유 갱생하다 revive, recover

## 1567 ★★★★★

**resist**
[rizíst]

동 저항하다, 반대하다, 거부하다
Unlike the passage of time, biological aging **resists** easy measurement. 대수능
시간의 경과와 달리, 생물학적 노화는 쉬운 측정을 거부한다.
파 **resistance** 명 저항, 반대    **resistant** 형 저항력이 있는
유 저항하다 withstand    반대하다 oppose, object

## 1568 ★★★☆☆

**span**
[spæn]

명 한 뼘, 짧은 거리, (특정한 길이의) 시간, 경간(다리 · 건물의 기둥과 기둥 사이)
The manner in which they showed up, executed their chore, and exited all in the **span** of five minutes with not even a pleasantry was bruising to a teenage boy's ego. EBS 연계
그들이 나타나서, 자신들의 일을 실행하고, 가버리는 그 모든 것을 의례적인 인사말 한마디도 없이 5분의 시간 동안 처리한 그 방식이 십 대 소년의 자아를 멍들게 하고 있었다.
파 **lifespan** 명 수명    **wingspan** 명 날개폭
유 기간 period, term    거리 distance

## 1569 ★★★☆☆

**rebellion**
[ribéljən]

명 반란, 반항
A successful **rebellion** may sweep out whole cadres of earnest men and replace them with others. EBS 연계
성공적인 반란은 열성적인 간부들 전체를 쓸어버리고 그들을 다른 사람들로 대체해 버릴 수도 있다.
파 **rebel** 명 반역자, 반대자 동 반란을 일으키다, 저항하다
**rebellious** 형 반항적인, 반체제적인
유 저항, 반항 resistance    반란, 폭동 revolt    반 agreement, accord

## 1570 ★★★★☆

**exotic**
[igzátik]

형 외국의, 이국적인, 외래의
None of the wildlife I saw was **exotic**. 대수능
내가 보았던 야생 동물 중 아무것도 이국적이지 않았다.
파 **exoticness** 명 이국풍, 색다름    **exotically** 부 이국풍으로, 색다르게
유 외국의 foreign, alien    반 domestic

## 1571 ★★★☆☆

**slot**
[slɑt]

명 (가늘고 긴) 구멍, (동전) 투입구  동 넣다

Insert a chip in LnT-Bot's forehead **slot** and pictures will appear on the LCD screen. 모평

LnT-Bot의 이마 투입구에 칩을 끼우면 LCD 화면에 그림이 나타날 것입니다.

숙 **slot** A into B A를 B에 넣다

유 opening, hole, slit

## 1572 ★★★★☆

**underlying**
[ʌ̀ndərláiiŋ]

형 기저에 있는, 근본적인, 근원적인

One companion might talk to the various other in a way that is condescending and also indicates **underlying** hostility. EBS 연계

한 동료가 거들먹거리고 기저에 있는 적개심을 나타내는 방식으로 다양한 다른 동료와 대화를 나눌 수도 있다.

파 **underlie** 동 기저를 이루다

유 fundamental, basic, elementary

## 1573 ★★★☆☆

**integral**
[íntəgrəl]

형 필수적인, 완전한, 내장된  명 적분

Inside a law court the precise location of those involved in the legal process is an **integral** part of the design. 대수능

법정 안에서 법적 절차에 관련된 사람들의 정확한 위치는 설계의 필수적인 부분이다.

파 **integrality** 명 필요성, 완전성   **integrity** 명 진실함, 완전한 상태
**integration** 명 통합   **integrate** 동 통합시키다

유 필수적인 essential, indispensable

## 1574 ★★★☆☆

**ally**
[ǽlai]

명 동맹국, 연합국  동 동맹하다, 동맹시키다

In the case of Athens and Sparta, it was the actions of smaller **allies** that drew them closer to war. EBS 연계

아테네와 스파르타의 경우, 그들을 전쟁에 더 가까워지게 만든 것은 바로 더 작은 동맹국들의 작용이었다.

파 **alliance** 명 동맹, 연합   **allied** 형 동맹한, 연합의

유 동료 partner, colleague   협력자 collaborator

## 1575 ★★★★☆

**liberal**
[líbərəl]

형 자유 민주적인, 진보적인, 개방적인

Even the large, so-called '**liberal**' American media have admitted that they have not always been watchdogs for the public interest. 대수능

심지어 거대한, 소위 '진보적'이라고 불리는 미국의 언론 매체들조차도 자신들이 항상 대중의 이익을 지키는 파수꾼이 되지는 못했다는 것을 인정했다.

파 **liberty** 명 자유   **liberalize** 동 자유화하다, 제약을 풀다

유 진보적인 progressive   반 보수적인 conservative

## 1576 ★★★☆☆

**astonishment**
[əstániʃmənt]

명 깜짝 놀람

Very quickly one little nine-year-old boy raised his hand, to the **astonishment** of the teacher and the visitor. 모평

아주 재빠르게 아홉 살의 어린 소년이 손을 들어서 선생님과 그 방문객을 깜짝 놀라게 했다.

파 **astonish** 동 깜짝 놀라게 하다   **astonishing** 형 깜짝 놀라게 하는, 놀라운

유 surprise, amazement

---

**1577** ★★★☆☆

**plumber**
[plʌ́mər]

몡 배관공

The **plumber** performs poorly, and charges extraordinary rates. EBS 연계

그 배관공은 일을 서툴게 하고 터무니없는 요금을 청구한다.

⑪ **plumbing** 몡 배관 작업

⊚ engineer 기술자   electrician 전기 기술자   mechanic 정비공

---

**1578** ★★★☆☆

**antibody**
[ǽntibàdi]

몡 항체

The immune system protects and preserves the body's integrity, and it does this by developing **antibodies** to attack hostile invaders. EBS 연계

면역 체계는 신체의 완전한 상태를 보호하고 보존하는데, 그것은 적대적인 침입자를 공격할 항체를 생성함으로써 이 일을 한다.

⑪ **antibiotic** 몡 항생제, 항생 물질 혱 항생 물질의

⊛ 면역 immunity

---

**1579** ★★★★☆

**pessimism**
[pésəmìzəm]

몡 비관주의, 비관론, 염세주의, 부정적인 생각

Sad and fearful people tend toward **pessimism**. EBS 연계

슬프고 두려움에 찬 사람들은 비관주의의 경향이 있다.

⑪ **pessimistic** 혱 비관적인, 비관주의적인   **pessimist** 몡 비관주의자

⊛ 부정적인 생각 negativity   냉소주의 cynicism   ⊜ 낙관주의 optimism

---

**1580** ★★★☆☆

**candid**
[kǽndid]

혱 솔직한, 숨김없는

The nonverbal message is deliberate, but designed to let the partner know one's **candid** reaction indirectly. 모평

그 비언어적 메시지는 고의적이지만, 상대방에게 자신의 솔직한 반응을 간접적으로 알리려고 계획된 것이다.

⑪ **candidness** 몡 솔직함

⊛ frank, plain

---

**1581** ★★★★☆

**patron**
[péitrən]

몡 후원자, 단골손님

Machaut traveled to many courts and presented beautifully decorated copies of his music and poetry to his noble **patrons**. 모평

Machaut는 여러 궁정에 여행을 했고 그의 귀족 후원자들에게 아름답게 장식된 자신의 음악과 시의 사본을 주었다.

⑪ **patronize** 통 후원하다, 애용하다, 깔보는 듯한 태도로 대하다

⊛ 후원자 sponsor, supporter   손님 customer

---

**1582** ★★★★☆

**reassure**
[rìːəʃúər]

통 안심시키다

They offer a quick hug or peck on the cheek to **reassure** their toddler that her explorations won't isolate her from them. EBS 연계

그들은 아기가 돌아다녀도 아기가 그들로부터 고립되지 않을 것이라고 아기를 안심시키기 위해 짧게 안아 주거나 뺨에 가볍게 입을 맞추어 준다.

⑪ **reassuring** 혱 안심시키는   **reassured** 혱 안심한

⊛ relieve

---

## devastate
[dévəstèit]

图 황폐하게 하다, 완전히 파괴하다
The quake **devastated** 24,000 square miles of wilderness, much of it glaciated. 모평
그 지진은 2만 4천 제곱 마일의 황무지를 황폐하게 만들었는데, 그 황무지의 많은 부분이 빙하로 덮여 있었다.
图 **devastating** 형 파괴적인　**devastation** 명 파괴, 손상
⊕ destroy, ruin, demolish

---

1584 ★★★★☆

## tissue
[tíʃuː]

명 (세포들로 이루어진) 조직, 화장지
It is likely that the rate of annual change varies among various cells, **tissues**, and organs. 대수능
매년의 변화 속도는 다양한 세포, 조직, 그리고 기관마다 다를 가능성이 크다.
图 **tissuey** 형 조직의, 조직 같은, 얇은 직물 같은
参 **cell** 명 세포　**organ** 명 장기

---

1585 ★★★★★

## behavior
[bihéivjər]

명 행동, 품행
One sets a baseline of at least not causing harm; the other points toward aspirational or idealized beneficent **behavior**.
　　　　　　　　　　　　　　　　　　　　　　　　　모평
하나는 최소한 해를 입히지는 말아야 한다는 기준치를 설정하고, 다른 하나는 열정적인 혹은 이상적인 친절한 행동을 가리킨다.
图 **behavioral** 형 행동의　**behaviorism** 명 행동주의
⊕ 행동 action　품행 conduct

---

1586 ★★★☆☆

## impair
[impέər]

图 손상시키다
In general, task performance is only **impaired** at very high noise intensities. EBS 연계
일반적으로 작업 수행은 매우 높은 소음 강도에서만 손상된다.
图 **impaired** 형 손상된, 장애가 있는　**impairment** 명 손상, 장애
⊕ damage, injure, harm　⊖ improve

---

1587 ★★★★★

## benefit
[bénəfit]

명 이득, 혜택, 이로움 图 이익을 얻다
Within a few years most of her fellow macaques were throwing wheat and sand into the sea and obtaining the **benefits**. 모평
몇 년 이내에 그의 동료 마카크(원숭이 중 하나) 대부분은 밀과 모래를 바다로 던져 이득을 얻고 있었다.
图 **beneficent** 형 도움을 주는, 친절한　**beneficial** 형 유익한, 이로운
**beneficiary** 명 수혜자
⊕ 이익 profit　이로움 advantage　⊖ 해로움 harm

---

1588 ★★★★☆

## peel
[piːl]

图 벗기다, 껍질을 벗기다
This is just what would happen if some cosmic giant were to **peel** off the outer layers of the Sun like skinning an orange. 모평
이것은 어떤 우주의 거인이 오렌지의 껍질을 벗겨 내는 것처럼 태양의 외층을 벗긴다면 일어날 바로 그런 일이다.
图 **peeling** 명 껍질을 벗김, 벗겨진 껍질
⊕ skin, scale

DAY 29

| 1589 | ★★★★★ |
| --- | --- |

**instinct**
[ínstiŋ*k*t]

명 본능, 타고난 소질
Zoo life is utterly incompatible with an animal's most deeply-rooted survival **instincts**. 모평
동물원 생활은 동물의 가장 깊게 뿌리 내린 생존 본능과 전혀 양립할 수 없다.
파 **instinctive** 형 본능적인
유 타고난 소질 talent, faculty

| 1590 | ★★★★☆ |
| --- | --- |

**inject**
[indʒékt]

동 주입하다, 주사하다
Compressed air was **injected** into the flooded ballast tanks and the submarine began to rise. EBS 연계
압축 공기가 물이 가득 찬 밸러스트 탱크로 주입되었고 잠수함은 떠오르기 시작했다.
파 **injection** 명 주사, 주입
유 백신을 접종하다 vaccinate　넣다 insert
반 꺼내다 eject　추출하다 extract

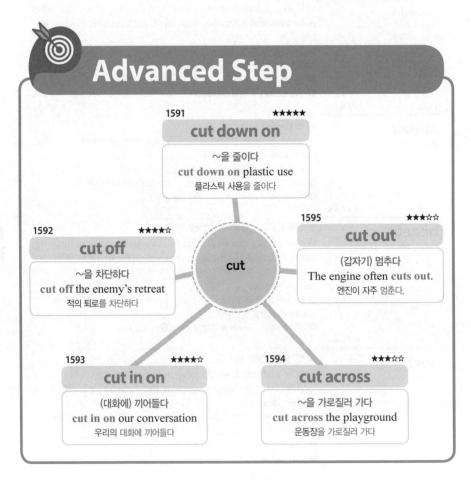

# Advanced Step

| 1591 | ★★★★★ |
| --- | --- |

## cut down on

~을 줄이다
**cut down on** plastic use
플라스틱 사용을 줄이다

| 1595 | ★★★☆☆ |
| --- | --- |

## cut out

(갑자기) 멈추다
The engine often **cuts out**.
엔진이 자주 멈춘다.

| 1592 | ★★★★☆ |
| --- | --- |

## cut off

~을 차단하다
**cut off** the enemy's retreat
적의 퇴로를 차단하다

**cut**

| 1593 | ★★★★☆ |
| --- | --- |

## cut in on

(대화에) 끼어들다
**cut in on** our conversation
우리의 대화에 끼어들다

| 1594 | ★★★☆☆ |
| --- | --- |

## cut across

~을 가로질러 가다
**cut across** the playground
운동장을 가로질러 가다

# Review Test

## A

영어는 우리말로, 우리말은 영어로 쓰시오.

**1.** corporation _____    **2.** 지력, 지성    i_____

**3.** distraction _____    **4.** 유인(책), 장려금    i_____

**5.** anonymous _____    **6.** 반란, 반항    r_____

**7.** antibody _____    **8.** 후원자, 단골손님    p_____

## B

영어 단어와 우리말 뜻을 연결하시오.

**1.** inject   •      • **a.** 안심시키다

**2.** reassure   •      • **b.** 손상시키다

**3.** impair   •      • **c.** 주입하다, 주사하다

## C

다음 주어진 뜻에 해당하는 밑줄 친 단어의 파생어를 쓰시오.

**1.** obtaining the <u>benefits</u>    형 _____ 도움을 주는, 친절한

**2.** one's <u>candid</u> reaction    명 _____ 솔직함

**3.** the <u>resolution</u> of paradoxes    동 _____ 해결하다, 결의하다, 결심하다

## D

밑줄 친 단어의 유의어 혹은 반의어를 쓰시오.

**1.** <u>underlying</u> hostility    유 f_____

**2.** <u>distractions</u> and interruptions    유 d_____

**3.** more flexible and more <u>tolerant</u>    반 i_____

DAY 29

---

정답

**A** **1.** 기업, 회사, 법인   **2.** (i)ntellect   **3.** 주의 산만, 주의를 산만하게 하는 것, 오락 (활동)
    **4.** (i)ncentive   **5.** 익명의, 작자 불명의   **6.** (r)ebellion   **7.** 항체   **8.** (p)atron

**B** **1.** c   **2.** a   **3.** b

**C** **1.** beneficent   **2.** candidness   **3.** resolve

**D** **1.** (f)undamental   **2.** (d)isturbance   **3.** (i)ntolerant

# Actual Test

다음 글의 밑줄 친 부분 중, 문맥상 낱말의 쓰임이 적절하지 <u>않은</u> 것은?

대수능

When people face real adversity—disease, unemployment, or the disabilities of age—affection from a pet takes on new meaning. A pet's continuing ① <u>affection</u> becomes crucially important for those enduring hardship because it reassures them that their core essence has not been damaged. Thus pets are important in the treatment of ② <u>depressed</u> or chronically ill patients. In addition, pets are used to great advantage with the institutionalized aged. In such institutions it is difficult for the staff to retain ③ <u>pessimism</u> when all the patients are declining in health. Children who visit cannot help but remember what their parents or grandparents once were and be depressed by their incapacities. Animals, however, have no expectations about mental capacity. They do not ④ <u>worship</u> youth. They have no memories about what the aged once were and greet them as if they were children. An old man holding a puppy can ⑤ <u>relive</u> a childhood moment with complete accuracy. His joy and the animal's response are the same.

---

해석

사람들이 진짜 역경, 즉 질병, 실직, 혹은 연령으로 인한 장애에 직면할 때, 애완동물로부터의 애정은 새로운 의미를 띤다. 애완동물의 지속적인 애정은 고난을 견디고 있는 사람들에게 그들의 핵심적인 본질이 손상되지 않았다고 안심시켜 주기 때문에 매우 중요해진다. 그러므로 애완동물은 우울증이 있거나 만성적인 질병이 있는 환자들의 치료에 중요하다. 게다가, 애완동물은 시설에 수용된 노인들에게 매우 유익하게 이용된다. 그런 시설에서 직원들은 모든 환자가 건강이 쇠퇴하고 있을 때 비관주의로(→ 낙관주의)를 유지하기가 힘들다. 방문하는 자녀들은 부모님이나 조부모님이 예전에 어떠했는지를 기억하고 그들의 무능함에 의기소침해할 수밖에 없다. 그러나 동물은 정신적인 능력에 대한 기대를 하지 않는다. 그들은 젊음을 숭배하지 않는다. 그들은 노인들이 예전에 어떠했는지에 대한 기억이 전혀 없어서 그들이(노인들이) 마치 아이들인 것처럼 그들을 반긴다. 강아지를 안고 있는 노인은 완전히 정확하게 어린 시절을 다시 체험할 수 있다. 그의 기쁨과 그 동물의 반응은 동일하다.

해설 노인 시설에서 직원들은 모든 환자의 건강이 쇠퇴하고 있을 때 비관주의를 유지하기가 힘들다고 말하는 것은 어색하므로, ③의 pessimism을 optimism과 같은 낱말로 고쳐야 한다.

정답 ③

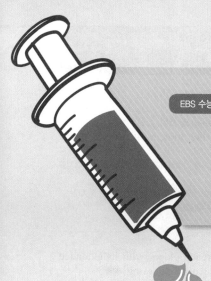

# DAY

# 30

## Word Preview

- [ ] favor
- [ ] comprehend
- [ ] enthusiasm
- [ ] phenomenon
- [ ] review
- [ ] announce
- [ ] intensive
- [ ] emphasis
- [ ] exhibit
- [ ] apply
- [ ] solid
- [ ] secure
- [ ] loss
- [ ] discriminate
- [ ] deliberate
- [ ] nominate
- [ ] superstition

- [ ] rural
- [ ] revitalization
- [ ] exploit
- [ ] symptom
- [ ] creep
- [ ] automatic
- [ ] manufacture
- [ ] orientation
- [ ] charitable
- [ ] descendant
- [ ] scramble
- [ ] fertility
- [ ] junk
- [ ] feat
- [ ] growl
- [ ] preoccupation
- [ ] verse

- [ ] principal
- [ ] discrepancy
- [ ] agriculture
- [ ] aesthetic
- [ ] interval
- [ ] crucial
- [ ] omit
- [ ] patch
- [ ] revise
- [ ] radioactive
- [ ] relative
- [ ] diagnose
- [ ] merit
- [ ] leap
- [ ] gather
- [ ] chemistry

---

**1596** ★★★★★

## favor
[féivər]

图 선호하다, 호의를 보이다, 찬성하다　图 호의, 친절
Most people **favor** helping the poor; most people oppose welfare. EBS 연계
대부분의 사람들은 가난한 사람들을 돕기를 선호하지만, 대부분의 사람들은 복지를 반대한다.
❶ **favorable** 图 호의적인, 찬성하는　**favorite** 图 매우 좋아하는, 총애하는
❶ 찬성하다 agree, consent　❶ 적대(감) hostility

---

**1597** ★★★★★

## comprehend
[kàmprihénd]

图 이해하다, 포함하다
We can probe difficult-to-reach places with its extended end, and **comprehend** what we are exploring. 모평
우리는 그것의 확장된 끝을 가지고 도달하기 어려운 곳을 탐색할 수 있고 우리가 탐색하고 있는 것을 이해할 수 있다.
❶ **comprehension** 图 이해(력)
❶ 이해하다 understand　포함하다 include, contain, incorporate

---

**1598** ★★★★★

## enthusiasm
[inθjúːziæzəm]

图 열성, 열정
parental **enthusiasm** for these motor accomplishments 모평
이러한 운동 기능의 성취에 대한 부모의 열성
❶ **enthusiastic** 图 열광적인, 열정적인
❶ passion, zeal

---

**1599** ★★★★★

## phenomenon
[finámənàn]

图 현상, 사건
To modern man disease is a biological **phenomenon** that concerns him only as an individual and has no moral implications. 대수능
현대인에게 질병은 개인으로서만 관련이 있는 생물학적 현상이고 어떤 도덕적 함의도 지니지 않는다.
❶ occurrence, happening, incident

---

**1600** ★★★★★

## review
[rivjúː]

图 검토, 논평, 복습　图 (재)검토하다, 논평하다, 복습하다
Books and supplement **reviews** have also been used as vehicles to promote the sale of fitness and nutrition products. 모평
책과 보충 논평도 건강 및 영양 제품의 판매를 촉진하기 위한 도구로 이용되어 왔다.
❶ **reviewer** 图 논평가, 검토자
❶ 검사 survey, examination　비평 critique　점검하다 inspect

---

**1601** ★★★★★

## announce
[ənáuns]

图 발표하다, 알리다, 선언하다
We will **announce** the winners of this year's contest on August 15, 2015. 모평
저희는 올해 대회의 우승자들을 2015년 8월 15일에 발표할 것입니다.
❶ **announcement** 图 발표, 알림, 공지
❶ 알리다 report　선언하다 declare

---

## 1602 ★★★★★

**intensive**
[inténsiv]

형 집중적인, 집약적인, 격렬한
For many complex tasks, the ability to effectively coordinate with others requires **intensive** training. EBS 연계
많은 복잡한 과업들에서 다른 사람들과 효과적으로 조율하는 능력은 집중적인 훈련을 필요로 한다.
파 **intensity** 명 세기, 강도, 강렬함
유 집중된 concentrated

## 1603 ★★★★★

**emphasis**
[émfəsis]

명 강조, 중점, 역점
Many teachers have started placing a greater **emphasis** on mathematical understanding, problem solving, hands-on experiences, and collaborative work. 모평
많은 교사들은 수학적 이해, 문제 해결, 직접 경험, 그리고 공동 작업에 더 큰 중점을 두기 시작했다.
파 **emphasize** 동 강조하다
유 강조, 강세 stress, accent

## 1604 ★★★★★

**exhibit**
[igzíbit]

동 전시하다, 보이다, 드러내다 명 전시품, 전시회
You likely **exhibited** behaviors that are not consistent with how you usually act. 대수능
여러분은 아마도 평소에 행동하는 방식과 일치하지 않는 행동을 보였을 것이다.
파 **exhibition** 명 전시회
유 전시하다 display    보이다 show    드러내다 reveal

## 1605 ★★★★★

**apply**
[əplái]

동 신청하다, 지원하다, 적용하다, (페인트 · 크림 등을) 바르다
It would not have taken long for mankind to **apply** this advantage to other goods. 대수능
인류가 이런 장점을 다른 물품에 적용하는 데는 긴 시간이 걸리지 않았을 것이다.
파 **application** 명 적용, 응용, 신청(서), 지원(서)
   **appliance** 명 (가정용) 기기    **applicant** 명 지원자

## 1606 ★★★★★

**solid**
[sálid]

형 고체의, 단단한, 확실한
We would like to know the rate of natural soil formation from **solid** rock to determine whether topsoil erosion from agriculture is too great. 대수능
농업으로 인한 표토의 부식이 너무 심한지 어떤지를 밝히기 위해 우리는 단단한 암석으로부터의 자연 발생적인 토양 생성의 속도를 알고 싶어 한다.
파 **solidify** 동 굳다, 굳히다, 확고히 하다    **solidity** 명 단단함, 견고함
유 고체의 hard, concrete    확실한 firm

## 1607 ★★★★☆

**secure**
[sikjúər]

형 안정감이 있는, 안전한, 안심하는 동 확보하다, 고정시키다
Your grasp on a hammer would not be **secure** if knocking against something caused you to drop it. 모평
만약 어떤 것에 부딪혀 망치를 떨어뜨리게 된다면 여러분이 망치를 붙잡고 있는 것은 안정감이 있지 않을 것이다.
파 **security** 명 보안, 경비, 안전
유 안정감이 있는 stable, steady    안전한 safe    확보하다 obtain, gain
반 불안정한 insecure    잃다 lose

DAY 30

| 1608 | ★★★★★ |
|---|---|

## loss
[lɔ(:)s]

명 상실, 손실, 분실
In many countries, the **loss** of soil is decreasing the productivity of the land. 학평
많은 나라에서, 토양의 손실은 땅의 생산성을 감소시키고 있다.
파 **lose** 통 잃다, 분실하다　**lost** 형 잃어버린, 길을 잃은
유 손해 damage, cost

| 1609 | ★★★★☆ |
|---|---|

## discriminate
[diskrímənèit]

통 차별하다, 구별하다
The dog already knows how to **discriminate** one scent from another. 모평
개는 이미 한 냄새를 다른 냄새와 구별하는 법을 알고 있다.
파 **discrimination** 명 차별, 구별　**discriminatory** 형 차별적인
유 differentiate, distinguish

| 1610 | ★★★★☆ |
|---|---|

## deliberate
[dilíbərət]

형 의도적인, 고의적인, 신중한　통 [dilíbərèit] 숙고하다
The latter constitutes a **deliberate** and voluntarily adopted discipline based on an appreciation of the benefits of doing so. 대수능
후자는 그렇게 하는 것이 가져오는 이점들을 이해하는 바탕에서 의도적이고 자발적으로 취해진 규율로 여겨진다.
파 **deliberation** 명 숙고, 신중함
유 의도적인 intentional, intended

| 1611 | ★★★☆☆ |
|---|---|

## nominate
[námənèit]

통 (~의 후보로) 지명[추천]하다, 임명하다
Richard Burton was **nominated** for an Academy Award seven times. 모평
Richard Burton은 일곱 차례 아카데미상 후보로 지명되었다.
파 **nomination** 명 추천, 지명　**nominator** 명 지명자
　**nominee** 명 후보로 지명된 사람
유 추천하다 recommend　지명하다 appoint

| 1612 | ★★★★☆ |
|---|---|

## superstition
[sjùːpərstíʃən]

명 미신
B. F. Skinner's classic research into 'superstition in the pigeon', conducted at Indiana University in 1948, supports this hypothesis. EBS 연계
B. F. Skinner의 '비둘기의 미신'에 있는 대표적인 연구는 1948년 Indiana 대학교에서 수행되었는데, 이 가설을 뒷받침한다.
파 **superstitious** 형 미신의, 미신적인
유 근거 없는 믿음 myth

| 1613 | ★★★★☆ |
|---|---|

## rural
[rú(ː)ərəl]

형 시골의, 지방의
Farmers in remote areas will be able to access weather data, and **rural** children will be able to pursue online educations. 모평
외딴 지역에 있는 농부들이 날씨 자료에 접속할 수 있을 것이고, 시골의 아이들은 온라인 교육을 할 수 있을 것이다.
파 **rurality** 명 시골풍, 전원 풍경
유 country, pastoral　반 urban

## 1614 ★★★★★

**revitalization**
[rivàitəlaizéiʃən]

명 회복, 재생, 새로운 활력을 줌, 경기 부양

She described Canton as a city with major manufacturing facilities and a downtown **revitalization** program. 모평

그녀는 Canton 시를 주요 제조 시설들과 도심지 회복 프로그램이 있는 도시로 묘사했다.

⬥ **revitalize** 동 새로운 활력을 주다

⊕ 재생 revival　부활 resurrection

## 1615 ★★★☆☆

**exploit**
[iksplɔ́it]

동 이용하다, 착취하다, 개발하다

There were laws and traditions in place that supported their belief that only they could **exploit** their creations. 모평

그들만이 자신들의 창작물들을 이용할 수 있다는 그들의 믿음을 뒷받침해 주는 법과 전통이 있었다.

⬥ **exploitation** 명 착취, 개발, 이용

⊕ 이용하다 use　남용하다 abuse, misuse　개발하다 develop

## 1616 ★★★★☆

**symptom**
[símptəm]

명 증상, 징후

The disabling neurological **symptoms** were subsequently called Minamata disease. 대수능

이 장애를 초래하는 신경학적 증상은 나중에 Minamata 병으로 불렸다.

⬥ **symptomless** 형 무증상의　**symptomatic** 형 증상을 보이는

⊕ 징후 sign　표시 indication

## 1617 ★★★☆☆

**creep**
[kri:p]

동 기다, 살금살금 움직이다

Liz saw a dark figure **creep** into the open and draw near to the trees. 모평

Liz는 검은 형체가 공터 쪽으로 살금살금 기어가 나무 가까이로 가는 것을 보았다.

⬥ **creepy** 형 오싹하게 하는, 으스스한

⊕ 기다 crawl　살금살금 돌아다니다 sneak, slink

## 1618 ★★★★☆

**automatic**
[ɔ̀:təmǽtik]

형 자동의, 무의식적인, 기계적인

Much of what we do each day is **automatic** and guided by habit. 모평

우리가 매일 하는 일의 많은 부분은 자동적이고 습관에 의해 이루어진다.

⬥ **automate** 동 자동화하다　**automation** 명 자동화

⊕ 무의식적인 unconscious　기계적인 mechanical

## 1619 ★★★☆☆

**manufacture**
[mæ̀njufǽktʃər]

동 제조하다, 만들어 내다 명 제조, 제작

He relocated his factory back East to New York in 1933 where he designed and **manufactured** unique aluminum furniture. 모평

그는 1933년에 동부에 있는 뉴욕으로 자신의 공장을 다시 이주시켰으며, 그곳에서 독특한 알루미늄 가구를 설계하고 제작했다.

⬥ **manufacturing** 명 제조업　**manufacturer** 명 제조사, 생산 회사

⊕ 제조하다 produce

DAY 30

---

**1620** ★★★☆☆

## orientation
[ɔ:riəntéiʃən]

명 지향, 방향, 성향, 예비 교육
Let me spend a moment on the idea of adjusting to another person's mental orientation. 모평
다른 사람의 정신적 성향에 맞춘다는 생각으로 짧은 시간을 써 볼게요.
파 orient 동 (~을) 지향하게 하다, 방향을 특정 방위에 맞추다
유 지향, 방향 direction

---

**1621** ★★★☆☆

## charitable
[tʃǽritəbl]

형 자비로운, 자선의, 자선을 베푸는
A charitable lady helped him attend a local military school.
대수능

한 자비로운 여인이 그가 지역의 군사 학교에 다니는 것을 도와주었다.
파 charity 명 자선, 자선 단체
유 benevolent, beneficent, generous, lavish

---

**1622** ★★★★☆

## descendant
[diséndənt]

명 후손, 자손
Supporters of such legislation like to defend these increases with tales of starving writers and their impoverished descendants. 대수능
그런 입법을 지지하는 사람들은 굶주리는 작가와 그들의 빈곤한 후손들의 이야기를 들어 이렇게 늘어난 것에 대해 옹호하는 것을 좋아한다.
파 descend 동 내려오다, 내려가다
유 후임자, 계승자 successor    반 조상 ancestor

---

**1623** ★★★☆☆

## scramble
[skrǽmbl]

동 뒤섞다, 뒤섞이다, (달걀) 스크램블을 만들다, 긁어모으다, 기어오르다
It scrambles the sound waves so much that they are inaudible. 모평
그것이 음파들을 너무 많이 뒤섞어서 그것들은 들리지 않는다.
숙 scramble the papers up on the desk 책상 위의 서류를 긁어모으다
유 기어오르다 climb, crawl    뒤섞다 jumble, shuffle

---

**1624** ★★★★☆

## fertility
[fə(:)rtíləti]

명 비옥함, 생식력
We depend on many other species for food, clothing, shelter, oxygen, soil fertility. 모평
우리는 먹을 것, 입을 것, 주거지, 산소, 그리고 토양의 비옥함을 많은 다른 종에 의존한다.
파 fertile 형 비옥한, 기름진, 생식력이 있는
  fertilize 동 비료를 주다, 수정시키다
유 생산적임 productivity    풍요로움 abundance    반 불모 sterility

---

**1625** ★★★★☆

## junk
[dʒʌŋk]

형 허접스러운, 고물의 명 쓸모없는 물건, 폐물, 쓰레기
Organized knowledge could easily get corrupted or lost in a sea of junk data. 모평
허접스러운 자료의 바다에서 체계적인 지식이 쉽게 오염되거나 분실될 수 있다.
파 junky 형 싸구려의, 쓰레기 같은
유 허접스러운 sloppy    폐물, 쓰레기 rubbish, trash

---

## feat
[fiːt]

명 위업, 공적
Many who have experienced a major loss often go on to achieve remarkable **feats** in spite of their hardships. 모평
큰 손실을 경험한 많은 사람들이 자신들이 처한 역경에도 불구하고 흔히 놀랄 만한 위업을 달성해 나간다.
파 **featly** 부 훌륭하게, 솜씨 있게
유 achievement

## growl
[graul]

동 으르렁거리다
The tigress came crashing through the underbrush and **growled** as she saw the body of her dead offspring. EBS 연계
어미 호랑이가 덤불을 헤치며 나왔고 새끼의 사체를 보자 으르렁거렸다.
유 **snarl** 동 (이를 드러내고) 으르렁거리다    **roar** 동 (으르렁거리며) 포효하다
**groan** 동 끙끙거리며 신음하다

## preoccupation
[priːɑ̀kjəpéiʃən]

명 선점, 사로잡힘, 집착, 몰두
The visual **preoccupation** of early humans with the nonhuman creatures inhabiting their world becomes profoundly meaningful. 대수능
초기 인류가 자신들의 세계에 살고 있는 인간 이외의 생명체들에 대하여 시각적으로 집착한 것은 깊은 의미를 띠게 된다.
파 **preoccupy** 동 선점하다, 마음을 사로잡다, 몰두하게 하다
유 강박 관념 obsession

## verse
[vəːrs]

명 운문, 시구
Lowell dabbled in **verse** from an early age. EBS 연계
Lowell은 이른 나이부터 운문을 조금 써 보았다.
파 **versify** 동 시를 짓다, 운문으로 쓰다
유 시 poem, poetry    반 prose

## principal
[prínsəpəl]

명 교장, 학장 형 주요한, 주된
Children at play often take on other roles, pretending to be **Principal** Walsh or Josh's mom. 모평
놀고 있는 아이들은 흔히 다른 역할을 맡는데, Walsh 교장 선생님이나 Josh의 엄마인 것처럼 행동한다.
파 **principally** 부 주로    **principalship** 명 교장의 지위
유 교장 headmaster    학장 dean    주요한, 주된 main, chief, prime

## discrepancy
[diskrépənsi]

명 차이, 불일치
When there is a **discrepancy** between the verbal message and the nonverbal message, the latter typically weighs more in forming a judgment. 모평
언어적인 메시지와 비언어적인 메시지 사이에 차이가 있을 때, 판단을 형성하는 데 있어서 후자가 보통 더 큰 비중을 차지한다.
파 **discrepant** 형 서로 어긋나는, 모순된
유 차이 difference    불일치 discord, disagreement, disparity

DAY 30

---

**1632** ★★★★★

## agriculture
[ǽgrəkʌltʃər]

명 농업
We are currently seeing important changes in the way **agriculture** is carried out in Britain. 모평
우리는 영국에서 농업이 실행되는 방식에 있어서의 중요한 변화들을 최근에 보고 있다.
❸ **agricultural** 형 농업의
❺ farming

---

**1633** ★★★★☆

## aesthetic
[esθétik]

형 심미적인, 미학의
There are **aesthetic** and ethical reasons for preserving biodiversity. 모평
생물 다양성을 보존하는 심미적이고 도덕적인 이유들이 있다.
❸ **aesthetics** 명 미학   **aesthetically** 부 미학적으로
❺ 아름다운 beautiful   매력적인 attractive   예술적인 artistic

---

**1634** ★★★★☆

## interval
[íntərvəl]

명 (시간적) 간격, 기간
Schedule **intervals** of productive time and breaks so that you get the most from people. 모평
당신이 사람들로부터 최상의 것을 얻어 내도록 생산 시간과 휴식 시간들의 간격을 계획하라.
❸ **intervallic** 형 간격의, 간격이 있는
❺ 기간 period, span

---

**1635** ★★★★★

## crucial
[krúːʃəl]

형 결정적인, 중요한, 중대한
Certain species are more **crucial** to the maintenance of their ecosystem than others. 모평
특정 종들은 다른 종들보다 자신들의 생태계 유지에 더 중요하다.
❸ **crucially** 부 결정적으로
❺ 결정적인 decisive   중요한 important, vital

---

**1636** ★★★★☆

## omit
[oumít]

동 빠뜨리다, 누락시키다, 생략하다
You can consider a few situations in which this mark of punctuation may safely be **omitted**. EBS 연계
여러분은 이 구두점 표시가 안전하게 생략될 수 있는 몇 가지 상황을 고려할 수 있다.
❸ **omission** 명 누락, 생략   **omissive** 형 빠뜨리는, 게을리하는
❺ 제외시키다 exclude   생략하다 skip   ❿ 포함하다 include

---

**1637** ★★★★☆

## patch
[pætʃ]

명 좁은 땅, 작은 밭, (헝겊) 조각, 반창고
When they saw the cabbage **patch**, they suddenly remembered how vast it was. 대수능
그들이 작은 양배추 밭을 보았을 때, 그들은 갑자기 그것이 얼마나 넓은지 생각이 났다.
❸ **patchy** 형 군데군데 있는, 고르지 않은
❺ 조각 scrap

---

## 1638 ★★★★☆

**revise**
[riváiz]

동 수정하다, 개정하다

As time went on, its scale was reduced, and the project for the tomb was **revised** again and again. 모평

시간이 지나가면서, 그것의 규모는 줄어들었고, 그 무덤을 위한 프로젝트는 계속해서 수정되었다.

🔁 **revision** 명 수정, 개정, 검토

🔄 change

## 1639 ★★★★☆

**radioactive**
[rèidiouǽktiv]

형 방사성의, 방사능의

**Radioactive** waste disposal has become one of the key environmental battlegrounds over which the future of nuclear power has been fought. 모평

방사능 폐기물 처리는 원자력의 미래가 맞서 싸워 온 핵심적인 환경 문제의 전쟁터 중의 하나가 되었다.

🔁 **radioactivity** 명 방사성, 방사능

🔸 radioactive matter 방사능 물질    radioactive ashes 방사능 재
    radioactive contamination 방사능 오염    radiologist 명 방사능 연구자

## 1640 ★★★★★

**relative**
[rélətiv]

형 상대적인 명 친척

Our total set of values and their **relative** importance to us constitute our value system. 모평

우리의 일련의 전체 가치와 우리에게 있어 그것(가치)들의 상대적 중요성으로 우리의 가치 체계가 구성된다.

🔁 **relatively** 부 상대적으로    **relativity** 명 상대성, 상대성 이론

🔄 comparative    ⟷ absolute

## 1641 ★★★★☆

**diagnose**
[dáiəgnòus]

동 진단하다

Amy learned that her mother had been **diagnosed** with a serious illness. 모평

Amy는 어머니가 중병을 진단받으셨다는 것을 알았다.

🔁 **diagnosis** 명 진단    **diagnostic** 형 진단의

🔄 검진하다 examine

## 1642 ★★★★★

**merit**
[mérit]

명 가치, 장점

The **merits** of a leader's most important decisions, by their nature, typically are not clear-cut. 모평

지도자의 가장 중요한 결정의 가치는 그 본질상 보통 명확하지 않다.

🔁 **meritless** 형 가치가 없는, 쓸모없는

🔄 가치 value    장점 strength, advantage

## 1643 ★★★★★

**leap**
[li:p]

동 뛰어오르다, 도약하다

While Marie and Nina kept watching the salmon, a big one suddenly **leapt**. 대수능

Marie와 Nina가 계속 연어를 지켜보고 있는 동안, 커다란 연어 한 마리가 갑자기 뛰어올랐다.

🔸 **leapfrog** 명 등 짚고 뛰어넘기

🔄 jump, bounce, hop

**1644** ★★★★★

**gather**
[ɡǽðər]

동 모으다, 모이다
All kids were **gathered** around Janet. 모평
모든 아이들이 Janet 주변에 모였다.
파 **gathering** 명 모임
유 모이다 congregate, assemble　모으다 collect

**1645** ★★★★★

**chemistry**
[kémistri]

명 화학, 화학적 성질
My name is David Lee and I'm a third-year **chemistry** major at Arizona State University. EBS 연계
제 이름은 David Lee이고 Arizona 주립 대학교에서 화학을 전공하는 3학년 학생입니다.
파 **chemical** 형 화학적인 명 화학 물질　**chemist** 명 약사, 화학자
관 **biochemistry** 명 생화학　**geochemistry** 명 지구 화학
**alchemy** 명 연금술

# Advanced Step

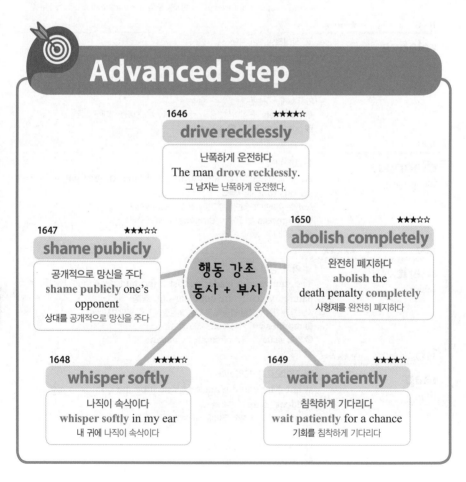

**1646** ★★★★☆
**drive recklessly**
난폭하게 운전하다
The man **drove recklessly**.
그 남자는 난폭하게 운전했다.

**1647** ★★★☆☆
**shame publicly**
공개적으로 망신을 주다
**shame publicly** one's opponent
상대를 공개적으로 망신을 주다

**1650** ★★★☆☆
**abolish completely**
완전히 폐지하다
**abolish** the death penalty **completely**
사형제를 완전히 폐지하다

행동 강조
동사 + 부사

**1648** ★★★★☆
**whisper softly**
나직이 속삭이다
**whisper softly** in my ear
내 귀에 나직이 속삭이다

**1649** ★★★★☆
**wait patiently**
침착하게 기다리다
**wait patiently** for a chance
기회를 침착하게 기다리다

# Review Test

## A

영어는 우리말로, 우리말은 영어로 쓰시오.

**1.** gather _____
**2.** 열성, 열정   e_____
**3.** creep _____
**4.** 현상, 사건   p_____
**5.** rural _____
**6.** 미신   s_____
**7.** discriminate _____
**8.** 증상, 징후   s_____

## B

영어 단어와 우리말 뜻을 연결하시오.

**1.** intensive •
**2.** nominate •
**3.** emphasis •

• **a.** (~의 후보로) 지명[추천]하다, 임명하다
• **b.** 집중적인, 집약적인, 격렬한
• **c.** 강조, 중점, 역점

## C

다음 주어진 뜻에 해당하는 밑줄 친 단어의 파생어를 쓰시오.

**1.** solid rock   동 _____ 굳다, 굳히다, 확고히 하다
**2.** exploit their creations   명 _____ 착취, 개발, 이용
**3.** the number of descendants   동 _____ 내려오다, 내려가다

## D

밑줄 친 단어의 유의어 혹은 반의어를 쓰시오.

**1.** manufacture hand-made shoes   유 p_____
**2.** achieve remarkable feats   유 a_____
**3.** dabble in verse   반 p_____

DAY 30

정답
**A 1.** 모으다, 모이다 **2.** (e)nthusiasm **3.** 기다, 살금살금 움직이다 **4.** (p)henomenon
  **5.** 시골의, 지방의 **6.** (s)uperstition **7.** 차별하다, 구별하다 **8.** (s)ymptom
**B 1.** b **2.** a **3.** c
**C 1.** solidify **2.** exploitation **3.** descend
**D 1.** (p)roduce **2.** (a)chievement **3.** (p)rose

# Actual Test

(A), (B), (C)의 각 네모 안에서 문맥에 맞는 낱말을 고르시오.

Evolution works to maximize the number of descendants that an animal leaves behind. Where the risk of death from fishing increases as an animal grows, evolution (A) favors / eliminates those that grow slowly, mature younger and smaller, and reproduce earlier. This is exactly what we now see in the wild. Cod in Canada's Gulf of St. Lawrence begin to reproduce at around four today; forty years ago they had to wait until six or seven to reach maturity. Sole in the North Sea mature at half the body weight they did in 1950. Surely these adaptations are good news for species hard-pressed by excessive fishing? Not exactly. Young fish produce many fewer eggs than large-bodied animals, and many industrial fisheries are now so (B) incomplete / intensive that few animals survive more than a couple of years beyond the age of maturity. Together this means there are fewer eggs and larvae to (C) damage / secure future generations. In some cases the amount of young produced today is a hundred or even a thousand times less than in the past, putting the survival of species, and the fisheries dependent on them, at grave risk.

해석

진화는 동물이 남기는 후손들의 수를 최대화하기 위해 작용한다. 동물이 성장할 때에 어로 행위에 의해 죽을 위험이 증가하는 상황에서 진화는 천천히 성장하고, 더 어린 나이에 그리고 더 작을 때에 성숙하고, 더 일찍 번식을 하는 것들을 선호한다. 이것은 정확하게 우리가 현재 야생에서 보는 것이다. 캐나다의 St. Lawrence 만에 사는 대구는 현재 네 살쯤 되었을 때 번식을 시작한다. 40년 전에 그것들은 성숙기에 도달하려면 6세 혹은 7세가 될 때까지 기다려야만 했다. 북해의 가자미는 1950년에 그랬던 것에 비해 체중이 절반 정도만 되면 성숙한다. 분명히 이러한 적응은 과도한 어로 행위에 의해 심한 압박을 받는 종들에게는 좋은 소식일까? 꼭 그렇지는 않다. 어린 물고기는 몸집이 큰 동물들보다 훨씬 더 적은 수의 알을 낳으며, 현재 많은 기업적인 어업이 너무나도 집중적이어서 성숙기의 연령을 지나서 2년 넘게 살아남는 동물들이 거의 없다. 동시에 이것은 미래 세대를 보장하는 알이나 유충이 더 적어진다는 것을 의미한다. 어떤 경우에는 오늘날 생산되는 어린 동물의 양이 과거보다 백 배 혹은 심지어 천 배까지도 더 적어서, 종의 생존, 그리고 그것들에 의존하는 어업이 심각한 위기에 처하게 된다.

해설 (A) 진화는 후손의 수를 늘리기 위해 더 일찍 번식을 하는 것들을 '선호한다(favors)'고 하는 것이 문맥상 자연스럽다.
(B) 문맥상 기업적인 어업이 너무나도 '집중적이다(intensive)'라고 해야 한다.
(C) 알이나 유충이 미래 세대를 '보장한다(secure)'고 하는 것이 글의 흐름상 적절하다.

정답 (A) favors  (B) intensive  (C) secure

# Vaccine VOCA PLUS⁺

**get the better of** ～을 이기다(= defeat) / **get the most of** ～을 최대한 이용하다

get the better of her in an argument 논쟁에서 그녀를 이기다
get the most of the time you have 당신이 가진 시간을 최대한 활용하다

**hand down** ～을 물려주다, ～을 전해 주다 / **hand in** ～을 제출하다

hand down his picture to his son 그의 아들에게 그의 그림을 물려주다
hand in the assignment by next Monday 다음 월요일까지 과제를 제출하다

**fall back on** ～에 의지하다 / **fall short of** ～에 못 미치다, ～보다 부족하다

fall back on those who support me 나를 지지하는 사람들에게 의지하다
fall short of their expectation this month 이번 달에 그들의 기대에 못 미치다

**give rise to** ～을 유발하다, ～을 일으키다 / **give place to** ～에게 (자리를) 양보하다

give rise to serious problems 심각한 문제들을 유발하다
give place to a new media 새로운 매체에 자리를 양보하다

**put off** ～을 연기하다(= postpone) / **put out** ～을 끄다(= extinguish)

put off the opening ceremony 개장식을 연기하다
put out the forest fire 산불을 끄다

**leave off** ～을 중지하다 / **leave out** ～을 생략하다

leave off work and take a break 일을 중지하고 쉬는 시간을 가지다
leave out unnecessary details 불필요한 세부 사항을 생략하다

**attend to** ～에 주의를 기울이다 / **attend on** ～을 시중들다, ～을 보살피다

attend to the lecture 강의에 주의를 기울이다
attend on his ailing mother 병든 어머니를 돌보다

## 형용사가 쓰인 숙어들

**be afraid of** ~을 두려워하다

Don't be afraid of failure. 실패를 두려워하지 말라.

**be disappointed at** ~에 실망하다

She was disappointed at the test results. 그녀는 시험 결과에 실망했다.

**be used to** ~에 익숙하다

I am used to using the machine. 나는 그 기계를 사용하는 것에 익숙하다.

**be full of** ~으로 가득 차다

His life was full of happiness. 그의 인생은 행복으로 가득 찼다.

**be good[poor] at** ~을 잘하다[못하다]

They are good[poor] at the video game. 그들은 그 비디오 게임을 잘한다[못한다].

**be different from** ~과 다르다

Their culture is different from ours. 그들의 문화는 우리의 것과 다르다.

**be devoted to** ~에 헌신하다

She was devoted to peace in her country. 그녀는 자기 나라의 평화에 헌신했다.

**be satisfied with** ~에 만족하다

I am satisfied with the service they offered. 나는 그들이 제공한 서비스에 만족한다.

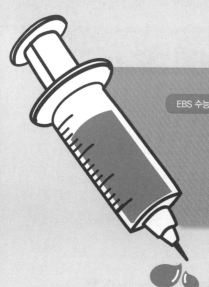

# Word Preview

- [ ] produce
- [ ] contain
- [ ] recommend
- [ ] considerable
- [ ] supply
- [ ] sustain
- [ ] practice
- [ ] display
- [ ] involve
- [ ] threat
- [ ] complementary
- [ ] inevitable
- [ ] polite
- [ ] module
- [ ] competence
- [ ] plot
- [ ] flood

- [ ] static
- [ ] virtual
- [ ] sort
- [ ] forgiving
- [ ] domesticated
- [ ] garage
- [ ] entertain
- [ ] anchor
- [ ] wander
- [ ] reluctant
- [ ] recollection
- [ ] erroneously
- [ ] found
- [ ] intimate
- [ ] theme
- [ ] headquarters
- [ ] proof

- [ ] credible
- [ ] mood
- [ ] uplifting
- [ ] heritage
- [ ] overweight
- [ ] beholder
- [ ] species
- [ ] negotiate
- [ ] subconscious
- [ ] theology
- [ ] grain
- [ ] optical
- [ ] bend
- [ ] oblige
- [ ] pile
- [ ] enrich

---

**1651** ★★★★★

## produce
[prədʒúːs]

동 생산하다, 낳다  명 생산물[상품], 농작물

It takes two to six times more grain to **produce** food value through animals than to get the equivalent value directly from plants. 모평

동물을 통해 영양가를 생산하려면 식물에서 직접 그와 동등한 영양가를 얻는 것보다 2배에서 6배 더 많은 곡물이 필요하다.

파 production 명 생산, 생산량    productivity 명 생산성
유 생산하다 yield    제조하다 manufacture    상품 products, goods
농작물 crops

---

**1652** ★★★★★

## contain
[kəntéin]

동 포함하다, 담고 있다, 수용하다

Even the word "color" **contains** a snub against it. 모평

심지어 'color'라는 단어조차도 그것을 경멸하는 뜻을 포함하고 있다.

파 container 명 용기, 그릇, 컨테이너
유 include, incorporate, accommodate

---

**1653** ★★★★★

## recommend
[rèkəménd]

동 추천하다, 권장하다

His history professor had **recommended** it to the class, and Jonas had signed up enthusiastically. 대수능

그의 역사 교수님은 학생들에게 그것을 추천하였고, Jonas는 열성적으로 신청하였다.

파 recommendation 명 추천, 권고, 추천서
유 추천하다 suggest

---

**1654** ★★★★★

## considerable
[kənsídərəbl]

형 상당한, 많은

Advertisers gain **considerable** benefits from the price competition between the numerous broadcasting stations. 대수능

광고주들은 수많은 방송국들 간의 가격 경쟁으로부터 상당한 이익을 얻는다.

파 consider 동 고려하다, 생각하다    consideration 명 고려, 숙고
유 substantial, remarkable, plentiful

---

**1655** ★★★★★

## supply
[səplái]

명 공급, 공급량  동 공급하다

These prices do reflect the interaction of demand and **supply** in the wider marketplace for potatoes. 모평

이 가격은 더 광범위한 감자 시장에서의 수요와 공급의 상호 작용을 정말로 반영한다.

파 supplier 명 공급자, 공급 회사
유 제공하다 provide, furnish

---

**1656** ★★★★★

## sustain
[səstéin]

동 유지하다, 지속하다, 지탱하다, 먹여 살리다

A few hundred people cannot **sustain** a sophisticated technology. 모평

몇백 명의 사람이 정교한 기술을 유지할 수 없다.

파 sustainable 형 지속 가능한    sustainment 명 지속, 지탱
sustainability 명 지속 가능성
유 유지하다 maintain    지탱하다 support

---

## 1657 ★★★★★

**practice**
[prǽktis]

동 연습하다, 실천하다
명 연습, 실천, 실제, 관행, 관례, (의사 · 변호사의) 업무
Over the past few decades, architecture as an idea and **practice** has increasingly limited its definition of itself. 모평
지난 수십 년 동안, 구상과 실천으로서의 건축은 점차 자신에 대한 정의를 제한해 왔다.
파 **practical** 형 실제적인, 현실적인, 타당한
유 연습 exercise, drill, rehearsal  관습 custom  전통 tradition

## 1658 ★★★★★

**display**
[displéi]

동 전시하다, 보여 주다
Concert halls and opera houses had become museums for **displaying** the musical artworks of the past two hundred years. 모평
콘서트홀과 오페라 하우스는 지난 200년 동안의 음악 작품들을 보여 주기 위한 박물관이 되어 버렸다.
숙 **on display** 전시된, 전시 중인
유 전시하다 exhibit  보여 주다 show, reveal  반 감추다 conceal

## 1659 ★★★★★

**involve**
[inválv]

동 관련되다, 관련시키다, 수반하다
Planning **involves** only the half of your brain that controls your logical thinking. 대수능
계획 수립에는 여러분의 논리적인 사고를 지배하는 뇌의 절반만이 관련된다.
파 **involvement** 명 관련, 연루
유 관련시키다 relate, associate  수반하다 entail

## 1660 ★★★★★

**threat**
[θret]

명 위협, 협박, 위험
In animals with brains, behavioural change is the usual first response to environmental **threat**. 모평
뇌를 가진 동물에게, 행동 변화는 환경 위협에 대한 흔한 첫 번째 대응이다.
파 **threaten** 동 위협하다  **threatening** 형 위협적인
유 위협 menace  위험 risk, peril, hazard

## 1661 ★★★☆☆

**complementary**
[kàmpləméntəri]

형 상호 보완적인
Researchers have suggested that maintaining good social relations depends on two **complementary** processes. 대수능
연구자들은 좋은 사회적 관계를 유지하는 것이 두 가지 상호 보완적인 과정에 달려 있다는 점을 언급해 왔다.
파 **complement** 동 보완하다 명 보충물, (문법) 보어
유 보완의, 보충의 supplementary

## 1662 ★★★★★

**inevitable**
[inévitəbl]

형 불가피한, 피할 수 없는, 필연적인
Many believe we will eventually reach a point at which conflict with the finite nature of resources is **inevitable**. 모평
많은 이들이 우리가 결국 자원의 유한한 특성과의 충돌이 불가피한 지점에 도달하게 될 것이라 믿는다.
파 **inevitably** 부 피할 수 없이, 필연적으로, 아니나 다를까
**inevitability** 명 피할 수 없음, 필연성
유 불가피한 unavoidable, inescapable

---

**1663** ★★★★★

**polite**
[pəláit]

형 예의 바른, 공손한, 정중한
The restaurant was fantastic and all the staff were very
**polite** and kind. 모평
그 식당은 환상적이었으며, 모든 직원이 매우 예의 바르고 친절했다.
파 **politeness** 명 공손함, 예의 바름
유 courteous, mannerly    반 rude

---

**1664** ★★★☆☆

**module**
[mádʒuːl]

명 모듈(특정한 기능을 하는 작은 우주선), 조립 부품, 기본 단위, 기준 치수
It is un-biological to "explain" behavioural change as
*resulting from* the *ex vacuo* emergence of domain-specific
brain **modules**. 모평
행동의 변화를 영역별 뇌 모듈(기본 단위)의 '무(無)에서의' 출현에서 '기인하는' 것으
로 '설명하는' 것은 생물학적으로 맞지 않다.
숙 **a landing module** 착륙선    **a lunar module** 달 착륙선
유 기본 단위 unit

---

**1665** ★★★★★

**competence**
[kámpitəns]

명 능력, 능숙함
It is possible to write correctly and still offend your readers'
notions of your language **competence**. 모평
바르게 글을 쓰면서도 여러분의 언어 능력에 대한 독자의 생각에 불쾌감을 줄 수 있다.
파 **competent** 형 유능한, 능숙한
유 능력 ability, skill    반 무능력 incompetence

---

**1666** ★★★★★

**plot**
[plɑt]

명 구성, 줄거리, 음모 동 모의하다, 줄거리를 짜다
The typical **plot** of the novel is the protagonist's quest for
authority within. 모평
그 소설의 전형적인 줄거리는 내부의 권위에 대한 주인공의 탐구이다.
파 **plotful** 형 계략적인    **plotless** 형 계획 없는, 줄거리 없는
유 줄거리 story, outline    각본, 예상된 계획 scenario    음모 conspiracy

---

**1667** ★★★★★

**flood**
[flʌd]

명 홍수, 범람 동 범람시키다, 넘치다, 몰려들다
I can't tell you how sorry I was to learn that the **flood**
caused almost total damage to your home. 모평
홍수로 인해 당신의 집이 거의 완전히 파괴될 정도의 피해를 입었다는 것을 알고 얼
마나 마음이 아팠는지 모릅니다.
파 **flooding** 명 홍수, 범람
유 대홍수 deluge    범람 overflow

---

**1668** ★★★★★

**static**
[stǽtik]

형 정적인, 고정된, 정지 상태의
Far from being **static**, the environment is constantly changing
and offering new challenges to evolving populations. 모평
정적이기는커녕, 환경은 끊임없이 변하고 있으며 진화하는 개체군에게 새로운 도전
을 제공하고 있다.
숙 **static electricity** 정전기
유 immobile, stationary    반 dynamic, mobile

---

## 1669 ★★★★★

**virtual**
[vɔ́ːrtʃuəl]

형 가상의, 사실상의, 실질적인
Many **virtual** reality games and rides now allow audiences and players to feel sensations of motion and touch. 모평
많은 가상 현실 게임과 탈것들은 이제 관객들과 이용자들에게 움직이는 느낌과 만지는 느낌을 느끼게 해 준다.
파 **virtually** 부 사실상 **virtualize** 동 가상 현실로 바꾸다
유 상상의 imaginary  실제의, 실용적인 practical

## 1670 ★★★★★

**sort**
[sɔːrt]

명 종류, 유형 동 분류하다, 구분하다
Theories of all **sorts** promote the view that there are ways by which disagreement can be processed or managed so as to make it disappear. 모평
온갖 종류의 이론이 의견 차이를 없애기 위하여 그것을 처리하거나 다룰 수 있는 방법들이 있다는 견해를 조장한다.
파 **sorting** 명 구분
유 종류 kind  유형 type  분류하다 classify  구별하다 distinguish

## 1671 ★★★★☆

**forgiving**
[fərɡíviŋ]

형 너그러운
Pick a mild-mannered puppy that is likely to be more **forgiving** and protective of his little owners. 모평
어린 주인에게 더 너그럽고 어린 주인을 보호해 줄 것 같은 온순한 강아지를 선택하라.
파 **forgive** 동 용서하다  **forgiveness** 명 용서
유 merciful, generous, tolerant

## 1672 ★★★☆☆

**domesticated**
[dəméstikèitid]

형 가축화된, 길들인, 재배되는
Human farmers and their **domesticated** plants and animals made a grand bargain. 모평
인간 농부들과 그들의 재배되고 사육되는 동식물들은 커다란 협상을 했다.
파 **domestic** 형 국내의, 가정의  **domesticate** 동 가축화하다, 길들이다
유 길들여진 tamed

## 1673 ★★★★☆

**garage**
[ɡərɑ́ːdʒ]

명 차고, 주차장, (자동차) 정비소
Building a four-story parking **garage** for those eight nights seems to be a bit extreme EBS 연계
그 8일간의 밤을 위해서 4층짜리 차고를 건설하는 것은 다소 지나친 것으로 보인다.
파 **garageable** 형 차고에 넣을 수 있는
유 주차장 parking lot  정비소 repair shop

## 1674 ★★★★☆

**entertain**
[èntərtéin]

동 즐겁게 해 주다, (손님을) 접대하다
An Egyptian executive, after **entertaining** his Canadian guest, offered him joint partnership in a new business venture. 모평
캐나다인 손님을 접대한 후에, 한 이집트인 중역이 그에게 새로운 벤처 사업에서의 합작을 제의했다.
파 **entertainment** 명 오락, 접대, 연예  **entertainer** 명 접대자, 연예인
유 즐겁게 해 주다 amuse, please, delight

---

**1675** ★★★★☆

**anchor**
[ǽŋkər]

명 닻, 정신적 지주
동 닻을 내리다, 정박하다, 고정시키다, ~에 기반을 두다
Sailors who select a port because they are driven to it have scarcely one chance in a thousand of dropping **anchor** in the right one. 모평
어떤 항구로 내몰리기 때문에 그것을 선택하는 선원들은 적당한 항구에 닻을 내릴 기회를 천 번 중에 거의 한 번도 가지지 못한다.
➡ **anchorage** 명 정박지, 닻을 내림
⊕ 고정시키다 fix, immobilize   ⊖ 출항하다 sail, launch

---

**1676** ★★★★☆

**wander**
[wándər]

동 방랑하다, 떠돌아다니다
As a matter of fact, one should break away from experience and let the mind **wander** freely. 모평
사실, 경험에서 벗어나서 마음이 자유롭게 떠돌게 해야 한다.
➡ **wanderer** 명 방랑자
⊕ roam, drift, stroll

---

**1677** ★★★★☆

**reluctant**
[rilʌ́ktənt]

형 꺼리는, 주저하는, 내키지 않는
Unsupervised kids are not **reluctant** to tell one another how they feel. 모평
감독 없이 노는 아이들은 그들이 어떻게 느끼는지를 서로에게 주저하지 않고 말한다.
➡ **reluctance** 명 꺼림, 내키지 않음
⊕ 내키지 않는 unwilling   주저하는 hesitant

---

**1678** ★★★★☆

**recollection**
[rèkəlékʃən]

명 기억, 회상, 회고
their automatic **recollection** of what is now a nonrule 모평
지금은 규칙이 아닌 것에 대한 그들의 자동적인 회상
➡ **recollect** 동 기억해 내다, 회상하다
⊕ remembrance, recall, reminiscence

---

**1679** ★★★★☆

**erroneously**
[iróuniəsli]

부 잘못되게, 틀리게
Some coaches **erroneously** believe that mental skills training (MST) can only help perfect the performance of highly skilled competitors. 모평
일부 코치들은, 정신 능력 훈련(MST)이 고도로 숙련된 선수들의 기량을 완벽하게 하는 데만 도움이 될 수 있다고 잘못 믿고 있다.
➡ **error** 명 실수   **erroneous** 형 잘못된, 틀린
⊕ wrongly, incorrectly, inaccurately   ⊖ correctly, accurately

---

**1680** ★★★★★

**found**
[faund]

동 설립하다, 세우다
These composers and others including music publishers **founded** a society. 모평
이 작곡가들과 음악 출판인을 포함한 다른 사람들이 협회를 설립했다.
➡ **foundation** 명 토대, 재단, 설립   **founder** 명 설립자, 창립자
⊕ establish, institute

---

## 1681 ★★★★☆

# intimate
[íntəmət]

형 친밀한, (분위기가) 편안한

He goes on to describe his daily routine of strolling through the village observing the **intimate** details of family life. 모평

그는 가정생활의 친밀한 세부 사항을 관찰하면서 마을을 거닐던 자신의 일상을 계속해서 묘사한다.

파 intimacy 명 친밀함, 친밀감

유 친근한 familiar   가까운 close

## 1682 ★★★★☆

# theme
[θiːm]

명 주제, 테마

Marjorie Kinnan Rawlings wrote novels with rural **themes** and settings. 대수능

Marjorie Kinnan Rawlings는 시골에 관한 주제와 배경을 가진 소설을 썼다.

파 thematic 형 주제의

유 주제 motif, subject

## 1683 ★★★☆☆

# headquarters
[hédkwɔ̀ːrtərz]

명 본사, 본부

The tour starts at the NAS Forest & Trail **Headquarters** at 8:00 am. 모평

여행은 NAS Forest & Trail 본사에서 오전 8시에 시작됩니다.

파 headquarter 동 ~에 본부를 두다, 본부를 설치하다

반 지점, 지사 branch

## 1684 ★★★★★

# proof
[pruːf]

명 증거, 증거물, 증명서

The number of unsuccessful people who come from successful parents is **proof** that genes have nothing to do with success. 대수능

성공한 부모의 자녀인 성공하지 못한 사람들의 숫자는 유전자가 성공과 관련이 없다는 증거이다.

파 prove 동 입증하다, 증명하다

유 증거(물) evidence, testimony

## 1685 ★★★★☆

# credible
[krédəbl]

형 믿을 수 있는, 신뢰할 수 있는

Research confirms the finding that nonverbal cues are more **credible** than verbal cues, especially when verbal and nonverbal cues conflict. 모평

연구는 특히 언어적 신호와 비언어적 신호가 상충할 때에는 비언어적 신호가 언어적 신호보다 더 신뢰할 수 있다는 연구 결과를 확인해 준다.

파 credibility 명 신뢰성   credit 명 신용 (거래), 신용도

유 그럴 듯한 believable   신뢰할 수 있는 reliable, trustworthy

반 믿을 수 없는 incredible   믿기 어려운 unbelievable
신뢰할 수 없는 unreliable

## 1686 ★★★★★

# mood
[muːd]

명 기분, 분위기

The performers might change the original tempo and **mood** completely. 모평

공연자가 원래의 박자와 분위기를 완전히 바꿀 수도 있을 것이다.

파 moody 형 기분 변화가 심한, 기분이 안 좋은

유 기분 feeling   분위기 atmosphere

---

**1687** ★★★☆☆

## uplifting
[ʌplíftiŋ]

형 희망을 주는

What is **uplifting** in those times is appreciating life and facing the challenges that come with it. 모평

그러한 시기에 희망을 주는 것은 삶에 대해 감사하고, 그것과 함께 오는 시련에 맞서는 것이다.

🔢 upliftment 명 상승, 고양, 향상
🔤 pleasing, exciting

---

**1688** ★★★★☆

## heritage
[héritidʒ]

명 유산, 전통, 상속 재산

An imagined past provides resources for a **heritage** that is to be passed onto an imagined future. 대수능

상상된 과거는 상상된 미래에 전해질 수 있는 유산을 위한 자원을 제공한다.

🔢 world heritage 세계 유산    cultural heritage 문화유산
🔤 유산 inheritance, legacy

---

**1689** ★★★★☆

## overweight
[òuvərwéit]

형 과체중의, 비만의 명 과체중, 비만

People who eat for emotional reasons are not necessarily **overweight**. 모평

감정적인 이유로 음식을 먹는 사람들이 반드시 과체중인 것은 아니다.

🔢 overweigh 통 ~보다 더 무겁다, ~보다 더 중대하다
🔤 살찐 fat    무거운 heavy    비만의 obese    🔢 저체중의 underweight

---

**1690** ★★★☆☆

## beholder
[bihóuldər]

명 보는 사람, 구경꾼

They suggested that curiosity is stimulated by novelty and argued that novelty is in the eye of the **beholder**. 모평

그들은 호기심이 신기함에 의해 자극을 받는다고 말하며, 신기함은 보는 사람의 눈에 따라 다르다는 의견을 제시했다.

🔢 behold 통 바라보다
🔤 보는 사람 watcher, viewer    구경꾼 bystander, spectator

---

**1691** ★★★★☆

## species
[spíːʃiːz]

명 (생물의) 종

Within just a few years the last of this once-plentiful **species** was entirely eliminated. 모평

단지 몇 년 이내에 한때 많았던 이 종의 마지막 개체는 완전히 제거되었다.

🔢 specific 형 구체적인
🔤 부류 class, category    품종 breed, variety

---

**1692** ★★★★☆

## negotiate
[nigóuʃièit]

통 협상하다, 협정하다, 상의하다

In a study, participants were asked to **negotiate** with a seller over the purchase price of a piece of art. 모평

한 연구에서 참가자들은 한 예술품의 구입 가격을 놓고 판매자와 협상하라는 요청을 받았다.

🔢 negotiation 명 협상, 협정    negotiator 명 교섭자, 협상가
🔤 상의하다 discuss    논쟁하다 debate

---

## 1693 ★★★★☆

**subconscious**
[sʌbkɑ́nʃəs]

형 잠재의식적인, 잠재의식의

How can restorers be so sure that removing a layer of lacquer isn't merely their **subconscious** attempt to refashion an artwork according to contemporary tastes? 모평

복원가가 도료의 층을 제거하는 것이 단지 현대적 취향에 따라 예술 작품을 개조하려는 자신의 잠재의식적인 시도가 아니라고 어떻게 그렇게 확신할 수 있는가?

파 subconsciousness 명 잠재의식
유 무의식적인 unconscious   잠재하는 latent

## 1694 ★★★☆☆

**theology**
[θiɑ́lədʒi]

명 신학

He studied **theology** and spent much of his life in the service of various royal families. 모평

그는 신학을 공부했고 자기 일생의 많은 부분을 다양한 왕실을 위해 복무하면서 보냈다.

파 theological 형 신학의, 신학적인   theologist 명 신학자
유 신앙 faith, religious belief   교리 doctrine

## 1695 ★★★★★

**grain**
[grein]

명 곡물, 곡류, 낟알, 알갱이, 씨앗

The **grain** that they produce is not suited for seed saving and replanting. 대수능

그들이 생산하는 곡물은 종자용으로 보관했다가 다시 심기에는 적절하지 못하다.

파 grainy 형 알갱이가 있는, 오돌토돌한, 거친
유 곡류 cereal   씨앗 seed

## 1696 ★★★★☆

**optical**
[ɑ́ptikəl]

형 시각의, 광학의

For many years now, mediated entertainment such as TV and film has been able to stimulate our **optical** and auditory senses with sights and sounds. 모평

지금까지 여러 해 동안 TV와 영화와 같은 매체에 의한 오락은 장면과 소리로 우리의 시각과 청각을 자극할 수 있었다.

파 optic 형 눈의, 시력의   optics 명 광학   optician 명 안경사
유 시각의 visual

## 1697 ★★★★☆

**bend**
[bend]

동 굽히다, 구부리다, 굴복하다

When fact **bends** to fiction, the predictable result is political distrust and polarization. 모평

사실이 허구에 굴복하면, 예견 가능한 결과는 정치적 불신과 대립이다.

파 bendable 형 구부릴 수 있는, 융통성이 있는
유 굽히다 curve

## 1698 ★★★★☆

**oblige**
[əbláidʒ]

동 ~할 수밖에 없게 하다, 강요하다, 억지로 시키다

The first Everesters were **obliged** to trek 400 miles from Darjeeling. 모평

최초의 에베레스트 등반가들은 Darjeeling에서 400마일을 걸을 수밖에 없었다.

파 obligation 명 의무
유 강요하다 compel, force

| 1699 | ★★★★★ |
| --- | --- |

**pile**
[pail]

명 더미, 무더기  동 쌓다, 쌓이다, 포개다
There was a **pile** of my magazines, laid out for any visitor to see.  EBS 연계
내 잡지 한 더미가 있었는데, 어떤 방문객이라도 볼 수 있도록 펼쳐져 있었다.
ⓢ **stockpile** 동 비축하다  명 비축량
ⓐ 더미 heap  쌓다 stack

| 1700 | ★★★★☆ |
| --- | --- |

**enrich**
[inríʃ]

동 부유하게 하다, 풍부하게 하다, 강화하다
transport the amount of oceanic nutrients inland to help **enrich** soils  EBS 연계
토양을 비옥하게 하는 데 도움이 되는 양의 바다의 영양분을 내륙으로 운반하다
ⓟ **enrichment** 명 풍부하게 함, 비옥화  **enriched** 형 풍부한, 농축된
ⓐ 강화하다 enhance  높이다 heighten  ⓐ 가난하게 만들다 povertize

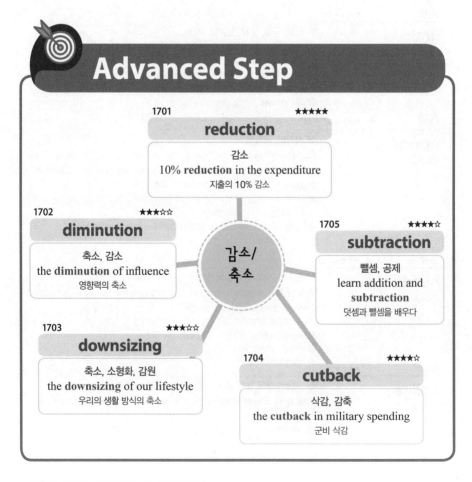

# Advanced Step

**1701**  ★★★★★
### reduction
감소
10% **reduction** in the expenditure
지출의 10% 감소

**1702**  ★★★☆☆
### diminution
축소, 감소
the **diminution** of influence
영향력의 축소

감소/
축소

**1705**  ★★★★☆
### subtraction
뺄셈, 공제
learn addition and **subtraction**
덧셈과 뺄셈을 배우다

**1703**  ★★★☆☆
### downsizing
축소, 소형화, 감원
the **downsizing** of our lifestyle
우리의 생활 방식의 축소

**1704**  ★★★★☆
### cutback
삭감, 감축
the **cutback** in military spending
군비 삭감

# Review Test

## A 영어는 우리말로, 우리말은 영어로 쓰시오.

**1.** subconscious ＿＿＿＿＿＿＿ **2.** 신학　　t ＿＿＿＿＿＿＿

**3.** competence ＿＿＿＿＿＿＿ **4.** (생물의) 종　s ＿＿＿＿＿＿＿

**5.** inevitable ＿＿＿＿＿＿＿ **6.** 공손한, 정중한　p ＿＿＿＿＿＿＿

**7.** optical ＿＿＿＿＿＿＿ **8.** 너그러운　f ＿＿＿＿＿＿＿

## B 영어 단어와 우리말 뜻을 연결하시오.

**1.** wander　• ・**a.** 기억, 회상, 회고

**2.** heritage　• ・**b.** 방랑하다, 떠돌아다니다

**3.** recollection • ・**c.** 유산, 전통, 상속 재산

## C 다음 주어진 뜻에 해당하는 밑줄 친 단어의 파생어를 쓰시오.

**1.** domesticated plants 　동 ＿＿＿＿＿ 가축화하다, 재배하다

**2.** the intimate details 　명 ＿＿＿＿＿ 친밀함, 친밀감

**3.** negotiate with a seller 　명 ＿＿＿＿＿ 협상, 협정

## D 밑줄 친 단어의 유의어 혹은 반의어를 쓰시오.

**1.** gain considerable benefits 　유 s ＿＿＿＿＿＿＿

**2.** two complementary processes 　유 s ＿＿＿＿＿＿＿

**3.** far from being static 　반 d ＿＿＿＿＿＿＿

---

정답

**A 1.** 잠재의식적인, 잠재의식의　**2.** (t)heology　**3.** 능력, 능숙함　**4.** (s)pecies　**5.** 불가피한, 피할 수 없는, 필연적인　**6.** (p)olite　**7.** 시각의, 광학의　**8.** (f)orgiving

**B 1.** b　**2.** c　**3.** a

**C 1.** domesticate　**2.** intimacy　**3.** negotiation

**D 1.** (s)ubstantial　**2.** (s)upplementary　**3.** (d)ynamic

(A), (B), (C)의 각 네모 안에서 문맥에 맞는 낱말을 고르시오.

모평

Certain species are more crucial to the maintenance of their ecosystem than others. Such species, called keystone species, are vital in determining the nature and structure of the entire ecosystem. The fact that other species depend on or are greatly affected by the keystone species is (A) concealed / revealed when the keystone species is removed. It is in this sense that we should draw attention to fig trees. Different species of fig trees may be keystone species in tropical rain forests. Although figs collectively (B) produce / consume a continuous crop of fruits, fruit-eating monkeys, birds, bats, and other vertebrates of the forest do not normally consume large quantities of figs in their diets. During the time of year when other fruits are less plentiful, however, fig trees become important in (C) sustaining / terminating fruit-eating vertebrates. Should the fig trees disappear, most of the fruit-eating vertebrates would be eliminated. Protecting fig trees in such tropical rainforest ecosystems is an important conservation goal because it increases the likelihood that monkeys, birds, bats, and other vertebrates will survive.

*fig 무화과  **vertebrate 척추동물

해석
특정 종들은 다른 종들보다 자신들의 생태계 유지에 더 결정적이다. 그러한 종들은 핵심종이라 불리며 전체 생태계의 특성과 구조를 결정하는 데 매우 중요하다. 다른 종들이 핵심종에 의존하거나 크게 영향을 받는다는 사실은 핵심종이 제거되었을 때 드러난다. 바로 이런 관점에서 우리는 무화과나무에 주의를 기울여야 한다. 서로 다른 종의 무화과나무들이 열대 우림에서는 핵심종일 수 있다. 무화과가 집단으로 지속적인 양의 과실을 생산하지만, 열대 우림의 과실을 먹는 원숭이, 새, 박쥐, 그리고 다른 척추동물들은 일반적으로 자신들의 먹이에서 많은 양의 무화과를 먹지 않는다. 그러나 한 해 중 다른 과실들이 덜 풍부한 시기 동안에 무화과나무는 과실을 먹는 척추동물들을 먹여 살리는 데 중요해진다. 무화과나무가 사라지면 과실을 먹는 척추동물들이 대부분 제거될 것이다. 그러한 열대 우림 생태계에서 무화과나무를 보호하는 것은 원숭이, 새, 박쥐, 그리고 다른 척추동물들의 생존 가능성을 높여 주기 때문에 중요한 보존 목표이다.

해설 (A) 다른 종들이 핵심종에 의존하거나 크게 영향을 받는다는 사실이 드러난다는 문맥이므로 revealed가 적절하다.
(B) 과실이 수확된다는 문맥이므로 produce가 적절하다.
(C) 과실을 먹는 척추동물을 먹여 살린다는 문맥이므로 sustaining이 적절하다.

정답 (A) revealed  (B) produce  (C) sustaining

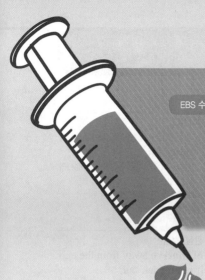

# DAY
# 32

## Word Preview

- [ ] mind
- [ ] concern
- [ ] discuss
- [ ] create
- [ ] complex
- [ ] consume
- [ ] prepare
- [ ] obvious
- [ ] essential
- [ ] establish
- [ ] option
- [ ] aggravate
- [ ] appliance
- [ ] constraint
- [ ] content
- [ ] refrigeration
- [ ] extinction

- [ ] audience
- [ ] bless
- [ ] divert
- [ ] keen
- [ ] bias
- [ ] transparent
- [ ] privilege
- [ ] category
- [ ] oxygen
- [ ] expenditure
- [ ] substance
- [ ] edit
- [ ] legal
- [ ] ambiguous
- [ ] remarkable
- [ ] literature
- [ ] apt

- [ ] accuse
- [ ] fault
- [ ] migrant
- [ ] superior
- [ ] equation
- [ ] despair
- [ ] pneumonia
- [ ] deprive
- [ ] commodity
- [ ] allot
- [ ] breeze
- [ ] alteration
- [ ] restraint
- [ ] confer
- [ ] sneak
- [ ] animate

---

**1706** ★★★★★

**mind**
[maind]

명 마음, 정신, 지성 동 신경 쓰다, 싫어하다
They are the product of inspired patience, of skilled hands and an inquiring but unbiased **mind**. 모평
그것들은 영감을 받은 인내, 솜씨 있는 손, 그리고 탐구적이지만 편견이 없는 정신의 산물이다.
파 **mindless** 형 아무 생각이 없는   **mindful** 형 유념하는, 염두에 두는
유 정신 spirit, soul   이성 reason   싫어하다 dislike

---

**1707** ★★★★★

**concern**
[kənsə́ːrn]

동 관계가 있다, 걱정하다 명 관계, 관심, 걱정
The purposeful displacement of **concern** away from the ego nonetheless remains partly self-referential. 모평
그럼에도 불구하고 의도적으로 관심을 자아로부터 멀어지도록 옮기는 것은 부분적으로는 자기 지시적인 상태로 남아 있다.
파 **concerned** 형 걱정하는, 관심이 있는   **concerning** 형 ~에 관한
유 관련시키다 associate, involve   걱정 anxiety, distress

---

**1708** ★★★★★

**discuss**
[diskʌ́s]

동 논의하다, 토론하다
Once again, they **discussed** the company's expenses and dwindling revenue. 모평
또 다시 그들은 회사의 비용과 감소하는 수익에 대해 논의했다.
파 **discussion** 명 논의, 토론
유 논쟁하다 debate

---

**1709** ★★★★★

**create**
[kriéit]

동 창조하다, 만들어 내다
I love the way you **created** those unique sounds while keeping the spirit of the violin. 모평
나는 당신이 바이올린의 정신을 지키면서 그런 독특한 소리를 만들어 낸 방식이 매우 마음에 든다.
파 **creation** 명 창조, 창작(물)   **creature** 명 생물, 생명체
유 만들어 내다 make, produce   고안하다 devise   발명하다, 지어내다 invent

---

**1710** ★★★★★

**complex**
[kámpleks]

형 복잡한 명 (건물) 단지, 복합 건물
Creativity results from a **complex** interaction between a person and his or her environment or culture. 모평
창의력은 한 사람과 그 사람의 환경이나 문화 사이의 복잡한 상호 작용에서 비롯된다.
파 **complexity** 명 복잡함, 복잡성
유 복잡한 complicated, intricate   반 단순한 simple

---

**1711** ★★★★★

**consume**
[kənsjúːm]

동 소비하다, 먹다
They play a vital role in this area's ecosystem as a wide range of animals, as well as humans, **consume** them. 모평
인간뿐만 아니라 다양한 동물들이 그것들을 먹기 때문에 그것들은 이 지역의 생태계에서 매우 중요한 역할을 한다.
파 **consumption** 명 소비   **consumer** 명 소비자
유 소비하다 spend, expend

---

## 1712 ★★★★★

**prepare**
[pripέər]

통 준비하다, 대비하다
As the sky grew dark, Carol hurried because she had **prepared** another secret surprise for Nancy. 모평
하늘이 어두워지자, Carol은 Nancy를 위해 또 하나의 깜짝 비밀 선물을 준비해 두었기 때문에 서둘렀다.
파 **preparation** 명 준비, 대비　**preparatory** 형 준비를 위한
유 준비하다, 마련하다 arrange

## 1713 ★★★★★

**obvious**
[άbviəs]

형 분명한, 확실한
Not all interesting discoveries have an **obvious** application. 모평

흥미로운 발견이 모두 다 분명한 용도를 가지고 있는 것은 아니다.
파 **obviously** 부 분명히, 확실히　**obviousness** 명 분명함, 명백함
유 clear, apparent, evident　반 모호한 vague, obscure, ambiguous

## 1714 ★★★★★

**essential**
[isénʃəl]

형 필수적인, 본질적인
Writing is an **essential** tool that will help you adjust to Korean university life. 대수능
쓰기는 여러분이 한국의 대학 생활에 적응하도록 도울 필수적인 도구입니다.
파 **essence** 명 본질, 진액
유 필수적인 indispensable, vital　본질적인 intrinsic　필요한 necessary
반 unnecessary, inessential

## 1715 ★★★★★

**establish**
[istǽbliʃ]

통 설립하다, 수립하다, 제정하다
Would you please **establish** a new fire station in our area, since you are mayor of our city? 대수능
당신은 우리 시의 시장이니, 우리 지역에 새 소방서를 설립해 주시겠습니까?
파 **establishment** 명 설립, 수립, 제정
유 설립하다 found, institute

## 1716 ★★★★★

**option**
[ápʃən]

명 선택, 선택권, 선택 과목
City dwellers, on the other hand, have the **option** of walking or taking transit to work, shops, and school. 모평
반면에, 도시 거주자들은 일터, 상점, 학교로 걸어가거나 대중교통을 타고 가는 것을 선택할 수 있다.
파 **opt** 통 선택하다　**optional** 형 선택의, 선택적인
유 선택 choice, selection　대안 alternative

## 1717 ★★★☆☆

**aggravate**
[ǽgrəvèit]

통 악화시키다
Difficulty in assessing information is **aggravated** by the overabundance of information at our disposal. 모평
정보를 평가하는 어려움은 우리가 처리할 수 있는 정보의 과잉으로 인해 악화된다.
파 **aggravation** 명 악화, 심각화　**aggravative** 형 악화시키는
유 worsen, deteriorate, degenerate　반 improve

---

**1718** ★★★★★

**appliance**
[əpláiəns]

> 명 (가정용) 기기, 가전제품
> fully equipped kitchen with all electric **appliances** 모평
> 모든 전기 기기로 완비된 주방
> 파 **apply** 통 응용하다, 적용하다, 신청하다
> **application** 명 지원, 지원서, 응용, 응용 프로그램
> 유 기기, 기구 device, machine, instrument, gadget

---

**1719** ★★★★☆

**constraint**
[kənstréint]

> 명 제약, 제한
> Society, through ethical and economic **constraints**, exerts a powerful influence on what science accomplishes. 모평
> 사회는 윤리적, 경제적 제약을 통해 과학이 달성하는 것에 강력한 영향력을 행사한다.
> 파 **constrain** 통 제한하다, 억제하다
> 유 제한 restriction, restraint

---

**1720** ★★★★★

**content**
[kántent]

> 명 내용, 내용물, 목차, 함유량
> The **contents**, interpretations and representations of the resource are selected according to the demands of the present. 대수능
> 그 자원의 내용, 해석, 표현은 현재의 요구에 따라 선택된다.
> 파 **contain** 통 포함하다, 함유하다
> 유 성분 constituent, ingredient

---

**1721** ★★★☆☆

**refrigeration**
[rifrìdʒəréiʃən]

> 명 냉장
> Evolutionary psychologists have suggested that the absence of any effective form of **refrigeration** was critical to our early moral development. 모평
> 진화 심리학자들은 효과적인 형태의 냉장의 부재가 우리의 초기 도덕적 발달에 결정적이었다고 말했다.
> 파 **refrigerate** 통 냉장하다
> 파 **refrigerator / fridge** 명 냉장고　　**freezer** 명 냉동고

---

**1722** ★★★★☆

**extinction**
[ikstíŋkʃən]

> 명 멸종, 소멸
> This snake is infamous for causing the **extinction** of the majority of native bird species in Guam. 모평
> 이 뱀은 괌에서 대부분의 토착 조류의 멸종을 가져온 것으로 악명이 높다.
> 파 **extinct** 형 멸종된, 소멸한　　**extinctive** 형 소멸적인
> 유 박멸 eradication　　제거 elimination

---

**1723** ★★★★★

**audience**
[ɔ́:diəns]

> 명 청중, 관객, 시청자
> As her name was called, Gabby became more afraid of speaking before a large **audience**. 모평
> 자신의 이름이 불렸을 때, Gabby는 많은 청중 앞에서 연설한다는 것이 더 두려워졌다.
> 파 **audient** 형 듣는, 경청하는
> 유 관객 spectator, gallery　　시청자 viewer

---

## 1724 ★★★☆☆

**bless**
[bles]

동 축복하다, 은혜를 베풀다
Andrew arrived at the nursing home in a gloomy mood, but he was **blessed** with good news. 모평
Andrew는 우울한 기분으로 요양원에 도착했지만, 희소식으로 축복을 받았다.
🔼 blessing 명 축복
🔽 저주하다 curse

## 1725 ★★★☆☆

**divert**
[daivə́:rt]

동 방향을 바꾸다, 전환하다, 주의를 다른 데로 돌리다, 방해하다
Efforts to assist him in his struggles, while well intentioned, may **divert** him from seeking and eventually finding the solution that will serve him best. 대수능
선의라 하더라도, 그가 애를 쓸 때 도와주려고 노력하게 되면, 그가 자신에게 가장 도움이 될 해결책을 모색해 마침내 찾아내는 것에서 관심을 다른 데로 돌리게 할 수도 있다.
🔼 diversion 명 방향 전환
🔀 방향을 바꾸다 redirect    방해하다 distract

## 1726 ★★★☆☆

**keen**
[ki:n]

형 열망하는, 열정적인, 강렬한, 예민한, 예리한
Our love for fatherland is largely a matter of recollection of the **keen** sensual pleasure of our childhood. 모평
조국에 대한 우리의 사랑은 대개 우리의 유년기의 강렬한 감각적인 쾌락을 기억하는 문제이다.
🔼 keenness 명 날카로움, 매서움
🔀 열정적인 eager, passionate, enthusiastic

## 1727 ★★★★★

**bias**
[báiəs]

명 편견, 편향
Scientists can lessen **bias** by running as many trials as possible. 대수능
과학자들은 가능한 한 많은 실험을 함으로써 편견을 줄일 수 있다.
🔼 biased 형 편견이 있는, 편향된
🔀 prejudice

## 1728 ★★★☆☆

**transparent**
[trænspέ(:)ərənt]

형 투명한, 명백한
Most barrier types can be designed with this in mind with the obvious exceptions of **transparent** barriers and many bio-barriers. EBS 연계
투명한 방음벽과 많은 생태계 차단벽은 분명히 예외로 하고 대부분의 방음벽 종류들은 이 점을 염두에 두고 설계될 수 있다.
🔼 transparency 명 투명함, 투명성
🔀 분명한 clear    수정같이 맑은 crystalline    🔽 불투명한 opaque

## 1729 ★★★☆☆

**privilege**
[prívəlidʒ]

명 특권, 특혜
Among the **privileges** granted to the elite was access to salt, placed in a container on the high table. EBS 연계
상류층에게 주어진 특권 중에는 주빈석에 있는 그릇에 놓여 있는 소금에 대한 접근권이 있었다.
🔼 privileged 형 특권이 있는
🔀 권리 right    주장 claim

---

**1730** ★★★★☆

## category
[kǽtəgɔ̀ːri]

명 부문, 범주

In both years, the percentage of the young Americans who posted photos of themselves was the highest of all the **categories**. 대수능

두 해 모두 자신들의 사진을 게재하는 미국 젊은이들의 비율이 모든 부문들 중에서 가장 높았다.

파 **categorize** 통 분류하다, 범주에 넣다 **categorization** 명 범주화
유 class, grouping

---

**1731** ★★★★☆

## oxygen
[ɑ́ksidʒən]

명 산소

Measurements of heart rate, **oxygen** consumption, and perceived effort were taken throughout all three workouts. 모평

심박 수, 산소 소비량, 그리고 인지된 노력이 세 가지 운동이 이루어지는 내내 측정되었다.

파 **oxygenate** 통 산소를 공급하다 **oxygenation** 명 산소 공급
관 hydrogen 수소 nitrogen 질소

---

**1732** ★★★★☆

## expenditure
[ikspénditʃər]

명 지출, 비용

During 2009 – 2010, nearly 40 percent of federal **expenditures** were financed by borrowing. 대수능

2009년~2010년 동안에 연방 정부 지출의 거의 40%가 차용에 의해 자금이 충당되었다.

파 **expend** 통 소비하다, 지출하다 **expensive** 형 비싼
유 expense

---

**1733** ★★★★☆

## substance
[sʌ́bstəns]

명 물질, 실체

In the United States, 25% of all prescriptions from pharmacies contain **substances** derived from plants. 모평

미국의 약국에서 조제되는 모든 처방약의 25%가 식물에서 얻은 물질을 포함하고 있다.

파 **substantial** 형 상당한, 실체의
유 material

---

**1734** ★★★★☆

## edit
[édit]

통 편집하다, 수정하다

He significantly improved Greek texts and **edited** four plays written by Euripides. 모평

그는 그리스어로 된 원문을 상당히 개선했고, Euripides가 쓴 희곡 4편을 편집했다.

파 **editor** 명 편집장, 편집자 **editorial** 명 사설 형 편집의
유 교정하다 revise

---

**1735** ★★★★☆

## legal
[líːgəl]

형 법률적인, 법의, 합법적인

We cannot understand the gap between human-rights ideals and the real world of human-rights violations by sympathy or by **legal** analysis. 모평

공감이나 법률적 분석을 통해서는 우리가 인권의 이상과 인권 침해의 현실 세계 사이의 격차를 이해할 수 없다.

파 **legalize** 통 합법화하다
유 합법적인 legitimate 반 불법적인 illegal

---

## 1736 ★★★★☆

**ambiguous**
[æmbíɡjuəs]

혱 애매모호한, 분명하지 않은
The boundaries among business units were deliberately **ambiguous**. 대수능
사업 단위 간의 경계는 일부러 분명하지 않았다.
파 **ambiguity** 몡 애매모호함, 불명확함　**ambiguously** 뷔 애매하게
윤 unclear, obscure, vague

## 1737 ★★★★☆

**remarkable**
[rimá:rkəbl]

혱 주목할 만한, 놀랄 만한, 현저한
It also performs many ordinary tasks with **remarkable** efficiency. EBS 연계
그것은 놀랄 만한 효율성으로 많은 일상적 과업을 수행하기도 한다.
파 **remark** 통 언급하다, 주목하다
윤 주목할 만한 notable　놀라운 surprising

## 1738 ★★★★★

**literature**
[lítərətʃər]

몡 문학, 문헌
Such multi-faceted creativity has, at times, placed children's **literature** at the forefront of imaginative experimentation. 모평
그런 다면적인 창의성은 때때로 아동 문학을 상상력이 풍부한 실험의 중심에 가져다 놓았다.
파 **literary** 혱 문학의　**literal** 혱 문자 그대로의, 직역의
관 **novel** 몡 소설　**poem/poetry** 몡 시　**essay** 몡 수필　**play** 몡 희곡

## 1739 ★★★★☆

**apt**
[æpt]

혱 적절한, ~하는 경향이 있는, ~하기 쉬운
The singer is **apt** to embellish that vocal line to give it a "styling." 모평
가수는 그것에 '모양내기'를 제공하기 위해 노래 가사를 꾸미는 경향이 있다.
파 **aptitude** 몡 소질, 적성
윤 적절한 appropriate, suitable　~하기 쉬운 likely, prone
반 적절하지 않은 inappropriate, unsuitable

## 1740 ★★★★☆

**accuse**
[əkjú:z]

통 고발하다, 비난하다
You don't want to be **accused** of not working hard. 모평
당신은 열심히 일하지 않는다고 비난받는 것을 원하지 않는다.
파 **accusation** 몡 고발, 비난　**accuser** 몡 고소인
　**accused** 몡 피의자 혱 고발당한, 비난받은
윤 기소하다 charge　비난하다 blame

## 1741 ★★★★★

**fault**
[fɔ:lt]

몡 잘못, 과실, 결점
The **fault** lies not with leadership but rather with ourselves and our expectations. 모평
잘못은 지도력에 있는 것이 아니라 오히려 우리 자신과 우리의 기대에 있다.
파 **faulty** 혱 잘못된, 흠이 있는
윤 mistake, error, flaw

---

**1742** ★★★★☆

## migrant
[máigrənt]

명 이주자, 철새  형 이주성의
Habitat selection can be quite different for **migrants** as opposed to residents. 대수능
서식지 선택은 텃새들과는 대조적으로 철새들에게 있어서 상당히 다를 수 있다.
파 migrate 동 이주하다, 이동하다   migration 명 이주, 이동
유 이민자 immigrant

---

**1743** ★★★★★

## superior
[sju(:)pí(:)əriər]

형 (~보다 더) 우월한, 우수한, 뛰어난
shift the emphasis to demonstrating **superior** performance 모평
우월한 수행 기량을 보여 주는 것으로 강조점을 이동하다
파 superiority 명 우월성, 우세
유 better, greater   반 inferior

---

**1744** ★★★☆☆

## equation
[ikwéiʒən]

명 방정식, 동일시
in addition to maintaining hundreds of notebooks full of scientific **equations** EBS 연계
과학 방정식으로 가득 찬 수백 권의 공책을 보유하고 있었던 것에 더하여
파 equate 동 동일시하다, 동등하게 다루다
유 동일시 identification

---

**1745** ★★★★★

## despair
[dispέər]

명 절망  동 절망하다, 체념하다
Meanwhile my father took me to a pony fair and let me try some ponies, but he always found some fault with them, leaving me in **despair**. 모평
그러는 동안 아버지께서는 나를 조랑말 시장에 데려가서 조랑말 몇 마리를 시험해 보게 하셨지만, 그는 늘 그것들에게서 어떤 결점을 찾아내서 나를 절망에 빠지게 하셨다.
파 desperate 형 절망적인, 필사적인   desperation 명 절망
유 낙담 disappointment, discouragement   우울 depression

---

**1746** ★★★☆☆

## pneumonia
[nju(:)móunjə]

명 폐렴
He caught a chill, which became **pneumonia**, and he died shortly thereafter while still at Highgate. EBS 연계
그는 (오한이 따르는) 감기에 걸렸는데, 그것이 폐렴이 되었고, 그 후 얼마 안 되어 아직 Highgate에 있을 때 사망했다.
관 flu / influenza 명 독감   diabetes 명 당뇨병   asthma 명 천식

---

**1747** ★★★☆☆

## deprive
[dipráiv]

동 빼앗다, 박탈하다, 면직하다
If Brant were **deprived** of the chance to see if he had the right stuff to become a pro golfer, he would never know if he could have been successful. EBS 연계
만일 Brant가 자신에게 프로 골프 선수가 되기에 걸맞은 자질이 있는지 알아볼 기회를 빼앗긴다면, 그는 자신이 성공할 수 있었는지 결코 알 수 없을 것이다.
파 deprivation 명 박탈
유 빼앗다 rob

---

## 1748 ★★★☆☆

### commodity
[kəmάdəti]

명 상품, 물품
The landscape itself, including the people and their sense of self, takes on the form of a **commodity**. 모평
사람들과 그들의 자아의식을 포함하여, 그 경관 자체가 상품의 형태를 띤다.
⑩ **commodify** 동 상품화하다
⊕ product, goods

## 1749 ★★★☆☆

### allot
[əlάt]

동 배분하다, 할당하다
Most city and state budgets **allot** infinitely more money to roads than to parks. EBS 연계
대부분의 도시와 주 예산은 공원보다 도로에 훨씬 더 많은 돈을 할당한다.
⑩ **allotment** 명 배분, 할당
⊕ 할당하다 allocate    배정하다 assign

## 1750 ★★★☆☆

### breeze
[bri:z]

명 산들바람, 봄바람, 미풍
The spring **breeze** chased them playfully. 모평
봄의 산들바람이 그들을 장난스럽게 쫓았다.
⑩ **breezy** 형 산들바람이 부는
⊜ light wind 미풍    gust 명 돌풍    tornado 명 회오리바람

## 1751 ★★★★☆

### alteration
[ɔ̀:ltəréiʃən]

명 변화, 변형, 개조
The cloning and transgenic **alteration** of domestic animals makes little difference to the overall situation. 모평
가축의 복제와 이식 유전자에 의한 변형은 전반적인 상황에 거의 변화를 주지 않는다.
⑩ **alter** 동 변경하다, 바꾸다
⊕ 변화 change, modification    조정, 적용 adjustment

## 1752 ★★★☆☆

### restraint
[ristréint]

명 자제, 제한, 억제
The negative version instructs **restraint**; the positive encourages intervention. 모평
부정적인 버전은 자제를 지시하고, 긍정적인 버전은 개입을 장려한다.
⑩ **restrain** 동 저지하다, 억누르다, 억제하다
⊕ 제한 restriction, control, constraint    방해 hindrance

## 1753 ★★★☆☆

### confer
[kənfə́:r]

동 부여하다, 수여하다, 상의하다
an endless combination of words translatable into symbols, and arbitrarily chosen to **confer** meaning EBS 연계
기호로 옮길 수 있으며 의미를 부여하기 위해 임의로 선택된 낱말들의 끝없는 결합
⑩ **conference** 명 회의, 회담    **conferment** 명 수여, 서훈
⊕ 수여하다 grant, present    상의하다 consult

## 1754 ★★★★★

**sneak**
[sni:k]

통 슬그머니 들어가다[나오다], 살금살금 걷다, 몰래 하다

These thieving bees **sneak** into the nest of an unsuspecting "normal" bee, lay an egg near the pollen mass being gathered by the host bee for her own offspring and sneak back out. 모평

도둑질하는 이런 벌은 이상한 낌새를 알아채지 못한 '보통' 벌의 집으로 슬며시 들어가서 숙주 벌이 자기 자신의 새끼를 위해 모으고 있는 꽃가루 덩어리 근처에 알을 낳고 슬며시 나온다.

파 sneaky 형 교활한, 엉큼한
유 살금살금 걷다 slink, tiptoe

## 1755 ★★★★☆

**animate**
[ǽnəmèit]

통 생기를 불어넣다, 만화 영화로 만들다

The threatened loss of specific tastes **animates** the Slow Food movement. EBS 연계

특정한 맛이 상실될 위협이 슬로푸드 운동에 생기를 불어넣는다.

파 animation 명 생기, 활기, 만화 영화 (제작)
유 활기 있게 만들다 enliven, activate, energize    움직이게 하다 mobilize

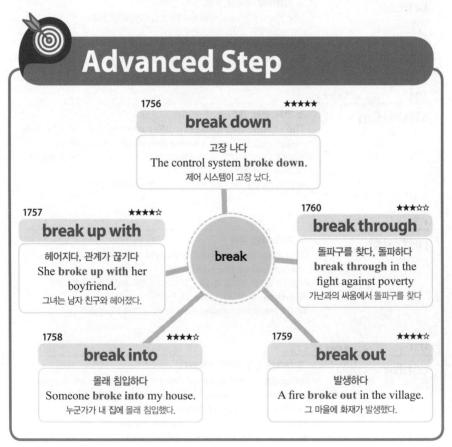

# Advanced Step

### 1756 ★★★★★
## break down

통 고장 나다
The control system **broke down**.
제어 시스템이 고장 났다.

### 1757 ★★★★☆
## break up with

헤어지다, 관계가 끊기다
She **broke up with** her boyfriend.
그녀는 남자 친구와 헤어졌다.

### 1760 ★★★☆☆
## break through

돌파구를 찾다, 돌파하다
**break through** in the fight against poverty
가난과의 싸움에서 돌파구를 찾다

## break

### 1758 ★★★★☆
## break into

몰래 침입하다
Someone **broke into** my house.
누군가가 내 집에 몰래 침입했다.

### 1759 ★★★★☆
## break out

발생하다
A fire **broke out** in the village.
그 마을에 화재가 발생했다.

# Review Test

## A 영어는 우리말로, 우리말은 영어로 쓰시오.

1. divert _____
2. 애매모호한　a _____
3. privilege _____
4. 고발하다　a _____
5. expenditure _____
6. 방정식, 동일시　e _____
7. substance _____
8. 상품, 물품　c _____

## B 영어 단어와 우리말 뜻을 연결하시오.

1. aggravate •
2. essential •
3. extinction •

• a. 멸종, 소멸
• b. 필수적인, 본질적인
• c. 악화시키다

## C 다음 주어진 뜻에 해당하는 밑줄 친 단어의 파생어를 쓰시오.

1. economic <u>constraints</u>　　동 _____ 제한하다, 억제하다
2. effective form of <u>refrigeration</u>　　동 _____ 냉장하다
3. <u>transparent</u> barriers　　명 _____ 투명함, 투명성

## D 밑줄 친 단어의 유의어 혹은 반의어를 쓰시오.

1. lessen <u>bias</u>　　유 p _____
2. <u>establish</u> a new fire station　　유 f _____
3. <u>superior</u> performance　　반 i _____

---

**정답**

A 1. 방향을 바꾸다, 전환하다, 방해하다　2. (a)mbiguous　3. 특권, 특혜　4. (a)ccuse　5. 지출, 비용
　6. (e)quation　7. 물질, 실체　8. (c)ommodity
B 1. c　2. b　3. a
C 1. constrain　2. refrigerate　3. transparency
D 1. (p)rejudice　2. (f)ound　3. (i)nferior

# Actual Test

다음 글의 밑줄 친 부분 중, 문맥상 낱말의 쓰임이 적절하지 <u>않은</u> 것은?

모평

From the late nineteenth century on, the dullness found in the senile, their isolation and ① <u>withdrawal</u>, their clinging to the past and lack of interest in worldly affairs were characteristically represented as the *symptoms* of senility — the social shame of the inevitable deterioration of the brain. Following World War II, academic discourse on aging typically ② <u>represented</u> these as the causes of senility. The location of senile mental deterioration was no longer the aging brain but a society that, through ③ <u>involuntary</u> retirement, social isolation, and the loosening of traditional family ties, stripped the elderly of the roles that had sustained meaning in their lives. When elderly people were ④ <u>accused</u> of these meaningful social roles, when they became increasingly isolated and were cut off from the interests and activities that had earlier occupied them, not surprisingly their mental functioning deteriorated. The elderly did not so much lose their ⑤ <u>minds</u> as lose their place.

*senile 노쇠한 **deterioration 노화

해석
19세기 후반부터 줄곧, 노쇠한 이들에게서 발견되는 활기 부족, 그들의 고립과 위축, 그들의 과거에 대한 연연과 세상사에 대한 관심 결여는 노쇠의 '증상'이라고 특징적으로 기술되었는데, 이는 뇌의 필연적인 노화에 대해 사회적으로 애석하게 여기는 것이었다. 제2차 세계 대전 후에 노화에 대한 학술적 담론은 이것들을 전형적으로 노쇠의 '원인'으로 기술했다. 노쇠한 이들의 정신적 노화가 일어나는 곳은 더 이상 노화하고 있는 뇌가 아니라, 비자발적 퇴직, 사회적 고립, 그리고 전통적인 가족 유대감의 해체를 통해 노인들로부터 그들의 삶의 의미를 유지시켜 주었던 역할을 빼앗아 버린 사회였다. 노인들이 이 의미 있는 사회적 역할을 고발당했을(→박탈당했을) 때, 그들이 점점 더 고립되었고 예전에 그들의 마음을 사로잡았던 흥미와 활동으로부터 단절되었을 때, 그들의 정신적 기능이 노화한 것은 당연한 일이었다. 노인들은 그들의 정신을 잃었다기보다는 그들의 자리를 잃었다.

해설 노인들이 고립되고, 예전에 가졌던 흥미와 활동으로부터 단절되었다는 문맥으로 보아, 노인들이 의미 있는 사회적 역할을 '고발당하다'는 어울리지 않는다. 그러므로 ④의 accused를 deprived와 같은 낱말로 바꾸어야 한다.

정답 ④

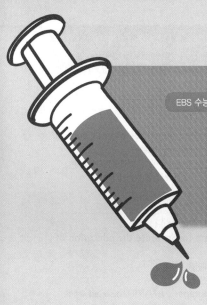

# DAY 33

## Word Preview

| | | |
|---|---|---|
| ☐ explore | ☐ trek | ☐ shrink |
| ☐ promote | ☐ summit | ☐ refined |
| ☐ imaginary | ☐ communal | ☐ declining |
| ☐ notion | ☐ rotation | ☐ realm |
| ☐ compose | ☐ tourism | ☐ molecule |
| ☐ similarity | ☐ halt | ☐ vigor |
| ☐ classify | ☐ expertise | ☐ contempt |
| ☐ expand | ☐ betrayal | ☐ unveil |
| ☐ transmit | ☐ sphere | ☐ literate |
| ☐ ceremony | ☐ strive | ☐ bankrupt |
| ☐ distinction | ☐ preoccupied | ☐ application |
| ☐ sequence | ☐ brevity | ☐ tragedy |
| ☐ vertical | ☐ archaeologist | ☐ unrivaled |
| ☐ circular | ☐ province | ☐ afloat |
| ☐ overlook | ☐ stain | ☐ outgrow |
| ☐ simultaneously | ☐ suburb | ☐ translation |
| ☐ anticipate | ☐ adversity | |

**1761** ★★★★★

**explore**
[iksplɔ́ːr]

동 탐험하다, 탐사하다, 탐구하다, 조사하다
You have to venture beyond the boundaries of your current experience and **explore** new territory. 대수능
여러분은 위험을 무릅쓰고 현재 경험의 한계를 넘어서 새로운 영역을 탐구해야 한다.
파 **exploration** 명 탐험, 탐사, 탐구  **explorer** 명 탐험가, 탐사자
유 조사하다 examine, investigate

**1762** ★★★★★

**promote**
[prəmóut]

동 촉진하다, 장려하다, 승진시키다, 진급시키다
He established the foundation to **promote** the education of fine arts. 모평
그는 미술 교육을 장려하기 위하여 그 재단을 설립했다.
파 **promotion** 명 촉진, 판촉, 승진, 진급
유 촉진하다 foster  장려하다 encourage  승진시키다 raise, advance

**1763** ★★★★★

**imaginary**
[imǽdʒənèri]

형 가상의, 상상의
It is an **imaginary** council with a group of "Invisible Counselors," composed of the people you most admire. EBS 연계
그것은 여러분이 가장 존경하는 사람들로 구성된 '보이지 않는 상담가' 집단이 있는 가상의 협의회이다.
파 **imagine** 동 상상하다  **imagination** 명 상상력, 가상
유 fictional, made-up, invented  반 real, actual, factual

**1764** ★★★★★

**notion**
[nóuʃən]

명 개념, 관념, 생각
People tend to live with the **notion** that they are recognized by the job they do. 대수능
사람들은 자기가 하는 일에 의해 인정받는다는 개념을 가지고 살아가는 경향이 있다.
유 idea, concept, opinion

**1765** ★★★★★

**compose**
[kəmpóuz]

동 구성하다, 작문하다, 작곡하다
This material from which his final work is **composed** consists not of living men or real landscapes, but only of their images. 대수능
그의 최종적인 작품이 구성되는 이 자료는 살아 있는 사람이나 실제 경치가 아닌 단지 그것들의 이미지로 이루어진다.
파 **composition** 명 구성, 작문, 작곡  **composer** 명 작곡가
유 구성하다 form, constitute, comprise

**1766** ★★★★★

**similarity**
[sìməlǽrəti]

명 유사성, 닮음
The couple's initial disclosures involve them forming constructs about how much **similarity** there is between them and each other's families. 모평
그 커플이 처음에 터놓는 이야기에서 그들은 그들과 각자의 가족들 사이에 얼마나 많은 유사성이 있는지에 대한 구성 개념을 형성하게 된다.
파 **similar** 형 유사한, 닮은
유 resemblance, likeness  반 dissimilarity, difference

## 1767 ★★★★★

**classify**
[klǽsəfài]

통 분류하다, 구분하다

Music has traditionally been **classified** by musical instruments. 모평

음악은 전통적으로 악기에 의해 분류되어 왔다.

파 **classification** 명 분류
　　**classified** 형 분류된 명 항목별 광고, 구인 광고

유 분류하다 categorize, sort

## 1768 ★★★★★

**expand**
[ikspǽnd]

통 확장하다, 확대하다, 팽창시키다

The human species is unique in its ability to **expand** its functionality by inventing new cultural tools. 대수능

인간은 새로운 문화적 도구를 발명함으로써 자신의 기능성을 확장하는 능력에 있어서 독특하다.

파 **expansion** 명 확장, 확대, 팽창

유 확대하다 enlarge　반 수축시키다 contract

## 1769 ★★★★★

**transmit**
[trænsmít]

통 전달하다, 전송하다

The level of impact forces **transmitted** to the runner is almost constant. EBS 연계

달리는 사람에게 전달되는 충격력의 수준은 거의 일정하다.

파 **transmission** 명 전달, 전송, 송신

유 send, convey　반 받아들이다 accept, receive

## 1770 ★★★★★

**ceremony**
[sérəmòuni]

명 의식, 관행, 형식

New York even has an annual award **ceremony**, the Vendy Awards, for the best sidewalk chefs. 모평

뉴욕은 심지어 최고의 길거리 주방장을 위해 Vendy Awards라는 연례 시상식을 연다.

파 **ceremonial** 형 의식의, 의식용의

유 의식 ritual　관행 practice

## 1771 ★★★★☆

**distinction**
[distíŋkʃən]

명 구별, 차이, 특징

Some **distinctions** between good and bad are hardwired into our biology. 대수능

좋음과 나쁨 사이의 몇 가지 구별은 우리의 생명 활동 안에 내재되어 있다.

파 **distinct** 형 구별되는, 다른, 뚜렷한, 명확한　**distinguish** 통 구별하다

유 차이 difference　특징 feature　반 유사 similarity

## 1772 ★★★☆☆

**sequence**
[síːkwəns]

명 연속, 순서, 차례

In the arts, by contrast, no limitless **sequence** of works is ever implied or looked for. 모평

대조적으로, 예술에서는 작품의 무한한 연속은 결코 암시되거나 추구되지 않는다.

파 **sequent** 형 연속하는, 결과로 생기는　**sequential** 형 순차적인

유 연속 succession　순서 order

---

**1773** ★★★★☆

**vertical**
[və́:rtikəl]

형 수직의, 세로의
Slowly the trapezoid becomes thinner and thinner, and all that is projected on the retina is a **vertical** line. 대수능
사다리꼴은 완만하게 점점 더 얇아지고 망막에 투영되는 것은 하나의 수직선일 뿐이다.
파 **vertically** 부 수직으로
유 upright 반 horizontal

---

**1774** ★★★★★

**circular**
[sə́:rkjulər]

형 원형의, 둥근, 순환의
You can control the brightness of the bulb by using the **circular** controller, which has three levels of brightness. EBS 연계
3단계 밝기를 가진 원형 조절기를 사용하여 전구의 밝기를 조절할 수 있습니다.
파 circle 명 원, 원형    circulate 동 순환하다
유 원형의 round, ring-shaped    순환의 cyclical

---

**1775** ★★★★☆

**overlook**
[òuvərlúk]

동 간과하다, 못 본 체하다, 너그럽게 봐주다, 내려다보다
We had moved and had a baby that previous summer and fall, and cleaning out the camper had been **overlooked**. 모평
우리는 그 전 해의 여름과 가을에 이사를 하고 아기를 낳아서 캠핑카를 깨끗이 청소하는 것을 간과했다.
파 **overlooking** 형 내려다보는, 바라보는
유 간과하다 miss, omit    너그럽게 봐주다 forgive    반 주목하다 notice

---

**1776** ★★★☆☆

**simultaneously**
[sàiməltéiniəsli]

부 동시에, 일제히
Rawlings worked as a journalist while **simultaneously** trying to establish herself as a fiction writer. 대수능
Rawlings는 저널리스트로 일하면서 동시에 소설가로 자리매김하려고 애썼다.
파 **simultaneous** 형 동시의    simultaneity 명 동시성, 동시에 일어남
유 concurrently, coincidentally

---

**1777** ★★★★☆

**anticipate**
[æntísəpèit]

동 예상하다, 예측하다, 기대하다
We **anticipate** that personal growth will progress faster in young athletes who are given mental skills training. 모평
우리는 개인적 성장이 정신 능력 훈련을 받는 어린 선수에게서 더 빠르게 진행될 것이라고 예상한다.
파 **anticipation** 명 예상, 예측, 기대    anticipant 형 앞을 내다보는, 예상하는
유 예상하다, 예측하다 expect, predict, foresee

---

**1778** ★★★☆☆

**trek**
[trek]

명 여행, 오래 걷기 동 걷다, 이동하다
We will have the pleasure of hosting very important guests for the annual "Toddler **Trek**" event. 모평
저희들은 매년 열리는 '유아 여행' 행사를 위해 매우 중요한 고객들을 즐거운 마음으로 초대할 것입니다.
파 **trekker** 명 여행하는 사람, 트레킹 하는 사람
유 여행 journey, expedition

---

## summit
[sʌ́mit]

명 꼭대기, 정점, 정상 회담
In 1924, Edward Felix Norton reached an elevation of 28,126 feet—just 900 feet below the **summit**. 대수능
1924년에 Edward Felix Norton은 정상에서 겨우 900피트 아래인 고도 28,126피트 지점에 도달했다.
파 **summital** 형 정상의, 꼭대기의
유 꼭대기 peak, apex　반 밑바닥 bottom

1780 ★★★☆☆

## communal
[kəmjúːnəl]

형 공동의, 공동체의
Music began by serving **communal** purposes, of which religious ritual and warfare are two examples. EBS 연계
음악은 공동의 목적에 이바지함으로써 시작되었는데, 종교 의식과 전쟁이 그것의 두 가지 사례이다.
파 **communality** 명 공동체 상태, 연대감
유 공동의 common　상호 간의 mutual　반 개인의 individual

1781 ★★★★☆

## rotation
[routéiʃən]

명 회전, (천체의) 자전, 순환
Baseball, like traditional life, proceeds according to the rhythm of nature, specifically the **rotation** of the Earth. 모평
야구는 전통적인 삶과 마찬가지로 자연의 리듬, 구체적으로 말해 지구의 자전에 따라 진행된다.
파 **rotate** 동 회전하다, 순환 근무를 하다　**rotational** 형 회전의, 순환의
연 **revolution** 명 (천체의) 공전
유 회전 spin　순환 cycle

1782 ★★★★★

## tourism
[tú(:)ərizəm]

명 관광 여행, 관광업
**Tourism** can mean progress, but most often also means the loss of traditions and cultural uniqueness. 모평
관광 여행은 발전을 의미할 수 있지만, 아주 흔히 전통과 문화적 고유성의 상실을 의미하기도 한다.
파 **tour** 명 동 관광(하다)　**tourist** 명 관광객
유 여행 traveling, journey

1783 ★★★☆☆

## halt
[hɔːlt]

동 멈추다, 중단시키다 명 멈춤, 중단
Other forms of moving goods were extremely slow and apt to be **halted** for days and weeks by conditions such as low water, muddy roads, and storms. EBS 연계
상품을 옮기는 다른 방식들은 낮은 수위, 진흙탕 길 그리고 폭풍과 같은 상황 때문에 매우 느렸고 여러 날과 여러 주 동안 멈춰 서기 일쑤였다.
파 **halter** 명 (소나 말의) 고삐
유 멈추다 stop, cease, pause　반 계속하다 continue

1784 ★★★★★

## expertise
[èkspəːrtíːz]

명 전문 기술, 전문 지식
Our class offers you full life-saving **expertise** that you can use to deliver vital support in emergencies. 모평
저희 강좌는 응급 상황에서 반드시 필요한 지원을 하기 위해 사용할 수 있는 완전한 구명 전문 기술을 여러분에게 제공해 드립니다.
파 **expert** 명 전문가
유 노하우, 실제적 지식 know-how

---

**1785** ★★★★☆

## betrayal
[bitréiəl]

명 배신, 배반

In the political arena, one tried-and-true strategy is to damage the reputation of your opponent, accusing him or her of all manner of crimes, lies, and **betrayals**. EBS 연계

정치 활동 무대에서 유효성이 증명된 하나의 전략은 온갖 종류의 범죄, 거짓말, 그리고 배반에 대해 여러분의 상대를 비난하면서 그의 평판에 손상을 주는 것이다.

파 betray 통 배신하다
유 배신 disloyalty　기만 deception　반 loyalty, faithfulness

---

**1786** ★★★★★

## sphere
[sfiər]

명 구, 천체, 영역

Such primitive societies tend to view man and beast, animal and plant, organic and inorganic **spheres**, as participants in an integrated, animated totality. 대수능

그런 원시 사회는 인간과 짐승, 동물과 식물, 생물체와 무생물체의 영역을 통합적이고 살아 있는 총체의 참여자로 여기는 경향이 있다.

유 구 globe　분야 field, area

---

**1787** ★★★★★

## strive
[straiv]

동 노력하다, 애쓰다

Recognizing that you can constantly **strive** to recover from those failings is significant. EBS 연계

여러분이 그 결함으로부터 회복하기 위해 끊임없이 노력할 수 있다는 것을 인식하는 것이 중요하다.

파 strivingly 부 노력해서, 분투해서
유 try, struggle, endeavor

---

**1788** ★★★☆☆

## preoccupied
[pri:ákjəpàid]

형 몰두한, 사로잡힌, 선점된

Some people are **preoccupied** with measuring the passage of time. 모평

일부 사람들은 시간의 경과를 측정하는 일에 몰두한다.

파 preoccupy 통 몰두하게 하다, 마음을 빼앗다, 선점하다
　preoccupation 명 몰두, 사로잡힘, 집착
유 몰두한 absorbed, intent

---

**1789** ★★★☆☆

## brevity
[brévəti]

명 간결함, 짧음

In commercials, where **brevity** is essential, the inclusion of too many details is both awkward and confusing. EBS 연계

간결함이 필수적인 방송 광고에서, 너무 많은 세부 사항을 포함하는 것은 어색하고 또한 혼란스럽다.

파 brief 형 짧은, 간결한
유 briefness, conciseness, shortness　반 lengthiness

---

**1790** ★★★★☆

## archaeologist
[à:rkiálədʒist]

명 고고학자

Government **archaeologists** continue to explore the unique site, which lies in 1,500 feet of water. 모평

정부가 파견한 고고학자들이 바다 밑 1,500피트에 있는 그 특정 지점을 계속해서 탐사하고 있다.

파 archaeology 명 고고학　archaeological 형 고고학의

---

## 1791 ★★★☆☆

### province
[právins]

몡 지방, 영역, 분야

Guillaume de Machaut, who was famous as a musician and a poet, was born in the French **province** of Champagne. 모평

음악가이자 시인으로 유명했던 Guillaume de Machaut는 프랑스의 Champagne 지방에서 태어났다.

⊕ 지방 region, district    영역 area, department

## 1792 ★★★★☆

### stain
[stein]

몡 얼룩, 흠, 오점 통 얼룩지게 하다, 더럽히다

She had sauce **stains** on her apron and sometimes allowed the laundry to pile up. 모평

그녀는 앞치마에 소스 얼룩이 묻어 있었고, 가끔은 세탁물이 쌓이도록 내버려 두었다.

⊕ stained 톙 얼룩투성이의, 얼룩이 묻은
    stainless 톙 얼룩지지 않은, 녹슬지 않는

⊕ 얼룩 mark, spot    흠 disgrace    ⊕ 세척하다 cleanse

## 1793 ★★★★★

### suburb
[sʌ́bəːrb]

몡 교외, 시외

One of the most widespread environmental myths is that living "close to nature" out in the country or in a leafy **suburb** is the best "green" lifestyle. 모평

가장 널리 퍼져 있는 환경에 대한 근거 없는 통념 중 하나는 시골이나 잎이 우거진 교외에서 '자연과 가까이' 사는 것이 최고의 '친환경적인' 생활 방식이라는 것이다.

⊕ suburban 톙 교외의, 시외의

⊕ outskirts    ⊕ 주요 도시, 대도시 metropolis

## 1794 ★★★★★

### adversity
[ædvə́ːrsəti]

몡 역경, 불운

People who had lost a job and found a new one twice before were much better prepared to deal with **adversity** than someone who had always worked at the same place. 모평

전에 직장을 잃고 두 번 새로운 직장을 찾은 사람들은 항상 같은 자리에서 일했던 사람들보다 역경을 처리하는 데 더 잘 준비가 되어 있었다.

⊕ adverse 톙 역의, 반대의, 불리한

⊕ 어려움 hardship    고통 distress    ⊕ 유리한 점 advantage

## 1795 ★★★★★

### shrink
[ʃriŋk]

통 줄어들다, 오그라들다, 수축되다

In dry conditions, living rock cactus is almost invisible: it literally **shrinks** into the surrounding rocky soil. 모평

건조한 환경에서 살아 있는 돌선인장은 거의 눈에 띄지 않는데, 그것은 말 그대로 오그라들어 주변의 바위투성이 토양이 된다.

⊕ shrinkage 몡 수축, 축소    shrinkable 톙 줄어들기 쉬운, 수축되는
⊕ 줄어들다 contract, dwindle    ⊕ 확장되다 expand    부풀다 swell

## 1796 ★★★★★

### refined
[rifáind]

톙 정제된, 세련된, 정밀한

At no point in history have we used *more* elements, in *more* combinations, and in increasingly **refined** amounts. 대수능

역사의 어느 시점에서도, 우리는 '더 많은' 원소를, '더 많은' 조합으로, 그리고 점차 정밀한 양으로 사용한 적은 없었다.

⊕ refine 통 정제하다, 깨끗하게 하다, 세련되게 하다

⊕ 정제된 purified    ⊕ 조잡한 coarse

---

**1797** ★★★★★

**declining**
[dikláiniŋ]

형 기우는, 감소하는, 줄어드는
Although there are numerous explanations for the fall of the Roman empire, the deeper cause lies in the **declining** fertility of its soil. 대수능
로마 제국의 멸망에 대한 수많은 설명이 있지만, 더 깊은 원인은 토양의 비옥함이 줄어든 데 있다.
파 decline 통 기울다, 쇠퇴하다, 거절하다
유 falling, decreasing, descending  반 increasing, ascending

---

**1798** ★★★★☆

**realm**
[relm]

명 영역, 왕국
In the **realm** of psychological experience, quantifying units of time is a considerably clumsier operation. 대수능
심리적 경험의 영역에서 시간의 단위를 수량화하는 것은 상당히 더 까다로운 작업이다.
유 영역 field, area   왕국 kingdom

---

**1799** ★★★☆☆

**molecule**
[máləkjù:l]

명 분자, 미립자
When these **molecules** were extracted from vegetables and made into supplements, they did not reduce cancer. 모평
이런 분자가 채소로부터 추출되어 보조제로 만들어졌을 때, 그것은 암을 줄이지 못했다.
파 molecular 형 분자의, 분자로 된
유 입자 particle

---

**1800** ★★★★☆

**vigor**
[vígər]

명 활력, 활기
You'll set the stage for more **vigor** throughout the evening hours if you stay active after your meal. 대수능
식사 후에 활동적인 상태를 유지하면 저녁 시간 내내 더 많은 활력을 얻을 수 있는 준비를 갖추게 될 것이다.
파 vigorous 형 활기찬, 활발한   vigorless 형 활력 없는
유 활력 energy, vitality   힘, 세력 might, force   반 weakness

---

**1801** ★★★★★

**contempt**
[kəntémpt]

명 경멸, 멸시, 깔봄
Mr. Crass clearly wanted to express his anger and **contempt** to someone. EBS 연계
Crass 씨는 자신의 분노와 경멸을 누군가에게 표현하기를 분명히 원했다.
파 contemptuous 형 경멸하는, 업신여기는
유 scorn, disregard   반 admiration, respect

---

**1802** ★★★★☆

**unveil**
[ʌnvéil]

통 덮개를 벗기다[제막식을 하다], 공개하다, 밝히다
All artists' designs are exhibited at the Poster **Unveiling** reception, where the winning design is announced. EBS 연계
모든 예술가의 디자인이 포스터 제막식 연회에 전시되며, 그곳에서 우승 디자인이 발표됩니다.
파 veil 명 장막, 면사포 통 가리다
유 공개하다 publish, disclose   반 감추다 hide, cover, conceal

---

## 1803 ★★★★★

**literate**
[lítərit]

형 글을 읽고 쓸 줄 아는, 학식 있는
Her mistress was intrigued by her maid's native intelligence and introduced Zaynab to her **literate** friend, Fatima. 모평
그녀의 여주인은 자기 하녀의 타고난 지능에 관심을 가지게 되었고 Zaynab을 자신의 학식 있는 친구인 Fatima에게 소개해 주었다.
파 **literacy** 명 글을 읽고 쓸 줄 아는 능력
유 학식 있는 educated, learned, informed
반 문맹의 illiterate    무지한 ignorant

## 1804 ★★★★☆

**bankrupt**
[bǽŋkrʌpt]

형 파산한, 지불 능력이 없는 동 파산시키다, 지급 불능으로 만들다
They draw too heavily, too quickly, on already overdrawn environmental resource accounts to be affordable far into the future without **bankrupting** those accounts. 대수능
그들은 이미 초과 인출된 환경 자원 계좌에서 너무 많이, 너무 빠르게 인출하여 그 계좌를 지급 불능으로 만들지 않고서는 먼 미래까지 감당할 수 없다.
파 **bankruptcy** 명 파산, 파탄
유 파산한 broke    반 부유하게 하다 enrich

## 1805 ★★★★★

**application**
[æpləkéiʃən]

명 적용, 응용, 활용, 지원(서), 신청
In fact, the **application** of this 'scientific method' often ran into difficulties. 모평
사실 이런 '과학적 방법'의 적용은 자주 어려움에 봉착했다.
파 **apply** 동 적용하다, 신청하다    **applicable** 형 적용할 수 있는, 해당되는
유 활용 exercise, utilization    신청 request

## 1806 ★★★★★

**tragedy**
[trǽdʒidi]

명 비극, 비극적 사건
Losing species is not just an aesthetic **tragedy**. EBS 연계
종들을 잃는 것은 단지 미적인 비극만은 아니다.
파 **tragic** 형 비극의, 비극적인, 비참한
유 비극적 사건 disaster, misfortune

## 1807 ★★★☆☆

**unrivaled**
[ʌnráivəld]

형 필적 상대가 없는, 경쟁자가 없는, 비할 데 없는
He was given **unrivaled** access to rock's biggest artists, including the Rolling Stones, and Bob Dylan. 모평
그는 Rolling Stones와 Bob Dylan을 포함한 록 음악의 가장 훌륭한 예술가들에 대한 비할 수 없을 정도의 접근권을 부여받았다.
파 **rival** 명 경쟁자, 경쟁 상대 동 ~에 필적하다
유 incomparable, matchless, unequaled    반 common, ordinary

## 1808 ★★★★☆

**afloat**
[əflóut]

형 물에 뜬
Within the confines of their seaweed home, kept **afloat** by numerous gas-filled bladders, the animals must live, mate, feed, and avoid being eaten. EBS 연계
그 동물들은 공기가 가득 찬 수많은 기포에 의해 계속 떠 있는 그들의 해초 주거지의 범위 안에서, 살아가고, 짝짓기하고, 먹이를 먹고, 잡아먹히는 것을 피해야 한다.
유 유동적인 floating    반 sinking

## 1809 ★★★☆☆

**outgrow**
[àutgróu]

통 ~보다 더 커지다, ~보다 크게 성장하다, 너무 커져 맞지 않게 되다
This saying suggests that any "poppy" that **outgrows** the others in a field will get "cut down"; in other words, any overachiever will eventually fail. 모평
이 격언은 들판에서 다른 것들보다 더 자라는 어떤 '양귀비'이든 '잘리게' 되리라는 것, 다시 말해 기대 이상의 성공을 거두는 사람은 누구든지 결국 실패하리라는 것을 보여 준다.
파 outgrown 형 너무 커져 맞지 않는
유 뛰어넘다 surpass, exceed

## 1810 ★★★★★

**translation**
[trænsléiʃən]

명 번역, 통역
In an increasingly globalized world, literature in **translation** has an especially important role. 모평
점점 더 세계화되는 세상에서, 번역 문학은 특히 중요한 역할을 한다.
파 translate 통 번역하다, 통역하다    translational 형 번역의, 번역물의
유 interpretation

# Advanced Step

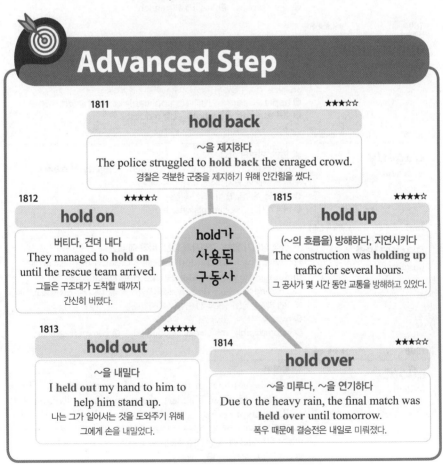

## 1811 ★★★☆☆
### hold back
~을 제지하다
The police struggled to **hold back** the enraged crowd.
경찰은 격분한 군중을 제지하기 위해 안간힘을 썼다.

## 1812 ★★★★☆
### hold on
버티다, 견뎌 내다
They managed to **hold on** until the rescue team arrived.
그들은 구조대가 도착할 때까지 간신히 버텼다.

**hold가 사용된 구동사**

## 1815 ★★★★☆
### hold up
(~의 흐름을) 방해하다, 지연시키다
The construction was **holding up** traffic for several hours.
그 공사가 몇 시간 동안 교통을 방해하고 있었다.

## 1813 ★★★★★
### hold out
~을 내밀다
I **held out** my hand to him to help him stand up.
나는 그가 일어서는 것을 도와주기 위해 그에게 손을 내밀었다.

## 1814 ★★★☆☆
### hold over
~을 미루다, ~을 연기하다
Due to the heavy rain, the final match was **held over** until tomorrow.
폭우 때문에 결승전은 내일로 미뤄졌다.

# Review Test

## A

영어는 우리말로, 우리말은 영어로 쓰시오.

1. notion _____
2. 탐험하다 e_____
3. classify _____
4. 간과하다 o_____
5. expertise _____
6. 교외, 시외 s_____
7. preoccupied _____
8. 분자 m_____

## B

영어 단어와 우리말 뜻을 연결하시오.

1. literate •
2. contempt •
3. unveil •

• a. 경멸, 멸시, 깔봄
• b. 덮개를 벗기다, 공개하다, 밝히다
• c. 글을 읽고 쓸 줄 아는, 학식 있는

## C

다음 주어진 뜻에 해당하는 밑줄 친 단어의 파생어를 쓰시오.

1. <u>apply</u> a rule 　명 _____ 적용, 신청
2. in the face of <u>adversity</u> 　형 _____ 역의, 반대의, 불리한
3. <u>betray</u> a friend 　명 _____ 배신, 배반

## D

밑줄 친 단어의 유의어 혹은 반의어를 쓰시오.

1. invent an <u>imaginary</u> world 　반 r_____
2. bear a striking <u>similarity</u> 　유 r_____
3. draw a <u>vertical</u> line 　반 h_____

---

정답

**A** 1. 개념, 관념, 생각  2. (e)xplore  3. 분류하다  4. (o)verlook  5. 전문 기술, 전문 지식
　　6. (s)uburb  7. 몰두한, 사로잡힌, 선점된  8. (m)olecule
**B** 1. c  2. a  3. b
**C** 1. application  2. adverse  3. betrayal
**D** 1. (r)eal  2. (r)esemblance  3. (h)orizontal

# Actual Test

다음 글의 밑줄 친 부분 중, 문맥상 낱말의 쓰임이 적절하지 <u>않은</u> 것은?

모평

Tourism takes place simultaneously in the realm of the imagination and that of the physical world. In contrast to literature or film, it leads to 'real', ① <u>tangible</u> worlds, while nevertheless remaining tied to the sphere of fantasies, dreams, wishes — and myth. It thereby allows the ritual enactment of ② <u>mythological</u> ideas. There is a considerable difference as to whether people watch a film about the Himalayas on television and become excited by the 'untouched nature' of the majestic mountain peaks, or whether they get up and go on a trek to Nepal. Even in the latter case, they remain, at least partly, in an ③ <u>imaginary</u> world. They experience moments that they have already seen at home in books, brochures and films. Their notions of untouched nature and friendly, innocent indigenous people will probably be confirmed. But now this confirmation is anchored in a ④ <u>virtual</u> experience. The myth is thus transmitted in a much more ⑤ <u>powerful</u> way than by television, movies or books.

\*indigenous 토착의

해석
관광은 상상의 영역 그리고 물리적인 세계의 영역에서 동시에 일어난다. 문학 또는 영화와는 달리, 관광은 '실제적인', 감지할 수 있는 세계로 이어지는데, 반면에 그럼에도 불구하고 환상, 꿈, 소망, 그리고 신화의 영역과 여전히 관련되어 있다. 그렇기 때문에 관광은 신화적인 개념을 의식으로 시행할 수 있게 한다. 사람들이 텔레비전으로 히말라야산맥에 대한 영화를 시청하고 장엄한 산봉우리의 '손대지 않은 자연'에 흥분하게 되는지, 또는 사람들이 일어나서 네팔로 긴 여행을 하는지에 관해서는 상당한 차이가 있다. 심지어 후자의 경우에도, 사람들은 적어도 부분적으로는 상상 속의 세계에 머물러 있다. 그들은 집에서 책, 안내 책자 그리고 영화에서 이미 보았던 순간을 경험한다. 손대지 않은 자연과 친절하고 순진한 토착민에 대한 그들의 개념은 아마도 확인될 것이다. 하지만 이제 이 확인은 가상의(→ 물리적인) 경험에 단단히 기반을 두게 된다. 따라서 신화는 텔레비전, 영화, 또는 책에 의한 것보다 훨씬 더 강력한 방식으로 전달된다.

해설 텔레비전, 영화, 책 등을 통해 간접적으로 경험했던 관광이 장소를 직접 방문하는 물리적 경험을 통해 확인된다는 흐름이므로, ④의 virtual을 physical과 같은 낱말로 바꾸어야 한다.

정답 ④

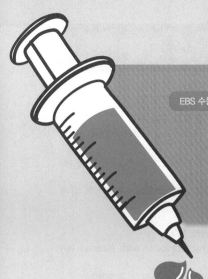

# DAY
# 34

## Word Preview

- [ ] regret
- [ ] medium
- [ ] excel
- [ ] intellectually
- [ ] awesome
- [ ] devise
- [ ] definitely
- [ ] perspective
- [ ] innovation
- [ ] urgent
- [ ] inherent
- [ ] toss
- [ ] dual
- [ ] notify
- [ ] deem
- [ ] attentive
- [ ] ambiguity

- [ ] clarify
- [ ] physicist
- [ ] allocate
- [ ] reflection
- [ ] hug
- [ ] kinship
- [ ] poem
- [ ] belly
- [ ] posture
- [ ] debris
- [ ] invariable
- [ ] plunge
- [ ] misplace
- [ ] dormant
- [ ] bureaucracy
- [ ] mischief
- [ ] adaptability

- [ ] stroll
- [ ] startled
- [ ] glow
- [ ] overtime
- [ ] biosphere
- [ ] recital
- [ ] propel
- [ ] reclaim
- [ ] launch
- [ ] gourmet
- [ ] humanitarian
- [ ] emission
- [ ] firework
- [ ] fragment
- [ ] institution
- [ ] aquarium

---

**1816** ★★★★★

**regret**
[rigrét]

동 후회하다, 유감스럽게 생각하다  명 후회, 유감, 애석
She knew she would **regret** it later, but it seemed like there was nothing she could do. 모평
그녀는 나중에 그것을 후회하리라는 것을 알았지만 자신이 할 수 있는 일이라곤 아무 것도 없는 것 같았다.
파 **regretful** 형 후회하는, 유감스러워하는   **regrettable** 형 유감스러운, 애석한
유 후회하다 repent

---

**1817** ★★★★★

**medium**
[míːdiəm]

명 매체, 매개물, 수단, 방편  형 중간의, 보통의
The new **medium** of interactive television adds interactivity and digital code. 대수능
쌍방향의 텔레비전이라는 새로운 매체는 쌍방향성과 디지털 코드를 더한다.
파 **median** 형 중간 값의, 중앙에 있는
유 수단 means    보통의 average

---

**1818** ★★★★★

**excel**
[iksél]

동 뛰어나다, 탁월하다
They **excel** at research, using logic and the information gained through their senses to conquer complex problems. 모평
그들은 연구에 뛰어난데, 복잡한 문제를 극복하기 위하여 논리, 그리고 감각을 통해 얻은 정보를 이용한다.
파 **excellent** 형 아주 훌륭한, 뛰어난   **excellence** 명 뛰어남, 탁월함
유 beat, exceed, surpass

---

**1819** ★★★★★

**intellectually**
[ìntəléktʃuəli]

부 지적으로, 지성에 관하여
In an **intellectually** demanding task, having chronically high anxiety is a predictor that a person will eventually fail in training. 대수능
지적으로 힘든 업무에서 만성적으로 많은 걱정을 하는 것은 한 사람이 결국 훈련에서 실패할 것이라는 예측 인자이다.
파 **intellect** 명 지적 능력, 지력   **intellectual** 형 지적인, 지력의
유 **intelligent** 형 총명한, 똑똑한

---

**1820** ★★★★★

**awesome**
[ɔ́ːsəm]

형 굉장한, 엄청난, 아주 멋진, 경탄할 만한
The new European ability to mobilize was in part responsible for Columbus's voyages taking on their **awesome** significance. EBS 연계
새로운 유럽인의 결집할 수 있는 능력은 부분적으로 콜럼버스의 항해가 엄청난 중요성을 가지게 되었기 때문이다.
파 **awe** 명 경외심 동 경외심을 갖게 하다
유 shocking, amazing, alarming   반 끔찍한 terrible, awful

---

**1821** ★★★★★

**devise**
[diváiz]

동 고안하다, 창안하다, 계획하다
The challenge faced by Semmelweis was to **devise** a way of testing his ideas. EBS 연계
Semmelweis가 직면한 어려움은 자신의 생각을 검증할 방법을 고안하는 것이었다.
유 design, construct, invent   반 copy, imitate

---

## 1822 ★★★★★

**definitely**
[défənitli]

툇 확실히, 분명히, 틀림없이

This strict approach is very old-fashioned, and you may win the battle but you **definitely** won't win the war. 모평

이 엄격한 접근법은 아주 구식이라서, 여러분이 전투에서 이길지는 모르겠지만 분명히 전쟁에서 이기지는 못할 것이다.

펜 **define** 툉 정의하다, 분명히 밝히다　　**definite** 훵 분명한, 뚜렷한

윤 certainly, obviously, absolutely

## 1823 ★★★★★

**perspective**
[pərspéktiv]

뗑 관점, 시각, 원근법　훵 원근법의, 투시 화법의

Each event allows the student to examine the concept from a different **perspective**. 모평

각각의 사건은 학생으로 하여금 다른 관점에서 그 개념을 검토하게 해 준다.

펜 **perspectively** 튓 원근법에 따라, 투시 화법으로

윤 관점 view, outlook

## 1824 ★★★★★

**innovation**
[ìnəvéiʃən]

뗑 혁신, 쇄신

Without the influence of minorities, we would have no **innovation**, no social change. 대수능

소수 집단의 영향 없이는, 우리에게 어떤 혁신, 즉 어떠한 사회적 변화도 없을 것이다.

펜 **innovate** 툉 혁신하다, 쇄신하다　　**innovative** 훵 혁신적인, 획기적인

윤 혁명 revolution　　새로움 newness

## 1825 ★★★★★

**urgent**
[ə́:rdʒənt]

훵 긴급한, 다급한, 재촉하는, 절박한, 강요하는

I want immediate action to solve this **urgent** problem. 대수능

저는 이 긴급한 문제를 해결할 수 있는 즉각적인 조치를 원합니다.

펜 **urge** 툉 재촉하다, 몰아대다　뗑 욕구, 충동　　**urgency** 뗑 긴급, 절박, 급박

윤 절박한 desperate　　결정적인 crucial　　강제적인 compelling

## 1826 ★★★★★

**inherent**
[inhí(:)ərənt]

훵 고유의, 본래부터의, 타고난

Any story has many possible beliefs **inherent** in it. 모평

어느 이야기든지 그 안에 고유하게 존재하는 여러 가지 가능한 신념을 가지고 있다.

펜 **inherent** 툉 원래부터 존재하다, 타고나다　　**inherence** 뗑 고유, 타고남

윤 native, natural, innate, intrinsic

뻔 외적인 extrinsic　　후천적인 acquired

## 1827 ★★★★☆

**toss**
[tɔ(:)s]

툉 (가볍게) 던지다　뗑 던져 올림, 동전 던지기

If someone **tossing** a coin got six consecutive heads, one is likely to believe that the next result will be tails. EBS 연계

동전을 던지는 누군가가 연속으로 여섯 번 앞면이라는 결과를 얻었다면, 우리는 그 다음번 결과가 뒷면이 될 것이라고 믿을 가능성이 크다.

윤 flip

## 1828 ★★★★☆

**dual**
[djú(ː)əl]

형 이중의, 두 부분으로 된
And note that copyright laws serve a **dual** purpose. 대수능
그리고 판권 법률들은 이중의 목적에 기여한다는 점에 주목하라.
파 **dually** 부 둘로, 이중으로   **duality** 명 이중성, 이원성
유 double, twofold   반 single

## 1829 ★★★★★

**notify**
[nóutəfài]

동 알리다, 통보하다, 통지하다
He remembered that the winner would only be **notified** by mail. 모평
그는 우승자가 우편으로만 통보된다는 것을 기억했다.
파 **notification** 명 알림, 통보, 통지
유 inform, announce, warn   반 conceal

## 1830 ★★★★☆

**deem**
[diːm]

동 ~으로 생각하다, 간주하다, 여기다
The instruments are designed to play the music in its original tuning standard, something that purists **deem** important. 대수능
그 악기들은 원래의 조율 기준, 즉 순수주의자들이 중요하다고 여기는 것으로 음악을 연주하도록 설계되어 있다.
숙 **deem highly[lightly] of** ~을 존경[경시]하다
유 consider, regard, judge

## 1831 ★★★★★

**attentive**
[əténtiv]

형 주의 깊은, 신경 쓰는
Higher-status individuals can be indifferent while lower-status persons are required to be **attentive** with their gaze. 대수능
더 낮은 지위의 사람들은 자신들의 시선에 신경 쓰라는 요구를 받는 반면에 더 높은 지위의 사람들은 무관심할 수 있다.
파 **attend** 동 주의를 기울이다, 참석하다   **attention** 명 주의, 주목
유 careful, alert, intent   반 careless, distracted, absent-minded

## 1832 ★★★☆☆

**ambiguity**
[æ̀mbigjúːəti]

명 애매모호함, 모호한 표현
If there is **ambiguity** about what beliefs or values are important, people may assume they share the same beliefs and values and be willing to work together. EBS 연계
어떤 믿음이나 가치가 중요한지에 관해 애매모호함이 있다면, 사람들은 자신들이 같은 믿음과 가치를 공유한다고 생각하고 기꺼이 함께 일할 수도 있다.
파 **ambiguous** 형 애매모호한, 분명하지 않은
유 vagueness, uncertainty, obscurity   반 clarity, obviousness

## 1833 ★★★★★

**clarify**
[klǽrəfài]

동 명확하게 하다, 분명히 말하다
The primary goal of historians of science was to **clarify** and deepen an understanding of *contemporary* scientific methods or concepts by displaying their evolution. 대수능
과학 사학자의 주요 목표는 '당대의' 과학적 방법이나 개념의 점진적 발전을 보여 줌으로써 그것에 대한 이해를 명확하게 하고 깊게 하는 것이었다.
파 **clarification** 명 명확화, 분명하게 하기
유 explain   반 obscure

## 1834 ★★★★★

**physicist**
[fízisist]

명 물리학자

Queen Victoria asked **physicist** Michael Faraday what good his experiments with electricity and magnetism were. 대수능

Victoria 여왕은 물리학자인 Michael Faraday에게 전기와 자성에 관한 그의 실험이 무슨 도움이 되느냐고 물었다.

파 **physics** 명 물리학    **physical** 형 물리학의, 물리적인, 물질적인, 신체의

## 1835 ★★★★☆

**allocate**
[ǽləkèit]

동 할당하다, 배분하다

Funding dedicated to their conservation will be better **allocated** to species that have potentially more significant impacts on their ecosystems. EBS 연계

그들의 보존에만 사용되는 기금은 그들의 생태계에 잠재적으로 더 중요한 영향을 미치는 종에게 할당되는 것이 더 나을 것이다.

파 **allocation** 명 할당, 배분
유 배정하다 assign    배분하다 distribute    지명[지정]하다 designate

## 1836 ★★★★★

**reflection**
[riflékʃən]

명 반사, 반영, 투영, 반성, 심사숙고

We shift between two processes—**reflection** and comparison—in a way that lets us maintain favorable self-views. 모평

우리는 유리한 자기관을 유지시켜 주는 방식으로 반영과 비교라는 두 가지 과정 사이를 옮겨 다닌다.

파 **reflect** 동 반사하다, 반영하다, 나타내다, 심사숙고하다
    **reflective** 형 반사하는, 반영하는, 사려 깊은, 사색적인
유 반사 mirroring    심사숙고 consideration, deliberation

## 1837 ★★★★★

**hug**
[hʌg]

동 껴안다, 포옹하다  명 껴안기, 포옹

Her mother hurried over, and gave her a bundle of lilies and roses and a big **hug**. 대수능

그녀의 어머니가 서둘러 그녀에게 백합과 장미로 된 한 다발을 주고 힘 있게 포옹을 해 주었다.

유 embrace

## 1838 ★★★★☆

**kinship**
[kínʃip]

명 혈족 관계, 연대감

People living in groups can protect themselves better from enemies or predators and help one another beyond the immediate **kinship** group. EBS 연계

집단 속에서 사는 사람들은 적이나 포식자로부터 자신을 더 잘 보호하고 직계 혈족 집단의 범위를 넘어 서로 도울 수 있다.

파 **kin** 명 친척, 친족, 일가
유 관계 relationship    관련 association

## 1839 ★★★★★

**poem**
[póuəm]

명 시, 운문

William Allingham is known through a small group of **poems** that appear in anthologies of Irish verse. EBS 연계

William Allingham은 아일랜드 시 선집에 나오는 몇 편의 시 모음을 통해 알려져 있다.

파 **poet** 명 시인    **poetic** 형 시의, 시적인
유 운문, 시 verse    서정시 lyric

## 1840 ★★★★☆

**belly**
[béli]

명 배, 복부
A pregnant female lines the nest with grass and fur from her **belly**. EBS 연계
새끼를 밴 암컷은 풀과 자신의 배에서 나오는 털을 둥지 안에 깐다.
ⓔ **belly button** 배꼽　**belly dance** 벨리 댄스(배와 허리를 꿈틀거리며 추는 춤)
ⓢ stomach, abdomen, tummy

## 1841 ★★★★★

**posture**
[pástʃər]

명 자세, 마음가짐, 태도
To the degree we take on the pace, **posture**, and facial expression of another person, we start to inhabit their emotional space. 모평
다른 사람의 걸음걸이, 자세, 그리고 얼굴 표정을 받아들이는 만큼 우리는 그들의 감정 공간에 존재하기 시작한다.
ⓢ 자세 pose　태도 attitude, bearing

## 1842 ★★★☆☆

**debris**
[dəbríː]

명 파편, 부스러기, 잔해 조각
Rediscovered in 1980 when a fisherman caught a piece of the airship's **debris** in his net, the wreck was recently surveyed and mapped. 모평
어떤 어부의 그물에 그 비행기의 잔해 조각이 걸렸던 1980년에 다시 발견된 그 사고 비행기는 최근에 조사되고 그 모양이 그려졌다.
ⓔ **rock debris** 돌 부스러기
ⓢ bit, piece, scrap

## 1843 ★★★★★

**invariable**
[invɛ́(ː)əriəbl]

형 변하지 않는, 불변의
In it, laws of space and time **invariable** and inescapable in work with actuality become obedient. 대수능
그 안에서 현실성을 가진 일에서는 변하지 않고 피할 수 없는 공간과 시간의 법칙들이 순종적으로 된다.
ⓓ **invariability** 명 불변성　**invariably** 부 변함없이, 언제나 똑같이
ⓢ fixed, constant, unchanging　ⓐ changeable, flexible

## 1844 ★★★★☆

**plunge**
[plʌndʒ]

동 뛰어들다, 잠기다, 급경사지다
The dog's love for Rita overpowered her fear and she **plunged** into the water. 모평
Rita에 대한 그 개의 사랑은 그 개의 두려움을 압도하여 그 개는 물속으로 뛰어들었다.
ⓢ 뛰어들다 dive　ⓐ 오르다 arise, soar

## 1845 ★★★★☆

**misplace**
[mispléis]

동 제자리에 놓지 않다, 잘못 두다, 둔 곳을 잊다
If potential respondents have not returned their questionnaires after two or three weeks, the questionnaires have probably been lost or **misplaced**. EBS 연계
만약 2, 3주가 지난 후 잠재적 응답자가 자신의 설문지를 회송하지 않았다면, 그 설문지는 아마도 분실했거나 둔 곳을 잊게 된 것이다.
ⓓ **misplacement** 명 잘못 두기, 잘못된 배치
ⓢ lose, mislay　ⓐ detect, locate

## 1846 ★★★☆☆

### dormant
[dɔ́:rmənt]

형 휴면 상태의, 활동을 중단한
The seeds of many wild plants remain **dormant** for months until winter is over and rain sets in. 대수능
많은 야생 식물의 씨앗이 겨울이 끝나고 비가 오기 시작할 때까지 여러 달을 휴면 상태로 남아 있다.
파 **dormancy** 명 휴면 상태, 비활동 상태
유 inactive, sleeping, inert  반 awake, active

## 1847 ★★★★☆

### bureaucracy
[bjuərάkrəsi]

명 관료주의, 관료 제도, 관료 정치
It also means that we will be trapped in the 'iron cage' of **bureaucracy**—just as Weber warned would happen. 모평
그것은 또한 Weber가 일어날 것이라고 경고했던 것처럼 우리가 관료주의의 '철창'에 갇힐 것이라는 것을 의미한다.
파 **bureaucrat** 명 관료, 관료주의자  **bureaucratic** 형 관료의, 관료주의적인
유 officialdom

## 1848 ★★★★☆

### mischief
[místʃif]

명 장난, 해악, 피해
As a child, I was a **mischief** magnet. EBS 연계
어린아이였을 때, 나는 장난을 달고 다니는 아이였다.
파 **mischievous** 형 짓궂은, 말썽꾸러기의, 해를 끼치는
유 나쁜 행실 misbehavior  해악 wickedness

## 1849 ★★★★★

### adaptability
[ədæ̀ptəbíləti]

명 적응성, 순응성, 융통성
Because stories permit and nurture creativity, because they allow for **adaptability**, there is no right or wrong way to tell a story. EBS 연계
이야기는 창의력을 허용하고 양성하기 때문에, 그것은 융통성을 허용하기 때문에, 이야기를 하는 데 옳은 방법도 틀린 방법도 없다.
파 **adapt** 동 적응하다, 맞추다  **adaptable** 형 적응할 수 있는
유 elasticity, flexibility, adjustability  반 rigidity, stiffness

## 1850 ★★★★☆

### stroll
[stroul]

동 (한가로이) 거닐다, 산책하다 명 (한가로이) 거닐기, 산책
Consumers seem to enjoy having a sense of temporal freedom to browse and **stroll** about. EBS 연계
소비자들은 이곳저곳을 둘러보고 거니는 시간적인 자유로움을 느끼는 것을 좋아하는 것 같다.
파 **stroller** 명 산책하는 사람, 방랑자
유 거닐다 wander

## 1851 ★★★★★

### startled
[stá:rtld]

형 깜짝 놀란
He was **startled**, because she seemed to know what he was thinking about. 모평
그는 깜짝 놀랐는데, 왜냐하면 그가 생각하고 있는 것을 그녀가 알고 있는 것처럼 보였기 때문이었다.
파 **startle** 동 깜짝 놀라게 하다  **startling** 형 깜짝 놀랄, 아주 놀라운
유 amazed, astonished, scared

**1852** ★★★★★

**glow**
[glou]

동 빛나다, 빛을 내다, 작열하다, (뺨·얼굴이) 홍조를 띠다, 붉어지다
Robert **glowed** with the intensity of total authenticity and
his integrity gave him the right to tell such a powerful story.
EBS 연계
Robert는 완전한 진정성이라는 강렬함으로 빛났고, 그의 정직함은 그러한 강력한
이야기를 할 수 있는 권리를 그에게 부여했다.
⦿ **glowing** 형 빨갛게 달아오른, 홍조를 띤, 열렬한, 극찬하는
⦿ 빛을 내다 shine, gleam    홍조를 띠다 blush

**1853** ★★★★★

**overtime**
[óuvərtàim]

명 규정 외 노동 시간, 초과 근무  부 규정 시간 외에
The French, in particular, value their vacation time and
prefer not to work **overtime**. 모평
특히, 프랑스인들은 휴가 시간을 중요하게 생각하고 규정 시간 외에 일하지 않는 것
을 선호한다.
⦿ **overtime charge** 시간 외 수당

**1854** ★★★☆☆

**biosphere**
[báiəsfìər]

명 생물권(생물이 살 수 있는 범위)
The idea of a fish in a freshwater lake struggling to
accumulate salts inside its body to mimic the ocean reminds
one of the other great contradiction of the **biosphere**. 모평
담수호에 있는 물고기가 바다를 흉내 내려고 자기 몸속에 염분을 축적하려고 애쓰고
있다는 생각은 우리에게 생물권의 다른 하나의 거대한 모순을 상기시킨다.
⦿ **biospheric** 형 생물권의
⦿ 환경 environment    서식지 habitat

**1855** ★★★★☆

**recital**
[risáitəl]

명 연주회, 발표회, 낭송, 낭독
The permanent repertoire of musical classics dominated
almost every field of concert music, from piano, song, or
chamber music **recitals** to orchestral concerts. 모평
음악 고전 작품의 영구적인 레퍼토리가, 피아노, 성악, 또는 실내악 연주회에서부터
오케스트라의 연주회에 이르기까지 콘서트 음악의 거의 모든 분야를 지배했다.
⦿ **recite** 동 암송하다, 낭독하다
⦿ 공연 performance    낭송 narration

**1856** ★★★★☆

**propel**
[prəpél]

동 추진하다, 돌아가게 하다, 몰아대다
He **propelled** himself into a backspin, covered his eyes, and
extended his arm above his head. 대수능
그는 자신을 백스핀 동작으로 돌아가게 했고, 자신의 눈을 가렸고, 자신의 머리 위로
팔을 뻗었다.
⦿ **propulsion** 명 추진(력)    **propulsive** 형 추진력 있는, 추진하는
⦿ 강요하다 force    떠밀다 drive, thrust

**1857** ★★★☆☆

**reclaim**
[rikléim]

동 되찾다, 개간하다
They are looking to **reclaim** some of the flavors of old-
fashioned breads. 모평
그들은 옛날 빵의 몇 가지 맛을 되찾기를 기대하고 있다.
⦿ **reclamation** 명 개간, 재생 이용
⦿ 되찾다 regain, restore, retrieve

## 1858 ★★★★★

**launch**
[lɔːntʃ]

동 시작하다, 출시하다, 발사하다, (배를) 진수시키다
명 시작, (신제품) 출시, 발사, 진수
We are pleased to introduce our company's recently **launched** emergency training program for teachers. 모평
저희 회사에서 최근에 출시한 교사용 비상 훈련 프로그램을 소개하게 되어 기쁩니다.
파 **launchable** 형 (배를) 진수시킬 수 있는, (로켓을) 발사할 수 있는
**launching** 명 착수, 개시, (배의) 진수식
유 시작하다 initiate    발사하다 discharge

## 1859 ★★★☆☆

**gourmet**
[ɡúərmei]

명 미식가, 식도락가
Wilderness dining has two extremes: **gourmet** eaters and survival eaters. 대수능
야생에서의 식사에는 양극단이 있는데, 그것은 미식가와 생존을 위해 먹는 사람이다.
연 **gourmet meal** 고급 음식
유 foodie

## 1860 ★★★★☆

**humanitarian**
[hjuːmǽnitέ(ː)əriən]

형 인도적인, 인도주의의, 박애의
When Dr. Bill McGee graduated from medical school, he decided to volunteer for a **humanitarian** medical mission. EBS 연계
Bill McGee 박사가 의대를 졸업했을 때, 그는 인도주의적인 의료 파견단에 자원하기로 결심했다.
파 **humanitarianism** 명 인도주의, 박애주의
**humanitarianist** 명 인도주의자, 박애주의자
유 altruistic, philanthropic    반 selfish, self-centered

## 1861 ★★★★★

**emission**
[imíʃən]

명 배출, 배출물, 배기가스
Strictly controlled **emission** standards for such sources are needed to minimize this problem. 대수능
이 문제를 최소화하기 위해서 그러한 오염원에 대한 엄격하게 통제된 배출 기준이 요구된다.
파 **emit** 동 방사하다, 내뿜다    **emissive** 형 방출된, 방사된
유 release, leak    반 inflow

## 1862 ★★★★☆

**firework**
[fáiərwə̀ːrk]

명 불꽃, 불꽃놀이, 폭죽
Our children grew up going to family picnics and Fourth of July **fireworks** there. EBS 연계
우리 아이들은 그곳으로 가족 소풍과 독립 기념일 불꽃놀이에 가면서 성장했다.

## 1863 ★★★★☆

**fragment**
[frǽɡmənt]

명 조각, 일부분, 파편, 단편 동 산산이 부수다, 단편적으로 만들다
It is arguable that advertisers worry rather too much about this problem, as advertising in other media has always been **fragmented**. 대수능
광고주들이 이 문제에 대해 다소 지나치게 걱정한다는 것은 논쟁의 여지가 있는데, 이는 다른 미디어의 광고가 늘 단편적이었기 때문이다.
파 **fragmentary** 형 파편의, 단편적인
유 조각 piece, fraction    일부분 portion    나누다 split, dissect
반 결합하다 assemble, combine

## 1864 ★★★★★

**institution**
[ìnstitʃúːʃən]

명 기관, 단체, 협회, 관행, 제도
Your company has an excellent reputation as a research **institution** and has many aspects that are very attractive to me. 모평
귀사는 연구 기관으로서 훌륭한 평판을 가지고 있고 저에게 매우 매력적인 많은 측면을 가지고 있습니다.
📘 institute 동 설립하다, 제정하다 명 협회, 학회, 연구소
🔁 기관 organization, association    관행 custom, practice

## 1865 ★★★★☆

**aquarium**
[əkwɛ́(ː)əriəm]

명 수족관, (양어용) 유리 수조
Studies have shown significant health benefits from people who have positive interactions with animals, such as petting a dog or even watching fish in an **aquarium**. EBS 연계
여러 연구는 개를 쓰다듬거나 심지어 수족관의 물고기를 보는 것과 같은 동물과의 긍정적인 상호 작용을 하는 사람들에게서의 상당한 건강상의 이점을 보여 주었다.
🔗 tropical aquarium 열대어 수족관

# Advanced Step

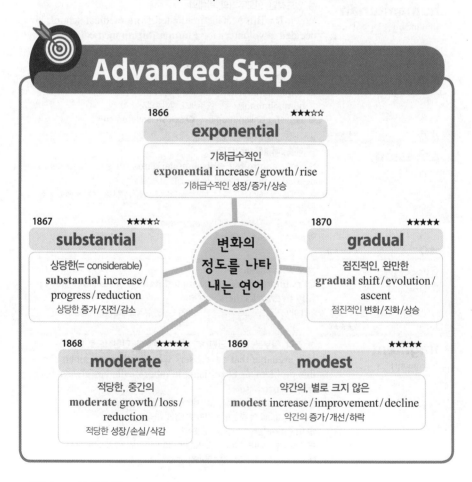

**1866** ★★★☆☆
**exponential**
기하급수적인
exponential increase / growth / rise
기하급수적인 성장/증가/상승

**1867** ★★★★☆
**substantial**
상당한(= considerable)
substantial increase / progress / reduction
상당한 증가/진전/감소

변화의 정도를 나타 내는 연어

**1870** ★★★★★
**gradual**
점진적인, 완만한
gradual shift / evolution / ascent
점진적인 변화/진화/상승

**1868** ★★★★★
**moderate**
적당한, 중간의
moderate growth / loss / reduction
적당한 성장/손실/삭감

**1869** ★★★★★
**modest**
약간의, 별로 크지 않은
modest increase / improvement / decline
약간의 증가/개선/하락

## Review Test

### A 영어는 우리말로, 우리말은 영어로 쓰시오.

**1.** excel _____

**2.** 애매모호함 a _____

**3.** devise _____

**4.** 물리학자 p _____

**5.** debris _____

**6.** 관료주의 b _____

**7.** startled _____

**8.** 조각, 파편 f _____

### B 영어 단어와 우리말 뜻을 연결하시오.

**1.** allocate •

• **a.** 추진하다, 몰아대다

**2.** stroll •

• **b.** 거닐다, 산책하다

**3.** propel •

• **c.** 할당하다, 배분하다

### C 다음 주어진 뜻에 해당하는 밑줄 친 단어의 파생어를 쓰시오.

**1.** technical innovation

[형] _____ 혁신적인, 획기적인

**2.** get into mischief

[형] _____ 짓궂은, 말썽꾸러기의

**3.** the emission of greenhouse gases

[동] _____ 방사하다, 내뿜다

### D 밑줄 친 단어의 유의어 혹은 반의어를 쓰시오.

**1.** an inherent weakness

[반] e _____

**2.** solve an urgent problem

[유] d _____

**3.** plunge into the icy water

[유] d _____

---

 정답

**A 1.** 뛰어나다, 탁월하다 **2.** (a)mbiguity **3.** 고안하다, 창안하다 **4.** (p)hysicist **5.** 파편, 부스러기
**6.** (b)ureaucracy **7.** 깜짝 놀란 **8.** (f)ragment
**B 1.** c **2.** b **3.** a
**C 1.** innovative **2.** mischievous **3.** emit
**D 1.** (e)xtrinsic **2.** (d)esperate **3.** (d)ive

# Actual Test

다음 글의 밑줄 친 부분 중, 문맥상 낱말의 쓰임이 적절하지 <u>않은</u> 것은?

대수능

As a system for transmitting specific factual information without any distortion or ambiguity, the sign system of honey-bees would probably win easily over human language every time. However, language offers something more valuable than mere information ① exchange. Because the meanings of words are not invariable and because understanding always involves interpretation, the act of communicating is always a joint, creative effort. Words can carry meanings ② within those consciously intended by speakers or writers because listeners or readers bring their own perspectives to the language they encounter. Ideas expressed imprecisely may be more intellectually ③ stimulating for listeners or readers than simple facts. The fact that language is not always reliable for causing precise meanings to be generated in someone else's mind is a reflection of its powerful strength as a ④ medium for creating new understanding. It is the inherent ambiguity and adaptability of language as a meaning-making system that makes the relationship between language and thinking so ⑤ special.

*distortion 왜곡, 곡해

---

해석

특정한 사실적 정보를 어떠한 왜곡이나 모호함이 없이 전달하는 체계로서 꿀벌의 신호 체계는 아마 인간의 언어를 언제나 쉽게 이길 것이다. 그러나 언어는 단순한 정보의 교환보다 더 가치 있는 것을 제공한다. 단어들의 의미가 불변하지 않고, 이해는 언제나 해석을 포함하기 때문에 의사소통 행위는 항상 공동의 창의적 노력이다. 단어들은 화자나 필자에 의해 의식적으로 의도된 의미 내에 있는(→ 의미를 넘어서는) 의미를 전달할 수 있는데, 그 이유는 청자나 독자들이 접하는 언어에 자신의 관점을 가져오기 때문이다. 부정확하게 표현된 개념은 단순한 사실보다 청자나 독자에게 더 지적으로 자극적일 수도 있다. 언어가 어떤 사람의 정신 속에 정확한 의미가 형성되도록 하는 데 항상 신뢰할 만하지는 않다는 사실은 새로운 이해를 만들어 내는 수단으로서의 언어의 강력한 힘을 반영하는 것이다. 언어와 사고의 관계를 그렇게도 특수하게 만드는 것은 다름 아닌 의미를 만들어 내는 언어의 고유한 모호성과 적응성이다.

해설 의사소통에 있어서 화자와 청자는 언어를 자신의 관점에 따라 해석하기 때문에 단어는 의도된 의미를 넘어서는 의미를 전달할 수 있다. 따라서 ②의 within을 beyond와 같은 낱말로 바꾸어야 한다.

정답 ②

---

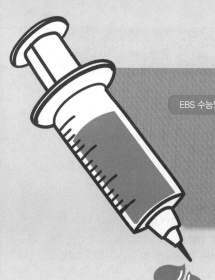

# DAY 35

## Word Preview

- [ ] intend
- [ ] approach
- [ ] capacity
- [ ] harm
- [ ] confuse
- [ ] recent
- [ ] stable
- [ ] deny
- [ ] identify
- [ ] shape
- [ ] depressed
- [ ] versus
- [ ] philosophy
- [ ] inclined
- [ ] empathetic
- [ ] injured
- [ ] migrate

- [ ] congratulate
- [ ] fright
- [ ] persuade
- [ ] abstract
- [ ] pest
- [ ] victim
- [ ] alternate
- [ ] bowl
- [ ] stretch
- [ ] correspond
- [ ] fellow
- [ ] pose
- [ ] tremble
- [ ] terrifying
- [ ] nonsense
- [ ] violation
- [ ] dull

- [ ] democracy
- [ ] fatal
- [ ] revenue
- [ ] dump
- [ ] tackle
- [ ] microscope
- [ ] slave
- [ ] rigid
- [ ] embed
- [ ] scratch
- [ ] stall
- [ ] curb
- [ ] slam
- [ ] prolonged
- [ ] medieval
- [ ] astronaut

---

**1871** ★★★★★

## intend
[inténd]

동 의도하다, 작정하다
We **intend** to express our feelings, thoughts, and attitudes through actions we perform. 모평
우리는 우리가 행하는 행동을 통해 자신의 감정, 생각, 그리고 태도를 표현하려고 의도한다.
파 intention 명 의도, 의향, 목적
유 의도하다 aim, mean    작정하다 determine

---

**1872** ★★★★★

## approach
[əpróutʃ]

동 다가가다, 접근하다 명 접근법, 방법
**Approaching** the tree, Sally shouted excitedly, "There, that's the nest!" 모평
그 나무에 접근하면서 Sally는 흥분하여 "저기, 저게 둥지예요!"라고 외쳤다.
유 다가가다 near, advance    접근법 access, method
반 물러나다 recede, retreat, withdraw

---

**1873** ★★★★★

## capacity
[kəpǽsəti]

명 용량, 수용력, 능력
We know that human brains have a vast **capacity** for implicit memory. EBS 연계
인간의 뇌가 암묵 기억을 위한 어마어마한 용량을 갖고 있다고 우리는 알고 있다.
파 capacious 형 널찍한, 큼직한    capable 형 능력 있는, 수용할 수 있는
유 용량 volume, space    능력 ability, capability
반 무능 inability, incapability

---

**1874** ★★★★★

## harm
[hɑːrm]

명 해, 피해, 손해 동 해를 끼치다, 손상시키다
All wildlife species act in ways that **harm** human interests.
모평
모든 야생 동물 종들은 인간의 이익에 해를 끼치는 방식으로 행동한다.
파 harmful 형 해로운, 유해한
유 손상시키다 hurt, wound, damage    반 치료하다 cure, remedy

---

**1875** ★★★★★

## confuse
[kənfjúːz]

동 혼동하다, 혼란스럽게 하다, 당황하게 하다
Yet so often we **confuse** means with ends, and sacrifice happiness (end) for money (means). 대수능
하지만 우리는 아주 흔히 수단을 목적과 혼동하여 돈(수단)을 위해서 행복(목적)을 희생한다.
파 confusion 명 혼동, 혼란    confusing 형 혼란시키는, 당황케 하는
confused 형 혼란스러워하는, 당황한
유 당황하게 하다 perplex, embarrass    반 확실하게 하다 assure, clarify

---

**1876** ★★★★★

## recent
[ríːsənt]

형 최근의, 요즘의
The sharp rise in misinformation in **recent** years has a different source: our media. 모평
최근 몇 년간 오보의 급격한 증가에는 다른 원인이 있는데, 그것은 우리의 미디어이다.
파 recently 부 최근에
유 up-to-date, current, contemporary    반 early, ancient

---

## 1877 ★★★★★

### stable
[stéibl]

형 안정된, 안정적인  명 마구간, 외양간
Some schools and workplaces emphasize a **stable**, rote-learned database. 대수능
일부 학교와 직장에서는 안정적이고, 기계적으로 암기한 데이터베이스를 강조한다.
파 **stability** 명 안정, 안정성    **stabilize** 동 안정시키다
유 안정된 secure, established
반 불안정한 unstable, unsteady

## 1878 ★★★★★

### deny
[dinái]

동 부인하다, 부정하다, 거절하다
Someone who just heard a piece of bad news often tends initially to **deny** what happened. 대수능
방금 나쁜 소식 한 가지를 들은 어떤 사람은 흔히 처음에는 일어난 일을 부인하는 경향이 있다.
파 **denial** 명 부인, 부정
유 부인하다 contradict    거절하다 reject
반 인정하다 acknowledge, admit

## 1879 ★★★★★

### identify
[aidéntəfài]

동 확인하다, 식별하다, 신원을 알아보게 하다, 동일시하다
A sleeping mother has the ability to **identify** the particular cry of her own baby. 모평
자고 있는 엄마에게는 자기 아기의 특유한 울음소리를 식별할 수 있는 능력이 있다.
파 **identification** 명 신원 확인, 신분 증명, 식별
**identifiable** 형 인식 가능한, 알아볼 수 있는
유 확인하다 verify    식별하다 recognize

## 1880 ★★★★★

### shape
[ʃeip]

명 모양, 형태  동 모양으로 만들다, 형성하다
The exact sound and **shape** of the performance was determined by the interaction of artist and audience. 모평
공연에 딱 맞는 소리와 형태는 예술가와 청중의 상호 작용에 의해 결정되었다.
파 **shapable** 형 모양을 이룰 수 있는, 구체화할 수 있는
**shapely** 형 맵시 있는, 균형 잡힌
유 모양 appearance    형태 form, figure

## 1881 ★★★★★

### depressed
[diprést]

형 우울한, 의기소침한, 불경기의
I became severely **depressed** as one dream after another faded from me. 모평
나에게서 꿈이 차례로 사라져 가면서 나는 심하게 우울해졌다.
파 **depress** 동 우울하게 만들다, 의기소침하게 하다, 침체시키다
**depression** 명 우울함, 우울증, 불경기
유 우울한 discouraged, gloomy
반 쾌활한, 매우 기쁜 cheerful, delighted

## 1882 ★★★★★

### versus
[vɔ́:rsəs]

전 ~ 대, ~에 대한, ~에 대비하여, ~와 대조하여
Rather, the dog is trained to become emotionally aroused by one smell **versus** another. 모평
오히려, 개는 다른 냄새와 대조하여 한 냄새에 의해 감정적으로 자극을 받도록 훈련된다.
파 **vs.** versus의 약어
유 against

---

**1883** ★★★★★

**philosophy**
[filásəfi]

명 철학

A great company has a **philosophy** of doing business which will insure that its people serve the public efficiently. 모평
훌륭한 회사는 직원들이 반드시 효율적으로 대중에게 서비스를 제공하게 할 사업 철학을 갖추고 있다.

파 **philosophic** 형 철학의, 철학적인    **philosopher** 명 철학자
유 생각 thought    신념 conviction

---

**1884** ★★★★★

**inclined**
[inkláind]

형 하고 싶은, 마음이 내키는, 경향이 있는, 기울어진

When people try to control situations that are essentially uncontrollable, they are **inclined** to experience high levels of stress. 모평
사람들이 근본적으로 통제할 수 없는 상황을 통제하려 할 때, 그들은 높은 수준의 스트레스를 경험하는 경향이 있다.

파 **incline** 동 기울다    **inclination** 명 의향, 경향, 경사도
유 하고 싶은 willing, ready    기울어진 slanted
반 싫어하는 averse, reluctant

---

**1885** ★★★★★

**empathetic**
[èmpəθétik]

형 공감적인, 감정 이입의

The know-how to be **empathetic** is central to practical wisdom. 모평
공감할 수 있는 비결은 실천적 지혜에 있어 가장 중요하다.

파 **empathy** 명 공감, 감정 이입    **empathize** 동 공감하다
**empathic** 형 감정 이입의
유 compassionate, sympathetic, understanding

---

**1886** ★★★★★

**injured**
[índʒərd]

형 다친, 부상당한, 상처 입은

Many were killed or severely **injured** in the close encounters that were necessary to slay one of these gigantic animals. 모평
이들 거대한 동물들 중 한 마리를 죽이기 위해 불가피했던 근접한 조우에서 많은 사람들이 죽거나 심하게 다쳤다.

파 **injure** 동 다치게 하다, 상처를 입히다    **injury** 명 부상, 상처
유 hurt, wounded    반 cured, healed

---

**1887** ★★★★★

**migrate**
[máigreit]

동 이주하다, 이동하다, 옮기다

The majority of song thrushes stay in the south of England over winter, while some **migrate** to Spain and Portugal. 모평
대부분의 노래지빠귀가 겨울 내내 잉글랜드 남부에 머무는 반면, 일부는 스페인과 포르투갈로 이동한다.

파 **migration** 명 이주, 이동    **migratory** 형 이주하는, 이동하는
유 move, relocate    반 settle

---

**1888** ★★★★★

**congratulate**
[kəngrǽtʃulèit]

동 축하하다

The birds seemed to be singing to **congratulate** me on getting my new friend. 모평
새들은 내가 새 친구를 얻은 것을 축하하기 위하여 노래하고 있는 것 같았다.

파 **congratulation** 명 축하
유 칭찬하다 compliment

---

## 1889 ★★★★★

### fright
[frait]

명 공포, 소스라쳐 놀람, 경악

A book never tells you to go home and practice more, helps you with stage **fright**, or holds a recital. EBS 연계

책은 결코 여러분에게 집에 가서 더 많이 연습하라고 말해 주거나, 여러분이 무대 공포증을 극복하는 데 도움을 주거나, 혹은 연주회를 개최하지 않는다.

파 **frighten** 통 놀라게 하다, 섬뜩하게 하다  **frightful** 형 끔찍한, 무서운

유 fear, horror, panic

## 1890 ★★★★★

### persuade
[pərswéid]

통 설득하다, 설득하여 ~하게 하다

Students need to learn how to **persuade** other people of the value of their ideas. 모평

학생들은 자기 생각의 가치에 대해 다른 사람들을 설득하는 법을 배울 필요가 있다.

파 **persuasion** 명 설득   **persuasive** 형 설득력 있는

유 convince, urge, prompt   반 dissuade

## 1891 ★★★★★

### abstract
[æbstrækt]

형 추상적인, 관념적인 명 개요, 초록

We need to be cautious about thinking of war in an **abstract** and uniform way. 대수능

우리는 전쟁을 추상적이고 획일적인 방식으로 생각하는 것에 대해 주의를 할 필요가 있다.

파 **abstraction** 명 관념, 추상적 개념

유 추상적인 conceptual, theoretical   반 구체적인 concrete

## 1892 ★★★★★

### pest
[pest]

명 해충, 역병, 흑사병

This has been spectacularly successful in many instances, with a number of **pest** problems permanently resolved by importation of natural enemies. 모평

이것은 많은 해충 문제가 천적의 도입에 의해 영구적으로 해결되면서, 많은 경우에 있어서 멋지게 성공을 거두어 왔다.

파 **pesticide** 명 살충제, 농약

유 해충 insect   역병 plague

## 1893 ★★★★★

### victim
[víktim]

명 피해자, 사망자, 희생자

Losses are not limited to reduced worker productivity and trauma affecting a **victim**'s private life. EBS 연계

손실은 근로자 생산성의 감소와 피해자의 사생활에 영향을 미치는 트라우마에만 한정되지 않는다.

유 피해자 prey   사망자 fatality   반 생존자 survivor

## 1894 ★★★★★

### alternate
[ɔ́:ltənət]

형 번갈아 생기는, 교대의, 대체의, 다른
통 [ɔ́:ltərnèit] 번갈아 하다, 교대시키다

A toddler seeing snow for the first time might say "Mamma!" with alarm, **alternating** looking at the snow with looking at her mother. EBS 연계

처음으로 눈을 보는 유아는 번갈아 눈을 바라보고 엄마를 바라보면서 아마도 "엄마!" 라고 말할지도 모른다.

파 **alter** 통 바꾸다, 변경하다  **alternation** 명 교대, 교체

유 대체의 alternative   교대시키다 interchange

---

**1895** ★★★★★

## bowl
[boul]

명 사발, 그릇 통 공을 굴리다
You end up on the couch with a **bowl** of chips in your hand, telling yourself it's the only way you can relax. 대수능
여러분은 결국 손에 감자튀김 한 사발을 들고 소파에 앉아서, 그것이 여러분이 쉴 수 있는 유일한 방법이라고 혼잣말을 하게 된다.
파 **bowlful** 명 한 사발(의 분량)
유 그릇 vessel

---

**1896** ★★★★★

## stretch
[stretʃ]

통 늘이다, 늘리다, 펴다, 뻗다
With tax breaks for home buyers, it's tempting to **stretch** one's finances to build or buy a larger house. 대수능
주택 구매자에게 세금 우대 조치가 있으므로, 더 큰 집을 짓거나 구입하려고 자금 조달을 늘리고 싶은 마음이 생긴다.
파 **stretchable** 형 뻗을 수 있는  **stretchy** 형 늘어나는, 신축성 있는
유 펼치다 extend  늘이다 lengthen  반 줄이다 shorten, curtail

---

**1897** ★★★★★

## correspond
[kɔ̀(ː)rispánd]

통 일치하다, 부합하다, 교신하다, 편지를 주고받다
Brain responses **correspond** to people's self-reports that social support from a loved one helps reduce stress. 모평
뇌 반응은 사랑하는 사람으로부터의 사회적인 지지가 스트레스를 줄이는 데 도움이 된다는 사람들의 자기 보고와 일치한다.
파 **correspondence** 명 일치, 상응, 통신, 서신 왕래
**correspondent** 명 특파원, 통신원
유 일치하다 match, accord  교신하다 communicate

---

**1898** ★★★★★

## fellow
[félou]

명 동료, 친구, 동업자
If the chimp pointed to the plate having more treats, it would immediately be given to a **fellow** chimp in an adjacent cage. 모평
침팬지가 맛있는 먹이가 더 많이 들어 있는 접시를 가리킨다면, 그것(접시)은 즉시 옆 우리에 있는 동료 침팬지에게 주어질 것이다.
파 **fellowship** 명 유대감, 동료애
유 친구 friend  동료 colleague, peer, co-worker

---

**1899** ★★★★★

## pose
[pouz]

통 제기하다, 제언하다, 자세를 취하다 명 자세, 포즈
Savannas **pose** a bit of a problem for ecologists. 모평
사바나는 생태학자들에게 약간의 문제를 제기한다.
숙 strike a pose 점잖은 체하다, 자세를 잡다
유 제언하다 submit, suggest

---

**1900** ★★★★★

## tremble
[trémbl]

통 떨다, 떨리다, 흔들리다, 진동하다
She **trembled** uncontrollably for fear of being caught. 모평
그녀는 붙잡힐까 두려워서 걷잡을 수 없이 떨었다.
파 **trembling** 명 떨림, 전율 형 떨리는, 전율하는
유 shake, shiver, vibrate

## 1901 ★★★★★

**terrifying**
[térəfàiiŋ]

형 겁나게 하는, 놀라게 하는, 무서운
I had no idea that I was in for one of the most **terrifying** experiences of my life. 대수능
내 삶에서 가장 무서운 경험 중의 하나가 날 기다리고 있으리라고는 나는 꿈에도 생각하지 못했다.
파 **terrify** 동 겁먹게 하다　**terror** 명 무서움, 공포, 테러 행위
유 frightening, threatening, intimidating

## 1902 ★★★★★

**nonsense**
[nánsèns]

명 무의미한 말, 당찮음, 어리석은 생각　형 무의미한, 어리석은
**Nonsense** and silliness come naturally to kids, but they get pounded out by norms that look down on "frivolity." 대수능
당찮음과 어리석음이 아이들에게는 자연스럽게 다가오지만, '경박함'을 경시하는 규범이 그들을 맹공격한다.
파 **nonsensical** 형 터무니없는, 무의미한
유 무의미한 말 rubbish, absurdity, stupidity　반 지혜 wisdom

## 1903 ★★★★★

**violation**
[vàiəléiʃən]

명 위반, 위배, 침해
There is a wide gap between the promises of the Universal Declaration of Human Rights in 1948 and the real world of human-rights **violations**. 모평
1948년 세계 인권 선언의 약속과 인권 침해의 현실 세계 사이에는 큰 간극이 있다.
파 **violate** 동 위반하다, 침해하다　**violator** 명 위반자, 위배자
유 위반 misdeed, offense　침해 invasion

## 1904 ★★★★★

**dull**
[dʌl]

형 따분한, 재미없는, 흐릿한, 칙칙한, 둔탁한
As she was listening to the **dull** tick-tock of the clock, her phone vibrated. 모평
그녀가 시계의 따분한 똑딱거리는 소리를 듣고 있을 때, 그녀의 전화기가 진동했다.
파 **dullness** 명 따분함, 지루함, 둔함, 둔탁함
유 따분한 boring, tedious, monotonous　흐릿한 faded

## 1905 ★★★★★

**democracy**
[dimάkrəsi]

명 민주주의, 민주 국가
A well-functioning **democracy** requires a media system that provides diverse sources of information and encourages civic participation. EBS 연계
잘 작동하는 민주주의는 다양한 정보원을 제공하고 시민 참여를 장려하는 미디어 시스템을 필요로 한다.
파 **democrat** 명 민주주의자　**democratic** 형 민주주의의, 민주적인

## 1906 ★★★★★

**fatal**
[féitəl]

형 죽음을 초래하는, 치명적인
The mistake was a **fatal** one, and it was all over. 모평
그 실수는 치명적인 것이었고, 모든 것이 끝났다.
파 **fatality** 명 재난, 참사, 불운, 불행, 죽음, 사망자 수　**fate** 명 운명, 숙명
유 lethal, mortal, vital

### 1907 ★★★★★

## revenue
[révənjùː]

명 수익, 수입, 세입

Newspapers face a number of trying factors such as declining readership and poor advertising **revenues**. EBS 연계

신문은 줄어드는 독자 수와 변변치 않은 광고 수익과 같은 수많은 힘든 요인에 직면해 있다.

연 **tax revenue** 세수, 세입

유 수익, 수입 earnings, income, proceeds, profit

### 1908 ★★★★★

## dump
[dʌmp]

동 내려놓다, 버리다 명 폐기장, 하치장

You **dump** the stuff out on a table and begin separating the items into coherent groups. 모평

여러분은 그 물건들을 탁자 위에 내려놓고 그 물품들을 일관성 있는 집단으로 분리하기 시작한다.

연 **garbage dump** 쓰레기 처리장

유 내려놓다 unload 버리다 discard

### 1909 ★★★★★

## tackle
[tǽkl]

동 (힘든 문제 상황과) 씨름하다, 다루다, 꾀하다, 부딪히다, 맞붙다, 태클하다

The speed with which computers **tackle** multiple tasks feeds the illusion that everything happens at the same time. 대수능

컴퓨터가 다수의 일을 처리하는 속도는 모든 것이 동시에 일어난다는 착각을 하게 한다.

파 **tackler** 명 (스포츠 경기에서) 태클을 하려는 선수

유 맞붙다 confront 꾀하다 undertake, attempt 반 avoid

### 1910 ★★★★★

## microscope
[máikrəskòup]

명 현미경

His new **microscope** became one of his treasured research tools. EBS 연계

그의 새로운 현미경은 그의 소중한 연구 도구 중 하나가 되었다.

파 **microscopic** 형 미세한, 현미경으로만 볼 수 있는

연 **telescope** 명 망원경

### 1911 ★★★★★

## slave
[sleiv]

명 노예

In Aristotle's system, women, **slaves**, and foreigners were excluded from the right to rule themselves and others. 모평

아리스토텔레스의 체제에서 여자, 노예, 그리고 외국인은 자신 및 다른 사람을 다스릴 권리로부터 배제되었다.

파 **slavery** 명 노예 신분, 노예 제도

유 servant

### 1912 ★★★★★

## rigid
[rídʒid]

형 엄격한, 융통성 없는, 완고한

Some empires were big, but the **rigid** social control required to hold an empire together was not beneficial to science, just as it was not beneficial to reason. 대수능

일부 제국들은 컸지만, 제국을 하나로 뭉치게 하는 데 필요한 엄격한 사회 통제는 이성에 이롭지 못했던 것과 마찬가지로 과학에 이롭지 못했다.

파 **rigidity** 명 엄격함, 강직함

유 strict, stiff, firm 반 relaxed, flexible

## 1913 ★★★★★

### embed
[imbéd]

图 끼워 넣다, 박다
Soft things, like intelligence, are thus **embedded** into hard things, like aluminum, that make hard things behave more like software. 모평
따라서 지능과 같이 연한 것들이 알루미늄과 같은 단단한 것들에 끼워 넣어져서 단단한 것들을 더 소프트웨어처럼 작용하게 만든다.
⊜ 삽입하다 insert   심다 implant   ⊕ 뿌리째 뽑다 uproot

## 1914 ★★★★★

### scratch
[skrætʃ]

图 긁다, 할퀴다 圏 긁힌 자국, 찰과상
Ice-age hunters in Europe over 20,000 years ago **scratched** lines and made holes in sticks and bones, possibly counting the days between phases of the moon. 모평
2만 년이 넘는 시간 이전에 유럽에 살았던 빙하 시대 사냥꾼들은 막대기와 뼈를 긁어 선을 긋고 구멍을 내었는데, 아마도 달의 여러 모습 사이의 일수를 세었을 것이다.
⊕ scratchy 圏 긁히는 소리가 나는, 가려운
⊜ 긁다 scrape

## 1915 ★★★★★

### stall
[stɔːl]

图 지연시키다, 시간을 끌다, 정지시키다 圏 가판대, 좌판
In one of those little ironies of life, only the pattern itself achieves perfection—a perfect death spiral: you misdirect your work; you **stall**; you quit. 모평
삶의 작은 그 역설 중 하나 속에서 오로지 그 패턴 자체만이 완전함, 즉 완전한 악순환을 성취하는데, 여러분은 그릇된 방향으로 일을 하고, 시간을 끌다가, 그만둔다.
⊜ 지연시키다 delay, hinder   정지시키다 halt

## 1916 ★★★★★

### curb
[kəːrb]

图 억제하다, 제한하다 圏 도로 경계석, (차도 옆의) 연석
We need to **curb** anger and our negative thoughts and emotions. 대수능
우리는 분노와 우리의 부정적인 생각과 감정을 억제할 필요가 있다.
⊜ 억제하다 restrain, restrict, inhibit

## 1917 ★★★★★

### slam
[slæm]

图 쾅 닫다, 세게 놓다 圏 쾅 닫기
But a burst of wind **slammed** the door right back, and it hit him hard. 모평
그러나 갑작스럽게 들이닥친 바람 때문에 문이 바로 쾅 하고 닫혀서 그에게 세게 부딪쳤다.
⊜ slam dunk 강력한 덩크 슛
⊜ bang, crash, smash

## 1918 ★★★★★

### prolonged
[prəlɔ́ːŋd]

圏 오래 계속되는, 장기적인
This **prolonged** care and attention could only be exercised where division of labour existed. EBS 연계
이 장기적인 보살핌과 관심은 노동 분업이 존재하는 곳에서만 이루어질 수 있었다.
⊕ prolong 图 연장하다, 늘이다
⊕ 단기의 short-range

## 1919 ★★★★★

**medieval**
[mìːdíːvəl]

형 중세의, 고풍의, 구식의

**Medieval** tempera painting can be compared to the practice of special effects during the analog period of cinema. 모평
중세의 템페라 화법은 영화를 아날로그 방식으로 제작하던 시기의 특수 효과와 실행에 비유될 수 있다.

🔵 the Middle Ages 중세 시대
🔵 고풍의 antique, archaic

## 1920 ★★★★★

**astronaut**
[ǽstrənɔ̀ːt]

명 우주 비행사

As a kid, I had visions of being a hero—a police officer or an **astronaut**. 모평
어렸을 때 나는 경찰이나 우주 비행사와 같은 영웅이 되려는 꿈이 있었다.

🔵 astronautic/astronautical 형 우주 비행(사)의
🔵 spaceman, cosmonaut

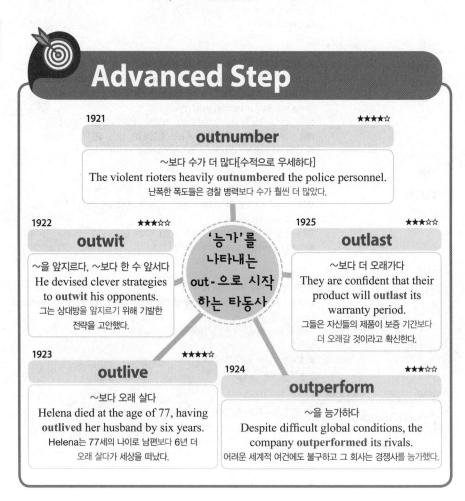

# Advanced Step

**1921** ★★★★☆

## outnumber

~보다 수가 더 많다[수적으로 우세하다]
The violent rioters heavily **outnumbered** the police personnel.
난폭한 폭도들은 경찰 병력보다 수가 훨씬 더 많았다.

**1922** ★★★☆☆

## outwit

~을 앞지르다, ~보다 한 수 앞서다
He devised clever strategies to **outwit** his opponents.
그는 상대방을 앞지르기 위해 기발한 전략을 고안했다.

**1925** ★★★☆☆

## outlast

~보다 더 오래가다
They are confident that their product will **outlast** its warranty period.
그들은 자신들의 제품이 보증 기간보다 더 오래갈 것이라고 확신한다.

'능가'를 나타내는 **out-**으로 시작하는 타동사

**1923** ★★★★☆

## outlive

~보다 오래 살다
Helena died at the age of 77, having **outlived** her husband by six years.
Helena는 77세의 나이로 남편보다 6년 더 오래 살다가 세상을 떠났다.

**1924** ★★★☆☆

## outperform

~을 능가하다
Despite difficult global conditions, the company **outperformed** its rivals.
어려운 세계적 여건에도 불구하고 그 회사는 경쟁사를 능가했다.

# Review Test

## A

영어는 우리말로, 우리말은 영어로 쓰시오.

**1.** empathetic _____  **2.** 철학  p_____

**3.** revenue _____  **4.** 위반  v_____

**5.** rigid _____  **6.** 민주주의  d_____

**7.** astronaut _____  **8.** 현미경  m_____

## B

영어 단어와 우리말 뜻을 연결하시오.

**1.** confuse •  • **a.** 끼워 넣다, 박다

**2.** embed •  • **b.** 혼동하다, 혼란스럽게 하다

**3.** curb •  • **c.** 억제하다, 제한하다

## C

다음 주어진 뜻에 해당하는 밑줄 친 단어의 파생어를 쓰시오.

**1.** intend to express feelings  명 _____ 의도, 의향, 목적

**2.** deny the fact  명 _____ 부인, 부정

**3.** persuade other people  형 _____ 설득력 있는

## D

밑줄 친 단어의 유의어 혹은 반의어를 쓰시오.

**1.** identify the suspect  유 r_____

**2.** feel inclined to help  반 r_____

**3.** in an abstract way  반 c_____

DAY 35

# Actual Test

다음 글의 밑줄 친 부분 중, 문맥상 낱말의 쓰임이 적절하지 <u>않은</u> 것은?

대수능

Researchers have suggested that maintaining good social relations depends on two ① complementary processes: being sensitive to the needs of others and being motivated to make amends or pay compensation when a violation does occur. In short, maintaining good social relations depends on the ② capacity for guilt. Martin L. Hoffman, who has focused on the guilt that comes from harming others, suggests that the motivational basis for this guilt is empathetic distress. Empathetic distress occurs when people ③ deny that their actions have caused harm or pain to another person. Motivated by feelings of guilt, they are ④ inclined to make amends for their actions. Making amends serves to repair damaged social relations and ⑤ restore group harmony.

---

**해석**

연구자들은 사회적으로 좋은 관계를 유지하는 것이 두 가지 상호 보완적인 과정, 즉 타인의 요구에 민감한 것과 위반 행위가 정말로 생기면 보상이나 배상을 하려는 마음이 생기는 것에 달려 있다는 점을 언급해 왔다. 요약하면, 좋은 사회적 관계를 유지하는 것은 죄책감에 대한 수용 능력에 달려 있다. Martin L. Hoffman은 타인에게 해를 입히는 것에서 생겨나는 죄책감에 초점을 맞춰 왔는데, 그는 이러한 죄책감에 대한 동기 유발의 기반은 공감의 고통이라고 말한다. 공감의 고통은 자신들의 행동이 다른 사람에게 손해나 고통을 일으켰음을 부인할(→ 깨달을) 때 생긴다. 죄책감으로 인해 동기 부여를 받을 때, 사람들은 자신의 행동에 대해 보상을 하려는 경향이 있다. 보상하는 것은 손상된 사회적 관계를 회복하고 집단의 화합을 복원하는 역할을 한다.

**해설** 죄책감은 공감의 고통에 근거하고 있다고 했으므로, 공감의 고통은 자신의 행동이 다른 사람에게 손해나 고통을 일으켰음을 깨달을 때 발생한다는 맥락임을 알 수 있다. 따라서 ③의 deny를 realize와 같은 낱말로 바꾸어야 한다.

**정답** ③

---

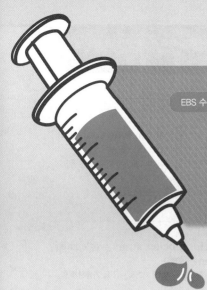

EBS 수능연계 기출 Vaccine VOCA 2200

# DAY
# 36

## Word Preview

- [ ] inform
- [ ] enable
- [ ] challenge
- [ ] term
- [ ] attack
- [ ] region
- [ ] factor
- [ ] attitude
- [ ] prevent
- [ ] diversity
- [ ] organism
- [ ] investigate
- [ ] predator
- [ ] coast
- [ ] chase
- [ ] vulnerable
- [ ] punish

- [ ] misconception
- [ ] warning
- [ ] desperate
- [ ] primitive
- [ ] gravity
- [ ] fascinated
- [ ] agent
- [ ] elaborate
- [ ] steep
- [ ] disconnect
- [ ] military
- [ ] stroke
- [ ] flu
- [ ] parliament
- [ ] relieve
- [ ] intent
- [ ] clumsy

- [ ] brilliant
- [ ] spineless
- [ ] implement
- [ ] pillar
- [ ] inscription
- [ ] resemble
- [ ] choir
- [ ] rub
- [ ] divorce
- [ ] stack
- [ ] barber
- [ ] upcoming
- [ ] descent
- [ ] sauce
- [ ] equator
- [ ] nail

# Basic Step

---

**1926** ★★★★★

## inform
[infɔ́ːrm]

동 알리다, 통지하다, 정보를 제공하다

Every person we meet has a story that can **inform** us and help us as we live the story of our own lives. 대수능

우리가 만나는 모든 사람은 우리가 우리 자신의 삶의 이야기대로 살아가는 동안 우리에게 정보를 제공해 주고 도움을 줄 수 있는 이야기를 지니고 있다.

파 **information** 명 정보　　**informed** 형 유식한, 견문이 넓은

유 notify, instruct　　반 misinform

---

**1927** ★★★★★

## enable
[inéibl]

동 할 수 있게 하다, 가능하게 하다

This will **enable** me to perform better at my work and contribute more to the company. 모평

이는 제가 직장에서 일을 더 잘 수행하고 회사에 더 많이 기여하는 것을 가능하게 할 것입니다.

파 **enabling** 형 권능을 부여하는, 합법화하는

유 allow, empower　　반 prevent, hinder, ban

---

**1928** ★★★★★

## challenge
[tʃǽlindʒ]

명 도전, (해 볼 만한) 과제, 난제, 문제, 이의 제기

Watching the salmon, Marie noticed Nina fixing her eyes on their continuing **challenge**. 대수능

연어를 지켜보던 Marie는 Nina가 그것들의 계속된 도전에 시선을 고정하는 것을 알아차렸다.

파 **challengeable** 형 도전할 수 있는, 비판의 여지가 있는

유 도전 dare　　난제 difficulty　　이의 제기 protest

반 해답 answer, solution

---

**1929** ★★★★★

## term
[təːrm]

명 용어, 말, 학기, 기간

Industrial capitalism not only created work, it also created 'leisure' in the modern sense of the **term**. 대수능

산업 자본주의는 일거리를 만들어 냈을 뿐만 아니라, 그 말의 현대적 의미로의 '여가' 또한 만들어 냈다.

파 **terminology** 명 전문 용어, 술어

유 용어 word　　학기 semester　　기간 period

---

**1930** ★★★★★

## attack
[ətǽk]

동 공격하다, 습격하다　명 공격, 습격

Each year, only a few people are **attacked** by tigers or bears, and most of these incidents are caused by the people themselves. 대수능

매년 소수의 사람들만이 호랑이나 곰에게 습격당하는데, 대부분의 이런 사건은 그 사람들 자신에 의해 야기된다.

유 공격하다 assault　　반 방어하다 defend　　방어 defense

---

**1931** ★★★★★

## region
[ríːdʒən]

명 지방, 지역

The growing season in the Arctic **region** is short and plants must make the most of what warmth there is. 모평

북극 지역의 (식물의) 성장 계절은 짧아서, 식물들은 존재하는 모든 온기를 최대한 이용해야 한다.

유 area, section, district

---

| 1932 | ★★★★★ |
|---|---|

## factor
[fǽktər]

**명** 요인, 요소, (수학의) 인수

The quest for profit and the search for knowledge cannot coexist in archaeology because of the time **factor**. 대수능

이윤 추구와 지식 탐구는 시간 요인 때문에 고고학에서 공존할 수 없다.

파 **factorize** 통 인수분해하다

유 element

| 1933 | ★★★★★ |
|---|---|

## attitude
[ǽtitʃùːd]

**명** 태도, 자세, 사고방식

It is too easy to take the **attitude**: "First I will get my education and develop myself, and then I will know better what I am fitted to do for a life work." 모평

"나는 먼저 교육을 받고 스스로를 발전시킬 것이고, 그런 후에 평생의 일로 하기에 무엇이 나에게 맞는지 더 잘 알게 될 거야."라는 태도를 가지기가 너무나 쉽다.

파 **attitudinal** 형 태도의, 사고방식의

유 태도 manner, carriage    성향, 생각 disposition

| 1934 | ★★★★★ |
|---|---|

## prevent
[privént]

**통** 막다, 예방하다, 방지하다

Since you are the manager of Vuenna Dog Park, I ask you to take measures to **prevent** the noise at night. 대수능

귀하께서 Vuenna 애완견 공원의 관리자이기에 저는 귀하께서 밤에 나는 소음을 막을 조치를 취해 주실 것을 요청합니다.

파 **prevention** 명 예방, 방지    **preventive** 형 예방적인, 방지하는

유 stop, restrain, block    반 encourage, support, permit

| 1935 | ★★★★★ |
|---|---|

## diversity
[daivə́ːrsəti]

**명** 다양성, 차이

In contrast to the **diversity** it is applied to, the meaning of this term is based on Western views and values. 모평

그것이 적용되는 다양성과는 대조적으로, 이 용어의 의미는 서양의 관점과 가치에 기반을 두고 있다.

파 **diverse** 형 다양한    **diversify** 통 다양화하다

유 variety, difference    반 likeness, resemblance, sameness

| 1936 | ★★★★★ |
|---|---|

## organism
[ɔ́ːrgənìzəm]

**명** 유기체, 생물, 인간

Food intake is essential for the survival of every living **organism**. 대수능

먹을 것의 섭취는 모든 살아 있는 유기체의 생존을 위해 꼭 필요하다.

파 **organic** 형 유기체에서 나온, 유기농의

유 creature, being

| 1937 | ★★★★★ |
|---|---|

## investigate
[invéstəgèit]

**통** 조사하다, 수사하다, 연구하다

Studying history is not about memorizing what we have been told—it requires us to **investigate** the past. 모평

역사를 공부하는 것은 우리가 들은 것을 암기하는 것에 관한 것이 아니라, 그것은 우리에게 과거에 대해 조사할 것을 요구한다.

파 **investigation** 명 조사, 수사, 연구    **investigator** 명 수사관, 조사관

유 examine, research, explore

---

**1938** ★★★★★

## predator
[prédətər]

명 포식자, 약탈자

In crying out, the danger-spotting squirrel draws attention to itself, which may well attract the **predator**. 모평

큰 소리를 낼 때, 위험을 감지하는 다람쥐는 자신을 주목하도록 하는데, 그것이 포식자의 주의를 끄는 것은 당연하다.

⑩ **predatory** 형 생물을 잡아먹는, 약탈하는

⑪ 파괴자 destroyer　⑫ (동물의) 먹이 prey

---

**1939** ★★★★★

## coast
[koust]

명 해안, 연안

Along the **coast** of British Columbia lies a land of forest green and sparkling blue. 모평

British Columbia의 해안을 따라서 짙은 황록색과 반짝이는 파란색의 지대가 위치하고 있다.

⑩ **coastal** 형 해안의, 근해의

⑪ shore, beach, seashore

---

**1940** ★★★★★

## chase
[tʃeis]

동 쫓아다니다, 추적하다 명 추적, 추격

He could **chase** down a world record or stop to check on an injured friend. EBS 연계

그는 세계 기록을 추구하거나 다친 동료를 살펴보기 위해 멈출 수 있었다.

⑩ **chaseable** 형 추적할 수 있는

⑪ 쫓아다니다 pursue, follow　추적하다 track　⑫ 인도하다 guide, lead

---

**1941** ★★★★★

## vulnerable
[vʌlnərəbl]

형 상처받기 쉬운, 취약한

Rather, happiness is often found in those moments we are most **vulnerable**, alone or in pain. 모평

오히려, 행복은 우리가 혼자이거나 혹은 고통을 겪고 있는 가장 상처받기 쉬운 그런 순간에 자주 발견된다.

⑩ **vulnerability** 명 상처받기 쉬움, 취약성

⑪ 감염되기 쉬운 susceptible　멸종 위기에 처한 endangered

---

**1942** ★★★★★

## punish
[pʌniʃ]

동 처벌하다, 벌주다

Some people **punish** themselves when they are under time pressure. 대수능

어떤 사람들은 시간적 압박을 받고 있을 때 스스로에게 벌을 준다.

⑩ **punishment** 명 벌, 처벌, 형벌

⑪ 처벌하다 penalize　⑫ 용서하다 excuse, pardon

---

**1943** ★★★★★

## misconception
[mìskənsépʃən]

명 오해, 잘못된 생각

It is a common **misconception** among many musicians and non-musicians alike that notes are more important than rests. 모평

음표가 쉼표보다 더 중요하다는 것은 많은 음악가와 비음악가 모두에게 흔한 오해이다.

⑩ **misconceive** 동 오해하다

⑪ 오해 misunderstanding　잘못된 생각 fallacy　⑫ 진실 truth

## warning
[wɔ́:rniŋ]

명 경고(문), 주의

The glow's **warning** role benefits both fireflies and bats, because these insects taste disgusting to the mammals. 모평

빛이 하는 경고 역할은 반딧불이와 박쥐 모두에게 유익한데, 왜냐하면 이 곤충이 그 포유동물에게는 역겨운 맛이 나기 때문이다.

🔁 warn 통 경고하다, 주의를 주다

🔄 caution, notification

## desperate
[déspərit]

형 필사적인, 절망적인

Charles Dickens used his **desperate** experience as a child laborer in Victorian England to write *David Copperfield*. 대수능

Charles Dickens는 'David Copperfield'를 쓰기 위해 빅토리아 시대 영국의 아동 노동자로서 자신의 절망적인 경험을 이용했다.

🔁 despair 명 절망, 자포자기 통 절망하다, 체념하다
desperation 명 필사적임

🔄 절망적인 hopeless, downhearted    🔀 hopeful, optimistic

## primitive
[prímitiv]

형 원시의, 미개한, 야만의

Disease, action that might produce disease, and recovery from disease are of vital concern to the whole **primitive** community. 대수능

질병, 질병을 일으킬지도 모르는 행동, 그리고 질병으로부터의 회복은 원시 사회 전체에 매우 중요한 관심사이다.

🔁 primitiveness 명 원시성, 미개한 상태

🔄 savage, uncultivated    🔀 developed, civilized

## gravity
[grǽvəti]

명 중력, 심각성, 엄숙함

Newton's theory of **gravity** is one example; Einstein's theory of **gravity** is another. 대수능

뉴턴의 중력 이론이 한 가지 예이고, 아인슈타인의 중력 이론이 또 다른 예이다.

🔁 grave 형 중대한, 심각한, 근엄한, 엄숙한

🔄 심각성 seriousness    엄숙함 solemnity

## fascinated
[fǽsinèitid]

형 마음을 빼앗긴, 매료된

I was **fascinated** by the beautiful leaves and flowers of the mangroves. 대수능

나는 맹그로브의 아름다운 잎과 꽃에 마음을 빼앗겼다.

🔁 fascinate 통 마음을 사로잡다, 매혹하다
fascination 명 매력, 매혹, 매료됨

🔄 entranced, charmed, captivated

## agent
[éidʒənt]

명 대리인, 중개상

One night in 1973, I got a phone call from my **agent**, Bill, who was helping me publish my first novel. 모평

1973년 어느 날 밤에 나는 내 첫 소설을 출간하는 일을 돕고 있었던 나의 대리인 Bill로부터 전화 한 통을 받았다.

🔁 agency 명 대리점, 대행사

🔄 representative, advocate, broker

DAY 36

---

**1950** ★★★★★

**elaborate**
[ilǽbərət]

형 정교한, 정성을 들인, 복잡한
Evaluation of performances such as diving, gymnastics, and figure skating is more subjective — although **elaborate** scoring rules help make it more objective. 모평
정교한 채점 규정이 평가를 더 객관적인 것으로 만드는 데 도움을 주기는 하지만, 다이빙, 체조, 피겨스케이팅과 같은 동작에 대한 평가는 더 주관적이다.
🔁 elaboration 명 공들임, 정교
🔁 상세한 detailed    공들인 painstaking    복잡한 complicated

---

**1951** ★★★★★

**steep**
[sti:p]

형 가파른, 비탈진, 급격한
When the contour lines are positioned closely together, the hill's slope is **steep**. 대수능
등고선이 서로 가깝게 배치되면 산의 경사는 가파르다.
🔁 steepen 동 가파르게 하다, 급경사로 하다
🔁 가파른 abrupt, sheer    🔁 완만한 gradual, gentle

---

**1952** ★★★★★

**disconnect**
[dìskənékt]

동 연결을 끊다, 연락을 끊다  명 단절
Yet there is often a **disconnect** between what we know and what we do. 모평
하지만 우리가 알고 있는 것과 우리가 행하는 것 사이에는 흔히 단절이 존재한다.
🔁 disconnection 명 단절, 분리    disconnective 형 연락을 끊는, 차단하는
🔁 분리하다 detach, separate    🔁 연결하다 join, link

---

**1953** ★★★★★

**military**
[mílitèri]

형 군사의, 군대의
Since boys had to go away for a year for their **military** service, I, too, would be allowed to travel for a year. EBS 연계
사내아이들은 자신들의 군대 복무를 위해서 일 년 동안 떠나 있어야 했으므로, 나도 일 년 동안 여행을 허락받고자 했다.
🔁 militarize 동 군대를 파견하다, 무장시키다
🔁 군사의 martial, soldierly    무장한 armed

---

**1954** ★★★★★

**stroke**
[strouk]

명 타법, 팔 젓기, 영법, 뇌졸중  동 쓰다듬다
Finally, this new **stroke** — now known as the 'butterfly' — won recognition as the fourth swimming **stroke**, and became an Olympic event in 1956. 대수능
마침내, 현재 '접영'으로 알려진 이 새 영법은 네 번째 수영 영법으로 인정을 받게 되었고, 1956년에 올림픽 종목이 되었다.
🔁 strike 동 때리다
🔁 타법 blow    쓰다듬다 caress

---

**1955** ★★★★★

**flu**
[flu:]

명 유행성 감기, 독감, 인플루엔자(=influenza)
**Flu** and colds spread very quickly, especially with the large amount of contact that people have with each other. 모평
독감과 감기는, 특히 사람들이 서로 갖는 접촉의 양이 많으면, 매우 빨리 퍼진다.
🔁 avian flu[influenza] 조류 독감
🔁 influenza

---

## 1956 ★★★★★

### parliament
[pάːrləmənt]

**명** 의회, 국회
Universal domains of society are represented by specific institutions (such as the family, subsistence farming, the British **Parliament**, and the Church of England). 모평
사회의 보편적인 영역은(가족, 자급 농업, 영국 의회, 그리고 영국 국교회 같은) 구체적인 제도에 의해 표현된다.
🟥 parliamentary **형** 의회의
🟢 congress, assembly

## 1957 ★★★★★

### relieve
[rilíːv]

**동** (부담·고통 등을) 덜어 주다, 안도하게 하다, 완화하다
We need to **relieve** our conscious minds so we can solve new problems as they come up. 모평
우리는 새로운 문제들이 발생할 때 그것들을 해결할 수 있도록 의식적인 마음의 부담을 덜어 주어야 한다.
🟥 relief **명** 경감, 안도, 안심    relieved **형** 안도하는, 다행으로 여기는
🟢 안도하게 하다 ease    완화하다 alleviate    🟠 짐을 지우다 burden

## 1958 ★★★★★

### intent
[intént]

**명** 의도, 의향 **형** 강한 관심을 보이는, 몰두한, 열중한
Restoration assumes that one can recreate an artist's original **intent** and product. 모평
복원은 예술가의 본래 의도와 작품을 재창조할 수 있다고 가정한다.
🟥 intend **동** 의도하다, 작정하다
🟢 의도 intention, purpose    몰두한 absorbed, preoccupied

## 1959 ★★★★★

### clumsy
[klʌ́mzi]

**형** 서투른, 어설픈
I had broken my leg skiing last winter and had received some money from a school insurance policy designed to reward unfortunate, **clumsy** children. EBS 연계
나는 지난겨울 스키를 타다가 다리가 부러졌는데, 불운하고도 서투른 아이들에게 보상하기 위해 마련된 학교 보험에서 돈을 약간 받았다.
🟥 clumsiness **명** 어색함, 서투름
🟢 awkward, inept    🟠 능숙한 skillful, adept

## 1960 ★★★★★

### brilliant
[bríljənt]

**형** 뛰어난, 우수한, 빛나는, 눈부신
Nuttall was a **brilliant** archaeologist who carved a career for herself by pursuing independent research. 모평
Nuttall은 독자적인 연구를 수행함으로써 자력으로 경력을 개척한 뛰어난 고고학자였다.
🟥 brilliance **명** 탁월, 걸출, 광휘, 광채
🟢 총명한 intelligent    빛나는 splendid    🟠 우둔한 dull    어두운 gloomy

## 1961 ★★★★★

### spineless
[spáinlis]

**형** 척추가 없는, 가시가 없는
**Spineless** and flat against the ground, it has triangular tubercles that overlap in a star-shaped pattern. 모평
그것은 가시가 없이 바닥에 평평하게 퍼져 있으며, 별 모양 패턴으로 중첩하는 삼각형의 작은 돌기를 가지고 있다.
🟥 spine **명** 척추, 등뼈, 가시
🟢 가시가 없는 thornless

---

**1962** ★★★★★

## implement
[ímpləmènt]

동 시행하다, 실행에 옮기다
The governments of the world proclaim human rights but have a highly variable record of **implementing** them. 모평
세계 각국 정부가 인권을 선포하지만, 그것을 실행에 옮기는 데는 매우 가변적인 기록을 갖고 있다.
파 **implementation** 명 이행, 실행
유 administer, enforce, execute

---

**1963** ★★★★★

## pillar
[pílər]

명 기둥, 중심부
What waited for me in this new world was tree-lined avenues and brick buildings with white **pillars**. 모평
이 새로운 세상에서 나를 기다리는 것은 나무가 줄지어 있는 가로수 길과 하얀 기둥이 있는 벽돌 건물들이었다.
유 column, support, mainstay

---

**1964** ★★★★★

## inscription
[inskrípʃən]

명 새겨진 글, 적힌 글, 비문
The bell tower is relatively new, from 1897, but the church building, as the **inscription** above the western entrance tells us, dates from 1851. 모평
그 종탑은 1897년부터 있었던 비교적 새것이지만, 그 교회 건물은 서쪽 입구 위에 새겨진 글이 우리에게 말해 주듯이 1851년까지 거슬러 올라간다.
파 **inscribe** 동 새기다, 파다
유 조판 engraving   비문 epitaph

---

**1965** ★★★★★

## resemble
[rizémbl]

동 닮다, 비슷하다
The underlying idea of world history is that the interaction among human societies **resembles** not the relationships among billiard balls, but rather among bacteria. 모평
세계사의 기본 개념은 인간 사회 간의 상호 작용이 당구공들 사이의 관계가 아니라 박테리아 사이의 관계와 닮았다는 것이다.
파 **resemblance** 명 닮음, 비슷함, 유사함
유 mirror, parallel, duplicate

---

**1966** ★★★★★

## choir
[kwáiər]

명 합창단, 성가대
When she was six years old, Anderson started singing in the **choir** of the Union Baptist Church in Philadelphia. EBS 연계
6세 때 Anderson은 Philadelphia의 Union Baptist Church의 성가대에서 노래를 부르기 시작했다.
파 **choirmaster** 성가대[합창단] 지휘자
유 chorus

---

**1967** ★★★★★

## rub
[rʌb]

동 문지르다, 비비다
Bill care is important, and the birds **rub** their bills frequently across a branch or bark to keep them clean. 모평
부리의 관리가 중요하여 그 새들은 부리를 깨끗하게 유지하기 위해 나뭇가지나 나무 껍질에 그것을 자주 문지른다.
유 polish, wipe

---

## 1968 ★★★★★

**divorce**
[divɔ́ːrs]

몡 이혼, 분리, 단절 통 이혼하다, 분리하다, 단절하다
This refusal again functions to **divorce** the critic from an image of a mindless, pleasure-seeking crowd. 모평
이런 거부는 다시 아무 생각 없이 쾌락을 추구하는 군중의 이미지로부터 비평가를 분리하는 기능을 한다.
파 divorced 혱 이혼한, 분리된
요 분리 separation, break-up, parting

## 1969 ★★★★★

**stack**
[stæk]

몡 더미, 서가, 다량, 많음
In this regard, even a journey through the **stacks** of a real library can be more fruitful than a trip through today's distributed virtual archives. 대수능
이러한 면에서, 심지어 실제 도서관의 서가를 훑고 다니는 것마저도 오늘날 분산된 가상의 기록 보관소를 뒤지는 것보다 더 유익할 수 있다.
파 stacked 혱 잔뜩 쌓인
요 더미 pile, heap

## 1970 ★★★★★

**barber**
[bɑ́ːrbər]

몡 이발사
I didn't think much about Carnegie's method until one day I was sitting in a **barber**'s chair. EBS 연계
내가 어느 날 어떤 이발사의 의자에 앉아 있게 될 때까지 나는 Carnegie의 방법에 대해 많이 생각하지 않았다.
파 barbershop 몡 이발소
요 haircutter

## 1971 ★★★★★

**upcoming**
[ʌ́pkʌ̀miŋ]

혱 다가오는, 곧 있을
Sharon received a ticket to an **upcoming** tango concert from her friend. 모평
Sharon은 자신의 친구로부터 다가오는 탱고 콘서트 표를 받았다.
요 approaching, imminent, impending    반 최근의 late, recent

## 1972 ★★★★★

**descent**
[disént]

몡 하강, 하락
The results could be life-threatening without immediate medical attention and **descent** to lower altitudes. EBS 연계
즉각적인 치료와 더 낮은 고도로의 하강이 없다면 결과는 생명을 위협하는 것일 수도 있다.
파 descend 통 내려가다, 하강하다    descendant 몡 자손, 후손
요 fall, drop    반 ascent, rise, soaring

## 1973 ★★★★★

**sauce**
[sɔːs]

몡 소스, 양념, 자극, 재미
Let's say that you've just sat down to enjoy a bowl of pasta with your favorite **sauce**. EBS 연계
여러분이 가장 좋아하는 소스가 들어 있는 파스타 한 그릇을 맛보기 위해서 방금 자리에 앉았다고 해 보자.
파 sauceless 혱 소스를 치지 않은, 재미없는
요 소스 dressing, dip

**1974** ★★★★★

**equator**
[ikwéitər]

몡 적도

Here, indeed, south of the **equator**, the waxing moon appears to be on the left. 모평

사실 적도 남쪽인 여기에서 상현달은 왼쪽에 있는 것처럼 보인다.

웹 equate 통 같게 하다, 균등하게 하다

윤 tropics 몡 회귀선

**1975** ★★★★★

**nail**
[neil]

몡 손톱, 발톱, 못 통 고정하다, 못을 박다

Suppose you have a bag of small hardware—screws, **nails**, and so on—and you decide to organize them into little jars. 모평

여러분이 작은 철물, 즉 나사, 못, 기타 등등이 들어 있는 자루를 가지고 있고 그것들을 작은 단지 안에 정리해 넣기로 한다고 가정해 보라.

윤 못 tack, spike    고정하다 fasten, fix

# Advanced Step

**1976** ★★★★☆

## to say nothing of

~은 말할 것도 없고 (= not to mention, not to speak of)
It will take a lot of time to solve the problem, **to say nothing of** the cost.
그 문제를 해결하려면, 비용은 말할 것도 없고, 많은 시간이 걸릴 것이다.

'말하다'와
관련된 표현

**1977** ★★★★☆

### needless to say

말할 필요도 없이, 두말하면
잔소리지만
**Needless to say**, she was
upset about the result.
말할 필요도 없이, 그녀는 그 결과에
대해 화가 났다.

**1980** ★★★★☆

### speak well[ill] of

~에 대해 좋게[나쁘게] 말하다
Most of his neighbors
**spoke well of** him.
그의 이웃 사람들 대부분은 그를 좋게 말했다.

**1978** ★★★★☆

### to tell (you) the truth

사실대로[솔직히] 말하면
(= to be honest[frank] with you)
**To tell you the truth**, I was afraid to
open the door.
사실대로 말하면, 나는 문을 여는 것이 두려웠다.

**1979** ★★★★★

### so to speak

말하자면, 달리 표현하자면
He is, **so to speak**, the lead wolf
of the group.
그는, 말하자면 그 집단의 우두머리 늑대이다.

# Review Test

## A

영어는 우리말로, 우리말은 영어로 쓰시오.

**1.** attitude _____
**2.** 유기체, 생물  o_____
**3.** investigate _____
**4.** 군대의  m_____
**5.** implement _____
**6.** 요인, 요소  f_____
**7.** steep _____
**8.** 적도  e_____

## B

영어 단어와 우리말 뜻을 연결하시오.

**1.** fascinated •
**2.** clumsy •
**3.** vulnerable •

• **a.** 마음을 빼앗긴, 매료된
• **b.** 상처받기 쉬운, 취약한
• **c.** 서투른, 어설픈

## C

다음 주어진 뜻에 해당하는 밑줄 친 단어의 파생어를 쓰시오.

**1.** cultural <u>diversity</u>　　　　　[형] _____ 다양한
**2.** make a successful <u>descent</u>　　[동] _____ 내려가다, 하강하다
**3.** look highly <u>elaborate</u>　　　　[명] _____ 정교, 공들임

## D

밑줄 친 단어의 유의어 혹은 반의어를 쓰시오.

**1.** <u>relieve</u> the tension　　　[유] e_____
**2.** an <u>upcoming</u> storm　　　[유] a_____
**3.** a <u>primitive</u> society　　　[반] c_____

정답
**A 1.** 태도, 자세　**2.** (o)rganism　**3.** 조사하다, 수사하다　**4.** (m)ilitary　**5.** 시행하다, 실행에 옮기다
　**6.** (f)actor　**7.** 가파른, 급격한　**8.** (e)quator
**B 1.** a　**2.** c　**3.** b
**C 1.** diverse　**2.** descend　**3.** elaboration
**D 1.** (e)ase　**2.** (a)pproaching　**3.** (c)ivilized

# Actual Test

다음 글의 밑줄 친 부분 중, 문맥상 낱말의 쓰임이 적절하지 <u>않은</u> 것은?

모평

One misconception that often appears in the writings of physical scientists who are looking at biology from the outside is that the environment appears to them to be a static entity, which cannot contribute new bits of information as evolution progresses. This, however, is by no means the case. Far from being static, the environment is constantly changing and offering new ① challenges to evolving populations. For higher organisms, the most significant changes in the environment are those produced by the contemporaneous evolution of other organisms. The evolution of a horse's hoof from a five-toed foot has ② enabled the horse to gallop rapidly over open plains. But such galloping is of no ③ advantage to a horse unless it is being chased by a predator. The horse's efficient mechanism for running would never have evolved except for the fact that meat-eating predators were at the same time evolving more efficient methods of ④ attack. Consequently, laws based upon ecological relationships among different kinds of organisms are ⑤ optional for understanding evolution and the diversity of life to which it has given rise

\*hoof 발굽 \*\*gallop 질주하다 \*\*\*predator 포식자

해석

외부로부터 생물학을 보고 있는 물리 과학자들의 글에서 자주 나타나는 한 가지 오해는 환경이 그들에게는 진화가 진행됨에 따라 새로운 정보를 제공할 수 없는 정적인 독립체로 보인다는 것이다. 그러나 이것은 결코 사실이 아니다. 정적이기는커녕 오히려 환경은 끊임없이 변하고 있으며 진화하는 개체군에게 새로운 도전을 제공하고 있다. 고등 생물의 경우, 환경의 가장 중요한 변화는 다른 생물의 동시대 진화에 의해 생성된 변화이다. 발가락이 다섯 개 달린 발로부터 말발굽으로 진화하면서 말은 탁 트인 평야를 빠르게 질주할 수 있었다. 그러나 그러한 질주는 포식자에 의해 쫓기지 않는 한, 말에게 득이 되지 않는다. 달리기를 위한 말의 효율적인 기제는 육식성 포식자가 동시에 더 효율적인 공격 방법을 진화시키고 있었다는 사실이 없었다면 결코 진화하지 않았을 것이다. 결과적으로, 서로 다른 종류의 생물 간의 생태적 관계에 기초한 법칙은 진화와 그것이 발생시킨 생물의 다양성을 이해하는 데 선택적(→ 필수적)이다.

해설 한 생물의 진화는 다른 생물들의 진화와 긴밀하게 상호 작용을 하면서 이루어진다는 것이 글의 중심 내용으로, 서로 다른 생물 간의 생태적 관계에 기초한 법칙은 진화와 그것이 발생시킨 생물의 다양성을 이해하는 데 필수적일 것이다. 따라서 ⑤의 optional을 essential과 같은 낱말로 바꾸어야 한다.

정답 ⑤

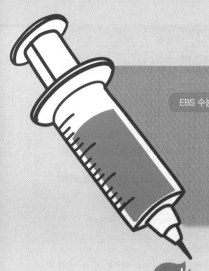

# DAY 37

## Word Preview

- [ ] various
- [ ] access
- [ ] method
- [ ] sign
- [ ] analyze
- [ ] associate
- [ ] reveal
- [ ] ensure
- [ ] advertising
- [ ] regulate
- [ ] gradually
- [ ] starve
- [ ] cooperate
- [ ] essence
- [ ] derive
- [ ] mount
- [ ] phrase

- [ ] stillness
- [ ] entail
- [ ] branch
- [ ] recipient
- [ ] scheme
- [ ] multiply
- [ ] quantity
- [ ] run-down
- [ ] ingenuity
- [ ] lift
- [ ] ongoing
- [ ] reluctance
- [ ] burden
- [ ] afford
- [ ] endeavor
- [ ] authorize
- [ ] mention

- [ ] sponsor
- [ ] dialect
- [ ] solidarity
- [ ] panic
- [ ] weave
- [ ] lodge
- [ ] dub
- [ ] linearly
- [ ] aboard
- [ ] flesh
- [ ] secretary
- [ ] confess
- [ ] astronomy
- [ ] altruism
- [ ] feverishly
- [ ] segment

| 1981 | ★★★★★ |
|---|---|

## various
[vέ(ː)əriəs]

형 다양한, 여러 가지의, 각양각색의
Feelings may affect **various** aspects of your eating, including your food choices, where and with whom you eat, and the speed at which you eat. 모평
감정은 여러분의 음식 선택, 어디서 누구와 식사할지, 그리고 식사하는 속도를 포함하여, 식사의 다양한 측면에 영향을 줄 수도 있다.
파 **variety** 명 다양성   **vary** 동 다르다, 바뀌다, 변화하다
유 다양한 different, diverse   유 비슷한 similar   균일한 uniform

| 1982 | ★★★★★ |
|---|---|

## access
[ǽkses]

명 접근, 입장, 접속, 이용  동 접속하다
This favours those who can pay, rather than ensuring **access** to all in the community. 모평
이것은 지역 사회의 모든 사람에게 이용을 보장하기보다는 비용을 지불할 수 있는 사람들에게 유리하다.
파 **accessible** 형 접근 가능한, 이용 가능한
유 입장 admission, entry   반 퇴장(하다) exit

| 1983 | ★★★★★ |
|---|---|

## method
[méθəd]

명 방법, 체계
The philosophy of science seeks to get a balanced view on what the scientific **method** can and cannot achieve. 대수능
과학 철학은 과학적 방법이 성취할 수 있는 것과 성취할 수 없는 것에 대한 균형 잡힌 시각을 가지려고 노력한다.
파 **methodology** 명 방법론
유 접근법 approach   방법 fashion, manner

| 1984 | ★★★★★ |
|---|---|

## sign
[sain]

명 기호, 표시, 신호, 징후, 조짐  동 서명하다, 계약하다
For many people, one of the classic **signs** of emotional eating is night eating. 대수능
많은 사람들에게 있어 감정적으로 먹는 것의 전형적인 징후 중의 하나가 밤에 먹는 것이다.
파 **signature** 명 서명
유 기호 symbol   징후 symptom   서명하다 autograph

| 1985 | ★★★★★ |
|---|---|

## analyze
[ǽnəlàiz]

동 분석하다, 분해하다, 검토하다
It is not surprising that humans use all their five senses to **analyze** food quality. 대수능
인간이 음식의 질을 분석하기 위해 자신의 오감 모두를 사용한다는 것은 놀랍지 않다.
파 **analysis** 명 분석, 연구   **analytic/analytical** 형 분석적인
유 분석하다 dissect   검토하다 examine   반 종합하다 synthesize

| 1986 | ★★★★★ |
|---|---|

## associate
[əsóuʃièit]

동 관련시키다, 연상하다, 결합하다  명 [əsóuʃiət] 동료, 동업자
We tend to **associate** complex behavior with complex mental operations. 모평
우리는 복잡한 행동을 복잡한 정신적 작용과 관련시키는 경향이 있다.
파 **association** 명 연관성, 연계, 제휴, 협회   **associative** 형 연합의
유 관련시키다 connect, relate   결합하다 combine

## 1987　★★★★★

**reveal**
[rivíːl]

통 드러내다, 밝히다, 폭로하다
A closer look **reveals** the flaw in this analogy: The extended costume of animals is the result of their genes. 모평
더 자세히 살펴보면 이 비유의 결점이 드러나는데, 그것은 동물들의 확장된 의상은 그들의 유전자의 결과물이라는 것이다.
ㄹ **revelation** 명 폭로, (신의) 계시
㈜ disclose, expose, unveil　㈎ cover, hide, mask

## 1988　★★★★★

**ensure**
[inʃúər]

통 보장하다, 반드시 ~하게 하다
Doing so will **ensure** more lasting success in reaching one's goals. 모평
그렇게 하는 것은 목표를 달성하는 것에서 더 지속적인 성공을 보장할 것이다.
ㄹ **ensurer** 명 책임지는 사람, 보증인
㈜ 보장하다 assure, guarantee, secure

## 1989　★★★★★

**advertising**
[ǽdvərtàiziŋ]

명 광고, 광고업
A few magazines, like *Consumer Reports*, work toward objectivity and therefore contain no **advertising**. 대수능
'Consumer Reports'와 같은 몇몇 잡지는 객관성을 지향하고, 따라서 광고를 싣지 않는다.
ㄹ **advertise** 통 광고하다　**advertisement** 명 광고
㈜ commercial, promotion

## 1990　★★★★★

**regulate**
[régjulèit]

통 규제하다, 통제하다, 조절하다
There had been many attempts to **regulate** slaughterhouses before the war, but the strong butchers' lobby had beaten them back. EBS 연계
전쟁 전에 도축장을 규제하려는 많은 시도가 있었지만, 도축업자들의 강력한 로비가 그것들을 무산시켰다.
ㄹ **regulation** 명 규정, 규제, 통제　**regulatory** 형 규제력을 지닌
㈜ 통제하다 control　억제하다 curb, inhibit

## 1991　★★★★★

**gradually**
[grǽdʒuəli]

부 점진적으로, 서서히
If the change is successful, genetic adaptation to the new behaviour will follow more **gradually**. 모평
그 변화가 성공적이면, 새로운 행동에 대한 유전적 적응이 더 점진적으로 뒤따를 것이다.
ㄹ **gradual** 형 점진적인, 서서히 일어나는
㈜ slowly, steadily, gently　㈎ suddenly, abruptly

## 1992　★★★★★

**starve**
[stɑːrv]

통 굶주리다, 기아를 겪다, 부족을 느끼게 하다
That some organisms must **starve** in nature is deeply regrettable and sad. 모평
일부 생물체들이 자연에서 굶주려야 한다는 것은 매우 유감스럽고 슬프다.
ㄹ **starvation** 명 굶주림, 기아
㈜ 부족을 느끼게 하다 deprive, rob

| 1993 | ★★★★★ |
|---|---|

**cooperate**
[kouápərèit]

동 협력하다, 협조하다
Archaeologists are not asked to **cooperate** with tomb robbers, who also have valuable historical artifacts. 대수능
고고학자들은 도굴꾼들과 협력하라는 요청을 받지는 않는데, 그들(도굴꾼들)도 역시 가치 있는 역사적 유물을 가지고 있다.
파 **cooperation** 명 협동, 협력  **cooperative** 형 협동하는, 협력하는
유 unite, collaborate, concert

| 1994 | ★★★★★ |
|---|---|

**essence**
[ésəns]

명 본질, 정수, 진수
For a $50,000 loan, this meant some customers were in **essence** willing to pay $16,000 more in interest to receive a $100 cell phone. 모평
5만 달러의 대출에 대해, 이 말은 일부 고객들이 100달러짜리 휴대 전화를 받기 위해 본질적으로 이자로 16,000달러를 기꺼이 더 지불한다는 것을 의미했다.
파 **essential** 형 본질적인, 필수적인
유 nature, core

| 1995 | ★★★★★ |
|---|---|

**derive**
[diráiv]

동 얻다, 끌어내다, 유래하다, 유래를 찾다
More than half of Americans age 18 and older **derive** benefits from various transfer programs. 모평
18세 이상의 미국인들 중 절반이 넘는 사람들이 다양한 이전 프로그램으로부터 보조금을 얻는다.
파 **derivation** 명 유래, 기원  **derivable** 형 끌어낼 수 있는, 추론할 수 있는
유 얻다 obtain  끌어내다 draw, extract

| 1996 | ★★★★★ |
|---|---|

**mount**
[maunt]

동 시작하다, 증가하다, 오르다
So, when someone is threatening to go to war, or **mounting** a huge public relations campaign to justify it, the news media have a responsibility to question everything. 대수능
그러므로 누군가가 전쟁을 시작하겠다고 위협하거나 그것을 정당화하려고 엄청난 선전 활동을 시작한다면, 뉴스 매체는 모든 것을 의심해야 할 책임이 있다.
파 **mountable** 형 올라갈 수 있는  **mounting** 형 증가하는
유 시작하다 launch  증가하다 increase  오르다 ascend

| 1997 | ★★★★★ |
|---|---|

**phrase**
[freiz]

명 어구, 구절
It was a clever turn of **phrase** that's misleading. 대수능
그것은 오해의 소지가 있는 교묘한 어구의 전환이었다.
파 **phrasal** 형 구로 이루어진, 관용구적인
유 expression, idiom

| 1998 | ★★★★★ |
|---|---|

**stillness**
[stílnis]

명 고요, 정적
I was about 150 yards off the beach, when I felt a sudden chill in the air followed by an uncomfortable **stillness**. 대수능
바닷가에서 약 150야드 떨어져 있었을 때, 나는 갑자기 공기 중에서 갑작스러운 한기를 느꼈고 그 뒤에 불안한 정적이 이어졌다.
파 **still** 형 조용한, 고요한, 정지한, 움직이지 않는
유 calmness, serenity, tranquility  반 unrest, turmoil, noise

## 1999 ★★★★★

### entail
[intéil]

동 수반하다

Crossing the border didn't **entail** much of a cultural difference, with the exception that the schools expected students to speak English. EBS 연계

학교가 학생들에게 영어로 말할 것을 기대한다는 사실을 제외하고는 국경을 건너는 것이 대단한 문화적 차이를 수반하지는 않았다.

파 **entailment** 명 세습 재산

유 포함하다 include, involve, encompass　반 제외하다 exclude

## 2000 ★★★★★

### branch
[bræntʃ]

명 나뭇가지, 지사, 분점

Jennifer looked up to see a small cup-shaped nest within a fork of the **branches**. 모평

Jennifer가 올려다보니 가지가 갈라진 곳 안에 작은 컵 모양의 둥지가 보였다.

파 **branchy** 형 가지가 많은, 우거진　**branchless** 형 가지가 없는

유 나뭇가지 bough　지사 subdivision

## 2001 ★★★★★

### recipient
[risípiənt]

명 받는 사람, 수취인

The students wrote a more positive description when the **recipient** liked the person. 모평

학생들은 받는 사람이 그 사람을 좋아했을 때 더 긍정적인 기술을 했다.

파 **receive** 동 받다, 수령하다

유 받는 사람 receiver　수혜자 beneficiary

## 2002 ★★★★★

### scheme
[ski:m]

명 계획, 기획, 책략

It does not assume that there are universal social domains, preferring instead to discover domains empirically as aspects of each society's own classificatory **schemes**. 모평

그것은 보편적인 사회적 영역이 있다고 가정하지 않고, 그 대신 영역들을 각 사회 나름의 분류 계획의 측면으로서 경험적으로 발견하는 것을 선호한다.

파 **schemeless** 형 계획이 없는, 무계획적인

유 계획 design, plot　책략 tactic

## 2003 ★★★★★

### multiply
[mʌltəplài]

동 곱하다, 크게 증가시키다, 번식하다

Cost estimates follow from time estimates simply by **multiplying** the hours required by the required labor rates. 모평

필요한 인건비와 시간을 단지 곱함으로써, 비용 견적은 시간 견적으로부터 도출된다.

파 **multiplication** 명 곱셈, 증식　**multiple** 형 많은, 다수의, 배수의

유 번식하다 breed, reproduce　반 줄이다 reduce, diminish

## 2004 ★★★★★

### quantity
[kwántəti]

명 양, 수량, 분량

This bottleneck limits the **quantity** of information to which we can pay attention. 모평

이 병목은 우리가 주의를 기울일 수 있는 정보의 양을 한정한다.

파 **quantify** 동 수량화하다　**quantitative** 형 양적인

유 amount, volume　반 질 quality

---

**2005** ★★★★★

## run-down
[rʌndáun]

형 황폐한
The old town hall was ancient and **run-down**. 모평
구 시청은 아주 오래되고 황폐했다.
동 **run down** (건전지 등을) 다 되게 하다, 멈추다, 줄이다
유 neglected, shabby  반 rebuilt, reconstructed

---

**2006** ★★★★★

## ingenuity
[ìndʒənjúːəti]

명 창의력, 기발한 재주, 재간
For every toxic product in use today, there is a safer
alternative — either already in existence, or waiting to be
discovered through the application of human **ingenuity**. 모평
오늘날 사용 중인 모든 독성 제품에는, 이미 존재하거나 인간의 창의력의 적용을 통
해 발견되기를 기다리고 있는, 더 안전한 대안이 있다.
파 **ingenious** 형 기발한, 독창적인
유 독창성 originality  지략 resourcefulness
반 dullness, clumsiness

---

**2007** ★★★★★

## lift
[lift]

동 들어 올리다, (기분이) 좋아지게 하다, 북돋우다
It became very painful to take a breath, and I could hardly
**lift** my feet off the ground. EBS 연계
숨을 쉬는 것이 매우 고통스러워졌고, 나는 땅에서 발을 거의 들어 올릴 수가 없었다.
파 **liftable** 형 들어 올릴 수 있는, 향상시킬 수 있는
유 들어 올리다 raise, elevate  북돋우다 boost

---

**2008** ★★★★★

## ongoing
[ɑngóuiŋ]

형 계속 진행 중인
Faster music causes people to drive at faster speeds, as they
engage mentally and physically with **ongoing** repeated
structures in the music. 모평
보다 빠른 음악은 사람들로 하여금 더 빠른 속도로 운전하게 하는데, 이는 그들이 정
신적으로나 육체적으로 음악에서 계속 진행되는 반복적인 구조에 몰두하기 때문이다.
동 **go on** 계속되다
유 continuing, current, proceeding

---

**2009** ★★★★★

## reluctance
[rilʌ́ktəns]

명 싫음, 꺼림, 마음 내키지 않음
Psychologists use the term *cognitive miser* to describe
people's **reluctance** to do much extra thinking. EBS 연계
심리학자들은 사람들이 필요 이상의 많은 사고를 하기를 꺼린다는 것을 설명하기 위
해 '인지적 구두쇠'라는 용어를 사용한다.
파 **reluctant** 형 꺼리는, 마지못해 하는, 주저하는
유 unwillingness, aversion, hesitancy  반 inclination, eagerness

---

**2010** ★★★★★

## burden
[bə́ːrdən]

명 부담, 짐 동 짐을 지우다, 부담을 주다
A statement of fact with no other context puts the **burden**
on the asker to take the next step. 모평
다른 맥락 없이 하는 사실의 진술은 질문자에게 그다음 단계로 나아가는 부담을 지
운다.
파 **burdensome** 형 부담스러운, 힘든
유 load  반 짐을 내리다 unload  부담을 덜다 relieve

---

## afford
[əfɔ́ːrd]

통 여유가 있다, (~을 살[할]) 형편이 되다, 제공하다
Your donations will help support children in our community who may not be able to **afford** books. 모평
귀하의 기부는 도서를 살 형편이 되지 못할 수도 있는 우리 지역 사회의 어린이들을 지원하는 데 도움이 될 것입니다.
파 **affordable** 형 (가격 등이) 알맞은, 감당할 수 있는
유 제공하다 supply

## endeavor
[indévər]

명 노력, 애씀 통 노력하다
The extended copyright protection frustrates creative **endeavors** such as including poetry and song lyrics on Internet sites. 대수능
연장된 판권 보호는 인터넷 사이트에 시와 노래 가사를 넣는 것과 같은 창의적인 노력을 좌절시킨다.
파 **endeavorer** 명 노력하는 사람, 애쓰는 사람
유 노력 effort, struggle

## authorize
[ɔ́ːθəràiz]

통 권한을 부여하다, 정식으로 허가하다, 정당성을 인정하다
Knowledge isn't knowledge unless it has been **authorized** by disciplinary specialists. 모평
지식은 학문 분야의 전문가들에게 정당성을 인정받지 않으면 지식이 아니다.
파 **authority** 명 권한, 당국　**authorization** 명 인가, 허가(증)
유 권한을 부여하다 empower, entitle　반 자격을 박탈하다 disqualify

## mention
[ménʃən]

통 말하다, 언급하다
Some of it belonged to Stacey, Christopher, and John, not to **mention** the part that belonged to big mama and mama. 모평
그것의 일부는 Stacey, Christopher, 그리고 John의 것이었고, 할머니와 엄마의 것이었던 부분은 말할 것도 없었다.
파 **mentionable** 형 언급할 가치가 있는
유 state, cite

## sponsor
[spánsər]

명 후원자 통 후원하다
Over time, the product became popular in other contexts, and the company began to **sponsor** the PGA European Tour to expand its reach to older golfers. 모평
시간이 지나면서 그 제품은 다른 상황에서 인기가 생겼고, 그 회사는 그 영역을 골프를 치는 노인들로 확장하기 위해 PGA European Tour를 후원하기 시작했다.
파 **sponsorship** 명 후원, 협찬
유 후원자 backer, patron

## dialect
[dáiəlèkt]

명 방언, 사투리
The approach most consistent with culturally responsive teaching is to first accept the **dialect** and then build on it. 대수능
문화에 감응하는 가르침과 가장 일치하는 접근법은 먼저 방언을 인정하고 그것을 기반으로 삼는 것이다.
파 **dialectal** 형 방언의, 방언 특유의
유 vernacular

DAY 37

**2017** ★★★★☆

## solidarity
[sὰlidǽrəti]

명 연대, 결속력

As the opposite of local networks, cosmopolitan networks offer little **solidarity** and have little capacity to comfort and sustain members.  모평

지역 네트워크의 반대로서의 범세계적인 네트워크는 연대감을 거의 주지 못하고, 구성원들을 위로하고 지탱할 능력이 거의 없다.

파 **solidarize** 동 단결하다, 결속하다    **solid** 형 단단한, 고체의
유 unification, cohesion    반 disorder, conflict, turmoil

**2018** ★★★★★

## panic
[pǽnik]

명 극심한 공포, 공황 동 겁에 질려 어쩔 줄 모르다

There was a certain **panic** in his voice that demanded attention.  대수능

그의 목소리에는 주의를 요구하는 어떤 공포가 있었다.

파 **panicky** 형 공황 상태에 빠진, 겁에 질린
유 공포 dread, fright, horror

**2019** ★★★★★

## weave
[wi:v]

동 짜다, 엮다

These workshops were disappearing by the thirteenth century, although in some parts of Europe women continued to **weave** silk.  EBS 연계

비록 유럽의 일부 지역에서 여성들이 계속해서 비단을 짜고 있었지만 이러한 작업장은 13세기쯤에는 사라지고 있었다.

파 **weaver** 명 베 짜는 사람, 방직공
유 knit, twist, intertwine

**2020** ★★★☆☆

## lodge
[lɑdʒ]

명 오두막, 산장 동 제기하다, 제출하다

They include spiritual rituals, oral histories, and the organization of ceremonial **lodges**.  모평

그것들은 영적 제사, 구전 역사, 그리고 의식용 오두막집의 조직을 포함한다.

파 **lodgment** 명 숙박, 숙소    **lodgeable** 형 숙박할 수 있는
유 오두막 cabin, cottage, hut

**2021** ★★★☆☆

## dub
[dʌb]

동 별명을 붙이다, 재녹음하다, 더빙하다

**Dubbing** a foreign movie into one's own language requires that the translator develop a version of the original line that can most easily be spoken in the time that the foreign actor's mouth is moving.  EBS 연계

외국 영화를 자기 나라 말로 더빙하는 것은 외국 배우의 입이 움직이는 시간 안에 가장 쉽게 말해질 수 있는 원래 대사의 번역한 버전을 번역가가 만들어 낼 것을 요구한다.

파 **dubbing** 명 더빙, 재녹음
유 별명을 붙이다 nickname, call

**2022** ★★★★☆

## linearly
[líniərli]

부 선형으로, 곧바로, 직접적으로

We can see from this that health is not **linearly** related to control.  모평

이것으로부터 우리는 건강이 통제와 직접적으로 관련되지 않는다는 것을 알 수 있다.

파 **linear** 형 선형의, 선으로 된    **linearity** 명 직선성, 선형성
유 direct, straightforward

## 2023 ★★★★★

**aboard**
[əbɔ́:rd]

- 閂 탑승하여, 승선하여
- But symbolically it prepares the cockpit crew for their awesome responsibility of getting all the souls **aboard** safely to their destinations. EBS 연계
- 그러나 상징적으로 그것은 운항 승무원들에게 탑승한 모든 사람을 안전하게 그들의 목적지로 데려다주는 자신들의 엄청난 책무에 대한 준비를 하게 한다.
- ⑩ board 图 탑승하다, 승선하다
- 反 ashore 閂 해변에, 물가에, 육상에

## 2024 ★★★★★

**flesh**
[fleʃ]

- 명 살, 고기, 과육, 육체
- A robot might have needs, but to understand desire, one needs language and **flesh**. 대수능
- 로봇은 욕구를 가질 수 있지만, 욕망을 이해하기 위해서는 언어와 육체가 필요하다.
- ⑩ fleshy 형 살집이 있는, 살찐, 다육질의    fleshly 형 육체의
- 同 고기 meat

## 2025 ★★★★★

**secretary**
[sékrətèri]

- 명 비서, 장관
- Around 1323, he became **secretary** and chaplain to John, king of Bohemia. 모평
- 1323년 무렵에 그는 Bohemia의 왕 John의 비서이자 군목이 되었다.
- ⑩ secretaryship 명 비서관의 직[임기], 장관의 직[임기]
- secretarial 형 비서직의, 비서 일의
- 同 장관 minister

## 2026 ★★★★★

**confess**
[kənfés]

- 图 자백하다, 고백하다
- He later **confessed** that he was having a great deal of trouble completing his tasks. 모평
- 나중에 그는 자신의 업무를 완수하는 데 많은 어려움을 겪고 있다고 고백했다.
- ⑩ confession 명 자백, 고백, 고해 성사
- confessable 형 고백할 수 있는, 인정할 수 있는
- 同 밝히다 disclose    털어놓다 confide    反 숨기다 conceal    부인하다 deny

## 2027 ★★★★☆

**astronomy**
[əstránəmi]

- 명 천문학
- Before the night sky observations with telescopes, there will be a special lecture on **astronomy**. 모평
- 망원경으로 밤하늘을 관찰하기 전에 천문학에 관한 특별 강연이 있을 것입니다.
- ⑩ astronomer 명 천문학자
- astronomical 형 천문학의, 천문학적인, 어마어마한

## 2028 ★★★☆☆

**altruism**
[ǽltru(:)ìzəm]

- 명 이타주의, 이타심
- Wilson suggests that continued **altruism** is due to the evolutionary motivation of genes to defend and protect the species gene pool. EBS 연계
- Wilson은 계속되는 이타주의는 종의 유전자 풀을 방어하고 보호하려는 유전자의 진화적 동기에서 기인한다고 말한다.
- ⑩ altruist 명 이타주의자    altruistic 형 이타적인
- 同 사심이 없음 selflessness    反 탐욕 greed    이기적임 selfishness

DAY 37

**2029** ★★★☆☆

**feverishly**
[fíːvəriʃli]

㉘ 열병에 걸린 것 같이, 안절부절못하여
Evelyn found her baby daughter, Julie, tossing **feverishly** and giving out odd little cries. 모평
Evelyn은 어린 딸 Julie가 안절부절못하고 뒤치락거리면서 이상한 작은 울음소리를 내는 것을 발견했다.
㉞ feverish ㉖ 몹시 흥분한, 열이 나는   fever ㉑ 열병, 흥분
㉮ 안절부절못하여 restlessly, impatiently   ㉤ calmly, coolly

**2030** ★★★★☆

**segment**
[ségmənt]

㉑ 부분, 단편, 조각 ㉕ 나누다, 분할하다
A growing **segment** of humankind has come to see war as simply inconceivable. EBS 연계
점점 더 많은 수의 사람들이 전쟁을 정말이지 상상도 할 수 없는 것으로 여기게 되었다.
㉞ segmentation ㉑ 구분, 분할   segmental ㉖ 부분의, 구분의
㉮ 부분 section, piece, portion   ㉤ 전체 whole, totality

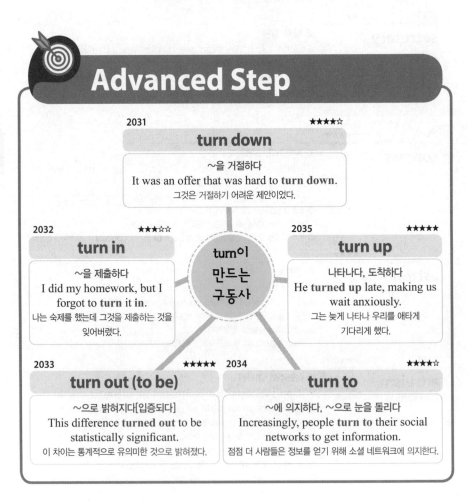

# Advanced Step

**2031** ★★★★☆

## turn down

~을 거절하다
It was an offer that was hard to **turn down**.
그것은 거절하기 어려운 제안이었다.

**2032** ★★★☆☆

## turn in

~을 제출하다
I did my homework, but I forgot to **turn** it **in**.
나는 숙제를 했는데 그것을 제출하는 것을 잊어버렸다.

turn이
만드는
구동사

**2035** ★★★★★

## turn up

나타나다, 도착하다
He **turned up** late, making us wait anxiously.
그는 늦게 나타나 우리를 애타게 기다리게 했다.

**2033** ★★★★★

## turn out (to be)

~으로 밝혀지다[입증되다]
This difference **turned out** to be statistically significant.
이 차이는 통계적으로 유의미한 것으로 밝혀졌다.

**2034** ★★★★☆

## turn to

~에 의지하다, ~으로 눈을 돌리다
Increasingly, people **turn to** their social networks to get information.
점점 더 사람들은 정보를 얻기 위해 소셜 네트워크에 의지한다.

# Review Test

## A
영어는 우리말로, 우리말은 영어로 쓰시오.

1. access _____
2. 본질, 진수    e _____
3. regulate _____
4. 곱하다    m _____
5. starve _____
6. 후원자    s _____
7. entail _____
8. 천문학    a _____

## B
영어 단어와 우리말 뜻을 연결하시오.

1. dialect •
2. segment •
3. altruism •

• a. 이타주의, 이타심
• b. 방언, 사투리
• c. 부분, 단편

## C
다음 주어진 뜻에 해당하는 밑줄 친 단어의 파생어를 쓰시오.

1. analyze a problem    명 _____ 분석, 연구
2. showed amazing ingenuity    형 _____ 기발한, 독창적인
3. confess a crime    명 _____ 자백, 고백

## D
밑줄 친 단어의 유의어 혹은 반의어를 쓰시오.

1. lift a heavy load    유 r _____
2. moved gradually forward    반 s _____
3. reveal the secret    반 h _____

---

정답

A 1. 접근 입장, 접속(하다)  2. (e)ssence  3. 규제하다, 통제하다  4. (m)ultiply  5. 굶주리다
   6. (s)ponsor  7. 수반하다  8. (a)stronomy
B 1. b  2. c  3. a
C 1. analysis  2. ingenious  3. confession
D 1. (r)aise  2. (s)uddenly  3. (h)ide

# Actual Test

(A), (B), (C)의 각 네모 안에서 문맥에 맞는 낱말로 가장 적절한 것을 고르시오.

모평

Although children watch television at various times, the programming that they view alone tends to be specifically aimed at children. In the United States particularly, most of the advertising during this segment consists of ads for food, particularly sugared food. During the run-up to Christmas, (A) increasing / decreasing numbers of ads concern toys and games. Such practices are believed to put pressure on parents to yield to what the media have dubbed "pester power." This has led to calls for legislation to (B) promote / regulate advertising in Europe and the United States. Indeed, the Swedish government has outlawed television advertising of products aimed at children under 12, and recently in the United States, 50 psychologists (C) rejected / signed a petition calling for a ban on the advertising of children's goods.

*pester power 부모에게 떼를 써서 물건을 구매하게 하는 힘  **petition 탄원(서)

---

해석

아이들이 다양한 시간에 텔레비전을 시청하지만, 그들이 혼자서 보는 프로그램은 특정적으로 아이들을 겨냥하는 경향이 있다. 특히 미국에서는, 이런 (편성) 부분 때 나오는 대부분의 광고가 식품, 특히 설탕이 첨가된 식품을 위한 광고로 구성되어 있다. 크리스마스 준비 기간에는, 증가하는 수의 광고가 장난감과 게임에 관련된다. 그런 관행은 매스컴이 칭해 온 '부모에게 떼를 써서 물건을 구매하게 하는 힘'에 굴복하라고 부모들에게 압력을 가한다고 여겨진다. 이는 유럽과 미국에서 광고를 규제하기 위한 법률 제정 요구를 야기했다. 실제로, 스웨덴 정부는 12세 미만 아이들을 겨냥하는 제품의 텔레비전 광고를 금지했고, 최근 미국에서는 50명의 심리학자가 아동 상품의 광고에 대한 금지를 요구하는 청원서에 서명했다.

해설  (A) 크리스마스 준비 기간에는 어린이들이 좋아하는 장난감과 게임에 관련된 광고의 수가 늘어난다는 글의 흐름이므로 increasing이 적절하다. decreasing은 '줄어드는'이라는 의미이다.
(B) 아이들을 겨냥한 광고의 문제점을 지적하며 광고를 규제하는 법률 제정 요구가 이어졌다는 글의 흐름이므로 regulate가 적절하다. promote는 '촉진하다'라는 의미이다.
(C) 심리학자들이 아동 상품의 광고에 대한 금지를 요구하는 청원서에 서명했다는 글의 흐름이 되어야 하므로 signed가 적절하다. reject는 '거부하다'라는 의미이다.

정답  (A) increasing  (B) regulate  (C) signed

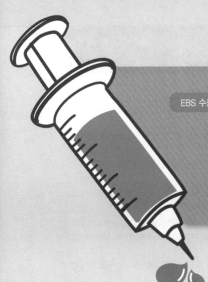

# DAY
# 38

# Word Preview

- [ ] provide
- [ ] express
- [ ] feature
- [ ] represent
- [ ] selection
- [ ] accurate
- [ ] borrow
- [ ] popular
- [ ] cue
- [ ] insight
- [ ] firm
- [ ] obesity
- [ ] scare
- [ ] numerous
- [ ] previous
- [ ] compromise
- [ ] criticism

- [ ] boundary
- [ ] tire
- [ ] nurture
- [ ] deteriorate
- [ ] vague
- [ ] private
- [ ] trait
- [ ] workshop
- [ ] client
- [ ] declare
- [ ] incidental
- [ ] peculiar
- [ ] renowned
- [ ] dictate
- [ ] liberty
- [ ] shovel
- [ ] jury

- [ ] hasten
- [ ] innocent
- [ ] altogether
- [ ] journalist
- [ ] cottage
- [ ] ceiling
- [ ] horizon
- [ ] stunned
- [ ] agenda
- [ ] beware
- [ ] postpone
- [ ] commonsense
- [ ] fountain
- [ ] cease
- [ ] chin
- [ ] comply

---

**2036** ★★★★★

## provide
[prəváid]

图 제공하다, 공급하다
They **provide** even less guidance in situations where we must make decisions. 대수능
그것들은 우리가 결정을 내려야 하는 상황에서는 훨씬 더 적은 지침을 제공한다.
⊕ supply    ⊜ retain, withhold

---

**2037** ★★★★★

## express
[iksprés]

图 나타내다, 표현하다   혱 급행의, 신속한
The intention to convey certain experiences to viewers is sometimes secondary to the intention to **express** the artistic imagination creatively. 모평
보는 사람들에게 어떤 경험을 전달하려는 의도는 때때로 예술적 상상력을 창의적으로 표현하려는 의도에 비해 부차적이다.
⨀ **expression** 몡 표현, 표정   **expressive** 혱 표현적인, 나타내는
⊕ 나타내다 indicate, convey, denote   ⊜ 억압하다 suppress

---

**2038** ★★★★★

## feature
[fíːtʃər]

몡 특징, 특색, 특집 기사[방송], 용모, 얼굴, 지형
图 특징으로 하다, (배우를) 주연시키다, (사건을) 특종으로 하다
A carbon sink is a natural **feature** that absorbs or stores more carbon than it releases. 모평
카본 싱크는 배출하는 양보다 더 많은 탄소를 흡수하거나 저장하는 천연 지형이다.
⊕ 특징 characteristic, attribute, trait

---

**2039** ★★★★★

## represent
[rèprizént]

图 대표하다, 나타내다, 상징하다, 표현하다
Critiques of mass culture seem always to bring to mind a disrespectful image of the feminine to **represent** the depths of the corruption of the people. 모평
대중문화의 비평들은 항상 사람들의 타락의 깊이를 나타내기 위해 여성성의 경멸적 이미지를 상기시키는 것 같다.
⨀ **representative** 몡 대표자, 대리인 혱 대표하는, 전형적인
⊕ 나타내다 express   상징하다 symbolize

---

**2040** ★★★★★

## selection
[silékʃən]

몡 선발, 선정, 선택
Resident-bird habitat **selection** is a process in which a young dispersing individual moves until it finds a place where it can compete successfully to satisfy its needs. 대수능
텃새들의 서식지 선택은 흩어지는 어린 개체가 (생존을 위한) 필요를 충족시키기 위해 성공적으로 경쟁할 수 있는 장소를 찾을 때까지 옮겨 다니는 과정이다.
⨀ **selective** 혱 선택적인, 까다로운, 선별적인
⊕ choice

---

**2041** ★★★★★

## accurate
[ǽkjurət]

혱 정확한, 정밀한
Another, technically more **accurate** way is to draw contour lines. 대수능
기술적으로 더 정확한 또 다른 방법은 등고선을 그리는 것이다.
⨀ **accuracy** 몡 정확, 정확도   **accurately** 凬 정확히, 정밀하게
⊕ precise, correct, exact   ⊜ wrong, faulty

---

## 2042 ★★★★★

**borrow**
[bárou]

동 꾸다, 빌리다, 차용하다
It is generally thought that languages **borrow** from one another for two primary reasons: need and prestige. EBS 연계
일반적으로 언어는 필요와 품격이라는 두 가지 주된 이유 때문에 서로에게서 차용한다고 여겨진다.
빐 빌려주다 lend, loan

## 2043 ★★★★★

**popular**
[pápjələr]

형 인기 있는, 대중적인
But the course was so **popular** that the registration closed almost as soon as it opened. 모평
그러나 그 수업은 너무 인기가 많아 거의 개설되자마자 등록이 마감되었다.
파 **popularity** 명 인기, 대중성　**popularize** 동 대중화하다, 보급하다
빐 인기 있는 favored, fashionable　대중적인 common, widespread

## 2044 ★★★★★

**cue**
[kju:]

명 신호 동 신호를 주다
Recently, one group of scientists working with the 17-year cicada in California have suggested that the nymphs use an external **cue** and that they can count. 대수능
최근에 California에서 17년 매미를 연구하는 한 과학자 집단은 애벌레들이 외부의 신호를 사용하며 그것들이 수를 셀 수 있음을 시사했다.
빐 신호(를 주다) signal, sign　힌트(를 주다) hint

## 2045 ★★★★★

**insight**
[ínsàit]

명 통찰력, 식견
Some psychologists believe that **insight** is the result of a restructuring of a problem after a period of non-progress. 모평
몇몇 심리학자들은 통찰력이란 정체 기간 후에 문제를 재구성하는 것의 결과라고 믿는다.
파 **insightful** 형 통찰력 있는
빐 통찰력 perception　직관력 intuition

## 2046 ★★★★★

**firm**
[fə:rm]

형 딱딱한, 확고한, 변치 않을 명 회사
Changing, which always stems from a **firm** decision, becomes job number one. 대수능
변화는 항상 확고한 결심에 기인하는데 그것은 가장 중요한 것이 된다.
파 **firmness** 명 단단함, 확고부동　**firmly** 부 단호히, 확고히
빐 딱딱한 solid　확고한 secure, stable　빤 부드러운 soft　느슨한 loose

## 2047 ★★★★☆

**obesity**
[oubí:səti]

명 비만, 비대
Individuals who struggle with **obesity** tend to eat in response to emotions. 모평
비만과 씨름하는 사람들은 감정에 반응하여 먹는 경향이 있다.
파 **obese** 형 비만의, 뚱뚱한, 지나치게 살찐
빐 fatness　빤 호리호리함 slenderness

DAY 38

## 2048 ★★★★★

**scare**
[skɛər]

동 겁나게 하다, 위협하다, 깜짝 놀라게 하다
Some consequences of this unconscious assumption that "good-looking equals good" **scare** me. 대수능
"잘생긴 것이 좋은 것이다."라는 이러한 무의식적인 가정의 일부 영향력들은 나를 겁나게 한다.
파 **scary** 형 무서운, 겁나는  **scared** 형 무서워하는, 겁먹은
유 frighten, horrify, startle

## 2049 ★★★★★

**numerous**
[njúːmərəs]

형 수많은, 다수의
Throughout the tropics, a pattern of replacing **numerous** species with a few favored ones is common. EBS 연계
열대 지방 전역에서 수많은 종을 몇 개의 선호되는 종으로 교체하는 유형은 흔하다.
파 **numeral** 명 형 숫자(의)
유 countless, abundant, plentiful  반 few

## 2050 ★★★★☆

**previous**
[príːviəs]

형 이전의, 바로 앞의
The best salesperson in the year had only a 3% drop in sales over the **previous** year. 대수능
그 해의 가장 우수한 영업 사원은 이전 해에 비해서 매출액이 3%만 감소했다.
유 이전의 former, prior, preceding  반 later, subsequent

## 2051 ★★★★☆

**compromise**
[kámprəmàiz]

명 타협, 절충안 동 타협하다, 양보하다, 손상시키다
He agreed to study chemical engineering as a **compromise** with his father, who feared that his son couldn't make a living as a mathematician. 모평
아들이 수학자로서는 생계를 꾸릴 수 없을 거라고 걱정하는 아버지와의 절충안으로 그는 화학 공학을 공부하는 것에 동의했다.
파 **compromising** 형 명예를 손상시키는, 남부끄러운
유 타협 agreement, settlement, concession
반 의견 충돌 disagreement, controversy

## 2052 ★★★★★

**criticism**
[krítisìzəm]

명 비판, 비난, 비평, 평론
Behind virtually all **criticism** is the sentence "If only you were more like me, and living life as I see it, you would be a lot better off." 모평
거의 모든 비판 뒤에는 "네가 나와 더 비슷하고 내가 인생을 보듯이 인생을 살아가기만 하면 너는 훨씬 더 나아질 거야."라는 문장이 있다.
파 **criticize** 동 비판하다, 비난하다, 비평하다
**critical** 형 비판적인, 비난하는, 대단히 중요한, 위태로운
유 비난 fault-finding, censure  반 praise, compliment

## 2053 ★★★★☆

**boundary**
[báundəri]

명 경계, 한계선, 분계선
In many situations, the **boundary** between good and bad is a reference point that changes over time and depends on the immediate circumstances. 대수능
많은 경우에 좋음과 나쁨 간의 경계는 시간이 지나면서 변하고 당면한 상황에 의해 결정되는 기준이다.
유 frontier, border

## 2054 ★★★★☆

**tire**
[taiər]

동 지치다, 지치게 하다, 싫증나다, 싫증나게 하다
We soon **tire** of it and if we eat very much at any one time, we might even feel slightly ill. 대수능
우리는 금방 그것에 싫증이 나고, 언제든지 한 번에 매우 많이 먹으면 심지어 약간 기분이 나빠질 수도 있다.
파 **tiresome** 형 성가신, 짜증스러운　**tireless** 형 지칠 줄 모르는
유 지치게 하다 exhaust　싫증나게 하다 bore, weary
반 기운 나게 하다 refresh

## 2055 ★★★★★

**nurture**
[nə́:rtʃər]

동 양육하다, 보살피다　명 양육, 육성, 양성
Developmental biologists now know that it is really both, or nature *through* **nurture**. 대수능
발달 생물학자들은 이제 그것이 진정 둘 다, 즉 양육을 '통한' 천성이라는 것을 안다.
유 양육하다 raise, rear　양육 upbringing　양성 education

## 2056 ★★★★☆

**deteriorate**
[dití(:)əriərèit]

동 악화되다, 나빠지다
When elderly people were cut off from the interests and activities that had earlier occupied them, not surprisingly their mental functioning **deteriorated**. 모평
노인들이 예전에 그들의 마음을 사로잡았던 흥미와 활동으로부터 단절되었을 때, 당연히 그들의 정신적 기능이 나빠졌다.
파 **deterioration** 명 악화, 저하
유 worsen, degrade　반 improve, advance

## 2057 ★★★★★

**vague**
[veig]

형 모호한, 애매한, 어렴풋한
Companions may likewise merely prevent discussing an issue by swiftly switching over topics when the subject turns up or by being incredibly **vague**. 모평
마찬가지로 동료들이 어떤 주제가 등장하면 신속하게 화제를 바꾸거나 믿을 수 없을 정도로 모호해짐으로써, 그 문제에 대해 토론하는 것을 그냥 막아 버릴 수도 있다.
파 **vagueness** 명 막연함, 분명치 않음
유 ambiguous, confused　반 apparent, distinct, explicit

## 2058 ★★★★★

**private**
[práivit]

형 사유의, 개인 소유의, 사적인
Men of his kind pioneered this form of writing about the public and **private** self. 대수능
그와 같은 부류의 사람들이 공적인 자아와 사적인 자아에 관한 이런 형태의 글을 개척했다.
파 **privacy** 명 사생활, 사적 자유
유 개인의 individual　배타적인 exclusive
반 공적인 public　일반적인 general

## 2059 ★★★★★

**trait**
[treit]

명 특성, 특징
Empathy is a character **trait** that we value in ourselves and in our friends, colleagues, and the professionals who serve us. 모평
공감은 우리 자신에게서, 그리고 우리 친구, 동료, 그리고 우리를 돌보는 전문가에게서 우리가 소중하게 여기는 성격적 특성이다.
유 characteristic, feature, attribute

---

**2060** ★★★★☆

## workshop
[wɔ́ːrkʃàp]

명 작업장, 워크숍, 연수회
In this **workshop**, you will learn skills necessary to become a detective and solve mysteries! 모평
이 워크숍에서 여러분은 탐정이 되어 수수께끼를 해결하는 데 필요한 기술을 배울 것입니다!
유 **sheltered workshop** (장애인을 위한) 보호 작업장
유 작업장 factory

---

**2061** ★★★★★

## client
[kláiənt]

명 의뢰인, 고객
She easily picked up information not only from her **clients** but also from women with whom she socialized often. 모평
그녀는 자신의 고객들뿐만 아니라 자신이 자주 사교 관계를 맺었던 여성들로부터 정보를 쉽게 얻었다.
파 **cliental** 형 의뢰인의, 고객의
유 customer, guest, patron

---

**2062** ★★★★★

## declare
[diklɛ́ər]

동 선언하다, 단언하다, 신고하다
He stops for a moment, turns to the crowd, and **declares**, "Now I'll show you what the inside looks like." 모평
그는 잠시 멈추더니, 군중을 향해 돌아서서 "이제 제가 여러분에게 그 내부가 어떻게 생겼는지 보여 드리겠습니다."라고 선언한다.
파 **declaration** 명 선언, 선언문, 맹세, 신고서
**declarative** 형 서술문의, 평서문의, 진술의
유 선언하다 announce, proclaim   신고하다 notify

---

**2063** ★★★☆☆

## incidental
[ìnsidéntəl]

형 부수적인, 부차적인, 지엽적인
The setting, time period, and other **incidental** details are changed but the fundamental themes are the same. 대수능
배경, 시기, 그리고 다른 부수적인 세부 사항은 바뀌지만, 기본적인 주제는 같다.
파 **incident** 명 일어난 일, 우발적 사건
유 부차적인 secondary, subordinate   반 necessary, essential

---

**2064** ★★★★★

## peculiar
[pikjúːljər]

형 이상한, 특이한, 독특한
Living rock cactus is one of the most **peculiar** plants found in the desert. 모평
돌선인장은 사막에서 발견되는 가장 특이한 식물 중 하나이다.
파 **peculiarity** 명 특이한 점, 특성
유 이상한 odd, strange   특이한 unusual   반 familiar, ordinary

---

**2065** ★★★★☆

## renowned
[rináund]

형 유명한, 명성 있는
According to a **renowned** French scholar, the growth in the size and complexity of human populations was the driving force in the evolution of science. 대수능
한 유명한 프랑스 학자에 따르면, 인구의 규모와 복잡성의 증가가 과학 발전의 추진력이었다.
유 famous, celebrated, distinguished   반 unknown, forgotten

---

## 2066 ★★★☆☆

**dictate**
[diktéit]

图 받아쓰게 하다, 지시하다, 좌우하다, 영향을 주다

In Indian Hindustani music, tradition **dictates** that the audience supply the tala (beat and meter) by quietly clapping. EBS 연계

인도 힌두스탄 음악에서는 청중이 조용히 손뼉을 쳐서 tala(리듬과 박자)를 제공하라고 전통이 지시한다.

📑 dictation 圐 구술, 받아쓰기　dictator 圐 독재자, 지배자
🔁 지시하다 command, order　좌우하다 determine

## 2067 ★★★★★

**liberty**
[líbərti]

圐 자유, 해방

Among these things are political values such as justice, equality, **liberty**, happiness, fraternity, or national self-determination. 모평

이런 것들 중에는 정의, 평등, 자유, 행복, 동포애, 또는 민족 자결권과 같은 정치적 가치가 있다.

📑 liberate 图 자유롭게 하다, 해방시키다　liberal 圐 자유로운, 자유주의의
🔁 자유 freedom　🔄 제한 restraint, constraint

## 2068 ★★★☆☆

**shovel**
[ʃʌ́vəl]

圐 삽, 부삽 图 삽질하다

Steam-powered **shovels**, locomotives, television, and the levers and gears of engineers turned man into superman. 모평

증기력으로 움직이는 삽, 기관차, 텔레비전, 그리고 엔지니어의 지렛대와 톱니바퀴는 인간을 슈퍼맨으로 바꿨다.

📑 shovelful 圐 한 삽(의 분량)
🔁 삽 spade

## 2069 ★★★★★

**jury**
[dʒú(:)əri]

圐 배심원단, 심사위원단

A prosecuting attorney constructs an argument to persuade the judge or a **jury** that the accused is guilty. 모평

기소 검사는 판사나 배심원단에게 피고가 유죄임을 납득시키기 위한 논거를 구성한다.

📑 juror 圐 배심원
🔁 심사위원단 judges

## 2070 ★★★★★

**hasten**
[héisən]

图 재촉하다, 서두르다, 서둘러 가다

Digital technology accelerates dematerialization by **hastening** the migration from products to services. 모평

디지털 기술은 제품에서 서비스로의 이동을 촉진함으로써 비물질화를 가속한다.

📑 haste 圐 서두름, 급함
🔁 서두르다 hurry, rush　🔄 미루다 delay　지연시키다 retard

## 2071 ★★★★★

**innocent**
[ínəsənt]

圐 순진한, 천진난만한, 결백한, 무죄의

In those more hopeful and **innocent** days there was much to enjoy about being newly a queen. EBS 연계

보다 희망에 차 있고 보다 천진난만했던 그 시절에는 새롭게 여왕이 된 것에 대해 즐길 것이 많았다.

📑 innocence 圐 순결, 무죄, 결백
🔁 순진한 simple, naive　결백한 blameless
🔄 세속적인 worldly　유죄의 guilty

---

**2072** ★★★★☆

## altogether
[ɔ:ltəgéðər]

부 완전히, 전적으로, 모두 합쳐
While these Golden Rules encourage an agent to care for an other, they do not require abandoning self-concern **altogether**. 모평
이러한 황금률이 행위자에게 타자를 배려하도록 권장하는 반면, 그것들은 자신에 대해 마음 쓰는 것을 완전히 버리는 것을 요구하지는 않는다.
숙 **taken altogether** 전체적으로 보아, 대체로
유 완전히 completely　모두 합쳐 totally
반 어중간하게 halfway　부분적으로 partly

---

**2073** ★★★★★

## journalist
[dʒə́:rnəlist]

명 언론인, 보도 기자
I reasoned that since I was going to be a **journalist**, I'd need a very special notebook in which to write. 대수능
나는 언론인이 될 것이기 때문에, 글을 써 둘 아주 특별한 공책이 필요할 것이라고 생각했다.
파 **journal** 명 신문[잡지], 학술지, 일기　**journalism** 명 언론계, 저널리즘
유 기자 reporter, correspondent

---

**2074** ★★★★★

## cottage
[kátidʒ]

명 시골집, 작은 집, 오두막집, 별장
It took four years to build the small **cottage**, and when they moved in, the roof wasn't even on! 대수능
그 자그마한 시골집을 짓는 데 4년이 걸렸으며, 그들이 이사했을 때 심지어 지붕조차 없었다!
파 **cottagey** 형 별장풍의
유 오두막집 cabin, lodge, hut

---

**2075** ★★★★☆

## ceiling
[sí:liŋ]

명 천장, 한계, (최고) 한도
The sound of your voice reflects off the passageway's curved walls and **ceiling**. 모평
여러분의 목소리는 통로의 곡면 벽과 천장에서 반사된다.
숙 **glass ceiling** 유리 천장, 보이지 않는 차별
유 한계 limit, extent, cap

---

**2076** ★★★★★

## horizon
[həráizən]

명 수평선, 지평선, 시야
The huge prairie around it extended all the way to the **horizon**. EBS 연계
그것 주위의 거대한 대초원이 지평선까지 쭉 뻗어 있었다.
파 **horizontal** 형 수평선의, 가로의
유 지평선 skyline　시야 scope

---

**2077** ★★★★☆

## stunned
[stʌnd]

형 깜짝 놀란, 망연자실한, 어리벙벙한
When I told Bryan my parents' comment, he was **stunned**.
EBS 연계
내가 Bryan에게 우리 부모님의 말씀을 말해 주자, 그는 깜짝 놀랐다.
파 **stun** 동 깜짝 놀라게 하다, 어리벙벙하게 하다
유 깜짝 놀란 shocked, astounded　망연자실한 numb

---

## 2078 ★★★★☆

**agenda**
[ədʒéndə]

명 의제, 안건, 협의 사항, 계획, 행동 강령
School reform has been driven by an **agenda** that appears to be uninformed by even the most basic research into what we now know about the functioning of the brain. EBS 연계
학교 개혁은 뇌의 기능에 대해 우리가 현재 알고 있는 것에 대한 심지어 가장 기본적인 연구에 의해 정보를 받지 않는 것 같은 안건에 의해 추진되어 왔다.
파 **agendaless** 형 의제가 없는, 무계획한
유 계획 plan

## 2079 ★★★★★

**beware**
[biwéər]

동 조심하다, 주의하다, 경계하다
**Beware** of coordination problems where multiple crafts are involved. 모평
많은 기술들이 관여된 경우에는 조정 문제에 주의하라.
유 mind, watch, avoid

## 2080 ★★★★★

**postpone**
[poustpóun]

동 연기하다, 미루다
I was given permission to **postpone** my membership for three months, from August to October, because I had lots of business trips. EBS 연계
저는 많은 출장이 있었기 때문에 8월부터 10월까지 3개월간 회원 자격을 연기할 수 있도록 허가를 받았습니다.
파 **postponement** 명 연기
유 delay, suspend    반 advance

## 2081 ★★★★★

**commonsense**
[kámənséns]

형 상식적인, 양식이 있는
Culture consists of the linked stock of ideas that define a set of **commonsense** beliefs about what is right, what is natural, what works. EBS 연계
문화는 무엇이 옳고, 무엇이 자연스럽고, 무엇이 효과가 있는지에 대한 일련의 상식적인 믿음을 규정하는 생각들이 연결되어 축척된 것으로 구성된다.
파 **commonsensible** 형 상식에 따른
유 양식이 있는 sensible, reasonable    반 foolish, irrational

## 2082 ★★★★☆

**fountain**
[fáuntən]

명 분수, 샘, 수원, 원천
The sun is the **fountain** of heat and light to the planets which revolve round it. EBS 연계
태양은 그 주위를 도는 행성들에게 열과 빛의 원천이다.
파 **fountainlike** 형 샘 같은, 분수 같은
유 샘 spring    원천 source, origin

## 2083 ★★★★★

**cease**
[si:s]

동 중지하다, 그치다
Customers should **cease** using the product and return it to us for a full refund of the purchase price. EBS 연계
고객들께서는 구입 가격을 전액 환불받으시려면 그 제품의 사용을 중지하고 그것을 저희에게 반납하셔야 합니다.
파 **cessation** 명 중단, 중지
유 stop, discontinue, halt    반 continue

| 2084 | ★★★☆☆ |
|---|---|

## chin
[tʃin]

명 턱, 턱끝

He had a three-pound tumor growing from his **chin** that was so large and unnatural. EBS 연계

그에게는 턱에서 자라고 있는 아주 크고 이상한 3파운드 무게의 종양이 있었다.

🔵 **double chin** 이중 턱, 군턱

🔵 jaw

| 2085 | ★★★★☆ |
|---|---|

## comply
[kəmplái]

통 따르다, 준수하다

Failure to **comply** with any of the above rules will disqualify the entry. 모평

위의 규칙들 중 하나라도 따르지 않으면 참가 자격이 박탈될 것입니다.

🔵 **compliant** 형 순응하는, 따르는, 준수하는
**compliance** 명 응낙, 승낙, 순종

🔵 obey, follow, observe  🔴 저항하다 resist  거부하다 reject

# Advanced Step

| 2086 | ★★★★★ |
|---|---|

## physical appearance

신체적 외모

The law prohibits discrimination based on **physical appearance**.

법은 신체적 외모에 근거한 차별을 금지하고 있다.

**appearance 가 사용된 연어**

| 2087 | ★★★★★ |
|---|---|

## facial appearance

얼굴 생김새

**Facial appearance** provides an important clue as to an individual's biological condition.

얼굴 생김새는 개인의 생물학적 상태에 관해 중요한 단서를 제공한다.

| 2090 | ★★★★☆ |
|---|---|

## superficial appearance

겉모습

**Superficial appearance** is not a reliable indicator of happiness.

겉모습은 신뢰할 만한 행복의 척도가 아니다.

| 2088 | ★★★☆☆ |
|---|---|

## peculiar appearance

독특한 외모

They are noted for their **peculiar appearance** and strange hunting methods.

그것들은 독특한 외모와 이상한 사냥 방법으로 유명하다.

| 2089 | ★★★☆☆ |
|---|---|

## shabby appearance

초라한 외모

They would not let him in because of his **shabby appearance**.

그들은 그의 초라한 외모 때문에 그를 들여보내지 않으려 했다.

# Review Test

## A

영어는 우리말로, 우리말은 영어로 쓰시오.

1. insight _____     2. 타협     c_____

3. numerous _____     4. 사적인   p_____

5. criticism _____     6. 천장     c_____

7. renowned _____     8. 수평선   h_____

## B

영어 단어와 우리말 뜻을 연결하시오.

1. represent •          • a. 양육하다, 보살피다

2. borrow •             • b. 꾸다, 빌리다

3. nurture •            • c. 대표하다, 나타내다

## C

다음 주어진 뜻에 해당하는 밑줄 친 단어의 파생어를 쓰시오.

1. express an interest      몡 _____ 표현

2. accurate information     몡 _____ 정확, 정확도

3. comply with the law      휑 _____ 순응하는, 준수하는

## D

밑줄 친 단어의 유의어 혹은 반의어를 쓰시오.

1. prove innocent           반 g_____

2. continue to deteriorate  유 w_____

3. a vague answer           반 c_____

---

정답

A 1. 통찰력  2. (c)ompromise  3. 수많은  4. (p)rivate  5. 비판, 비난  6. (c)eiling
   7. 유명한, 명성 있는  8. (h)orizon

B 1. c  2. b  3. a

C 1. expression  2. accuracy  3. compliant

D 1. (g)uilty  2. (w)orsen  3. (c)lear

# Actual Test

다음 글의 밑줄 친 부분 중, 문맥상 낱말의 쓰임이 적절하지 <u>않은</u> 것은?

모평

Since the concept of a teddy bear is very obviously not a genetically inherited trait, we can be confident that we are looking at a cultural trait. However, it is a cultural trait that seems to be under the guidance of another, genuinely biological trait: the cues that ① attract us to babies (high foreheads and small faces). Cute, baby-like features are inherently appealing, producing a ② nurturing response in most humans. Teddy bears that had a more baby-like appearance — however slight this may have been initially — were thus more ③ popular with customers. Teddy bear manufacturers obviously noticed which bears were selling best and so made more of these and fewer of the less popular models, to ④ minimize their profits. In this way, the ⑤ selection pressure built up by the customers resulted in the evolution of a more baby-like bear by the manufacturers.

---

**해석**

봉제 장난감 곰이라는 개념은 유전학적으로 물려받은 특성이 아닌 것이 아주 명백하므로 우리는 문화적 특성을 보고 있는 것이라고 자신할 수 있다. 하지만 그것은 다른, 정말로 생물학적인 특성, 즉 우리를 아기(높은 이마와 작은 얼굴)에게 이끄는 신호에 의해 유도되고 있는 것처럼 보이는 문화적 특성이다. 귀엽고 아기 같은 생김새는 선천적으로 사람의 마음을 끌어, 대부분의 인간 속에 있는 보살피려는 반응을 불러일으킨다. 처음에는 아무리 사소했을지는 모르지만, 더 아기 같은 모습을 지닌 봉제 장난감 곰들은 그렇기 때문에 고객들에게 더욱 인기 있었다. 봉제 장난감 곰 제조사들은 어느 곰이 최고로 잘 팔리고 있는지를 분명히 알아챘으며 그래서 자기들의 이익을 최소화하기(→ 최대화하기) 위해서 이런 것들을 더 많이 그리고 인기가 덜한 모델을 더 적게 만들었다. 이렇게 해서 고객에 의해 고조된 선택 압력으로 제조사들은 더 아기 같은 곰을 점진적으로 발전시키게 되었다.

**해설** 귀엽고 아기 같은 생김새가 사람의 마음을 끈다는 것을 알고 봉제 장난감 곰 제조사들이 장난감 곰을 더 아기 같은 모양으로 만든 것은 이익을 최대화하기 위함이었으므로, ④의 minimize를 maximize와 같은 낱말로 바꾸어야 한다.

**정답** ④

---

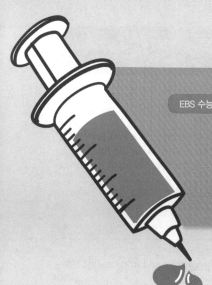

# DAY
# 39

## Word Preview

- [ ] normal
- [ ] ignorance
- [ ] department
- [ ] clothe
- [ ] solution
- [ ] insect
- [ ] sensitive
- [ ] purchase
- [ ] indicate
- [ ] response
- [ ] theater
- [ ] cope
- [ ] conversely
- [ ] architecture
- [ ] conserve
- [ ] orient
- [ ] sour

- [ ] caution
- [ ] receptor
- [ ] debate
- [ ] endangered
- [ ] coincide
- [ ] rectangle
- [ ] archive
- [ ] erase
- [ ] apparatus
- [ ] fluid
- [ ] fatigue
- [ ] irritate
- [ ] crude
- [ ] sigh
- [ ] pave
- [ ] expedition
- [ ] dissolve

- [ ] bother
- [ ] exposure
- [ ] convert
- [ ] ambition
- [ ] evident
- [ ] rear
- [ ] outset
- [ ] troop
- [ ] collapse
- [ ] suspend
- [ ] rip
- [ ] imperative
- [ ] drastic
- [ ] export
- [ ] paw
- [ ] tongue

---

**2091** ★★★★★

## normal
[nɔ́ːrməl]

형 보통의, 평범한, 통상적인, 정상적인
You should pay attention to someone's **normal** pattern in order to notice a deviation from it when he or she lies. 모평
누군가가 거짓말을 할 때, 그 사람의 통상적인 패턴에서 벗어나는 것을 알아채기 위해 그것에 주의를 기울여야 한다.
파 **normality** 명 정상 상태　**normalize** 동 정상화하다
유 average, common, ordinary
반 abnormal, unusual, extraordinary

---

**2092** ★★★★★

## ignorance
[íɡnərəns]

명 무지, 무식
It's the difference between **ignorance** and irrationality. 모평
그것은 무지와 불합리 간의 차이이다.
파 **ignore** 동 무시하다, 모르는 체하다　**ignorant** 형 무지한, 무식한
유 무지 unawareness　무식 illiteracy

---

**2093** ★★★★★

## department
[dipáːrtmənt]

명 부서, 부문, 학과
Managers of each **department** must make sure that all dangerous equipment and machinery are safely stored. 모평
각 부서의 관리자들은 모든 위험한 장비와 기계들이 안전하게 보관되어 있는지 확실히 챙겨야 합니다.
파 **department store** 백화점
유 부서, 부문 section, unit, division

---

**2094** ★★★★★

## clothe
[klouð]

동 옷을 입히다, 덮다, 싸다
A single mammoth could feed, **clothe**, and supply a band for a long time. 모평
한 마리의 매머드만으로도 긴 시간 동안 무리를 먹이고, 입히며, 필요를 충족할 수 있었다.
파 **cloth** 명 옷감, 천, 헝겊　**clothes** 명 옷, 의복
유 옷을 입히다 dress　덮다, 싸다 cover

---

**2095** ★★★★★

## solution
[səljúːʃən]

명 해법, 해결책, 용액
In countries where popular opinion is taken into consideration, no mutually acceptable **solution** has been found. 모평
여론이 고려되는 국가에서는 서로가 받아들일 수 있는 해결책이 전혀 발견되지 않았다.
파 **solve** 동 해결하다, 용해하다

---

**2096** ★★★★★

## insect
[ínsekt]

명 곤충
The team placed eight bats in a dark room with three or four fireflies plus three times as many tasty **insects**, including beetles and moths, for four days. 모평
그 팀은 여덟 마리의 박쥐를 서너 마리의 반딧불이와, 딱정벌레와 나방을 포함한, 그보다 세 배 많은 맛이 좋은 곤충들과 함께 어두운 방에 나흘 동안 두었다.
파 **insecticide** 명 살충제
유 bug

---

## sensitive
[sénsətiv]

톙 민감한, 예민한, 극히 신중을 요하는
Politics cannot be suppressed, whichever policy process is employed and however **sensitive** and respectful of differences it might be. 모평
어떤 정책 과정이 사용되든, 그리고 그 정책 과정이 차이에 얼마나 민감하고 차이를 얼마나 존중하든, 정치적 견해는 억압될 수 없다.
ㅍ **sensitivity** 톙 민감, 감수성
윤 민감한, 예민한 delicate, keen　　ꕔ insensitive, dull, numb

## purchase
[pə́:rtʃəs]

톙 구입, 구매, 물건 사기 톻 사다, 구입하다
We seek out feel-good experiences, always on the lookout for the next holiday, **purchase** or culinary experience. 모평
우리는 항상 다음 휴일, 물건 사기, 또는 음식 체험이 있는지 살피면서 기분을 좋게 해 주는 경험을 찾아낸다.
윤 사다 buy　　ꕔ 팔다 sell

## indicate
[índikèit]

톻 나타내다, 보여 주다, 시사하다
Projections **indicate** that the net federal debt will rise to 90 percent of GDP by 2019. 모평
2019년쯤에는 연방 정부의 순부채가 국내 총생산의 90%로 증가하리라는 것을 예측들이 보여 준다.
ㅍ **indication** 톙 지시, 암시, 징조　　**indicative** 톙 나타내는, 암시하는
윤 imply, show, suggest

## response
[rispáns]

톙 대답, 응답, 반응, 대응
**Responses** to threats and unpleasantness are harder to inhibit than **responses** to opportunities and pleasures. 모평
위협과 불쾌함에 대한 반응은 기회와 유쾌함에 대한 반응보다 억제하기가 더 어렵다.
ㅍ **respond** 톻 대답하다, 반응을 보이다, 대응하다
윤 대답 answer, reply　　반응 reaction　　ꕔ 질문 inquiry, question

## theater
[θí(:)ətər]

톙 극장, 연극
The film director, as compared to the **theater** director, has as his material, the finished, recorded celluloid. 대수능
연극 감독과 비교하여 영화감독은 완성되고 녹화된 영화 필름을 자신의 자료로 갖게 된다.
ㅍ **theatrical** 톙 극장의, 연극의
윤 극장 cinema, playhouse　　연극 drama

## cope
[koup]

톻 대처하다, 대응하다
Therefore, people who hold a more interdependent self-construal may prefer to **cope** in a way that promotes harmony in relationships. 모평
그러므로 더 상호 의존적인 자기 구성을 지닌 사람들은 관계 속에서 화합을 증진하는 방식으로 대처하는 것을 선호할 수도 있다.
ㅍ **coping response** 대처 반응
윤 해내다 manage

**DAY 39**

## 2103 ★★★★★

**conversely**
[kənvə́:rsli]

男 반대로, 역으로
Conversely, leaders who emit negative emotional states repel people and have few followers. 모평
반대로, 부정적 감정 상태를 표출하는 지도자들은 사람들을 쫓아 버리고 추종자를 거의 갖지 못한다.
🔵 adversely, reversely

## 2104 ★★★★☆

**architecture**
[á:rkitèktʃər]

명 건축(학), 건축 양식, 구조, 구성
What is needed desperately today are approaches to architecture that can free its potential to transform our ways of thinking and acting. 모평
오늘날 절실하게 필요한 것은 바로 우리의 사고와 행동 방식을 바꾸는 건축의 잠재력을 자유롭게 할 수 있는 건축에 대한 접근법이다.
🔷 architect 명 건축가   architectural 형 건축(학)의
🔵 건설 construction   구조 structure

## 2105 ★★★★★

**conserve**
[kənsə́:rv]

동 보존하다, 유지하다, 절약하다
When people hold a resource in common, they lack any incentive to conserve the resource. EBS 연계
한 자원을 공동으로 보유할 때, 사람들은 그 자원을 보존할 동기를 전혀 갖지 못한다.
🔷 conservation 명 보존, (자연환경의) 보호
    conservable 형 보존할 수 있는   conservative 형 보수적인
🔵 보존하다 maintain, preserve   절약하다 save

## 2106 ★★★☆☆

**orient**
[ɔ́:rient]

동 지향하게 하다, (방향을) 맞추다, 적응시키다 명 동양
Democracies are distinguished in terms of the extent to which they are socially oriented as opposed to individualistically oriented. 모평
민주 국가는 개인주의를 지향하지 않고 사회를 지향하는 정도의 측면에서 구별된다.
🔷 orientation 명 방향, 예비 교육   oriental 형 동양의
🔵 적응시키다 adjust, adapt

## 2107 ★★★★☆

**sour**
[sauər]

형 신, 시큼한, 상한
Reactions to heat or a sour taste are the same in men and women everywhere, as is their recognition of a smile. EBS 연계
열 또는 신맛에 대한 반응은 미소에 대한 인식과 마찬가지로, 어디서나 남성과 여성에게 있어 똑같다.
🔵 신 acid   상한 rotten

## 2108 ★★★★★

**caution**
[kɔ́:ʃən]

명 조심, 주의, 경고 동 경고하다
Inbound tourist arrival statistics should be treated with caution, especially if they are being used to identify temporal trends. EBS 연계
국내로 들어오는 관광객 유입 통계는, 특히 시간에 따른 경향을 확인하기 위해 사용되고 있는 경우에, 주의해서 다루어져야 한다.
🔷 cautious 형 조심스러운, 신중한
🔵 주의 carefulness, warning   🔴 부주의 carelessness, recklessness

## 2109 ★★★☆☆

**receptor**
[riséptər]

명 (몸의) 수용기, 감각 기관
They change taste **receptors** and produce toxins to make
you feel bad. EBS 연계
그것들은 미각 수용기를 변화시키고 독소를 생성하여 여러분에게 나쁜 기분이 들게
한다.
파 **receive** 동 받다, 수용하다
반 실행기, 반응기 effector

## 2110 ★★★★★

**debate**
[dibéit]

명 토론, 논의, 논쟁 동 토론하다, 논쟁하다
As communities became larger, some people had time to
reflect and **debate**. 대수능
공동체가 더 커짐에 따라, 어떤 사람들은 숙고하고 토론할 시간을 가졌다.
파 **debatable** 형 논란의 여지가 있는
유 토론 discussion    논쟁 argument, dispute

## 2111 ★★★★★

**endangered**
[indéindʒərd]

형 멸종 위기에 처한
In this case, one of the negative values associated with a
peregrine falcon population is that its predation reduces the
population of another **endangered** species. 모평
이런 경우에, 송골매 개체 수와 관련된 부정적인 가치들 중 하나는 그것의 포식이 멸
종 위기에 처한 또 다른 종의 개체 수를 감소시킨다는 것이다.
파 **endanger** 동 위험에 빠뜨리다, 위태롭게 만들다
유 위험한 환경에 있는 at-risk

## 2112 ★★★★☆

**coincide**
[kòuinsáid]

동 일치하다, 동시에 일어나다
Flowering in trees **coincides** with a peak in amino acid
concentrations in the sap that the insects feed on. 대수능
나무에 꽃이 피는 것은 그 곤충들이 먹고사는 수액의 아미노산 농도의 최고점과 일
치한다.
파 **coincidence** 명 우연의 일치, 동시 발생
    **coincident** 형 일치하는, 동시에 일어나는
유 일치하다 agree, accord    동시에 일어나다 synchronize

## 2113 ★★★☆☆

**rectangle**
[réktæŋgl]

명 직사각형
Movies were first seen as an exceptionally potent kind of
illusionist theatre, the **rectangle** of the screen corresponding
to the proscenium of a stage, on which appear actors. 대수능
직사각형의 화면이 배우가 나타나는 무대의 앞무대와 일치했기 때문에 영화는 처음
에 매우 강력한 마술사가 하는 연극으로 여겨졌다.
파 **rectangular** 형 직사각형의, 직각의
참 square 정사각형

## 2114 ★★★☆☆

**archive**
[áːrkaiv]

명 기록, (보관된) 고문서, 기록 보관소 동 보관하다
Sometimes researchers have to search **archives** of aerial
photographs to get information from that past. 대수능
때로 연구자들은 과거로부터 정보를 얻기 위해서 항공 사진의 기록을 뒤져야만 한다.
파 **archival** 형 고문서의, 기록 보관소의
유 기록 record    문서 document    기록 보관소 repository

DAY 39

---

**2115** ★★★★★

**erase**
[iréis]

동 지우다, 없애다
The only home run of Tucholsky's four-year career would be **erased**. EBS 연계
Tucholsky의 4년간 경력에서의 유일한 홈런이 지워질 것이었다.
파 **eraser** 명 지우개
유 remove, delete

---

**2116** ★★★★☆

**apparatus**
[æpərǽtəs]

명 기구, 장치
Speech activates a powerful and varied cognitive **apparatus** designed to recognize who a person is. EBS 연계
말은 어떤 사람이 누구인지를 인식하도록 고안된 강력하고 다양한 인지적 장치를 작동시킨다.
숙 **fire apparatus** 소방 장치
유 equipment, device

---

**2117** ★★★★★

**fluid**
[flú(:)id]

형 유동성의, 유체의, 곧잘 변하는 명 유체, 유동체, 체액
In the workplace, jobs chasing people obviously does more to promote a **fluid** society than people chasing jobs. 모평
직장에서는 일자리가 사람을 쫓아다니는 것이 사람이 일자리를 쫓아다니는 것보다 유동적 사회 조성에 분명히 더 많은 일을 한다.
파 **fluidness** 명 유동적임, 불안정함
유 유동성의 flowing, liquid　곧잘 변하는 changeable　반 고체의 solid

---

**2118** ★★★★★

**fatigue**
[fətíːg]

명 피로, 피곤
When people are removed from the cues of "real" time—be it the sun, bodily **fatigue**, or timepieces themselves—it doesn't take long before their time sense breaks down. 대수능
사람들에게서 태양이든 신체적 피로든 아니면 시계 자체든 '실제' 시간에 대한 단서를 제거하면 오래지 않아 그들의 시간 감각은 고장이 난다.
파 **fatigueless** 형 지치지 않는, 피로를 모르는
유 burnout, exhaustion, tiredness, weariness　반 refreshment

---

**2119** ★★★★★

**irritate**
[íritèit]

동 짜증나게 하다, 자극하다
When someone bangs his fist on our car's hood after we have **irritated** him at a crosswalk, we take it personally. 모평
우리가 건널목에서 누군가를 짜증나게 한 후에, 그 사람이 우리 자동차의 덮개를 주먹으로 치면, 우리는 그것을 기분 나쁘게 받아들인다.
파 **irritation** 명 짜증나는 것, 자극하는 것
유 annoy, provoke　반 calm, soothe, comfort

---

**2120** ★★★★★

**crude**
[kruːd]

형 천연 그대로의, 가공하지 않은, 조잡한, 조악한
The two new oil refineries will be able to process 250,000 barrels of **crude** oil a day. EBS 연계
그 두 개의 새로운 정유 공장은 하루에 25만 배럴의 원유를 처리할 수 있을 것이다.
유 천연 그대로의 raw　조잡한 rough, vulgar
반 가공된 processed　세련된 refined

---

## 2121 ★★★★★

**sigh**
[sai]

图 한숨 쉬다, 탄식하다  몡 한숨, 탄식
"What can I learn from these boring fields?" Jonas said to himself with a **sigh**. 대수능
"이 지루한 들판에서 내가 무엇을 배울 수 있단 말인가?" Jonas는 한숨을 쉬며 혼잣말을 했다.
ⓟ **sighful** 휑 슬픈, 한 많은
ⓤ 탄식하다 moan, grieve, lament

## 2122 ★★★★★

**pave**
[peiv]

图 (길을) 포장하다, (길을) 닦다, 열다
It may **pave** the way for genetic variants to take hold in the population of a species. 모평
그것은 유전적 변종들이 어떤 종의 개체군에서 자리를 잡을 수 있는 길을 열어 줄 수도 있다.
ⓟ **pavement** 몡 포장한 길, 인도, 보도
ⓤ (길을) 포장하다 cover, asphalt

## 2123 ★★★★★

**expedition**
[èkspədíʃən]

몡 탐험(대), 원정(대)
When Napoleon invaded Egypt in 1798, Fourier and other scholars accompanied the **expedition**. 대수능
1798년에 나폴레옹이 이집트를 침공했을 때, Fourier와 다른 학자들이 그 원정에 동행했다.
ⓟ **expeditionary** 휑 탐험의, 원정의
ⓤ exploration

## 2124 ★★★★★

**dissolve**
[dizálv]

图 녹이다, 용해시키다
Synthetic fertilizers are too quickly **dissolved** and move rapidly through the soil. EBS 연계
합성 비료는 너무 빠르게 용해되어 급속하게 토양을 통과해 지나간다.
ⓟ **dissolvable** 휑 용해할 수 있는, 분해할 수 있는
ⓤ melt

## 2125 ★★★★★

**bother**
[báðər]

图 신경 쓰이게 하다, 괴롭히다
You don't have to **bother** yourself with these concerns. 모평
이런 걱정거리에 대해 신경 쓸 필요 없다.
ⓟ **bothersome** 휑 귀찮은, 성가신
ⓤ disturb, trouble, distress

## 2126 ★★★★★

**exposure**
[ikspóuʒər]

몡 노출, 경험, 접함, 폭로
Some individuals express far greater concern about **exposure** to pesticides than others. EBS 연계
어떤 사람들은 다른 사람들보다 농약에 대한 노출에 대해 훨씬 더 큰 우려를 표현한다.
ⓟ **expose** 图 노출시키다, 접하게 하다, 폭로하다
ⓤ 경험 experience  폭로 disclosure
ⓐ 보호 protection  숨김 concealment

DAY 39

---

**2127** ★★★★★

**convert**
[kənvə́ːrt]

동 전환하다, 개조하다
They help to **convert** free natural resources like the sun and wind into the power that fuels our lives. 대수능
그것들은 태양과 바람과 같은 자연의 자유재를 우리의 생활에 연료를 공급하는 동력으로 전환하는 데 도움을 준다.
파 **conversion** 명 전환, 개조, 개종, 전향
유 transform, reform

---

**2128** ★★★★★

**ambition**
[æmbíʃən]

명 야망, 포부, 야심
Many present efforts to meet human needs and to realize human **ambitions** are simply unsustainable. 대수능
인간의 욕구를 충족시키고 인간의 야심을 실현하기 위한 현재의 여러 노력들은 전혀 지속 불가능하다.
파 **ambitious** 형 야심 있는
유 포부 aspiration

---

**2129** ★★★★★

**evident**
[évidənt]

형 분명한, 명확한, 눈에 띄는
The impacts of tourism on the environment are **evident** to scientists, but not all residents attribute environmental damage to tourism. 대수능
관광업이 환경에 미치는 영향이 과학자들에게는 명확하지만, 모든 주민들이 환경 훼손을 관광업의 탓으로 돌리지는 않는다.
파 **evidence** 명 증거, 물증
유 분명한 obvious, apparent, manifest    반 불분명한 obscure, vague

---

**2130** ★★★★★

**rear**
[riər]

명 뒤쪽 형 뒤쪽의 동 기르다, 양육하다
The front part of the ship broke the surface, but tons of water were now pouring into the **rear** of the ship. EBS 연계
배의 앞부분은 수면 위로 떠올랐지만 엄청난 양의 물이 이제 배의 뒤쪽으로 쏟아져 들어오고 있었다.
유 뒤쪽 backside    기르다 raise, foster    반 앞쪽 front

---

**2131** ★★★★★

**outset**
[áutsèt]

명 착수, 최초, 발단
The thing about creativity is that at the **outset**, you can't tell which ideas will succeed and which will fail. 모평
창의성에 관한 중요한 것은, 최초에는 여러분이 어떤 아이디어가 성공하고 어떤 아이디어가 실패할 것인지를 알 수 없다는 것이다.
파 **set out** 출발하다, 착수하다
유 start, opening    반 end, closing, finale

---

**2132** ★★★★★

**troop**
[truːp]

명 무리, 다수, 군대, 병력 동 떼를 짓다
In one **troop**, a taste for caramels was developed by introducing this new food into the diet of young minors, low on the status ladder. 모평
한 무리에서, 이 새로운 음식(캐러멜)을 지위 서열이 낮은 어린 것들의 식사에 처음 선보임으로써 캐러멜 맛보기가 전개되었다.
유 무리 group, flock    군대 army

---

## collapse
[kəlǽps]
★★★★☆
2133

동 붕괴되다, 무너지다, 파산하다, 접다 명 붕괴, 좌절
One outcome of Enron's subsequent financial **collapse** was the introduction of new regulations. 모평
뒤이어 일어난 Enron의 재정적인 붕괴의 한 가지 결과는 새로운 규제의 도입이었다.
파 **collapsible** 형 접을 수 있는
유 붕괴 breakdown, failure

## suspend
[səspénd]
★★★★☆
2134

동 매달다, 걸다, 연기하다, 보류하다, 정학시키다
Under the terms of my agreement with your health club, I'm allowed to **suspend** my membership. EBS 연계
귀하의 헬스클럽과 맺은 계약 조건에 따르면, 제 회원 자격을 연기하는 것이 허용됩니다.
파 **suspension** 명 중지, 보류, 정학
유 매달다 hang, dangle    연기하다 postpone, delay

## rip
[rip]
★★★★☆
2135

동 째다, 찢다, 벗겨 내다
The aluminum siding was being **ripped** away from the frame of his house like a banana peel. EBS 연계
알루미늄 벽널은 바나나 껍질처럼 그의 집의 뼈대로부터 벗겨져 나가고 있었다.
예 **ripped jeans** 찢어진 청바지
유 째다 cut    찢다 tear

## imperative
[impérətiv]
★★★★☆
2136

형 필수적인, 반드시 필요한, 명령적인 명 필요성, 의무, 명령, 강제적 원칙
Since the tourism industry provides a lot of benefits to the country, it is **imperative** for the public and private sectors to improve the satisfaction of the tourists. EBS 연계
관광 산업은 국가에 많은 이득을 제공하므로, 공공 부문과 민간 부문이 관광객의 만족도를 향상시키는 것이 반드시 필요하다.
파 **imperatively** 부 명령조로, 단호하게
유 필수적인 essential, compulsory    반 선택의 optional

## drastic
[drǽstik]
★★★★☆
2137

형 극단적인, 급격한, 철저한
More **drastic** technical solutions involve disabling or banning social media/social networking. EBS 연계
더 철저한 기술적 해결책에는 소셜 미디어/소셜 네트워크를 작동하지 못하게 하거나 금지하는 것이 포함된다.
파 **drastically** 부 과감하게, 철저하게
유 극단적인 extreme, radical

## export
[ikspɔ́:rt]
★★★★☆
2138

동 수출하다 명 [ékspɔːrt] 수출, 수출품
Environmental problems associated with agricultural production for **export** in developing countries can be difficult to tackle using conventional regulations. EBS 연계
개발 도상국의 수출을 위한 농업 생산과 관련된 환경 문제는 전통적 규제를 사용하여 다루기가 어려울 수 있다.
파 **exporter** 명 수출업자
유 수송하다 ship    반 import

DAY 39

| 2139 | ★★★★★ |
| --- | --- |

**paw**
[pɔː]

[명] (발톱이 달린) 발, (사람의) 손
They aren't afraid to get their **paws** dirty. 대수능
그것들은 자신의 발이 더러워지는 것을 두려워하지 않는다.
ⓔ **southpaw** [명] 왼손잡이 선수
ⓥ (사람의) 손 hand

| 2140 | ★★★★★ |
| --- | --- |

**tongue**
[tʌŋ]

[명] 혀, 혓바닥, 언어, 말
Science has a language of its own that has nothing to do with the scientist's native **tongue**. EBS 연계
과학은 과학자의 모국 언어와는 아무 관련이 없는 그 자체의 언어를 가지고 있다.
ⓔ **mother tongue** 모국어
ⓥ 언어 language   말 speech, utterance

# Advanced Step

| 2141 | ★★★★★ |
| --- | --- |

## intelligent

이해력이 있는, 똑똑한 [학습, 이해, 사고력이 우수할 때]
Every child has the potential to grow up into a highly **intelligent** adult.
모든 아이들은 이해력이 매우 높은 성인으로 성장할 잠재력을 가지고 있다.

**능력을 나타내는 형용사**

| 2142 | ★★★★☆ |
| --- | --- |

### ingenious

기발한, 독창적인 [새로운 생각과 사물을 창조하는 능력이 우수할 때]
She is really **ingenious** when it comes to cooking new foods.
그녀는 새로운 음식을 요리하는 것에 있어서 정말 기발하다.

| 2145 | ★★★☆☆ |
| --- | --- |

### dexterous

솜씨 좋은 [손 기술이 뛰어날 때]
The natives are very **dexterous** with their spears.
그 원주민들은 창을 다루는 솜씨가 아주 좋다.

| 2143 | ★★★★☆ |
| --- | --- |

### proficient

능숙한 [훈련과 연습을 통해 어떤 것을 잘 수행할 때]
With practice, you will be able to become **proficient** in this skill.
연습을 하면 이 기술에 능숙해질 수 있을 것이다.

| 2144 | ★★★★☆ |
| --- | --- |

### cunning

교활한 [속임수를 통해 영리하게 원하는 바를 추구할 때]
He was so **cunning** that no one knew about his secret evil deeds.
그는 매우 교활해서 아무도 그의 은밀한 악행을 알지 못했다.

# Review Test

DAY 39

## A 영어는 우리말로, 우리말은 영어로 쓰시오.

**1.** ignorance _____
**2.** 건축(학)    a_____
**3.** indicate _____
**4.** 피로    f_____
**5.** endangered _____
**6.** 한숨 쉬다    s_____
**7.** apparatus _____
**8.** 혀, 언어    t_____

## B 영어 단어와 우리말 뜻을 연결하시오.

**1.** sensitive •
**2.** crude •
**3.** evident •

• **a.** 민감한, 예민한
• **b.** 가공하지 않은, 조잡한
• **c.** 분명한, 명확한

## C 다음 주어진 뜻에 해당하는 밑줄 친 단어의 파생어를 쓰시오.

**1.** <u>conserve</u> the environment   명 _____ 보존, 보호
**2.** <u>convert</u> light to energy   명 _____ 전환, 개조
**3.** <u>exposure</u> to danger   동 _____ 노출시키다

## D 밑줄 친 단어의 유의어 혹은 반의어를 쓰시오.

**1.** <u>erase</u> the tape   유 r_____
**2.** at the <u>rear</u>   반 f_____
**3.** <u>export</u> food products   반 i_____

---

정답

**A 1.** 무지, 무식 **2.** (a)rchitecture **3.** 나타내다, 시사하다 **4.** (f)atigue **5.** 멸종 위기에 처한
   **6.** (s)igh **7.** 기구, 장치 **8.** (t)ongue
**B 1.** a **2.** b **3.** c
**C 1.** conservation **2.** conversion **3.** expose
**D 1.** (r)emove **2.** (f)ront **3.** (i)mport

# Actual Test

(A), (B), (C)의 각 네모 안에서 문맥에 맞는 낱말을 고르시오.

모평

Behavioral evidence for separate types of taste receptors comes from studies of the following type: Soak your tongue for 15 seconds in a sour solution, such as unsweetened lemon juice. Then try tasting some other sour solution, such as dilute vinegar. You will find that the second solution tastes less sour than usual. Depending on the (A) [ concentrations / temperatures ] of the lemon juice and vinegar, the second solution may not taste sour at all. This phenomenon, called adaptation, reflects the (B) [ activation / fatigue ] of receptors sensitive to sour tastes. Now try tasting something salty, sweet, or bitter. These substances taste about the same as usual. In short, you experience little cross-adaptation — reduced response to one taste after (C) [ aversion / exposure ] to another. Evidently, the sour receptors are different from the other taste receptors. Similarly, you can show that salt receptors are different from the others and so forth.

---

해석

별개의 유형의 미각 기관에 대한 행동적 증거는 다음 형태의 연구들로부터 나오는데, 혀를 15초 동안 설탕을 가미하지 않은 레몬주스 같은 신 용액에 담그라. 그런 다음 묽은 식초 같은 어떤 다른 신 용액을 맛보라. 두 번째 용액이 보통 때보다 신맛이 덜 난다는 것을 발견할 것이다. 레몬주스와 식초의 농도에 따라 두 번째 용액이 전혀 신맛이 나지 않을지도 모른다. 적응이라고 불리는 이 현상은 신맛에 민감한 수용기의 피로를 반영한다. 이제 짜거나 달거나 쓴 것을 맛보라. 이 물질들은 대략 보통 때와 똑같은 맛이 난다. 간단히 말해, 어떤 맛에 노출된 다음에 다른 맛에 대한 줄어든 반응인, 교차 적응을 거의 경험하지 못한다. 신맛을 감지하는 감각 수용 기는 다른 맛을 감지하는 감각 수용기와 다른 것이 분명하다. 이와 마찬가지로, 짠맛을 감지하는 감각 수용기 가 기타의 다른 감각 수용기들과 다르다는 것을 보여 줄 수 있으며 다른 것들도 이와 같다.

해설 (A) 레몬주스의 신맛 때문에 식초의 신맛을 못 느끼게 되는데, 그 정도를 결정하는 것은 농도이므로 concentrations가 적절하다. temperature는 '온도'라는 의미이다.
(B) 신맛에 대한 적응은 신맛에 민감한 수용기의 피로를 반영하는 현상이므로 fatigue가 적절하다. activation은 '활성화'라는 의미이다.
(C) 어떤 맛에 노출된 다음에 다른 맛에 대한 반응이 줄어들게 되는 현상에 대한 설명이므로 exposure가 적 절하다. aversion은 '혐오감'이라는 의미이다.

정답 (A) concentrations (B) fatigue (C) exposure

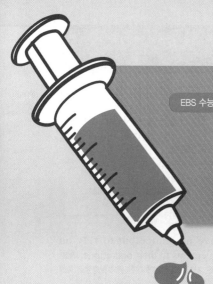

# DAY 40

## Word Preview

- ☐ plain
- ☐ rely
- ☐ ordinary
- ☐ spread
- ☐ disease
- ☐ graduate
- ☐ contest
- ☐ exclude
- ☐ escape
- ☐ degree
- ☐ status
- ☐ desert
- ☐ fulfill
- ☐ mature
- ☐ split
- ☐ carve
- ☐ conflict

- ☐ scream
- ☐ dispose
- ☐ relevance
- ☐ analogy
- ☐ fragile
- ☐ fabric
- ☐ roast
- ☐ compel
- ☐ gymnasium
- ☐ prescribe
- ☐ border
- ☐ disabled
- ☐ subtle
- ☐ passage
- ☐ exaggerate
- ☐ witness
- ☐ belongings

- ☐ retain
- ☐ commission
- ☐ discipline
- ☐ entitle
- ☐ outrage
- ☐ stool
- ☐ arbitrary
- ☐ rob
- ☐ intermediate
- ☐ oval
- ☐ shrug
- ☐ utterly
- ☐ spiral
- ☐ breakdown
- ☐ stripe
- ☐ torch

---

2146 ★★★★★

**plain**
[plein]

형 명백한, 소박한, 평범한, 평평한, 무늬가 없는  명 평지, 평원, 벌판
The **plain** old telephone was interactive, but it only transmitted speech and sounds. 대수능
평범한 구식 전화는 쌍방향이었지만, 그것은 오로지 말과 소리만 전송했다.
파 **plainness** 명 명백, 솔직, 검소, (용모의) 못생김
유 명백한 clear, obvious    소박한 simple, ordinary    평평한 flat

---

2147 ★★★★★

**rely**
[rilái]

동 의지하다, 믿다, 신뢰하다
Most organic farmers have no choice but to **rely** on chemicals as necessary supplements to their operations. 모평
대부분의 유기 농법을 사용하는 농부들은 자신들의 작업에 대한 필요 보충물로 화학 물질에 의지할 수밖에 없다.
파 **reliable** 형 믿을 수 있는, 의지가 되는    **reliance** 명 의존, 의지
유 의지하다 depend, lean    반 distrust, suspect

---

2148 ★★★★★

**ordinary**
[ɔ́:rdənèri]

형 보통의, 일상적인, 평범한
Engaging in acts that would be considered inconsequential in **ordinary** life also liberates us a bit, making it possible to explore our capabilities in a protected environment. 모평
평범한 삶에서는 중요하지 않다고 여겨질 행위에 참여하는 것은 우리를 약간 자유롭게 하여, 보호된 환경에서 우리 능력을 탐구하는 것을 가능하게 한다.
유 usual, normal, common
반 extraordinary, unusual, abnormal, uncommon

---

2149 ★★★★★

**spread**
[spred]

동 펼치다, 펴다, 퍼지다, 확산되다
Instead, only a small number of cultural elements ever **spread** from one culture to another. 대수능
대신에, 단지 적은 수의 문화적 요소들만이 한 문화에서 다른 문화로 퍼진다.
유 펼치다 extend, stretch    퍼지다 diffuse

---

2150 ★★★★★

**disease**
[dizí:z]

명 질병, 질환
Among primitives, the prevailing moral point of view gives a deeper meaning to **disease**. 대수능
원시인들 사이에서는 지배적인 도덕적 관점이 질병에 대해 더 깊은 의미를 제공한다.
파 **diseased** 형 질병에 걸린, 병을 앓고 있는
유 ailment, illness, sickness    반 health, wellness

---

2151 ★★★★★

**graduate**
[grǽdʒuèit]

동 졸업하다  [grǽdʒuət] 명 졸업생, 대학원생  형 대학원의
It took me a long time, but I eventually got into that university, became a football player, and **graduated**. 모평
나에게 오랜 시간 시간이 걸렸지만, 나는 결국 그 대학교에 입학하여 미식축구 선수가 되었고 졸업했다.
파 **graduation** 명 졸업, 학위 취득
유 통과하다 pass    자격을 얻다 qualify

---

## 2152 ★★★★★

**contest**
[kántest]

몡 경쟁, 시합  동 [kəntést] 다투다, 겨루다

Steven was his sister's hero, and he had bragged to her that he would win the **contest**. 모평

Steven은 여동생의 영웅이었고, 그는 자신이 그 시합에서 우승할 것이라고 그녀에게 자랑했었다.

파 **contestable** 톙 다툴 만한, 논쟁의 여지가 있는

윤 경기, 시합 competition, match, tournament

## 2153 ★★★★★

**exclude**
[iksklú:d]

동 제외하다, 배제하다

When a definition emphasizes rules, competition, and high performance, many people will be **excluded** from participation or avoid other physical activities. 모평

정의가 규칙, 경쟁, 높은 기량을 강조할 때 많은 사람이 참여에서 배제되거나 다른 신체 활동을 피할 것이다.

파 **exclusion** 몡 제외, 배제    **exclusive** 톙 독점적인, 배타적인

윤 제거하다 eliminate    생략하다 omit

반 포함하다 include    받아들이다 admit

## 2154 ★★★★★

**escape**
[iskéip]

동 달아나다, 탈출하다, 벗어나다, 피하다  몡 탈출, 도피

Scientific and professional policy design does not necessarily **escape** the pitfalls of degenerative politics. 대수능

과학적이고 전문적인 정책 설계가 퇴행적인 정치의 함정을 반드시 피하는 것은 아니다.

파 **escapable** 톙 도망칠 수 있는, 피할 수 있는

윤 달아나다 flee    피하다 avoid, evade

## 2155 ★★★★★

**degree**
[digrí:]

몡 정도, 등급, 단계, 학위

For instance, there is a high **degree** of correlation between shoe size and vocabulary size. 모평

예를 들면, 신발 크기와 어휘 양 사이에는 상당한 정도의 상관관계가 있다.

파 **degreeless** 톙 자로 잴 수 없는, 학위가 없는

윤 정도 level, grade    단계 stage    학위 diploma

## 2156 ★★★★★

**status**
[stéitəs]

몡 신분, 지위

The economic **status** of the crop ensures that water rights can be bought or bribed away from subsistence crops. 모평

그 작물의 경제적 지위는 물 권리를 생계형 작물에서 빼내서 사거나 매수할 수 있도록 보장한다.

파 **status quo** 현재의 상황, 현상 유지

윤 지위 position    명성 prestige, reputation

## 2157 ★★★★☆

**desert**
[dézə:rt]

몡 사막, 황무지  톙 사막의, 불모의, 황량한  동 [dizə́:rt] 버리다, 저버리다

While in New Mexico, she was also fascinated by the simple geometric grace of adobe churches and the majesty of the **desert**. 모평

New Mexico에 있을 때, 그녀는 또한 어도비 벽돌로 지은 교회들의 단순한 기하학적 우아함과 사막의 장엄함에 매료되었다.

파 **deserted** 톙 황량한, 사람이 살지 않는, 버림받은

윤 황무지 wilderness, wasteland    불모의 barren    저버리다 abandon

---

**2158** ★★★★☆

**fulfill**
[fulfíl]

동 이행하다, 수행하다, 달성하다, 성취하다
"I tried my best to **fulfill** your dream but I couldn't make it," Andrew said in disappointment. 모평
Andrew는 실망한 채 "저는 당신의 꿈을 성취하기 위해 최선을 다했지만 해낼 수 없었어요."라고 말했다.
파 **fulfillment** 명 이행, 수행, 실현, 달성
유 이행하다 perform, execute    달성하다 complete, achieve

---

**2159** ★★★★★

**mature**
[mətʃúər]

형 성숙한, 발달한 동 익다, 성숙하다
In Belding's ground squirrels, males leave home and females **mature** in their natal area. 대수능
Belding의 얼룩다람쥐들의 경우 수컷은 집을 떠나고 암컷은 태어난 곳에서 성숙해 간다.
파 **maturity** 명 성숙함, 성숙한 상태
유 성숙한 grown-up, ripe    반 미성숙한 immature, undeveloped

---

**2160** ★★★★☆

**split**
[split]

동 분할하다, 쪼개다, 분열되다, 나뉘다 명 분열, 불화 형 갈라진, 분열된
Groups with an even number of members may **split** into halves. 대수능
짝수의 구성원을 지닌 집단은 둘로 나뉠지도 모른다.
파 **splitting** 형 머리가 쪼개질 것 같은
유 분열(되다) break, crack    반 통합되다 join, unify, unite

---

**2161** ★★★★☆

**carve**
[kɑːrv]

동 조각하다, 새기다, 파다
Everything in it seems to be made of primeval stone, like a mountain range, even if it is only a few inches across or **carved** in wood. 대수능
그 안의 모든 것이 단지 폭이 몇 인치에 불과하거나 나무에 새겨져 있을지라도, 그것은 마치 산맥처럼 원시 시대의 돌로 만들어진 것처럼 보인다.
파 **carved** 형 조각된
유 조각하다 sculpt    새기다 engrave, inscribe

---

**2162** ★★★★★

**conflict**
[kánflikt]

명 갈등, 충돌, 분쟁 동 [kənflíkt] 상충되다, 모순되다, 다투다, 싸우다
They may experience value **conflict** if they buy disposable diapers for their babies. 모평
그들이 자신의 아기를 위해 일회용 기저귀를 산다면 그들은 가치 갈등을 경험할 수도 있다.
파 **confliction** 명 싸움, 충돌
유 분쟁 dispute, disagreement, friction    반 합의 agreement, harmony

---

**2163** ★★★★★

**scream**
[skriːm]

동 비명을 지르다, 소리치다 명 비명, 절규, 날카로운 소리
She let out a **scream** of pain and fear as she fell into the water. 모평
그녀는 물에 빠질 때 고통과 두려움의 비명을 질렀다.
파 **screamy** 형 날카롭게 외치는, 절규하는
유 yell, shriek

---

## dispose
[dispóuz]

동 배치하다, 배열하다, 처리하다
Nuclear power produces highly radioactive wastes that must be stored and safely **disposed** of for long periods of time. EBS 연계
원자력은 장기간 저장되어 안전하게 처리되어야 하는 고방사능 폐기물을 만들어 낸다.
파 **disposal** 명 처리, 처분　　**disposition** 명 기질, 성격, 배치, 배열
유 배치하다 place, arrange

## relevance
[réləvəns]

명 관련, 적절성
The number of downloads of any given scientific paper has little **relevance** to the number of times the entire article has been read from beginning to end. 모평
어떤 특정한 과학 논문을 다운로드한 횟수는 그 전체 논문이 처음부터 끝까지 읽힌 횟수와 거의 관련이 없다.
파 **relevant** 형 관련 있는, 적절한
유 관련 connection　　적절성 appropriateness
반 무관, 부적절 irrelevance

## analogy
[ənǽlədʒi]

명 비유, 유추, 유사점
Stalnaker suggests an **analogy** with the representation of *numbers*: The number 9 can be *represented* as '12−3' but it does not follow that 12, 3, or *subtraction* are *constituents* of the number 9. 모평
Stalnaker는 '숫자들'의 표현으로 한 가지 비유를 보여 준다. 숫자 9는 '12−3'으로 '표현될' 수 있지만, 결과적으로 12, 3, 또는 '빼기'가 숫자 9의 '구성 요소들'은 아니다.
파 **analogize** 동 유추하다, 유사하다　　**analogical** 형 유사한, 유추의
유 비유 metaphor　　유사점 similarity

## fragile
[frǽdʒəl]

형 깨지기 쉬운, 연약한
The flowers are so **fragile** that they can't bear transportation at any distance. EBS 연계
그 꽃들은 너무 연약해서 어떤 거리의 수송도 견뎌 내지 못한다.
파 **fragility** 명 부서지기 쉬움, 연약함
유 깨지기 쉬운 breakable　　연약한 delicate, frail　　반 sturdy, tough

## fabric
[fǽbrik]

명 직물, 천, 구조, 체제
And the **fabric** is partially made from recycled plastic bottles. 모평
그리고 그 천은 일부가 재활용된 플라스틱 병으로 만들어진다.
유 직물 textile, cloth

## roast
[roust]

동 (고기를) 굽다, 익히다
The grubs were eaten raw or **roasted** in hot ashes to crisp the skin. EBS 연계
애벌레는 날것으로 먹거나 그 껍질을 바삭하게 하기 위해 뜨거운 재 속에 구워서 먹었다.
유 bake, grill

DAY 40

| 2170 | ★★★★★ |
|---|---|

## compel
[kəmpél]

동 강요하다, 억지로 행동하게 하다

How will they respond when you tell them that librarians are **compelled** "to always accompany" visitors to the rare book room because of the threat of damage? 모평

손상의 위험 때문에 도서관 사서들이 항상 희귀본 장서실로 방문객과 '항상 동행해야' 한다고 여러분이 그들에게 말하면 그들은 어떻게 반응할 것인가?

파 **compelling** 형 흥미를 돋우는　**compulsion** 명 강요
　**compulsory** 형 강제적인, 의무적인, 필수의
　**compulsive** 형 강박적인, 조절이 힘든
유 강요하다 force　촉구하다 urge

| 2171 | ★★★★☆ |
|---|---|

## gymnasium
[dʒimnéiziəm]

명 체육관, 실내 경기장 (약어 gym)

People overestimated the number of strangers they would need to approach to get someone to walk them to the Columbia University **gymnasium** three blocks away. EBS 연계

사람들은 어떤 사람에게 세 블록 떨어진 Columbia 대학 체육관까지 자기들과 동행하게 하기 위해 접근해야 할 낯선 사람들의 수를 과도하게 추산했다.

파 **gymnastic** 형 체조의, 체육의, 운동의　**gymnastics** 명 체조

| 2172 | ★★★★★ |
|---|---|

## prescribe
[priskráib]

동 처방하다, 규정하다, 지시하다

Some doctors **prescribe** hormone therapy to ease the discomfort of night sweats. EBS 연계

일부 의사는 자면서 심하게 땀을 흘리는 불편함을 완화하기 위해 호르몬 요법을 처방한다.

파 **prescription** 명 처방, 규정, 지시　**prescriptive** 형 규정하는, 지시하는
유 규정하다 define

| 2173 | ★★★★★ |
|---|---|

## border
[bɔ́:rdər]

명 국경, 경계, 가장자리, 변두리　동 접경하다, 인접하다

Marking the Nepal-Tibet **border**, Everest looms as a three-sided pyramid of gleaming ice and dark rock. 대수능

네팔과 티베트 사이의 경계가 되는 에베레스트는 빛나는 얼음과 짙은 색의 바위로 만들어진 세 면의 피라미드로 불쑥 나타난다.

유 국경 frontier　경계 boundary

| 2174 | ★★★★★ |
|---|---|

## disabled
[diséibld]

형 장애를 가진, 불구가 된

Dr. Paul Odland and his friend Bob provide free medical treatment for **disabled** children of poor families. 대수능

Paul Odland 박사와 그의 친구 Bob은 가난한 가정의 장애 어린이들에게 무료 의료 치료를 제공한다.

파 **disable** 동 무력하게 하다, 장애를 입히다　**disability** 명 장애
유 handicapped, impaired

| 2175 | ★★★★☆ |
|---|---|

## subtle
[sʌ́tl]

형 미묘한, 민감한, 섬세한

People pay attention to a leader's **subtle** expressions of emotion through body language and facial expression. 모평

사람들은 신체 언어와 얼굴 표정을 통한 지도자의 미묘한 감정 표현에 주의를 기울인다.

유 delicate

## passage
[pǽsidʒ]

명 통로, 구절, 단락, 흐름, 경과, 여행
Those words should be fitted into new sentences that work together as a coherent **passage** in its own right. EBS 연계
그 단어들은 그 자체로 논리 정연한 단락으로 함께 기능하는 새로운 문장에 잘 들어맞아야 한다.
파 **pass** 동 지나가다, 통과하다, 흐르다
유 통로 corridor   단락 paragraph   여행 journey

## exaggerate
[igzǽdʒərèit]

동 과장하다
Nutrition scientists have tended to **exaggerate** any beneficial or harmful health effects of single nutrients. EBS 연계
영양학자들은 단일 영양소의 유익하거나 해로운 건강상의 영향은 무엇이나 과장하는 경향이 있었다.
파 **exaggeration** 명 과장   **exaggerative** 형 과장하는
유 overstate, overdo   반 understate

## witness
[wítnis]

명 목격자, 증인 동 목격하다
At the zoo, visitors may **witness** a great beast pacing behind the bars of its cage. 모평
동물원에서 방문객들은 큰 짐승이 우리의 창살 뒤에서 걸어 다니는 것을 목격할 수도 있다.
파 **witnessable** 형 목격할 수 있는, 증언할 수 있는
유 목격자 observer   증인 testifier

## belongings
[bilɔ́:ŋiŋz]

명 재산, 소유물
At my mom's request, my brothers, sisters, and I sorted through all her **belongings**. 모평
어머니의 요청으로 나의 형제자매들과 나는 어머니의 모든 소유물을 분류했다.
파 **belong** 동 속하다
유 possessions

## retain
[ritéin]

동 유지하다, 보유하다, 함유하다
The student with high fluid intelligence will **retain** most of the museum experience as new knowledge in permanent memory. EBS 연계
높은 유동적 지능을 가진 학생은 박물관 경험의 대부분을 영구 기억에 새로운 지식으로 보유할 것이다.
파 **retainable** 형 보유할 수 있는   **retainment** 명 보유, 유지
유 hold, keep, reserve   반 release

## commission
[kəmíʃən]

명 위임, 임무, 위탁, 위원회, 수수료 동 위임하다, 의뢰하다
Ehret's reputation for scientific accuracy gained him many **commissions** from wealthy patrons, particularly in England, where he eventually settled. 대수능
과학적 정확성에 대한 Ehret의 명성은 그가 부유한 후원자들, 특히 영국에 있는 후원자들로부터 많은 위탁을 받게 했고, 그는 결국 그곳에 정착했다.
파 **commissional** 형 위임의, 위원회의
유 위임 empowerment   위원회 committee   수수료 fee

DAY 40

---

**2182** ★★★★☆

**discipline**
[dísəplin]

명 규율, 훈육, 통제, 징계, 과목  동 훈육하다, 징계하다
The pace of the game is leisurely and unhurried, like the world before the **discipline** of measured time, deadlines, schedules, and wages paid by the hour. 모평
측정된 시간, 마감 시간, 일정, 시간 단위로 지급되는 임금 같은 규율이 있기 이전의 세상과 마찬가지로, 그 경기의 속도는 여유롭고 느긋하다.
파 **disciplinary** 형 훈육의, 징계의, 학과의
유 통제 regulation   징계 punishment   과목 subject

---

**2183** ★★★★★

**entitle**
[intáitl]

동 권한을 주다, 자격을 주다, 칭하다
In essence, these individuals are **entitled** to look wherever they want. 대수능
본질적으로, 이 사람들은 자신들이 원하는 곳은 어디든지 볼 수 있는 권한이 있다.
파 **entitlement** 명 권한 부여, 자격
유 권한을 주다 authorize, qualify, empower   칭하다 name
반 자격을 박탈하다 disqualify

---

**2184** ★★★★☆

**outrage**
[áutreidʒ]

명 격분, 격노, 난폭, 폭행  동 격분시키다, 폭행하다
For example, a teacher may feel **outrage** when a student refuses to make eye contact during a reprimand. EBS 연계
예를 들어, 교사는 훈계를 하는 중에 학생이 눈을 맞추려 하지 않을 때 격분할 수도 있다.
파 **outrageous** 형 터무니없는, 참을 수 없는, 난폭한, 극악한
유 격분 fury, resentment   난폭 violence

---

**2185** ★★★☆☆

**stool**
[stu:l]

명 (등받이와 팔걸이가 없는) 의자
Some of them are specialized for sitting at certain high places, like bar **stools**. 모평
그중에 어떤 것들은 술집의 의자와 같이 어떤 높은 장소에 앉기 위해 특화되어 있다.
관 piano stool 피아노용 의자   armchair 명 (팔걸이가 있는) 안락의자

---

**2186** ★★★★☆

**arbitrary**
[á:rbitrèri]

형 임의의, 자의적인, 독단적인
Chimps do have basic ability when it comes to the use of **arbitrary** symbols. EBS 연계
자의적인 상징의 이용에 관한 한 침팬지들은 기본적인 능력을 정말로 가지고 있다.
유 임의의 random   독단적인 dictatorial
반 합리적인 reasonable   제한된 limited

---

**2187** ★★★★★

**rob**
[rɑb]

동 강탈하다, 약탈하다, 박탈하다
This system of reciprocity generates benefits for everyone involved (benefits such as freedom from worry of being **robbed**). 모평
호혜성이라는 이러한 체계는 관련된 모든 이에게 이익(강탈당할 걱정이 없는 것과 같은 이익)을 창출한다.
파 **robbery** 명 강도, 도둑질, 약탈
유 강탈하다 burgle   박탈하다 deprive

---

## 2188 ★★★★★

**intermediate**
[ìntərmíːdiət]

형 중간의, 중급의  명 중급자
Muscles attain maximal force at **intermediate** lengths. EBS 연계
근육은 중간 길이에서 최대의 힘을 얻는다.
파 **intermediary** 명 중재자, 중개인
유 중간의 middle, median

## 2189 ★★★☆☆

**oval**
[óuvəl]

형 계란형의, 타원형의  명 계란형, 타원형
In the same way, we see car wheels as round, even though
the retinal image is **oval** when viewed from an angle other
than directly from the front. 대수능
같은 방식으로, 우리는 자동차의 바퀴를 둥근 것으로 보는데, 정면에서 똑바로 볼 때
를 제외한 각도로부터 볼 때 망막의 상이 타원형이라 할지라도 그러하다.
파 **ovally** 부 달걀 모양으로, 타원형으로
유 달걀 모양의 egg-shaped    타원형의 elliptical

## 2190 ★★★★☆

**shrug**
[ʃrʌg]

동 (어깨를) 으쓱하다  명 어깨를 으쓱하기
Today, more and more parents **shrug** their shoulders, saying
it's okay, maybe even something special. 모평
오늘날 점점 더 많은 부모들이 그것은 괜찮으며 심지어 특별한 것일지 모른다고 말
하면서 어깨를 으쓱한다.
숙 **shrug off** 무시하다, 과소평가하다
반 올리다 raise

## 2191 ★★★★☆

**utterly**
[ʌ́tərli]

부 완전히, 순전히, 전혀
In short, zoo life is **utterly** incompatible with an animal's
most deeply-rooted survival instincts. 모평
간략히 말하자면, 동물원 생활은 동물들의 가장 깊이 뿌리박혀 있는 생존 본능과 전
혀 양립할 수 없다.
파 **utter** 형 전적인, 완전한, 철저한  동 발언하다
유 완전히 totally, completely    전혀 absolutely

## 2192 ★★★★☆

**spiral**
[spáiərəl]

명 나선형, 소용돌이  형 나선형의  동 나선형[소용돌이]을 그리다, 급증하다
Our conversations quickly **spiraled** out of control. EBS 연계
우리의 대화는 곧 급속도로 소용돌이를 그리며 통제 불능이 되었다.
파 **spiraling** 형 상승하는
유 나선형의 coiled, winding

## 2193 ★★★★★

**breakdown**
[bréikdàun]

명 고장, 파손, 장애, 붕괴, 몰락, 실패, 결렬
This model attributes the cause of ill health to some
**breakdown** in normal biological and physiological
functioning. EBS 연계
이 모델은 나쁜 건강의 원인을 정상적인 생물학적, 생리적 기능의 어떤 장애의 탓으
로 돌린다.
숙 **break down** 고장 나다, 실패하다
유 붕괴 collapse, downfall    실패 failure

DAY 40

| 2194 | ★★★★★ |
|---|---|

## stripe
[straip]

명 줄무늬 통 줄무늬를 넣다
A herd of zebras can become a dazzling display of black and white **stripes**. 모평
얼룩말 무리는 검은색과 흰색의 줄무늬를 현란하게 드러내 보이는 것이 될 수 있다.
ⓓ striped 형 줄무늬의
ⓢ streak

| 2195 | ★★★★☆ |
|---|---|

## torch
[tɔːrtʃ]

명 횃불, 손전등, (올림픽) 성화
The passing of the Olympic **torch** throughout countries set aside religious differences and race, and opened up nations's borders for a common tradition: the Olympics. EBS 연계
여러 나라 전역에서의 올림픽 대회의 성화 봉송은 종교적 차이와 인종을 무색하게 했고, 공동의 전통인 올림픽 대회를 위해 국가들의 국경을 개방했다.
ⓔ torch relay 성화 봉송 릴레이
ⓟ 횃불 firebrand    손전등 flashlight

# Advanced Step

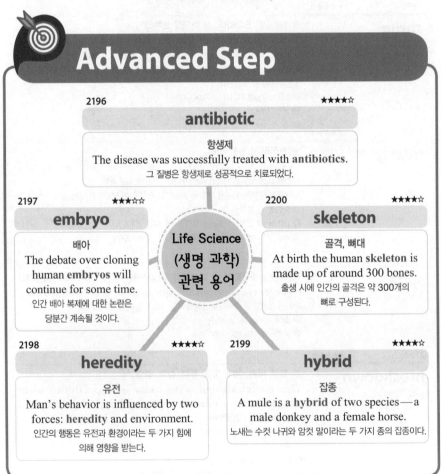

| 2196 | ★★★★☆ |
|---|---|

### antibiotic

항생제
The disease was successfully treated with **antibiotics**.
그 질병은 항생제로 성공적으로 치료되었다.

| 2197 | ★★★☆☆ |
|---|---|

### embryo

배아
The debate over cloning human **embryos** will continue for some time.
인간 배아 복제에 대한 논란은 당분간 계속될 것이다.

**Life Science (생명 과학) 관련 용어**

| 2200 | ★★★★☆ |
|---|---|

### skeleton

골격, 뼈대
At birth the human **skeleton** is made up of around 300 bones.
출생 시에 인간의 골격은 약 300개의 뼈로 구성된다.

| 2198 | ★★★★☆ |
|---|---|

### heredity

유전
Man's behavior is influenced by two forces: **heredity** and environment.
인간의 행동은 유전과 환경이라는 두 가지 힘에 의해 영향을 받는다.

| 2199 | ★★★★☆ |
|---|---|

### hybrid

잡종
A mule is a **hybrid** of two species—a male donkey and a female horse.
노새는 수컷 나귀와 암컷 말이라는 두 가지 종의 잡종이다.

# Review Test

**A** 영어는 우리말로, 우리말은 영어로 쓰시오.

1. status _____
2. 졸업하다 g_____
3. conflict _____
4. 제외하다 e_____
5. fragile _____
6. 체육관 g_____
7. prescribe _____
8. 과장하다 e_____

**B** 영어 단어와 우리말 뜻을 연결하시오.

1. relevance •
2. outrage •
3. breakdown •

• **a.** 고장, 파손, 붕괴
• **b.** 관련, 적절성
• **c.** 격분, 분노

**C** 다음 주어진 뜻에 해당하는 밑줄 친 단어의 파생어를 쓰시오.

1. <u>mature</u> enough to vote 　명 _____ 성숙함
2. <u>dispose</u> of waste 　명 _____ 처리, 처분
3. parental and school <u>discipline</u> 　형 _____ 훈육의

**D** 밑줄 친 단어의 유의어 혹은 반의어를 쓰시오.

1. suffer from mental <u>disease</u> 　유 i_____
2. an <u>ordinary</u> situation 　반 e_____
3. the rights of the <u>disabled</u> 　유 h_____

---

정답

**A** 1. 신분, 지위 2. (g)raduate 3. 갈등, 충돌 4. (e)xclude 5. 깨지기 쉬운, 연약한
　6. (g)ymnasium 7. 처방하다, 규정하다 8. (e)xaggerate
**B** 1. b 2. c 3. a
**C** 1. maturity 2. disposal 3. disciplinary
**D** 1. (i)llness 2. (e)xtraordinary 3. (h)andicapped

# Actual Test

다음 글의 밑줄 친 부분 중, 문맥상 낱말의 쓰임이 적절하지 <u>않은</u> 것은?

모평

Science is making the future, and nations are busy making future scientists. The more science that emerges from this investment, the greater the need for us to follow the gist of the science with ① sufficient understanding. In other words, if we the ordinary people are to keep pace with science, we need more science writers, and more science writing that is clear, wise and eloquent, and that ② demands to be read. People often feel excluded from science, convinced that it takes an ③ intermediate degree to understand what scientists do. As a result, they defensively shrug off the whole business as an exclusive realm of little ④ relevance to their lives. One of the surest cures for scientific illiteracy is great scientific literature, writing that does not merely translate technical terms into ⑤ plain English or explain complicated ideas simply.

해석
과학은 미래를 만들고 있으며, 여러 국가들은 미래의 과학자들을 양성하느라 분주하다. 이러한 투자를 통해 나오는 과학이 더 많으면 많을수록, 우리가 충분히 이해하면서 과학의 핵심을 따라야 할 필요성은 더욱더 커진다. 다시 말해서, 우리 일반인들이 과학과 보조를 맞추어 나가려면, 우리는 보다 많은 과학 작가들과, 명료하고 슬기로우며 설득력이 있는, 그리고 읽힐 필요가 있는 더 많은 과학 관련 글 작품이 필요하다. 사람들은 과학자들이 하는 일을 이해하는 데는 중급의(→ 상급의) 학위가 필요하다고 확신하면서, 흔히 과학에서 배제된 느낌을 갖는다. 그 결과, 그들은 방어적으로 (과학과 관련된) 그 모든 일을 그들의 삶과는 거의 관련이 없는 배타적 영역으로 간주하여 무시해 버린다. 과학 문맹에 대한 가장 확실한 치료법 중의 하나는 위대한 과학 문학, 즉 기술적인 용어들을 쉬운 영어로 단순히 번역하거나 복잡한 개념을 간단히 설명하는 데만 그치지 않는 글 작품이다.

해설　과학은 일반인들이 배제된 상급의 학위를 지닌 과학자들의 전유물로 여겨지는 경향이 있다고 했으므로, ③의 intermediate를 advanced와 같은 낱말로 바꾸어야 한다.

정답　③

# Vaccine VOCA PLUS +

## 수능 빈출 주제(1)

### ■ 진화와 유전

수능 문제의 지문들은 다양한 분야의 소재와 주제를 다루고 있는데, 그중 하나가 생명 과학의 진화(evolution)와 유전(heredity) 관련 분야이다.

진화는 지구상의 생물들이 살아가면서 환경에 적응하고 (adapt) 발전해 가는 과정으로, 생명체의 개체군이 세대를 거듭함에 따라 유전되는 특성이 변해 가는 것을 뜻한다. 지구에 서식하는 무수히 많은 다양한 생물은 진화의 과정에 의해 형성된 것이라 할 수 있다. 진화는 자연 선택(natural selection)과 유전적 부동(genetic drift)의 과정으로 설명된다. 자연 선택은 자연계의 생활 조건에 적응하면 생존하고, 그러지 못한 생물은 사라진다는 개념으로 자연 도태라고도 한다. 유전적 부동은 개체군 안에서 대립 유전자의 빈도가 세대를 지나면서 변화하는 과정으로 집단의 크기가 작은 경우 강하게 작용한다.

유전은 부모가 가지고 있는 특성이 자식에게 전해지는 현상이다. DNA상에 존재하는 유전자(gene)에 의해 유전이 이루어진다는 사실이 알려지면서 생물학은 엄청난 발전을 하게 되었다. 현재는 DNA가 복제(reproduction)되어 동일한 생물 개체를 만들어 낼 수 있다는 사실이 널리 받아들여지고 있다. 이러한 전반적인 부분을 연구하는 학문이 유전학 (genetics)이며 유전학은 멘델 이후 많은 발전을 거쳐 왔다.

### ■ 진화와 유전 관련 어휘

| | | |
|---|---|---|
| **evolution** | 명 진화, 점진적 발전 | 동 evolve 진화하다  형 evolutionary 진화의 |
| **genetics** | 명 유전학 | 명 gene 유전자 |
| **species** | 명 (생물 분류상의) 종(種) | |
| **adaptation** | 명 적응 | 동 adapt 적응하다  형 adaptive 적응할 수 있는 |
| **reproduction** | 명 생식, 번식, 복제 | 동 reproduce 번식하다, 복제하다 |
| **descendant** | 명 자손, 후손 | 동 descend 내려가다, 계통을 잇다 |
| **mutation** | 명 돌연변이 | 동 mutate 돌연변이하다, 변화시키다 |
| **heredity** | 명 유전 | 형 hereditary 유전적인 |
| **biodiversity** | 명 생물의 다양성 | |
| **extinction** | 명 멸종, 소멸 | 형 extinct 멸종된 |

### ■ 진화와 유전 관련 최근 수능 지문

| 2021 9모평 32번 | 2021 6모평 24번 | 2020 대수능 23번 |
|---|---|---|
| 2020 9모평 22, 30번 | 2019 9모평 29번 | 2018 6모평 40번 |

### ■ 철학과 사상

수능 문제 중에서 비교적 난이도가 높은 문제들은 추상적(abstract) 사고와 고도의 추론 능력을 요구하는 경향이 있는데, 그러한 고난이도 문항의 상당수는 철학과 사상을 내용으로 다룬다.

철학을 뜻하는 philosophy라는 단어는 philo-(사랑하다)와 sophia(지혜)의 결합으로 '지혜를 사랑하다'라는 어원 의미를 갖는다. 철학은 우주의 근원을 탐구하는 종합적인 학문으로 모든 학문의 근본이라고 여겨지며, 학문의 폭이 아주 넓고 그 대상이 무궁무진하다. 하지만 철학의 주체는 자기 자신으로 나 아닌 모든 것은 철학의 대상은 될 수 있어도 철학의 주체는 될 수 없다. 또한, 철학은 현실에 기반을 두는 학문으로 과거의 철학자(philosopher)들과 그들의 이념(ideology)에 관하여 연구할지라도 그러한 연구는 현실에 입각했을 때 의미를 갖는다.

철학의 방법으로는 소크라테스의 문답법, 플라톤과 아리스토텔레스의 종합적 방법, 칸트의 비판적 선험적 방법, 데카르트의 회의적 방법, 헤겔의 변증법 등 역사적으로 제시된 유명한 방법 외에도 무수히 많은 방법이 제시되어 왔다. 철학을 하는 동기 역시 다양하여, 인간과 인생, 자연의 신비, 숭고한 사물 등에서 생기는 호기심과 경이로움이 철학을 시작하게 할 수 있다. 철학은 시대별로 고대 철학, 중세 철학, 현대 철학으로, 공간적으로 동양 철학과 서양 철학으로, 내용적으로 실천 철학과 이론 철학으로 분류될 수 있고, 이러한 각각의 철학은 그 하위 그룹으로 세분될 수 있다.

### ■ 철학과 사상 관련 어휘

| | | | |
|---|---|---|---|
| **philosophy** | 몡 철학 | 몡 philosopher 철학자 | 혱 philosophical 철학의 |
| **ethics** | 몡 윤리학, 도덕론 | 혱 ethical 윤리적인, 도덕상의 | |
| **theology** | 몡 신학 | 몡 theologist 신학자, 신학 연구가 | |
| **aesthetics** | 몡 미학 | | |
| **rationalism** | 몡 합리주의 | 혱 rational 합리적인, 이성적인 | |
| **empiricism** | 몡 경험주의 | 혱 empirical 경험적인, 경험상의 | |
| **phenomenon** | 몡 현상 (*pl.* phenomena) | | |
| **dogma** | 몡 교리, 독단적 주장 | 혱 dogmatic 독단적인 | |
| **ideology** | 몡 이데올로기, 이념, 관념 | | |
| **abstract** | 혱 추상적인, 관념적인 | 몡 abstraction 추상 관념[개념] | |

### ■ 철학과 사상 관련 최근 수능 지문

2021 9모평 36번    2020 대수능 31번    2020 9모평 33, 37번
2020 6모평 41~42번    2016 9모평 36번

# INDEX

| | | | | | | |
|---|---|---|---|---|---|
| deliberate | 362 | diameter | 307 | distance | 142 |
| delicate | 37 | dictate | 463 | distinct | 92 |
| delight | 218 | differentiate | 133 | distinction | 399 |
| deliver | 226 | dig | 57 | distinguish | 302 |
| demand | 56 | digest | 46 | distort | 233 |
| democracy | 427 | dignity | 277 | distract | 259 |
| demolition | 12 | dilute | 15 | distraction | 350 |
| demonstrate | 226 | dim | 25 | distress | 208 |
| density | 134 | dimension | 319 | distribution | 20 |
| dentist | 234 | diminish | 8 | district | 220 |
| deny | 423 | diminution | 382 | distrust | 119 |
| department | 470 | dine | 99 | disturb | 270 |
| departure | 271 | diploma | 327 | diverse | 9 |
| depend | 44 | diplomacy | 196 | diversity | 435 |
| depict | 95 | directive | 85 | divert | 389 |
| depiction | 228 | disabled | 486 | divine | 241 |
| deposit | 240 | disappear | 33 | divorce | 441 |
| depressed | 423 | disappointed | 184 | doctrine | 160 |
| deprive | 392 | disapprove | 216 | domain | 254 |
| derive | 448 | disaster | 170 | domesticated | 377 |
| descendant | 364 | discard | 86 | domestication | 148 |
| descent | 441 | discern | 293 | dominate | 20 |
| describe | 264 | discharge | 22 | donate | 46 |
| desert | 483 | discipline | 488 | doom | 149 |
| deserve | 123 | disclose | 148 | dormant | 415 |
| design | 196 | disconnect | 438 | dot | 95 |
| desire | 117 | discord | 343 | downsizing | 382 |
| despair | 392 | discount | 196 | draft | 73 |
| desperate | 437 | discouraged | 136 | drag | 123 |
| destination | 143 | discourse | 281 | drain | 95 |
| destiny | 306 | discrepancy | 365 | drastic | 477 |
| destroy | 146 | discrete | 232 | dread | 216 |
| destructive | 242 | discriminate | 362 | drift | 37 |
| detach | 185 | discuss | 386 | drill | 21 |
| detail | 300 | disease | 482 | drive | 179 |
| detect | 147 | disguise | 205 | drive recklessly | 368 |
| deteriorate | 461 | dishonorable | 62 | drop out | 76 |
| determine | 336 | dismiss | 266 | drought | 136 |
| devastate | 355 | disobedient | 9 | drown | 194 |
| deviation | 343 | disorder | 132 | dual | 412 |
| device | 336 | displace | 121 | dub | 452 |
| devise | 410 | display | 375 | due | 337 |
| devote | 217 | dispose | 485 | dull | 427 |
| dexterous | 478 | dispute | 283 | dumb | 327 |
| diagnose | 367 | disrupt | 259 | dump | 428 |
| dialect | 451 | dissolve | 475 | duty | 348 |

| | | | | | | |
|---|---|---|---|---|---|
| facility | 304 | flexible | 68 | fuse | 157 |
| factor | 435 | flickering | 229 | fuzzy | 307 |
| fade | 144 | flight | 325 | | |
| fair | 303 | float | 108 | | |
| faith | 96 | flood | 376 | **G** | |
| fake | 280 | flourish | 106 | | |
| fallacy | 271 | flow | 130 | gain access | 272 |
| familiar | 34 | flu | 438 | gain face | 272 |
| famine | 133 | fluctuate | 219 | gain the mastery | 272 |
| fantasy | 120 | fluently | 96 | gain time | 272 |
| fare | 327 | fluid | 474 | gain weight | 272 |
| fascinated | 437 | flush | 119 | garage | 377 |
| fashion | 96 | fold | 58 | garbage | 12 |
| fat chance | 186 | folk | 26 | gather | 368 |
| fatal | 427 | forbid | 118 | generous | 326 |
| fatality | 207 | force | 93 | genetic | 306 |
| fate | 319 | forecast | 292 | gentle | 181 |
| fatigue | 474 | forefather | 15 | genuine | 145 |
| fault | 391 | forefront | 193 | geography | 280 |
| favor | 360 | foresee | 207 | geology | 230 |
| favorable | 214 | forgiving | 377 | gesture | 23 |
| feast | 133 | formal | 169 | get along with | 296 |
| feat | 365 | former | 23 | get away with | 296 |
| feature | 458 | formulate | 331 | get even with | 296 |
| federal | 192 | fossil | 268 | get on with | 296 |
| feed | 82 | foster | 221 | get through with | 296 |
| feedback | 116 | found | 378 | gigantic | 50 |
| fellow | 426 | foundation | 278 | glance | 271 |
| fertility | 364 | fountain | 465 | glide | 73 |
| feverishly | 454 | fraction | 11 | globe | 58 |
| fiction | 173 | fragile | 485 | gloomy | 342 |
| fierce | 256 | fragment | 417 | glossy hair | 52 |
| figure | 337 | frame | 161 | glow | 416 |
| figure out | 320 | frank | 135 | go for broke | 198 |
| file a suit | 150 | frequent | 56 | go off | 100 |
| filter | 232 | freshwater | 217 | go to the wall | 198 |
| financial | 239 | fright | 425 | good chance | 186 |
| finite | 106 | frightened | 162 | gossip | 185 |
| firework | 417 | frustrated | 56 | gourmet | 417 |
| firm | 459 | fulfill | 484 | govern | 316 |
| fit | 307 | function | 142 | grab | 146 |
| fix | 302 | fundamental | 325 | graceful | 58 |
| flatter | 255 | furious | 110 | gracious | 133 |
| flavor | 137 | furnish | 37 | gradual | 418 |
| flesh | 453 | furniture | 182 | gradually | 447 |
| flexibility | 292 | furry | 34 | graduate | 482 |

# 부록
## · 포켓 단어장 ·

EBS 수능연계 기출

**Vaccine
VOCA 2200**

☐ 0001 **resolve** 통 해결하다, 다짐하다

☐ 0002 **regularity** 명 정기적임, 규칙적임

☐ 0003 **landscape** 명 풍경, 풍경화

☐ 0004 **conquer** 통 정복하다, 극복하다, 이겨 내다

☐ 0005 **muscle** 명 근육, 힘, 근력

☐ 0006 **diminish** 통 줄다, 감소하다

☐ 0007 **contemporary** 형 현대의, 동시대의

☐ 0008 **marine** 형 바다의, 해양의

☐ 0009 **diverse** 형 다양한

☐ 0010 **abundance** 명 풍부, 다수, 다량, 부유함

☐ 0011 **auction** 명 경매 통 경매로 팔다

☐ 0012 **disobedient** 형 반항하는, 순종하지 않는

☐ 0013 **citation** 명 표창, 인용, 인용문

☐ 0014 **counterproductive** 형 역효과를 내는

☐ 0015 **prohibition** 명 (특히 법에 의한) 금지

☐ 0016 **paradox** 명 역설, 역설적인 것

☐ 0017 **stem** 통 (~에서) 비롯되다, 생기다

☐ 0018 **continuum** 명 연속체

☐ 0019 **activate** 통 활성화하다, 작동시키다

| | | |
|---|---|---|
| ☐ 0020 | **deceitful** | 혱 기만적인, 부정직한 |
| ☐ 0021 | **fraction** | 명 아주 소량, 단편, 일부, 분수 |
| ☐ 0022 | **hollow** | 혱 (속이) 빈, 공허한 명 움푹 꺼진 곳 |
| ☐ 0023 | **undermine** | 동 약화시키다, 훼손하다 |
| ☐ 0024 | **locate** | 동 ~의 정확한 위치를 찾아내다 |
| ☐ 0025 | **demolition** | 명 파괴, 폭파, 해체 |
| ☐ 0026 | **superiority** | 명 우월(성), 우세 |
| ☐ 0027 | **sweep** | 동 (휩)쓸다, 청소하다 명 쓸기 |
| ☐ 0028 | **garbage** | 명 (음식물 · 휴지 등의) 쓰레기 |
| ☐ 0029 | **hysterical** | 혱 히스테리 상태의 |
| ☐ 0030 | **raid** | 명 습격, 급습 동 급습하다, 습격하다 |
| ☐ 0031 | **compelling** | 혱 주목하지 않을 수 없는 |
| ☐ 0032 | **invention** | 명 발명, 발명품 |
| ☐ 0033 | **supplement** | 명 보충[추가](물), 보충제 |
| ☐ 0034 | **cultivate** | 동 재배하다, (세균을) 배양하다 |
| ☐ 0035 | **misfortune** | 명 불운, 불행 |
| ☐ 0036 | **omission** | 명 생략, 빠짐, 누락, 하지 않음 |
| ☐ 0037 | **reliable** | 혱 신뢰할 만한 |
| ☐ 0038 | **oral** | 혱 구두의, 구전의, 입의 |

| | | | |
|---|---|---|---|
| ☐ 0039 | continent | 명 | 대륙, 유럽 대륙 |
| ☐ 0040 | preconception | 명 | 예상, 선입견 |
| ☐ 0041 | sympathetic | 형 | 동정적인, 공감하는 |
| ☐ 0042 | commuter | 명 | 통근자 |
| ☐ 0043 | dilute | 동 | 희석하다, 묽게 하다, 약화시키다 |
| ☐ 0044 | forefather | 명 | 조상, 선조 |
| ☐ 0045 | illuminate | 동 | (~에 불을) 비추다, 설명하다 |
| ☐ 0046 | asset | 명 | 자산, 재산 |
| ☐ 0047 | objective | 형 객관적인 명 목표, 목적 |
| ☐ 0048 | prose | 명 | 산문, 산문체 |
| ☐ 0049 | resentment | 명 | 분함, 억울함, 분노, 분개 |
| ☐ 0050 | reproduce | 동 | 번식하다, 재생하다, 복제하다 |

## Advanced Step  조작하다, 조종하다

| | | |
|---|---|---|
| ☐ 0051 | manipulate | ~을 능숙하게 조작하다 |
| ☐ 0052 | employ | ~을 유용하게 쓰다 |
| ☐ 0053 | operate | 작동하게 하다 |
| ☐ 0054 | steer | 진행하는 방향을 조종하다 |
| ☐ 0055 | handle | ~을 손으로 조종하다 |

| | | |
|---|---|---|
| ☐ 0056 | **account** | 몡 설명, 계좌, 계산(서) 동 간주하다, 차지하다 |
| ☐ 0057 | **approve** | 동 찬성하다, 승인하다, 인정하다 |
| ☐ 0058 | **chill** | 몡 냉기, 한기 동 아주 춥게 만들다 혱 쌀쌀한 |
| ☐ 0059 | **contribute** | 동 기여하다, 원인이 되다 |
| ☐ 0060 | **distribution** | 몡 배포, 분배, 분포 |
| ☐ 0061 | **dominate** | 동 지배하다, 우세하다 |
| ☐ 0062 | **drill** | 몡 송곳, 연습, 훈련 동 훈련시키다, 주입하다 |
| ☐ 0063 | **rate** | 몡 비율, 속도 동 평가하다 |
| ☐ 0064 | **selfishness** | 몡 이기심, 이기주의 |
| ☐ 0065 | **subscribe** | 동 서명하다, 기부하다, 구독하다 |
| ☐ 0066 | **academic** | 혱 학문의, 학교의, 학구적인 |
| ☐ 0067 | **attend** | 동 참석하다, 시중을 들다, 주목하다 |
| ☐ 0068 | **bottom** | 몡 맨 아래 (부분), 밑바닥 혱 밑바닥의 |
| ☐ 0069 | **crisis** | 몡 위기 |
| ☐ 0070 | **critic** | 몡 비평가, 평론가, 비판자 |
| ☐ 0071 | **curious** | 혱 궁금한, 호기심이 강한, 묘한 |
| ☐ 0072 | **discharge** | 동 배출하다, 방출하다 몡 방출 |
| ☐ 0073 | **execute** | 동 실행하다, 집행하다, 처형하다 |
| ☐ 0074 | **former** | 혱 이전의, 전자의 몡 전자(the ~) |

| ☐ 0075 | **gesture** | 명 몸짓, 동작, 표시 동 몸짓하다 |
|---|---|---|
| ☐ 0076 | **lecture** | 명 강의, 강연, 잔소리 동 강의하다 |
| ☐ 0077 | **medicine** | 명 의학, 약, 약물 |
| ☐ 0078 | **note** | 명 주목, 음표 동 주목하다, 알아채다 |
| ☐ 0079 | **prior** | 형 사전의, 이전의, (~보다) 우선하는 |
| ☐ 0080 | **raw** | 형 날것의, 가공하지 않은 |
| ☐ 0081 | **risk** | 명 위험, 모험 동 위험을 무릅쓰다 |
| ☐ 0082 | **rot** | 동 썩다, 타락하다, 나빠지다 |
| ☐ 0083 | **sail** | 동 항해하다 명 (배의) 돛 |
| ☐ 0084 | **utilize** | 동 이용하다, 활용하다 |
| ☐ 0085 | **version** | 명 변형, 버전, 판, 번역, 각색 |
| ☐ 0086 | **adrift** | 형 표류하는, 방황하는 |
| ☐ 0087 | **bind** | 동 묶다, 싸다, 결속시키다 명 묶는 물건 |
| ☐ 0088 | **budding** | 형 싹트기 시작하는, 신예의, 신진의 |
| ☐ 0089 | **bypass** | 명 우회도로 동 우회하다, 회피하다 |
| ☐ 0090 | **decision** | 명 결정, 결단력 |
| ☐ 0091 | **dim** | 형 어둑한, 희미한 동 어둑해지다 |
| ☐ 0092 | **enforce** | 동 집행하다, 시행하다, 강요하다 |
| ☐ 0093 | **folk** | 명 사람들 형 민속의 |

| | | |
|---|---|---|
| ☐ 0094 | **integrity** | 몡 진실성, 정직, 성실, 완전, 온전함 |
| ☐ 0095 | **license** | 몡 면허, 면허증, 허가증 图 허가하다 |
| ☐ 0096 | **litter** | 몡 쓰레기, (애완동물 배설용 상자 속의) 점토 |
| ☐ 0097 | **overhear** | 图 우연히 듣다, 엿듣다 |
| ☐ 0098 | **property** | 몡 재산, 부동산, 특성 |
| ☐ 0099 | **slash** | 图 깊이 베다, 삭감하다 몡 삭감, 사선(/) |
| ☐ 0100 | **spark** | 몡 불꽃 图 불꽃을 튀기다, 촉발시키다 |
| ☐ 0101 | **stir** | 图 휘젓다, (감정을) 동요시키다 몡 뒤섞기 |
| ☐ 0102 | **tap** | 图 톡톡 두드리다, 박자를 맞추다, 이용하다 |
| ☐ 0103 | **trunk** | 몡 (나무) 줄기, 몸통, 코끼리의 코, 사각 팬츠(-s) |
| ☐ 0104 | **unintentionally** | 图 아무런 생각도 없이, 본의 아니게 |
| ☐ 0105 | **zip** | 图 빠르게 지나가다, 지퍼를 채우다 |

## Advanced Step  약화되다, 악화되다

| | | |
|---|---|---|
| ☐ 0106 | **weaken** | (능력, 세력 등이) 약화되다 |
| ☐ 0107 | **wither** | (식물, 체력 등이) 시들다 |
| ☐ 0108 | **wane** | (빛, 명성 등이) 약해지다, 쇠퇴하다 |
| ☐ 0109 | **worsen** | (문제 등이) 악화되다 |
| ☐ 0110 | **corrode** | (금속 등이) 부식되다, 부패하다 |

7

| □ 0111 | active | 형 활동적인, 적극적인, (화학) 활성의 |
| □ 0112 | annual | 형 해마다의, 연간의, (식물) 1년생의 |
| □ 0113 | availability | 명 유용성, 이용 가능성, 이용할 수 있음 |
| □ 0114 | avoid | 동 피하다, 예방하다 |
| □ 0115 | command | 동 명령하다, 조망하다, 지배하다 |
| □ 0116 | deal | 동 다루다, 거래하다 명 취급, 거래, 대량 |
| □ 0117 | disappear | 동 사라지다 |
| □ 0118 | encourage | 동 격려하다, 권장하다, 촉진하다 |
| □ 0119 | evolve | 동 진화하다, 발전하다 |
| □ 0120 | manner | 명 방식, 태도, 예의범절(-s) |
| □ 0121 | abundant | 형 풍부한, 풍족한 |
| □ 0122 | affect | 동 영향을 미치다 명 정서, 감정 |
| □ 0123 | chronically | 부 만성적으로 |
| □ 0124 | deceive | 동 속이다, 기만하다 |
| □ 0125 | define | 동 정의하다, (범위를) 한정하다 |
| □ 0126 | familiar | 형 익숙한, 친숙한, 친밀한 |
| □ 0127 | furry | 형 부드러운 털의, 털로 덮인, 털 같은 |
| □ 0128 | incompatible | 형 양립할 수 없는, 공존할 수 없는 |
| □ 0129 | moisture | 명 수분, 습기 |

| | | |
|---|---|---|
| ☐ 0130 | **overpowering** | 형 압도적인, 아주 강한 |
| ☐ 0131 | **poverty** | 명 가난, 빈곤, 부족, 결핍 |
| ☐ 0132 | **rule** | 명 규칙, 통치 동 지배하다, 통치하다 |
| ☐ 0133 | **solitary** | 형 외로운, 혼자의, 단독의, 인적이 드문 |
| ☐ 0134 | **stock** | 명 저장, 재고, 주식, 가축 |
| ☐ 0135 | **tip** | 명 끝, 조언, 팁 동 기울다, 기울이다 |
| ☐ 0136 | **usage** | 명 용법, 사용, 사용량 |
| ☐ 0137 | **utter** | 형 전적인 동 발언하다 |
| ☐ 0138 | **vacuum** | 명 진공 동 진공청소기로 청소하다 |
| ☐ 0139 | **vast** | 형 방대한, 막대한, 광대한, 어마어마한 |
| ☐ 0140 | **wear** | 동 입다, 닳다, 닳게 하다 |
| ☐ 0141 | **aquatic** | 형 물의 명 수생 동식물, 수상 경기 |
| ☐ 0142 | **bite** | 동 물다 명 물기, 입질, 한입 |
| ☐ 0143 | **counsellor** | 명 상담사, 상담 전문가, 카운슬러 |
| ☐ 0144 | **delicate** | 형 섬세한, 연약한 |
| ☐ 0145 | **drift** | 명 이동, 표류 동 이동하다, 표류하다 |
| ☐ 0146 | **furnish** | 동 제공하다, 비치하다, 설치하다 |
| ☐ 0147 | **habitat** | 명 서식지, 거주지 |
| ☐ 0148 | **lean** | 동 기울이다, 기대다 형 마른 |

| □ 0149 | **mist** | 명 옅은 안개 |
|---|---|---|
| □ 0150 | **motor** | 명 모터 형 모터가 달린, (근육) 운동의 |
| □ 0151 | **mourn** | 동 슬퍼하다, 애도하다 |
| □ 0152 | **oppress** | 동 압박하다, 억압하다, 박해하다 |
| □ 0153 | **prominent** | 형 저명한, 두드러진, 돌출된 |
| □ 0154 | **sarcastic** | 형 빈정대는, 비꼬는 |
| □ 0155 | **scorn** | 명 경멸 동 경멸하다 |
| □ 0156 | **sow** | 동 (씨를) 뿌리다, 파종하다, 심다 |
| □ 0157 | **string** | 명 줄, (악기의) 현 |
| □ 0158 | **timber** | 명 수목, 목재 |
| □ 0159 | **via** | 전 ~을 경유하여, ~을 통하여 |
| □ 0160 | **virtue** | 명 선, 덕, 미덕, 장점 |

## Advanced Step   make + 명사

| □ 0161 | **make a choice** | 선택하다 |
|---|---|---|
| □ 0162 | **make a mistake** | 실수하다 |
| □ 0163 | **make an effort** | 노력하다 |
| □ 0164 | **make an excuse** | 변명하다 |
| □ 0165 | **make arrangements** | 준비를 하다 |

| | | |
|---|---|---|
| ☐ 0166 | **accomplish** | 图 완수하다, 달성하다, 성취하다 |
| ☐ 0167 | **anxious** | 图 불안한, 걱정스러운, 열망하는 |
| ☐ 0168 | **common** | 图 공동의, 공통의, 흔한, 일반적인 |
| ☐ 0169 | **count** | 图 세다, 중요하다, 간주하다 |
| ☐ 0170 | **depend** | 图 의존하다, ~에 달려 있다(~ on) |
| ☐ 0171 | **extend** | 图 뻗다, 연장하다, 확장하다 |
| ☐ 0172 | **innovate** | 图 혁신하다 |
| ☐ 0173 | **mental** | 图 마음의, 정신의, 정신적인, 지적인, 지능의 |
| ☐ 0174 | **thrill** | 图 흥분, 전율 图 열광시키다, 전율하게 하다 |
| ☐ 0175 | **vital** | 图 생명의, 필수적인, 매우 중요한 |
| ☐ 0176 | **amplify** | 图 증폭하다, 더 자세히 진술하다 |
| ☐ 0177 | **bar** | 图 술집, 막대, 창살, 장애(물) 图 막다 |
| ☐ 0178 | **beg** | 图 간청하다, 구걸하다 |
| ☐ 0179 | **calculate** | 图 계산하다, 추정하다 |
| ☐ 0180 | **chief** | 图 주된, 최고의 图 장(長), 우두머리 |
| ☐ 0181 | **composition** | 图 구성, 작곡, 작문 |
| ☐ 0182 | **digest** | 图 소화하다, 이해하다, 요약하다 |
| ☐ 0183 | **donate** | 图 기부하다, 기증하다 |
| ☐ 0184 | **economy** | 图 경제, 절약 |

| □ 0185 | **encode** | 통 암호화하다, 부호화하다 |
|---|---|---|
| □ 0186 | **equip** | 통 장비를 갖추다, 준비를 갖춰 주다 |
| □ 0187 | **improbable** | 형 일어날 법하지 않은 |
| □ 0188 | **minimum** | 명 최소한도, 최저치 형 최소의 |
| □ 0189 | **moral** | 형 도덕상의, 도덕적인 명 교훈 |
| □ 0190 | **proportion** | 명 부분, 비율, 균형 |
| □ 0191 | **random** | 형 임의의, 무작위의 |
| □ 0192 | **recipe** | 명 요리법, 방법, 방안, 비결 |
| □ 0193 | **scale** | 명 규모, 등급, 영역, 저울(-s), 비늘 |
| □ 0194 | **transport** | 명 수송, 이동, 교통수단 통 수송하다 |
| □ 0195 | **twist** | 통 꼬다, 뒤틀다, 왜곡하다 |
| □ 0196 | **adhere** | 통 달라붙다, 고수하다, 집착하다 |
| □ 0197 | **arch** | 명 아치형 구조물, 오목한 부분, 아치형 장식 |
| □ 0198 | **bottle** | 명 병, 한 병(의 양) 통 병에 담다 |
| □ 0199 | **courtesy** | 명 공손함, 정중함, 우대 |
| □ 0200 | **dare** | 통 감히 ~하다, (위험을) 무릅쓰다 |
| □ 0201 | **dwell** | 통 거주하다, 곰곰이 생각하다 |
| □ 0202 | **erect** | 형 직립한, 똑바로 선 통 세우다 |
| □ 0203 | **gigantic** | 형 거대한 |

| | | |
|---|---|---|
| ☐ 0204 | **hedge** | 명 산울타리, 방지책 |
| ☐ 0205 | **inflation** | 명 팽창, 과장, 인플레이션, 물가 상승 |
| ☐ 0206 | **mold** | 명 거푸집, 틀, 곰팡이 동 주조하다 |
| ☐ 0207 | **mud** | 명 진흙 |
| ☐ 0208 | **outlook** | 명 관점, 전망, 조망 |
| ☐ 0209 | **panel** | 명 패널, (계기)판, 토론자단 |
| ☐ 0210 | **revolt** | 명 반란 동 반란을 일으키다 |
| ☐ 0211 | **spur** | 명 박차, 자극 동 자극하다 |
| ☐ 0212 | **steam** | 명 증기, 김, 물방울, 기운 동 김을 내다 |
| ☐ 0213 | **surgery** | 명 수술, 외과 수술 |
| ☐ 0214 | **treasure** | 명 보물 동 소중히 하다, 비축하다 |
| ☐ 0215 | **vacancy** | 명 공석, 공실, 멍함 |

## Advanced Step 감촉, 질감

| | | |
|---|---|---|
| ☐ 0216 | **glossy hair** | 윤기 있는 머리 |
| ☐ 0217 | **tender meat** | 연한 고기 |
| ☐ 0218 | **coarse hand** | 거친 손 |
| ☐ 0219 | **bumpy road** | 울퉁불퉁한 길 |
| ☐ 0220 | **greasy food** | 기름진 음식 |

| □ 0221 | **conclusion** | 명 결론, 결말, (조약의) 체결 |
| □ 0222 | **current** | 형 현재의, 통용되는 명 흐름 |
| □ 0223 | **demand** | 명 요구, 수요 동 요구하다 |
| □ 0224 | **frequent** | 형 빈번한 동 자주 다니다 |
| □ 0225 | **frustrated** | 형 좌절한, 불만스러운 |
| □ 0226 | **insist** | 동 주장하다, 고집하다 |
| □ 0227 | **mislead** | 동 오도하다, 잘못 이끌다 |
| □ 0228 | **reasonable** | 형 합리적인, 이성적인, 적당한 |
| □ 0229 | **remove** | 동 제거하다, 치우다 |
| □ 0230 | **thin** | 형 마른, 얇은, 묽은 |
| □ 0231 | **beam** | 명 빛줄기, 환한 미소 |
| □ 0232 | **dig** | 동 파다, 발굴하다, 탐구하다 명 파기 |
| □ 0233 | **explanation** | 명 설명, 해명 |
| □ 0234 | **fold** | 동 접다 명 주름 |
| □ 0235 | **globe** | 명 지구, 세계, 공, 구체(球體) |
| □ 0236 | **graceful** | 형 우아한, 품위 있는 |
| □ 0237 | **load** | 명 짐, 부담 동 짐을 싣다, 가득 채우다 |
| □ 0238 | **male** | 형 수컷의, 남성의 명 수컷, 남성 |
| □ 0239 | **partial** | 형 일부분의, 편파적인, 불공평한 |

| | | |
|---|---|---|
| ☐ 0240 | **plant** | 몡 식물, 공장 툉 심다 |
| ☐ 0241 | **presume** | 툉 추정하다, 간주하다 |
| ☐ 0242 | **reception** | 몡 수신, 수령, 환영, 환영회, 접수처 |
| ☐ 0243 | **scent** | 몡 향, 향기, 냄새 |
| ☐ 0244 | **signal** | 몡 신호 툉 신호를 보내다 |
| ☐ 0245 | **stair** | 몡 계단 |
| ☐ 0246 | **stimulate** | 툉 자극하다, 활성화하다, 활발하게 하다 |
| ☐ 0247 | **stink** | 몡 악취 툉 악취를 풍기다 |
| ☐ 0248 | **vision** | 몡 시력, 시각, 미래상, 안목 |
| ☐ 0249 | **wave** | 몡 파도, 파장 툉 흔들다 |
| ☐ 0250 | **web** | 몡 거미집, 망, 인터넷 |
| ☐ 0251 | **batter** | 툉 두드리다 몡 반죽, (야구의) 타자 |
| ☐ 0252 | **blank** | 혱 텅 빈, 공백의 몡 빈칸, 여백, 공백 |
| ☐ 0253 | **coherent** | 혱 일관성이 있는 |
| ☐ 0254 | **controversy** | 몡 논쟁, 논란 |
| ☐ 0255 | **corporate** | 혱 기업의, 법인의, 공동의, 단체의 |
| ☐ 0256 | **crusty** | 혱 딱딱한 껍질이 있는, 외피가 있는 |
| ☐ 0257 | **decent** | 혱 점잖은, 예의 바른, 품위 있는 |
| ☐ 0258 | **dishonorable** | 혱 불명예스러운 |

| □ 0259 | empirical | 혱 경험적인, 실증적인, 경험에 의거한 |
| □ 0260 | entangle | 동 엉키게 하다, 걸려 꼼짝 못하게 하다 |
| □ 0261 | minimal | 혱 아주 적은, 최소의 |
| □ 0262 | remaining | 혱 남아 있는, 존재하는 |
| □ 0263 | runaway | 명 도망, 도망자 혱 도망한, 통제 불능의 |
| □ 0264 | seal | 명 봉인, 도장, 물개 |
| □ 0265 | sensible | 혱 분별력 있는, 합리적인 |
| □ 0266 | succession | 명 연속, 연쇄, 계승 |
| □ 0267 | surgical | 혱 수술의 |
| □ 0268 | unsatisfactory | 혱 만족스럽지 못한, 불만스러운 |
| □ 0269 | violent | 혱 폭력적인, 격렬한 |
| □ 0270 | voyage | 명 항해 동 항해하다 |

## Advanced Step  심리 행동 lose/swallow

| □ 0271 | lose one's patience | 인내심을 잃다, 화를 내다 |
| □ 0272 | lose one's temper | 흥분하다, 화를 내다 |
| □ 0273 | lose one's appetite | 식욕을 잃다 |
| □ 0274 | swallow one's pride | 자존심을 억누르다 |
| □ 0275 | swallow one's grief | 슬픔을 억누르다 |

| | | |
|---|---|---|
| ☐ 0276 | **advantage** | 몡 이점, 우위 통 유리하게 하다 |
| ☐ 0277 | **assess** | 통 평가하다, 재다, 가늠하다 |
| ☐ 0278 | **enormous** | 혱 거대한, 막대한, 엄청난 |
| ☐ 0279 | **flexible** | 혱 유연한, 융통성 있는, 탄력적인 |
| ☐ 0280 | **necessity** | 몡 필요, 필요성, 필수품 |
| ☐ 0281 | **nerve** | 몡 신경, 배짱, 용기 |
| ☐ 0282 | **opposite** | 혱 반대의 몡 반대 |
| ☐ 0283 | **primarily** | 틘 우선, 처음에, 주로 |
| ☐ 0284 | **respect** | 몡 존경, 측면, 관계 통 존경하다 |
| ☐ 0285 | **responsible** | 혱 책임이 있는, 원인이 되는 |
| ☐ 0286 | **accelerate** | 통 가속화하다, 촉진하다 |
| ☐ 0287 | **basis** | 몡 기반, 토대, 기초, 근거 |
| ☐ 0288 | **bloom** | 몡 꽃, 전성기 통 꽃피다, 한창이다 |
| ☐ 0289 | **bomb** | 몡 폭탄 통 폭격하다 |
| ☐ 0290 | **capital** | 몡 자본, 수도, 대문자 |
| ☐ 0291 | **collaboration** | 몡 협력, 합작, 공동 작업, 공동 작업물 |
| ☐ 0292 | **decisive** | 혱 결정적인, 단호한, 결단력 있는 |
| ☐ 0293 | **emerge** | 통 나타나다, 생기다 |
| ☐ 0294 | **industry** | 몡 산업, (각 부문의) ~업(業), 근면 |

| □ 0295 | **literally** | 團 문자 그대로, 정말로, 정확히 |
| □ 0296 | **persistently** | 團 지속적으로, 끈질기게, 집요하게 |
| □ 0297 | **prospect** | 圆 예상, 기대, 전망 |
| □ 0298 | **rapid** | 圈 빠른, 급격한 |
| □ 0299 | **scan** | 圖 훑어보다, 살펴보다 圆 정밀 검사 |
| □ 0300 | **serve** | 圖 제공하다, 시중들다, ~에 도움이 되다 |
| □ 0301 | **session** | 圆 시간, 기간, 수업 시간, 회기, 학기 |
| □ 0302 | **sociology** | 圆 사회학 |
| □ 0303 | **spin** | 圖 돌다, 돌리다, (실을) 잣다 圆 회전 |
| □ 0304 | **suspect** | 圖 의심하다 圆 용의자 |
| □ 0305 | **switch** | 圆 전환 圖 바뀌다, 바꾸다 |
| □ 0306 | **blast** | 圆 폭발, 강한 바람 圖 폭발하다, 돌파하다 |
| □ 0307 | **bullet** | 圆 총알 |
| □ 0308 | **conviction** | 圆 유죄 선고, 확신, 신념 |
| □ 0309 | **draft** | 圆 초고, 초안, 선발 |
| □ 0310 | **glide** | 圖 미끄러지듯이 움직이다, 활공하다 |
| □ 0311 | **hoop** | 圆 링 모양의 것, (둥근) 테, 농구 |
| □ 0312 | **hut** | 圆 움막, 오두막 |
| □ 0313 | **laborious** | 圈 힘든, 고된, 근면한 |

| | | |
|---|---|---|
| ☐ 0314 | **mercy** | 몡 자비, 연민 |
| ☐ 0315 | **overtake** | 통 따라잡다, 앞지르다, 덮치다 |
| ☐ 0316 | **penetrate** | 통 관통하다, 침투하다, 스며들다 |
| ☐ 0317 | **personnel** | 몡 전(全) 직원 혱 인사의, 직원의 |
| ☐ 0318 | **petitioner** | 몡 청원자, 진정인, 신청인 |
| ☐ 0319 | **recruit** | 통 선발하다, 모집하다 몡 신입 사원 |
| ☐ 0320 | **remnant** | 몡 나머지, 잔존물 혱 나머지의 |
| ☐ 0321 | **savory** | 혱 맛있는, 향긋한 |
| ☐ 0322 | **stumble** | 통 비틀거리다 몡 비틀거림 |
| ☐ 0323 | **terminology** | 몡 (집합적) 전문 용어 |
| ☐ 0324 | **wire** | 몡 철사, 전선 |
| ☐ 0325 | **worship** | 몡 숭배 통 숭배하다 |

## Advanced Step ~ out

| | | |
|---|---|---|
| ☐ 0326 | **drop out** | 탈퇴하다, 탈락하다 |
| ☐ 0327 | **set out** | ~에 착수하다, 출발하다 |
| ☐ 0328 | **cry out** | 외치다, 비명을 지르다 |
| ☐ 0329 | **leave out** | ~을 빼다, ~을 생략하다 |
| ☐ 0330 | **sort out** | 선별하다, 분류하다 |

| □ 0331 | annoyed | 형 귀찮은, 짜증난 |
| □ 0332 | apparent | 형 명백한, 외관상의 |
| □ 0333 | aware | 형 알고 있는, 인식하는 |
| □ 0334 | concentrate | 동 집중하다, 모으다, 집중시키다 명 농축물 |
| □ 0335 | immediate | 형 즉시의, 즉각적인, 당장의, 직접적인 |
| □ 0336 | proceed | 동 나아가다, 계속하다, 이어서 ~하다 |
| □ 0337 | progress | 명 진행, 발전, 진보 |
| □ 0338 | resource | 명 공급원, 자원, 자산 |
| □ 0339 | respond | 동 응답하다, 반응하다 |
| □ 0340 | survive | 동 생존하다, 견뎌 내다, ~보다 더 살다 |
| □ 0341 | abuse | 명 남용, 학대, 혹사 동 남용하다, 학대하다 |
| □ 0342 | adequate | 형 적절한, 충분한 |
| □ 0343 | arrange | 동 배열하다, 준비하다, 해결하다 |
| □ 0344 | bury | 동 묻다, 매장하다, 숨기다 |
| □ 0345 | contrast | 명 차이, 대조 동 대조하다 |
| □ 0346 | feed | 동 먹이를 주다, 먹다, 공급하다 명 먹이 |
| □ 0347 | judge | 명 판사, 심판 동 재판하다, 판단하다 |
| □ 0348 | latter | 형 후자의, 마지막의 명 후자(the ~) |
| □ 0349 | mean | 동 의미하다 형 비열한, 평균의 |

| | | |
|---|---|---|
| ☐ 0350 | **occasion** | 몡 때, 경우, 행사 |
| ☐ 0351 | **offer** | 통 제공하다, 제의하다 몡 제공, 제의 |
| ☐ 0352 | **prison** | 몡 교도소, 감옥 |
| ☐ 0353 | **professional** | 톙 전문의, 직업적인 몡 전문가, 프로 선수 |
| ☐ 0354 | **psychology** | 몡 심리, 심리학, 심리 작용 |
| ☐ 0355 | **rent** | 통 빌리다, 대여하다, 임차하다 몡 집세 |
| ☐ 0356 | **repeat** | 통 반복하다, 따라하다, 복습하다 |
| ☐ 0357 | **resistant** | 톙 저항력 있는, 저항하는 |
| ☐ 0358 | **scatter** | 통 흩어지다, 뿌리다, 쫓아 버리다 |
| ☐ 0359 | **tease** | 통 놀리다, 괴롭히다, 못살게 굴다 |
| ☐ 0360 | **wound** | 몡 상처, 부상 통 부상을 입히다 |
| ☐ 0361 | **bribe** | 몡 뇌물 통 뇌물을 주다, 매수하다 |
| ☐ 0362 | **bullying** | 몡 약자 괴롭히기, 집단 괴롭힘 |
| ☐ 0363 | **calf** | 몡 종아리, (하마, 물소, 사슴 등의) 새끼 |
| ☐ 0364 | **censor** | 몡 검열관 통 검열하다 |
| ☐ 0365 | **deduce** | 통 추론하다, 연역하다 |
| ☐ 0366 | **directive** | 몡 지시, 명령 톙 지시하는 |
| ☐ 0367 | **discard** | 통 버리다, 폐기하다 몡 버린 것 |
| ☐ 0368 | **episode** | 몡 에피소드, 일화 |

**21**

| □ 0369 | **exclusion** | 명 배제, 제외 |
|--------|---------------|-------------|
| □ 0370 | **inborn** | 형 타고난, 선천적인 |
| □ 0371 | **involvement** | 명 관련, 참여, 관여, 몰두 |
| □ 0372 | **nourish** | 동 영양분을 주다, 키우다, 기르다 |
| □ 0373 | **rust** | 명 녹 동 녹슬다, 부식하다, 부식시키다 |
| □ 0374 | **serene** | 형 평화로운, 고요한 |
| □ 0375 | **sweat** | 명 땀 동 땀을 흘리다 |
| □ 0376 | **track** | 명 길, 자취, 육상 경기 동 추적하다 |
| □ 0377 | **transfer** | 명 전환, 환승, 전송, 전학, 이동 |
| □ 0378 | **upright** | 형 똑바른, 수직의 |
| □ 0379 | **ward** | 명 병동, 병실, 수용실, (행정 구획) 구(區) |
| □ 0380 | **withdraw** | 동 물러나다, 철회하다, (예금을) 인출하다 |

## Advanced Step  look

| □ 0381 | **look forward to** | ~을 고대하다 |
|--------|---------------------|-------------|
| □ 0382 | **look up to** | ~을 존경하다 |
| □ 0383 | **look down on** | ~을 경시[무시]하다 |
| □ 0384 | **look through** | ~을 검토하다, ~을 훑어보다 |
| □ 0385 | **look around** | 둘러보다, 이것저것 고려하다 |

| | | |
|---|---|---|
| ☐ 0386 | **accompany** | 통 동행하다, 수반하다, 반주하다 |
| ☐ 0387 | **bear** | 통 참다, (책임, 부담을) 지다, (아이를) 낳다 |
| ☐ 0388 | **bundle** | 명 꾸러미, 다발, 묶음 통 밀어 넣다, 꾸리다 |
| ☐ 0389 | **cheat** | 통 속이다, (시험) 부정행위를 하다 명 속임수 |
| ☐ 0390 | **check** | 통 점검하다, 저지하다 명 점검, 저지, 체크무늬 |
| ☐ 0391 | **distinct** | 형 뚜렷한, 별개의, 별도의 |
| ☐ 0392 | **force** | 명 힘 통 강요하다 |
| ☐ 0393 | **outstanding** | 형 현저한, 뛰어난 |
| ☐ 0394 | **purpose** | 명 목적, 의도 |
| ☐ 0395 | **treat** | 통 다루다, 치료하다, 대접하다 |
| ☐ 0396 | **absolute** | 형 완전한, 절대적인 명 절대적인 것 |
| ☐ 0397 | **artistic** | 형 예술의, 예술적 감각이 있는, 아름다운 |
| ☐ 0398 | **blame** | 통 비난하다, ~의 탓으로 돌리다 |
| ☐ 0399 | **broad** | 형 넓은, (빛이) 환한, (웃음이) 만연의 |
| ☐ 0400 | **brush** | 통 솔질하다, ~을 제쳐 놓다(~ aside) |
| ☐ 0401 | **budget** | 명 예산 통 예산을 세우다 형 저렴한 |
| ☐ 0402 | **burn** | 통 타다, 빛나다, 소모하다 명 화상 |
| ☐ 0403 | **celebrity** | 명 유명 인사, 명성, 인기도 |
| ☐ 0404 | **cite** | 통 인용하다, 언급하다 |

| | | | |
|---|---|---|---|
| ☐ 0405 | **colleague** | 몡 | 동료 |
| ☐ 0406 | **concept** | 몡 | 개념 |
| ☐ 0407 | **depict** | 동 | 그리다, 묘사하다 |
| ☐ 0408 | **dot** | 몡 점 동 | 점을 찍다, 여기저기 흩어 놓다 |
| ☐ 0409 | **drain** | 동 | 빼내다, 배수하다, 소진시키다 |
| ☐ 0410 | **expansion** | 몡 | 확대, 확장, 팽창 |
| ☐ 0411 | **expert** | 몡 전문가 혱 | 전문적인, 숙련된 |
| ☐ 0412 | **faith** | 몡 | 믿음, 신용, 신념, 신앙 |
| ☐ 0413 | **fashion** | 몡 유행, 방식 동 | 형성하다 |
| ☐ 0414 | **fluently** | 부 | 유창하게, 완만하게 |
| ☐ 0415 | **hardship** | 몡 | 어려움, 고난, 학대 |
| ☐ 0416 | **imitation** | 몡 | 모방, 흉내, 모조품 |
| ☐ 0417 | **irrelevant** | 혱 | 관련이 없는, 상관없는 |
| ☐ 0418 | **layout** | 몡 | 레이아웃, 설계, 배치 |
| ☐ 0419 | **pain** | 몡 | 고통, 통증, 고생(-s) |
| ☐ 0420 | **refresh** | 동 | 상쾌하게 하다, 새롭게 하다 |
| ☐ 0421 | **shallow** | 혱 | 얕은, 피상적인 |
| ☐ 0422 | **sophisticated** | 혱 | 정교한, 복잡한, 세련된, 지적인 |
| ☐ 0423 | **staple** | 혱 주요한 몡 | 주요 산물 |

| | | |
|---|---|---|
| ☐ 0424 | **strategy** | 명 방법, 전략 |
| ☐ 0425 | **transition** | 명 변이(變移), 전이, 변천, 과도기 |
| ☐ 0426 | **workforce** | 명 (조직의) 직원, 노동력, 노동 인구 |
| ☐ 0427 | **chip** | 명 조각, 토막  동 잘게 썰다 |
| ☐ 0428 | **dine** | 동 식사를 하다, 만찬을 들다 |
| ☐ 0429 | **incur** | 동 처하게 되다, 초래하다 |
| ☐ 0430 | **inseparable** | 형 분리할 수 없는 |
| ☐ 0431 | **journalism** | 명 저널리즘, 언론학, 언론계, 보도 |
| ☐ 0432 | **rigor** | 명 엄격함, 단호함 |
| ☐ 0433 | **sanction** | 명 제재, 허가, 승인  동 승인하다 |
| ☐ 0434 | **sentiment** | 명 정서, 감정, 감상 |
| ☐ 0435 | **transaction** | 명 거래 |

## Advanced Step  기계, 컴퓨터

| | | |
|---|---|---|
| ☐ 0436 | **go off** | (경보기가) 울리다, 폭발하다 |
| ☐ 0437 | **run off** | ~을 뽑다 |
| ☐ 0438 | **log off [out]** | (컴퓨터 프로그램의) 사용 종료하다 |
| ☐ 0439 | **back up** | ~을 백업하다 |
| ☐ 0440 | **pick up** | ~을 (인터넷으로) 받다 |

| | | |
|---|---|---|
| ☐ 0441 | **consistent** | 형 일치하는, 일관된, 변함없는 |
| ☐ 0442 | **evaluate** | 동 평가하다, 어림하다 |
| ☐ 0443 | **ethnic** | 형 민족[인종]의, 민족 특유의 |
| ☐ 0444 | **prey** | 명 먹이, 희생 |
| ☐ 0445 | **huge** | 형 커다란, 거대한, 엄청난 |
| ☐ 0446 | **politics** | 명 정치, 정치학 |
| ☐ 0447 | **authority** | 명 권위, 권력, 권한, (pl.) 당국 |
| ☐ 0448 | **visual** | 형 시각의, 시각에 의한 |
| ☐ 0449 | **hypothesis** | 명 가설, 가정 |
| ☐ 0450 | **defend** | 동 방어하다, 옹호하다, 변호하다 |
| ☐ 0451 | **exceed** | 동 넘다, 능가하다, 초과하다 |
| ☐ 0452 | **warrior** | 명 전사, 무사 |
| ☐ 0453 | **pursuit** | 명 추구, 추격, 일 |
| ☐ 0454 | **liquid** | 명 액체, 유동체 형 액체의 |
| ☐ 0455 | **scholarship** | 명 장학금, 학문, 학식 |
| ☐ 0456 | **urge** | 동 재촉하다, 강력히 권고하다 명 욕구 |
| ☐ 0457 | **finite** | 형 유한한, 한정된 |
| ☐ 0458 | **flourish** | 동 번성하다, 번창하다 |
| ☐ 0459 | **whisper** | 동 속삭이다, 일러바치다 명 속삭임 |

| | | |
|---|---|---|
| ☐ 0460 | **utility** | 명 유용성, 유익, (*pl.*) 공익사업[시설] |
| ☐ 0461 | **standard** | 명 기준, 표준, 모범 형 표준의 |
| ☐ 0462 | **abolish** | 동 없애다, 폐지하다 |
| ☐ 0463 | **bond** | 명 유대 (관계) 동 유대를 형성하다 |
| ☐ 0464 | **monitor** | 동 감시하다, 추적 관찰하다 |
| ☐ 0465 | **ratio** | 명 비율, 비(比) |
| ☐ 0466 | **yard** | 명 뜰, 마당, 야드(길이의 단위) |
| ☐ 0467 | **motive** | 명 동기, 자극 형 원동력이 되는 |
| ☐ 0468 | **float** | 동 (물이나 공중에서) 뜨다, 떠오르다 |
| ☐ 0469 | **decay** | 명 부패, 부식, 쇠퇴 동 부패하다 |
| ☐ 0470 | **ritual** | 명 의식, 의식적인 행사 형 의식의 |
| ☐ 0471 | **elastic** | 형 탄력 있는, 탄성이 있는, 융통성 있는 |
| ☐ 0472 | **tale** | 명 이야기, 설화 |
| ☐ 0473 | **stance** | 명 입장, 태도, 자세 |
| ☐ 0474 | **inquire** | 동 문의하다, 묻다, 조사하다 |
| ☐ 0475 | **parallel** | 형 평행한, 유사한 동 ~과 유사하다 |
| ☐ 0476 | **retail** | 동 소매하다 명 소매 형 소매의 |
| ☐ 0477 | **immigrant** | 명 (외국으로부터의) 이주민 형 이주민의 |
| ☐ 0478 | **resign** | 동 사직하다, 물러나다, 체념하다 |

| □ 0479 | **naive** | 형 순진한, 천진난만한 |
|---|---|---|
| □ 0480 | **furious** | 형 격노한, 열광적인, 맹렬한 |
| □ 0481 | **publication** | 명 출판(물), 발행, 발표 |
| □ 0482 | **ecological** | 형 생태계[학]의, 환경의[친화적인] |
| □ 0483 | **custom** | 명 관습, 관행, (*pl.*) 관세, 세관 |
| □ 0484 | **prone** | 형 ~하기 쉬운, ~에 빠지기 쉬운 |
| □ 0485 | **modest** | 형 적당한, 겸손한, 그다지 크지 않은 |
| □ 0486 | **overlap** | 동 겹치다, 중복되다 명 겹침, 중복 |
| □ 0487 | **quarrel** | 명 (말)다툼, 싸움 동 다투다, 싸우다 |
| □ 0488 | **lessen** | 동 줄이다, 작아지다, 적어지다 |
| □ 0489 | **profession** | 명 직업, 직종, 전문직, 공언 |
| □ 0490 | **transit** | 명 통과, 변화, 대중교통 수단 |

## Advanced Step  통제/규제/제한/억제

| □ 0491 | **control** | 통제[규제/억제] |
|---|---|---|
| □ 0492 | **restriction** | (법률·규칙을 통한) 제한[규제] |
| □ 0493 | **limitation** | 국한[제한](하는 행위·과정) |
| □ 0494 | **suppression** | (감정 등의) 억제, (반란 등의) 억압 |
| □ 0495 | **constraint** | 제약(이 되는 것) |

| | | |
|---|---|---|
| ☐ 0496 | **perception** | 명 인식, 지각(력), 이해 |
| ☐ 0497 | **crop** | 명 (농)작물, 수확물 |
| ☐ 0498 | **perform** | 동 (수)행하다, 공연하다 |
| ☐ 0499 | **feedback** | 명 반응, 피드백, 의견 |
| ☐ 0500 | **subjective** | 형 주관적인, 개인적인 |
| ☐ 0501 | **planet** | 명 행성, 유성, 지구(the ~) |
| ☐ 0502 | **contrary** | 형 (정)반대의, 상반되는 명 정반대 |
| ☐ 0503 | **modify** | 동 수정하다, 변경하다, 바꾸다 |
| ☐ 0504 | **realize** | 동 깨닫다, 자각하다, 실현하다 |
| ☐ 0505 | **desire** | 명 욕구, 바람 동 바라다 |
| ☐ 0506 | **attain** | 동 얻다, 획득하다, 이루다, 도달하다 |
| ☐ 0507 | **instrument** | 명 도구, 기구, 악기 |
| ☐ 0508 | **explicit** | 형 명시적인, 명백한, 솔직한 |
| ☐ 0509 | **absorb** | 동 흡수하다, 빨아들이다, 열중시키다 |
| ☐ 0510 | **ingredient** | 명 재료, 성분, 구성 요소 |
| ☐ 0511 | **tuition** | 명 수업, 교습, 수업료 |
| ☐ 0512 | **cheer** | 동 응원하다, 환호성을 지르다 |
| ☐ 0513 | **forbid** | 동 금하다, 금지하다, ~을 못하게 하다 |
| ☐ 0514 | **terrific** | 형 멋진, 훌륭한, 무서운 |

| | | |
|---|---|---|
| ☐ 0515 | **seize** | 통 (붙)잡다, 사로잡다, 파악하다 |
| ☐ 0516 | **mutual** | 형 서로의, 상호 간의, 공동의 |
| ☐ 0517 | **import** | 통 수입하다, 들여오다 명 수입(품) |
| ☐ 0518 | **flush** | 통 쏟아져 흐르다, 쫙 퍼지다, 붉히다 |
| ☐ 0519 | **distrust** | 명 불신, 의심 통 불신하다, 의심하다 |
| ☐ 0520 | **navigate** | 통 길을 찾다, 항해하다 |
| ☐ 0521 | **grief** | 명 (큰) 슬픔, 비탄, 고뇌 |
| ☐ 0522 | **crash** | 명 추락 사고, 충돌 통 추락[충돌]하다 |
| ☐ 0523 | **hostility** | 명 적개심, 적의, 반대 |
| ☐ 0524 | **stereotype** | 명 고정관념, 판에 박힌 문구 |
| ☐ 0525 | **fantasy** | 명 공상, 상상, 환상 |
| ☐ 0526 | **obscure** | 통 가리다 형 분명치 않은, 애매한 |
| ☐ 0527 | **snap** | 통 달려들다, 잡아채다 |
| ☐ 0528 | **breakthrough** | 명 획기적인 발전, 돌파(구) |
| ☐ 0529 | **passenger** | 명 승객, 탑승객 |
| ☐ 0530 | **displace** | 통 대체하다, 대신하다, 옮기다 |
| ☐ 0531 | **suspicious** | 형 의심이 많은, 의심스러운, 수상쩍은 |
| ☐ 0532 | **delete** | 통 삭제하다, 지우다 |
| ☐ 0533 | **gut** | 명 소화 기관, 장, 창자, (*pl.*) 배짱 |

| | | |
|---|---|---|
| ☐ 0534 | **install** | 동 설치하다, 장치하다 |
| ☐ 0535 | **benevolent** | 형 자비로운, 자선을 위한, 호의적인 |
| ☐ 0536 | **deficit** | 명 부족(액), 결손, 적자 |
| ☐ 0537 | **outspoken** | 형 거침없이 말하는, 솔직한 |
| ☐ 0538 | **drag** | 동 끌다, 끌고 가다 |
| ☐ 0539 | **invasion** | 명 침입, 침략, 몰려듦 |
| ☐ 0540 | **grateful** | 형 감사하는, 고맙게 여기는 |
| ☐ 0541 | **inscribe** | 동 새기다, 파다, 기입하다 |
| ☐ 0542 | **trace** | 명 자취, (극)소량 동 추적하다 |
| ☐ 0543 | **deserve** | 동 ~을 받을 자격이 있다 |
| ☐ 0544 | **circulation** | 명 순환, 유통, 판매[발행] 부수 |
| ☐ 0545 | **slope** | 명 경사(도), 경사지, 비탈 |

## Advanced Step   take+(명사)+(전치사)

| | | |
|---|---|---|
| ☐ 0546 | **take ~ into account** | ~을 고려하다 |
| ☐ 0547 | **take a measure[step]** | 수단[조치]을 취하다 |
| ☐ 0548 | **take responsibility for** | ~에 대해 책임지다 |
| ☐ 0549 | **take advantage of** | ~을 이용[활용]하다 |
| ☐ 0550 | **take the initiative** | 솔선수범하다, 선수 치다 |

| | | |
|---|---|---|
| ☐ 0551 | **volunteer** | 동 자원하다 명 자원봉사(자) |
| ☐ 0552 | **colony** | 명 식민지, 집단, 군체 |
| ☐ 0553 | **negative** | 형 부정적인, 반대의, 거부의 |
| ☐ 0554 | **decrease** | 동 줄이다, 감소시키다 명 감소 |
| ☐ 0555 | **aisle** | 명 복도, 통로 |
| ☐ 0556 | **flow** | 동 흐르다, 흘러나오다 명 흐름, 유동 |
| ☐ 0557 | **positive** | 형 긍정적인, 적극적인, 확신하는 |
| ☐ 0558 | **personality** | 명 성격, 개성, 인격 |
| ☐ 0559 | **wildlife** | 명 야생 동물[생물] 형 야생 동물의 |
| ☐ 0560 | **population** | 명 인구, 주민, 개체군, 집단 |
| ☐ 0561 | **tiny** | 형 아주 작은[적은], 조그마한 |
| ☐ 0562 | **strip** | 동 벗기다, 제거하다 명 조각 |
| ☐ 0563 | **hierarchical** | 형 계층적인, 계급 조직의 |
| ☐ 0564 | **fabulous** | 형 멋진, 굉장한 |
| ☐ 0565 | **disorder** | 명 무질서, 혼란, 장애, (가벼운) 질환 |
| ☐ 0566 | **liberate** | 동 해방시키다, 자유롭게 만들다 |
| ☐ 0567 | **cruel** | 형 잔인한, 잔혹한 |
| ☐ 0568 | **companion** | 명 동료, 동반자, 반려자 |
| ☐ 0569 | **gracious** | 형 상냥한, 정중한, 우아한 |

| | | |
|---|---|---|
| ☐ 0570 | **differentiate** | 동 구별하다, 구분 짓다, 식별하다 |
| ☐ 0571 | **famine** | 명 기근, 기아, 굶주림 |
| ☐ 0572 | **symbol** | 명 상징, 부호, 기호 |
| ☐ 0573 | **outdated** | 형 시대에 뒤진, 구식인 |
| ☐ 0574 | **feast** | 명 연회, (종교적) 축제, 진수성찬 |
| ☐ 0575 | **eternally** | 부 영원히, 영구히, 끊임없이 |
| ☐ 0576 | **precede** | 동 앞서다, 선행하나, 우선하나 |
| ☐ 0577 | **superficial** | 형 겉으로 드러난, 표면상의, 피상적인 |
| ☐ 0578 | **appetite** | 명 식욕, 욕구 |
| ☐ 0579 | **density** | 명 밀도, 농도, 밀집 |
| ☐ 0580 | **administer** | 동 관리하다, 시행하다 |
| ☐ 0581 | **frank** | 형 솔직한, 숨김없는 |
| ☐ 0582 | **royal** | 형 (여)왕의, 왕실[왕립]의 명 왕족 |
| ☐ 0583 | **instantly** | 부 즉시, 곧장, 즉각 |
| ☐ 0584 | **enclose** | 동 둘러싸다, 에워싸다, 동봉하다 |
| ☐ 0585 | **spirit** | 명 정신, 영혼, 기분, 마음 |
| ☐ 0586 | **blurred** | 형 흐릿한, 구별이 잘 안 되는, 모호한 |
| ☐ 0587 | **confine** | 동 한정[제한]하다, 가두다, 감금하다 |
| ☐ 0588 | **barren** | 형 불모의, 메마른, 황량한, 불임인 |

| ☐ 0589 | **minimize** | 통 최소화하다, 축소하다, 깔보다 |
|---|---|---|
| ☐ 0590 | **discouraged** | 형 낙심한, 낙담한 |
| ☐ 0591 | **infectious** | 형 전염성의, 전염되는, 전염병의 |
| ☐ 0592 | **drought** | 명 가뭄, 부족 |
| ☐ 0593 | **arrogant** | 형 거만한, 오만한 |
| ☐ 0594 | **inhabit** | 통 거주하다, 서식하다, ~에 살다 |
| ☐ 0595 | **insult** | 통 모욕하다 명 모욕, 무례 |
| ☐ 0596 | **sensational** | 형 선풍적인, 세상을 놀라게 하는 |
| ☐ 0597 | **flavor** | 명 맛, 풍미, 조미료 |
| ☐ 0598 | **burst** | 통 터지다, 터질 듯하다 명 폭발 |
| ☐ 0599 | **outbreak** | 명 (전쟁·사고·질병 등의) 발발[발생] |
| ☐ 0600 | **pilot** | 명 조종사 통 조종하다, 안내하다 |

## Advanced Step  정당화 / 타당한 이유

| ☐ 0601 | **ethical justification** | 윤리적 정당화 |
|---|---|---|
| ☐ 0602 | **legal justification** | 법적 타당성 |
| ☐ 0603 | **procedural justification** | 절차적 정당성 |
| ☐ 0604 | **ample justification** | 충분히 타당한 사유 |
| ☐ 0605 | **theoretical justification** | 이론적으로 타당한 이유 |

| □ 0606 | **organic** | 혱 유기(체)의, 장기의, 유기농의 |
| □ 0607 | **function** | 동 기능하다, 작동하다  명 기능, 작용 |
| □ 0608 | **distance** | 명 거리, 먼 곳  동 멀리 떨어지게 하다 |
| □ 0609 | **acquire** | 동 얻다, 획득하다, 습득하다 |
| □ 0610 | **intake** | 명 섭취(량), 빨아들임 |
| □ 0611 | **behave** | 동 행동[처신]하다, 작용[작동]하다 |
| □ 0612 | **adopt** | 동 채택하다, 받아들이다, 입양하다 |
| □ 0613 | **original** | 혱 원래의, 원본의, 독창적인  명 원본 |
| □ 0614 | **destination** | 명 목적지, 행선지, 도착지 |
| □ 0615 | **sentence** | 명 문장, (형의) 선고  동 선고하다 |
| □ 0616 | **irony** | 명 아이러니, 역설적인 것, 반어(법) |
| □ 0617 | **obstacle** | 명 장애(물), 방해(물) |
| □ 0618 | **grave** | 명 무덤, 묘  혱 심각한, 중대한 |
| □ 0619 | **precious** | 혱 귀중[소중]한  명 소중한 것[사람] |
| □ 0620 | **rescue** | 동 구조[구출]하다  명 구조, 구출 |
| □ 0621 | **shock** | 명 충격  동 충격을 주다 |
| □ 0622 | **fade** | 동 (점차) 희미해지다, 사라지다 |
| □ 0623 | **tragic** | 혱 비극적인, 비극의 |
| □ 0624 | **genuine** | 혱 진짜의, 진실된, 진정한 |

| | | |
|---|---|---|
| ☐ 0625 | **laughter** | 몡 웃음, 웃음소리 |
| ☐ 0626 | **circuit** | 몡 순환(로), 순회, 회로 |
| ☐ 0627 | **slide** | 통 미끄러지다, (나쁜 상태로) 되어가다 |
| ☐ 0628 | **evoke** | 통 불러일으키다, 일깨우다 |
| ☐ 0629 | **incorporate** | 통 통합하다, 포함하다 |
| ☐ 0630 | **swiftly** | 뷔 재빨리, 신속하게 |
| ☐ 0631 | **appoint** | 통 임명[지명]하다, 정하다, 약속하다 |
| ☐ 0632 | **advent** | 몡 출현, 도래 |
| ☐ 0633 | **cherished** | 혱 소중한, 중요하게 지켜 온 |
| ☐ 0634 | **destroy** | 통 파괴하다, 죽이다, 손상시키다 |
| ☐ 0635 | **grab** | 통 움켜쥐다, 붙잡다, 마음을 사로잡다 |
| ☐ 0636 | **suck** | 통 빨아들이다, 빨아 먹다, 형편없다 |
| ☐ 0637 | **tune** | 통 조율[조정]하다 몡 곡, 곡조, 음색 |
| ☐ 0638 | **detect** | 통 탐지[발견]하다, 알아내다, 인지하다 |
| ☐ 0639 | **insert** | 통 넣다, 삽입하다, 끼워 넣다 |
| ☐ 0640 | **erupt** | 통 분출하다, 폭발하다, 터뜨리다 |
| ☐ 0641 | **elegance** | 몡 우아함, 고상함 |
| ☐ 0642 | **seemingly** | 뷔 겉으로 보기에는, 외견상으로는 |
| ☐ 0643 | **row** | 몡 줄, 열, 노 젓기 통 노를 젓다 |

| | | |
|---|---|---|
| ☐ 0644 | **domestication** | 몡 길들이기, 사육, 재배 |
| ☐ 0645 | **gross** | 혱 총계의, 총체의, 엄청난, 심한 |
| ☐ 0646 | **disclose** | 통 밝히다, 폭로하다, 털어놓다 |
| ☐ 0647 | **propose** | 통 제안[제의]하다, 계획하다, 청혼하다 |
| ☐ 0648 | **hide** | 통 숨기다, 감추다, 은닉하다 |
| ☐ 0649 | **imply** | 통 암시[시사]하다, 내포하다, 의미하다 |
| ☐ 0650 | **prime** | 혱 주된, 주요한, 최고의 |
| ☐ 0651 | **doom** | 몡 운명, 죽음 통 ~할 운명이다 |
| ☐ 0652 | **trial** | 몡 시도, 시험, 실험, 재판 |
| ☐ 0653 | **literary** | 혱 문학의, 문학적인 |
| ☐ 0654 | **defeat** | 통 패배[좌절]시키다 몡 패배, 좌절 |
| ☐ 0655 | **narrow** | 혱 좁은, 한정된, 편협한 통 좁히다 |

## Advanced Step  법정

| | | |
|---|---|---|
| ☐ 0656 | **file a suit** | 소송을 제기하다, 고소하다 |
| ☐ 0657 | **enter ~ into evidence** | ~을 증거로 제출하다 |
| ☐ 0658 | **innocent until proven guilty** | 유죄 판결이 날 때까지 무죄인 |
| ☐ 0659 | **under oath** | (법정에서) 선서를 한 상태인 |
| ☐ 0660 | **rest one's case** | ~의 진술을 마치다 |

☐ 0661 **organize** 통 조직하다, 편성하다, 정리하다

☐ 0662 **straightforward** 형 쉬운, 간단한, 똑바른, 솔직한

☐ 0663 **poet** 명 시인

☐ 0664 **recognize** 통 인정하다, 인지하다, 알아보다

☐ 0665 **severe** 형 심각한, 심한, 엄격한

☐ 0666 **surface** 명 표면, 지면, 수면, 외부, 외관

☐ 0667 **replace** 통 대신[대체]하다, 바꾸다, 교환하다

☐ 0668 **request** 명 요청, 신청 통 요청하다, 부탁하다

☐ 0669 **aspect** 명 측면, 양상, 국면, 견해

☐ 0670 **delay** 통 미루다, 연기하다 명 지연, 연기

☐ 0671 **loosely** 부 느슨하게, 헐겁게

☐ 0672 **magnificent** 형 장대한, 화려한, 근사한

☐ 0673 **pour** 통 붓다, 따르다, 쏟다

☐ 0674 **breathe** 통 숨을 쉬다, 호흡하다

☐ 0675 **kin** 명 친족, 동족 형 친족의, 동족의

☐ 0676 **vote** 명 투표, 표결, 표 통 투표하다

☐ 0677 **competent** 형 유능한, 능력 있는

☐ 0678 **construct** 통 건설[구성]하다 명 건축[구조]물

☐ 0679 **remedy** 명 치료(법) 통 치유[치료]하다

| | | |
|---|---|---|
| ☐ 0680 | **aim** | 명 목표, 목적 동 목표로 하다, 겨누다 |
| ☐ 0681 | **stuff** | 명 것(들), 물건, 재료 동 채워 넣다 |
| ☐ 0682 | **regular** | 형 규칙적인, 정기적인, 정규의, 보통의 |
| ☐ 0683 | **fuse** | 동 융합하다, 녹이다 |
| ☐ 0684 | **section** | 명 부분, 구획, 영역 |
| ☐ 0685 | **amazing** | 형 놀라운, 굉장한 |
| ☐ 0686 | **mythology** | 명 신화(학) |
| ☐ 0687 | **hospitality** | 명 환대, 접대, 수용력 |
| ☐ 0688 | **compassion** | 명 동정(심), 연민 |
| ☐ 0689 | **hesitant** | 형 주저하는, 망설이는 |
| ☐ 0690 | **ban** | 명 금지(법) 동 금하다, 금지하다 |
| ☐ 0691 | **recession** | 명 경기 후퇴, 불경기 |
| ☐ 0692 | **wage** | 명 임금, 급료 동 (전쟁 등을) 행하다 |
| ☐ 0693 | **warranty** | 명 보증, (품질) 보증서, 근거 |
| ☐ 0694 | **relief** | 명 안도, 안심, 경감, 구호(품) |
| ☐ 0695 | **reference** | 명 언급, 참조, 참고 (문헌) |
| ☐ 0696 | **plenty** | 명 많음, 풍요, 다량 형 많은, 충분한 |
| ☐ 0697 | **insure** | 동 보험에 들다, 보장하다, 보증하다 |
| ☐ 0698 | **lengthy** | 형 긴, 오랜, 장황한, 지루한 |

| □ 0699 | **doctrine** | 명 교리, 원칙, 주의 |
| □ 0700 | **wreck** | 명 난파(선), 잔해 통 난파시키다 |
| □ 0701 | **pronounce** | 통 발음하다, 선언하다, 표명하다 |
| □ 0702 | **lie** | 통 눕다, 있다, 거짓말하다 명 거짓말 |
| □ 0703 | **tone** | 명 음조, 음색, 어조, 억양, 분위기 |
| □ 0704 | **extraordinary** | 형 비범한, 비상한, 엄청난 |
| □ 0705 | **tailor** | 명 재단사 통 조정하다, 맞추다 |
| □ 0706 | **frame** | 명 틀, 구조 통 구성하다 |
| □ 0707 | **invisible** | 형 눈에 보이지 않는 명 눈에 보이지 않는 것 |
| □ 0708 | **aggressively** | 부 공격적으로, 적극적으로 |
| □ 0709 | **wrinkle** | 명 주름(살) 통 주름을 잡다 |
| □ 0710 | **degrade** | 통 저하[분해]시키다, 지위를 떨어뜨리다 |

## Advanced Step  두려운/겁내는

| □ 0711 | **afraid** | 두려워하는, 겁내는 |
| □ 0712 | **scared** | (작은 일로) 겁을 먹은 |
| □ 0713 | **frightened** | (습관적으로) 무서워하는 |
| □ 0714 | **alarmed** | (위험한 일이 일어날까) 두려운 |
| □ 0715 | **apprehensive** | (안 좋은 일이 일어날까) 걱정[우려]하는 |

| | | |
|---|---|---|
| ☐ 0716 | **nervous** | 형 긴장하는, 불안해[초조해]하는, 신경의 |
| ☐ 0717 | **specific** | 형 특정한, 구체적인, 독특한 |
| ☐ 0718 | **steady** | 형 꾸준한, 한결같은, 안정된, 확고한 |
| ☐ 0719 | **costume** | 명 의상, 복장 |
| ☐ 0720 | **introduce** | 동 소개하다, 도입하다, 들여오다 |
| ☐ 0721 | **characteristic** | 형 특징적인 명 특징, 특성 |
| ☐ 0722 | **accept** | 동 받아들이다, 인정하다, 수락하다 |
| ☐ 0723 | **notice** | 동 알아채다, 주목[통지]하다 명 알아챔, 공지 |
| ☐ 0724 | **constant** | 형 끊임없는, 지속적인, 불변의, 한결같은 |
| ☐ 0725 | **quality** | 명 (품)질, 양질, 자질 형 양질의 |
| ☐ 0726 | **adapt** | 동 적응하다[시키다], 조정[개작]하다 |
| ☐ 0727 | **settle** | 동 정착하다, 안정시키다, 해결하다 |
| ☐ 0728 | **wholesaler** | 명 도매업자, 도매상 |
| ☐ 0729 | **refuse** | 동 거절하다, 거부하다 |
| ☐ 0730 | **exercise** | 동 운동[행사]하다 명 운동, 연습, 행사 |
| ☐ 0731 | **indulge** | 동 ~에 빠지다, 충족[만족]시키다 |
| ☐ 0732 | **uniform** | 형 획일적인, 동일한, 한결같은 |
| ☐ 0733 | **conscience** | 명 양심, 의식 |
| ☐ 0734 | **profound** | 형 심오한, 깊은, 엄청난 |

| ☐ 0735 | **rehearse** | 통 예행연습[시연]하다, 되풀이하다 |
| ☐ 0736 | **contemplate** | 통 심사숙고하다, (곰곰이) 생각하다 |
| ☐ 0737 | **crack** | 명 금, 틈 통 갈라지게 하다 |
| ☐ 0738 | **formal** | 형 공식적인, 격식 차린, 정식의 |
| ☐ 0739 | **plague** | 명 전염병, 재해 통 괴롭히다 |
| ☐ 0740 | **committee** | 명 위원회, 전(全)위원 |
| ☐ 0741 | **broadcast** | 통 방송[방영]하다 명 방송, 방영 |
| ☐ 0742 | **disaster** | 명 재해, 재난, (큰) 실패 |
| ☐ 0743 | **combat** | 통 싸우다, 분투하다 명 전투, 싸움 |
| ☐ 0744 | **pollute** | 통 오염시키다, 더럽히다 |
| ☐ 0745 | **retreat** | 통 물러나다 명 후퇴, 철수 |
| ☐ 0746 | **envelope** | 명 봉투, 싸는 것 |
| ☐ 0747 | **ripe** | 형 익은, 숙성한 |
| ☐ 0748 | **transcribe** | 통 기록하다, 필사하다, 베끼다 |
| ☐ 0749 | **union** | 명 결합, 연합, (노동)조합 |
| ☐ 0750 | **escort** | 통 호위[호송]하다 명 호위(대) |
| ☐ 0751 | **initial** | 형 처음의, 초기의 명 첫 글자 |
| ☐ 0752 | **surround** | 통 둘러싸다, 에워싸다 |
| ☐ 0753 | **repair** | 통 수리[수선]하다 명 수리, 수선 |

| | | | |
|---|---|---|---|
| ☐ 0754 | **palm** | 몡 | 야자수, 종려나무, 손바닥 |
| ☐ 0755 | **concretely** | 閉 | 구체적으로, 명확하게 |
| ☐ 0756 | **conceive** | 통 | 생각해 내다, 상상하다, 임신하다 |
| ☐ 0757 | **efficient** | 혱 | 효율적인, 능률적인, 유능한 |
| ☐ 0758 | **regime** | 몡 | 정권, 체제, 제도, 통치 |
| ☐ 0759 | **routine** | 몡 | 판에 박힌 일상 혱 일상적인 |
| ☐ 0760 | **income** | 몡 | 수입, 소득, 유입 |
| ☐ 0761 | **minute** | 몡 | 분, 순간 혱 아주 작은, 미세한 |
| ☐ 0762 | **fiction** | 몡 | 소설, 허구, 가공의 이야기 |
| ☐ 0763 | **variation** | 몡 | 변화, 변동, 차이 |
| ☐ 0764 | **entity** | 몡 | 실체, 존재, 실재, 독립체 |
| ☐ 0765 | **guilty** | 혱 | 죄책감이 드는, 유죄의 |

## Advanced Step   set + 전치사

| | | |
|---|---|---|
| ☐ 0766 | **set off** | 출발하다 |
| ☐ 0767 | **set aside** | 챙겨 놓다, 치워 놓다 |
| ☐ 0768 | **set up** | 세우다, 설립하다 |
| ☐ 0769 | **set apart from** | ~과[에서] 구별하다 |
| ☐ 0770 | **set back** | 저지하다, 지연시키다 |

| ☐ 0771 | **absence** | 몡 없음, 결여, 부재, 결석 |
| ☐ 0772 | **period** | 몡 기간, 시기, 시대, 마침표 |
| ☐ 0773 | **struggle** | 통 분투하다, 애쓰다 몡 분투 |
| ☐ 0774 | **overcome** | 통 극복하다, 이기다, 압도하다 |
| ☐ 0775 | **cause** | 몡 원인, 이유 통 야기[초래]하다 |
| ☐ 0776 | **significant** | 혱 중요한, 의미 있는, 상당한 |
| ☐ 0777 | **drive** | 통 몰다, ~하게 만들다 몡 운전, 동인 |
| ☐ 0778 | **regard** | 통 여기다, 고려하다 몡 관계, 고려 |
| ☐ 0779 | **complain** | 통 불평하다, 항의하다 |
| ☐ 0780 | **interpretation** | 몡 해석, 이해, 설명 |
| ☐ 0781 | **interact** | 통 상호 작용하다, 교류하다 |
| ☐ 0782 | **investment** | 몡 투자(금), (시간, 노력 등의) 투입 |
| ☐ 0783 | **cancer** | 몡 암(적인 존재), 종양 |
| ☐ 0784 | **retrospect** | 몡 회고, 회상 통 회고하다 |
| ☐ 0785 | **executive** | 몡 임원, 경영진 혱 실행[경영]의 |
| ☐ 0786 | **scroll** | 몡 두루마리, 목록, 일람표 |
| ☐ 0787 | **journey** | 몡 여행, 여정, 이동 통 여행하다 |
| ☐ 0788 | **trout** | 몡 송어 |
| ☐ 0789 | **election** | 몡 선거, 당선, 투표 |

| | | |
|---|---|---|
| ☐ 0790 | **shoot** | 통 쏘다, 사진을 찍다, 촬영하다 |
| ☐ 0791 | **gentle** | 형 온화한, 부드러운, 상냥한 |
| ☐ 0792 | **idle** | 형 게으른, 한가한 통 빈둥거리다 |
| ☐ 0793 | **mere** | 형 단순한, 순전한, ~에 불과한 |
| ☐ 0794 | **inspection** | 명 검사, 조사, 사찰 |
| ☐ 0795 | **lack** | 명 부족, 결핍 통 ~이 없다[부족하다] |
| ☐ 0796 | **furniture** | 명 가구, 비품 |
| ☐ 0797 | **strike** | 통 치다, 공격하다 명 공격, 파업 |
| ☐ 0798 | **joint** | 형 공동의, 합동의 명 이음매, 관절 |
| ☐ 0799 | **identical** | 형 동일한, 똑같은 |
| ☐ 0800 | **vehicle** | 명 차량, 탈것, 수단, 매개체 |
| ☐ 0801 | **erosion** | 명 부식, 침식 |
| ☐ 0802 | **infrastructure** | 명 (사회) 기반 시설, 하부 구조, 토대 |
| ☐ 0803 | **norm** | 명 규범, 기준, 표준 |
| ☐ 0804 | **ease** | 명 쉬움, 편안함 통 덜다, 진정시키다 |
| ☐ 0805 | **undergo** | 통 겪다, 경험하다, 받다 |
| ☐ 0806 | **rage** | 명 격노, 분노 통 격노하다, 야단치다 |
| ☐ 0807 | **clue** | 명 단서, 실마리 |
| ☐ 0808 | **retire** | 통 은퇴하다, 퇴직하다, 물러나다 |

| □ 0809 **overshadow** | 통 그림자를 드리우다, 무색하게 하다 |
| □ 0810 **refund** | 명 환불(금) 통 환불하다 |
| □ 0811 **guarantee** | 명 보장, 보증(서) 통 보장[보증]하다 |
| □ 0812 **disappointed** | 형 실망한, 낙담한 |
| □ 0813 **prove** | 통 (~임이) 드러나다, 증명하다 |
| □ 0814 **tame** | 형 길들여진 통 길들이다, 다스리다 |
| □ 0815 **detach** | 통 떼어 내다, 분리시키다 |
| □ 0816 **decorate** | 통 장식하다, 꾸미다 |
| □ 0817 **gossip** | 명 소문, 뒷공론 통 뒷공론하다 |
| □ 0818 **thick** | 형 두꺼운, 빽빽한, 짙은, 진한 |
| □ 0819 **trap** | 명 덫, 함정 통 (함정에) 빠뜨리다 |
| □ 0820 **prosperity** | 명 번영, 번성, 번창, 성공 |

## Advanced Step  (형용사)+chance+(명사)

| □ 0821 **good chance** | 높은 가능성 |
| □ 0822 **slight chance** | 약간[조금]의 가능성 |
| □ 0823 **slim chance** | 매우 낮은 가능성 |
| □ 0824 **fat chance** | 거의 없는 가능성 |
| □ 0825 **chance encounter** | 우연한 만남 |

| □ 0826 | charge | 명 비용, 책임 동 청구[부과]하다 |
|---|---|---|
| □ 0827 | reduce | 동 줄이다, 축소하다 |
| □ 0828 | assume | 동 가정[추정]하다, (역할 등을) 맡다 |
| □ 0829 | charity | 명 자선 단체, 자선, 자비(심) |
| □ 0830 | require | 동 필요하다, 요구하다 |
| □ 0831 | odd | 형 이상한, 홀수의 명 (pl.) 가능성, 역경 |
| □ 0832 | exchange | 명 교환 동 교환하다, 주고받다 |
| □ 0833 | include | 동 포함하다, 함유하다 |
| □ 0834 | complete | 형 완전한, 완성된 동 완성[완료]하다 |
| □ 0835 | upset | 형 걱정하는, 속상한 동 속상하게 하다 |
| □ 0836 | shelter | 명 피난처, 주거지, 보호(소) |
| □ 0837 | raise | 동 올리다, 일으키다, 기르다 |
| □ 0838 | relevant | 형 관련된, 적절한, 상대적인 |
| □ 0839 | federal | 형 연방 정부의, 연방(제)의, 연합의 |
| □ 0840 | profit | 명 수익[이익] 동 이익을 얻다[주다] |
| □ 0841 | wonder | 동 궁금하다 명 경이(로운 것) |
| □ 0842 | base | 동 ~을 근거로 하다 명 기초, 근거 |
| □ 0843 | blend | 동 섞(이)다, 혼합하다 |
| □ 0844 | jar | 명 단지, 병, 항아리 |

| □ 0845 | physical | 형 신체의, 물리적인, 물리학의 |
| □ 0846 | eager | 형 열성적인, 열망하는, 간절히 바라는 |
| □ 0847 | forefront | 명 맨 앞, 중심, 가장 중요한 위치 |
| □ 0848 | pity | 명 연민, 동정(심), 유감 |
| □ 0849 | misery | 명 비참(함), 고통, 불행 |
| □ 0850 | drown | 동 익사하다[시키다] |
| □ 0851 | portray | 동 그리다, 묘사하다 |
| □ 0852 | channel | 명 채널, 수로, 해협, 수단 |
| □ 0853 | scrap | 명 조각 동 (쓰레기로) 버리다 |
| □ 0854 | awful | 형 끔찍한, 무서운, 지독한 |
| □ 0855 | hinder | 동 방해하다, 저해하다, 막다 |
| □ 0856 | hurt | 동 다치게 하다 형 다친, 마음이 아픈 |
| □ 0857 | host | 동 개최하다 명 주인, 주최자, 숙주 |
| □ 0858 | submit | 동 제출하다, 복종시키다, 항복하다 |
| □ 0859 | inhibit | 동 억제하다, 방해하다, 금지하다 |
| □ 0860 | priest | 명 성직자, 사제, 신부 |
| □ 0861 | imitate | 동 모방하다, 흉내 내다 |
| □ 0862 | consensus | 명 의견 일치, 합의 |
| □ 0863 | capture | 동 잡다, 포획[포착]하다 명 포획, 포착 |

| | | |
|---|---|---|
| ☐ 0864 | **advocacy** | 몡 옹호, 지지, 변호 |
| ☐ 0865 | **discount** | 몡 할인 통 할인하다, 무시하다 |
| ☐ 0866 | **design** | 몡 디자인, 설계 통 설계[계획]하다 |
| ☐ 0867 | **diplomacy** | 몡 외교(술) |
| ☐ 0868 | **rotate** | 통 회전[교대]하다, 순환 근무를 하다 |
| ☐ 0869 | **prompt** | 혱 즉각적인 통 자극[유발]하다 |
| ☐ 0870 | **hatch** | 통 부화하다, 알을 품다 몡 부화 |
| ☐ 0871 | **evaporate** | 통 증발하다, 탈수하다, 사라지다 |
| ☐ 0872 | **radiation** | 몡 방사(선), 방사 에너지, 복사열 |
| ☐ 0873 | **phase** | 몡 단계, 시기, 국면, 측면 |
| ☐ 0874 | **reckless** | 혱 무모한, 부주의한, 난폭한 |
| ☐ 0875 | **stare** | 통 응시하다, 빤히 보다 몡 응시 |

## Advanced Step  사업 활동

| | | |
|---|---|---|
| ☐ 0876 | **make a budget** | 예산을 편성하다 |
| ☐ 0877 | **go for broke** | (가지고 있는) 모든 것을 투자하다 |
| ☐ 0878 | **break even** | 수지를 맞추다, 본전치기를 하다 |
| ☐ 0879 | **turn a profit** | 흑자를[이익을] 내다 |
| ☐ 0880 | **go to the wall** | (자금 부족으로) 파산[실패]하다 |

| □ 0881 | maintain | 통 유지하다, 보수하다, 주장하다 |
| □ 0882 | suffer | 통 경험하다, 괴로워하다, 고생하다 |
| □ 0883 | observation | 명 관찰, 주시, 발언 |
| □ 0884 | arise | 통 일어나다, 생기다, 발생하다 |
| □ 0885 | connect | 통 연결하다, 연락하다 |
| □ 0886 | unique | 형 유일한, 독특한 |
| □ 0887 | encounter | 명 (우연히) 만남 통 우연히 만나다 |
| □ 0888 | precise | 형 정확한, 바로 그 ~ |
| □ 0889 | circumstance | 명 상황, 정황, 사건 |
| □ 0890 | accumulate | 통 (조금씩) 모으다, (재산을) 축적하다 |
| □ 0891 | conservation | 명 보호, 보존, 관리 |
| □ 0892 | constitute | 통 구성하다, (법령 등을) 제정하다 |
| □ 0893 | facilitate | 통 쉽게 하다, 촉진하다 |
| □ 0894 | spatial | 형 공간의, 공간에 존재하는 |
| □ 0895 | compliment | 명 칭찬, 찬사, 경의 통 칭찬하다 |
| □ 0896 | whistle | 명 휘파람, 호각 통 휘파람을 불다 |
| □ 0897 | applause | 명 박수갈채, 칭찬 |
| □ 0898 | pervade | 통 만연하다, 널리 퍼지다, 스며들다 |
| □ 0899 | shipwreck | 명 난파선, 난파 통 난파[조난]시키다 |

| | | |
|---|---|---|
| ☐ 0900 | **inquiry** | 몡 질문, 문의 사항, 조사, 연구 |
| ☐ 0901 | **intuition** | 몡 직감, 직관력 |
| ☐ 0902 | **layer** | 몡 층, 겹 |
| ☐ 0903 | **manual** | 몡 소책자, 설명서 혱 손으로 하는, 노동의 |
| ☐ 0904 | **disguise** | 통 변장하다 몡 변장, 위장 |
| ☐ 0905 | **literacy** | 몡 읽고 쓸 줄 앎, 읽고 쓰는 능력 |
| ☐ 0906 | **leather** | 몡 가죽(제품) 혱 가죽의 통 ~에 가죽을 대다 |
| ☐ 0907 | **arrow** | 몡 화살 통 화살표로 표시하다 |
| ☐ 0908 | **excerpt** | 몡 발췌, 인용 통 발췌하다, 인용하다 |
| ☐ 0909 | **streamlined** | 혱 유선형의, 능률화된 |
| ☐ 0910 | **transform** | 통 변형시키다, 바꾸다 |
| ☐ 0911 | **boost** | 통 밀어 올리다 몡 인상, 밀어 올림 |
| ☐ 0912 | **foresee** | 통 예측하다, 미리 보다 |
| ☐ 0913 | **quest** | 몡 추구, 탐구 통 추구하다, 탐구하다 |
| ☐ 0914 | **accustomed** | 혱 익숙한, 습관의 |
| ☐ 0915 | **swallow** | 통 삼키다 몡 삼킴, 제비(새) |
| ☐ 0916 | **fatality** | 몡 사망자 (수), 재난 |
| ☐ 0917 | **conductor** | 몡 전도체, 지휘자, (버스의) 차장, 안내원 |
| ☐ 0918 | **browse** | 통 둘러보다, 훑어보다, 이것저것 읽다 |

| | | |
|---|---|---|
| ☐ 0919 | **curse** | 동 저주하다, 욕설하다  명 저주, 욕설 |
| ☐ 0920 | **distress** | 명 고통, 가난  동 괴롭히다, 궁핍케 하다 |
| ☐ 0921 | **inherit** | 동 물려받다, 상속하다 |
| ☐ 0922 | **talented** | 형 재주 있는, 재능이 있는 |
| ☐ 0923 | **persistence** | 명 끈기, 고집, 내구력 |
| ☐ 0924 | **regain** | 동 되찾다, 회복하다  명 회복, 탈환 |
| ☐ 0925 | **waterproof** | 형 방수의  동 방수 처리하다  명 방수복 |
| ☐ 0926 | **collide** | 동 충돌하다 |
| ☐ 0927 | **concise** | 형 간결한 |
| ☐ 0928 | **underlie** | 동 ~의 기저를 이루다, ~의 기초가 되다 |
| ☐ 0929 | **prosecutor** | 명 검사, 검찰관, 실행자, 수행자 |
| ☐ 0930 | **athletic** | 형 운동의, 강건한 |

## Advanced Step  갈망하다/열망하다

| | | |
|---|---|---|
| ☐ 0931 | **covet** | (남의 것을) 몹시 탐내다 |
| ☐ 0932 | **crave** | 강하게 원하다 |
| ☐ 0933 | **long** | 강한 열망을 가지다 |
| ☐ 0934 | **pine** | 갈망하다 |
| ☐ 0935 | **yearn** | 그리워하다 |

| | | |
|---|---|---|
| ☐ 0936 | **appreciate** | 통 고맙게 여기다, 감상하다, 진가를 인정하다 |
| ☐ 0937 | **favorable** | 형 호의를 보이는, 찬성의, 형편이 좋은 |
| ☐ 0938 | **attempt** | 통 시도하다 명 시도 |
| ☐ 0939 | **reject** | 통 거절하다, 거부하다 |
| ☐ 0940 | **perceive** | 통 지각하다, 인식하다 |
| ☐ 0941 | **ancient** | 형 고대의, 옛날의 |
| ☐ 0942 | **measure** | 통 재다, 측정하다 명 치수, 조치 |
| ☐ 0943 | **consist** | 통 이루어져 있다, 있다, 일치하다 |
| ☐ 0944 | **attribute** | 통 (~에게) 돌리다 명 속성 |
| ☐ 0945 | **apology** | 명 사과, 해명 |
| ☐ 0946 | **affluent** | 형 풍부한, 유복한 |
| ☐ 0947 | **isolated** | 형 고립된, 격리된 |
| ☐ 0948 | **dread** | 통 몹시 두려워하다 명 공포 |
| ☐ 0949 | **overestimate** | 통 과대평가하다 명 과대평가 |
| ☐ 0950 | **combine** | 통 결합시키다, 연합시키다 |
| ☐ 0951 | **disapprove** | 통 못마땅해하다, 인가하지 않다 |
| ☐ 0952 | **criterion** | 명 기준, 표준 |
| ☐ 0953 | **calculation** | 명 계산, 신중한 계획 |
| ☐ 0954 | **curiosity** | 명 호기심, 진기함 |

| | | |
|---|---|---|
| ☐ 0955 | **devote** | 图 바치다, 기울이다, 헌신하다 |
| ☐ 0956 | **pirate** | 图 해적, 저작권 침해자 图 표절해서 만들다 |
| ☐ 0957 | **swelling** | 图 부푸는, 넘실거리는 图 부기, 팽창 |
| ☐ 0958 | **freshwater** | 图 민물의, 민물에 사는 |
| ☐ 0959 | **chaos** | 图 혼돈, 무질서 |
| ☐ 0960 | **inward** | 图 안의 图 내부 图 안으로, 내부로 |
| ☐ 0961 | **suddenly** | 图 갑자기 |
| ☐ 0962 | **moderate** | 图 조정하다, 완화하다 图 적당한, 절제하는 |
| ☐ 0963 | **offend** | 图 기분을 상하게 하다, 불쾌하게 하다 |
| ☐ 0964 | **console** | 图 위로하다 |
| ☐ 0965 | **delight** | 图 기쁘게 하다, 즐겁게 하다 图 기쁨 |
| ☐ 0966 | **valid** | 图 타당한, 근거가 확실한, (법) 유효한 |
| ☐ 0967 | **optimism** | 图 낙천주의, 낙관(주의) |
| ☐ 0968 | **fluctuate** | 图 (물가 등이) 오르내리다, 변동하다 |
| ☐ 0969 | **tedious** | 图 지루한 |
| ☐ 0970 | **initiate** | 图 시작하다, 입문시키다 |
| ☐ 0971 | **score** | 图 악보, 20 图 채점하다, 편곡[작곡]하다 |
| ☐ 0972 | **illustration** | 图 실례, 삽화 |
| ☐ 0973 | **carton** | 图 팩, 상자, 마분지 |

| | | |
|---|---|---|
| ☐ 0974 | **accommodate** | 통 ~에 편의를 도모하다, 수용하다 |
| ☐ 0975 | **enroll** | 통 등록하다, 입학시키다, 입대하다 |
| ☐ 0976 | **district** | 명 지역, 지구 통 지구로 나누다 |
| ☐ 0977 | **gravel** | 명 자갈 통 자갈로 덮다 |
| ☐ 0978 | **foster** | 통 (양자 등으로) 기르다, 조장[촉진]하다 |
| ☐ 0979 | **illusion** | 명 환상, 환영, 환각 |
| ☐ 0980 | **conversion** | 명 전환, 용도 변경, 전향 |
| ☐ 0981 | **mediate** | 통 조정하다, 중재하다 형 중재의 |
| ☐ 0982 | **spectrum** | 명 스펙트럼, 범위 |
| ☐ 0983 | **prerequisite** | 명 전제 조건, 필요조건 형 없어서는 안 될 |
| ☐ 0984 | **vanish** | 통 사라지다 |
| ☐ 0985 | **embrace** | 통 얼싸안다, 맞이하다 명 포옹 |

## Advanced Step   pay + 명사

| | | |
|---|---|---|
| ☐ 0986 | **pay a tribute** | 경의를 표하다 |
| ☐ 0987 | **pay a visit** | 방문하다 |
| ☐ 0988 | **pay attention** | 주의하다, 주목하다 |
| ☐ 0989 | **pay heed** | 주의[유의]하다 |
| ☐ 0990 | **pay homage** | 경의를 표하다 |

| | | |
|---|---|---|
| ☐ 0991 | deliver | 통 배달하다, 전하다, 해방시키다, 분만하다 |
| ☐ 0992 | equal | 형 (똑)같은 통 ~에 필적하다 명 필적하는 것 |
| ☐ 0993 | demonstrate | 통 예를 들어 설명하다[보여 주다], 시위 운동을 하다 |
| ☐ 0994 | pursue | 통 추구하다, 수행하다 |
| ☐ 0995 | impact | 명 영향, 충격 통 영향을 주다, 강한 충격을 주다 |
| ☐ 0996 | urban | 형 도시의 |
| ☐ 0997 | sacrifice | 명 희생, 제물 통 희생하다, 제물로 바치다 |
| ☐ 0998 | yield | 통 생산하다, 양보하다, 굴복[항복]하다 명 수확량 |
| ☐ 0999 | interaction | 명 상호 작용 |
| ☐ 1000 | bound | 형 묶인, ~하지 않을 수 없는, ~ 행의 명 경계 |
| ☐ 1001 | incredible | 형 믿을 수 없는, 엄청난 |
| ☐ 1002 | internal | 형 내부의, 내(면)적인 |
| ☐ 1003 | oblivious | 형 알아차리지[기억하지] 못하는 |
| ☐ 1004 | mimic | 통 흉내 내다, 모방하다 형 흉내 내는, 모방의 |
| ☐ 1005 | neglect | 통 소홀히하다, 간과하다 명 태만, 부주의 |
| ☐ 1006 | acknowledge | 통 인식하다, 인정하다 |
| ☐ 1007 | grasp | 통 이해하다, 붙잡다 명 이해, 파악, 붙잡음 |
| ☐ 1008 | depiction | 명 묘사, 서술 |
| ☐ 1009 | flickering | 형 흔들리는, 깜박이는 명 깜박임 |

| □ 1010 | **alert** | 형 경계하는, 기민한 동 경종을 울리다 |
| □ 1011 | **pioneer** | 명 개척자, 선구자 동 개척하다, 선도하다 |
| □ 1012 | **vibration** | 명 진동, 떨림 |
| □ 1013 | **potent** | 형 (영향력이) 강력한, 유력한, 효능 있는 |
| □ 1014 | **remote** | 형 먼, 외딴, 관계가 적은 |
| □ 1015 | **geology** | 명 지질(학) |
| □ 1016 | **speculation** | 명 숙고, 추측, 고찰, 투기 |
| □ 1017 | **maximum** | 형 최대(한)의 명 최대 |
| □ 1018 | **colonize** | 동 식민지로 만들다, 대량 서식하다 |
| □ 1019 | **eloquent** | 형 웅변의, 달변의, 설득력 있는 |
| □ 1020 | **convince** | 동 납득시키다, 설득하다 |
| □ 1021 | **reputation** | 명 평판, 명성 |
| □ 1022 | **compatibility** | 명 양립 가능성, 적합성, 호환성 |
| □ 1023 | **introvert** | 형 내성적인 명 내성적인 사람 |
| □ 1024 | **motion** | 명 동작, 제안 동 ~에게 동작으로 알리다 |
| □ 1025 | **elevate** | 동 들어 올리다, 승진시키다 |
| □ 1026 | **spoil** | 동 상하다, 망쳐 놓다, 약탈하다 명 전리품 |
| □ 1027 | **secondhand** | 형 중고의, 간접적인 부 중고로, 간접으로 |
| □ 1028 | **filter** | 동 거르다, 여과하다 명 여과기 |

**57**

| □ 1029 | **discrete** | 혱 별개의, 분리된 |
| --- | --- | --- |
| □ 1030 | **terminal** | 혱 말기의, 최종의, 가망 없는 몡 종점 |
| □ 1031 | **wilderness** | 몡 황야, 황무지 |
| □ 1032 | **administrative** | 혱 행정(상)의, 경영[관리]상의 |
| □ 1033 | **enlarge** | 동 크게 하다, 확대하다 |
| □ 1034 | **cognitive** | 혱 인식의, 인식력이 있는 |
| □ 1035 | **distort** | 동 (사실을) 왜곡하다, (얼굴을) 찡그리다 |
| □ 1036 | **tangible** | 혱 유형의, 명백한 몡 (pl.) 유형 자산 |
| □ 1037 | **affair** | 몡 일, 업무, 사건, 문제 |
| □ 1038 | **texture** | 몡 직물, 구조, 감촉 동 (직물을) 짜다 |
| □ 1039 | **utilitarian** | 혱 실용적인, 공리주의의 몡 공리주의자 |
| □ 1040 | **opponent** | 몡 상대, 반대자 혱 반대하는 |

## Advanced Step  의사

| □ 1041 | **dentist** | 치과 의사 |
| --- | --- | --- |
| □ 1042 | **surgeon** | 외과 의사 |
| □ 1043 | **pediatrician** | 소아과 의사 |
| □ 1044 | **physician** | 내과 의사 |
| □ 1045 | **psychiatrist** | 정신과 의사 |

| | | |
|---|---|---|
| ☐ 1046 | **compare** | 통 비교하다, 비유하다, 대조하다, 필적하다 |
| ☐ 1047 | **compete** | 통 경쟁하다 |
| ☐ 1048 | **limit** | 통 제한하다 명 한계 |
| ☐ 1049 | **remark** | 통 ~에 주목하다, 말하다 명 발언, 말 |
| ☐ 1050 | **adjust** | 통 조정하다, 조절하다, 순응하다 |
| ☐ 1051 | **company** | 명 회사, 교제, 동반, 동석자, 일행 |
| ☐ 1052 | **decline** | 명 쇠퇴, 하락 통 거절[거부]하다, 감소하다 |
| ☐ 1053 | **preserve** | 통 보존하다, 저장 식품으로 만들다 |
| ☐ 1054 | **financial** | 형 재정(상)의, 금융상의, 회비를 내는 |
| ☐ 1055 | **prejudice** | 명 편견, 선입관 통 ~에 편견을 갖게 하다 |
| ☐ 1056 | **celebration** | 명 축하, 축하 행사 |
| ☐ 1057 | **mess** | 명 지저분한 모양, 더러운 것 통 더럽히다 |
| ☐ 1058 | **peer** | 명 또래 통 ~에 필적하다, 응시하다 |
| ☐ 1059 | **superb** | 형 멋진, 최고의, 훌륭한 |
| ☐ 1060 | **sufficient** | 형 충분한, 족한 |
| ☐ 1061 | **deposit** | 명 보증금, 예금, 퇴적물 통 예금하다, 퇴적시키다 |
| ☐ 1062 | **anticipation** | 명 기대, 예상 |
| ☐ 1063 | **corruption** | 명 부패 (행위), 타락, 매수 |
| ☐ 1064 | **abound** | 통 많이 있다, 풍부하다 |

| □ 1065 | **advocate** | 명 옹호자, 주창자 동 옹호하다, 주장하다 |
|---|---|---|
| □ 1066 | **breath** | 명 호흡, 한숨 |
| □ 1067 | **stiff** | 형 딱딱한, 뻐근한, 단호한 |
| □ 1068 | **divine** | 형 신의, 신성한 동 예언하다, 점치다 |
| □ 1069 | **conceal** | 동 숨기다, 숨다, 감추다 |
| □ 1070 | **compensate** | 동 보상하다, 보충하다, 상쇄하다 |
| □ 1071 | **deception** | 명 속임수, 사기 |
| □ 1072 | **inspire** | 동 고취하다, 영감을 주다, (숨을) 들이쉬다 |
| □ 1073 | **predecessor** | 명 전신(前身), 전임자, 선행자, 이전의 것 |
| □ 1074 | **occupy** | 동 차지하다, 거주하다, 점유하다 |
| □ 1075 | **destructive** | 형 파괴적인, 유해한 |
| □ 1076 | **intervention** | 명 중재, 사이에 듦, 간섭, 개입 |
| □ 1077 | **bitter** | 형 쓴, 신랄한 |
| □ 1078 | **unanimously** | 부 만장일치로 |
| □ 1079 | **herd** | 명 떼, 무리, 군중 동 무리를 짓다 |
| □ 1080 | **affection** | 명 애정, 감정, 영향 |
| □ 1081 | **infant** | 명 유아, 미성년자 형 유아(용)의 |
| □ 1082 | **multitude** | 명 다수, 군중 |
| □ 1083 | **alliance** | 명 연합, 동맹, 결연 |

□ 1084 **abandon** 통 포기하다, 버리다 명 방종, 방탕

□ 1085 **tempt** 통 유혹하다, ~할 기분이 나게 하다, 부추기다

□ 1086 **trauma** 명 외상, 마음의 상처, 정신적 쇼크

□ 1087 **editor** 명 편집자, 논설위원

□ 1088 **infer** 통 추론하다, 암시하다, 넌지시 말하다

□ 1089 **catastrophe** 명 큰 재해, 대이변

□ 1090 **carpenter** 명 목수, 목공 통 목공 일을 하다

□ 1091 **repetitive** 형 반복성의, 반복되는

□ 1092 **stature** 명 위상, 키, 신장, 능력

□ 1093 **mobile** 형 휴대의, 이동성이 있는, 움직이기 쉬운

□ 1094 **overwhelm** 통 압도하다, 당황하게 하다

□ 1095 **civilian** 명 민간인 형 민간인의

## Advanced Step  put

□ 1096 **put aside** 따로 떼어 놓다

□ 1097 **put down** 적다, 기록하다

□ 1098 **put forward** 제안하다

□ 1099 **put off** 연기하다

□ 1100 **put up with** 참다

| □ 1101 | **native** | 형 토착의, 원주민의, 타고난 명 원주민 |
| □ 1102 | **motivate** | 동 동기를 부여하다, 자극하다 |
| □ 1103 | **suit** | 동 적합하게 하다 명 소송, (복장의) 한 벌 |
| □ 1104 | **rare** | 형 희귀한, 드문 |
| □ 1105 | **intense** | 형 극심한, 격렬한, 열심인 |
| □ 1106 | **criticize** | 동 비판하다, 비난하다 |
| □ 1107 | **expense** | 명 지출, 경비, 희생 동 필요 경비로 지출되다 |
| □ 1108 | **innate** | 형 타고난, 선천적인 |
| □ 1109 | **trigger** | 동 방아쇠를 당기다, 유발하다 명 방아쇠 |
| □ 1110 | **additional** | 형 추가의, 부가의 |
| □ 1111 | **momentous** | 형 중대한, 중요한 |
| □ 1112 | **luxury** | 명 사치(품), 호사 |
| □ 1113 | **stationary** | 형 정지된, 고정된 명 움직이지 않는 사람 |
| □ 1114 | **extract** | 동 추출하다, 발췌하다 명 추출물, 발췌 |
| □ 1115 | **eligible** | 형 자격이 있는, 적격의 명 유자격자, 적격자 |
| □ 1116 | **revolve** | 동 돌다, 회전하다 |
| □ 1117 | **domain** | 명 영역, 분야 |
| □ 1118 | **polish** | 동 윤[광]을 내다, 다듬다 명 광택, 세련 |
| □ 1119 | **flatter** | 동 아첨하다, 치켜세우다, 우쭐하게 하다 |

| | | |
|---|---|---|
| ☐ 1120 | **compulsively** | 📖 강박감에 사로잡혀, 강제적으로 |
| ☐ 1121 | **legislation** | 📖 입법, 법률 |
| ☐ 1122 | **medication** | 📖 약물, 의약품 |
| ☐ 1123 | **philosophical** | 📖 철학의, 이성적인 |
| ☐ 1124 | **summarize** | 📖 요약하다 |
| ☐ 1125 | **unbiased** | 📖 편견[선입관]이 없는, 공평한 |
| ☐ 1126 | **fierce** | 📖 격렬한, 몹시 사나운 |
| ☐ 1127 | **rationality** | 📖 합리성 |
| ☐ 1128 | **squeeze** | 📖 압착하다, 짜내다, 밀어 넣다 |
| ☐ 1129 | **contradict** | 📖 반박하다, ~와 모순되다 |
| ☐ 1130 | **harbor** | 📖 항구, 피난처 📖 정박하다, (악의를) 품다 |
| ☐ 1131 | **conform** | 📖 따르게 하다, 순응하다, 일치하다 |
| ☐ 1132 | **neural** | 📖 신경(계)의 |
| ☐ 1133 | **subordinate** | 📖 부하, 아랫사람 📖 종속의, 부수하는 |
| ☐ 1134 | **nursery** | 📖 아이 방, 보육원, 양성소, 온상 |
| ☐ 1135 | **sedentary** | 📖 앉은 채 있는 📖 늘 앉아 있는 사람 |
| ☐ 1136 | **twilight** | 📖 땅거미, 저물녘, 황혼 때 |
| ☐ 1137 | **annoyance** | 📖 성가심, 불쾌감, 골칫거리 |
| ☐ 1138 | **barrier** | 📖 장벽, 울타리, 장애물 |

| □ 1139 | **vain** | 휑 헛된, 자만하는, 소용없는 |
| □ 1140 | **injustice** | 똉 불공평, 부당 |
| □ 1141 | **numeral** | 똉 숫자 휑 수의, 수를 나타내는 |
| □ 1142 | **contagious** | 휑 전염성의, 전파하는, 옮기 쉬운 |
| □ 1143 | **volcanic** | 휑 화산의, 폭발성의 |
| □ 1144 | **meditate** | 똉 숙고하다, 명상하다 |
| □ 1145 | **endure** | 똉 견디다, 참다, 경험하다 |
| □ 1146 | **stimulus** | 똉 자극 |
| □ 1147 | **disrupt** | 똉 지장을 주다, 부수다 |
| □ 1148 | **distract** | 똉 흩트리다, 산만하게 하다, 재미있게 하다 |
| □ 1149 | **misguided** | 휑 오도된, 미혹된, 잘못 안 |
| □ 1150 | **pedestrian** | 똉 보행자 휑 보행자의, 도보의 |

## Advanced Step    웃음 / 즐거움

| □ 1151 | **amusing** | 즐거운 |
| □ 1152 | **exhilarating** | 유쾌하게 하는 |
| □ 1153 | **hilarious** | 웃음을 자아내는 |
| □ 1154 | **jovial** | 쾌활한 |
| □ 1155 | **uproarious** | 크게 웃기는 |

| | | |
|---|---|---|
| ☐ 1156 | **actual** | 혱 실제의, 사실의, 현재의 |
| ☐ 1157 | **available** | 혱 이용할 수 있는, 시간이 있는 |
| ☐ 1158 | **justify** | 통 정당화하다, 옳음을 보여 주다 |
| ☐ 1159 | **subject** | 몡 피실험자 혱 ~에 걸리기 쉬운 통 당하게 하다 |
| ☐ 1160 | **myth** | 몡 근거 없는 통념, 잘못된 믿음[사실], 신화 |
| ☐ 1161 | **describe** | 통 묘사하다 |
| ☐ 1162 | **cancel** | 통 취소하다, 지우다 |
| ☐ 1163 | **recall** | 통 생각해 내다, 기억하다 몡 기억, 회상 |
| ☐ 1164 | **independent** | 혱 독립한, 자력의, 자립의 |
| ☐ 1165 | **grant** | 통 주다, 허가하다 몡 보조금, 허가 |
| ☐ 1166 | **chronological** | 혱 연대순의, 연대학의 |
| ☐ 1167 | **refer** | 통 가리키다, 언급하다, 참조[조회]하다 |
| ☐ 1168 | **avenue** | 몡 도로, 방법, 수단 |
| ☐ 1169 | **abruptly** | 훈 갑작스럽게, 무뚝뚝하게, 퉁명하게 |
| ☐ 1170 | **complicated** | 혱 복잡한, 알기 어려운 |
| ☐ 1171 | **satisfy** | 통 만족시키다, 충족시키다 |
| ☐ 1172 | **pupil** | 몡 동공, 눈동자, 제자, 학생 |
| ☐ 1173 | **dismiss** | 통 해산시키다, 해고하다, 일축하다 |
| ☐ 1174 | **conference** | 몡 회담, 회견, 회의 |

| □ 1175 | **outline** | 통 간략하게 기술하다 명 윤곽, 개요 |
| □ 1176 | **assert** | 통 단언하다, 주장하다 |
| □ 1177 | **restrict** | 통 제한하다, 한정하다 |
| □ 1178 | **punctuality** | 명 시간 엄수, 정확함 |
| □ 1179 | **immerse** | 통 몰두하게 하다, 가라앉히다, 담그다 |
| □ 1180 | **absorbed** | 형 열중한, 마음을 빼앗긴 |
| □ 1181 | **precaution** | 명 예방 조치, 조심, 경계 |
| □ 1182 | **interference** | 명 방해, 간섭 |
| □ 1183 | **predetermined** | 형 미리 결정된 |
| □ 1184 | **fossil** | 명 화석 형 화석의, 화석이 된 |
| □ 1185 | **recite** | 통 암송하다, 낭송하다, 읊다 |
| □ 1186 | **vivid** | 형 생생한, 생기 있는, 명확한 |
| □ 1187 | **solely** | 부 혼자서, 단지 |
| □ 1188 | **auditory** | 형 청각의, 청각 기관의 |
| □ 1189 | **legitimate** | 형 정당한, 합법의 통 합법으로 인정하다 |
| □ 1190 | **spell** | 명 한동안의 계속, 주문 통 철자를 맞게 쓰다 |
| □ 1191 | **perceptual** | 형 지각[인식]의, 지각 있는 |
| □ 1192 | **restore** | 통 회복시키다, 돌려주다 |
| □ 1193 | **trivial** | 형 하찮은, 사소한 |

| □ 1194 | **rectangular** | 톙 직사각형의, 직각의 |
| □ 1195 | **scarcely** | 톢 거의 ~아니다 |
| □ 1196 | **compact** | 톙 빽빽한, 소형의 톨 죄다, 빽빽이 채워 넣다 |
| □ 1197 | **disturb** | 톨 방해하다, 불안하게 하다 |
| □ 1198 | **glance** | 톙 흘긋 봄 톨 흘긋 보다, 대강 훑어보다 |
| □ 1199 | **spare** | 톨 절약하다, 면하게 하다, 삼가다 톙 여분의 |
| □ 1200 | **fallacy** | 톙 잘못된 생각, 오류 |
| □ 1201 | **departure** | 톙 출발, 이탈, 벗어남 |
| □ 1202 | **ironically** | 톢 역설적으로, 얄궂게도 |
| □ 1203 | **prolific** | 톙 다작하는, 다산의, 많은 |
| □ 1204 | **subscription** | 톙 구독(료), 예약 |
| □ 1205 | **mission** | 톙 임무, 포교 톨 사명을 맡기다, 포교하다 |

## Advanced Step  gain + 명사

| □ 1206 | **gain access** | 접근하다 |
| □ 1207 | **gain face** | 널리 알려지다 |
| □ 1208 | **gain the mastery** | 지배하다, 숙달하다 |
| □ 1209 | **gain time** | 시간을 벌다, 시계가 빠르다 |
| □ 1210 | **gain weight** | 체중을 늘리다, 체중이 늘다 |

| □ 1211 | reflect | 동 반영하다, 숙고하다, 반성하다 |
| □ 1212 | suppose | 동 가정하다, 생각하다, 추측하다 |
| □ 1213 | reinforce | 동 보강하다, 강화하다 |
| □ 1214 | contact | 동 접촉하다, 연락하다 명 접촉, 연락 |
| □ 1215 | eliminate | 동 제거하다 |
| □ 1216 | engage | 동 참여하다, 약속하다, 예약하다, 약혼시키다 |
| □ 1217 | release | 동 놓아주다, 개봉하다 명 석방, (영화) 개봉 |
| □ 1218 | spot | 명 얼룩, 장소 동 얼룩지게 하다, 알아내다 |
| □ 1219 | participant | 명 참가자 형 참가하는 |
| □ 1220 | remind | 동 생각나게 하다, 상기시키다 |
| □ 1221 | dignity | 명 위엄, 위풍 |
| □ 1222 | greed | 명 탐욕, 욕심 |
| □ 1223 | clarity | 명 명료함, 맑음 |
| □ 1224 | ubiquitous | 형 도처에 있는, 편재하는 |
| □ 1225 | involuntary | 형 무심결의, 본의 아닌 |
| □ 1226 | foundation | 명 창설, 토대, 기초, 재단 |
| □ 1227 | hazard | 명 위험 (요소) 동 위태롭게 하다 |
| □ 1228 | therapy | 명 치료(법) |
| □ 1229 | privileged | 형 특권이 있는 |

| | | |
|---|---|---|
| ☐ 1230 | **extrinsic** | 웹 외적인, 외부의, 비본질적인 |
| ☐ 1231 | **substantive** | 웹 실질적인, 실재적인 |
| ☐ 1232 | **laboratory** | 웹 실험실, 실험 시간 웹 실험실의 |
| ☐ 1233 | **acute** | 웹 날카로운, 격심한, (의학) 급성의 |
| ☐ 1234 | **monetary** | 웹 화폐의, 금전의, 금융의, 재정의 |
| ☐ 1235 | **strength** | 웹 힘, 장점, 내구력 |
| ☐ 1236 | **geography** | 웹 지리(학), 지형 |
| ☐ 1237 | **deforestation** | 웹 산림 벌채[파괴] |
| ☐ 1238 | **electronic** | 웹 전자의 |
| ☐ 1239 | **fake** | 웹 위조의, 가짜의 웹 위조하다 웹 위조(품) |
| ☐ 1240 | **novelty** | 웹 진귀함, 신기함, 새로움 |
| ☐ 1241 | **provoke** | 웹 유발하다, 성나게 하다 |
| ☐ 1242 | **mechanical** | 웹 기계(학)의 |
| ☐ 1243 | **venture** | 웹 모험하다 웹 모험, 모험적 사업 |
| ☐ 1244 | **immature** | 웹 미숙한, 미완성의 |
| ☐ 1245 | **reform** | 웹 개혁 웹 개혁하다 |
| ☐ 1246 | **discourse** | 웹 강연, 담화 웹 담화하다, 강연하다 |
| ☐ 1247 | **refreshment** | 웹 간식, 다과, 기운을 돋우는 것 |
| ☐ 1248 | **instruct** | 웹 가르치다, 지시하다 |

| □ 1249 | equivalent | 형 상당하는, 동등한 명 상응하는 것 |
|---|---|---|
| □ 1250 | substitute | 동 대체하다 명 대체물, 대리인, 후보 |
| □ 1251 | obligation | 명 의무, 책임 |
| □ 1252 | convey | 동 전하다, 전달하다, 나르다 |
| □ 1253 | thirst | 명 갈증, 열망 동 갈망하다 |
| □ 1254 | respectively | 부 각자, 제각기 |
| □ 1255 | dispute | 명 논쟁, 논의 동 논쟁하다 |
| □ 1256 | latitude | 명 위도, 재량, 여지 |
| □ 1257 | tactic | 명 전략, 전술, 책략 |
| □ 1258 | integrate | 동 통합하다 형 완전한 |
| □ 1259 | laundry | 명 세탁물, 빨랫감, 세탁소 |
| □ 1260 | vocal | 형 목소리의, 소리를 내는 |

## Advanced Step 과학자

| □ 1261 | astronomer | 천문학자 |
|---|---|---|
| □ 1262 | biologist | 생물학자 |
| □ 1263 | botanist | 식물학자 |
| □ 1264 | chemist | 화학자 |
| □ 1265 | zoologist | 동물학자 |

| | | |
|---|---|---|
| ☐ 1266 | **opportunity** | 몡 기회 |
| ☐ 1267 | **multiple** | 톙 다수의, 배수의, 여러 몡 (수학) 배수 |
| ☐ 1268 | **reward** | 몡 보답, 보상, 사례금 통 보상[보답]하다 |
| ☐ 1269 | **potential** | 톙 잠재적인, 가능성이 있는 몡 잠재력, 가능성 |
| ☐ 1270 | **obtain** | 통 얻다, 획득하다 |
| ☐ 1271 | **permit** | 통 허용하다, 허락하다 몡 허가 |
| ☐ 1272 | **investigation** | 몡 조사, 연구, 수사 |
| ☐ 1273 | **claim** | 몡 청구, (소유권의) 주장 통 요구하다, 주장하다 |
| ☐ 1274 | **cherish** | 통 소중히 여기다[키우다] |
| ☐ 1275 | **verbal** | 톙 말[언어]의, 구두의 |
| ☐ 1276 | **label** | 통 명칭[라벨]을 붙이다 몡 라벨, 이름표 |
| ☐ 1277 | **spotlight** | 몡 스포트라이트, 집중 조명 통 집중 조명하다 |
| ☐ 1278 | **defect** | 몡 결함, 부족 통 탈주하다, 망명하다 |
| ☐ 1279 | **resort** | 통 의지하다, 의존하다 몡 의지, 수단, 방책 |
| ☐ 1280 | **versatile** | 톙 다용도의, 다재다능한 |
| ☐ 1281 | **soothing** | 톙 진정시키는, 마음을 달래는 |
| ☐ 1282 | **starvation** | 몡 굶주림, 기아 |
| ☐ 1283 | **patriot** | 몡 애국자 |
| ☐ 1284 | **wholesome** | 톙 건강에 좋은, 건전한, 유익한 |

| | | |
|---|---|---|
| ☐ 1285 | **reconciliation** | 몡 화해, 조정 |
| ☐ 1286 | **harsh** | 혱 거친, (귀 혹은 눈에) 거슬리는, 혹평하는 |
| ☐ 1287 | **enlighten** | 동 계몽하다, 교육하다 |
| ☐ 1288 | **cuisine** | 몡 요리(법), 요리 솜씨 |
| ☐ 1289 | **notorious** | 혱 악명 높은, (나쁜 쪽으로) 유명한 |
| ☐ 1290 | **intrinsic** | 혱 본래 갖추어진, 고유의 |
| ☐ 1291 | **narrative** | 몡 이야기 혱 이야기(체)의 |
| ☐ 1292 | **scope** | 몡 범위, 영역, (능력을 발휘할) 여지 |
| ☐ 1293 | **flexibility** | 몡 유연성, 융통성 |
| ☐ 1294 | **verge** | 몡 모서리, 가장자리 |
| ☐ 1295 | **forecast** | 몡 예보, 예상 동 예보하다, 예상하다 |
| ☐ 1296 | **temporal** | 혱 시간의, 일시적인 |
| ☐ 1297 | **simulate** | 동 가장하다, 모의실험을 하다, 가상하다 |
| ☐ 1298 | **discern** | 동 구별하다, 식별하다 |
| ☐ 1299 | **anthropologist** | 몡 인류학자 |
| ☐ 1300 | **margin** | 몡 가장자리, 여지, 판매 수익 |
| ☐ 1301 | **shortsighted** | 혱 근시안의, 근시적인 |
| ☐ 1302 | **misdirect** | 동 그릇된 방향으로 돌리다, 그릇 지시하다 |
| ☐ 1303 | **sensory** | 혱 감각의, 지각[감각] 기관의 몡 감각 기관 |

| | | |
|---|---|---|
| □ 1304 | **assemble** | 통 모으다, 조립하다 |
| □ 1305 | **cling** | 통 고수하다, 붙들고 늘어지다 |
| □ 1306 | **pollination** | 명 수분 (작용) |
| □ 1307 | **radical** | 형 급진적인, 근본적인 명 급진주의자 |
| □ 1308 | **profile** | 명 옆모습, 윤곽 통 윤곽을 그리다 |
| □ 1309 | **sibling** | 명 형제자매 형 형제의, 자매의 |
| □ 1310 | **painstaking** | 형 수고를 아끼지 않는, 공들인, 고생스러운 |
| □ 1311 | **surrender** | 통 항복하다, 내주다 명 항복, 양도, 자수 |
| □ 1312 | **offspring** | 명 자식, 새끼 |
| □ 1313 | **neutral** | 형 중립의, 중성의, 중간의 명 중립국 |
| □ 1314 | **shift** | 명 변화, (근무의) 교대 조 통 이동하다, 바꾸다 |
| □ 1315 | **ultimate** | 형 최후의, 궁극적인 명 최종 결과 |

## Advanced Step  get

| | | |
|---|---|---|
| □ 1316 | **get along with** | ~와 사이좋게 지내다 |
| □ 1317 | **get away with** | (처벌을 받지 않고) 교묘히 하다 |
| □ 1318 | **get even with** | ~에게 보복하다 |
| □ 1319 | **get on with** | ~을 진척시키다 |
| □ 1320 | **get through with** | ~을 끝마치다 |

| □ 1321 | admire | 통 존경하다, 칭찬하다, 감탄하며 바라보다 |
| □ 1322 | theory | 명 이론, 학설 |
| □ 1323 | interest | 명 관심, 흥미, 이익, 이자 통 ~의 관심을 끌다 |
| □ 1324 | pretend | 통 ~인 척하다 |
| □ 1325 | appropriate | 형 적절한 통 도용하다 |
| □ 1326 | detail | 명 세부 사항 통 상세히 알리다 |
| □ 1327 | excite | 통 자극하다, 흥분시키다 |
| □ 1328 | assumption | 명 가정, 추정, 가설 |
| □ 1329 | conscious | 형 의식하는, 자각하는 |
| □ 1330 | present | 통 제공하다 명 선물, 현재 |
| □ 1331 | critical | 형 비판적인, 중요한, 중대한 |
| □ 1332 | swing | 통 휘두르다, 흔들리다 명 흔들기 |
| □ 1333 | fix | 통 해결하다, 고정하다, 수리하다 |
| □ 1334 | hierarchy | 명 위계, 서열, 계급제 |
| □ 1335 | spontaneous | 형 자생적인, 자발적인 |
| □ 1336 | rhyme | 명 운율(음조가 비슷한 글자) |
| □ 1337 | distinguish | 통 구별하다, 식별하다 |
| □ 1338 | temporary | 형 일시적인, 임시의 |
| □ 1339 | sociable | 형 사교적인 |

| ☐ 1340 | rejoice | 통 (크게) 기뻐하다, 환호하다 |
| ☐ 1341 | inferior | 형 열등한, 하위의 |
| ☐ 1342 | underestimate | 통 과소평가하다, 낮게 어림하다 |
| ☐ 1343 | reside | 통 거주하다, (특정한 곳에) 살다 |
| ☐ 1344 | fair | 형 공정한, 타당한 명 박람회 |
| ☐ 1345 | revolution | 명 혁명, (행성의) 공전 |
| ☐ 1346 | civilization | 명 문명, 개화 |
| ☐ 1347 | chamber | 명 방, 실, 회의실, (의회의) 원 |
| ☐ 1348 | atmosphere | 명 (지구의) 대기, 공기, 분위기 |
| ☐ 1349 | haunt | 통 귀신이 출몰하다 |
| ☐ 1350 | facility | 명 시설, 기능, 재능 |
| ☐ 1351 | trail | 명 자취, 자국 통 끌다 |
| ☐ 1352 | misleading | 형 오해의 소지가 있는, 오도하는 |
| ☐ 1353 | metaphor | 명 은유, 비유 |
| ☐ 1354 | vegetation | 명 초목[식물], 한 지방 특유의 식물 |
| ☐ 1355 | offensive | 형 불쾌한, 모욕적인, 공격적인 |
| ☐ 1356 | certificate | 명 면허(증), 증명서 통 면허증을 교부하다 |
| ☐ 1357 | genetic | 형 유전의, 유전학의 |
| ☐ 1358 | eventually | 부 결국, 마침내 |

| □ 1359 | **ashamed** | 혱 부끄러운, 창피한 |
| □ 1360 | **recover** | 동 회복되다, 되찾다, 만회하다 |
| □ 1361 | **destiny** | 명 (사람 등의) 운명 |
| □ 1362 | **reserve** | 동 예약하다, 남겨 두다 명 저장량, 비축물 |
| □ 1363 | **ruin** | 동 파멸시키다 명 파멸, 붕괴, 몰락 |
| □ 1364 | **fit** | 혱 적합한, 건강한 동 맞다, 맞게 하다 |
| □ 1365 | **fuzzy** | 혱 흐릿한, 솜털이 보송보송한 |
| □ 1366 | **component** | 명 (구성) 요소, 부품 |
| □ 1367 | **sophistication** | 명 세련됨, 복잡함, 정교함, 교양 |
| □ 1368 | **diameter** | 명 지름, 직경, 배율 |
| □ 1369 | **tribe** | 명 부족, 종족, 무리 |
| □ 1370 | **magnitude** | 명 (거대한) 규모, 거대함, 크기 |

## Advanced Step  연장/확장/확대

| □ 1371 | **extension** | 연장, 확대 |
| □ 1372 | **renewal** | 갱신, 연장 |
| □ 1373 | **enlargement** | 확장, 확대 |
| □ 1374 | **magnification** | 확대, 과장 |
| □ 1375 | **exaggeration** | 과장 |

| | | |
|---|---|---|
| □ 1376 | **process** | 명 과정, 공정  동 처리하다, 가공하다 |
| □ 1377 | **manage** | 동 관리하다, 운영하다, 간신히 해내다 |
| □ 1378 | **advance** | 명 발전, 진전  동 나아가게 하다 |
| □ 1379 | **evolution** | 명 진화, (점진적인) 발전 |
| □ 1380 | **prefer** | 동 ~을 더 좋아하다, 선호하다 |
| □ 1381 | **proper** | 형 적절한, 올바른 |
| □ 1382 | **consequence** | 명 결과, 중요함 |
| □ 1383 | **improve** | 동 개선하다, 향상하다 |
| □ 1384 | **article** | 명 기사, 글, 조항, 물품 |
| □ 1385 | **address** | 명 주소, 연설  동 연설하다 |
| □ 1386 | **priority** | 명 우선 사항, 우선권 |
| □ 1387 | **envision** | 동 상상하다, 마음속에 그리다 |
| □ 1388 | **identity** | 명 신원, 신분, 정체성, 일치, 개성 |
| □ 1389 | **infect** | 동 감염시키다, 전염시키다 |
| □ 1390 | **heighten** | 동 높게 하다, 고조시키다 |
| □ 1391 | **explosion** | 명 폭발(적인 증가), 폭파 |
| □ 1392 | **authentic** | 형 진짜인, 진품인 |
| □ 1393 | **invade** | 동 침입하다, 침략하다 |
| □ 1394 | **contamination** | 명 오염, 더러움 |

| □ 1395 | **typical** | 혱 일반적인, 보통의, 전형적인 |
|---|---|---|
| □ 1396 | **slaughter** | 몡 대량 학살, 도살, 도축 통 도살하다 |
| □ 1397 | **widespread** | 혱 널리 퍼져 있는, 광범위한 |
| □ 1398 | **spectacular** | 혱 멋진, 장관을 이루는, 화려한 |
| □ 1399 | **context** | 몡 맥락, 문맥, 정황, 배경 |
| □ 1400 | **council** | 몡 (지방 자치 단체의) 의회, 협의회 |
| □ 1401 | **maximize** | 통 최대화하다, 최대로 활용하다 |
| □ 1402 | **mechanism** | 몡 기제, 구조, 기계 장치 |
| □ 1403 | **govern** | 통 지배하다, 통치하다, 다스리다 |
| □ 1404 | **acoustic** | 혱 음향의, 청각의 |
| □ 1405 | **erode** | 통 침식시키다, 약화시키다 |
| □ 1406 | **outcome** | 몡 결과, 성과 |
| □ 1407 | **pandemic** | 몡 유행병 혱 전 세계적으로 유행하는 |
| □ 1408 | **commitment** | 몡 헌신, 약속, 책무, 전념 |
| □ 1409 | **index** | 몡 지표, 색인, 지수 통 색인을 달다 |
| □ 1410 | **anger** | 몡 분노, 화 통 화나게 하다 |
| □ 1411 | **significance** | 몡 중요성, 의미심장함 |
| □ 1412 | **leak** | 통 새다, 누설되다 몡 새는 구멍, 누출 |
| □ 1413 | **oppose** | 통 반대하다, 대항하다 |

| | | |
|---|---|---|
| ☐ 1414 | **civil** | 휑 시민의, 민간의, 민사상의 |
| ☐ 1415 | **assign** | 통 배정하다, 부여하다, 임명하다 |
| ☐ 1416 | **justice** | 명 정의, 공정, 사법 |
| ☐ 1417 | **criminal** | 휑 범죄의, 형사상의 명 범인 |
| ☐ 1418 | **fate** | 명 운명, 숙명 |
| ☐ 1419 | **scarce** | 휑 부족한, 드문, 진귀한 |
| ☐ 1420 | **reverse** | 통 뒤집다, 바꿔 놓다 휑 정반대의 |
| ☐ 1421 | **dimension** | 명 차원, 관점, (공간의) 크기 |
| ☐ 1422 | **assure** | 통 확신시켜 주다, 보장하다 |
| ☐ 1423 | **addiction** | 명 중독, 열중, 몰두 |
| ☐ 1424 | **intimidate** | 통 겁을 주다, 위협하다 |
| ☐ 1425 | **validate** | 통 입증하다, 확인하다, 승인하다 |

## Advanced Step 학업

| | | |
|---|---|---|
| ☐ 1426 | **work on** | ~에 대해 연구하다 |
| ☐ 1427 | **hand[bring] in** | ~을 제출하다 |
| ☐ 1428 | **figure[make] out** | ~을 파악하다 |
| ☐ 1429 | **enroll in** | ~에 등록하다 |
| ☐ 1430 | **look up** | ~을 찾아보다 |

| | | |
|---|---|---|
| □ 1431 | **emotion** | 명 감정, 정서, 감동 |
| □ 1432 | **confidence** | 명 자신감, 신뢰, 확신, 비밀 |
| □ 1433 | **individual** | 형 개인의, 개개의 명 개인 |
| □ 1434 | **alternative** | 형 대체 가능한, 대체의 명 대안 |
| □ 1435 | **necessary** | 형 필요한, 필연적인 |
| □ 1436 | **trend** | 명 유행, 추세 통 ~의 방향으로 가다 |
| □ 1437 | **fundamental** | 형 기본적인, 근본적인 명 기본, 기초 |
| □ 1438 | **practical** | 형 실용적인, 현실적인, 실제적인 |
| □ 1439 | **flight** | 명 항공편, 비행 |
| □ 1440 | **contract** | 명 계약(서) 통 계약하다, 수축하다 |
| □ 1441 | **policy** | 명 정책, 방침 |
| □ 1442 | **victimize** | 통 희생시키다, 피해자로 만들다 |
| □ 1443 | **uncover** | 통 알아내다, 찾아내다, 폭로하다 |
| □ 1444 | **receipt** | 명 영수증, 수령(액) |
| □ 1445 | **external** | 형 외부의, 외적인, 외계의 |
| □ 1446 | **publish** | 통 출판하다, 발행하다, 발표하다 |
| □ 1447 | **thread** | 명 실, 가닥, 줄기 통 (실 등을) 꿰다 |
| □ 1448 | **generous** | 형 후한, 너그러운, 관대한, 넉넉한 |
| □ 1449 | **fare** | 명 (교통) 요금, 운임, (택시) 승객 |

| | | |
|---|---|---|
| ☐ 1450 | **dumb** | 휑 바보 같은, 말을 못하는, 벙어리의 |
| ☐ 1451 | **ecology** | 뗑 생태(계), 생태학 |
| ☐ 1452 | **lyric** | 뗑 가사, 서정시 휑 서정시의, 가사의 |
| ☐ 1453 | **comprise** | 동 구성하다, 포함하다 |
| ☐ 1454 | **diploma** | 뗑 졸업장, 수료증, (대학의 학습) 과정 |
| ☐ 1455 | **rational** | 휑 합리적인, 이성적인 |
| ☐ 1456 | **implicit** | 휑 암시적인, 잠재적인, 내재적인 |
| ☐ 1457 | **textile** | 뗑 직물, 옷감, 섬유 산업 휑 직물의 |
| ☐ 1458 | **stride** | 뗑 (성큼성큼 걷는) 걸음 동 성큼성큼 걷다 |
| ☐ 1459 | **pitfall** | 뗑 함정, 위험 |
| ☐ 1460 | **spear** | 뗑 창 동 (창으로) 찌르다 |
| ☐ 1461 | **prophecy** | 뗑 예언 |
| ☐ 1462 | **subsequent** | 휑 이후의, 그다음의 |
| ☐ 1463 | **route** | 뗑 길, 경로, 노선 동 보내다, 전송하다 |
| ☐ 1464 | **attach** | 동 붙이다, 첨부하다 |
| ☐ 1465 | **portable** | 휑 휴대용의, 휴대할 수 있는 |
| ☐ 1466 | **immune** | 휑 면역의, 면역성이 있는 |
| ☐ 1467 | **breed** | 뗑 품종, 유형 동 새끼를 낳다, 사육하다 |
| ☐ 1468 | **merchant** | 뗑 상인 휑 상인의, 상업용의 |

| ☐ 1469 | **termination** | 명 종료, 최후 |
| --- | --- | --- |
| ☐ 1470 | **conventional** | 형 전통적인, 재래식의 |
| ☐ 1471 | **statistic** | 명 통계 (자료) 형 통계의, 통계적인 |
| ☐ 1472 | **loose** | 형 헐거운, 헝클어진, 풀린, 느슨한 |
| ☐ 1473 | **confirm** | 동 확증하다, 확인하다 |
| ☐ 1474 | **formulate** | 동 공식화하다, 명확히 말하다 |
| ☐ 1475 | **protest** | 동 반대하다, 항의하다 명 항의, 시위 |
| ☐ 1476 | **brief** | 형 짧은, 간단한 동 간단히 알리다 |
| ☐ 1477 | **bark** | 동 (개나 여우가) 짖다 명 나무껍질 |
| ☐ 1478 | **resume** | 동 다시 시작하다, 재개하다 |
| ☐ 1479 | **territory** | 명 영역, 영토, 구역 |
| ☐ 1480 | **consult** | 동 상담하다, 상의하다, 진찰받다 |

## Advanced Step  take + 명사

| ☐ 1481 | **take responsibility** | 책임지다 |
| --- | --- | --- |
| ☐ 1482 | **take account** | 고려하다 |
| ☐ 1483 | **take office** | 취임하다 |
| ☐ 1484 | **take a risk** | 위험을 무릅쓰다 |
| ☐ 1485 | **take advantage** | 이용하다 |

82

| □ | 1486 | **increase** | 통 증가시키다, 증가하다  명 증가 |
|---|------|-------------|----------------------------|
| □ | 1487 | **determine** | 통 결정하다, 결심하다 |
| □ | 1488 | **enhance** | 통 향상시키다, 강화하다 |
| □ | 1489 | **device** | 명 장비, 장치, 기구 |
| □ | 1490 | **range** | 명 범위  통 (범위가) ~에 이르다 |
| □ | 1491 | **earn** | 통 얻다, (돈을) 벌다 |
| □ | 1492 | **hesitate** | 통 주저하다, 망설이다 |
| □ | 1493 | **attract** | 통 끌어당기다, 마음을 끌다, 매혹하다 |
| □ | 1494 | **observe** | 통 관찰하다, 지켜보다, 준수하다 |
| □ | 1495 | **qualify** | 통 자격을 얻다, 자격을 주다 |
| □ | 1496 | **figure** | 명 수치, 형체, 인물 |
| □ | 1497 | **due** | 형 ~ 때문인, 만기가 된 |
| □ | 1498 | **compress** | 통 압축하다 |
| □ | 1499 | **illustrate** | 통 보여 주다, 예증하다, 삽화를 넣다 |
| □ | 1500 | **basement** | 명 지하실, (건물의) 지하층 |
| □ | 1501 | **sacred** | 형 신성한, 성스러운, 종교적인 |
| □ | 1502 | **patent** | 명 특허(권)  형 특허의 |
| □ | 1503 | **brochure** | 명 (안내·광고용) 책자 |
| □ | 1504 | **endow** | 통 기부하다, 부여하다 |

| □ 1505 | **prioritize** | 통 우선순위를 매기다 |
| --- | --- | --- |
| □ 1506 | **incident** | 명 사건, (우연히 발생한) 일 |
| □ 1507 | **occur** | 통 발생하다, 일어나다 |
| □ 1508 | **estate** | 명 소유지, 부동산권, 재산 |
| □ 1509 | **harvest** | 명 수확(물) 통 수확하다, 거둬들이다 |
| □ 1510 | **expel** | 통 축출하다, 퇴학시키다 |
| □ 1511 | **contestant** | 명 (대회·시합 등의) 참가자 |
| □ 1512 | **confront** | 통 직면하다, 맞서다 |
| □ 1513 | **bounce** | 통 반사되다, 뛰어오르다 명 뛰어 오름 |
| □ 1514 | **tax** | 명 세금 통 세금을 부과하다 |
| □ 1515 | **intrigue** | 통 흥미를 불러일으키다 |
| □ 1516 | **permanent** | 형 영구적인 |
| □ 1517 | **conservative** | 형 보수적인 명 보수주의자 |
| □ 1518 | **blunt** | 형 무딘, 뭉툭한 통 둔화시키다 |
| □ 1519 | **voluntary** | 형 자발적인, 자원봉사로 하는 |
| □ 1520 | **volume** | 명 용량, 음량, 부피, 서적 |
| □ 1521 | **cohesive** | 형 단결된, 결합력 있는, 응집력의 |
| □ 1522 | **dash** | 명 돌진, 질주 통 급히 뛰어가다 |
| □ 1523 | **gloomy** | 형 우울한, 침울한 |

| | | |
|---|---|---|
| ☐ 1524 | **obsess** | 동 집착하게 하다, 사로잡다 |
| ☐ 1525 | **imprison** | 동 투옥하다, 가두다 |
| ☐ 1526 | **invoke** | 동 (영혼 따위를) 불러내다 |
| ☐ 1527 | **chore** | 명 허드렛일, 가사 |
| ☐ 1528 | **artificial** | 형 인공의, 인위적인, 인조의 |
| ☐ 1529 | **deviation** | 명 일탈, 탈선, 벗어남 |
| ☐ 1530 | **tremendous** | 형 엄청난, 대단한 |
| ☐ 1531 | **alien** | 명 외국인, 외계인  형 외국의 |
| ☐ 1532 | **candidate** | 명 후보자, 입후보자 |
| ☐ 1533 | **discord** | 명 불화, 불일치, 다툼, 불협화음 |
| ☐ 1534 | **meadow** | 명 목초지, 초원 |
| ☐ 1535 | **vibrate** | 동 진동하다, 떨다, 진동시키다 |

## Advanced Step  발표/선언

| | | |
|---|---|---|
| ☐ 1536 | **announcement** | 발표, 소식 |
| ☐ 1537 | **indication** | 표시, 암시 |
| ☐ 1538 | **notification** | 통보, 통지 |
| ☐ 1539 | **declaration** | (공식적인) 선언, 선포 |
| ☐ 1540 | **statement** | 성명, 진술 |

| □ 1541 | register | 통 등록하다, 신고하다 명 등록부 |
| □ 1542 | tolerant | 형 용인하는, 관대한, 잘 견디는 |
| □ 1543 | momentarily | 부 순간적으로, 잠깐, 곧 |
| □ 1544 | resolution | 명 해결, 결의안, 해상도 |
| □ 1545 | duty | 명 의무, 직무, 세금 |
| □ 1546 | commerce | 명 상업, 교역 |
| □ 1547 | empty | 형 비어 있는, 공허한 통 (속을) 비우다 |
| □ 1548 | appeal | 통 호소하다, 매력적이다 명 호소, 매력 |
| □ 1549 | variety | 명 다양성, 품종 |
| □ 1550 | award | 통 수여하다 명 상, 상금 |
| □ 1551 | author | 명 작가, 저자 통 저술하다 |
| □ 1552 | corporation | 명 기업, 회사, 법인 |
| □ 1553 | household | 명 가정, 가구, 세대 |
| □ 1554 | achieve | 통 성취하다, 이루다 |
| □ 1555 | intellect | 명 지력, 지성 |
| □ 1556 | stubbornness | 명 완고함, 고집스러움 |
| □ 1557 | distraction | 명 주의 산만, 오락 (활동) |
| □ 1558 | separate | 통 분리하다 형 분리된 |
| □ 1559 | incentive | 명 유인(책), 장려금 |

| □ 1560 | **canal** | 몡 운하, 수로 |
| □ 1561 | **anonymous** | 혱 익명의, 작자 불명의 |
| □ 1562 | **righteous** | 혱 옳은, 정당한 |
| □ 1563 | **scribbled** | 혱 휘갈겨 쓴 |
| □ 1564 | **pinpoint** | 통 정확히 지적하다, 정확히 나타내다 |
| □ 1565 | **predominate** | 통 지배하다, 우위를 차지하다, 우세하다 |
| □ 1566 | **rehabilitate** | 통 재활 치료를 하다, 갱생하다 |
| □ 1567 | **resist** | 통 저항하다, 반대하다, 거부하다 |
| □ 1568 | **span** | 몡 한 뼘, 짧은 거리 |
| □ 1569 | **rebellion** | 몡 반란, 반항 |
| □ 1570 | **exotic** | 혱 외국의, 이국적인, 외래의 |
| □ 1571 | **slot** | 몡 (가늘고 긴) 구멍, 투입구 통 넣다 |
| □ 1572 | **underlying** | 혱 기저에 있는, 근본적인, 근원적인 |
| □ 1573 | **integral** | 혱 필수적인, 완전한 몡 적분 |
| □ 1574 | **ally** | 몡 동맹국 통 동맹하다 |
| □ 1575 | **liberal** | 혱 자유 민주적인, 진보적인, 개방적인 |
| □ 1576 | **astonishment** | 몡 깜짝 놀람 |
| □ 1577 | **plumber** | 몡 배관공 |
| □ 1578 | **antibody** | 몡 항체 |

| □ 1579 | **pessimism** | 몡 비관주의, 비관론, 염세주의 |
|--------|---------------|---------------------------|
| □ 1580 | **candid** | 혱 솔직한, 숨김없는 |
| □ 1581 | **patron** | 몡 후원자, 단골손님 |
| □ 1582 | **reassure** | 동 안심시키다 |
| □ 1583 | **devastate** | 동 황폐하게 하다, 완전히 파괴하다 |
| □ 1584 | **tissue** | 몡 (세포들로 이루어진) 조직, 화장지 |
| □ 1585 | **behavior** | 몡 행동, 품행 |
| □ 1586 | **impair** | 동 손상시키다 |
| □ 1587 | **benefit** | 몡 이득, 혜택, 이로움 동 이익을 얻다 |
| □ 1588 | **peel** | 동 벗기다, 껍질을 벗기다 |
| □ 1589 | **instinct** | 몡 본능, 타고난 소질 |
| □ 1590 | **inject** | 동 주입하다, 주사하다 |

## Advanced Step  cut

| □ 1591 | **cut down on** | ~을 줄이다 |
|--------|-----------------|-----------|
| □ 1592 | **cut off** | ~을 차단하다 |
| □ 1593 | **cut in on** | (대화에) 끼어들다 |
| □ 1594 | **cut across** | ~을 가로질러 가다 |
| □ 1595 | **cut out** | (갑자기) 멈추다 |

| ☐ 1596 | **favor** | 통 선호하다, 호의를 보이다  명 호의, 친절 |
| ☐ 1597 | **comprehend** | 통 이해하다, 포함하다 |
| ☐ 1598 | **enthusiasm** | 명 열성, 열정 |
| ☐ 1599 | **phenomenon** | 명 현상, 사건 |
| ☐ 1600 | **review** | 명 검토, 논평  통 (재)검토하다 |
| ☐ 1601 | **announce** | 통 발표하다, 알리다, 선언하다 |
| ☐ 1602 | **intensive** | 형 집중적인, 집약적인, 격렬한 |
| ☐ 1603 | **emphasis** | 명 강조, 중점, 역점 |
| ☐ 1604 | **exhibit** | 통 전시하다  명 전시품, 전시회 |
| ☐ 1605 | **apply** | 통 신청하다, 지원하다, 적용하다 |
| ☐ 1606 | **solid** | 형 고체의, 단단한, 확실한 |
| ☐ 1607 | **secure** | 형 안정감이 있는, 안전한  통 확보하다 |
| ☐ 1608 | **loss** | 명 상실, 손실, 분실 |
| ☐ 1609 | **discriminate** | 통 차별하다, 구별하다 |
| ☐ 1610 | **deliberate** | 형 의도적인, 고의적인  통 숙고하다 |
| ☐ 1611 | **nominate** | 통 지명[추천]하다, 임명하다 |
| ☐ 1612 | **superstition** | 명 미신 |
| ☐ 1613 | **rural** | 형 시골의, 지방의 |
| ☐ 1614 | **revitalization** | 명 회복, 재생, 경기 부양 |

| | | |
|---|---|---|
| ☐ 1615 | **exploit** | 통 이용하다, 착취하다, 개발하다 |
| ☐ 1616 | **symptom** | 명 증상, 징후 |
| ☐ 1617 | **creep** | 통 기다, 살금살금 움직이다 |
| ☐ 1618 | **automatic** | 형 자동의, 무의식적인, 기계적인 |
| ☐ 1619 | **manufacture** | 통 제조하다, 만들어 내다 명 제조, 제작 |
| ☐ 1620 | **orientation** | 명 지향, 방향, 성향, 예비 교육 |
| ☐ 1621 | **charitable** | 형 자비로운, 자선의, 자선을 베푸는 |
| ☐ 1622 | **descendant** | 명 후손, 자손 |
| ☐ 1623 | **scramble** | 통 뒤섞다, (달걀) 스크램블을 만들다 |
| ☐ 1624 | **fertility** | 명 비옥함, 생식력 |
| ☐ 1625 | **junk** | 형 허접스러운 명 쓸모없는 물건, 쓰레기 |
| ☐ 1626 | **feat** | 명 위업, 공적 |
| ☐ 1627 | **growl** | 통 으르렁거리다 |
| ☐ 1628 | **preoccupation** | 명 선점, 사로잡힘, 집착, 몰두 |
| ☐ 1629 | **verse** | 명 운문, 시구 |
| ☐ 1630 | **principal** | 명 교장, 학장 형 주요한, 주된 |
| ☐ 1631 | **discrepancy** | 명 차이, 불일치 |
| ☐ 1632 | **agriculture** | 명 농업 |
| ☐ 1633 | **aesthetic** | 형 심미적인, 미학의 |

| | | |
|---|---|---|
| ☐ 1634 | **interval** | 명 (시간적) 간격, 기간 |
| ☐ 1635 | **crucial** | 형 결정적인, 중요한, 중대한 |
| ☐ 1636 | **omit** | 동 빠뜨리다, 누락시키다, 생략하다 |
| ☐ 1637 | **patch** | 명 좁은 땅, 작은 밭, (헝겊) 조각, 반창고 |
| ☐ 1638 | **revise** | 동 수정하다, 개정하다 |
| ☐ 1639 | **radioactive** | 형 방사성의, 방사능의 |
| ☐ 1640 | **relative** | 형 상대적인 명 친척 |
| ☐ 1641 | **diagnose** | 동 진단하다 |
| ☐ 1642 | **merit** | 명 가치, 장점 |
| ☐ 1643 | **leap** | 동 뛰어오르다, 도약하다 |
| ☐ 1644 | **gather** | 동 모으다, 모이다 |
| ☐ 1645 | **chemistry** | 명 화학, 화학적 성질 |

## Advanced Step 행동 강조 동사 + 부사

| | | |
|---|---|---|
| ☐ 1646 | **drive recklessly** | 난폭하게 운전하다 |
| ☐ 1647 | **shame publicly** | 공개적으로 망신을 주다 |
| ☐ 1648 | **whisper softly** | 나직이 속삭이다 |
| ☐ 1649 | **wait patiently** | 침착하게 기다리다 |
| ☐ 1650 | **abolish completely** | 완전히 폐지하다 |

| | | |
|---|---|---|
| ☐ 1651 | **produce** | 图 생산하다, 낳다 阁 생산[농작]물 |
| ☐ 1652 | **contain** | 图 포함하다, 담고 있다, 수용하다 |
| ☐ 1653 | **recommend** | 图 추천하다, 권장하다 |
| ☐ 1654 | **considerable** | 阁 상당한, 많은 |
| ☐ 1655 | **supply** | 阁 공급, 공급량 图 공급하다 |
| ☐ 1656 | **sustain** | 图 유지[지속]하다, 먹여 살리다 |
| ☐ 1657 | **practice** | 图 연습하다, 실천하다 阁 연습, 실천, 관행 |
| ☐ 1658 | **display** | 图 전시하다, 보여 주다 |
| ☐ 1659 | **involve** | 图 관련되다, 관련시키다, 수반하다 |
| ☐ 1660 | **threat** | 阁 위협, 협박, 위험 |
| ☐ 1661 | **complementary** | 阁 상호 보완적인 |
| ☐ 1662 | **inevitable** | 阁 불가피한, 피할 수 없는, 필연적인 |
| ☐ 1663 | **polite** | 阁 예의 바른, 공손한, 정중한 |
| ☐ 1664 | **module** | 阁 모듈, 기본 단위 |
| ☐ 1665 | **competence** | 阁 능력, 능숙함 |
| ☐ 1666 | **plot** | 阁 구성, 줄거리 图 모의하다 |
| ☐ 1667 | **flood** | 阁 홍수 图 범람시키다, 넘치다 |
| ☐ 1668 | **static** | 阁 정적인, 고정된, 정지 상태의 |
| ☐ 1669 | **virtual** | 阁 가상의, 사실상의, 실질적인 |

| | | |
|---|---|---|
| ☐ 1670 | **sort** | 몡 종류 통 분류하다, 구분하다 |
| ☐ 1671 | **forgiving** | 혱 너그러운 |
| ☐ 1672 | **domesticated** | 혱 가축화된, 길들인, 재배되는 |
| ☐ 1673 | **garage** | 몡 차고, 주차장, (자동차) 정비소 |
| ☐ 1674 | **entertain** | 통 즐겁게 해 주다, (손님을) 접대하다 |
| ☐ 1675 | **anchor** | 몡 닻 통 닻을 내리다, 정박하다 |
| ☐ 1676 | **wander** | 통 방랑하다, 떠돌아다니다 |
| ☐ 1677 | **reluctant** | 혱 꺼리는, 주저하는, 내키지 않는 |
| ☐ 1678 | **recollection** | 몡 기억, 회상, 회고 |
| ☐ 1679 | **erroneously** | 튄 잘못되게, 틀리게 |
| ☐ 1680 | **found** | 통 설립하다, 세우다 |
| ☐ 1681 | **intimate** | 혱 친밀한, (분위기가) 편안한 |
| ☐ 1682 | **theme** | 몡 주제, 테마 |
| ☐ 1683 | **headquarters** | 몡 본사, 본부 |
| ☐ 1684 | **proof** | 몡 증거, 증거물, 증명서 |
| ☐ 1685 | **credible** | 혱 믿을 수 있는, 신뢰할 수 있는 |
| ☐ 1686 | **mood** | 몡 기분, 분위기 |
| ☐ 1687 | **uplifting** | 혱 희망을 주는 |
| ☐ 1688 | **heritage** | 몡 유산, 전통, 상속 재산 |

| □ 1689 | **overweight** | 형 과체중의, 비만의 명 과체중, 비만 |
| □ 1690 | **beholder** | 명 보는 사람, 구경꾼 |
| □ 1691 | **species** | 명 (생물의) 종 |
| □ 1692 | **negotiate** | 동 협상하다, 협정하다, 상의하다 |
| □ 1693 | **subconscious** | 형 잠재의식적인, 잠재의식의 |
| □ 1694 | **theology** | 명 신학 |
| □ 1695 | **grain** | 명 곡물, 곡류, 낟알, 알갱이, 씨앗 |
| □ 1696 | **optical** | 형 시각의, 광학의 |
| □ 1697 | **bend** | 동 굽히다, 구부리다, 굴복하다 |
| □ 1698 | **oblige** | 동 ~할 수밖에 없게 하다, 강요하다 |
| □ 1699 | **pile** | 명 더미, 무더기 동 쌓다, 포개다 |
| □ 1700 | **enrich** | 동 부유하게 하다, 풍부하게 하다 |

## Advanced Step 감소/축소

| □ 1701 | **reduction** | 감소 |
| □ 1702 | **diminution** | 축소, 감소 |
| □ 1703 | **downsizing** | 축소, 소형화, 감원 |
| □ 1704 | **cutback** | 삭감, 감축 |
| □ 1705 | **subtraction** | 뺄셈, 공제 |

| | | |
|---|---|---|
| ☐ 1706 | **mind** | 명 마음, 정신 동 신경 쓰다 |
| ☐ 1707 | **concern** | 동 관계가 있다, 걱정하다 명 관심, 걱정 |
| ☐ 1708 | **discuss** | 동 논의하다, 토론하다 |
| ☐ 1709 | **create** | 동 창조하다, 만들어 내다 |
| ☐ 1710 | **complex** | 형 복잡한 명 (건물) 단지, 복합 건물 |
| ☐ 1711 | **consume** | 동 소비하다, 먹다 |
| ☐ 1712 | **prepare** | 동 준비하다, 대비하다 |
| ☐ 1713 | **obvious** | 형 분명한, 확실한 |
| ☐ 1714 | **essential** | 형 필수적인, 본질적인 |
| ☐ 1715 | **establish** | 동 설립하다, 수립하다, 제정하다 |
| ☐ 1716 | **option** | 명 선택, 선택권, 선택 과목 |
| ☐ 1717 | **aggravate** | 동 악화시키다 |
| ☐ 1718 | **appliance** | 명 (가정용) 기기, 가전제품 |
| ☐ 1719 | **constraint** | 명 제약, 제한 |
| ☐ 1720 | **content** | 명 내용, 내용물, 목차, 함유량 |
| ☐ 1721 | **refrigeration** | 명 냉장 |
| ☐ 1722 | **extinction** | 명 멸종, 소멸 |
| ☐ 1723 | **audience** | 명 청중, 관객, 시청자 |
| ☐ 1724 | **bless** | 동 축복하다, 은혜를 베풀다 |

| | | | |
|---|---|---|---|
| ☐ 1725 | **divert** | 통 | 방향을 바꾸다, 주의를 돌리다 |
| ☐ 1726 | **keen** | 형 | 열망하는, 열정적인, 예리한 |
| ☐ 1727 | **bias** | 명 | 편견, 편향 |
| ☐ 1728 | **transparent** | 형 | 투명한, 명백한 |
| ☐ 1729 | **privilege** | 명 | 특권, 특혜 |
| ☐ 1730 | **category** | 명 | 부문, 범주 |
| ☐ 1731 | **oxygen** | 명 | 산소 |
| ☐ 1732 | **expenditure** | 명 | 지출, 비용 |
| ☐ 1733 | **substance** | 명 | 물질, 실체 |
| ☐ 1734 | **edit** | 통 | 편집하다, 수정하다 |
| ☐ 1735 | **legal** | 형 | 법률적인, 법의, 합법적인 |
| ☐ 1736 | **ambiguous** | 형 | 애매모호한, 분명하지 않은 |
| ☐ 1737 | **remarkable** | 형 | 주목할 만한, 놀랄 만한, 현저한 |
| ☐ 1738 | **literature** | 명 | 문학, 문헌 |
| ☐ 1739 | **apt** | 형 | 적절한, ~하기 쉬운 |
| ☐ 1740 | **accuse** | 통 | 고발하다, 비난하다 |
| ☐ 1741 | **fault** | 명 | 잘못, 과실, 결점 |
| ☐ 1742 | **migrant** | 명 이주자, 철새 형 이주성의 |
| ☐ 1743 | **superior** | 형 | 우월한, 우수한, 뛰어난 |

| | | |
|---|---|---|
| ☐ 1744 | **equation** | 명 방정식, 동일시 |
| ☐ 1745 | **despair** | 명 절망 통 절망하다, 체념하다 |
| ☐ 1746 | **pneumonia** | 명 폐렴 |
| ☐ 1747 | **deprive** | 통 빼앗다, 박탈하다, 면직하다 |
| ☐ 1748 | **commodity** | 명 상품, 물품 |
| ☐ 1749 | **allot** | 통 배분하다, 할당하다 |
| ☐ 1750 | **breeze** | 명 산들바람, 봄바람, 미풍 |
| ☐ 1751 | **alteration** | 명 변화, 변형, 개조 |
| ☐ 1752 | **restraint** | 명 자제, 제한, 억제 |
| ☐ 1753 | **confer** | 통 부여하다, 수여하다, 상의하다 |
| ☐ 1754 | **sneak** | 통 슬그머니 들어가다[나오다], 몰래 하다 |
| ☐ 1755 | **animate** | 통 생기를 불어넣다 |

## Advanced Step  break

| | | |
|---|---|---|
| ☐ 1756 | **break down** | 고장 나다 |
| ☐ 1757 | **break up with** | 헤어지다, 관계가 끊기다 |
| ☐ 1758 | **break into** | 몰래 침입하다 |
| ☐ 1759 | **break out** | 발생하다 |
| ☐ 1760 | **break through** | 돌파구를 찾다, 돌파하다 |

| | | |
|---|---|---|
| ☐ 1761 | explore | 통 탐험하다, 탐구하다, 조사하다 |
| ☐ 1762 | promote | 통 촉진하다, 장려하다, 승진시키다 |
| ☐ 1763 | imaginary | 형 가상의, 상상의 |
| ☐ 1764 | notion | 명 개념, 관념, 생각 |
| ☐ 1765 | compose | 통 구성하다, 작문하다, 작곡하다 |
| ☐ 1766 | similarity | 명 유사성, 닮음 |
| ☐ 1767 | classify | 통 분류하다, 구분하다 |
| ☐ 1768 | expand | 통 확장하다, 확대하다, 팽창시키다 |
| ☐ 1769 | transmit | 통 전달하다, 전송하다 |
| ☐ 1770 | ceremony | 명 의식, 관행, 형식 |
| ☐ 1771 | distinction | 명 구별, 차이, 특징 |
| ☐ 1772 | sequence | 명 연속, 순서, 차례 |
| ☐ 1773 | vertical | 형 수직의, 세로의 |
| ☐ 1774 | circular | 형 원형의, 둥근, 순환의 |
| ☐ 1775 | overlook | 통 간과하다, 내려다보다 |
| ☐ 1776 | simultaneously | 부 동시에, 일제히 |
| ☐ 1777 | anticipate | 통 예상하다, 예측하다, 기대하다 |
| ☐ 1778 | trek | 명 여행, 오래 걷기 통 걷다, 이동하다 |
| ☐ 1779 | summit | 명 꼭대기, 정점, 정상 회담 |

| | | |
|---|---|---|
| ☐ 1780 | **communal** | 형 공동의, 공동체의 |
| ☐ 1781 | **rotation** | 명 회전, (천체의) 자전, 순환 |
| ☐ 1782 | **tourism** | 명 관광 여행, 관광업 |
| ☐ 1783 | **halt** | 동 멈추다, 중단시키다 명 멈춤, 중단 |
| ☐ 1784 | **expertise** | 명 전문 기술, 전문 지식 |
| ☐ 1785 | **betrayal** | 명 배신, 배반 |
| ☐ 1786 | **sphere** | 명 구, 천체, 영역 |
| ☐ 1787 | **strive** | 동 노력하다, 애쓰다 |
| ☐ 1788 | **preoccupied** | 형 몰두한, 사로잡힌, 선점된 |
| ☐ 1789 | **brevity** | 명 간결함, 짧음 |
| ☐ 1790 | **archaeologist** | 명 고고학자 |
| ☐ 1791 | **province** | 명 지방, 영역, 분야 |
| ☐ 1792 | **stain** | 명 얼룩, 흠, 오점 동 더럽히다 |
| ☐ 1793 | **suburb** | 명 교외, 시외 |
| ☐ 1794 | **adversity** | 명 역경, 불운 |
| ☐ 1795 | **shrink** | 동 줄어들다, 오그라들다, 수축되다 |
| ☐ 1796 | **refined** | 형 정제된, 세련된, 정밀한 |
| ☐ 1797 | **declining** | 형 기우는, 감소하는, 줄어드는 |
| ☐ 1798 | **realm** | 명 영역, 왕국 |

| ☐ 1799 | molecule | 몡 분자, 미립자 |
|---|---|---|
| ☐ 1800 | vigor | 몡 활력, 활기 |
| ☐ 1801 | contempt | 몡 경멸, 멸시, 깔봄 |
| ☐ 1802 | unveil | 통 덮개를 벗기다, 공개하다 |
| ☐ 1803 | literate | 뎡 글을 읽고 쓸 줄 아는, 학식 있는 |
| ☐ 1804 | bankrupt | 뎡 파산한 통 파산시키다 |
| ☐ 1805 | application | 몡 적용, 응용, 활용, 지원(서), 신청 |
| ☐ 1806 | tragedy | 몡 비극, 비극적 사건 |
| ☐ 1807 | unrivaled | 뎡 필적 상대가 없는, 비할 데 없는 |
| ☐ 1808 | afloat | 뎡 물에 뜬 |
| ☐ 1809 | outgrow | 통 ~보다 크게 성장하다 |
| ☐ 1810 | translation | 몡 번역, 통역 |

## Advanced Step  hold가 사용된 구동사

| ☐ 1811 | hold back | ~을 제지하다 |
|---|---|---|
| ☐ 1812 | hold on | 버티다, 견뎌 내다 |
| ☐ 1813 | hold out | ~을 내밀다 |
| ☐ 1814 | hold over | ~을 미루다, ~을 연기하다 |
| ☐ 1815 | hold up | (~의 흐름을) 방해하다, 지연시키다 |

| | | |
|---|---|---|
| ☐ 1816 | **regret** | 동 후회하다  명 후회, 유감 |
| ☐ 1817 | **medium** | 명 매체, 매개물, 수단, 방편  형 중간의 |
| ☐ 1818 | **excel** | 동 뛰어나다, 탁월하다 |
| ☐ 1819 | **intellectually** | 부 지적으로, 지성에 관하여 |
| ☐ 1820 | **awesome** | 형 굉장한, 엄청난, 경탄할 만한 |
| ☐ 1821 | **devise** | 동 고안하다, 창안하다, 계획하다 |
| ☐ 1822 | **definitely** | 부 확실히, 분명히, 틀림없이 |
| ☐ 1823 | **perspective** | 명 관점, 원근법  형 원근법의 |
| ☐ 1824 | **innovation** | 명 혁신, 쇄신 |
| ☐ 1825 | **urgent** | 형 긴급한, 재촉하는, 강요하는 |
| ☐ 1826 | **inherent** | 형 고유의, 본래부터의, 타고난 |
| ☐ 1827 | **toss** | 동 (가볍게) 던지다  명 던져 올림 |
| ☐ 1828 | **dual** | 형 이중의, 두 부분으로 된 |
| ☐ 1829 | **notify** | 동 알리다, 통보하다, 통지하다 |
| ☐ 1830 | **deem** | 동 ~으로 생각하다, 간주하다, 여기다 |
| ☐ 1831 | **attentive** | 형 주의 깊은, 신경 쓰는 |
| ☐ 1832 | **ambiguity** | 명 애매모호함, 모호한 표현 |
| ☐ 1833 | **clarify** | 동 명확하게 하다, 분명히 말하다 |
| ☐ 1834 | **physicist** | 명 물리학자 |

| □ 1835 | allocate | 통 할당하다, 배분하다 |
|---|---|---|
| □ 1836 | reflection | 명 반사, 반영, 투영, 반성, 심사숙고 |
| □ 1837 | hug | 통 껴안다, 포옹하다 명 껴안기, 포옹 |
| □ 1838 | kinship | 명 혈족 관계, 연대감 |
| □ 1839 | poem | 명 시, 운문 |
| □ 1840 | belly | 명 배, 복부 |
| □ 1841 | posture | 명 자세, 마음가짐, 태도 |
| □ 1842 | debris | 명 파편, 부스러기, 잔해 조각 |
| □ 1843 | invariable | 형 변하지 않는, 불변의 |
| □ 1844 | plunge | 통 뛰어들다, 잠기다, 급경사지다 |
| □ 1845 | misplace | 통 잘못 두다, 둔 곳을 잊다 |
| □ 1846 | dormant | 형 휴면 상태의, 활동을 중단한 |
| □ 1847 | bureaucracy | 명 관료주의, 관료 제도, 관료 정치 |
| □ 1848 | mischief | 명 장난, 해악, 피해 |
| □ 1849 | adaptability | 명 적응성, 순응성, 융통성 |
| □ 1850 | stroll | 통 (한가로이) 거닐다 명 거닐기, 산책 |
| □ 1851 | startled | 형 깜짝 놀란 |
| □ 1852 | glow | 통 빛을 내다, (뺨·얼굴이) 붉어지다 |
| □ 1853 | overtime | 명 초과 근무 부 규정 시간 외에 |

| | | |
|---|---|---|
| ☐ 1854 | **biosphere** | 명 생물권(생물이 살 수 있는 범위) |
| ☐ 1855 | **recital** | 명 연주회, 발표회, 낭송, 낭독 |
| ☐ 1856 | **propel** | 동 추진하다, 돌아가게 하다, 몰아대다 |
| ☐ 1857 | **reclaim** | 동 되찾다, 개간하다 |
| ☐ 1858 | **launch** | 동 출시하다, 진수시키다 명 출시, 진수 |
| ☐ 1859 | **gourmet** | 명 미식가, 식도락가 |
| ☐ 1860 | **humanitarian** | 형 인도적인, 인도주의의, 박애의 |
| ☐ 1861 | **emission** | 명 배출, 배출물, 배기가스 |
| ☐ 1862 | **firework** | 명 불꽃, 불꽃놀이, 폭죽 |
| ☐ 1863 | **fragment** | 명 조각, 파편 동 산산이 부수다 |
| ☐ 1864 | **institution** | 명 기관, 단체, 협회, 관행, 제도 |
| ☐ 1865 | **aquarium** | 명 수족관, (양어용) 유리 수조 |

## Advanced Step  변화의 정도를 나타내는 연어

| | | |
|---|---|---|
| ☐ 1866 | **exponential** | 기하급수적인 |
| ☐ 1867 | **substantial** | 상당한(= considerable) |
| ☐ 1868 | **moderate** | 적당한, 중간의 |
| ☐ 1869 | **modest** | 약간의, 별로 크지 않은 |
| ☐ 1870 | **gradual** | 점진적인, 완만한 |

| | | |
|---|---|---|
| ☐ 1871 | **intend** | 통 의도하다, 작정하다 |
| ☐ 1872 | **approach** | 통 다가가다, 접근하다 명 접근법, 방법 |
| ☐ 1873 | **capacity** | 명 용량, 수용력, 능력 |
| ☐ 1874 | **harm** | 명 해, 피해 통 해를 끼치다 |
| ☐ 1875 | **confuse** | 통 혼란스럽게 하다, 당황하게 하다 |
| ☐ 1876 | **recent** | 형 최근의, 요즘의 |
| ☐ 1877 | **stable** | 형 안정된, 안정적인 명 마구간, 외양간 |
| ☐ 1878 | **deny** | 통 부인하다, 부정하다, 거절하다 |
| ☐ 1879 | **identify** | 통 확인하다, 동일시하다 |
| ☐ 1880 | **shape** | 명 모양, 형태 통 형성하다 |
| ☐ 1881 | **depressed** | 형 우울한, 의기소침한, 불경기의 |
| ☐ 1882 | **versus** | 전 ～ 대, ～와 대조하여 |
| ☐ 1883 | **philosophy** | 명 철학 |
| ☐ 1884 | **inclined** | 형 하고 싶은, 기울어진 |
| ☐ 1885 | **empathetic** | 형 공감적인, 감정 이입의 |
| ☐ 1886 | **injured** | 형 다친, 부상당한, 상처 입은 |
| ☐ 1887 | **migrate** | 통 이주하다, 이동하다, 옮기다 |
| ☐ 1888 | **congratulate** | 통 축하하다 |
| ☐ 1889 | **fright** | 명 공포, 소스라쳐 놀람, 경악 |

| | | |
|---|---|---|
| ☐ 1890 | **persuade** | 통 설득하다, 설득하여 ~하게 하다 |
| ☐ 1891 | **abstract** | 형 추상적인, 관념적인 명 개요, 초록 |
| ☐ 1892 | **pest** | 명 해충, 역병, 흑사병 |
| ☐ 1893 | **victim** | 명 피해자, 사망자, 희생자 |
| ☐ 1894 | **alternate** | 형 번갈아 생기는 통 교대시키다 |
| ☐ 1895 | **bowl** | 명 사발, 그릇 통 공을 굴리다 |
| ☐ 1896 | **stretch** | 통 늘이다, 늘리다, 펴다, 뻗다 |
| ☐ 1897 | **correspond** | 통 일치하다, 편지를 주고받다 |
| ☐ 1898 | **fellow** | 명 동료, 친구, 동업자 |
| ☐ 1899 | **pose** | 통 제기하다, 자세를 취하다 명 자세 |
| ☐ 1900 | **tremble** | 통 떨다, 떨리다, 흔들리다, 진동하다 |
| ☐ 1901 | **terrifying** | 형 겁나게 하는, 놀라게 하는, 무서운 |
| ☐ 1902 | **nonsense** | 명 무의미한 말 형 무의미한 |
| ☐ 1903 | **violation** | 명 위반, 위배, 침해 |
| ☐ 1904 | **dull** | 형 따분한, 흐릿한, 둔탁한 |
| ☐ 1905 | **democracy** | 명 민주주의, 민주 국가 |
| ☐ 1906 | **fatal** | 형 죽음을 초래하는, 치명적인 |
| ☐ 1907 | **revenue** | 명 수익, 수입, 세입 |
| ☐ 1908 | **dump** | 통 버리다 명 폐기장, 하치장 |

| □ 1909 | **tackle** | 통 다루다, 맞붙다, 태클하다 |
| □ 1910 | **microscope** | 명 현미경 |
| □ 1911 | **slave** | 명 노예 |
| □ 1912 | **rigid** | 형 엄격한, 융통성 없는, 완고한 |
| □ 1913 | **embed** | 통 끼워 넣다, 박다 |
| □ 1914 | **scratch** | 통 긁다, 할퀴다 명 긁힌 자국 |
| □ 1915 | **stall** | 통 시간을 끌다 명 가판대, 좌판 |
| □ 1916 | **curb** | 통 억제하다 명 (차도 옆의) 연석 |
| □ 1917 | **slam** | 통 쾅 닫다, 세게 놓다 명 쾅 닫기 |
| □ 1918 | **prolonged** | 형 오래 계속되는, 장기적인 |
| □ 1919 | **medieval** | 형 중세의, 고풍의, 구식의 |
| □ 1920 | **astronaut** | 명 우주 비행사 |

### Advanced Step    '능가'를 나타내는 out - 으로 시작하는 타동사

| □ 1921 | **outnumber** | ~보다 수가 더 많다[수적으로 우세하다] |
| □ 1922 | **outwit** | ~을 앞지르다, ~보다 한 수 앞서다 |
| □ 1923 | **outlive** | ~보다 오래 살다 |
| □ 1924 | **outperform** | ~을 능가하다 |
| □ 1925 | **outlast** | ~보다 더 오래가다 |

| □ 1926 | **inform** | 통 알리다, 통지하다, 정보를 제공하다 |
| □ 1927 | **enable** | 통 할 수 있게 하다, 가능하게 하다 |
| □ 1928 | **challenge** | 명 도전, 난제, 이의 제기 |
| □ 1929 | **term** | 명 용어, 말, 학기, 기간 |
| □ 1930 | **attack** | 통 공격하다, 습격하다  명 공격, 습격 |
| □ 1931 | **region** | 명 지방, 지역 |
| □ 1932 | **factor** | 명 요인, 요소, (수학의) 인수 |
| □ 1933 | **attitude** | 명 태도, 자세, 사고방식 |
| □ 1934 | **prevent** | 통 막다, 예방하다, 방지하다 |
| □ 1935 | **diversity** | 명 다양성, 차이 |
| □ 1936 | **organism** | 명 유기체, 생물, 인간 |
| □ 1937 | **investigate** | 통 조사하다, 수사하다, 연구하다 |
| □ 1938 | **predator** | 명 포식자, 약탈자 |
| □ 1939 | **coast** | 명 해안, 연안 |
| □ 1940 | **chase** | 통 쫓아다니다, 추적하다  명 추적 |
| □ 1941 | **vulnerable** | 형 상처받기 쉬운, 취약한 |
| □ 1942 | **punish** | 통 처벌하다, 벌주다 |
| □ 1943 | **misconception** | 명 오해, 잘못된 생각 |
| □ 1944 | **warning** | 명 경고(문), 주의 |

| □ 1945 | desperate | 혱 필사적인, 절망적인 |
| □ 1946 | primitive | 혱 원시의, 미개한, 야만의 |
| □ 1947 | gravity | 몡 중력, 심각성, 엄숙함 |
| □ 1948 | fascinated | 혱 마음을 빼앗긴, 매료된 |
| □ 1949 | agent | 몡 대리인, 중개상 |
| □ 1950 | elaborate | 혱 정교한, 정성을 들인, 복잡한 |
| □ 1951 | steep | 혱 가파른, 비탈진, 급격한 |
| □ 1952 | disconnect | 동 연결을 끊다 몡 단절 |
| □ 1953 | military | 혱 군사의, 군대의 |
| □ 1954 | stroke | 몡 타법, 영법, 뇌졸중 동 쓰다듬다 |
| □ 1955 | flu | 몡 유행성 감기, 독감 |
| □ 1956 | parliament | 몡 의회, 국회 |
| □ 1957 | relieve | 동 덜어 주다, 안도하게 하다 |
| □ 1958 | intent | 몡 의도 혱 몰두한, 열중한 |
| □ 1959 | clumsy | 혱 서투른, 어설픈 |
| □ 1960 | brilliant | 혱 뛰어난, 우수한, 빛나는, 눈부신 |
| □ 1961 | spineless | 혱 척추가 없는, 가시가 없는 |
| □ 1962 | implement | 동 시행하다, 실행에 옮기다 |
| □ 1963 | pillar | 몡 기둥, 중심부 |

| | | |
|---|---|---|
| ☐ 1964 | **inscription** | 몡 새겨진 글, 적힌 글, 비문 |
| ☐ 1965 | **resemble** | 통 닮다, 비슷하다 |
| ☐ 1966 | **choir** | 몡 합창단, 성가대 |
| ☐ 1967 | **rub** | 통 문지르다, 비비다 |
| ☐ 1968 | **divorce** | 몡 이혼, 분리 통 이혼하다, 분리하다 |
| ☐ 1969 | **stack** | 몡 더미, 서가, 다량, 많음 |
| ☐ 1970 | **barber** | 몡 이발사 |
| ☐ 1971 | **upcoming** | 혱 다가오는, 곧 있을 |
| ☐ 1972 | **descent** | 몡 하강, 하락 |
| ☐ 1973 | **sauce** | 몡 소스, 양념, 자극, 재미 |
| ☐ 1974 | **equator** | 몡 적도 |
| ☐ 1975 | **nail** | 몡 손톱, 못 통 못을 박다 |

## Advanced Step '말하다'와 관련된 표현

| | | |
|---|---|---|
| ☐ 1976 | **to say nothing of** | ~은 말할 것도 없고 |
| ☐ 1977 | **needless to say** | 말할 필요도 없이, 두말하면 잔소리지만 |
| ☐ 1978 | **to tell (you) the truth** | 사실대로[솔직히] 말하면 |
| ☐ 1979 | **so to speak** | 말하자면, 달리 표현하자면 |
| ☐ 1980 | **speak well[ill] of** | ~에 대해 좋게[나쁘게] 말하다 |

| | | | |
|---|---|---|---|
| □ 1981 | **various** | 형 | 다양한, 여러 가지의, 각양각색의 |
| □ 1982 | **access** | 명 | 접근, 입장, 접속, 이용 동 접속하다 |
| □ 1983 | **method** | 명 | 방법, 체계 |
| □ 1984 | **sign** | 명 | 기호, 징후 동 서명하다 |
| □ 1985 | **analyze** | 동 | 분석하다, 분해하다, 검토하다 |
| □ 1986 | **associate** | 동 | 관련시키다, 연상하다 명 동료 |
| □ 1987 | **reveal** | 동 | 드러내다, 밝히다, 폭로하다 |
| □ 1988 | **ensure** | 동 | 보장하다, 반드시 ~하게 하다 |
| □ 1989 | **advertising** | 명 | 광고, 광고업 |
| □ 1990 | **regulate** | 동 | 규제하다, 통제하다, 조절하다 |
| □ 1991 | **gradually** | 부 | 점진적으로, 서서히 |
| □ 1992 | **starve** | 동 | 굶주리다, 기아를 겪다 |
| □ 1993 | **cooperate** | 동 | 협력하다, 협조하다 |
| □ 1994 | **essence** | 명 | 본질, 정수, 진수 |
| □ 1995 | **derive** | 동 | 얻다, 끌어내다, 유래를 찾다 |
| □ 1996 | **mount** | 동 | 시작하다, 증가하다, 오르다 |
| □ 1997 | **phrase** | 명 | 어구, 구절 |
| □ 1998 | **stillness** | 명 | 고요, 정적 |
| □ 1999 | **entail** | 동 | 수반하다 |

| | | |
|---|---|---|
| ☐ 2000 | **branch** | 몡 나뭇가지, 지사, 분점 |
| ☐ 2001 | **recipient** | 몡 받는 사람, 수취인 |
| ☐ 2002 | **scheme** | 몡 계획, 기획, 책략 |
| ☐ 2003 | **multiply** | 통 곱하다, 크게 증가시키다, 번식하다 |
| ☐ 2004 | **quantity** | 몡 양, 수량, 분량 |
| ☐ 2005 | **run-down** | 혱 황폐한 |
| ☐ 2006 | **ingenuity** | 몡 창의력, 기발한 재주, 재간 |
| ☐ 2007 | **lift** | 통 들어 올리다, (기분이) 좋아지게 하다 |
| ☐ 2008 | **ongoing** | 혱 계속 진행 중인 |
| ☐ 2009 | **reluctance** | 몡 싫음, 꺼림, 마음 내키지 않음 |
| ☐ 2010 | **burden** | 몡 부담, 짐 통 짐을 지우다 |
| ☐ 2011 | **afford** | 통 (~을 살[할]) 형편이 되다, 제공하다 |
| ☐ 2012 | **endeavor** | 몡 노력, 애씀 통 노력하다 |
| ☐ 2013 | **authorize** | 통 권한을 부여하다 |
| ☐ 2014 | **mention** | 통 말하다, 언급하다 |
| ☐ 2015 | **sponsor** | 몡 후원자 통 후원하다 |
| ☐ 2016 | **dialect** | 몡 방언, 사투리 |
| ☐ 2017 | **solidarity** | 몡 연대, 결속력 |
| ☐ 2018 | **panic** | 몡 극심한 공포 통 공포에 질리다 |

| □ 2019 | weave | 동 짜다, 엮다 |
| □ 2020 | lodge | 명 오두막 동 제기하다 |
| □ 2021 | dub | 동 별명을 붙이다, 재녹음하다, 더빙하다 |
| □ 2022 | linearly | 부 선형으로, 곧바로, 직접적으로 |
| □ 2023 | aboard | 부 탑승하여, 승선하여 |
| □ 2024 | flesh | 명 살, 고기, 과육, 육체 |
| □ 2025 | secretary | 명 비서, 장관 |
| □ 2026 | confess | 동 자백하다, 고백하다 |
| □ 2027 | astronomy | 명 천문학 |
| □ 2028 | altruism | 명 이타주의, 이타심 |
| □ 2029 | feverishly | 부 열병에 걸린 것 같이 |
| □ 2030 | segment | 명 부분, 단편 동 분할하다 |

## Advanced Step  turn이 만드는 구동사

| □ 2031 | turn down | ~을 거절하다 |
| □ 2032 | turn in | ~을 제출하다 |
| □ 2033 | turn out (to be) | ~으로 밝혀지다[입증되다] |
| □ 2034 | turn to | ~에 의지하다, ~으로 눈을 돌리다 |
| □ 2035 | turn up | 나타나다, 도착하다 |

| | | |
|---|---|---|
| ☐ 2036 | **provide** | 통 제공하다, 공급하다 |
| ☐ 2037 | **express** | 통 표현하다 형 급행의 |
| ☐ 2038 | **feature** | 명 특징, 특집 기사 통 특종으로 하다 |
| ☐ 2039 | **represent** | 통 대표하다, 나타내다, 상징하다 |
| ☐ 2040 | **selection** | 명 선발, 선정, 선택 |
| ☐ 2041 | **accurate** | 형 정확한, 정밀한 |
| ☐ 2042 | **borrow** | 통 꾸다, 빌리다, 차용하다 |
| ☐ 2043 | **popular** | 형 인기 있는, 대중적인 |
| ☐ 2044 | **cue** | 명 신호 통 신호를 주다 |
| ☐ 2045 | **insight** | 명 통찰력, 식견 |
| ☐ 2046 | **firm** | 형 딱딱한, 확고한 명 회사 |
| ☐ 2047 | **obesity** | 명 비만, 비대 |
| ☐ 2048 | **scare** | 통 겁나게 하다, 깜짝 놀라게 하다 |
| ☐ 2049 | **numerous** | 형 수많은, 다수의 |
| ☐ 2050 | **previous** | 형 이전의, 바로 앞의 |
| ☐ 2051 | **compromise** | 명 타협 통 타협하다, 손상시키다 |
| ☐ 2052 | **criticism** | 명 비판, 비난, 비평, 평론 |
| ☐ 2053 | **boundary** | 명 경계, 한계선, 분계선 |
| ☐ 2054 | **tire** | 통 지치게 하다, 싫증나게 하다 |

| □ 2055 | **nurture** | 통 양육하다 명 양육, 육성 |
| □ 2056 | **deteriorate** | 통 악화되다, 나빠지다 |
| □ 2057 | **vague** | 형 모호한, 애매한, 어렴풋한 |
| □ 2058 | **private** | 형 사유의, 개인 소유의, 사적인 |
| □ 2059 | **trait** | 명 특성, 특징 |
| □ 2060 | **workshop** | 명 작업장, 워크숍, 연수회 |
| □ 2061 | **client** | 명 의뢰인, 고객 |
| □ 2062 | **declare** | 통 선언하다, 단언하다, 신고하다 |
| □ 2063 | **incidental** | 형 부수적인, 부차적인, 지엽적인 |
| □ 2064 | **peculiar** | 형 이상한, 특이한, 독특한 |
| □ 2065 | **renowned** | 형 유명한, 명성 있는 |
| □ 2066 | **dictate** | 통 받아쓰게 하다, 지시하다 |
| □ 2067 | **liberty** | 명 자유, 해방 |
| □ 2068 | **shovel** | 명 삽, 부삽 통 삽질하다 |
| □ 2069 | **jury** | 명 배심원단, 심사위원단 |
| □ 2070 | **hasten** | 통 재촉하다, 서두르다, 서둘러 가다 |
| □ 2071 | **innocent** | 형 순진한, 결백한, 무죄의 |
| □ 2072 | **altogether** | 부 완전히, 전적으로, 모두 합쳐 |
| □ 2073 | **journalist** | 명 언론인, 보도 기자 |

| | | | |
|---|---|---|---|
| ☐ 2074 | **cottage** | 명 | 시골집, 작은 집, 오두막집, 별장 |
| ☐ 2075 | **ceiling** | 명 | 천장, 한계, (최고) 한도 |
| ☐ 2076 | **horizon** | 명 | 수평선, 지평선, 시야 |
| ☐ 2077 | **stunned** | 형 | 깜짝 놀란, 망연자실한 |
| ☐ 2078 | **agenda** | 명 | 의제, 협의 사항, 행동 강령 |
| ☐ 2079 | **beware** | 동 | 조심하다, 주의하다, 경계하다 |
| ☐ 2080 | **postpone** | 동 | 연기하다, 미루다 |
| ☐ 2081 | **commonsense** | 형 | 상식적인, 양식이 있는 |
| ☐ 2082 | **fountain** | 명 | 분수, 샘, 수원, 원천 |
| ☐ 2083 | **cease** | 동 | 중지하다, 그치다 |
| ☐ 2084 | **chin** | 명 | 턱, 턱끝 |
| ☐ 2085 | **comply** | 동 | 따르다, 준수하다 |

## Advanced Step  appearance가 사용된 연어

| | | |
|---|---|---|
| ☐ 2086 | **physical appearance** | 신체적 외모 |
| ☐ 2087 | **facial appearance** | 얼굴 생김새 |
| ☐ 2088 | **peculiar appearance** | 독특한 외모 |
| ☐ 2089 | **shabby appearance** | 초라한 외모 |
| ☐ 2090 | **superficial appearance** | 겉모습 |

| | | |
|---|---|---|
| ☐ 2091 | **normal** | 형 보통의, 평범한, 정상적인 |
| ☐ 2092 | **ignorance** | 명 무지, 무식 |
| ☐ 2093 | **department** | 명 부서, 부문, 학과 |
| ☐ 2094 | **clothe** | 동 옷을 입히다, 덮다, 싸다 |
| ☐ 2095 | **solution** | 명 해법, 해결책, 용액 |
| ☐ 2096 | **insect** | 명 곤충 |
| ☐ 2097 | **sensitive** | 형 민감한, 예민한 |
| ☐ 2098 | **purchase** | 명 구입 동 사다, 구입하다 |
| ☐ 2099 | **indicate** | 동 나타내다, 보여 주다, 시사하다 |
| ☐ 2100 | **response** | 명 대답, 응답, 반응, 대응 |
| ☐ 2101 | **theater** | 명 극장, 연극 |
| ☐ 2102 | **cope** | 동 대처하다, 대응하다 |
| ☐ 2103 | **conversely** | 부 반대로, 역으로 |
| ☐ 2104 | **architecture** | 명 건축(학), 건축 양식, 구조, 구성 |
| ☐ 2105 | **conserve** | 동 보존하다, 유지하다, 절약하다 |
| ☐ 2106 | **orient** | 동 (방향을) 맞추다, 적응시키다 |
| ☐ 2107 | **sour** | 형 신, 시큼한, 상한 |
| ☐ 2108 | **caution** | 명 조심, 주의, 경고 동 경고하다 |
| ☐ 2109 | **receptor** | 명 (몸의) 수용기, 감각 기관 |

| | | |
|---|---|---|
| ☐ 2110 | **debate** | 몡 토론, 논쟁 图 논쟁하다 |
| ☐ 2111 | **endangered** | 톙 멸종 위기에 처한 |
| ☐ 2112 | **coincide** | 图 일치하다, 동시에 일어나다 |
| ☐ 2113 | **rectangle** | 몡 직사각형 |
| ☐ 2114 | **archive** | 몡 기록, 기록 보관소 |
| ☐ 2115 | **erase** | 图 지우다, 없애다 |
| ☐ 2116 | **apparatus** | 몡 기구, 장치 |
| ☐ 2117 | **fluid** | 톙 유동성의 몡 유동체 |
| ☐ 2118 | **fatigue** | 몡 피로, 피곤 |
| ☐ 2119 | **irritate** | 图 짜증나게 하다, 자극하다 |
| ☐ 2120 | **crude** | 톙 가공하지 않은, 조악한 |
| ☐ 2121 | **sigh** | 图 한숨 쉬다 몡 한숨, 탄식 |
| ☐ 2122 | **pave** | 图 (길을) 포장하다, (길을) 닦다 |
| ☐ 2123 | **expedition** | 몡 탐험(대), 원정(대) |
| ☐ 2124 | **dissolve** | 图 녹이다, 용해시키다 |
| ☐ 2125 | **bother** | 图 신경 쓰이게 하다, 괴롭히다 |
| ☐ 2126 | **exposure** | 몡 노출, 경험, 접합, 폭로 |
| ☐ 2127 | **convert** | 图 전환하다, 개조하다 |
| ☐ 2128 | **ambition** | 몡 야망, 포부, 야심 |

**117**

| □ 2129 | evident | 형 분명한, 명확한, 눈에 띄는 |
|---|---|---|
| □ 2130 | rear | 명 뒤쪽 형 뒤쪽의 동 양육하다 |
| □ 2131 | outset | 명 착수, 최초, 발단 |
| □ 2132 | troop | 명 무리, 군대 동 떼를 짓다 |
| □ 2133 | collapse | 동 붕괴되다, 파산하다 명 붕괴, 좌절 |
| □ 2134 | suspend | 동 매달다, 연기하다, 정학시키다 |
| □ 2135 | rip | 동 째다, 찢다, 벗겨 내다 |
| □ 2136 | imperative | 형 필수적인, 명령적인 명 필요성, 명령 |
| □ 2137 | drastic | 형 극단적인, 급격한, 철저한 |
| □ 2138 | export | 동 수출하다 명 수출, 수출품 |
| □ 2139 | paw | 명 (발톱이 달린) 발, (사람의) 손 |
| □ 2140 | tongue | 명 혀, 혓바닥, 언어, 말 |

## Advanced Step  능력을 나타내는 형용사

| □ 2141 | intelligent | 이해력이 있는, 똑똑한 |
|---|---|---|
| □ 2142 | ingenious | 기발한, 독창적인 |
| □ 2143 | proficient | 능숙한 |
| □ 2144 | cunning | 교활한 |
| □ 2145 | dexterous | 솜씨 좋은 |

| ☐ 2146 | **plain** | 형 명백한, 평범한, 평평한 명 평원 |
|---|---|---|
| ☐ 2147 | **rely** | 동 의지하다, 믿다, 신뢰하다 |
| ☐ 2148 | **ordinary** | 형 보통의, 일상적인, 평범한 |
| ☐ 2149 | **spread** | 동 펼치다, 펴다, 퍼지다, 확산되다 |
| ☐ 2150 | **disease** | 명 질병, 질환 |
| ☐ 2151 | **graduate** | 동 졸업하다 명 졸업생 형 대학원의 |
| ☐ 2152 | **contest** | 명 경쟁, 시합 동 다투다, 겨루다 |
| ☐ 2153 | **exclude** | 동 제외하다, 배제하다 |
| ☐ 2154 | **escape** | 동 탈출하다, 벗어나다 명 탈출, 도피 |
| ☐ 2155 | **degree** | 명 정도, 등급, 단계, 학위 |
| ☐ 2156 | **status** | 명 신분, 지위 |
| ☐ 2157 | **desert** | 명 사막, 황무지 동 버리다 |
| ☐ 2158 | **fulfill** | 동 이행하다, 수행하다, 성취하다 |
| ☐ 2159 | **mature** | 형 성숙한, 발달한 동 익다, 성숙하다 |
| ☐ 2160 | **split** | 동 쪼개다 명 분열 형 갈라진 |
| ☐ 2161 | **carve** | 동 조각하다, 새기다, 파다 |
| ☐ 2162 | **conflict** | 명 갈등, 충돌 동 상충되다 |
| ☐ 2163 | **scream** | 동 비명을 지르다 명 비명, 절규 |
| ☐ 2164 | **dispose** | 동 배치하다, 배열하다, 처리하다 |

| □ 2165 | relevance | 명 관련, 적절성 |
| □ 2166 | analogy | 명 비유, 유추, 유사점 |
| □ 2167 | fragile | 형 깨지기 쉬운, 연약한 |
| □ 2168 | fabric | 명 직물, 천, 구조, 체제 |
| □ 2169 | roast | 동 (고기를) 굽다, 익히다 |
| □ 2170 | compel | 동 강요하다, 억지로 행동하게 하다 |
| □ 2171 | gymnasium | 명 체육관, 실내 경기장 (약어 gym) |
| □ 2172 | prescribe | 동 처방하다, 규정하다, 지시하다 |
| □ 2173 | border | 명 국경, 경계 동 접경하다 |
| □ 2174 | disabled | 형 장애를 가진, 불구가 된 |
| □ 2175 | subtle | 형 미묘한, 민감한, 섬세한 |
| □ 2176 | passage | 명 통로, 구절, 단락, 흐름, 경과, 여행 |
| □ 2177 | exaggerate | 동 과장하다 |
| □ 2178 | witness | 명 목격자, 증인 동 목격하다 |
| □ 2179 | belongings | 명 재산, 소유물 |
| □ 2180 | retain | 동 유지하다, 보유하다, 함유하다 |
| □ 2181 | commission | 명 위임, 임무, 위원회, 수수료 |
| □ 2182 | discipline | 명 규율, 과목 동 훈육하다 |
| □ 2183 | entitle | 동 권한을 주다, 자격을 주다, 칭하다 |

| | | |
|---|---|---|
| ☐ 2184 | **outrage** | 명 격분, 격노 동 격분시키다 |
| ☐ 2185 | **stool** | 명 (등받이와 팔걸이가 없는) 의자 |
| ☐ 2186 | **arbitrary** | 형 임의의, 자의적인, 독단적인 |
| ☐ 2187 | **rob** | 동 강탈하다, 약탈하다, 박탈하다 |
| ☐ 2188 | **intermediate** | 형 중간의, 중급의 명 중급자 |
| ☐ 2189 | **oval** | 형 계란형의, 타원형의 |
| ☐ 2190 | **shrug** | 동 (어깨를) 으쓱하다 |
| ☐ 2191 | **utterly** | 부 완전히, 순전히, 전혀 |
| ☐ 2192 | **spiral** | 명 나선형 동 나선형을 그리다 |
| ☐ 2193 | **breakdown** | 명 고장, 파손, 붕괴, 실패 |
| ☐ 2194 | **stripe** | 명 줄무늬 동 줄무늬를 넣다 |
| ☐ 2195 | **torch** | 명 횃불, 손전등, (올림픽) 성화 |

## Advanced Step  Life Science(생명 과학) 관련 용어

| | | |
|---|---|---|
| ☐ 2196 | **antibiotic** | 항생제 |
| ☐ 2197 | **embryo** | 배아 |
| ☐ 2198 | **heredity** | 유전 |
| ☐ 2199 | **hybrid** | 잡종 |
| ☐ 2200 | **skeleton** | 골격, 뼈대 |

## Vaccine VOCA PLUS⁺ 반의어

□ advance ↔ 　　　　동 나아가다, 발전하다
　 recede 　　　　　동 물러나다, 나빠지다

□ stabilization ↔ 　명 (물가 · 통화 · 정치 등의) 안정(화)
　 variation 　　　　명 변화, 변동, 차이

□ soar ↔ 　　　　　동 (가치 · 물가 등이) 급등하다, 높이 치솟다
　 plunge 　　　　　동 급락하다, 추락하다

□ uncover ↔ 　　　　동 알아내다, 폭로하다, 덮개를 벗기다
　 veil 　　　　　　　동 베일로 가리다, 숨기다, 감추다

□ biased ↔ 　　　　　형 편향된, 선입견이 있는
　 impartial 　　　　 형 공정[공평]한, 선입견이 없는

□ hire ↔ 　　　　　　동 고용하다, 빌리다, 세내다
　 dismiss 　　　　　동 해고하다, 해산하다, 묵살하다

□ elevate ↔ 　　　　 동 높이다, 올리다, 승진시키다
　 lower 　　　　　　동 낮추다, 내리다

□ reasonable ↔ 　　 형 타당한, 합리적인, 적당한
　 invalid 　　　　　 형 타당하지 않은, 근거가 없는, 무효한

□ accuracy ↔ 　　　 명 정확성, 정밀도
　 imprecision 　　　명 부정확성, 부정확한 것

□ integrate ↔       통 통합하다, 융합하다
   separate       통 분리하다, 나누다, 구별하다

## Vaccine VOCA PLUS⁺     혼동어

□ **obvious**       형 명백한
   **oblivious**       형 알아차리지[기억하지] 못하는

□ **benefit**       통 ~에게 이익이 되다
   **benefit from**       ~에서 이익을 얻다

□ **compliment**       통 칭찬하다
   **complement**       통 보충하다

□ **apply to**       ~에 적용되다
   **apply for**       ~에 지원하다

□ **comprehend**       통 이해하다
   **apprehend**       통 체포하다

□ **aware**       형 알고 있는
   **beware**       통 주의하다

| | |
|---|---|
| □ deal in | ~을 거래하다 |
|   deal with | ~에 대처하다 |
| □ discreet | 혱 신중한 |
|   discrete | 혱 별개의 |
| □ sure to | 반드시 ~하는 |
|   sure of | ~을 확신하는 |
| □ article | 명 기사 |
|   articulate | 혱 분명히 발음된 |
| □ vote | 명 투표 |
|   veto | 명 거부(권) |
| □ profit | 동 ~에게 이익이 되다 |
|   profit from | ~에서 이득을 얻다 |
| □ buttress | 명 버팀, 지지 |
|   fortress | 명 요새 |
| □ result in | 결국 ~이[가] 되다 |
|   result from | ~에서 생기다 |
| □ convey | 동 전하다 |
|   convoy | 동 호송하다 |
| □ moral | 명 교훈, 도덕 |
|   morale | 명 사기 |

□ **come down to**      영락하여 ~하게 되다
  **come down with**      (병에) 걸리다
□ **potable**      휑 마시기에 알맞은
  **portable**      휑 휴대용의
□ **pervasive**      휑 널리 퍼지는
  **persuasive**      휑 설득력 있는
□ **prescribe**      통 처방하다
  **subscribe**      통 구독하다

## Vaccine VOCA PLUS⁺    같은 동사가 쓰인 숙어들

□ **get the better of**      ~을 이기다(= defeat)
  **get the most of**      ~을 최대한 이용하다

□ **hand down**      ~을 물려주다, ~을 전해 주다
  **hand in**      ~을 제출하다

□ **fall back on**      ~에 의지하다
  **fall short of**      ~에 못 미치다, ~보다 부족하다

□ **give rise to**      ~을 유발하다, ~을 일으키다
  **give place to**      ~에게 (자리를) 양보하다

| □ put off | ~을 연기하다(= postpone) |
|---|---|
| put out | ~을 끄다(= extinguish) |
| □ leave off | ~을 중지하다 |
| leave out | ~을 생략하다 |
| □ attend to | ~에 주의를 기울이다 |
| attend on | ~을 시중들다, ~을 보살피다 |

## Vaccine VOCA PLUS⁺     형용사가 쓰인 숙어들

| □ be afraid of | ~을 두려워하다 |
|---|---|
| □ be disappointed at | ~에 실망하다 |
| □ be used to | ~에 익숙하다 |
| □ be full of | ~으로 가득 차다 |
| □ be good[poor] at | ~을 잘하다[못하다] |
| □ be different from | ~과 다르다 |
| □ be devoted to | ~에 헌신하다 |
| □ be satisfied with | ~에 만족하다 |

## Vaccine VOCA PLUS⁺ 수능 빈출 주제(1) / 진화와 유전

☐ **evolution** 명 진화, 점진적 발전

☐ **genetics** 명 유전학

☐ **species** 명 (생물 분류상의) 종(種)

☐ **adaptation** 명 적응

☐ **reproduction** 명 생식, 번식, 복제

☐ **descendant** 명 자손, 후손

☐ **mutation** 명 돌연변이

☐ **heredity** 명 유전

☐ **biodiversity** 명 생물의 다양성

☐ **extinction** 명 멸종, 소멸

## Vaccine VOCA PLUS⁺ 수능 빈출 주제(2) / 철학과 사상

☐ **philosophy** 명 철학

☐ **ethics** 명 윤리학, 도덕론

| | |
|---|---|
| ☐ **theology** | 명 신학 |
| ☐ **aesthetics** | 명 미학 |
| ☐ **rationalism** | 명 합리주의 |
| ☐ **empiricism** | 명 경험주의 |
| ☐ **phenomenon** | 명 현상 (*pl.* phenomena) |
| ☐ **dogma** | 명 교리, 독단적 주장 |
| ☐ **ideology** | 명 이데올로기, 이념, 관념 |
| ☐ **abstract** | 형 추상적인, 관념적인 |